南京大学中华民国史研究中心
宋美龄与近代中国研究系列
主编 张宪文等

东方魅力

宋美龄与战时中国外交

陈英杰 著

人民东方出版传媒
東方出版社

图书在版编目（CIP）数据

宋美龄与战时中国外交 / 陈英杰著．— 北京：东方出版社，2019.7
（“宋美龄与近代中国”研究系列丛书）
ISBN 978-7-5060-9521-1

Ⅰ．①宋… Ⅱ．①陈… Ⅲ．①宋美龄（1897-2003）—人物研究
②外交史—研究—中国—民国 Ⅳ．① K827=7 ② D829

中国版本图书馆 CIP 数据核字（2017）第 045163 号

宋美龄与战时中国外交
（SONGMEILING YU ZHANSHI ZHONGGUO WAIJIAO）

作　　者： 陈英杰
主　　编： 张宪文
责任编辑： 杭　超
出　　版： 东方出版社
发　　行： 人民东方出版传媒有限公司
地　　址： 北京市朝阳区西坝河北里 51 号
邮　　编： 100028
印　　刷： 北京汇林印务有限公司
版　　次： 2019 年 7 月第 1 版
印　　次： 2019 年 7 月北京第 1 次印刷
开　　本： 640 毫米 ×950 毫米　1/16
印　　张： 32
字　　数： 520 千字
书　　号： ISBN 978-7-5060-9521-1
定　　价： 69.80 元
发行电话：（010）85924663　85924644　85924641

总　序

20 世纪末至 21 世纪初，随着历史档案的不断开放，史学界对民国历史人物的研究，开始较多地关注蒋介石与宋耀如家族，对宋子文、宋庆龄发表和出版了较为丰富的研究成果。然而，学界对另一位宋氏家族的重要成员宋美龄却问津甚少。坊间虽然出版了关于她的一些著作、画册等，但是如何审视过去对她的一些误判并给予恰当的历史定位，无疑是历史学界应尽的责任。

2009 年 1 月，我与南京大学三位教授飞赴台北，在邱进益博士的引荐下，与“妇联会”辜严倬云女士相会，商讨合作研究宋美龄事宜。双方相谈甚为融洽，确认了积极开展宋美龄研究的学术计划。时间已经过去多年，《宋美龄与近代中国》研究丛书九卷、《宋美龄文集》五卷，均已顺利完成撰著和编纂工作。其中《宋美龄、严倬云与中华妇女》于 2012 年由台北黎明文化事业股份有限公司出版，《宋美龄文集》（五卷、繁体版）于 2015 年由台北苍璧出版有限公司出版。这是海峡两岸学术合作和宋美龄学术研究的大事，值得祝贺。

宋美龄是近现代中国历史上杰出的女性、著名的女政治家、中国妇女运动的推动者和指导者。2003 年 10 月 24 日（北京时间）逝世于美国纽约。时任全国政协主席的贾庆林于当日发去唁电，表示哀悼，并对这位成功跨越三个世纪的政治家给予了高度评价。

宋美龄祖籍海南文昌，出生于上海。幼时跟随家人赴美国读书，后转入韦斯理学院深造。受家族影响，笃信基督教，是一位虔诚的基督教信徒。

1917 年，宋美龄学成归国。作为一名深受西方文化熏陶的中国女青年，她进一步融合了中国的传统观念和伦理道德，成为中西文化交融的典范，彰显了中国现代女性的特质和风度。

1927 年，宋美龄与蒋介石成婚。之后走上政治舞台，与蒋介石东奔西走，逐步展现其政治才华。作为一名重要的民国政治人物，凭借第一夫人的特殊身份，宋美龄亲历了中国近现代各个时期的重大历史事件，并作出了她的历史贡献。

宋美龄较早地献身于中国的妇女运动，领导创办国民革命军遗族学校，安抚遗孤，培养教育为国捐躯壮士的后代。即使蒋介石在解放战争中兵败退台后，宋美龄仍对引导妇女服务军界、筹建军眷住宅、推动社会福利事业、扶助难童和残障人士等事业表现了特别的关切。

早在 19 世纪后期，中国开始了现代化的历程。辛亥革命的成功，标志着中国由传统社会走向现代国家的道路。然而革命后的社会改造却是更为复杂和长期的过程。20 世纪 30 年代，蒋介石掀起了新生活运动，尝试改良社会风气、移风易俗、改变不良习惯、规范国民生活，虽然这一运动并未取得明显效果，但宋美龄奔走呼号，成为此项运动的重要推动者。

1936 年发生的西安事变，是中国国共两党走上团结抗日的重要转折点。宋美龄亲赴西安，力劝蒋介石转变态度，为事变的和平解决发挥了特殊的作用。

宋美龄一生最光辉的政治亮点是在抗日战争时期。她不仅亲赴前线、引导妇女投入战地救护工作、着力建设中国空军、陪同蒋介石出访印度、拓展中国在南亚的影响，而且还远赴美国，争取美援。其在美国国会的演说，震动了美国政坛，展现了她的外交风范和智慧。抗日战争后期陪同蒋介石出席具有重要历史意义的开罗会议，更加显示了中国女政治家的才能。

晚年，宋美龄逐步脱离台湾政坛，赴美久居，放手让蒋经国治理台湾。终宋美龄一生，其政治生涯既辉煌，又曲折。她为推动中华民族的复兴事业，奉献了智慧和力量，是一位值得浓笔重写的杰出女性。

南京大学中华民国史研究中心组织多位历史学教授，依据大量原始史料，撰著的这套宋美龄研究丛书，有《我将再起：宋美龄的后半生》《家国春秋：宋美龄与宋孔家族》《历史关口：宋美龄与西安事变》《东方魅力：宋美龄与战时中国外交》《新民新风：宋美龄与近代中国社会改造》《陪都岁月：重庆时期的宋美龄研究》《美丽哀愁：宋美龄年谱》《吾心吾力：政治视阈中宋美龄的思想历程》。这些著作的撰写，作者虽然努力做到尊重历史事实，给宋美龄以客观的、实事求是的评述，但毕竟受学术水平和掌握史料所限，因此，著作中疏漏及不当之处，尚请各方人士给予指正。

南京大学荣誉资深教授　张宪文

目　　录

导　论

1946年春，在重庆山城群花怒放的季节里，宋美龄于4月12日率领随员，搭乘美龄号专机，告别抗战的大后方，在晴空万里中，越过三峡层峦叠翠，直飞上海。飞机沿途偶遇云海，在阳光的照射下，五彩缤纷，从机窗俯视武汉长江蜿蜒，悠悠静静向东流。随行的钱用和忆道："抗战开始，于此抢救难童，在蒋夫人领导下，推进保育工作，经几许艰辛，今凌霄东旋，何等兴奋！"众人在与宋美龄谈天话旧之间，不觉已临上海机场降落，宋美龄等人随后驱车至贾尔业爱路公馆，"但见园中百花竞放，万卉争妍，室内一切陈饰如昔，并未毁损，侍从江钱二，见夫人及我们，欣高采烈，无限快慰！"①

上海原本就是宋美龄所熟悉的地方，在抗战期间，宋美龄先是奔波于宁、沪之间，将上海作为对外联系的窗口，积极争取国际媒体的认同，并借由上海外贸的便利，从事军需采购的工作。洎至上海受日军控制，南京濒于战火，宋美龄随蒋介石辗转前往汉口，并多次前往香港，继续进行对外宣传与联系工作。宋美龄在抗战初期，充分发挥其外语专长，并运用其国际人脉网络，开始对外募集援华善款、物资与药品等。宋美龄之所以能与外籍人

---

① 钱用和为江苏常熟人（1897—1990），毕业于美国芝加哥大学（University of Chicago）教育研究所，1931年接任国民革命军遗族女校校务主任，后任国民革命军遗族学校与女校校董会主任秘书，平日兼助宋美龄处理各方函件，在1946年时担任交通大学教授。参见钱用和：《半世纪的追随》，作者自行刊印1976年版，第109页；钱用和：《浮生八十》，台北：妇联画刊社1975年版，第1—12页。

士交往自如，谈笑风生，主要在于其自幼接触西式教育，并于1908年随宋庆龄赴美到佐治亚省（Georgia）梅肯（Macon），是时宋美龄因尚未达入学年龄，乃安排寄住于威斯里安女子学院（Wesleyan College）宿舍，并与该学院院长之女安斯沃斯（Eloise Ainsworth）和另一名同龄女孩马修（Claribelle Marshal），共同敦请布尔克丝（Margie Burks）指导先修课程。后因宋霭龄毕业等因素，宋美龄辗转移居，并于1913年秋季进入韦尔斯利学院（Wellesley College）就读，1917年毕业时，以成绩优异，列名为杜兰学者（Durant Scholar），为该学院之最高名誉奖项。①

宋美龄学成归国之后，又回到上海，“她一方面研究中国文化，另一方面实现她第一理想——改造中国，并先从社会事业做起。她出任童工委员会中第一个女委员，这会的任务是谋上海公共租界工厂工人待遇改善的。她又任美英华妇女会联席委员会的秘书，这会成立于民国十年，是专门研究中国工厂情形的。不久，又兼任中国电影检查委员会的委员，和留学生团体及女青年会的要职”②。宋美龄在上海除了发挥所学，参与一些涉外组织，并开始接触社会服务工作，让她有机会观察中国社会的实际状况，并且重习中文，扮演起组织中的沟通角色。1927年12月婚后，宋美龄不但成为蒋介石的夫人，而且是他的顾问或秘书，在蒋介石戎马倥偬时，开始在上海帮忙对外采购军火和军需品，有时还协助准备犒赏部队的礼品。1936年，宋美龄进一步接任航空委员会秘书长，直到1938年8月2日，才以健康问题辞职，由宋子文继任。宋美龄任职航委会期间，通过欧洲航空专家之辅助，“以美德两国飞机，替换旧式之飞机。有时她在南京空军司令部，每日工作十六小时，与陆军司令部，取得密切联系，她又屡次巡视飞机场及被敌机空袭之地区”③。战机的采购与维修，牵涉复杂的国际关系、

---

① 参见美洲国民日报编：《蒋夫人游美纪念册》（San Francisco，California，U. S. A，美洲国民日报，1943年7月7日），第7页。

② 李雪荔：《蒋夫人小传》，《时代知识》1943年第1卷第3期，第20页。中国国民党党史馆藏，一般档案，230/2071。

③ 美洲国民日报编：《蒋夫人游美纪念册》，第9页。

空军专业和庞大的利益，宋美龄不辞艰辛，与欧美国家交涉，呵护中国空军的成长。

本书首先探讨宋美龄自抗战肇兴，到太平洋战争前，从事宣传和经营对外关系的情形。在此时期，宋美龄积极向世界说明中国被迫害的真相，不断以英文书信吁请外国友人或国际组织，加入声讨反侵略的行列；或是用英文广播，直接对国外听众诉说日军的暴行，“她曾用英文著作书籍甚多，她又屡次做广播演讲，解明日本之新亚洲政策。警告民主国家，谓如日本在中国获胜，必对他国有莫大之危险”[①]。此外，因蒋介石只能言中、日两国语言，当有英、美政要来访，商谈机要时，宋美龄又成为最可靠的传译员，襄助蒋介石处理敏感的涉外事务。

七七事变发生不久，宋美龄除了展开宣传工作之外，也着手邀集南京的各机关首长夫人、社会妇女名流及女校校长、教授等，筹备组织“中国妇女慰劳自卫抗战将士总会”，并于1937年8月初在南京励志社召开成立大会，宋美龄原本请钱用和协助草拟讲稿，但正式上台讲演时，宋美龄临场依其意思演说，“措辞有力，博得听众掌声不绝”。宋美龄的谈话，“起初说上海话，不久用国语，表达流利，令人惊佩！”宋美龄的演说功力，逐次进步，“事前略为拟出纲要，讲时随心所欲，可以尽量发挥”。[②] 而随着战局的扩展，宋美龄在对内对外的角色，也日形吃重。

此外，到了重庆以后，宋美龄号召妇女献金，一举创新纪录。在1939年5月重庆被大轰炸后，宋美龄不顾自身安危，挺身于危

---

① 美洲国民日报编：《蒋夫人游美纪念册》，第9页。

② 钱用和指出：“夫人每日早晚，必抽空阅览英文报章杂志，谈话或讲演时，即能引用。关于中文报，我先阅后，选有关部门，须请夫人过目了解，取红笔为划（画）出，俾节省翻阅时间。有时提出要点，为叙述大意，一经讲过，她就记忆深刻，不到一二年，对中文报纸，都能阅读明了，无须再为圈划（画），她进步迅速，为一般妇女所望尘莫及。”宋美龄的用功，也让幕僚有很大的压力，钱用和发现“夫人不但天资聪颖，更是好学敏求，自幼在美国生长，对英文英语，素养很深，归国后致力于国文国语的学习。接见宾客外，我为讲中文掌故，文字源流，文章结构等，她每用英文对比，提出问题，使我不得不小心答复。她记忆力很强，有时我答复的，发现与我从前所讲不一致，我就机警的解释，使她满意，我真是战战兢兢，如临深渊，如履薄冰，常恐不易胜任”。参见钱用和：《半世纪的追随》，第14—15页。

屋瓦砾堆，抚慰难胞奋勇再起，同时也吁请海外侨胞和国际红十字会等救济机构，捐助药品，在救伤防疫方面尽心尽力。1940 年春，三姐妹共同现身香港与后方各地，引起媒体广泛注意，并在重庆共同对美播讲，以行动消弭日、汪方面的分化传言。1941 年，美国方面先后有政界的居里（Lauchlin Bernard Currie，1902—1993）；文化界的海明威（Ernest Miller Hemingway，1899—1961）、鲁斯夫妇（Henry R. Luce，1898—1967；Clare Boothe Luce，1903—1987）相继访华，宋美龄也与之建立起关系，在 40 年代初期与居里密集书信往返，以交换战情与争取美国军火的支援，而与鲁斯夫妇的关系，更是影响到其媒体集团对蒋介石的长期支持。

太平洋战争爆发后，在 1942 年初春，宋美龄偕同蒋介石秘密出访印缅，发表告印度国民书，此一行程让中国在宣传和外交上，得到了相当的注目。而在此阶段，日本为了遂行其“大东亚共荣圈”的计划，于东亚掀起了一场反英宣传，以“亚洲是亚洲人的亚洲”为号召，分化印度内部的政治派系。为了破解日本的阴谋，以及寻求中、印在战时和战后的合作关系，宋美龄协助蒋介石致函给美国总统罗斯福（Franklin D. Roosevelt，1882—1945），并于 1942 年 1 月下旬，参与访问印缅的计划。蒋介石夫妇在印度期间，除了与英、印官方交涉，还接触了不同派别的政治人物，对印度的复杂局势，有更深入的了解。蒋介石夫妇一行于访印归国后，在昆明、重庆等地通过演讲、广播和展览活动，掀起一阵“印度热”，宋美龄在 3 月中旬亲自参加“印度日”的对印播讲，此后更是持续关注印度局势，与尼赫鲁（Pandit J. Nehru，1889—1964）和甘地（Mohandas K. Gandhi，1869—1948）保持书信的往返联系。

本书接着探讨宋美龄在随访印缅后，先是面临缅战失利困境、历经史迪威（Joseph W. Stilwell，1883—1946）职权风波和居里二度访华调解等波折，再到盛大欢迎威尔基（Wendell Lewis Willkie，1892—1944）和英国国会访华团莅临重庆访问，以及罗斯福邀请访美的经过。宋美龄在访印归国之后，带着甘地和印度友人的赠品，在昆明和重庆等地参加归国欢迎会，受到各界的肯定，对印人的同情也日增，并于1942年4月中旬于美国《纽约时报》发表《如是我观》一文，表达对英国的不满。面对缅战失利，宋美龄在重庆代表蒋介石主持中美空军主管会议，达成争取美方援助500架战机方案的共识，然史迪威却未翔实转告美方军部，并于7月初提出一份备忘录，引发职权争议，导致罗斯福再派居里赴华调解。居里二度访华原定停留10天，但在宋美龄的沟通下，双方从欧亚战略布局、反攻缅甸方案、飞机供应补给、改善中英邦交、史迪威职权定位、空运紧急货品、战后政治规划、印人政治地位问题到改善中苏关系等，进行了广泛而深入的讨论。10月上旬，美国总统特使威尔基访华，宋美龄告以中方战后问题的方案，并考虑威尔基的建议，准备进行访美，而英国国会议员访华团的莅临，在宋美龄和蒋介石的盛情招待下，对于中国亦留下良好印象。11月，宋美龄赴美疗病，在美方的悉心协助下，宋美龄与美国总统罗斯福夫人爱莲娜（Anna Eleanor Roosevelt，1884—1962）也建立起交情，而美国各界邀请演说者日众，也为1943年在美国各大城市的访问演说，留下伏笔。

宋美龄在1943年莅临华府访问，无论是在参、众两院演说，或是到美国各主要城市巡回演讲，以及三访白宫与罗斯福交涉援华的经过，都深刻地影响中美间的关系。宋美龄在1943年春寒料峭时，自纽约前往华府，罗斯福夫妇亲自盛大迎接，引来全美的关注，并自此展开一连串的访问、演说、参加欢迎会和记者会等。宋美龄在参、众两院的演说，迄今仍被视为经典之作，从华府、纽约、波士顿、芝加哥、旧金山到洛杉矶等地的巡讲，所到之处无不风靡，历次记者会更是让媒体欲罢不能。宋美龄访美期间，三度受邀访问白宫，与罗斯福进行直接的交涉，所谈议题牵涉既广且深，加以中方筹码有限，殊非常人所能胜任。宋美龄访美期间也曾受邀访加，但却因故推迟了英方的邀访，此间的经过亦颇耐人寻味，而宋美龄访美所造成的轰动，迄今仍经常为学界所探究的焦点。①

1943年7月上旬，宋美龄自美返国后，传达罗斯福邀请出席领袖会议的讯息，也居间调解蒋、史冲突，并于是年冬天陪同蒋介石出席开罗会议，写下盟国领袖同台聚会新页。会议期间，宋美龄抱病周旋于美、英政军要人之间，使中方的重要提案获得罗斯福的支持，让蒋介石称许为“空前未有之外交成功”!② 唯开罗会议之后，美国在获得苏方日后出兵日本的承诺之后，对华策略改以牵制日军为主，但日军的“一号作战”却让中方的作战能力备受质疑。美国副总统华莱士（Henry Agard Wallace，1888—1965）特地访华考察，宋美龄一如往昔，热忱招待贵宾，然因痼疾未愈，不久再次去国养病。宋美龄飞往巴西之前，蒋介石夫妇曾特地举行外籍记者会辟谣。宋美龄出国之后，蒋、史冲突浮上台面，终致史迪威含怨去职，宋美龄稍后辗转又到美国疗养，并决定促使蒋介石访美，唯因罗斯福去世，加上国际情势变化诡谲，蒋介石终未能成行，而宋美龄则在举国庆祝胜利中，欢欣飞返陪都。

宋美龄本身不立传，不作口述历史，更不像蒋介石留有丰富的日记，除了公开发表的演说稿和文集外，多数的资料散见在庞杂的档案中，对其研究有一定的难度。③ 过去有关宋美龄的论著多以传记为主，如林博文的《跨世纪第一夫人宋美龄》、杨树标和杨菁的《宋美龄传》、帕库拉（Hannah Pakula）的《宋美龄新传》（*The Last Empress*：*Madame Chiang Kai-shek and the Birth of Modern*

---

① 宋美龄返国之后，李雪荔为之作传并称：“宋美龄以近八个月的时间，在美、加两地的旅行，于备受欢迎之余，满载荣誉而归。虽然，她谦称：这荣誉不是她个人的，而是我们全体军民的，但以一妇女作国民外交的使节，不仅达成使命，而且颇多收获，这个人的学养，以及成就勋业的根本，能不值得妇女们的研究吗?”见李雪荔：《蒋夫人小传》，《时代知识》1943年第1卷第3期，第19页。

② 《事略稿本——民国三十二年十一月》，1943年11月28日，台北“国史馆”藏，《蒋中正“总统”文物》，入藏登录号：002000000662A，典藏号：002-060100-00182-028。

③ 学界为了探究宋美龄的贡献与影响，中正文教基金会曾于1999年11月举办过“蒋夫人宋美龄女士与近代中国”国际学术讨论会，香港珠海书院亚洲研究中心于2008年10月在香港举办“宋美龄及其时代”国际学术研讨会，并分别出版论文集。

China）、李台珊（Laura Tyson Li）的《宋美龄：走在蒋介石前头的女人》（*Madame Chiang Kai-shek：China's Eternal First Lady*）、林荫庭的《寻找世纪宋美龄：一个纪录片工作者的旅程》；或以探讨其在妇女工作、儿童保育、“新生活运动”、西安事变、推动国民革命军遗族教育、宗教观和蒋介石夫妇的人际网络等较为常见，如吕芳上等的《蒋介石的亲情、爱情与友情》、洪宜嫃的《中国国民党妇女工作之研究（1924—1949）》、林佳桦的《“战时儿童保育会”之研究（1938—1946）》、朱重圣的《亲情、国情、天下情：蒋夫人宋美龄女士与经国先生》、陈进金的《从“爱记”看蒋、宋情爱》等。

有关宋美龄在政治外交方面的研究则以抗战期间的首次访美为主，如赖富苹的《宋美龄访美与战时中美关系》、郑雪英的《宋美龄对中国政治的影响：1927—1945》、黄馨慧的《抗战前后蒋宋美龄在中美外交关系中的角色研究（1936—1950）》，部分论文则涉及战后宋美龄与马歇尔的过从等，如孙子和的《蒋宋美龄与马歇尔使华及任国务卿期间之过从》、刘维开的《从“蒋中正‘总统’档案”看蒋夫人1948年访美之行》、杨树标的《宋美龄1948年美国之行》、卓文义的《蒋宋美龄女士对我国空军的贡献》等，此部分多为短篇研究论文，较少专书讨论。[①] 另外，学界有关宋美龄与中国对外宣传的相关研究，除了在一般传记中的综述部分有所体现，亦多集中于抗战期间访美的探讨，例如，石之瑜的《宋美龄与中国》，以女性和西方中心的视角进行探讨，指出宋美龄在“抗战期间的演讲与广播，有一次是对澳洲，四次针对英国，两次对象是加拿大，三次对印度，二十六次是对美国，后者显然占据了绝对的重要性”[②]。吕芳上的《广播演说的魅力——从抗战时期蒋夫人宋美龄女士在美的演说讲起》，以宋美龄在美的演讲，分析

---

① 齐锡生的《剑拔弩张的盟友——太平洋战争期间的中美军事合作关系（1941—1945）》一书中，亦有部分内容提及宋美龄对外交涉的情形。

② 石之瑜：《宋美龄与中国》，台北：商智文化事业股份有限公司1998年版，第137页。

其广播演说的魅力；陈立文的《为台湾发声——从蒋夫人几次访美谈起》，则探究宋美龄在1950年到1960年，在美力倡支持台湾的主张。

本书所运用的史料主要以台北“国史馆”庋藏的《蒋中正“总统”文物》为主，兼参考部分《国民政府档案》和《蒋中正“总统”档案：事略稿本》《蒋经国书信集：与宋美龄往来函电（上、下）》等出版品。在中国国民党中央文化传播委员会党史馆庋藏的《一般档案》《特种档案》《吴稚晖档案》《会议记录》等和《蒋公大事长编初稿》系列出版品，亦可发现相关资料。台北近史所的《“外交部”档》存有“驻外使节”向“外交部”提报的情资，南京中国第二历史档案馆也存有宋美龄和居里、英文秘书陈纯廉与董显光、外籍人士的信函，美、英驻华官员在抗战期间，也由重庆提供情资给国务院等单位参考，此部分资料多收录在美国远东关系文件（*FRUS*）和英国外交档（*FO*）中。本书亦运用时人所留日记，如《蒋介石日记》（手稿本）、《王世杰日记》、《唐纵失落在大陆的日记》和《史迪威日记》（*The Stilwell Papers*）的部分记事，并参考是时《中央日报》和《大公报》等主要媒体的报道内容，作为比对参考。另外，在回忆录和传记部分，则参考《顾维钧回忆录》；钱用和的《半世纪的追随》和《浮生八十》；黄仁霖的《黄仁霖回忆录》；董显光的《董显光自传——一个中国农夫的自述》；吴国桢手稿，黄卓群口述，刘永昌整理的《吴国桢传》（下册）；侍从室秘书俞国华的回忆录《财经巨擘——俞国华生涯行脚》和台北“中研院”近代史研究所出版的《蒋中正“总统”侍从人员访问纪录》；等等，均提供了当事者亲身的经历和见证。此外，《妇女领袖宋氏三姊妹》、孔令伟编述的《蒋夫人美加行纪》、李又宁重编的“新运”妇女指导委员会《工作八年》、美洲国民日报编的《蒋夫人游美纪念册》、宋之芳编的《蒋夫人访美记》、“新运”总会妇女指导委员会编的《蒋夫人最近言论集》和“妇联会”编的《蒋夫人言论集》（上、下集）均提供重要的参考。

第一章　投身宣传呼吁援华

宋美龄自少负笈美国，熟稔美国文化，在抗战前即透过撰文和广播等方式，在英文媒体发表谈话，将其理念传递给外籍人士。宋美龄并多次协助蒋介石对外采购军需品、军用药物及犒赏品，成为后勤补给的重要支柱。同时，宋美龄因早岁旅居美国，对于现代化的生活方式早有体认，当1934年在陪同蒋介石到江西视察之后，有感于中国的生活习惯亟待改造，宋美龄在南昌襄赞蒋介石倡导“新生活运动”，并担任中国红十字会的总干事，累积了不少与国际间进行联系的经验。宋美龄也为国民革命军遗族子女设立了遗族学校，又促建励志社服务军人，并鼓励全国妇女设立妇女协会，尝试将其旅外的经验①，作为促进中国发展的参考。

到了1936年，蒋介石为了扩展中国空军，整合采购飞机和设备的流程，决定让最亲信的宋美龄担任中国航空委员会的秘书长。面对这件颇具挑战性的工作，宋美龄投注不少心力，“夜以继日地来研究各种飞机的说明样本，与各精明的飞机推销员交易”②。此

---

① 李雪荔：《蒋夫人小传》，《时代知识》1943年第1卷第3期，第21页。

② 宋美龄曾著《中国之航空》一文刊载于1937年3月12日的上海英文《大美晚报》，大力鼓吹发展中国航空，其认为：“一切促进中国统一的新发明，或许要推飞机的功绩，最为伟大。飞机消除距离的能力，和促进边省与各省间，或边省与中央间的密接而消除其误会猜疑，恰好成为正比例。”参见宋美龄：《航空与统一》（1937年3月12日），载王亚权编纂：《蒋夫人言论集》上集，台北“妇联会”1977年版，第90—93页。李雪荔：《蒋夫人小传》，《时代知识》1943年第1卷第3期，第21页。

一经历让宋美龄接触更广泛、更深入的国际军火采购细节，也使其结识不少外籍将领，更建立起她在中国空军中的影响力。

由于宋美龄娴熟英文，加以处理涉外事务的经验日渐丰富，在中国领导推动人道关怀与救助，对促进社会安定也有不少贡献。宋美龄的母校，美国威斯里安学院在1937年春天，致赠其哲学博士学位。[①] 宋美龄也多次参与国际无线电通话的仪式，包括1937年4月间和行抵热那亚（Genova）的孔祥熙，共同开启中、意通话。5月中旬又和美国罗斯福总统夫人爱莲娜通话，同步为中、美两国以无线电通话作见证。[②]

中日战争爆发后，随着日军大举进犯，战火迅速从华北蔓延开来，宋美龄进一步投入劳军，号召中国妇女投身抗战，并陆续会见外国记者、陪同蒋介石接待外宾、致函国际媒体和友人，并运用国际电台，极力呼吁国际援华制日。在中国对日抗战初期，成为蒋介石当时在处理涉外事务的贴身翻译、智囊和“分身”，并犹如中国对外的“发言人”。

第一节　抗战爆发投身宣传

在七七事变爆发后不久，宋美龄一方面投身动员妇女参与抗战，亲至前线慰劳将士，赈济伤兵难民，并关怀幼儿保育；另一方面多次接受专访、致书或通过广播，向国际媒体揭发日军暴行，希望国际能主持正义并抵制日货。蒋介石亦派遣胡适、钱端升、张忠绂三人赴美宣传[③]，唯太平洋战争前各国对日本侵华，多持观

---

① 参见秦孝仪主编：《蒋公大事长编初稿》卷4上册，台北中国国民党党史委员会1978年版，第22页。

② 参见秦孝仪主编：《蒋公大事长编初稿》卷4上册，第32、38页。

③ 王世杰：《王世杰日记》（手稿本）第1册，台北“中研院”近代史研究所1990年版，第92、99页。

望的态度，国民政府此时期“凡涉和战大计，总不外‘苦撑待变’”①。

一、呼吁国际伸张正义

抗战军兴之后，宋美龄于1937年8月1日，在南京发起成立“中国妇女慰劳自卫抗战将士总会”②，宋美龄在致辞时指出：“我们要保全国家的完整，保护民族的生命，应该尽人人的力量，来抵抗敌人的侵略。我们妇女也是国民一分子，虽然我们的地位能力和各人所能贡献的事项各有不同，但是各人要尽量的贡献她的力量来救国。什么地方有适合我们的工作，我们就得争先恐后的来担任。”③ 宋美龄希望把中国妇女的力量组织起来，整合妇界的力量，并开始代表蒋介石慰劳前线官兵，冒险巡视句容等阵地和机场。④

随着战火转炽，宋美龄陆续接受外籍记者的采访，并在外文媒体发表谈话，将其在战场的亲历经验，向外国人士传述。8月25日，上海英文《大美晚报》刊出记者福特（M. G. Ford）的专访，宋美龄认为日军不愿意见到中国成为“统一而有秩序的进步国家”，而“企图夺取中国的领土，在许多地方从事绝灭人道的可怕

---

① 胡适期盼能引发太平洋海战，使国际形势有利于中国。参见吴相湘：《胡适“但开风气不为师”》，《民国百人传》第1册，台北：传记文学出版社1971年版，第188—190页。另蒋纬国认为，中日战争爆发后，仅苏俄提供援华和签订《中苏互不侵犯条约》，系因“西洋人不愿意看到有一个强盛的中国产生，基于此，各国都乐见日本打中国。唯独斯大林注意到虽然日本打中国是他所希望的，但是如果日本很快地就征服中国，替代了中国之后，就会立即对付西伯利亚，这点是他所不愿意的”。蒋纬国口述，刘凤翰整理：《蒋纬国口述自传》，中国大百科全书出版社2008年版，第11页。

② 依据钱用和的回忆，是日宋美龄在南京励志社召集政府高级首长夫人、妇女社会名流，组织“中国妇女慰劳自卫抗战将士总会”，由钱用和草拟章程，经大会修正通过，并“推蒋夫人任主任委员，设执行委员与委员数十人，任唐国桢女士为总干事，……在遗族女校，展开工作，训练看护，缝制军服，裁卷纱布。各方妇女踊跃参加，分组合作，尤其是戴季陶夫人，马超俊夫人等，每日到场督导，不辞辛劳。蒋夫人更时常莅临指示一切，大家精神兴奋，警报声中，还带着纱布，在防空洞内卷扎”。钱用和：《半世纪的追随》，第44页。

③ 宋美龄：《告中国妇女》（1937年8月），载王亚权编纂：《蒋夫人言论集》下集，第690—692页。

④ 秦孝仪主编：《蒋公大事长编初稿》卷4上册，第100页。

杀屠”，宋美龄在上海前线见到日军猛烈侵华的情形，“在那边看见空中充满着恶魔的杀气，大地喷出烈火，地上遍染了人类的赤血，满堆着房屋废墟的灰烬”。宋美龄批评日本：“剥夺中国穷人的生存之权，连过着困苦的生活也不许，不但如此，它痛恨中国成为统一的民族，痛恨中国成为经济组织健全的国家。中国的进步不但是它所咒诅的，而且一想到这件事就会使它愤恨填膺。”①

宋美龄还认为各国在租界姑息日本从事军事构工，让日军“以这些建筑物为凭借，用机关枪攻击那些守土抗战的中国兵士”。宋美龄特别对美国提出呼吁：

> 中国决心尽力自救，尽力维护她的荣誉，她要不断地努力奋斗着，直到她把祖先的土地由劫者的手中掠夺回来。她知道她必须作多么重大的牺牲，可是她必须抗战，使人民不至成为奴隶，她必须为那些已死及未死的可怜同胞抗战。中国深知她所要遭遇到的恐怖和痛苦，然而她是不怕的。②

除了宋美龄通过媒体大声疾呼外，蒋介石也决定派遣胡适等人赴美，蒋百里赴德、意，对外说明日本侵华的经过和揭发其暴行。③

在日本首相近卫文磨于 8 月下旬发表声明，要“鞭笞中国使其屈膝，不敢再有抗战之精神”，宣告封锁中国海岸，要求各国停止以军火供给中国后，9 月 12 日宋美龄在南京通过美国广播网，直接向美国民众说明中国艰苦抗战状况，呼吁美国支持。④ 顾维钧也向国际联盟提出第二次声明书，抗议日本侵华。宋美龄在广播中，先对美国和各国在上海侨民的牺牲和损伤表示悲痛，“尤以死

---

① 宋美龄：《中国决心自救》，《妇女领袖宋氏三姊妹》，上海战时出版社 1943 年版，第 46—49 页。

② 宋美龄：《中国决心自救》，《妇女领袖宋氏三姊妹》，第 49 页。

③ 参见《蒋介石日记》（手稿本），1937 年 9 月 7 日。

④ 参见秦孝仪主编：《蒋公大事长编初稿》卷 4 上册，第 113 页。

伤之人，颇有不乏为吾人私人之友者，中国政府于可能范围之内，现在竭尽所能，避免同类事件之发生”。宋美龄感叹因为各国的冷漠旁观，日本以公共租界为根据地，在上海作战，而波及无辜。日军滥炸医院、学校、车站，列强依然袖手，《九国公约》《巴黎非战公约》似若不存。但宋美龄强调，中国虽“素被认为怯懦无能，且军事上亦无充分准备，然今已决定放弃容忍政策，不再忍受暴敌之侵略残杀，及其无理侮辱，全国奋起为国家生存而抗战”。希望美国教会、海外侨胞、友邦人士能继续给予同情和援助。①

宋美龄曾向美方抱怨，由于美国拒绝发给飞航教练到中国的护照，加上有四位教练被美国政府说服，放弃在上海的工作，还有她的私人飞机驾驶到香港试飞航机后也离去。中国当时约有九成的驾驶员是由德国和意大利的顾问所指导，宋美龄指出：“中国政府需更替部分美制飞机，希望美国不要阻止此事。美国不要阻挡中国在此危急之时，争取教练培训飞行员，这些教练不会被要求参加部分的作战。”②

宋美龄认为各国纵容日军在华行为，将不止伤害到中国百姓，日后恐将贻祸国际，宋美龄向各国提出质疑，“以前中国一味屈服，世界各国，咸诧异中国为何不从事抵抗。今日情势，恰与此相反，中国已开始抗战，为主权而战，为生存而战，为条约之尊严而战，而各国则反坐视其在华之权益横被日本摧残，在华之侨民，被迫迁徙流亡，宁非奇事？”“余今敢问，西方诸国，坐视现此之残杀与破坏，噤无一词，是否可视为讲求人道，注意品德，尊侠尚义，信仰耶稣文明之战胜乎？”宋美龄希望美国能改变态度，不要再袖手旁观，要挺身捍卫国际道德和耶稣信条等西方的传统价值观。③

---

① 宋美龄：《为条约之尊严而战》，《妇女领袖宋氏三姊妹》，第49—52页。

② “Undeclared war between Japan and China”, September 1, 1937, *FRUS*, 1937, Vol. IV, p. 524.

③ 宋美龄：《为条约之尊严而战》，《妇女领袖宋氏三姊妹》，第53—55页。

为了扩大宣传的效果，蒋介石和宋美龄于9月24日接见外国新闻记者。蒋介石当日穿着黄色中山装，精神饱满、面带笑容地坐于大写字台后，宋美龄则着黑色长袍，坐在蒋介石右侧做翻译。蒋介石在记者会中表示，“中国此次抗战，不仅在中国本身之存亡，且亦即为九国公约及国联盟约伸正义，因此公约及盟约之签字国，应对于中国之奋斗加以援助”。记者会后，蒋介石夫妇让记者摄影，并感谢各记者，冒着日机轰击的危险，到南京采访新闻。① 不久，随着战场伤员的激增，中国对外伤药品的需求日益扩大，宋美龄为了救济国内受伤军民，致电英国驻华大使馆，宋美龄表示：“余方自前线返，目击许多受伤兵士，在急救站静待运入医院，余心为之怛恻。现上海药品已购买一空，来源有断绝之虞，凡英国民众愿供给医药及红会救济工作者，均感激领受，因许多重伤兵士非得充分医药疗治，将无痊复之望也。”英国大使馆亦随即向英国民众发出呼吁，劝募医药援华。②

几天后，宋美龄为了感谢英美人士提供药品，向外国记者发表谈话，希望国际在向日本提出抗议外，最好能对日采取经济制裁，以使日本觉悟。宋美龄还期待美国人民能自动强迫其政府，履行九国公约所应负之义务，并从经济利益的角度提醒美国，日本在征服中国之后，将取得棉花、汽油、废铁、橡皮轮胎等原料，未必会再向美购买，希望美国不要贪图短利，而姑息日本。对于日机在中国各地轰炸一事，宋美龄认为：“彼轰炸愈甚，愈足以增强吾人抗战之决心，日本此举，实足以协助吾人更能明了中国非团结一致，无足以生存。”宋美龄也坦言，中国空军的力量，不但薄弱，也因被日本封锁的关系，在补给上颇感困难。最后，宋美

---

① 《蒋委员长接见外记者》，《大公报》（汉口）1937年9月25日。

② 《救济难民伤兵蒋夫人向国外呼吁协助》，《大公报》（汉口）1937年9月26日。黄仁霖表示：“因为蒋夫人的影响力，有许多外国医药、教会以及慈善机构派来医疗队，附带有流动汽车单位，在这些车辆中配备有外科手术设备、医药品、医师和护士。总计有8辆这样的汽车捐赠给她，由她处理。她称之为‘新生医疗队’，并交给‘新运’总会，以供前线工作之需。”见黄仁霖：《蒋介石特勤总管回忆录》，台北：传记文学出版社2009年版，第74页。

龄向记者表达感谢英美人士，愿意供给中国医药的盛意。[①] 到了10月初，宋美龄为了鼓舞民间团体致力救助贫病伤残流离无靠者，发挥善行，特复电驻汉口英国总领事默思，同意担任武汉万国红十字会的赞助人，嘉许该会工作并予赞勉。[②]

10月5日，美国总统罗斯福发表“防疫隔离政策”演说，抨击侵略国家，吁请各国保卫和平。次日，宋美龄应澳大利亚杂志社之邀，特撰《战争与中国女性》一文，宋美龄首先谈到中国女性的形象，接着揭发日军侵华的残暴行径，并举例说明中国妇女投身抗战的义举，表彰中国妇女在战争中，“从慰劳伤兵，赡养难民起，一直到提倡节约运动，整个的战时工作中，中国妇女都在贡献她们的能力和财力”。宋美龄最后再次呼吁，如果让日本拥有中国的资源和土地，将会在政治与经济两方面控制世界，“怎样保卫世界，是世界的责任”。[③]

10月12日，宋美龄将所撰《中国固守立场》一文，发表于美国论坛杂志。该文系宋美龄在日机空袭中所作，她描述了日机轰炸，令人发指的残暴行为，并且抱怨美国，“竟会禁止船舶运输军火来华，并且拒绝颁发赴华美籍教练员的护照”。不过宋美龄对于美国总统的仗义执言，认为是“发表了公正的批评，虽则为时略迟，仍然可以当作一种正义的行动而加以欢迎的”。同时正告世人：“我们的信仰，因此也更加坚定，我们应该深深地自省，如何向着尊重条约，和及早把敌人逐出国土的两大目标，勇往迈进。”[④]

二、劳军负伤吁抵日货

除了持续发表著作，号召美英等国出面伸张正义外，宋美龄

---

① 《蒋夫人对外记者谈话希望列强对日实行经济制裁》，《大公报》（汉口）1937年10月4日。

② 《蒋夫人电复驻汉英领赞助华中红十字会》，《大公报》（汉口）1937年10月6日。

③ 宋美龄：《战争与中国女性》（1937年10月6日），载王亚权编纂：《蒋夫人言论集》上集，第94—103页。

④ 宋美龄：《中国固守立场》（1937年10月12日），载王亚权编纂：《蒋夫人言论集》上集，第104—111页。

还时常不辞艰险，奔赴前线慰劳将士。宋美龄于10月23日在顾问端纳（William Henry Donald，1875—1946）和一名军官的陪同下，共乘篷车由南京至沪，到前线视察，但是日下午4时半，车行距沪不远处，汽车后胎突然爆裂，因车行颇速，失控陷入路旁沟渠，宋美龄竟被猛烈摔出车外四米多远，导致昏迷不省。同车的端纳等人亦被摔出，但幸未受伤，众人立即将宋美龄先抬至附近农舍急救，所幸约一刻钟后，她逐渐苏醒，恢复意识，其不顾创伤苦痛，仍坚持要完成赴前线之任务，并在前线视察约一小时之久，至晚间11时始抵达上海，才延医诊视，翌日以X光检查，竟发觉有一肋骨骨折。①

当时在南京的蒋介石，于宋美龄出车祸后，并未立即获得回报，而是等孔祥熙到南京转告后，才惊闻意外，并随即发一急电到上海中央银行给孔令侃，要其亲自译转电文给宋美龄。蒋介石在电文中表达关切，“闻吾爱面部受伤，甚念！”但也告知上海战况不利，唯恐日内交通被阻，希望宋美龄“如能行动，务望星夜回京，俾得安心调护”。② 宋美龄在略为调养后，于10月28日即自沪返南京，蒋介石见其伤势已无大碍，颇以为慰。当宋美龄告知，“上海各国驻军司令，对我国撤退计划之成功，与闸北仍留孤军固守，其英勇奋斗之敢死精神，均表示敬仰不置，而英军司令谈及时，竟为之声泪俱下”。蒋介石不禁感叹：“余毕生精力与苦心，至此已渐为世人所认识矣。”③

宋美龄等人平安返南京后，端纳谈起当日肇事时，“如蒋夫人被摔至公路之另一旁，或将有性命之忧，盖当时适有汽车一辆疾驰而过也”，而淞沪战争发生以来，日机在宁沪公路和铁道上经日投弹扫射，英国驻华大使亦曾被击受伤，因此往来宁沪道上者多在夜间行车，端纳对于“蒋夫人不避艰险，竟于日间遄赴前线，

---

① 《公忠为国奋不顾身蒋夫人劳军前线》，《中央日报》（南京）1937年10月30日。

② 《蒋中正致宋美龄函（五）》，1937年10月26日，台北“国史馆”藏，《蒋中正“总统”文物》，入藏登录号：002000000464A，典藏号：002-040100-00005-015。

③ 秦孝仪主编：《蒋公大事长编初稿》卷4上册，第132页。

其大无畏之勇敢精神，殊堪钦佩，而出事受伤后，仍不顾苦痛，坚欲完成赴前线之任务，其公忠为国之赤诚，尤足崇敬”。①

面对淞沪战局的失利和妻子车祸惊魂甫定之际，蒋介石在这一年过51岁生日时，特别检讨几个月来的抗战形势，蒋介石表示：

> （一）此次抗战，实被迫而应战，与其坐以待亡，忍辱受侮，不如保全国格，死中求生，与敌作一决战。如我再不抗战，则国民精神亦必日趋于消沉，民族生机，毁灭无余矣！（二）此次抗战成败得失，固难逆料，但统一局面，必可因而益见巩固。（三）现国联决议既于我有利，九国公约国家又集会有期，国际形势渐趋好转，此乃我抗战牺牲而获得国际同情之结果也。②

蒋介石认为各国虽仍多观望，但中国抗战的决心，无论是在战场上的坚持，或是宣传上的号召，已渐获国际的同情。到了12月1日，蒋介石与宋美龄结婚十周年纪念日当天，蒋介石特别肯定宋美龄对国家的贡献，其写道：

> 今日适为余结婚十周年，而党国前途，艰难重重，惟有竭尽吾二人之心力，扶危定倾，鞠躬尽瘁而已。③

为了应对日军不断的压迫，宋美龄于12月中旬致函世界妇女和平协会。宋美龄于函中表示，日本为了准备侵华，进而称霸亚洲，已不断扩张军备数十年，“该国首相近卫文麿令中国屈膝，中国于此惟有奋力抗战，以与敌人相周旋，吾国团结之坚实，乃前此所未见，国人皆知吾人系因保卫家庭与民族生存而战，日军残

---

① 《蒋夫人赴沪劳军曾覆车受伤》，《大公报》（汉口）1937年10月30日。

② 秦孝仪主编：《蒋公大事长编初稿》卷4上册，第134页。

③ 蒋介石当时认为：“倭、俄均欲以中国为战场，以中国为牺牲品，我国又焉能不亟图自强哉?!”秦孝仪主编：《蒋公大事长编初稿》卷4上册，第147—148页。

杀平民，数以万计，此种暴行制止之法，厥惟经济的压迫，换言之，抵制日货运动，实乃军事以外，争取和平自由最有效力之武器”①。宋美龄强调，中国乃为生存而战，希望各国能配合发动抵制日货运动，切断日本扩张军备的经济来源。

日本侵华后，原本速战速决的策略在中国的坚强抵抗下，逐步陷入扩大战线的泥潦，在军事压迫之余，也不断释放出和谈的讯息。德国驻华大使陶德曼（Oskar Paul Trautmann，1877—1950）即多次担任信使，试图调解中日冲突，其在12月22日将日本议和条件递交给孔祥熙和宋美龄，希望将日本的条件转知蒋介石。② 蒋介石在几经筹思外交问题后，于1938年元旦评析：“国际侵略与反侵略阵线尚未形成，爱好和平国家为本身利害打算，未必即能助我，当此之时，吾人对于外交，断不宜作依赖谁何之想，务必力图自存自主。”面对复杂的国际关系，蒋介石认为其中“尤以对俄问题，处理为难，盖国之祸患，有隐有急，倭祸急而易防，俄患隐而叵测也”。③

1938年初，为了鼓吹抵制日货运动，宋美龄致函在华传教三十年的浸礼会牧师史提芬士，宋美龄于函中表示，“此次战争之结果如何，余不知之，唯日军之所以能长驱直入者，非因其勇敢或战略之高强，乃由其大量之炸药所造成者，请告贵国人民，中国之团结为前所未有，请贵国人士勿买卖日货，并请再进一步，要求停止对日之出入口贸易，切记每日之战争，均有数千人命牺牲

---

① 《蒋夫人致函世界妇女会》，《大公报》（汉口）1937年12月15日。

② 广田以日本和平四条件交德大使陶德曼：1. 中国放弃亲共抗日反满政策，并与日满共同防共；2. 在必要地区划为不驻兵区，成立特殊组织；3. 中日满经济合作；4. 赔款。谈判期间不停战，由中国派员至指定地点直接交涉，并望本年底答复（德大使以其远超出11月2日条件，中国政府绝无法接受。广田云：由于军事局势改变，不可能有其他方案）。参见郭廷以编著：《中华民国史事日志》第3册，台北“中研究”近代史研究所1984年版，第744、746页。

③ 蒋介石认为日本气焰嚣张，各国态度多存观望，能否挺身援华并无把握，因此决定无论国际形势如何，“吾当一本原定方针，忍辱负重，奋斗到底，当国家危迫之际，若无坚忍不拔之志，将从何处立足耶？”秦孝仪主编：《蒋公大事长编初稿》卷4上册，第159、161页。

于日本之炮火下也”[1]。宋美龄希望通过美国的教会，传递抵制日货的讯息。

由于宋美龄先前赴沪劳军车祸的伤势，仍旧影响其健康，故于1938年1月11日自汉飞港就医。[2] 2月1日，宋美龄在港疗养期间，被推为战时儿童保育会主任委员。[3] 事实上，宋美龄除了关心儿童保育问题外，为了协助国民革命军遗族的教育，早在1928年10月间，其即电邀冯玉祥夫人，共同筹设革命军人后裔学校。[4]

2月初，蒋介石致电给在香港疗养的宋美龄，请其“安心调治勿虑”，但没隔几天，蒋介石连日电告宋美龄，希望其能早日回汉口襄助，尤以“航会改组事重要，请即回汉为盼”。[5] 宋美龄在港期间，曾表达有意辞去航空委员会秘书长之职，其于19日自香港飞返武昌后[6]，在3月2日即辞卸航委会秘书长职务，转任委员，而由宋子文代理该会秘书长职务。[7]

辞去航委会秘书长后的宋美龄，在协助抗战工作上并未停歇，3月22日晚间即陪同蒋介石乘车北上，巡视郑州、徐州、洛阳各地[8]，直到28日才返回武汉，参加次日的中国国民党临时全国代表大会，并继续号召妇女投身抗战，鼓吹美英等国援华制日。

---

① 《蒋夫人致函美国一传教士请劝美人抵制日货》，《大公报》（汉口）1938年1月5日。

② 参见秦孝仪主编：《蒋公大事长编初稿》卷4上册，第163页。

③ 参见秦孝仪主编：《蒋公大事长编初稿》卷4上册，第176页。

④ 宋美龄电邀冯玉祥夫人，表示：“此次北伐成功，实为武装同志牺牲之代价，诸志士杀身成仁，夫复何憾，惜所遗孤苦，无人教养，若我辈不为之设法抚育，何以对死者之忠魂？妹等有鉴于此，拟设立革命军人后裔学校，施以相当教育，惟事关重大，极愿大姊共同负责，请即命驾来京指导进行为祷。”《革命文献——军事善后》，1928年10月6日，台北“国史馆”藏，《蒋中正“总统”文物》，入藏登录号：002000000315A，典藏号：002-020100-00023-048。

⑤ 《蒋中正致宋美龄函（五）》，1938年2月3、11、14日，台北“国史馆”藏，《蒋中正“总统”文物》，入藏登录号：002000000464A，典藏号：002-040100-00005-018、019、020。

⑥ 参见秦孝仪主编：《蒋公大事长编初稿》卷4上册，第181页。

⑦ 参见秦孝仪主编：《蒋公大事长编初稿》卷4上册，第183页。

⑧ 参见秦孝仪主编：《蒋公大事长编初稿》卷4上册，第190页。

三、力促妇女投身抗战

1938年5月20日，宋美龄为加强全国妇女抗战工作与改善一般妇女生活，在庐山召集全国妇女首领会议，并希望能运用新生活机构训练民众。此次会议由宋美龄担任主席，金陵女子文理学院校长吴贻芳担任副主席①，与会者都是中国妇女界的知识分子，或于中国妇女界担任领导工作，长期服务于社会，积极参加各种工作的女子。大会共经历五日的讨论，参加者无不同仇敌忾。

宋美龄在该会开幕时，首先致辞说明召开会议的目的，“并不是为了见见面，叙叙欢，而是因为我个人觉得我们能够聚首一堂，对于如何解决涉及抗战的许多重大问题，可以有所帮助”。宋美龄指出，这次日本不宣而战的发动侵略，使中国人民饱受痛苦和困顿，但却让中国团结起来一致抗日。其认为中国在抗日最大的需要，是“各党派以及社会各部门的团结合作，国家的利益高于一切，不论有什么党派的偏见，为顾全国家的利益，都应该袪除净尽”，而为了凝聚抗日力量，为国家利益共同奋斗，“在今天的中国，以促成团结为第一件要事，至促成团结，要从密切联络，相互认识做起”。宋美龄认为过去“许多误会的发生，往往由于大家虽在做着同一的工作，彼此却不认识。私人的接触和认识，实在足以促成有效的合作”。②

宋美龄希望透过大会，制定一个全国性的妇女工作纲领，使中国妇女工作的各方面可以互相联系起来。让各省的妇女工作，能够和国家的需要相配合。并期待透过会议，提供实际经历的报告，让各省的妇女彼此有机会知道其他各地妇女工作所涉及的种种问题和情形，以及所采取的方法。借由彼此听取报告，共同切

---

① 吴贻芳于1928年担任金陵女子大学校长，1930年该校在国民政府教育部立案，更名为金陵女子文理学院。

② 《蒋夫人在庐山召集全国妇女首领会议》，《大公报》（汉口）1938年5月25日。

磋，提升中国妇女工作的效能。①

宋美龄为了鼓舞参加庐山妇女会议的女界精英们，特别在5月21日致电给蒋介石，表示妇女大会开会情形良好，与会者精神甚佳，“请兄来电训勉，指示方针”②。蒋介石在繁忙的公务中，也随即回复一短电：“妇女大会诸女士，大会开幕对于抗战建国诸多贡献，无任企盼，并祝康健！”③ 庐山妇女会议的召开，齐聚妇女界精英，在热烈的讨论下，对于提振妇女士气，整合抗战期间的妇女工作，确实发挥不少的功能。

1938年5月20日，庐山妇女谈话会全体代表合影（《蒋中正“总统”文物》，台北“国史馆”藏，典藏号：002-050113-00002）

① 参见《蒋夫人在庐山召集全国妇女首领会议》，《大公报》（汉口）1938年5月25日。

② 《革命文献——抗战方略：重要指示》，1938年5月21日，台北“国史馆”藏，《蒋中正“总统”文物》，入藏登录号：002000000358A，典藏号：002-020300-00004-020。

③ 《革命文献——抗战方略：重要指示》，1938年5月21日，台北“国史馆”藏，《蒋中正“总统”文物》，入藏登录号：002000000358A，典藏号：002-020300-00004-020。

在庐山妇女会议结束后不久，日本军舰在1938年6月间，已逐渐从南昌向长江上游移动，显示日军准备进攻汉口，国民政府安排武汉的妇幼，每天约两万人离境。但不料此时英国驻汉口代办忽代转日方提出的十项条件，以交换划租界为中立区。该通牒条件苛刻，措辞令人难堪，且由一友邦使节做了转信的人，此让蒋介石颇为震怒，并立刻召见英国代办，由董显光担任翻译，面斥英方处置失当。蒋介石在英国代办辞出后，要求董显光将经过公诸外国记者。不过董显光考虑到当时的战况危急，一旦将之公开发表，固然将日方所提苛刻条件，付诸公评，但却可能与英方发生摩擦，其中利弊得失颇难衡量，因此建议宋美龄出面委辞劝说，才未让此风波扩大。①

到了7月间，日军对武汉的压迫日甚，蒋介石对外求援更急，心情欠佳，连日斥责部属，宋美龄则在一旁陪伴游湖散心。7月3日下午，蒋介石在接见英国大使卡尔（Archibald C. Kerr，1882—1951）后，傍晚再由宋美龄陪伴游东湖，纾解心中的烦闷，一同赏游并记下："月白风清，山幽水静，好景堪赏，无解国忧。"② 宋美龄和蒋介石不断寻求外援，但各国基于自身的利益考虑，仍持观望，对华多为口惠而实不至的态度。

不过蒋介石和宋美龄依旧不愿放弃向外争取资源的努力，先是在7月6日成立了第一届参政会，强化政权的民意基础。7月10日下午，蒋介石又与英国大使卡尔谈话约两小时，蒋介石期待英国能提供借款，一方面能助国民革命军守备武汉，一方面也能对日宣示，借由英国的援助，让日本畏惧，吓阻日军的侵略。但负面的讯息，很快从伦敦传回，中国驻英大使郭泰祺7月14日电孔祥熙转陈蒋介石，"查此次借款，被否决之最大原因，系欧局近日甚不安稳，德意在地中海图侵英法之计划日有证明，故西班牙问

---

① 参见董显光：《董显光自传——一个中国农夫的自述》，曾虚白译，台湾新生报社1981年版，第143—144页。以下简称《董显光自传》。

② 萧李居编：《蒋中正"总统"档案：事略稿本42——民国二十七年七月至十二月》，台北"国史馆"2010年版，第16页。

题表面上虽似有解决之势，内幕实甚有问题，英方恐日本在远东乘机报复，将无力兼顾，且英首相为顾全其政策，对凡足以予英意协定以不良影响之举，均非所愿为，但国际情势如好转，或远东时局有变化，借款事将来仍有可望，贾德干亦以为然，罗杰士十七日晨飞港，顺闻”。蒋介石于 7 月 16 日收到郭泰祺的电文后，只好自我安慰地说：“英国对华借款其内阁已否决，此于全般利害言，则利多害少，盖借款成功，倭寇或将恼羞成怒，不顾一切进攻华南，则于我交通与后方更为有害也。”不过蒋介石对于英方的态度还是不满，其抱怨：“英国既不肯贷款，而又令其大使驻汉，

1938 年，宋美龄与外籍记者合影（《蒋中正“总统”文物》，台北“国史馆”藏，典藏号：002-050113-00002-011）

且令其港督访粤表示协助之意，未知其究何用心？”[①] 面对英国的自利，在中国需要援助时，却不愿适时伸出援手，让蒋介石和宋美龄对英均留下负面的观感。

在此时期，中国求援的对象还包括苏联、法国等，但碍于中国在战局中居于劣势，对外交涉的收获仍是有限。蒋介石和宋美

① 萧李居编：《蒋中正“总统”档案：事略稿本 42》，第 42—43、63—65、77 页。

龄寻求外援无着，面对日机轰炸武汉惨烈的景象，蒋介石不禁感慨："空袭时而余向郊外趋避，甚感不安，及见民众被炸，死伤迭出，心尤难忍，是以终日烦闷。"① 蒋介石夫妇仍旧不断争取美英等国媒体的支持，蒋介石在7月24日和纽约泰晤士报特派员窦奠安谈话，发表《对美国远东政策之感想》。窦奠安问道："委员长以为美国及其他友邦可用何种特别方法援助中国?"蒋介石表示：

1938年，宋美龄与外籍记者交谈（《蒋中正"总统"文物》，台北"国史馆"藏，典藏号：002-050113-00028-003）

> 日本之敢于扰乱和平，系已洞察与太平洋有关列强，均不欲对该国采取集体行动所致。假如英美法苏各国，能与其他太平洋有关国家共同团结，以坚决切实态度，表示其意向，消除日本所认为不能采取共同行动之幻想，则不必诉诸武力，亦可使侵略者有所顾忌，而不敢悍然横行。②

在缺乏国际有力的援助下，只身抗日的中国，终于在8月4日

---

① 萧李居编：《蒋中正"总统"档案：事略稿本42》，第49—50页。
② 萧李居编：《蒋中正"总统"档案：事略稿本42》，第92—98页。

将驻汉各中央行政机关全部迁渝。8 月 20 日晚间，蒋介石乘火车北上，次晨到鸡公山，与宋美龄共同祷告，蒋介石内心颇复杂，在祷告时“承上帝指示杰里迈亚哀歌最后之第五篇，公称此地清静高爽，又得观览云海，心旷神怡，无异出火坑而入洞天，但一念及敌情与战事，遂觉耻辱重重，不能片刻忘怀耳”。下午，宋美龄陪同蒋介石游览北街与教会区，傍晚在山纳凉，并再次祷告。① 面对国际的现实，很难期待列强在此时支持，蒋介石和宋美龄只能一起通过祈祷，希望中国的抗战能有转机。

武汉的失守，确实对民心士气是一大打击，宋美龄与蒋介石不断地一起祈祷，互相鼓舞，并持续向美发出求援的讯息。8 月 22 日，蒋介石电告孔祥熙，表示“借款问题，应对美积极进行，前请光甫赴美事，究竟如何，应促其早日成行，如须由弟敦促，则可由弟电催也，借款方案请多拟几种，属光甫带去，否则请适之先行回国，托其带去亦可，适之任大使事，务请即日发表，究有征美同意否，盼复”。蒋介石希望通过胡适的高知名度，担任驻美大使，协助中国争取美国的支持，并要求孔祥熙增加在美的宣传经费。蒋介石于 9 月 21 日电告孔祥熙，指示“发动美国对倭制裁，应不惜经费，托驻美可靠人员，竭全力作有计划之宣传，适之未到任前，与其托儒堂，不如托李国钦与陈光甫先事筹划进行，并请先汇十万美金，作为宣传之用是荷”。②

9 月初，宋美龄为了进一步推动妇运宣传工作，借由担任“新生活运动”总会妇女指导委员会指导长之职，发起组织新生活妇女工作团，并由该会总干事张蔼真及各组组长如史良、陈逸云、唐国桢等，负责推动工作团的工作和组织宣传队，至各家庭访问，向妇女界作各种宣传，鼓励留居在武汉的家庭妇女及女学生参加。③ 同时，宋美龄持续关注难童、伤兵的照护，蒋介石于 9 月 3

① 萧李居编：《蒋中正“总统”档案：事略稿本 42》，第 204 页。

② 萧李居编：《蒋中正“总统”档案：事略稿本 42》，第 211、319—330 页。

③ 参见《蒋夫人发起组织新生活妇女工作团》，《大公报》（汉口）1938 年 9 月 3 日。

日的日记写道："每见民众之面有菜色，与妇孺之流离失所，痛不堪言，所谓动心忍心之实情，非身历其境者不得而知也，吾妻昨以收容一个难童，为其一日工作最大之收获，盖感于难童孤独无依之苦，而得以解救之，心之安慰为如何乎。"看到人民因战乱而流离失所和对外交涉的困顿，蒋介石和宋美龄在公余之时，多寄情山水，舒缓身心的压力与疲劳。9 月 27 日中午，宋美龄偕同蒋介石，到珞珈山东岛上卧云亭野餐，"山明水秀，足以消愁自适"①，并在幽雅宁静的环境中，构思新的因应方略。

1938 年，宋美龄莅临妇女干训班主持第一期开学典礼（《蒋中正"总统"文物》，台北"国史馆"藏，典藏号：002-050113-00002-018）

对于中国的困局，苏联方面一直希望蒋介石能拖住日本，但却又不愿大方地给予资助。斯大林在 1938 年 6 月间，曾致书支持蒋介石抗日，但自 8 月后却对蒋介石的求援冷淡以对。蒋介石于 10 月 6 日评论道：

八月以来，二电史大林无回电，要求第二批订定之

① 萧李居编：《蒋中正"总统"档案：事略稿本 42》，第 211、338 页。

武器，切望其能于九月中旬武汉附近战争最烈时到达接济，而一无反应，及至欧局紧急，恐我放弃武汉或与倭媾和，其使节又以六十师武器五百架机示意，国际实情，祇有利害，毫无信义，更无是非，弱国惟有公理与信义是从，凡不义之物，非礼之事，虽至穷困败挫，亦不能有动于中，区区武器，何足为意，且其已订之物，尚不能如期交货，则其示意之物，更不足计矣。①

宋美龄和蒋介石从与各国的交手经验中，深刻体验到国际间只讲利害的现实，中国如未能改变虚弱现状，很难在国际间倡言公理信义。10月7日，蒋介石夫妇对抗战工作作了讨论，宋美龄询问蒋介石“服务是目的不是手段?”蒋介石回应：

余曰然，社会服务应作我人本分事，以民众痛苦即为余之痛苦，决非有所希冀或名誉之报酬也。②

对于宋美龄积极投入社会工作，蒋介石颇感欣慰地表示：

近见妻对于服务教育与妇女运动之热心日进，不仅私心自慰，而且使余亦更加兴奋，患难中惟此得以欣悦耳。③

随着双十节的到来，为关怀各受伤将士，蒋介石指派励志社总干事黄仁霖，“购备大批毛巾牙刷被子糖果等项慰劳品，交由战地服务团长沙服务所，于国庆节代为分发长沙附近各伤兵医院及收容所各伤病员兵，并另致各该受伤将士慰问书”。双十节前夕晚间，宋美龄偕蒋介石约集“新生活运动”女指导员等人，聚谈于

---

① 《蒋介石日记》(手稿本)，1938年10月6日。
② 萧李居编：《蒋中正“总统”档案：事略稿本42》，第403页。
③ 萧李居编：《蒋中正“总统”档案：事略稿本42》，第403页。

东湖滨，众人围坐月下，谈论热络，当场共唱岳飞《满江红》词，悲歌令人更感壮烈。①

1938 年，宋美龄与妇女会伤员服务人员合影（《蒋中正“总统”文物》，台北“国史馆”藏，典藏号：002-050113-00002-036）

双十节前后，宋美龄督率“新生活运动”促进总会妇女指导委员会全体职员，积极筹划劳军计划，购备各项犒劳物品，亲身慰劳武汉城防部队，分赠慰劳品并致辞鼓舞将士。双十节当天清晨5时，妇指会成员分组出发劳军，三民主义青年团干部训练班的女团员并为城防将士献唱致慰，宋美龄亦亲往各部队致辞，她指出：

> 今日国庆，乃先烈之血所缔成，诸位将士现以血来保卫艰难缔造之中华民国，亦即继承总理遗教，以求革命之完成。武汉系革命策源地，且为全国之腹心，吾人在抗战经年之今日，仍能在此肩负保卫武汉之使命，意义至为重大。委员长之关怀诸位，非仅视诸位为部属为

① 萧李居编：《蒋中正“总统”档案：事略稿本 42》，第 404、411 页。

同志，直视诸位为子弟，诸位为家庭中之父母兄弟姊妹，亦即委员长与余之父母兄弟姊妹，是以今日除来此向诸位慰问外，并拟函慰诸位之家庭，请各级官长士兵皆将各人之家庭地址及姓名详细开出，以便由妇女指导委员会各别去函致敬。①

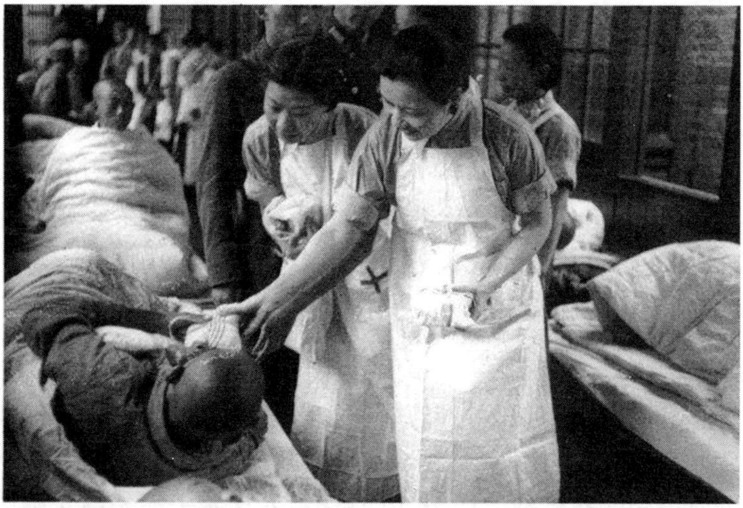

1938 年，宋美龄赠送伤员战士慰劳品（《蒋中正“总统”文物》，台北“国史馆”藏，典藏号：002-050113-00002-038）

是日犒赏各部队完毕后，宋美龄又率员至武汉各伤兵医院及收容所，慰问伤病官兵并分发慰劳物品，宋美龄等人自晨 5 时出发，直至下午 5 时才完成慰劳工作。② 抗战期间的医疗条件，普遍不佳，尤以伤兵累累，让宋美龄在劳军后，决定请蒋介石出面，谋求改善之道。10 月 13 日，蒋介石巡视伤兵收容所，看到环境污秽不堪，甚为感叹，其自记“所长无识游惰，苦我伤兵，痛恨之

① 《蒋委员长检阅武汉民众组织蒋夫人犒劳城防军》，《中央日报》（长沙）1938 年 10 月 11 日。

② 分发各部队之慰劳物品，有整牛二十六头，整猪四十四只，月饼数万个，香烟数万包，分发各医院者，计有牛肉一千一百五十斤，猪肉八百七十五斤，酱菜一千一百五十斤，橘子一千七百五十斤，各医院之猪牛肉均交由各该院厨房加煮烹调，作为国庆节之特别膳食。参见《蒋夫人慰劳城防部队》，《大公报》（汉口）1938 年 10 月 11 日。

至，幸有余妻代为监察，聊得自慰耳”①。宋美龄亲自探慰伤兵，实地掌握伤兵的医疗情形，对于改善医疗水平，也有所贡献。

由于苏联斯大林的阴沉和英国的现实，蒋介石和宋美龄希望能突破美国的孤立主义，蒋介石于10月11日电告孔祥熙，要其转请王宠惠代拟致美总统电，商请罗斯福出面，仗义援助中国，并促成经济借款。蒋介石电称：

> 请以中正名义致电罗斯福总统，托胡大使转请其为中国仗义协助，更希望其对于中国经济借款，能早日成功之意。其词意多着意于对彼个人主张公道与反对侵略之宗旨表示感佩，并谢其屡次对于中国精神道义与购买白银之协助，表示感激之意。总须不亢不卑，着重其能感动努力，促成其借款之决心与实施为要。②

宋美龄和蒋介石在对外文稿中，虽自知中国为弱国，但颇为重视“不卑不亢”的原则，维系中国的自尊与立场。日军在1938年10月上旬陆续集结，10月12日清晨在广东大亚湾澳头港附近登陆，蒋介石致电在华盛顿的胡适，告知“敌在粤登陆，实为威胁英国，甚至向美挑战，此为美国促起英国对远东与美合作，共同干涉之惟一良机，务请竭力运用，促成英美共同行动，解决远东问题”。蒋介石亦电告在香港的宋子文，“倭寇在粤登陆，实与英国挑战，请尽量在港对英运用，使其有明确态度之表示”。蒋介石希望美英能共同行动，出面吓阻日军行径，一方面协助中国，另一方面更是保障其自身在远东的利益。到了10月中旬，为了避免日军切断自港运补的动线，蒋介石电告宋子良，“存港各货，望速全部北运”③，期能保存战备，进行长期抗战。

---

① 萧李居编：《蒋中正“总统”档案：事略稿本42》，第432页。

② 《革命文献——对美外交：财经援助（一）》，台北“国史馆”藏，《蒋中正“总统”文物》，典藏号：002-020300-00030-008。

③ 萧李居编：《蒋中正“总统”档案：事略稿本42》，第430、432页。

1938年10月，宋美龄在妇女会缝纫班亲缝征衣（《蒋中正“总统”文物》，台北“国史馆”藏，典藏号：002-050113-00002-029）

随着时序入秋，“新运”总会妇女指导委员会在宋美龄的领导之下，开始发起为抗战将士征募寒衣运动。宋美龄一面要该会新生活妇女工作团日夜赶制棉背心，一面号召各省主席夫人，加入征募的行列，在各界妇女群策群力，继起响应下，在短时间内即获得不少献金及棉衣。① 10月16日下午，蒋介石与宋美龄再到东湖边览望，蒋介石有感而发，写道：“湖光秋色，别有风景，顿增西湖与故乡之感，江山未复，军民交瘁，言念国情，凄怆万千。”并开始着手武汉撤退事宜。蒋介石认为与其耗费力量，在武汉和日军作没把

① 根据《大公报》报道，该会活动获得各界响应，获“捐助大量代金及已制成之棉背心，计有湖南省主席夫人张希厚女士代金六万元，背心二万件，江西省主席夫人顾柏筠女士代金五万二千九百元，江苏省代主席韩德勤先生代金五万元，广东省主席夫人马凤歧女士代金四万元，贵州省主席夫人陈适云女士代金二万元，香港慰劳分会代金七千元，棉背心三千件，福建省主席夫人胡月芳女士及征募寒衣会福建分会代金各五千元，河南程司令长官夫人周劼华女士代金五千元，察哈尔省主席夫人傅淑贞女士，山东省主席夫人胡英芝女士及刘峙夫人杨庄丽女士各二千元，湖北省主席陈诚夫人一千元，马尼剌中国妇女慰劳分会代金五万三千五百五十三元一角四分，及川康残废官兵教养院筹备处全体官兵及残废官兵等四百余人代金一百二十八元一角”。《“新运”妇女指委会募得大批寒衣》，《大公报》（汉口）1938年10月14日。

握的拼战，不如保持战力，并可免于被日本要挟和谈。[①]

日本为了逼迫中方接受谈判，持续不断地在武汉轰炸，唯此时蒋介石和宋美龄的心意已决，当10月23日日本军机不断在上空侦察轰炸时，宋美龄了无恐惧，心情保持愉快不受影响，蒋介石认为这是“夫妻相爱之切，诚能消愁去忧，在苦痛患难中，惟此足以自慰耳”。蒋介石于24日确定放弃汉口，其自析：“有舍乃能有取，能忍乃能有济，此次放弃武汉与我离去武汉之缓急先后，实关乎国家之存亡，能不审慎，深思三日，乃允各将领之所请，决于本晚离汉赴衡，成败利钝，听之于天父命令而已。”[②] 国民政府军事委员会发言人同日接见中外记者，说明“对日作战已重新决定战略，准备自动放弃武汉之核心，另作部署，以与敌周旋，并谓此项决定，乃为军略上转移兵力所必须之步骤”[③]。面对撤离武汉及各国观望的复杂情势，张群在28日电陈蒋介石：

> 此后外交政策，似宜侧重调解，惟各国对我态度不同，苏联自亦不能出任调解，美非不愿，且有可能，但认时机未至，而其条件如违反彼国立场及主张，决不参加，英法则惟重自己利益，日后或迫我让步，亦未可知，德义［意］当然袒日，对日方消耗过巨认为不利，故愿居间周旋，而敌方自宇垣辞职后，求和空气已淡，必须我方做到持久抗战，使敌益感疲乏，调停始可着手，故我方不宜亟亟有所表示，祇须暗示随时可接受调停……

---

① 蒋介石评估：“此时武汉地位已失重要性，如勉强保持，则最后必失，不如决心自动放弃，保存若干力量，以为持久抗战与最后胜利之根基，对于敌军心理，若其果求和平，则我军自动放弃，反能促其觉悟，并可表示我抗战之决心与毫无所求，亦无所惜，使其不敢有所要挟，否则如我希冀其停止进攻，则彼更将奇货可居矣，故决心放弃武汉，并发表宣言，通告中外。”萧李居编：《蒋中正“总统”档案：事略稿本42》，第440、449页。

② 萧李居编：《蒋中正“总统”档案：事略稿本42》，第461—462、465—466页。

③ 蒋介石原本固守武汉的策略目标为：“非企图国际干涉，实自信南北两岸主力，必可以武汉为中心，互相呼应，以期击灭敌军也。”因决以全力加强武汉核心工事。萧李居编：《蒋中正“总统”档案：事略稿本42》，第268、469页。

国际运用，宜以不卑不亢之态度，择取易得同情易实现之路线，相机进行，始易收效，所见如此，谨陈参考。①

虽然张群建议可暗示日方尚有调停空间，但蒋介石则已考虑是否要对日本宣战，并致电给孔祥熙要其和汪兆铭、王宠惠等先讨论，其认为："对于宣战问题，此时应切实研究彼我之利害关系，今后沿海各口既全被封锁，故我对于海外交通不再有所顾虑，若我宣战，则美国必实行中立法，可断绝敌人钢铁煤油之来源，实于敌有害也，又我如宣战，对于国联及各国关系，均应精密研究，切实探明，望即令我驻外各大公使全力进行。"② 武汉的失陷，确实让不少人的内心产生怀疑，不过蒋介石和宋美龄坚定抗日的决心，则未见动摇。

国民政府自南京撤退汉口之后，因外交部亦在西迁之列，外国使馆多在重庆设馆。当时负责对外宣传的董显光因经常和宋美龄接触，其发现"此在汉口的外交业务不知不觉间由蒋夫人实际负担了起来。我因随侍蒋委员长夫妇左右较接近的关系，也成了非正式协助外交的人员了"③。

董显光日后回忆在汉口的这段期间，"蒋夫人在这期间表现了明智果断的才华，好几次挽救中国渡过外交上的危急"。最显著的一次是处理史迪威上校越职狂言的问题，董显光追忆道："史迪威那时候还只是美国大使馆里的一位上校参事。有一天蒋委员长得报告悉，史迪威密报华盛顿，预测中国抗日军事将在半个月内全面崩盘。蒋委员长怒，命我质问美国驻汉总领事。"董显光当时深感问题的严重性，非同小可，遂求助于宋美龄协助指示，并建议宋美龄先约见史迪威，了解其意向再决定因应方式。宋美龄同意董显光的做法，让其先往访史迪威，发现两人过去在北平即有过从。史迪威在董显光的陪同下进谒宋美龄，经过约一小时非正式

---

① 萧李居编：《蒋中正"总统"档案：事略稿本42》，第481—484页。
② 萧李居编：《蒋中正"总统"档案：事略稿本42》，第494—495页。
③ 董显光：《董显光自传》，第142—143页。

的恳谈，史迪威表示“他这才了解中国处境之坚定，深感同情并对蒋委员长倍感敬佩”。[①] 宋美龄以此经过向蒋介石缓颊，蒋介石遂同意董显光无须造访美国领事，消弭中美之间一次可能的摩擦。

四、倡导捐输鼓吹对日禁运

武汉撤退后，宋美龄到了长沙，发动了制作伤兵被服的运动，其后又到了广东的韶关，不过因该地被轰炸得很厉害，妇女多已离开，该地妇女工作也陷于停顿，遂又转赴桂林。宋美龄在桂林和白崇禧谈论了不少妇女参加抗战的情形，并在当地“看见许多女子在受军事训练，他们过着很苦的生活，和军队一样，训练好了，便随军队去做军民联络的工作”[②]。随后蒋介石和宋美龄一同到了南岳，准备主持军事会议。10 月 26 日中午，宋美龄陪伴蒋介石同登祝融峰[③]，饱览山光迭峦。

蒋介石和宋美龄离开武汉后，特别留意军事行动和政权的正当性基础，特地通过会议和宣传来稳定民心，并试图以对日宣战的方式来寻求英美的对日干涉。其在 11 月 11 日电告孔祥熙和王宠惠，要注意对英外交之运用，蒋介石表示：“以中日宣战以后，日本在远东可依照战时公法干涉各国行动，无异驱逐英美势力于远东之外，此实可引起日本与英美之冲突，未始非英国所忌也，故英使到时，中央同志应皆以宣战于我有利之意示之，或可嘱中立报纸作此社论，以警戒英美也。”[④] 22 日中午，蒋介石和宋美龄到络丝潭野餐，下午，两人由华严湖经甘霖桥向东，再走小径到南岳庙巡视，见到山上寺庙殿堂为敌弹炸毁多处，蒋介石在心中更加确认：“中倭只有拼战到底，决无妥协之理也。”次日中午，蒋

① 董显光：《董显光自传》，第 143 页。

② 白崇禧告诉宋美龄：“台儿庄的胜利，女子是很有功劳的，因为有许多女学生在军队里工作，到了危急之时，还不肯走，说要与军人共生死，所以使军中男子们都一致感动，格外奋勇前进。”《渝妇女界欢迎会席上蒋夫人之演讲》，《大公报》（重庆）1938 年 12 月 19 日。

③ 萧李居编：《蒋中正“总统”档案：事略稿本 42》，第 473 页。

④ 萧李居编：《蒋中正“总统”档案：事略稿本 42》，第 556—558 页。

介石陪同宋美龄到黄庭观后山野餐，下午则着手撰拟对军官训话讲稿，并研究敌军占领区设施对策。①

12月3日下午，蒋介石在主持南岳军事会议之余，偕同宋美龄巡游七星岩，但见沿途避难民众，“老幼者尤为可怜，精神悲伤，顿生忧惶”。到了12月8日上午，在约晤白崇禧、陈诚等将领商谈军务后，蒋介石夫妇于11时由桂起飞，下午2时到渝，驻寓黄山，又与张群会谈，至5时后才休息。②

在经日的会议和奔波后，蒋介石及宋美龄在重庆终告安顿，蒋介石于12月13日自省：“南京失陷，至今已一周年矣，耻辱重责，何时得已，岂能自谅乎。”③ 并看书、检查旧稿，发现1936年在西安寄给宋美龄与经、纬国两子之遗嘱，蒋介石读之不禁有隔世之感，下午由宋美龄陪伴，到浮图关营房视察。

1938年12月中旬，重庆市妇女召开欢迎大会，迎接宋美龄抵渝，并由其发表演说。宋美龄指出她在四年前就到过重庆，现在二度到渝，发现重庆的进步之速，实在惊人，加以四川的物产丰富，人口众多，正是复兴中国的基础。她继续表示：“我们四川一省就有七千万人，只要我们大家抱定决心，共同努力，只要四川一省，就足以和日本抗战。”宋美龄呼吁由于各省人员汇聚重庆，要大家摒除省籍之分，“要知道我们大家全是中国人。不应该有省界的观念，我们到外国去，没有人要知道你是那一省的人，只知道你是中国人，所以我们无论生在那一省，都要同心同德，为中国争气”。她要妇女挺身加入救国行列，“妇女要求男女平等，便先要负起和男子同等的义务来”。她还感谢华侨妇女的踊跃捐款，各省主席夫人热心地在各地领导棉衣运动，她认为这都是表现妇女对国家服务的精神。④ 宋美龄特别强调，要使妇女工作有更好的效果，她觉得大家应注意下列六点：

---

① 萧李居编：《蒋中正“总统”档案：事略稿本42》，第597—598、602页。

② 萧李居编：《蒋中正“总统”档案：事略稿本42》，第641、651页。

③ 《蒋介石日记》（手稿本），1938年12月13日。

④ 《一个盛大的茶会欢迎蒋夫人》，《中央日报》（重庆）1938年12月15日；《渝妇女界欢迎会席上蒋夫人之演讲》，《大公报》（重庆）1938年12月19日。

> 第一，应该认识我们自己的是民众的一份子，是属于民众的，无论做甚么事，应以服务民众为目的，要爱护民众，不要忘记民众的痛苦；第二，各妇女团体要有合作精神，不必多组团体，分散力量，应该集中人材共同努力；第三，应有宽宏的度量，不可狭隘……第四，我们要服从纪律，有纪律才能使行动敏捷，步骤不乱，才能使工作更有效果；第五，我们必须有忍苦的决心和牺牲的精神……第六，最后一点，是中国人的老毛病，就是好讲面子，以为我是太太，就不肯做粗工作，这种习惯应该打破，在抗战期间，只要有益于国家的，无论粗细工作，都应该去做。①

宋美龄继续表示："目前四川出征壮丁，每月有几万，我们应该鼓励他们，安慰他们的家属，为他们做寒衣。重庆设立了伤兵医院，我们应该努力协助这件事，使伤兵的生活更加改良，其余就是清除街道，宣传卫生的工作，妇女们也是应该去推动的。"②她同时认为，国际舆论对中国妇女的战时工作，都很赞扬，称中国女子替中国开了一个新纪元，鼓励与会妇女应该更加奋发。

抗战期间由于战乱和交通的不便，除了少数的达官贵人可搭机入川外，多数的人要流徙一段时日才能抵渝。当时负责对外宣传的中宣部国际宣传处的工作人员，要到 1938 年底，才由各路集中到重庆。宣传部副部长董显光由长沙乘飞机抵川后，找到重庆郊区巴县中学的一部分房屋做办公处所，立即筹备恢复对外宣传的工作。③

宋美龄到达重庆不久，就开始准备动员妇女，鼓吹男子志愿从军等工作。1939 年 1 月 13 日下午 3 时，宋美龄特地与重庆妇女

---

① 《渝妇女界欢迎会席上蒋夫人之演讲》，《大公报》（重庆）1938 年 12 月 19 日。
② 《渝妇女界欢迎会席上蒋夫人之演讲》，《大公报》（重庆）1938 年 12 月 19 日。
③ 参见董显光：《董显光自传》，第 151 页。

1938年12月25日，宋美龄分赠儿童糖果礼物（《蒋中正“总统”文物》，台北“国史馆”藏，典藏号：002-050113-00028-113）

界领袖见面，演讲《抗战建国中之妇女问题》。① 由于国民政府西迁后方，兵源相对受到局限，宋美龄希望各阶层的男子都能踊跃从军，她表示：“现在参加兵役的人大多是工农，这也是兵役问题的一个症结，以后要各级的人都参加兵役才好，如果上中层人参加了，一定可以给工农许多鼓励，如果智识份子参加了，一定可以帮同改善许多弊端。”宋美龄还以遗族学校学生为例，男生在初中以上的一律送军事学校攻读，现在很多督战的军官是该校的毕业生，希望遗族子弟“继续父兄们的历史，为了民族的前途，我只好送他们上战场”。因此她希望高级官员的子弟，能抛弃优裕的生活，参加兵役，作老百姓的表率。②

宋美龄接着在1月15日起，在《中央日报》妇女“新运”周刊发表一系列《中华民族的再生》专文，鼓励同胞发挥力量，面对挑战。③ 宋美龄于1月23日宴请七十多位宾客，除了一小部分是新生活妇女指委会的职员外，大半是高级长官的夫人们，包括

① 《抗战建国中之妇女问题》，《中央日报》（重庆）1939年1月15日。

② 《蒋夫人会见记》，《大公报》（重庆）1939年1月21日。

③ 《中华民族的再生》，《中央日报》（重庆）1939年1月15日。

陈诚夫人、何应钦夫人、陈立夫夫人等，准备动员夫人们参加后方工作。宋美龄是日身着黑袍外罩着红短外衣，在会场招呼着大家以自助餐的方式用餐。饭后，宋美龄介绍了谢冰莹和黄薇两位到过前方的成员，报告妇女在前方的工作。谢冰莹认为，“妇女柔和慈爱，对于伤兵工作上比男医官看护兵更适合些；更为了农民的无知和封建，在组织战地民众帮同军队工作的时候，妇女特别可以深入群众”。黄薇则谈到华北游击区的妇女动员情形，“她们努力为战士缝衣服，很多妇女参加自卫队，担任警卫侦察汉奸的工作”。妇女“新运”指委会生产事业组组长俞庆棠，报告松溉纺织实验区和永川蚕丝场的工作，该区举办的妇女生活学校，让妇女半工半读，第一期100人毕业后，有些分期付款买了机子回家纺织，有些则仍旧留下来工作。① 听完了前后方的报告，与会人员都很受感动，陈诚夫人谭祥继之提出八项妇女工作重点，“募捐、慰劳、宣传、救护、难童、提倡手工业、扫除文盲、协助优待出征军人家属”，均获得在场人士支持，决定由各机关首长夫人动员该机关女职员及职员家属，由机关首长夫人担任队长，确实组织妇女，展开动员工作，会议直到5点钟才结束散会。②

宋美龄莅渝后，竭力推动渝市妇女参与抗建工作，1939年1月底宋美龄为了进一步动员家庭妇女，在1月31日下午2时，召集各机关首长夫人，以组织新生活妇女工作队。宋美龄是日召集行政、学术、经济等机关主管长官夫人，商讨动员各该机关职员眷属的办法，政治部部长陈诚夫人谭祥等二十余人与会，会中“通过组织新生活妇女工作队，以每一机关为单位，直隶属于妇指委会”，准备从事：“(一) 征募，(二) 缝制慰劳品，(三) 组织宣传队，(四) 组织救护队，(五) 协助出征军人家属，(六) 协助救济难童，(七) 协助扫除文盲，(八) 协助手工业生产。”当天成立28个工作队，会后宋美龄恳切表示，希望大家“以身作则，实事求是，尽力发动女同胞，共同参加抗建工作，以期对国

---

① 《发动家庭妇女参加战时工作》，《中央日报》(重庆) 1939年1月24日。

② 《太太们站起来了》，《大公报》(重庆) 1939年1月24日。

家民族有所贡献”。[①] 宋美龄不但希望妇女工作能有效落实，也希望通过组织宣传队，扩大影响。宋美龄领导中国妇女从事抗战工作的努力，亦受到国际的肯定。2 月 6 日，其接受美国纽约妇女俱乐部联合会致赠金质荣誉奖章，该会认为宋美龄“在国难之中，领导全国妇女，从事抗战，其无上果敢之精神，至可景仰”，特致赠奖章，以示崇敬之意。[②]

宋美龄在完成组织后方的妇女工作团队之后，接着开始推动妇女献金运动。为了倡导捐输救国，她强调“节约献金不只是经济动员，也是政治动员”，故特意分 46 业进行竞赛，于 3 月 5 日安排妇女分现金、首饰、物品三类，进行献金活动。因此，宋美龄在 2 月 16 日下午 4 时，到“新运”五周年会场视察，并召集妇女界领袖会谈，希望妇女界踊跃参加节约献金。是日，宋美龄召集了各工作队的队长、各团体和女校的代表们集议，计有 60 多位到会，共同商议献金办法，宋美龄因担心“各中央机关的工作队还不足以推动全市，所以决议再由陈诚夫人、焦易堂夫人、蒋市长夫人、李兰女士（妇女慰劳分会）、张女士（女青年会）、任培道女士（妇女抗战建国协会）、曾女士（教育学院）七人合组委员会，与新生活妇女指委员的联络委员会共同筹商推动全市各阶层妇女献金办法”。宋美龄接着讲了两个典故给大家听，希望“这次献金，我们要给世界各国看看，更要给敌人看看，中国的妇女是多么热爱她们的国家”！宋美龄强调：“国家民族走上了好运，个人才有好运，这个妇人的义气也就是‘新生活运动’中礼义廉耻的‘义’！国家兴亡‘匹妇’也有责的！我们不但要先公后私，而

---

① 《动员家庭妇女参加抗建工作》，《大公报》（重庆）1939 年 2 月 1 日。

② 该会设置此项荣誉奖章已有 25 年之历史，但各国女界名流之膺此荣誉者，并计蒋夫人在内，当时仅有 7 人。1916 年获奖者为巴杰特夫人，1919 年获奖者乃欧战时女护士夏黎女士，1922 年为却泼曼加脱夫人，1924 年为波茨夫人，1926 年为伽莱特海夫人，1929 年则为著名发明家居里夫人，至今兹更以赠予蒋夫人。《蒋夫人之国际荣誉纽约妇女联合会赠金章》，《大公报》（重庆）1939 年 3 月 18 日。

且要大公无私！”①

1939年3月4日，宋美龄在重庆商会发动妇女献金（《蒋中正“总统”文物》，台北“国史馆”藏，典藏号：002-050113-00002-059）

宋美龄除了动员妇女准备参加献金活动，也在重庆接受巴黎晚报特派员的专访，持续向国际宣传。宋美龄表示：“无论如何，吾人必当奋斗到底。日本正在中国进行真正的全面战争，其轰炸不设防城市与焚毁医院、大学，仅可表现其野蛮于人类……日本且敢到处宣传，谓其在亚洲所负使命，乃以亚洲还诸亚洲人，其真意所在，实欲毁灭中国。”宋美龄指出日本以宣传迷惑列强在亚洲殖民地的百姓，但其目标不外针对中国，希望各国能支持中国的独立奋斗，中国也将维护与各友邦友好相处通商自由之权利。②

1939年2月底，“新运”五周纪念会所举办之各业节约献金竞赛运动在后方热烈展开，蒋介石夫妇不但倡导献金，并以身作则贡献国家，蒋介石于2月27日召见总干事黄仁霖，个人捐献10630元，并指示平日宴客，即以不超过1元为标准，而“新运”

① 《“新运”五周年各业准备热烈献金》，《中央日报》（重庆）1939年2月17日；《节约献金妇女界踊跃参加》，《大公报》（重庆）1939年2月17日。

② 《蒋委员长对法国记者谈话》，《大公报》（重庆）1939年2月21日。

1939年3月8日，宋美龄在妇女节广播留影（《蒋中正“总统”文物》，台北“国史馆”藏，典藏号：002-050113-00028-148）

总会所提倡之自助餐宴客，每份所费仅四五角，将历次宴客节余数额270.5元，亦已一并作为献金。宋美龄则将最近为报章杂志撰文，所得稿费5650元，全部捐献，希望各界能效法，踊跃捐款。①

到了3月5日，轮由妇女界捐输时，宋美龄亲自主持这个会，由张蔼真女士担任主席，吕超参军长先代表国民政府向妇女们致意，“盼望在抗建时期，妇女也和男人同样的各尽所能”。接着行政院院长孔祥熙致辞：“盼望妇女界献金能超过银行界，把你们大口袋、小口袋、手皮包里的钱全拿出来吧！”②

宋美龄首先打开皮包，大声疾呼，顷刻之间，现场捐献了696.28元。接着黄仁霖总干事开始爽朗的广播，报告着每一工作队献金的数目，捐款数随着宋美龄置入献金箱里的一个个金银饰件和硬币，而不断增加。在场的外国记者们也被感动而慷慨解囊，捐了140多元和一些外币。蒋介石为了支持宋美龄的工作，亦拨冗于下午5点钟莅临现场，蒋介石是日着草绿色中山装，带着白手套

① 《蒋委员长夫妇倡导献金》，《大公报》（重庆）1939年2月28日。
② 《妇女界献金盛况》，《大公报》（重庆）1939年3月6日。

1939 年 3 月 8 日，宋美龄在妇女节庆祝大会义卖项链（《蒋中正“总统”文物》，台北“国史馆”藏，典藏号：002-050113-00002-062）

频频向欢声雷动的人群挥帽微笑，他在场亲闻献金已达 42 万元，宋美龄和孔祥熙夫妇并允捐宋太夫人遗产 15 万元。接着财政部、中央党部、中央银行、各工作队，各加认捐款 1 万元，军政部、政治部、中央军校三部共加认捐款 2.6 万元，在众人的赞助下，妇女界的捐款顺利突破 62 万元的预期目标。①

蒋介石满面笑容地致辞：“恭贺女同胞们，我早说过中国妇女的力量如果好好地去发掘出来，是会超过男子的。我代表全国军队谢谢你们的辛劳，你们这种精神在抗战建国时期中需要发扬光大！”末了，他高呼：“中国女同胞万岁！”群众报以：“蒋委员长万岁！”并热烈鼓掌达三分钟之久。② 宋美龄继之表示：

> 这次妇女献金的成绩说明了（一）妇女是有工作能力的，从此可以自信；（二）有了组织，散沙一样的人才可以团结合作；（三）男同胞给我们的助力不小，盼望以

---

① 妇女界的捐款总数是 632359.36 元，超过了银行界的 605000 多元。参见《妇女界献金盛况》，《大公报》（重庆）1939 年 3 月 6 日。

② 《妇女界献金盛况》，《大公报》（重庆）1939 年 3 月 6 日。

后男同胞还要鼓励帮助妇女去为民族工作。

重庆妇女这样做，不仅可以推动全国人民努力，安慰前方将士，而且可以给敌人看看，我们妇女的力量是多么庞大，中国是人人同仇敌忾的！但是我们只作显著的工作还不够，更要经常埋头苦干！①

1939 年 3 月 8 日，宋美龄主持妇女节庆祝大会（《蒋中正“总统”文物》，台北“国史馆”藏，典藏号：002-050113-00002-063）

蒋介石亲身见证宋美龄发起妇女献金救国运动大为成功，一日内即已获得献金 636000 余元，“称此乃妇女界之佳象也”②。宋美龄到重庆后，一直忙于各项工作，缺乏充分的休养，在完成妇女献金运动之后，在 3 月 17 日飞赴香港治疗牙疾和调养③，直到 4 月 17 日才返渝。

---

① 《妇女界献金盛况》，《大公报》（重庆）1939 年 3 月 6 日。

② 秦孝仪主编：《蒋公大事长编初稿》卷 4 上册，第 309 页。

③ 参见《蒋中正致宋美龄函（五）》，1939 年 4 月 6 日，台北“国史馆”藏，《蒋中正“总统”文物》，入藏登录号：002000000464A，典藏号：002-040100-00005-031。宋美龄此次在港停留时间不长，但美方仍注意其行踪，发现其到香港并未和英国驻华大使碰面或商讨和平问题。参见“Undeclared war between Japan and China”，April 19，1939，*FRUS*，1939，Vol. III，p. 163。

回到重庆后，宋美龄很快又投入妇女和宣传等工作，重庆各界妇女国民公约宣誓大会，于4月18日在妇女指导委员会召开第四次筹备会，并于次日下午3时，在市商会举行国民精神总动员的宣誓和宣传大会，由宋美龄以监誓员的身份监誓并训话。宋美龄要大家特别认识国格，其指出：

> 虽然我们有四万五千万的人口，但是我们的国际地位，非常低落。这是我们大家的耻辱，原因是大家缺乏爱国精神和没有团结精神的缘故。可是抗战以来，前方将士浴血拼命，后方民众也热烈地在参加建国工作，像今天的诸位一样，这是我中华民族已有人格的表示，也就是我们国格的表现，我们已在艰难困苦中获得了国际人士的称誉。
>
> 我们妇女同胞，过去是家庭中的中心人物，责任在维持家庭，现在我们的责任，已不仅是家庭，我们对国家民族也要负责任，因此我们不仅是家庭的中坚份子，而是国家的中坚了。①

1939年5月间，日本开始针对重庆进行大轰炸，5月3日至4日，日机猛烈轰炸重庆市区，造成“死亡四千四百余人，受伤三千一百余人，市廛被毁者一千二百余栋”，宋美龄由黄山渡海棠溪至城中被炸区域巡视，秘书钱用和随侍登记伤亡，参加赈济委员会紧急救济工作。② 宋美龄还陪同蒋介石督导救护和慰问难民，蒋介石感怀曰：“民众遭此苦痛，仍无一句怨恨抗战之言，思之更难自安，对此无知纯洁之同胞，其行动虽多难约束，然其情神之可爱，余铭感无涯，遭此惨残不能忍受之艰难，惟见更增余乐观与勇气矣。”③ 当时为了救护工作，蒋介石夫妇和许多私人用车，皆

① 《妇女界宣传日蒋夫人慷慨训词》，《大公报》（重庆）1939年4月20日。
② 钱用和：《浮生八十》，第9—10页。
③ 《蒋介石日记》（手稿本），1939年5月5日。

集中输散难民，宋美龄也续赴各难民收容所，抚慰难胞，发送药品。①

宋美龄于5月9日下午对澳洲发表广播演说，痛斥日军暴行②，日机的轰炸，不仅百姓受苦，许多政府官署亦被波及。5月28日，国际宣传处即受攻击，在该处防空洞入口处附近，也落了五颗炸弹，幸都掉在灌满水的田里，没有炸开来。是日傍晚，宋美龄闻讯，亲自到国际宣传处视察被炸的情形，并慰问受损者及死伤家属，嘱咐董显光要妥为善后。宋美龄“在敌机轰炸中，经常注意民间伤亡，备加关切”。③

随着日军的猛烈攻击，宋美龄出入战场，慰劳将士，关怀军民的形象，也给国际留下更深刻的印象。6月2日，美国新泽西州立大学及新泽西女子大学，以名誉法学博士学位赠授宋美龄。④ 宋美龄持续要求西方国家帮助中国抵抗日本。7月8日，宋美龄由重庆向美国广播称：“余欲向世界宣布，中国人民五千年来，为爱护和平之人民，余深信我四万万六千人民，仍然可对世界之进步，有实际之贡献。”⑤ 宋美龄要美国民众了解，中国人民虽身处战乱，但仍将对世界和平有所贡献。

国民政府西迁重庆之后，各项物资的运补更加困难。到了8月间，宋美龄“鉴于前线抗战将士餐风露宿，际此夏秋之交，疟疾流行，需要药物甚殷”，将海外侨胞捐献之专治疟疾特效药奎宁丸345万粒，交由“新运”总会军委会战地服务团和妇女指委会，妥筹支配分发。据该团主任黄仁霖面告，“此次分发奎宁丸以连为单位，每连五百粒，依此估计，当有六千九百连抗战将士足供治疗”。⑥ 宋美龄在抗战前即曾协助办理后勤补给，筹购药品和军需等用品，加以

---

① 参见秦孝仪主编：《蒋公大事长编初稿》卷4上册，第352页；《蒋夫人关怀被炸难胞》，《重庆各报联合版》1939年5月7日。

② 《蒋夫人向澳洲播讲》，《重庆各报联合版》1939年5月11日。

③ 董显光：《董显光自传》，第158页。

④ 参见秦孝仪主编：《蒋公大事长编初稿》卷4上册，第359页。

⑤ 美洲国民日报编：《蒋夫人游美纪念册》，第9页。

⑥ 《蒋夫人嘉惠前线》，《大公报》（重庆）1939年8月23日。

其和国际红十字会熟稔，对于防治流行病，亦发挥不少帮助。

在太平洋关系协会秘书长卡德（Carter）的介绍促成下，印度国民大会党领袖尼赫鲁于1939年8月23日乘机抵重庆访问。尼赫鲁表示他访华的主要目的系“要促进印度、缅甸与中国的关系”。印度是时仍为英国殖民地，此行格外引起英国当局的侧目，特别留意其访华的企图。蒋介石当时指派董显光负责接待，因此，英方向董显光转达，希望中国跟尼赫鲁交换意见时，不要牵涉大英帝国的问题，倘若跟尼赫鲁讨论到共同对付日本侵略时，涉及印度和缅甸的部分，希望能通知英方并取得他们的同意。①

尼赫鲁在1939年8月28日由董显光陪同，到长江对岸的黄山别墅，拜会蒋介石和宋美龄。尼赫鲁一到，蒋介石先招待他洗一个澡，不料就在此时传来情报，有57架日机正向重庆出发，董显光只好催促尼赫鲁出浴共进早餐，并准备进防空洞等候警报解除。但早餐未毕，警报已响。宋美龄招待尼赫鲁先入防空洞，董显光则随侍蒋介石进入。双方在防空洞中谈话直到中午12时，整个上午交换有关亚洲各种问题的看法，历时三小时，均由董显光侧坐翻译。②

等到警报解除时，夜色已深，山风飒然，寒气逼人。蒋介石与宋美龄都加外套，尼赫鲁亦穿上印度的呢袍。蒋介石特别嘱咐侍从觅衣给董显光御寒，蒋介石夫妇当晚邀请尼赫鲁在黄山留宿。第二天早上，早餐后，蒋介石跟尼赫鲁又恳谈半小时。蒋介石在倾谈时发现，尼赫鲁穿的是冬季衣着。但重庆的八月，天气依然炎热，尼赫鲁来时以为重庆天冷，故只带冬装。宋美龄赶紧找出蒋介石的一件夹袍送给尼赫鲁，请他立刻换上，以免闷热。在尼赫鲁动身离去前，宋美龄又亲自选定布料，定制了两件布袍、三件绸袍送给尼赫鲁。③ 尼赫鲁的访华，虽来去匆匆，但自此双方书信往返渐频，也为蒋介石和宋美龄日后的访印，奠下机缘。

尼赫鲁离去后，蒋介石于8月29日电告驻美大使胡适，希望

---

① 参见董显光：《董显光自传》，第170页。

② 参见董显光：《董显光自传》，第170页。

③ 参见董显光：《董显光自传》，第171—172页。

胡适在面谒罗斯福总统时，建议“美国能出而领导远东问题，为英苏作中介，期使美、英、法、苏能共同一致对日，以谋远东问题之解决”。同时分电驻英、法之郭泰祺和顾维钧大使，指示外交方针，令相机进行。①

随着欧战的爆发，蒋介石等待的国际变化终于发生，其认为这是中国转败为胜的契机，表示“我国抗战两年，期待国际变化，今果已至矣，国际情势虽甚险恶，如我能择善固执，谨慎运用，余深信必能使我国家从此复兴也”。1939 年 9 月中旬，宋美龄以严冬将至，发起征募棉衣 50 万件运动，以慰劳前线英勇抗敌将士。9 月下旬，蒋介石与宋美龄至南川金佛山游览，并考虑大局，29 日才相偕返抵重庆。②

10 月 11 日至 17 日，宋美龄应成都市妇女团体之邀，以全国“新生活运动”总会妇女工作指导长的身份，到蓉指示妇运工作的进行方针，并出席致辞。宋美龄盛赞川省妇女对抗战所作贡献，勉励各妇女领导再加努力，争取最高荣誉。③ 待 9 月 17 日宋美龄自蓉返渝后，发现其所领导的寒衣运动已募得 200 余万元，同时持续保持和美英民间团体的联系，纽约慈善团体“金律”基金委员会，将宋美龄的来信公开发表，“吁请全美人民踊跃输将，救济战区儿童。盖日军侵略之结果，已有二万儿童成为无父无母无家可归之孤儿也”。宋美龄于函中又称：“无论欧洲人民，如何受尽磨难，但举世各国，其创巨痛深之情形，当无过于中国者。”④

宋美龄于 10 月 26 日应纽约前锋论坛报妇女座谈特刊之约，以《向文明挑战》为题，向美国广播，其先强调中国的决心，“日本这种罪恶的暴行加于我们者，已两年二月于兹，在这一段时期之内，我们奋起抵抗并未依赖外力的援助，我们以实力薄弱的国家，对付坚强的暴力；但我们毕竟给敌人以严重的打击，我们仍在抗

---

① 秦孝仪主编：《蒋公大事长编初稿》卷 4 上册，第 404 页。
② 秦孝仪主编：《蒋公大事长编初稿》卷 4 上册，第 407、412、416 页。
③ 秦孝仪主编：《蒋公大事长编初稿》卷 4 上册，第 425 页。
④ 《寒衣运动已募得二百余万元》，《大公报》（重庆）1939 年 10 月 18 日。

战而且要继续抗战下去”①。其次她质问美国民众：

> 当侵略者的日本已经公开向文明挑战，而只有我们在作孤独抗争的时候，我们觉得民主国家对于文明的命运，实在漠不关心！谁能说我们这种感想是过分的呢？
>
> 当美国不断供给日本以汽油煤油等若干飞机和机械在部队所必需的物质，让它们来残杀我们的同胞，毁灭我们的家室；我们知道美国这种实际帮助强暴的事实以后，请诸位想想将使我们中国同胞得到怎样的结论呢？②

不过宋美龄肯定美国对日宣布废止商约，乃是民主国家中间谴责日本残暴无道的第一个公开步骤，使中国见到了一线希望的曙光，得到了精神的鼓励，表达了深切的感谢。③

10 月 28 日，宋美龄与蒋介石自重庆至桂林，巡视中央陆军军官学校桂林分校后，旋即经由衡阳转赴南岳。④ 宋美龄在南岳期间，嘱咐钱用和“电约马超俊夫人沈慧莲女士，与唐国桢女士等，同来岳麓山小叙”⑤。11 月 3 日，宋美龄代表蒋介石于衡阳、邵阳等地慰问伤病官兵。蒋介石对宋美龄的热忱，非常感佩：

> 昨今二日妻住衡阳、邵阳，亲自分别代余慰问伤病官兵，已可感激，而其对伤兵之诚心，所赏给之食衣，皆必由其亲自料理，丝毫不苟，更为佩感也。⑥

---

① 《蒋夫人对美播讲严责暴日“向文明挑战”》，《大公报》（重庆）1939 年 10 月 28 日。

② 《蒋夫人对美播讲严责暴日“向文明挑战”》，《大公报》（重庆）1939 年 10 月 28 日。

③ 《蒋夫人对美播讲严责暴日“向文明挑战”》，《大公报》（重庆）1939 年 10 月 28 日。

④ 参见秦孝仪主编：《蒋公大事长编初稿》卷 4 上册，第 433—434 页。

⑤ 钱用和：《浮生八十》，第 10 页。

⑥ 《蒋介石日记》（手稿本），1939 年 11 月 3 日。

11 月 5 日，宋美龄和蒋介石经衡阳返于桂林，途次祁阳入城巡视①，到了 7 日才自桂林返回重庆②。宋美龄自前线归渝，随即向媒体发表谈话，为前线士兵募集跑鞋。而宋美龄自发动征募寒衣运动以来，获得国内外人士的热烈响应，包括美国大使约翰逊（Nelson Trusler Johnson，1887—1954）都自掏腰包，购买妇女工作队为捐募寒衣所举行的公演券 80 元，并认捐 100 元，其中又以海外侨胞捐款为最踊跃。截至 11 月上旬，汇交宋美龄之棉衣捐款，已逾 150 万元，其直接汇交妇女慰劳总会及电告募得数目而未汇到者，尚不止此数。③

宋美龄从前线慰劳伤兵归来后，向记者表示，“前线士气，非常健旺，民众与士兵打成一片，最后胜利，确有十二分把握”。但因物资匮乏，补给困难，“前线士兵，缺乏跑鞋，爬山越岭，颇感不便”，宋美龄表示已订制跑鞋数万双，以应前线急需，但尚须各界热心捐献。④ 对于宋美龄奋身襄助抗战工作，蒋介石在 12 月 1 日和宋美龄的结婚纪念日写道：

> 反省吾等当日结婚之初，愿与共同革命建国，贡献于民族与主义之目的，皆能履行不渝，而夫妻之情感与精神亦日日增进，久而弥笃，此乃上帝之所赐，实非人力之所为。自余信奉基督以来十年间，信道愈坚，知心益切，无论任何艰险，皆由吾俩共同祈祷与努力，以达成目的也，可以对总理、可以对俩母而无愧于心乎。⑤

---

① 蒋介石夫妇后乘专车至祁阳，“在途遇警报，下车散避山谷，敌机轰炸未中，解除警报后，得安抵祁阳”。钱用和：《浮生八十》，第 10 页。

② 参见秦孝仪主编：《蒋公大事长编初稿》卷 4 上册，第 436 页。

③ 《蒋夫人前线归来谈前线士兵缺乏跑鞋》，《大公报》（重庆）1939 年 11 月 8 日。

④ 《蒋夫人前线归来谈前线士兵缺乏跑鞋》，《大公报》（重庆）1939 年 11 月 8 日。

⑤ 《蒋介石日记》（手稿本），1939 年 12 月 1 日。

为了向美国争取支持，蒋介石于12月19日致电罗斯福，盼予中国经济援助，电曰："颜惠庆博士访美，承蒙接待甚感，敝国经济困难，想在洞鉴之中，务请阁下在最近期内设法援助，尤重能借我现款，使中国法币与金融藉此得以提高信用。"罗斯福此次复函也释放出善意，其表示："余保证无论何时，美国政府皆愿提供适宜而实用之援助；同时对于远东全面之局势，亦在继续密切注视中。"①

在1939年12月底，适逢新生活妇女指委会主办之"新运"妇女干训班，第四届170余名学员结业，宋美龄亲临训话，勉励同学"吃苦耐劳，抱定服务精神、精诚团结，与地方当局诚恳合作，以达抗建工作深入民众之目的"。全班亦在宋美龄的监誓下宣誓加入三民主义青年团。12月29日午后及30日上午10时，宋美龄再向学员作人格训练讲话，随后全体学员分发至各县实习宣传、组织、保育、救护、生产等工作。②

有鉴于中国妇女慰劳自卫抗战将士总会在之前发动的征募棉衣运动，筹足代币400万元，棉衣分期发出后亦颇受好评。1940年1月21日，担任该会主任委员的宋美龄决定发起征募百万夏衣鞋袜，发函各地分会及妇女团体响应制作，并于重庆筹设缝制工场，聘雇抗属和难民妇女加入工作。③ 宋美龄又于1月26日招待新生活妇女工作队各队长，嘉勉鼓励并盼扩大工作。④

1940年2月7日，农历除夕的下午，蒋介石回到黄山休息后，在宋美龄的陪同下前往汪家花园观梅。农历新年上午，蒋介石约宋美龄同往清水溪乡间巡视。下午，休息后，蒋介石在云岫楼静思政策与政略颇有所得。⑤ 抗战期间的农历年节，对于蒋介石和宋美龄而言，并无多闲情。2月上旬，担任伤兵之友社名誉社长的宋

---

① 秦孝仪主编：《蒋公大事长编初稿》卷4上册，第451—452页。

② 《蒋夫人勉学员为民族尽忠》，《大公报》（重庆）1939年12月30日。

③ 《蒋夫人发起夏衣运动》，《大公报》（重庆）1940年1月21日。

④ 《新生活妇女工作队工作成绩良好》，《大公报》（重庆）1940年1月27日。

⑤ 参见萧李居编：《蒋中正"总统"档案：事略稿本43——民国二十九年一至六月》，台北"国史馆"2010年版，第129、131页。

美龄，推动伤兵之友运动，在全国各地展开后，许多民众响应加入为伤兵之友，宋美龄分请各部会长官组队进行，并决定拨用妇女慰劳总会所收捐款十万元备用。① 随着抗战时间的延长，战场伤兵有增无减，宋美龄希望能加紧推行该运动，以让各界重视伤兵问题并予以协助。

第二节　三姊妹携手共振声威

在 1936 年夏秋间，因桂局动荡，宋美龄陪同蒋介石赴粤部署，然因病辗转到香港求医，而和港方有所接触，并于 9 月 17 日晚间促成蒋介石与香港总督郝德杰爵士（Sir Andrew Caldecott，1884—1951）在广州会晤后，才于次日上午搭机离粤，转赴牯岭静养。其后蒋介石亦请宋美龄与港督夫人英尼斯女士（Olive Mary Innes），保持联系。② 随着抗战烽起，尤在淞沪会战失利之后，国民政府许多原在上海的组织和人员，纷纷转赴香港，例如宋子文、俞鸿钧、钱永铭、杜月笙等纷纷在 1937 年 11 月下旬离沪至港，利用港英的特殊环境，继续维系对外经贸、金融业务、军需采购及情报搜集等工作。

宋美龄的姊妹兄弟也在沪战之后，陆续移居香港，协助蒋介石和宋美龄进行经费调度和对外军经的交涉。待至沿海重要据点逐渐被日军占据，国民政府对外的运输联络通道更被限缩，对香港转运的依赖愈为加深，宋美龄又多次借到港寻医之际，联系在港要人并接洽军需和飞机供应等事宜。

一、赴港争取军需

1938 年 1 月初，德国驻华大使陶德曼尚在斡旋中日和平，但

---

① 《伤兵之友运动》，《大公报》（重庆）1940 年 2 月 11 日。

② 1936 年 8 月间，宋美龄原陪同蒋介石南下至粤视察，兼理桂省问题，但宋美龄因牙痛与风疹之症，皮肤苦痒，乃自广州赴香港求医，至 9 月 9 日晚间方返回广州。黄自进、潘光哲编：《蒋中正“总统”五记：爱记》，台北“国史馆”2011 年版，第 143 页。另见高素兰编：《蒋中正“总统”档案：事略稿本 38——民国二十五年八月至十月（上）》，台北“国史馆”2010 年版，第 263、421、485—486、513 页。

不久日方即宣布不以国民政府为交涉对手，中日互撤大使，美国则仍存观望，中国急于寻求援助和维持对外交通，陆续通过各种渠道和欧美交涉。为了疗伤与接洽在港的各方势力，宋美龄在1月11日以“前因劳军，曾在淞沪前线覆车受伤”为由，自汉口飞赴香港就医。[①]

就在出发往港之前，身兼航空委员会秘书长的宋美龄，不断收到周至柔从南昌传来的空战报告，然战况总是令人触目惊心，看到的战果经常是战机未起飞即被炸毁，或是驱逐机被击坠毁，甚至连苏联志愿航空队“俄员所驾一机亦中三弹，降落时因未放落地架，损坏机翼及旋桨”[②]。宋美龄深知，当时无论在战机和飞行员的质量上，都远难以和日军相抗衡，因此有必要求购更多的欧美战机。同时为了确保中国境内航线的安全，在缺乏空中优势的状况下，也只能将之要求于国际航班的维系。蒋介石在1月上旬即先电告在港的宋子文，希望其分别对英、法交涉，期能同时设立“由河内至香港，与由河内经昆明、贵阳至长沙”的法机航线。[③]

宋美龄一到香港即发电武昌，转达时在开封视察的蒋介石，“妹今日午后五时平安抵港，请勿念”。蒋介石也随即通过时在香港的中央银行秘书孔令侃：“转三姨，电悉，到港甚慰！”[④] 宋美龄到港后与蒋介石的联系，多通过侄辈孔令侃等人传递。事实上宋美龄的亲友，是时多在港、粤活动，包括宋霭龄、宋庆龄和宋子文等都在港居留，宋子良也在广东省担任财政厅厅长。美国的《生活》杂志就曾经专文报道宋子文在港的活动，该文指出：

---

① 秦孝仪主编：《蒋公大事长编初稿》卷4上册，第163页。

② 《八年血债（十一）》，1938年1月6、10日，台北“国史馆”藏，《蒋中正“总统”文物》，入藏登录号：002000002192A，典藏号：002-090200-00035-077、075。

③ 叶健青编：《蒋中正“总统”档案：事略稿本41——民国二十七年一至六月》，台北“国史馆”2010年版，第29页。

④ 《蒋中正致宋美龄函（五）》，1938年1月12日，台北“国史馆”藏，《蒋中正“总统”文物》，入藏登录号：002000000464A，典藏号：002-040100-00005-016。

宋氏在香港利比尔斯湾的别墅，是当中日战争爆发时买的，成了抗战中国的侦查［察］哨战，那儿有宋氏自己的卫队和英国秘密警察保卫着，宋氏去夏乘飞剪号渡洋飞美之先，一直在那寓邸中指导中国错杂万端的战时经济。政界人物、金融界、军事家以及中外外交家去拜访宋氏者，看到他那巨大的屋子里，陈满贵重的陈设，玉器，华丽的锦绣，和那发光的缠着龙的地毯上的器具。屋子之一端，安有美国制的短波无线电收音机，无线电机上放着略已褪色的罗斯福总统照片，上款提着“子文吾友惠存”，下款落着富兰克林·罗斯福的名字……①

由于有兄姐在港的居间协助，宋美龄到港后，蒋介石在 1 月 14 日即电函香港中央银行秘书孔令侃，要其转知宋美龄设法采购军火：

现在急需步枪 30 万杆，每杆配弹一千发；自来得手枪三万枝，每枝配弹一千发；重机关枪贰万挺，每挺配弹一万发；法国迫击炮五百门，每炮配炮弹贰千发；三七口径战车防御炮五百门，每门配弹一千发，请在港设法购办为盼。②

同时由于美国对日侵华迟迟未有实质作为，蒋介石希望宋美龄在港与宋子文详商，妥速研讨对美宣传，希望透过国际媒体，影响美国舆情，期能转化美方观望的态度。蒋介石函称：“对美宣传应速进行，不可再缓。子文前称每月以十万美金为对美宣传费，

① 《美国舆情（一）》，1941 年 6 月 23 日，台北“国史馆”藏，《蒋中正“总统”文物》，入藏登录号：002000001259A，典藏号：002-080106-00036-002。

② 《筹笔——抗战时期（八）》，1938 年 1 月 14 日，台北“国史馆”藏，《蒋中正“总统”文物》，入藏登录号：002000000201A，典藏号：002-010300-00008-017。

只要办理有效，亦所不惜。请切实妥商进行，勿延。”①

宋美龄到香港的消息，很快也被日方得悉，但国民政府的情报人员也在沪、港布建，尤以香港更成为各方人马汇聚，信息情报交递攻防，尔虞我诈之处。根据从日方截听来的情报，日方认为宋美龄此次赴港，并不单纯是为了就医，而是要说服宋子文前往汉口，日方的情报显示：

> 宋美龄现来香港，其接近者发表称：“宋之来此，一则访问留港之胞兄，一则处理私人之要务耳。”但据李泽一之谈话，则谓：“宋之来港目的，系关于讲和事件，来与胞兄子文，遂其协议之任务者也……”②

当时孔祥熙主掌行政院兼管财政，担任中国银行董事长的宋子文却长期在沪，国民政府移驻汉口之后，宋子文又滞港在外，孔宋不合的传言，甚嚣尘上，此对亟须营造团结御侮，巩固领导权的蒋介石而言，亦颇困扰，因而对宋子文委以对英、法交涉航权之外，更让宋美龄亲自和宋子文沟通对美宣传的要务。

由于航委会业务颇多，且因仰赖外籍人士之处颇多，内部人员复杂，加以补给采购均需对外交涉，宋美龄离汉不过十余日，蒋介石在 1 月 23 日即电催其返回，电曰：“近日精神谅已恢复，空军待决之事甚多，请速回汉。”③ 不过此时宋霭龄却因“偶仆微伤肋”，宋美龄决定：“拟再留数日，行期有定，即当电告，请释念！”④ 蒋介石则提醒宋美龄速购军械和催促宋子文到武汉一行，

---

① 《筹笔——抗战时期（八）》，1938 年 1 月 16 日，台北“国史馆”藏，《蒋中正“总统”文物》，入藏登录号：002000000201A，典藏号：002-010300-00008-025。

② 《一般资料——呈表汇集（七十八）》，1938 年 1 月 18 日，台北“国史馆”藏，《蒋中正“总统”文物》，入藏登录号：002000001894A，典藏号：002-080200-00505-017。

③ 《筹笔——抗战时期（八）》，1938 年 1 月 23 日，台北“国史馆”藏，《蒋中正“总统”文物》，入藏登录号：002000000201A，典藏号：002-010300-00008-042。

④ 《蒋中正致宋美龄函（五）》，1938 年 1 月 25 日，台北“国史馆”藏，《蒋中正“总统”文物》，入藏登录号：002000000464A，典藏号：002-040100-00005-017。

其电曰：

军械事已与庸兄说明，不必照所开之数，可减少若干，但步枪与轻重机枪，及迫击炮与战车防御炮，应用最急，请设法速购。吾爱何日来汉？望劝子文兄同来。①

虽然宋美龄告知要多留港几日，不过蒋介石很快又电催：“有电欣悉，望早回汉。大姊病甚念，请代候。”②

随着宋美龄在港停留，各路谍报更为纷杂，日方的情报人员传出“宋美龄之赴香港，系以‘孔祥熙对于救国公债之乏成绩，与宋子文之间渐露不和，宋氏以孔不适担任行政院长为理由，而拒绝就任部长，因此孔宋之不兼容，愈亦尖锐化，因谋宋子文之感情洽和’为其此来之主要目的，杜月笙、钱永铭等现亦奔走斡旋”的情报。③

而同一期间，桂系在港的情搜人员徐明，提供给桂方的情资表示“宋美龄到港，因港未允再为华运军器事，有所磋商”④。桂驻沪人员傅少伟则自上海致桂林黄旭初等，告知：“宋美龄赴港，魏道明电沪代邀法文翻译，黄仁霖邀德文翻译，翌日魏、黄又电暂缓，宋美龄确有先赴法德英美各国游说之意，现因许世英返国，和平有望，宋子文特邀李思浩与许同轮赴港，协商和平，如和平

---

① 《筹笔——抗战时期（八）》，1938 年 1 月 25 日，台北“国史馆”藏，《蒋中正“总统”文物》，入藏登录号：002000000201A，典藏号：002-010300-00008-049。

② 《蒋中正致宋美龄函（五）》，1938 年 1 月 28 日，台北“国史馆”藏，《蒋中正“总统”文物》，入藏登录号：002000000464A，典藏号：002-040100-00005-017。

③ 《一般资料——呈表汇集（七十八）》，1938 年 1 月 28 日，台北“国史馆”藏，《蒋中正“总统”文物》，入藏登录号：002000001894A，典藏号：002-080200-00505-025。

④ 《一般资料——呈表汇集（七十八）》，1938 年 1 月 28 日，台北“国史馆”藏，《蒋中正“总统”文物》，入藏登录号：002000001894A，典藏号：002-080200-00505-025。

断念，宋美龄即首途。”[①] 到了2月间，日方情资更传闻蒋介石“曾将宋美龄殴打，美龄因此逃赴香港，孔祥熙追踪而往，宋一家举行亲属会议，以离婚问题为中心，但结果未详……”[②]

宋美龄在香港的活动愈久，传闻愈多，但也可发现各方情报，捕风捉影者远较事实为多。宋美龄因旧病新伤，又要协助蒋介石处理机要，身心压力俱大，因此在1月29日自港向蒋介石电辞航委会秘书长，其电曰：

> 两宥电奉悉，自应遵嘱力劝文兄来汉，妹病据医云须要服药一星期，看情形如何，再调治一星期或可根治，故须两星期后，方能回汉。当此国难严重，固应在兄左右规划，代兄分劳，航会事尤所关心，无奈病体缠绵，辗转思维，惟有恳请准予辞去航会秘书长职务，另简贤能，免误要公，俾使安心调养，俟贱恙告痊，再图效力，不胜企祷。[③]

蒋介石随即回复：“俭电诵悉，贵恙甚念，航会不必辞职，由兄暂时代行，惟望早日痊愈回武为盼。”[④] 如蒋介石对宋美龄有所逾矩，宋美龄何须电告病情，力劝兄长赴汉，尽心对外交涉及协助采购军品？

到了2月3日，为了让宋美龄安心静养，蒋介石一方面电函表

---

① 《一般资料——呈表汇集（七十八)》，1938年2月2日，台北“国史馆”藏，《蒋中正“总统”文物》，入藏登录号：002000001894A，典藏号：002-080200-00505-030。

② 《一般资料——呈表汇集（七十八)》，1938年2月25日，台北“国史馆”藏，《蒋中正“总统”文物》，入藏登录号：002000001894A，典藏号：002-080200-00505-052。

③ 《亲批文件——民国二十六年二月至民国二十七年十二月》，1938年1月29日，台北“国史馆”藏，《蒋中正“总统”文物》，入藏登录号：002000000907A，典藏号：002-070100-00045-040。

④ 《亲批文件——民国二十六年二月至民国二十七年十二月》，1938年1月29日，台北“国史馆”藏，《蒋中正“总统”文物》，入藏登录号：002000000907A，典藏号：002-070100-00045-040。

示关心，“贵恙甚念，请安心调治勿虑，航会事可也”①。另一方面也让孔祥熙亲自到港，以便和宋美龄、宋子文共商金融业务、军火交易和对美宣传等事。2 月 4 日，蒋介石电告孔令侃：“令尊刻起飞，到港时即电告，并转三姨母为盼。”② 孔祥熙抵港后，蒋介石又接连指示其在港接洽对德换货事，并依宋子文的规划，“勿吝惜经费”以对美宣传，其电曰：

> 对美宣传经费，每月美金十万元，切不可吝惜，现在外交情势，英国老谋深算，说之匪易，俄亦自有国策，求援无效，惟美为重视舆论之民主国家，较易引起义侠之感，且罗总统确有解决远东整个问题之怀抱，如舆论所向，国会赞同，则罗总统之执行可必。请兄在港时，从速决定，切实进行。如何？盼复。③

在日军持续的压迫下，各国虽对华表示同情，但仍多不愿公然得罪日本，宋美龄等人在港的对外交涉颇为辛苦，蒋介石遂又函夫人，“贵恙谅痊，望速回汉，盼复”。并请宋子文加强交涉通航及运械事。④

在宋美龄的多方联系下，是次在港得到一批英制战机零件，但在装配时，却遇到不少问题，故向蒋介石电询：“格力地爱透飞机现又已到十架，香港不能装配，广州因敌机轰炸危险，亦不能装，应运何处装配，请即电示，因英装配师期满须回国，不能久候也。”蒋介石则复电宋美龄并催其回汉，告知“英机决在广州装配，已与光

---

① 《蒋中正致宋美龄函（五）》，1938 年 2 月 3 日，台北“国史馆”藏，《蒋中正“总统”文物》，入藏登录号：002000000464A，典藏号：002-040100-00005-018。

② 《蒋中正致亲友函（二）》，1938 年 2 月 4 日，台北“国史馆”藏，《蒋中正“总统”文物》，入藏登录号：002000000472A，典藏号：002-040400-00002-066。

③ 叶健青编：《蒋中正“总统”档案：事略稿本 41》，第 138、141—142 页。

④ 宋子文亦与苏俄联系飞机交易和国际借款事宜。叶健青编：《蒋中正“总统”档案：事略稿本 41》，第 153、311、488 页。

锐商定，航委会拟改组为空军司令部，请速驾回为盼”。[①]

宋美龄在蒋介石的连番催促下，在2月19日自香港飞返武昌，其胞兄宋子文亦随后在23日下午6时，自港抵汉口，[②] 宋美龄此行赴港的任务，大致圆满达成。

二、安排转移在港粤物资

在自港返汉之后，宋美龄于1938年3月2日，以健康问题辞卸担任两年之久的航空委员会秘书长一职，由宋子文继任。5月间宋美龄赴牯岭，召集妇女界领导开会，并关心在前线的蒋介石和战况。[③] 然随着徐州失守，战局更为吃紧，宋美龄、宋子文和孔祥熙等人持续对内募款并向外寻求援助。[④] 6月上旬，日机连番轰炸汉口及广州地区，中国的空军疲于应付，宋子文抱怨：“连日广东轰炸，因无中国应战，致人民甚为怨艾，此于第二次公债之募集，将受极大之影响。”宋美龄只能委婉地回复：“汉口之危急，较广州尤甚，以前派往之飞机，亦不得不于二十一日令饬飞返汉口。军委会为安慰民心起见，议决于他日轰炸日本。”[⑤]

随着粤、港的通道可能受阻，宋美龄为了协助分散武器输入的风险，开始寻求香港以外的运输通道。国民政府截获日方的情资显示，“宋美龄私人机师KA（TOMMY CARR）上次奉宋之命前往梧州，由今次事变跟后，所新设之装备工厂，缔结购入英国制飞机一百三十架之合同，不久当由BURUFUANNERN公司之船，

---

① 《亲批文件——民国二十六年二月至民国二十七年十二月》，1938年2月11日，台北“国史馆”藏，《蒋中正“总统”文物》，入藏登录号：002000000907A，典藏号：002-070100-00045-042。

② 秦孝仪主编：《蒋公大事长编初稿》卷4上册，第181页。

③ 《蒋中正致宋美龄函（五）》，1938年5月17、18、19日，台北“国史馆”藏，《蒋中正“总统”文物》，入藏登录号：002000000464A，典藏号：002-040100-00005-021、022、023。

④ 宋子文在香港持续向英国交涉借款，蒋介石急盼，“务望从速催促，期早完成，如何盼复”。叶健青编：《蒋中正“总统”档案：事略稿本41》，1938年5月9日，第488页。

⑤ 《一般资料——呈表汇集（八十）》，1938年6月9日，台北“国史馆”藏，《蒋中正“总统”文物》，入藏登录号：002000001896A，典藏号：002-080200-00507-039。

经由缅甸及安南运输”①。7 月间，宋美龄曾“电嘱宋子文及宋子良于七日到昆明，等待法国武器之到达，而负分配之责”②。为了寻求法国和印度支那方面的协助，蒋介石指示宋子文和孙科分别赴越南和法国交涉，希望法、越能继续提供运输通道。宋子文亦不顾病体未愈，准备“与越督预约一二星期内访谈”③，以确保宋美龄对外采购的武器和飞机，能顺利地运达目的地。

在日军的猛攻下，粤、汉两地，到7月下旬备感压力，行政院院长孔祥熙指示曾养甫，“九江方面，濒于危殆状况，武汉已感受威胁，故香港、汉口间之运输，几渐失其重要性，须及早援助宋子良，扩大昆明、海防两地之机构，俾得移转运输总处，又现在购置保存中之器材，希搬运于湖南为盼”④。国民政府希望拓展滇越线的通路，但日方对中国可能的因应策略，也早探悉，双方的竞争也从沿海战场，向内地和越南等外围延伸。

因此，除了寻求西南运输通道的畅通外，宋美龄有鉴于中国空军无论在飞行人才、战机质量、后勤维护、动力燃料、机场设施和防空戒护等各方面，皆非短期可解决的问题，故建议援引外籍退役的飞行员担任顾问，透过集训以应战备所需。宋子文亦赞同宋美龄的建议，希望蒋介石能予支持，特致电表示：

> 霍克七五式飞机，前承三妹建议，饬陈纳德顾问负责训练。兹经弟与陈纳德、周至柔商量，武汉目前状况

---

① 《一般资料——呈表汇集（八十）》，1938 年6 月20 日，台北“国史馆”藏，《蒋中正“总统”文物》，入藏登录号：002000001896A，典藏号：002-080200-00507-050。

② 《一般资料——呈表汇集（八十一）》，1938 年 7 月 14 日，台北“国史馆”藏，《蒋中正“总统”文物》，入藏登录号：002000001897A，典藏号：002-080200-00508-012。

③ 宋子文电询蒋介石有何指示，蒋介石欲其赴越前先到汉晤谈。待宋子文抵越后，蒋介石又电宋子文曰：“兄安抵越，甚慰，望早日回汉，越督请代候。”萧李居编：《蒋中正“总统”档案：事略稿本 42》，1938 年 7 月 11、28 日，第 45—46、113—114 页。

④ 《一般资料——呈表汇集（八十一）》，1938 年 8 月 6 日，台北“国史馆”藏，《蒋中正“总统”文物》，入藏登录号：002000001897A，典藏号：002-080200-00508-045。

不宜，最好集中在柳州，归其训练二、三个月，可成劲旅。钧意如何？[①]

不过空军终究是高度专业的军种，难以速成，但宋美龄的建议，促成陈纳德（Claire L. Chenault，1893—1958）到昆明筹办航空学校，培养中国的飞行员。而日军的进逼，让蒋介石不得不在10月中旬，下令宋子良，要其将“存港各货，望速全部北运”[②]。但受限于运输工具和日机的袭扰，让宋子良颇感为难，因而请宋美龄向蒋介石表示，“在财政尚无一定计划之现情下，一切处置均属困难”。并转达宋子文之意，其认为“广州陷落后，资金之筹措及记账购货，将愈为困难”，并请宋美龄设法补救。[③]

而在处理存港物资时，孔令侃发现有两艘属于中国的鱼雷快艇，系由宋美龄转达交由德籍顾问施太乃斯（Hauptmann Stennes，即史泰乃斯）接收，但孔令侃质疑施太乃斯的专业与做法，因而在12月中旬，以密电请其父亲孔祥熙，转请蒋介石和宋美龄能明确指示，通过军政指挥系统下令，以配合办理。其电文称：

据史泰乃斯来称，彼已雇用英人两名，备在海上协击敌运输舰，请即将鱼雷快艇二艘交拨，拟置于中国领海，视机行事。又称，以前在粤鱼艇，未经击敌，即自行毁坏等语，查该项鱼艇，每艘值二万六千镑之巨，史氏自告奋勇，原以极可钦迟，惟该艇已交由军政部兵工署接收在案，史氏虽奉蒋夫人转下委座准史顾问接收命令，职处似非有军部转知，未能擅为处置，复查史氏原

① 《一般资料——民国二十七年（四）》，1938年8月12日，台北“国史馆”藏，《蒋中正“总统”文物》，入藏登录号：002000001673A，典藏号：002-080200-00284-045。

② 萧李居编：《蒋中正“总统”档案：事略稿本42》，1938年10月14日，第432页。

③ 《一般资料——呈表汇集（八十二）》，1938年10月30日，台北“国史馆”藏，《蒋中正“总统”文物》，入藏登录号：002000001898A，典藏号：002-080200-00509-053。

为陆军人才，所雇两英人，是否熟习海军，职未得而知，且两艇能否收击敌之效，以及出海后，是否因技术稍差，或因无军令之督促，反为敌方所刦，似亦稍有可能。拟请将此情转达蒋夫人，如须即移交史氏者，并恳委座令饬军部转知信局，自当遵办……①

宋美龄因担任航委会秘书，且在国内亦经常搭机往返各地，早已熟悉施太乃斯的作为，尤其施太乃斯出身步兵，昔在德国曾任突击队队长，抗战前即到华协助管理侍从室飞机管理室，兼对航空管理、采购和卫队训练等提供建言，在淞沪战后潜赴上海从事情报工作，继之在香港等地从事宣传与情搜，提供不少宝贵情资，在德籍顾问撤离中国后，成为少数继续留华，被委以要务者。② 故当广州在10月下旬失守后，国民政府军队即酝酿改变战术，希冀以游击战干扰日军，对于已在香港经营多时的施太乃斯，遂再次膺任重责。

1938年12月间，宋美龄电告宋子文，转达蒋介石同意施太乃斯“将附有鱼雷之汽油艇两艘由港开驶”，宋子文接着又电询，对于施太乃斯指挥鱼雷快艇所需款项及打算在香港附近组织游击队两事，希望蒋介石能作裁示。③ 不过孔令侃对此则仍持有疑虑，故再次电询孔祥熙，其电曰：

---

① 《全面抗战（六）》，1938年12月14日，台北“国史馆”藏，《蒋中正“总统”文物》，入藏登录号：002000001174A，典藏号：002-080103-00039-006。

② 《航空事务（一）》，1935年9月2日，台北“国史馆”藏，《国民政府档案》，入藏登录号：001000005488A，典藏号：001-070000-0003；《一般资料——呈表汇集（六十七）》，1938年1月26、27日，台北“国史馆”藏，《蒋中正“总统”文物》，入藏登录号：002000001883A，典藏号：002-080200-00494-013、017。

③ 《领袖指示补编（十三）》，1938年12月17日，台北“国史馆”藏，《蒋中正“总统”文物》，入藏登录号：002000002136A，典藏号：002-090106-00013-135。另宋子文覃电：“关于施太乃斯请雇德人驾鱼雷汽油艇及组游击队三十人，以西人为队长。”蒋介石批示“可照办”。《一般资料——呈表汇集（七十七）》，1938年12月18日，台北“国史馆”藏，《蒋中正“总统”文物》，入藏登录号：002000001893A，典藏号：002-080200-00504-227。

> 当时询其有何详细计划，及驾驶人是否熟稔技术，斯均未答，当以为事关军事秘密，既不以语，未便追问，前曾电陈，谅蒙钧鉴，顷文维吉来称，有 TREM JWAN 对人称，中国已派其担任特别工作，即将此两艇移于中国领海内秘密处所，待时而动，文谓彼已可闻得此消息。日本在港周密之间谍网人必可得到情报，时来两艇出海，自必为日人取去无疑，万一主持者存心有他，更将不堪设想云，并告 TREM JWAN 向日不务正业，曾在粤与当局因不名誉事发生纠纷，售我鱼雷快艇之公司 THORNY-CROFT，闻中国政府将派其工作，亦极骇异。事关我国国防秘密，万一付托非人，结果将与我方当局厚望适成相反……①

对于孔令侃的质疑，在宋美龄居间联系之下，蒋介石仍然决定要借重施太乃斯过去担任突击队任务和长期为华搜集情报的良好表现，在 1939 年 1 月间再次电告宋子文，让“施太乃斯顾问拟定组织游击队，照原计划续办”②。

三、促建在港宣传渠道

国民政府离开南京之后，对外联系与宣传日显不便，宋美龄通过在香港的大姐兄弟和故旧友人们，协助打探情资、交涉军火采购和寻求对外宣传，以争取援华的物资。原本在侍从室协助蒋介石和宋美龄管理调度飞机的施太乃斯，也在 1938 年春，“在香港将前所设立之通讯社，重行改组”，一方面要在港采访消息，“同时亦应为中国作有益的宣传，为实施此种任务，及派人赴上海

---

① 《全面抗战（六）》，1938 年 12 月 25 日，台北“国史馆”藏，《蒋中正“总统”文物》，入藏登录号：002000001174A，典藏号：002-080103-00039-006。

② 《交拟稿件——民国二十六年十二月至民国二十九年十一月》，1939 年 1 月 19 日，台北“国史馆”藏，《蒋中正“总统”文物》，入藏登录号：002000000916A，典藏号：002-070200-00008-021。

或日本，或其他各地”。①

随着日军进犯，当国民政府的军政重心移转到重庆时，不少外国媒体记者也陆续抵渝，但战时重庆的生活条件艰困，加以物价波动、夏季闷热潮湿，许多外籍记者到渝稍作采访后，部分还是选择回到相对安适且熟悉的沪、港地区。为了避免在华的外国媒体沦为日方新闻的传声筒，在蒋介石和宋美龄的授意下，负责战时对外宣传的中央宣传部副部长董显光于 1939 年春季，乔装成一个乡下农夫，自香港乘英轮潜入上海，试图强化与外媒的联系渠道。②

董显光因曾在报界历练并熟稔英语，与在华外籍记者多所联系，颇获宋美龄所倚重。③ 其在上海通过美籍人士潘尼斯登（John B. Peniston）和朱世清女士，组织一个地下活动的办公处。在香港则由温源宁主持，加上董寿朋、卜莱德与魏景蒙等人，另组一个宣传办事处，与各路人马在香港交手。④ 不过董显光此行，仍被日方的情报人员探悉，并掌握其到港，“为强化香港之国际宣传，拟得宋美龄之助力，增加经费，且划策今后成为中央党部及外交部以外之实质的独立宣传机关”的意图。⑤

---

① 施太乃斯希望蒋介石能每月提供至少 2000 元的经费，以在港和各地从事情搜工作。参见《一般资料——呈表汇集（六十八）》，1938 年 3 月 17 日，台北“国史馆”藏，《蒋中正“总统”文物》，入藏登录号：002000001884A，典藏号：002-080200-00495-182。

② 参见董显光：《董显光自传》，第 163 页。

③ 董显光在自传中表示：“我重返电检办公室不到两个星期，突然受命为军事委员会第五部的副部长……我这次新任命除蒋委员长的知遇特拔外，蒋夫人推荐尤殷。蒋夫人是那时政府中最能了解中国在这危急存亡的关口上争取美国新闻的好反映是怎样重要。夫人从小就受美国教育，又得到大批美国政要名流的敬佩，因此观察美国人心理了如指掌。她每天批阅大量美国书刊，密切注意美国朝野对中国各种问题的反映。同时，她知道我这个中国报人受过美国高级报人的训练，可以担负起把中国介绍给西方世界的责任。”董显光：《董显光自传》，第 124—125 页。

④ 董显光认为，温源宁“跟英国人打交道有特殊技能。因此，他主持了我们香港办事处后不久即加强了我们跟香港政府的关系。一直到 1941 年 12 月因香港陷敌不得不撤销为止，香港办事处经常负担了国际宣传处宣传资料向国际间吐纳总关口的重要任务”。董显光：《董显光自传》，第 163—165 页。

⑤ 《一般资料——呈表汇集（八十六）》，1939 年 2 月 19 日，台北“国史馆”藏，《蒋中正“总统”文物》，入藏登录号：002000001902A，典藏号：002-080200-00513-048。

董显光在港期间，除了布置对外宣传事宜，曾拜晤港督罗富国爵士（Sir Geoffry Alexander Stafford Northcote，1881—1948）。港督表示，“彼对日军占领广州后，香港不能协助中国运输军火，表示十分歉意”，并无奈地表示，“其所以出此者，实惧日方以为借口，要求接见，将不胜其烦……彼实同情我国，愿为我忠实之至友”。再三要董显光返渝后，代向蒋介石夫妇表示敬意。①

1939 年 3 月初，在英方的同意下，中缅试航机抵昆明，到 3 月中旬，中越航空线亦开始通航，中国得以通过在西南的对外运输渠道，继续得到军需物资的供应。宋美龄为了治疗牙病和掌握在港的工作，在 3 月 17 日再次以就医名义飞往香港。② 蒋介石很快就收到宋霭龄回报的电函，并在次日致电给在香港中国银行孔公馆的孔令仪，请宋美龄协助处理对英交涉的函件，并速寄英大使信函。③

由于获得滇缅及重庆、河内的航线，无须再倚重香港为转运枢纽。蒋介石在 3 月 21 日电告宋美龄，请其“告大姊，凡上海、香港重要物品，应速移重庆为要”④。同日宋美龄自香港复电：“英大使信即日可寄出勿念”，且“据文兄曰，彼并未电汪”。⑤ 在汪兆铭出走后，重庆方面曾多方策动，试图通过私人关系调解⑥，然艳电公布，汪系人马周佛海离港赴沪，加以汪氏在河内险遇刺，

① 《全面抗战（十二）》，台北“国史馆”藏，《蒋中正“总统”文物》，入藏登录号：002000001180A，典藏号：002-080103-00045-014。

② 宋美龄出发后，蒋介石即电询宋子文：“三妹十一时由渝乘机飞港，已到否?”《蒋中正致亲友函（三）》，1939 年 3 月 17 日，台北“国史馆”藏，《蒋中正“总统”文物》，入藏登录号：002000000473A，典藏号：002-040400-00003-003；秦孝仪主编：《蒋公大事长编初稿》卷 4 上册，第 314 页。

③ 《蒋中正致宋美龄函（五）》，1939 年 3 月 18 日，台北“国史馆”藏，《蒋中正“总统”文物》，入藏登录号：002000000464A，典藏号：002-040100-00005-025。

④ 《蒋中正致宋美龄函（五）》，1939 年 3 月 21 日，台北“国史馆”藏，《蒋中正“总统”文物》，入藏登录号：002000000464A，典藏号：002-040100-00005-026。

⑤ 《蒋中正致宋美龄函（五）》，1939 年 3 月 21 日，台北“国史馆”藏，《蒋中正“总统”文物》，入藏登录号:002000000464A，典藏号：002-040100-00005-027。

⑥ 王世杰：《王世杰日记》（手稿本）第 2 册，台北“中研究”近代史研究所 1990 年版，第 1—3、19—20 页。

宋氏兄妹等人即便有心，亦难挽此分歧之局。①

日方非常重视宋美龄到港的讯息，在得知宋美龄抵港后，“其领馆认为夫人此来，必负有重要使命，除严嘱特务员四处探访外，并利用其所雇西洋间谍，及教会中之西人牧师等，探查夫人一切行动”②。由于蒋介石在渝诸多事务，仰赖宋美龄协助，此次宋美龄到港未满一周，蒋介石即电催：“牙齿何日可医痊？望速回渝为盼。”③ 27 日蒋介石又电：“近日南昌战事甚烈，吾爱何日回渝？盼即复。”④

宋美龄因治牙病，又在港居留数天，适逢其农历生日，蒋介石特地致电：“诞辰不克亲祝，甚歉！惟有祷告上帝，保佑吾妻康健平安耳。”⑤ 并请孔令仪“代办礼品，送三姨母祝嘏，款数望先代垫，当随奉还”⑥。4 月 1 日，宋美龄自香港发一急电，向蒋介石表达感谢，并表示“牙疾未愈，不克如期回渝歉甚，一俟医妥即返”，同时帮留港未到越南办事的弟弟告假，“子良弟本搬赴河内，医云有六牙已坏，须补好再行，但良弟性急，亟欲离港，经嘱其安心修补，约十日可好，即首途，乞不必来电催其动身”。⑦ 蒋介石于 4 月 3 日续电催，“望早日回来，有事急待处理者甚多也，归程经安南为妥”，又告知“英大使将于三日前到渝，请爱速回并不可与其同行”。在蒋

---

① 蒋介石于 5 月 18 日，因“不欲汪深自陷溺，而思有以挽救”，致电香港中国银行宋子文董事长，“以汪兆铭刻尚留港，欲赴东京，嘱其在港与汪联系，劝导赴欧”。秦孝仪主编：《蒋公大事长编初稿》卷 4 上册，第 357 页。

② 《一般资料——呈表汇集（九十二）》，1939 年 3 月 23 日，台北“国史馆”藏，《蒋中正“总统”文物》，入藏登录号：002000001908A，典藏号：002-080200-00519-053。

③ 《蒋中正致宋美龄函（五）》，1939 年 3 月 23 日，台北“国史馆”藏，《蒋中正“总统”文物》，入藏登录号：002000000464A，典藏号：002-040100-00005-027。

④ 《蒋中正致宋美龄函（五）》，1939 年 3 月 27 日，台北“国史馆”藏，《蒋中正“总统”文物》，入藏登录号：002000000464A，典藏号：002-040100-00005-028。

⑤ 《蒋中正致宋美龄函（五）》，1939 年 3 月 31 日，台北“国史馆”藏，《蒋中正“总统”文物》，入藏登录号：002000000464A，典藏号：002-040100-00005-029。

⑥ 《蒋中正致亲友函（三）》，1939 年 3 月 31 日，台北“国史馆”藏，《蒋中正“总统”文物》，入藏登录号：002000000473A，典藏号：002-040400-00003-004。

⑦ 《蒋中正致宋美龄函（五）》，1939 年 4 月 1 日，台北“国史馆”藏，《蒋中正“总统”文物》，入藏登录号：002000000464A，典藏号：002-040100-00005-030。

介石的一再催促下，宋美龄终于在4月17日自港返渝。[①]

宋美龄离港之后，渝、港间的航线日益危险，但直至太平洋战争爆发前，香港仍是国民政府对外联系的重要通道，许多处理对外交涉的人员，仍须冒着危险前往香港。1939年6月底，参事室主任王世杰奉命到港接洽时，“飞机引擎故障又遇空袭，飞往成都降落”，在7月2日晨才晤及颜惠庆和施肇庆，商讨外交问题，并请颜惠庆“允于出席太平洋学会会议时，为蒋先生代携一函致罗斯福”。王世杰继之又于午后6时往晤宋子文，“询以香港防御工事状况”，得悉“英政府有令，令港督于战事发生时先自行支持六十日”，并在晚间和顾孟余碰面，获知“汪先生此次行动，陈璧君负大部分责任”，王世杰在港还见了蔡元培，“力劝其迁居云南昆明郊外”，在7月7日完成任务，自港返渝。[②]

四、共赴陪都宣慰军民

1940年1月下旬，高宗武和陶希圣联名致函香港《大公报》，揭发汪日密约，各界舆论哗然，宋美龄则因病，不得不于农历春节期间，再度赴港诊治。2月12日下午，宋美龄在蒋介石的陪同下，“赴珊瑚坝飞机场，飞往香港”，并在安抵香港后，随即向蒋介石回报，“八时平安抵港请勿念”。不过蒋介石却一夜难安，“昨夜失眠，甚恐吾妻飞往香港，中途失事，今晨得妻安抵香港之电，此心乃安”。[③]

蒋介石由于连日失眠，电请宋美龄代购新药品，“抵港甚慰，原有安眠药无甚效用，如另有新药，望便人带来为盼”。宋美龄于15日自香港回复，“新药俟询医生购就即寄上，妹日来颇感不适，昨日转剧，呕吐六次，心跳慢弱，今日已略好，谅无大碍，请释

---

① 《蒋中正致宋美龄函（五）》，1939年4月3、6日，台北“国史馆”藏，《蒋中正“总统”文物》，入藏登录号：002000000464A，典藏号：002-040100-00005-030、031。

② 王世杰：《王世杰日记》（手稿本）第2册，第107—109、111页。因恐欧局变化，宋子良在1939年6月上旬即开始“积极督率疏运港防两处物资”。萧李居编：《蒋中正“总统”档案：事略稿本43》，第627页。

③ 萧李居编：《蒋中正“总统”档案：事略稿本43》，第145—146页。

远注”。蒋介石得知宋美龄到港后，病情仍严重，又电慰“贵恙如何，甚念。最好能入医院静养也”。宋美龄于 2 月 20 日自香港电告，“病已好转，此间英式医院不合宜，在家静养较妥，请勿念”，蒋介石收到此电，才略放心，表示“病痊甚慰，兄拟即日回渝”。[①] 蒋经国亦自桂林致电：“母亲大人，儿于敬日抵桂，知大人福体违和，赴港医治，无任悬念。定明日随父亲大人赴渝，以候祝大人寿辰，望大人早日返渝，得聚天伦之乐。”[②]

宋美龄一面在港养病，一面酝酿两位姐姐宋霭龄和宋庆龄共同赴渝，一起进行宣传，争取国际支持，并致电重庆军委会机要室转告蒋经国，“能否回渝过生日，须视病体如何，现尚未能定也”[③]。不过蒋介石对之倚重颇深，不时电催其返渝。到了 3 月中旬，蒋介石接连电告，“相别已一月，吾爱生日亦到，望速回为盼”；“今日已二月七日（农历），望速回为盼”，并在宋美龄生日时电贺：“今日为吾爱生日，敬贺康健并祷天父祝福，近日要事待商甚多，且参政会月杪开会，望速回来为盼。”[④]

不过此时宋美龄在香港尚有活动，并欲陪伴身体微恙的大姐，于 3 月 20 日先自香港电告蒋经国，“回渝期近，务望留渝陪伴委座，且久别甚念，亟思一见也”[⑤]，并电谢蒋介石：“辱承电贺，无任感谢，已电嘱经国留渝侍奉以待妹回，务望保重!”蒋介石则企

---

① 《蒋中正致宋美龄函（五）》，1940 年 2 月 14—16、20 日，台北“国史馆”藏，《蒋中正“总统”文物》，入藏登录号：002000000464A，典藏号：002-040100-00005-032、033、034。

② 《一般资料——蒋经国致宋美龄文电资料》，1940 年 2 月 25 日，台北“国史馆”藏，《蒋中正“总统”文物》，入藏登录号：002000002017A，典藏号：002-080200-00628-010。

③ 《一般资料——宋美龄致蒋经国文电资料》，1940 年 3 月 3 日，台北“国史馆”藏，《蒋中正“总统”文物》，入藏登录号：002000002016A，典藏号：002-080200-00627-001。

④ 《蒋中正致宋美龄函（五）》，1940 年 3 月 11、15、19 日，台北“国史馆”藏，《蒋中正“总统”文物》，入藏登录号：002000000464A，典藏号：002-040100-00005-036、037、038。

⑤ 《一般资料——宋美龄致蒋经国文电资料》，1940 年 3 月 20 日，台北“国史馆”藏，《蒋中正“总统”文物》，入藏登录号：002000002016A，典藏号：002-080200-00627-002。

盼宋美龄速归相助，告其："近日外交经济重要事甚多，望速回渝，盼复。大姊有否痊愈？甚念！"① 3月28日，宋美龄在两位姐姐的陪同下，在港参加爱国团体联席会议，"讨论如何在香港开展伤兵之友运动"，并赞扬宋庆龄通过中国救国同盟（China Defence League）和中国工业合作社，救济中国难胞所做的努力。② 随后在3月底，宋美龄结束在港的行程，偕孔、孙夫人飞渝，蒋晤众人，"相见甚欢"。③

1940年4月，宋美龄参观成都工业制造（《蒋中正"总统"文物》，台北"国史馆"藏，典藏号：002-050113-00002-224）

宋美龄返抵重庆后，一方面亲赴新生活妇女指导委员会视察，鼓舞工作人员和高级干训班的同学，并在官邸接受记者的专访，其欢忭地接待记者并问道："我三姊妹此次同来，知否？"继告以"孔夫人对生产事业素有兴趣，年来在港与数专家研究改良织布，

---

① 《蒋中正致宋美龄函（五）》，1940年3月21、24日，台北"国史馆"藏，《蒋中正"总统"文物》，入藏登录号：002000000464A，典藏号：002-040100-00005-039。

② 宋庆龄在赴渝前夕，以一机密函致陈友仁妻张荔英，"匆匆写这短简，告诉你们我突然决定到前线去做一次快速旅行，以便收集材料用于海外（宣传）工作……"尚明轩编：《宋庆龄年谱长编》（上）（1893—1948），社会科学文献出版社2009年版，第403—404页。

③ 萧李居编：《蒋中正"总统"档案：事略稿本43》，第331页。

以期改善农民经济”。本次将在川视察中国工业合作协会之合作社，并安排参观新生活妇女指导委员会松溉纺织实验区。同时赞扬“孙夫人在港领导一般救亡工作甚力，如中国救国同盟（China Defence League）及赈灾会等，渠均予协助”。宋美龄也称许宋霭龄在港推动伤兵之友工作的情形，认为“伤兵之友工作须先得人心，然后捐款自来”，同时向记者表达对渝市伤兵之友工作的垂念。①

1940 年 4 月，宋美龄巡视江北伤兵收容所（《蒋中正“总统”文物》，台北“国史馆”藏，典藏号：002-050113-00002-180）

4 月 3 日中午，宋美龄带领两位姐姐赴新生活妇女指导委员会高级干训班参观，三位夫人与同学聚餐，并巡视同学寝室、课室。午后，由妇女指委会副总干事陈纪彝女士引导，至歌乐山第一保育院访视，保育院在广场上举行欢迎会，欢迎三位“妈妈”到临。保育院 500 位难童，由男童张宝玉代表致辞，感谢三位“妈妈”赐给战区数万难童，在后方能有机会受教育。院童又进行表演游艺、合唱“打倒汪精卫”歌曲，并纷纷与三位夫人合影。宋美龄称许“保育院儿童均极健康，寝餐室中病孩甚少”，故“允今日送糖果去”，鼓励院童。宋氏姊妹归途又赴“新运”妇女工艺社参

① 《蒋夫人话谈孙孔两夫人来渝任务》，《大公报》（重庆）1940 年 4 月 2 日。

观，宋霭龄和宋庆龄对其插花刺绣成绩大加赞美，宋霭龄还特制绣衣及茶布多套。在与百余名同学合影后，宋美龄“特为介绍孙、孔夫人，并勉同学不独要训练自己之手与脑，且应养成爱国之精神，以期日后分发工作时，影响其他妇女”。宋霭龄则勉励受训学员，“生产工作在战时较平时更重要，因可代替舶来品，且可出口换外汇，增加政府收入，在抗战中不无补益”，希望通过加强生产，提高后方的经济收益，宋氏姊妹三人直至薄暮方结束视察。①

为了扩大三姊妹鼓舞军民的宣传效果，宋美龄邀约了中外女宾约200人，在4月7日下午4时，于官邸举办欢迎茶会，包括重庆推动妇女工作的人员、英国大使夫人、美国及法国大使馆参事夫人和在渝外商等，纷纷共襄盛举。众人先自取茶点，陆续在室内见过孙、孔夫人及宋美龄后，热烈地在草地上相互闲谈。茶会于4时正式开始，宋美龄先后用中、英文致辞说：

> 今天大家不是来听我演说的，而是来欢迎我的两位姊姊，我以小妹妹的资格作个介绍人，心里非常愉快，由我脸上，你们也可以看出我是多么快活。孙夫人自抗战后作的工作是很重要的，她写文章向国外宣传，使友邦知道我们为什么抵抗敌人。孔夫人也曾在上海战争时作了不少伤兵工作。并曾捐助四十辆卡车运输伤兵，现在她是香港伤兵之友总会的会长。这次到重庆来，想必大家都盼望她们领导妇女工作的，是吗？②

众人听完宋美龄介绍两位姐姐在香港所从事的抗战工作和欢迎词后，脸上露出肯定的笑容，又以热烈的掌声，欢迎宋庆龄致辞。宋庆龄一方面表示对战争带来的灾难，感到难过；另一方面对后方的建设工作，又觉得十分兴奋。她说：“我们妇女不要只从事表面文章的工作，要切切实实地去教育一般妇女。民主政治是

---

① 《孙蒋孔三夫人昨看五百难童》，《大公报》（重庆）1940年4月4日。
② 《蒋邸昨日盛大茶会欢迎孙孔两夫人》，《大公报》（重庆）1940年4月8日。

和妇女非常有关系的，国民代表大会妇女一定要参加。希望我们大家来努力实现民主政治和坚持抗战的工作！”她期许在抗战的过程中，妇女也要参政，以健全民主政治的发展。接着宋霭龄向在场宾客表示说：“孙夫人和我虽然初来重庆，见些旧交，认识些新知，其实我们的精神和心始终是连接在一起的，就是为了建设一个强有力的新中国而奋斗。”宋霭龄强调大家要合作，“因为合作才能团结，团结才能使工作进行顺利”，并应外宾之请，又用英文自译了一遍。①

1940 年 4 月 7 日，蒋介石与宋氏三姐妹在欢迎茶会上的合影（《蒋中正“总统”文物》，台北“国史馆”藏，典藏号：002-050113-00002-094）

三位夫人致辞后，在场宾客相互致意谈天，待蒋介石回邸，在户外的外宾们轻声招呼：Generalissimo！过了一会儿，蒋介石和三位夫人一起，让中外记者们拍摄，留下四人难得的合影。蒋介石接着致辞说：“孙、孔夫人这次来重庆，恐怕不只是我们大家欢迎，全国民众也一定欢迎，我就代表全国民众欢迎她们吧！”蒋介石与宋氏三姊妹在重庆聚会的照片，成为中国团结抗战的象征，

① 《蒋夫人昨招待孙孔两夫人》，《中央日报》（重庆）1940 年 4 月 8 日。

1940 年 4 月 8 日，宋美龄访视军政部陆军第五医院（《蒋中正“总统”文物》，台北“国史馆”藏，典藏号：002-050113-00002-169）

很快地随着外籍记者的采访，发布到世界各地。茶会在五点半结束，宋氏三姊妹又准备赶往重庆市妇女的欢迎会，为鼓舞国人抗战继续努力。①

4 月 8 日，宋氏三姊妹在黄仁霖总干事的陪伴下，齐赴医院慰问伤兵，“并以所携带之慰问袋亲自分送伤兵；每一袋内计有甜柑咸蛋各二枚，手巾一条及饼干糖果等”。三位夫人分别慰劳伤兵后，黄仁霖向伤胞概述妇女之战时工作，宋美龄并向伤兵慰问曰：“伤胞为国流血，吾人除慰问外，更望伤胞明了中国妇女现正努力为伤胞服务。妇女之力量虽或微小，但决尽其一份力量，希望吾人努力工作之精神，能使伤胞感到安慰。际此抗战之时，伤愈之同胞当必重上前线；至不能重上前线者，吾人亦决尽力援助。”宋美龄在视察后，指示该院添置伤兵睡衣，提供给伤兵更完善的医疗和协助。②

蒋介石与宋美龄在 4 月 9 日晚间，设宴款待宋霭龄和宋庆龄，

① 《蒋夫人昨招待孙孔两夫人》，《中央日报》（重庆）1940 年 4 月 8 日。
② 《孔孙蒋三夫人昨慰问伤兵》，《大公报》（重庆）1940 年 4 月 9 日。

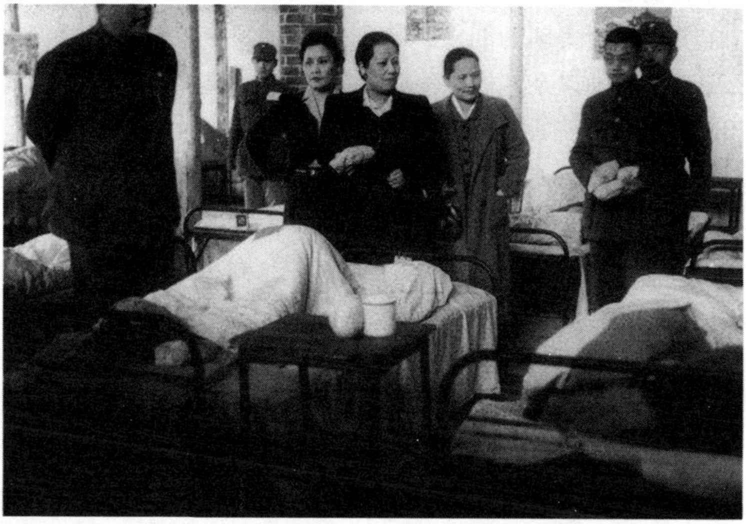

1940 年 4 月 8 日，宋美龄慰问陆军第五医院伤兵（《蒋中正“总统”文物》，台北“国史馆”藏，典藏号：002-050113-00002-171）

并邀孔祥熙、宋子文及英大使卡尔夫妇作陪。次日晚餐后，“往孙科寓中，陪孙夫人话家常”①。孔祥熙夫妇则在 4 月 15 日下午 4 时至 9 时，于嘉陵宾馆举行欢迎茶会。宋氏三姊妹在抗战后，首次同聚重庆，不仅家族和乐，对凝聚国人团结抗战，也具有重要的意义。

五、联袂对美播讲

宋氏三姊妹在重庆应中央广播电台及国际广播电台之请，于 1940 年 4 月 18 日上午 7 时 45 分对美广播讲演，并由美国 NBC 电台向全美转播。首由孙夫人致辞：“中国抗战必可获得最后胜利，太平洋上将来的历史，一定可以改观，且将更见光明与灿烂。”接着孔夫人讲述中国建设情形，表示“南京那幕傀儡组织的丑剧，完全由敌阀庇护指使，她们要把各国在华的权益加以毁损，而使日本独霸一切”。最后由宋美龄播讲，希望美国“第一对侵略者不

① 萧李居编：《蒋中正“总统”档案：事略稿本 43》，第 372、378 页。

可再存畏惧之心，第二停止鼓励侵略的行动”。[①]

宋美龄呼吁美国的朋友，特别是针对国会议员，务必要“对日禁运汽油煤油以及其他战争原料”，她并强调：

> 我们并不是没有放弃斗争的可能，但我们仍旧在这样困难坚苦的情形之下，不怕挫折，为着自由而继续抗战，我不知道贵国的国会议员曾否想到，万一中国被日本的武装征服了，将发生何等的情形。结果是很明显的，日本将保有完满的海陆空军实力，并且可以利用了中国的领土、人力和资源来和民主国家为难。日本会给民主国家以强大的打击，抢夺印度支那、缅甸、马来群岛、荷属东印度、澳洲和新西兰等地。[②]

宋美龄提醒，在美国的姑息下，日本将“能够整个地控制太平洋，攫夺了那些地方所有的资源，让它去支配，这样它就不再须要美国羁制市场，不必向美国购买汽油煤油以及其他的东西”。如果美国继续纵容日本，事态的发展恐不堪闻问了。宋美龄还强调中国抗战的重要，“由于我们的抵抗日本侵略，我们已把它的军队牵制在中国的泥淖之中而使它动弹不得，只要能给我们以正义的同情，到相当时期，一定能使他们完全失败”，宋美龄期待美国“能对我们表示正义的同情”。[③] 不要再漠视日本的威胁，应该提供中国必要的协助。

此次宋氏三姊妹发表广播的动机，除了前述的背景原因，另可由王世杰于4月17日的日记得知：

> 关于美国对日供给军需原料事，美国务卿赫尔向我宣传部驻美工作人员 H. Price 表示，希望我方舆论对美为

---

① 萧李居编：《蒋中正“总统”档案：事略稿本43》，第408页。

② 《孙孔蒋三夫人对美广播》，《大公报》（重庆）1940年4月19日。

③ 《孙孔蒋三夫人对美广播》，《大公报》（重庆）1940年4月19日。

责备之词，以便利政府政策之推进。[①]

原来孙、孔、蒋三位夫人于此时联合对美广播，除了为中国自身的利益考虑，也是为了呼应美国国务卿赫尔（Cordell Hull，1871—1955），以便让美国能名正言顺地援华，而自中国加以配合宣传。

事实上除了宋氏三姊妹的广播外，时任中国国民党中央宣传部部长王世杰为配合此次美国政府的要求，也特地于4月17日“撰一文交《大公报》于明日发表，并拟交美国《纽约时报》驻渝记者拍致美国”[②]。次日的重庆《大公报》即刊出以《美国之谜》为题的社评。该社评首先直指：“暴日侵华，将近三载。资源贫乏的岛国，怎得维持苦斗这样久？谁能否认不是靠着美国的援助？”对美国既给予中国同情但又提供日军屠戮中国人民的军需物资提出质疑。其次要求美国维护《九国公约》，并分析日本的野心在独霸远东利益，强烈地呼吁美国“停止援助日本”！[③] 4月19日的《大公报》又以《暴日垂涎荷印》为题发表社评，搭配孙、孔、蒋三位夫人对美广播的新闻稿、美国国务卿赫尔对荷、印地位不容变更的严正声明，对联美批日再作发挥。此次宣传工作后，中美双方随即在24日以滇锡为担保，订立2000万美元的借款合约，暂纾国民政府的财政困境。

宋氏三姊妹除了在重庆展开一连串的宣慰活动，接着也奔往后方各地进行视察。4月22日下午，事先在昆明处理公务的蒋介石“赴龙泉驿东下市口，往迎夫人”，迎接宋美龄姊妹到蓉访视。次日正午，蒋介石以午宴款待孙夫人等。[④] 宋氏三姊妹于4月25日下午4时相偕至中国工业合作协会成都事务所视察，厂方集合纺毛女工数百人，在华美女中广场上架设毛纺机照常工作，并供记

---

① 王世杰：《王世杰日记》（手稿本）第2册，第258页。

② 王世杰：《王世杰日记》（手稿本）第2册，第258页。

③ 《美国之谜》，《大公报》（重庆）1940年4月18日。

④ 萧李居编：《蒋中正“总统”档案：事略稿本43》，第415—416页。

者拍摄。宋霭龄历年扶掖中国工合事业不遗余力，率先致辞表示："今日我国一面抗战，一面建国，合作社之目的于助抗建工作以外，更求民生主义之实行，是以余希望工合社能在各地普遍的成立。"宋美龄继之发言，鼓励员工要以"做工无异作战"的态度，来增加生产，宋美龄表示："我前方弟兄抗战辛苦，纺毛后所制成之军毯则系送往御寒，彼辈不怕寒冷，抗战愈必有力，是以你等虽未往前方，但其贡献于民族者正复指间丝线之转动，亦正如机关之扫射敌人，各位工作之价值甚大，殊不可轻视或怠忽也。"宋庆龄因患牙病，仅简单表示："工合社事业，正为总理民生主义之实行，一面求改善人民生活，一面求充实国家经济力量，希望各位对民生主义加以研究，俾总理遗旨能普遍实行。"三位夫人先后致辞完毕后，由社中干部陪同参观，包括纺毛班、绣花及挑花班。宋美龄等人对挑丝工作颇感兴趣，并"坐下亲作挑花数针，针法纯熟，群为忻服"，随行的美国摄影师格理芬□当场摄成影片，以向欧美广为宣传。①

宋美龄于27日在成都励志社安排茶会，欢迎首次莅蓉的两位姐姐，并邀请昆明各妇女界团体、妇女工作队、学校及抗战军人家属等代表400余人参加，由宋美龄介绍来宾与孙、孔夫人相见后，致辞表示："今日举行茶会，一面系欢迎孔孙两夫人，一面又系以小妹妹之资格，代表二位姊姊致谢二十二日各位到车站迎迓之盛意。此次孔孙两夫人由港到渝，复由渝来蓉，对于乡村工作甚为注意，并欲知道全川妇女同胞担任战时工作之状况，余今日以成都人之地位招待欢迎，所有妇女工作之困难及前途如何进展等，各位皆可向两夫人报告与检讨"②，并邀请孔、孙夫人演说，宋霭龄期勉与会妇女，要有自信心，并努力生产事业。宋庆龄继起致辞说：

在港时，闻蒋夫人道及内地妇女界努力工作之情形，

① 《孙孔蒋三夫人在蓉参观工合事业》，《大公报》（重庆）1940年4月19日。
② 《蒋夫人在蓉举行盛大茶会》，《中央日报》（重庆）1940年4月30日。

1940 年 4 月 25 日，宋美龄参观工业协会成都事务所（《蒋中正“总统”文物》，台北“国史馆”藏，典藏号：002-050113-00002-213）

承被邀到川省，目睹一切，良足佩慰，由港到渝所经各地，尝见敌机轰炸我人民与土地财产之惨状感想甚多，同时深觉吾人所须克服之困难尚多，非积极努力不可。孔夫人所言各点，甚以为然，此外余以为我妇女界所宜着重者，厥为教育工作，将来国民大会不久召集，应使妇女界明了其重要性，由各团体推出代表参加宪政运动，动员广大妇女，努力于此，亦为吾人对抗战上之重大贡献。①

宋庆龄认同宋霭龄的中国要加强生产，提振经济的论点，但也强调教育和宪政运动的重要性。宋美龄最后起立代表成都妇女界致谢，并谓“相信此后蓉妇女界必格外努力，俾不辜负两夫人之希望”②。宋氏三姊妹在与昆明妇女界会面之后，也结束了在蓉

① 《蒋夫人在蓉举行盛大茶会》，《中央日报》（重庆）1940 年 4 月 30 日。
② 《蓉妇女界盛会》，《大公报》（重庆）1940 年 4 月 30 日。

的行程，4 月 28 日蒋介石亲往机场，为三位夫人送行飞渝。① 在宋美龄的悉心安排下，宋氏三姊妹自港飞渝，由渝莅蓉，在四川视察的整个行程，被大篇幅地披露在国内外的媒体上，一面鼓舞国人抗战的士气，同时也让国际了解中国团结抗日的准备与决心。

第三节　加强对国际宣传

一、呼吁援华制日

在宋美龄偕同两位姐姐自港返渝不久，蒋介石指示宣传部部长王世杰和副部长董显光，要持续加强在香港的国际宣传，蒋介石认为“香港应有我国际宣传处所发行之健全英文刊物，现所费之国际宣传处经费不谓不大，而对国际宣传之效用极小，反不如汪伪宣传力之大也，应从速改良为要”②。蒋介石发现汪兆铭的势力在香港积极运作媒体，部分舆论经常作有利于汪兆铭之报道，因此特别下令国际宣传处要在港发行英文刊物。

宋美龄送走了两位姐姐回港后，又开始在蒋介石身旁协助处理机要。由于重庆的夏季较为闷热，蒋介石和宋美龄经常移居黄山云岫楼，而繁重的文书及涉外事务，有时让蒋介石不禁担心宋美龄的身体，“深以夫人用脑过度为念也”。果然不久，宋美龄的健康又出现状况，让蒋介石“以夫人病，甚忧之”。③

1940 年 6 月下旬，日本要求英国停止由缅甸及香港运物资入中国。7 月 8 日清晨 6 时 45 分，宋美龄陪同蒋介石在重庆国际电台对美国民众广播，宣示对日抗战的决心，并由宋美龄亲自担任英译。其时恰为美国国庆日下午，适当美国一般民众休假，估计听众可在两千万人以上，菲律宾马尼拉方面很快向重庆报告，“收

---

① 参见萧李居编：《蒋中正“总统”档案：事略稿本 43》，第 426 页。

② 萧李居编：《蒋中正“总统”档案：事略稿本 43》，第 356—357 页。

③ 蒋介石曾形容初夏晚在黄山官邸，“初入山中，月明气清，立觉心神为之一快”。萧李居编：《蒋中正“总统”档案：事略稿本 43》，第 527—528、537 页。

听成绩甚为良好”。[①] 但由于英美不想得罪日本的态度，重庆借由文宣与外交通道，试图通过美国阻止英国封锁滇缅路的努力，仍告失败。加上8月上旬越南也同意日军登陆海防，中国对外的联系通道更受限制。

到了8月中下旬，日军除了封锁中国沿海各运输通道外，也对重庆展开猛烈轰炸。8月24日下午5时后，宋美龄为了关怀渝市被炸难胞，率员驱车前往灾区勘察，亲自慰问难胞，并嘉勉“新运”总会茶粥站服务人员，继续为难胞提供协助。蒋介石和宋美龄先前对美的广播呼吁，终于在8月下旬获得回应，美国在8月25日宣布对日本禁运汽油和废铁。不过连日被轰炸和工作的紧张，宋美龄的健康持续出现状况，让蒋介石又“以夫人病，甚忧之”。[②]

日本为了迫使重庆方面放弃抗战，不断地扩大封锁与直接轰炸，打算一举击溃中国抗战的信心。宋美龄为了继续鼓舞后方军民，不顾自身的健康和安危，在日机轰炸的空当，持续进行抗日宣传及巡视。9月初，当宋美龄视察重庆国泰等戏院之临时难民收容所时，特别“指示有关主管，对于难童应予以适当之教育，对于难胞中有患疾病者，亦应迅予诊治”，积极协助难童和难胞，并关注医疗水平。到了9月中旬，日机还利用明亮的月色，在半夜连续对重庆等地进行攻击，宋美龄与重庆的居民，一晚要经历好几次的空袭，蒋介石就记录，“晨一时五十五分，又发放第三次警报”，故“偕夫人遂即起床，迁往新草堂住宿，是时月华皎洁，银汉星稀”，面对敌机的轰炸，其“夜静望月，心神倍觉清明”。而“敌机数架，复炸曾家岩官邸，仍未命中，三时又入睡”。[③] 日军武力的恫吓，并没有动摇中国抗战的意志，反而更激发出抗战到底的信念。

为了坚持抗战，国民政府在1940年9月6日正式明定重庆为

---

① 薛月顺编：《蒋中正“总统”档案：事略稿本44——民国二十九年七月至十一月》，台北“国史馆”2010年版，第30页；《蒋委员长对美播讲呼吁迅即援华制日》，《大公报》（重庆）1940年7月9日。

② 参见薛月顺编：《蒋中正“总统”档案：事略稿本44》，第198、212页。

③ 薛月顺编：《蒋中正“总统”档案：事略稿本44》，第232、286页。

陪都，不过此时宋子文却从美国传来苏联拒绝美国军火由海参崴转运来华的消息。由于运输通道受阻，物资短缺的现象更为严重，蒋介石发表告全国同胞书，号召军民要节约建国储蓄。面对日本强大的压力，宋美龄经常在黄昏陪伴蒋介石外出散步。9 月 13 日傍晚，宋美龄陪同蒋介石“登新草堂后山巅，眺望松涛月色，意境清远”，蒋介石不禁表示，“此最忧之今日而获有此片刻之乐，殊可喜也”，但宋美龄的健康在庞大的战争压力下，未见好转，也让蒋介石“又以夫人病未愈为念”。①

抱着病躯的宋美龄，为协助医疗前方将士伤病，曾在 1940 年 8 月初以主任委员的名义，指示中国妇女慰劳自卫抗战将士总会，发起征募药品及药品代金运动，呼吁海内外捐赠药物，特别是有关治疗伤疽鼠疫及各流行症等的药品。并“规定由总会，国内外各地分支会，或妇女会民众团体，组织征募队，向各界征募。所得药品或代金，得由分支会直接送交邻近战区，或者送总会转赠”。宋美龄在 9 月下旬更向海内外发出通电，发起征募药品运动，热切地呼吁大家共思预防疫疠流行，协助维护前方将士健康。②

宋美龄的号召，得到美国作家赛珍珠（Pearl Sydenstricker Buck，1892—1973）的支持，赛珍珠在 6 月间于美国促成妇女援华委员会，并发起“希望书”运动，征求妇女界签名和认捐款项，以捐赠中国医药救济和慈善事业之用。在罗斯福总统夫人领衔带动下，参与签名的有数百人，募款金额达九万美元，并由罗斯福夫人将该书交给中国驻美大使胡适，然后转给宋美龄。宋美龄在 10 月初特地复电表达谢意：

---

① 薛月顺编：《蒋中正“总统”档案：事略稿本 44》，第 277—278、280 页。

② 《中国妇慰总会发起征募药品运动》，《大公报》（重庆）1940 年 9 月 23 日。蒋介石对宋美龄奋不顾身的工作，有感而发，自记曰：“吾妻工作太猛，以致心神不安，脑痛目眩，继以背疼牙痛，数症并发，渝无良医，彼乃不愿远离，以为在此敌机狂炸之中，如离渝他往，不能对人民，尤不愿余独居也。三年来，兵火残酷之中，吾妻能持久不懈，实非其金枝玉叶之身所能忍受者，不能不使余铭感更切矣。”黄自进、潘光哲编：《蒋中正“总统”五记：爱记》，第 212 页。

> 列名于这“希望书”的各位美国女士，对我们中国妇女所表示的，不只是深厚的同情，而是承认我们和各位之间有着共同的希望。各位所希望的，正如我们中国妇女所希望的，也就是我们中国正在持久奋斗以求的，在于实现正义与直接的理想。希望是最可贵的，有了希望，什么不可能的事也必能做到，没有了希望，无论任何的努力都将无代价。我愿这一本“希望书”成为一种高尚的标志：表示着今天全世界有识人士的深思，寄托在普遍永恒的精神价值，而不在一时物质的消长得失。我们中国全体妇女同胞对于署名本书的各位女士以及各位所代表的美国妇女，敬致无限的谢意。①

除了宋美龄公开向美国妇女表达感谢之外，国民外交协会也对美国报界的声援表示感谢。② 而原本受日本压力而被封锁的滇缅公路，也在10月上旬传来丘吉尔（Winston L. S. Churcill，1874—1965）同意重开的好消息，宋美龄也决定暂时放下重庆的工作，在10月6日下午，飞往香港疗疾。③

宋美龄再次到港调养身体，蒋介石只好独自在重庆度过双十节，以书信和宋美龄联络。在农历9月15日，蒋介石生日当天也是整日忙碌军事与外交事务，直到晚上约陈布雷共餐庆生，并挂念着“夫人赴香港养病未归”。到了10月下旬，蒋介石干脆派蒋经国“赴香港省夫人病，并接次公子纬国返渝”。④ 同时电告宋美龄，要其早定归期，电曰：

---

① 《美妇女界对我同情援助蒋夫人覆电致谢》，《大公报》（重庆）1940年10月4日。

② 美国的媒体在1940年9月下旬，分别对日本侵华行为予以批评，包括《纽约先锋论坛报》26日的社论指出：“日本为一国际强盗，美国亟应在外交上与经济上予以教训。”《纽约邮报》则在29日的社论称：“美国亟应加紧援助中国，并与日本断绝一切商业关系。”《美妇女界对我同情援助蒋夫人覆电致谢》，《大公报》（重庆）1940年10月4日。

③ 参见薛月顺编：《蒋中正“总统”档案：事略稿本44》，第391页。

④ 薛月顺编：《蒋中正“总统”档案：事略稿本44》，第406、435—436、505页。

经国想已到港晤见，贵恙如何？甚念。兄以外交事留渝，尚未飞蓉，务望爱能如期回渝也。①

11月3日，蒋经国顺利结束到港探视宋美龄的任务，并和蒋纬国相偕由港返渝，蒋介石听闻其“在港与夫人相处极为亲爱”，心里不禁“尤感上帝赐予之厚也”。②

宋美龄在港休养期间，由罗斯福夫人担任主席的美国妇界援华委员会，在赛珍珠的倡导下，于11月中旬发起扩大募捐活动。赛珍珠特别联系宋美龄，希望其在活动开始之日对美广播演讲，鼓励民众踊跃捐款援华，以期能达到募集美金100万元的目标。宋美龄于11月20日利用香港的电台对美广播，向美国民众提出感谢和恳切的呼吁，宋美龄先表彰赛珍珠和援华委员会的设立，并对该会致赠给中国妇女的“希望书”，以及美国妇女“既给我们以物质的援助，又给我们以精神的鼓励”，再次表示感动，其指出：

我们中国需要一切对我们表示善意的国家的援助，而这种援助者是一种含有积极性的鼓励，不仅是消极的周济，则我们将加倍地欢迎。③

宋美龄利用短暂的广播，向美国民众说明难童、难民和伤兵的状况，均迫需外援，“我们战时儿童保育院目前的经验和成就，

① 《蒋中正致宋美龄函（五）》，1940年10月28日，台北“国史馆”藏，《蒋中正“总统”文物》，入藏登录号：002000000464A，典藏号：002-040100-00005-040。宋美龄原本约定10月底回渝，以在蒋介石阳历生日庆生，但仍因故未归，蒋介石思念甚切，自记曰：“吾妻本约今日回渝，尚未见到，亦无函电，念甚！”黄自进、潘光哲编：《蒋中正“总统”五记：爱记》，第214页。

② 对于蒋经国、蒋纬国兄弟在港与宋美龄相晤甚欢，蒋介石在11月4日有感而记：“诗云，妻子好合，如鼓瑟琴，兄弟既翕，和乐且耽，宜尔室家，乐尔妻孥，子曰，父母其顺矣乎，此为余今日家庭融融之写照也，若非上帝眷佑，曷能臻此哉。”薛月顺编：《蒋中正“总统”档案：事略稿本44》，第578、580页。

③ 《蒋夫人对美播讲》，《大公报》（重庆）1940年11月21日。

在儿童育史中可说是没有先例；因为生活程度的高涨，这个快乐的小集团，在政府的救济以外，如今更迫切也需要外界的援助”。至于对一般难民的救济，设有“全国赈济委员会，由行政院孔副院长兼任委员长，为那些流离失所的灾民，解决生活和职业问题”。宋美龄接着提到伤兵的问题，在“亲自视察医疗伤兵，及轰炸受伤的医院，使我感到了医药救济问题的迫切”。尤其因为滇缅路暂被封锁，对外运输中断，“使我们医药材料的来源大感恐慌，甚至动用大手术而无麻醉药剂可施。我们眼看着若干男女老幼伤痛呼号，而丝毫不能减轻他们的苦痛，实在觉得伤心惨目”。宋美龄希望从此以后能“得到友邦的协助，我们不致再缺乏各种必需的医药用品”。[①] 宋美龄也指出中国妇女救济协会，在抗战军兴之后，所做的贡献，但因战耗太大，中国内需亟待外援，她在广播的最后呼吁：

> 抵抗日本侵略的第四个冬季，现在已到面前，而这将是一个最艰辛的时期，随着战争的延长，我们当然要受更深的辛苦，同时也损失更多的生命与财富。可是我们中国同胞，都有坚定的决心，为了人类自由、正义、平等而继续奋斗，这所谓自由、正义、平等，也正是新大陆贵国人民所信守不渝的。为了实现这些原则，必须我们人人都能不懈努力，踊跃牺牲，勇敢奋斗。诸位，美国的朋友们，任何救济我们伤病同胞的举动，我们都表示着无限的感动。[②]

宋美龄希望美国民众，特别是妇女能支持中国抗战，踊跃捐输，但在香港对美广播，从事有关抗战宣传的举动，却使得力图在中、日之间维持中立的港英政府，不得不表达关切。

香港代理总督岳桐（Lieut - General Edward Felix Norton，

---

① 《蒋夫人对美播讲》，《大公报》（重庆）1940 年 11 月 21 日。
② 《蒋夫人对美播讲》，《大公报》（重庆）1940 年 11 月 21 日。

1884—1954）为了宋美龄的广播，特地致函表示，“站在个人及非官方方面而言，敝督对夫人拟向美国呼吁之目的，无任同情，并极欲尽力协助此呼吁之实现”，但请宋美龄了解香港政府的难处，包括：“一、香港广播事业，现由政府统制，故敝督对于广播所发生之事件，应直接负责。二、以香港现在之特殊地位而言，名誉崇高若夫人者，更须使广播内容毫无政治意味，不致使本港受危险。”岳桐直言，“敝督之第一责任，固应顾及自己政府及香港之利益”，并希望宋美龄在从事广播之前，“以私人恩谊，准敝督先将演稿寓目”，并希望宋美龄能尊重港督的职权，以免港方有所得罪。①

由于港方强烈的干涉，宋美龄在港的对外宣传和外交工作，只得改为较静态的做法，继续借由香港地利之便，居间对外联系。例如1940年12月间，美国海军部部长诺克斯派其代表麦区中校到渝访问，麦区便利用在港转机的空当，先与宋美龄进行晤谈。② 不过随着宋美龄留港时间的延长，蒋介石只好自己度过几个原本家族会共同庆祝的节日，不禁有“冷清寂寥之感”。③

1941年1月上旬，宋美龄继续在港调养，蒋介石则接见英国驻华大使卡尔，交换对国际局势的意见，指出日本企图益炽，“南进当在春间或三月后”，嘱其如“英、美政策欲阻日本之南进，则当竭力促成苏俄对日态度之强硬”。④ 到了1月下旬，美国总统罗

① 原任香港总督罗富国（Sir Geoffry Alexander Stafford Northcote）在1940年4月因健康因素返英休假，总督一职由辅政司斯密夫（Norman Lockhart Smith）署理，至1940年8月6日由岳桐接任署理总督，以方便军事统御，直到1941年3月，罗富国才返港复任港督。《对英国外交（一）》，台北“国史馆”藏，《蒋中正“总统”文物》，入藏登录号：002000001280A，典藏号：002-080106-00057-012。

② 麦区在1940年12月11日谒见蒋介石时表示：“本人在港得晤夫人，即告夫人贵国之胜利已必，予将留驻贵国参加凯旋之后始返美国，兹奉诺克斯部长命，于贵国抗战中图尽绵薄。”参见蔡盛琦编：《蒋中正“总统”档案：事略稿本45——民国二十九年十二月至三十年三月》，台北“国史馆”2010年版，第81页。

③ 由于宋美龄在港调养日久，蒋介石感慨：“本年最后一周，比较顺利安乐，惟妻留香港未回，以致家庭缺乏欣兴之感！”参见黄自进、潘光哲编：《蒋中正“总统”五记：爱记》，第219页。

④ 《事略稿本——民国三十年一月》，1941年1月3日，台北“国史馆”藏，《蒋中正“总统”文物》，入藏登录号：002000000628A，典藏号：002-060100-00148-003。

斯福宣布派白宫行政助理居里来华考察，由于宋美龄未在身旁协助，蒋介石要部属积极准备，并自记曰："美总统派其亲信秘书居里来华，应注意准备，勿使其失望！"① 同时亲自与美国驻华大使约翰逊谈话，详洽接待居里访华事宜，还特地安排董显光到港迎接。②

对于宋美龄滞港未返，蒋介石"不免常有独居寂寞之感"③。重庆方面除了准备欢迎抗战以来，由美国总统公开派出的代表外，面对欧洲战局的变化，也期待能加入英美同盟，以对付德意日的势力。④ 香港的文艺界则于1月下旬，在宋庆龄和保卫中国同盟的号召下，假香港皇家剧院举行音乐舞蹈义演，筹募医疗经费。⑤ 但是时宋美龄与宋庆龄却因皖南事变的发生，彼此在港各自努力争取外援。

① 黄自进、潘光哲编：《蒋中正"总统"五记：爱记》，第220页。

② 在蒋介石约晤美使约翰逊时，询问其对居里访华是否有进一步的讯息，约翰逊表示在1月23日罗斯福于白宫记者会声明："总统秘书居里先生，应中国政府之邀请，将请给短假，俾访问重庆，约在三月初可返华府，其同行者为联邦准备银团理事调查统计部主任经济专家戴沛礼，此行目的系就地搜集中国一般经济现状之参考资料，并与中国政府商讨有关此项现状之各项问题。居里此行并携罗斯福总统亲笔函件，问候蒋委员长起居。二氏已定于下星期二由旧金山乘飞剪号赴华。"约翰逊询问："居里先生等由港来渝，一切事宜，敝国驻港总领事应在香港与贵国何人接洽为宜，拟请钧座以此代表之衔名见告，俾电告敝国驻港总领事。"蒋介石答以："予即派董副部长显光赴港迎迓，伴居里先生等同行来渝。"《事略稿本——民国三十年一月》，1941年1月29日，台北"国史馆"藏，《蒋中正"总统"文物》，入藏登录号：002000000628A，典藏号：002-060100-00148-029。

③ 《事略稿本——民国三十年一月》，1941年1月31日，台北"国史馆"藏，《蒋中正"总统"文物》，入藏登录号：002000000628A，典藏号：002-060100-00148-031。蒋介石希望宋子文在美国能寻求与美、英有更紧密的关系，也很重视美国媒体对其观感，遂电告在华盛顿的宋子文："艳电悉，英美同盟计划，我国如能正式加入更好，否则，使之间接发生关系，而即以其同盟关系对中国经济全力支持亦可。俄国态度，无论军事政治皆一如往常，并无变更征象，武器亦如常运来……美报有否载中对合众社记者谈话？影响如何？"《事略稿本——民国三十年一月》，1941年1月30日，台北"国史馆"藏，《蒋中正"总统"文物》，入藏登录号：002000000628A，典藏号：002-060100-00148-030。

④ 蒋介石于2月4日下午，和"孔祥熙、顾孟余共商与居里讨论程序问题"。蔡盛琦编：《蒋中正"总统"档案：事略稿本45》，第438页。

⑤ 尚明轩编：《宋庆龄年谱长编》（上）（1893—1948），第426页。

二、居里首度访华

在重庆高层及中美文化协会纷纷投入准备迎接居里到访之际，外交圈传出美使约翰逊奉调返国，遗缺将由高思（Clarence E. Gauss，1887—1960）接任的消息，各大媒体也将居里预定访华的行程，作了详细的说明。[①] 1941 年 2 月初，董显光奉命到香港去迎接居里和戴沛礼（或译为戴思布、德普立，Emile Despres，1909—1973），宋美龄也指示“新运”妇女指导委员会总干事张蔼真飞港，以面授机宜。[②] 居里到港后陆续和中国的各派人士接触，宋庆龄和何香凝也与之深谈，宋庆龄希望居里“能做更多工作，促使官员们认识到巩固统一战线的必要性。现在比过去任何时候都清楚，中国是国际反对日本的集体的一个统一战线因素”[③]。由于宋美龄与宋庆龄的见解趋于分歧，宋美龄在港有意对后方的妇女和工业合作运动的干部，进行若干调整，以整合内部的力量。[④]

宋美龄和宋庆龄在香港针对皖南事变，分别通过不同的渠道，向美方展开说服行动。蒋介石在重庆则慎重构思，要如何和居里进行谈论，其在 2 月 5 日拟妥谈话程序：“（甲）敌情；（乙）国内政治与经济；（丙）国际形势；（丁）远东现在与将来局势；（戊）

---

① 重庆《大公报》就居里访华的初步行程，予以公开披露：“美总统代表居里及美联邦准备银行经济研究处主任德普立已由旧金山启程来华，定本月六日抵港，拟稍作勾留，与孙夫人宋庆龄女士及何香凝女士晤谈，于八日搭机来渝，在渝将分别访问各部院首长及各方闻人，并与当局谈判经济、交通及军事各项问题，事后并将视察滇缅路。”对于高思的使华，媒体对其“曾任驻上海总领事，现任驻澳洲公使，在我国友人甚多，对我国国情亦极熟悉”，表示欢迎之意。《美使约翰逊奉调返国》，《大公报》（重庆）1941 年 2 月 4 日。

② 董显光：《董显光自传》，第 176—177 页。

③ 尚明轩编：《宋庆龄年谱长编》（上）（1893—1948），第 427 页。

④ 宋子文为了在美争取美方的认同，曾致函宋美龄要其留意人事的安排，函曰：“美国对我工业合作运动以前成绩，颇多称道，于任用专门人员不受政治影响尤认为成功因素。此种观念，因有力宣传，深入人心，于国外对我抗战同情及捐款关系重大，故对于工合组织及人员目下似不宜多所更张，请转告介兄注意，为祷。”参见《经济建议（一）》，台北“国史馆”藏，《蒋中正“总统”文物》，入藏登录号：002000001317A，典藏号：002-080108-00010-009。

援助问题。”① 居里在董显光的陪伴下，自港飞抵重庆，并于2月7日下午随即晋谒蒋介石。居里先说明此行系为实地了解中国的经济状况，并面陈罗斯福总统的介绍函件，蒋介石是晚再次深思，决定次日对居里的谈话内容：“(甲)远东百年大计；(乙)中美战后合作；(丙)对美要求援助经济、飞机、运输工具与志愿兵。”②

罗斯福的介绍函内容，仅为客套之词，而2月8日居里再谒蒋介石时，带来罗斯福的口信，把罗斯福对中国的观点，直接地表达出来。董显光详细地向蒋介石翻译道：

> 予自万里外观察中国之共产党员，似与我等所称之社会党员，无甚差别，彼等对于农民妇女以及日本之态度，足值吾人之赞许，故中国共党与国民政府相类者多，相异者少，深盼其能排除异见，谓抗日战争之共同目标而加紧其团结，双方之距离，如为二与八之比，殊少融和之望，如其距离为四与六之比，则接近矣。后者亦可引为中美两国之比拟。盖此二国共同之点甚夥，可以心神印证，谈笑无猜，而日美间距离之遥远，则非可同日语矣。我人深信，中国必获得最后之胜利，并深信中国与英国为一共同目标而作战，他日战胜侵略国家，我等将同沾其利益。③

居里还希望利用在渝停留期间，分别和美国大使约翰逊、周恩来及苏联大使一谈。蒋介石虽表赞成，但希望居里在会晤彼等

① 蔡盛琦编：《蒋中正“总统”档案：事略稿本45》，第441页。

② 罗斯福的信函内容如下：“蒋将军勋鉴，敝同僚劳却林居里氏者首途赴渝，敝人假此机缘，得向阁下一申敬仰之私忱，并祝阁下身心康乐，为慰、为幸。贵国及贵国之问题，敝人今后仍当继续作深切之关注，此区区微意，得确告阁下者也，富兰克林罗斯福，一九四一年一月二十二日于华盛顿白宫。”《蒋介石日记》(手稿本)，1941年2月7日。

③ 蔡盛琦编：《蒋中正“总统”档案：事略稿本45》，第457—458页。

之前，应了解“各国共产党在各国各有其手段，各定其实施之策略，然第三国际则永远为各国共党党员之祖国，故各国共产党员决不为其本国之利益而努力，惟为第三国际服务，并执行第三国际之命令”，同时第三国际“反对中国与英美之密切合作，更不愿中国与英美站在同一战线之上”，蒋介石并希望居里将此情形转告罗斯福。由于居里在港期间，曾和宋庆龄有所交谈，居里在言谈中对于中国内部未能合作，引以为忧，此让蒋氏暗批，“罗斯福似亦为第三国际之谣言宣传所中毒，但吾人抗战，全恃自力更生，外援之有无，不必重视也”。①

双方在初步的交涉过程中，由于美方认为中国应整合内部力量，才能全力应付抗战，这和蒋介石的观点显有不同，故当2月10日接见居里时，双方讨论的焦点，逐渐以经济问题为重心，蒋介石也分电四川省主席张群和航委会主任周至柔，要他们做好招待居里的准备，同时因为宋美龄尚未返渝，蒋介石感到与居里的交谈颇费心力，希望张群能陪居里同行，“彼由蓉回渝时，兄能同来，俾在渝得与之周旋联络”②，并协助进行交涉。

2月12日上午，宋美龄由张蔼真陪同自港回渝，蒋介石和其“相见话别后事，继复莅党政训练班点名”③。宋美龄回渝之后，随

---

① 对于和居里的交涉，蒋介石于本星期反省录中表示：“美国经济援我，且挟此居奇，恐为共党说项，弱国之难堪，有如此也。”《蒋介石日记》（手稿本），1941年2月8日。

② 蒋介石电示给在成都的张群：“美总统代表居里君，约十日以后来蓉参观空军基地，及各学校情形，请兄代为准备招待，惟求其简朴适当，切忌浪费，最好成都附近各县，择其地方自治乡镇组织与选举模范已具雏形之处，约其参观几处，使知中国地方政治，正在民主化途中进行，并将实行新县制计划与时期程序，与之大略说明为盼。彼由蓉回渝时，兄能同来，俾在渝得与之周旋联络，并参加参政会党团指导更好，又自凤凰山机场经成都，再自成都至新津机场之公路，望略加修正为要。”同时另电周至柔：“居里君将来蓉考察我空军设备，希略事准备，但招待切忌浪费，只求简朴适当，请与张主席协商之。最要者新津现筑重轰炸机场之跑道，亦可供之参观，并与之说明三月内，可如期完成。”《事略稿本——民国三十年二月》，1941年2月10日，台北“国史馆”藏，《蒋中正“总统”文物》，入藏登录号：002000000629A，典藏号：002-060100-00149-010。

③ 《事略稿本——民国三十年二月》，1941年2月12日，台北“国史馆”藏，《蒋中正“总统”文物》，入藏登录号：002000000629A，典藏号：002-060100-00149-012。

即投入协助与居里的交涉，15 日，一早蒋介石思考对居里的谈话要点，中午过后，宋美龄偕蒋介石回黄山官邸，准备傍晚继续和居里谈话。[①] 下午 6 时，蒋介石与居里商讨中国的财经问题，居里认为“目前一般经济状况，实甚严重，若不赶紧设法，将入危境”。居里认为外汇问题，“虽甚棘手，然亦未尝无解救之方”，“本人竭力主张在重庆设一经营外汇之机关，而上海方面，目前仍任其继续维持现状，他日日方即强占上海租界，重庆亦有恃无恐矣”。双方均认为稳定币制、遏制通胀，方能维持民众对政府的信任。在用过晚餐后，又从 9 时起继续交谈，直至午夜始散。[②]

居里在渝分别与重庆高层、美英驻华大使和政界人士，展开广泛的晤谈。蒋介石与居里间商讨的话题，也逐渐从政治、经济、公债、通货、田赋、组织经济使节到预谋战后经济建设等问题，其间也曾安排同游汪家花园、官邸餐叙等，试图建立更深厚的交情。[③]

2 月 22 日下午，“新运”总会举行“新运”妇女工作竞赛日和“慰问抗战军人家属及招待难童大会”，宋美龄陪同蒋介石出席大会，并在蒋介石训勉之后，接着致辞指出，“本人离渝四月，与大家许久未见，今在此相聚，心中非常快慰。国家正需要妇女们去贡献力量，我们妇女应该切实努力”，并一起观看难童戏剧表演，至下午 5 时 40 分，蒋介石长夫妇于群众欢呼声中离场。[④]

---

① 《事略稿本——民国三十年二月》，1941 年 2 月 15 日，台北“国史馆”藏，《蒋中正“总统”文物》，入藏登录号：002000000629A，典藏号：002-060100-00149-015。

② 蒋介石要居里向罗斯福转达：“军事费用之缺乏，固可影响军事之推进，但饷源一旦发现穷迫之象，则共产党且必乘机而起，‘赤化’中国。”《事略稿本——民国三十年二月》，1941 年 2 月 15 日，台北“国史馆”藏，《蒋中正“总统”文物》，入藏登录号：002000000629A，典藏号：002-060100-00149-015。

③ 参见蔡盛琦编：《蒋中正“总统”档案：事略稿本 45》，第 535、537—538、542、599 页。居里在 21 日上午和王世杰、张忠绂等人详谈，“所谈者为日本对华正式宣战之可能性及应付方法”。并希望“美国尽最短期间以大量军需品供给中国先运仰光，徐徐内运”。王世杰：《王世杰日记》（手稿本）第 3 册，台北“中研院”近代史研究所 1990 年版，第 28—29 页。

④ 《事略稿本——民国三十年二月》，1941 年 2 月 22 日，台北“国史馆”藏，《蒋中正“总统”文物》，入藏登录号：02000000629A，典藏号：002-060100-00149-022。

1941 年 2 月 19 日，宋美龄出席“新生活运动”七周年大会（《蒋中正“总统”文物》，台北“国史馆”藏，典藏号：002-050113-00002-127）

为了感谢居里访华，宋美龄在其离渝前夕，特别参与会谈，表示亲切之意。蒋介石在 2 月 26 日上午先接见居里，晚上则由宋美龄陪同接待与居里话别，并由宋美龄亲任翻译，“双方自七时至十一时半方毕，叙谈甚欢”，蒋介石并“面交备忘录一件，请其携归转陈罗斯福总统”。[①]

宋美龄对于居里的首次访华和交涉，虽未全程参与，但在营造双方良好友谊、从中调和彼此不同意见，还有建立后续与居里间的联系通道，充当了关键角色。当居里循着来华的路程回美，到达香港时，特别致函重庆表示道谢，蒋介石称赞，“其智慧明敏，实超常人”，并对宋美龄回渝相助，促使双方会谈渐入佳境，深感“我内人协助得力，收效甚大，亦不可忘也”。[②] 对于居里的到访，蒋介石自省：“居里为人热心可嘉，其对我经济财政之贡献意见，亦全出于至诚，惜其对我国真情尚未能熟悉耳。”在 2 月底的反省录又表示：“在居里访华三星期之中，与其谈话约

① 蔡盛琦编：《蒋中正“总统”档案：事略稿本 45》，第 623 页。

② 黄自进、潘光哲编：《蒋中正“总统”五记：爱记》，第 222 页。

在十二次以上，除对共党问题自觉言之过多外，其余政治、军事、外交、经济、交通等项，皆开诚相谈，而最后所得总结论更觉有条不紊，至于效果如何，则听之。”① 对于居里的访华，到底能对中国有何帮助，蒋介石和宋美龄也没有把握。不过宋美龄借由此次和居里的接触，建立起对美的另一个沟通通道，并陆续与之频繁地书信往返，试图透过居里向罗斯福建言，以取得更多对华的实质援助。

三、积极对美英宣传

1941年3月7日，宋美龄在重庆“以茶会招待各妇女团体、工作队负责人，与女界名流商讨，劝募战时公债事宜”。次日妇女节，“新运”妇女指导委员会发动重庆市各界妇女，在“新运”模范区广场举行三八节纪念大会和产品展览会，宋美龄指示妇女奋斗方针，期勉“男子抗战以当兵为荣，女子以下田与增加经济生产为荣”。②

3月9日当天，适为宋美龄农历诞辰，蒋介石于正午设宴，邀亲友欢聚同庆，晚上宋美龄又偕同蒋介石赴何应钦、张群等人之邀宴，蒋介石愉快地记下：“夫妻和谐为人生惟一之乐事也。”③ 3月10日晚间，宋美龄在官邸，“召集在渝遗族学校学生聚餐，席间勉励诸生注重道德，力作完人，并垂询抗战以来各同学之动态，

① 蔡盛琦编：《蒋中正“总统”档案：事略稿本45》，第626、636—637、690页。

② 《昨日妇女节陪都妇女界开会纪念》，《大公报》（重庆）1941年3月9日。

③ 《事略稿本——民国三十年三月》，1941年3月9日，台北“国史馆”藏，《蒋中正“总统”文物》，入藏登录号：002000000630A，典藏号：002-060100-00150-009。同日《爱记》亦记载“本日农历二月十二日，为妻诞辰，夫妻谐和，为人生惟一乐事，邀亲友十八家宴，惜经纬两儿未能参加耳”。黄自进、潘光哲编：《蒋中正“总统”五记：爱记》，第222—223页。蒋经国对于未能到渝帮宋美龄庆生，特地致函祝贺，电曰：“父母亲大人膝下：儿等未能来渝，亲自祝贺母亲大人寿辰，罪甚！惟有遥祝康健，精神胜常。儿经国媳芳良孙孝文孝章恭叩。”《一般资料——蒋经国致蒋中正文电资料（一）》，1941年3月8日，台北“国史馆”藏，《蒋中正“总统”文物》，入藏登录号：002000002013A，典藏号：002-080200-00624-091。

对该生等忠诚服务，极为欣慰”[①]。宋美龄又陆续陪同蒋介石在植树节参加磁器口四川省立教育学院的苗圃植树，往九龙坡码头视察，有时则忙里偷闲，相偕“优游林泉，兴味盎然，并在袁家池畔野餐，自作蛋炒饭食之，别具风味，而水光云影，鸟语花香，俱怡耳目，不觉置身于桃源中矣”[②]。由于平日忙于军政要务，有时还要面对敌机的空袭，郊游纾压，也成为蒋介石和宋美龄调剂生活不可或缺的一部分。

1941 年 3 月间，日本在国际上展开一连串的谈判，试图从外交方面压迫重庆妥协，包括日本驻美大使野村吉三郎和美国务卿赫尔开始会谈，外务大臣松冈洋右飞访莫斯科、柏林和罗马等地。德苏之间日趋紧张，斯大林不愿在欧、亚同启战端，一面安抚中国，一面加速与日本交涉，并在 4 月中旬于莫斯科签立《苏日中立条约》。面对诡谲的外交形势，宋美龄和蒋介石所面临的压力也与日俱增，蒋介石评估：

> （一）英不希望我赴缅增援，而只盼我在粤发动反攻，其空军亦必待英日开战后始允援华，而不允先助我守滇，仅愿先在西南积储油料，余必欲其在倭攻滇开始时，为双方合作之起点。（二）对美总统罗斯福之援华声明，拟电致谢。（三）德倭与俄倭关系之离合，实非我外交运用所能转移，与其弄巧成拙，反不如静观待机也。[③]

受限于日本的围迫和自身有限的力量，重庆方面虽然希望预先在滇缅部署，避免日军从南边进攻，但英方的态度仍然暧昧，

---

① 《事略稿本——民国三十年三月》，1941 年 3 月 10 日，台北“国史馆”藏，《蒋中正“总统”文物》，入藏登录号：002000000630A，典藏号：002-060100-00150-010。

② 蔡盛琦编：《蒋中正“总统”档案：事略稿本 45》，第 710、717、738 页。

③ 《事略稿本——民国三十年三月》，1941 年 3 月 17 日，台北“国史馆”藏，《蒋中正“总统”文物》，入藏登录号：002000000630A，典藏号：002-060100-00150-017。

无法进一步合作。蒋介石原本期待苏日在亚洲北方启衅，好减轻中方单独抗日的压力，不料事与愿违，只能继续寻求美国能提供更多的援助，而罗斯福在 3 月 15 日发表援华声明，使重庆方面的外交重心，更为倾向美国。

3 月 20 日，美国女青年协会赠送宋美龄纪念品，蒋介石也出席典礼。① 为了争取外援，宋美龄也积极和国际妇女或社会团体多方接洽，并通过陈吴敏墀女士在美组织华侨妇女团体。同时也通过具有涉外经验的社会贤达，例如陈光甫、张嘉璈等，借重其国外人脉，多管齐下。而美国罗斯福总统在广播中声明援华之举，则让重庆军民增加不少信心。②

除了得到罗斯福的声援外，宋美龄在蒋介石的安排下，正式在家庭里接见自赣来渝的蒋纬国，蒋介石“命其叩拜夫人，夫人甚爱之”。见到母子和乐，蒋介石欣然曰：“母子相见，慈爱真挚，此为余一生之大愿，而今果得所偿，十四年来之家事，一朝团欒，完备解决，寸衷之快慰，殊有甚于当年之结婚时也！”③

1941 年 4 月初，国民党第五届中央执行委员第八次全体会议通过对外交人事案的调整，由郭泰祺出掌外交部，原外长王宠惠转任国防最高委员会秘书长，与侨界素有渊源的吴铁城担任中央执行委员会秘书长。参谋总长何应钦也在军事会议前夕，对英美播讲中日战况，争取国际对华的支持。

---

① 参见蔡盛琦编：《蒋中正“总统”档案：事略稿本 45》，第 773 页。

② 不过有时因立场或沟通不良等问题，亦滋生不少困扰，蒋介石曾批评：“国人凭借外人，以要挟政府，并借国难，以图肥己，光甫、公权之卑劣可痛！”对于罗斯福的援华广播，蒋介石认为“其在实际上之利益如何，尚在其次，而我则可藉以振奋人心”。并在月底反省时，再次强调：“美总统广播，明言必援华到最后胜利为止，此加助于我抗战军事之力，尚在其次，而加于敌国精神之打击更大，从此敌寇不惟其灭华之野心消失，而且胜我之信心，亦必粉碎无遗，此后只要我能自强奋勉，则十年国难，四年苦斗，不惟恢复失土，已有把握而太平洋之和平，亦从此奠定矣！”《事略稿本——民国三十年三月》，1941 年 3 月 22 日，台北“国史馆”藏，《蒋中正“总统”文物》，入藏登录号：002000000630A，典藏号：002-060100-00150-022；黄自进、潘光哲编：《蒋中正“总统”五记：爱记》，第 223 页。

③ 《蒋中正“总统”档案：事略稿本——民国三十年三月》，1941 年 3 月 27 日，台北“国史馆”藏，《蒋中正“总统”文物》，入藏登录号：002000000630A，典藏号：002-060100-00150-027。

在第五届八中全会和军事会议之后，部分高级官员仍在渝停留，宋美龄趁此协助招待，联系彼此的情谊。4 月 10 日上午，熊式辉应蒋介石之召到黄山官邸，中午众人“由山顶别墅乘肩舆至附近约二三里许之水闸上用膳”，“总裁及夫人外另有一比利时教士（教授夫人法话者）偕行”，途中蒋介石询问熊式辉：“近日在重庆观感如何？外间有何议论？”宋美龄接着说：“外间对总裁有何批评，殊无人与总裁言，望直告之。”熊式辉答曰，“人言未必尽属可信，但承总裁与夫人下问，敢据所闻拉杂以陈”，当面向蒋介石和宋美龄直陈数项缺失。①

熊式辉陈述八点，并各举出例证，蒋介石每欲加申说，宋美龄则在旁建议曰，“且静听人言毋庸解释”，熊式辉乃得畅所欲言，其认为“将来影响如何且不论，而总裁殷殷下问，夫人更从而翼赞之，甚盛事也”。② 熊式辉对于宋美龄能要蒋介石虚心听从建言，颇为称许。

国民党中央组织部在 1941 年 4 月上旬，召集为期 20 天的妇女会议。4 月 13 日中午，宋美龄偕蒋介石在嘉陵宾馆欢宴全国妇运干部。下午，接见自美来渝搜集中国抗战小说材料的美国作家海明威夫妇③，宋美龄和蒋介石希望通过美国的记者、作家，能在报刊上多报道中国的情形，引起国际对中国军民的同情和对抗战的支持。

---

① 熊式辉在路上与蒋介石夫妇交谈，其直陈：“1. 总裁部属无人敢为直言，更无可以为友之人，转告外间消息，总裁手谕，即有不可行者，亦唯唯诺诺，不肯冒犯尊严，直陈不可，只拖延时日，任其久忘。荀子有言：帝者有师臣，王者有友臣，亡国之君只有奴臣，即是唯唯诺诺之辈。蔽聪塞明，乃古今任何主官之所大忌，愿所闻之不实。2. 动感人才缺乏，其实乃知之不深，用之不善，用非其才……3. 机关重复，因人设机关。4. 言总核名实，实最不能总核名实。5. 言分层负责，实最不能分层负责，举卢作孚以全国粮食管理局名义办重庆市四川省粮食管理事为例。6. 言用幕僚长制，实际最未用到幕僚长制，举叶楚伧不适为秘书长为例。7. 言组织实际并未运用组织只在运用个人。8. 不重政策决定，只在事务安排。”熊式辉：《海桑集——熊式辉回忆录（1907—1949）》，纽约：明镜出版社 2008 年版，第 269—270 页。

② 熊式辉：《海桑集——熊式辉回忆录（1907—1949）》，第 270 页。

③ 《事略稿本——民国三十年四月》，1941 年 4 月 13 日，台北“国史馆”藏，《蒋中正“总统”文物》，入藏登录号：002000000631A，典藏号：002-060100-00151-013。

到了1941年4月中旬，重庆传来美国成立全美援华联合总会的消息，达官显赫纷纷拍电致贺，宋美龄亦电云：

> 余欣悉在美各援华团体已联合成立全美总会，领导之集中自将增进唤起美国大众之实效无疑。中国民众将视此为美邦关怀之具体表现，因此会将代表全美人民，而非仅止于某一区域也。以是之故，吾人对此工作深致感佩。①

除了在美国得到社会团体的响应外，宋美龄在1941年4月底应英国广播公司（BBC）之请对英播讲，感谢英国同情及援助，并讲述战地医疗救济的概况。英国广播公司为求收音清晰，提早在4月20日，就安排宋美龄于重庆国际广播电台预先录音，录制全程以英语播讲，并慎重地复播校正，力求播音效果完好无瑕。宋美龄播讲的内容，在28日凌晨2时40分，由英国广播公司“以二十八电台用中波及长波转播全词，并于3时45分用短波向全世界转告夫人讲词内容”。宋美龄利用此次广播，阐述日机一再轰炸后方不设防村落，感谢英国热心的捐款，英国友人通过国际红十字会及中国红十字会，提供医生与医药器材，协助伤兵和难民的救助，并强调中国妇女对抗战的重要性。②

英国广播公司邀请中国重要人士演讲，此次尚属创举。播讲后伦敦方面即来电，表示收音成效良好。几日后，伦敦的筹款援华会主席杜诺摩尔爵士，于该会年会中宣布，在宋美龄播讲后，获得“英方人士再认捐款五百万镑，以作救济中国难民之用”。伦敦市长继之在大会上，传达重庆方面对英国对抗侵略的支持，“宣读重庆中英文化协会来函，并附英金一千八百四十镑，表示彼等对于英国被灾人民具有极大同情”。市长亦表达伦敦方面对中国的

---

① 《全美援华团体成立总会》，《大公报》（重庆）1941年4月15日。

② 《蒋夫人对英播讲感谢英国同情及援助》，《大公报》（重庆）1941年4月29日。

声援，继称“英国最同情中国，因彼等对于侵略之真正意义极为熟悉故也”，同时宣布援华捐款已达 22829 镑。[①]

4 月下旬，重庆媒体还传出美国罗斯福总统之子杰姆士·罗斯福（James Roosevelt，1907—1991），已乘飞剪号抵檀香山，可能到访重庆的传闻。[②] 4 月 25 日，当杰姆士·罗斯福抵达菲律宾时，中国国民外交协会主席团吴铁城、陈铭枢、陈立夫和叶楚伧等人，特去电马尼拉，欢迎其访渝观光。[③] 杰姆士·罗斯福在汤姆斯少校的陪同下，于 29 日上午 8 时半，由港乘中航机飞抵重庆，行政院副院长孔祥熙、外交部部长王宠惠和美国驻华大使代表等，亲自前往机场迎接，现场还涌进中外记者百余人。当身材高大的杰姆士·罗斯福随招待人员步出机场时，记者纷纷拍照，并齐请杰姆士·罗斯福发表谈话，杰姆士·罗斯福遂在机师休息室，答复各记者所提出之问题。记者一开头即问：“先生此来是否携有罗斯福总统致蒋委员长函件，罗斯福总统夫人是否亦有信致蒋夫人？”杰姆士·罗斯福答：“函件及口信均有，总统夫人此次并无信件致蒋夫人，但当余启程之前，总统夫人业已有函致蒋夫人矣。”记者又问：“此次来华任务如何？”杰姆士·罗斯福表示因其“个人对于军事与交通极感兴趣，此来预备在军事方面有以考察，因目的在学习，绝非如外闻所传有何顾问使命”。记者还问到其是否与先前访华的居里，对远东局势有所晤谈等问题，杰姆士·罗斯福均一一答复。[④]

杰姆士·罗斯福随后展开一连串的拜会活动，分别到行政院拜访副院长孔祥熙、与美国大使约翰逊共进午餐。下午，又拜会何应钦、王宠惠和徐永昌等人，并在 5 时许晋谒蒋介石。杰姆士·罗斯福在 4 月 30 日上午飞往昆明，盘桓参观，当晚返渝。5 月 2 日，蒋介石以晚宴欢送杰姆士·罗斯福，次日杰姆士·罗斯福即

---

① 《英救济我难民援华会又认捐五百万镑》，《大公报》（重庆）1941 年 5 月 1 日。
② 《美总统长公子飞抵檀香山》，《大公报》（重庆）1941 年 4 月 22 日。
③ 《杰姆士罗斯福抵菲即转港来渝》，《大公报》（重庆）1941 年 4 月 26 日。
④ 《杰姆士罗斯福昨由港抵渝》，《大公报》（重庆）1941 年 4 月 30 日。

离渝飞仰光，前往开罗等地。[①] 在欢送杰姆士·罗斯福之后，蒋介石在5月3日于黄山官邸召开空军干部会议，下午会议时，警报大作，宋美龄陪蒋介石和与会人士往后山防空洞躲避，直至警报解除，旋亦散会。[②] 抗战期间重庆生活的困苦与紧张，由此可见一斑。

杰姆士·罗斯福在华停留的时间虽然不长，但其代表美国支持中国的意义，则振奋了中国军民的士气。数日之后，罗斯福总统夫人在“自救济中国难民时装表演会中购买印花衣服一袭，赠送蒋委员长夫人宋美龄”，并致宋美龄函称：“所赠衣服，系购自救济中国难民时装表演会，尚祈笑纳。长子（按即杰姆士·罗斯福）日前访华，承蒙殷勤招待，私衷铭感，敬祝夫人及蒋委员长健康。”[③] 罗斯福夫人的信函和礼物很快寄到了重庆，使宋美龄感受到罗斯福夫人的体贴，也拉近了中美领导人的关系。

除了试图与美国总统和夫人建立交情外，宋美龄也通过书信和外籍友人交换情资[④]，特别是与居里之间有不少的通联记录。5月中旬，蒋介石要宋美龄把德国可能攻击苏联的消息，转告美方，其电曰：“三日总统托转覆电甚感，请代谢其恳挚协助之真诚。最近得息，六月内如美与德关系仍能维持现状不加恶化，则德决于一个半月内对俄发动战争。此息有便，请转报贵总统参考。”[⑤]

为了强化对外的宣传，宋美龄亦持续与国际媒体负责人、记

---

① 黄自进、潘光哲编：《蒋中正“总统”五记：爱记》，第227页。

② 熊式辉：《海桑集——熊式辉回忆录（1907—1949）》，第274页。

③ 《罗斯福夫人购衣赠蒋夫人》，《大公报》（重庆）1941年5月12日。

④ 例如美国海军参赞麦克猷在5月上旬致函宋美龄：“我刚接到一些从广州方面来的私人报告，谓板垣上月中旬在彼处召开会议，议决本月福建战事完结后，即侵安南，进攻路线有二：一由铁路，一自谅山，使用第二第五第六及近卫师团（之兵力），我不能完全相信这报告的真实，特别因为接近湿热地区与瘴气，会使得战事进行非常困难，再则余相信第二第六师团仍在满州，惟余尚无确切报告耳，而余仍传递上列消息，以其不无有多少价值也。”宋美龄也将之译成中文，提供蒋介石参考。《一般资料——民国三十年（二）》，1941年5月9日，台北“国史馆”藏，《蒋中正“总统”文物》，入藏登录号：002000001684A，典藏号：002-080200-00295-019。

⑤ 《革命文献——对美外交：居里两度来华（一）》，1941年5月12日，台北“国史馆”藏，《蒋中正“总统”文物》，入藏登录号：002000000387A，典藏号：002-020300-00033-035。

者等，建立联系网络，争取在舆情论点上能多支持中国。1941 年 5 月上旬美国媒体大亨，生活、时事与幸福三杂志发行人鲁斯夫妇自美经港，来华访问。① 当期抵达香港时，各大报纸纷纷予以报道。② 鲁斯夫妇抵华之后，在孔祥熙等人的协助下，走访各地搜集援华宣传材料，11 日在宋美龄的邀请下莅临妇女指导会参观，在 5 月中旬甚至冒着战火危险，飞陕参观。蒋介石于 5 月 19 日接见鲁斯夫妇，“与谈国际形势及抗战大局”，次日宋美龄则邀鲁斯夫妇，在“新运”服务所餐叙，并“介绍与妇女团体代表相见”。③ 鲁斯夫妇在 20 日又参加了孔祥熙准备的欢送茶会，21 日结束访华行程，搭机离渝。④

鲁斯夫妇回美之后，撰文描述游华印象，将宋美龄作为《生活》杂志的封面人物，以“山岳地带中之中国”为题，发表一万字之专文，并佐以鲁斯夫人的照片作品，详细地介绍战时中国。鲁斯于文中记述 1941 年 5 月间旅华的概况，包括“其在空袭时之经验，造访成都、西安、潼关之经过，以及与蒋委员长、孔副院长、何总长、王外长及李宗仁司令长官会见之印象”。鲁斯赞扬宋美龄之伟大人格，“实超过外界为她所作之一切称赞”。又对蒋介石夫妇于中国抗战的努力，评称：“此种众人中所特出之人物，必将留芳于万世。”鲁斯亦论及所访人士包括何应钦和卡尔等人，并论及访陕时与董显光在黄河前线乘蒙古小驴的经验，杂志中尚刊

① 《美时代周刊编辑鲁斯抵渝》，《大公报》（重庆）1941 年 5 月 9 日；董显光：《董显光自传》，第 173—174 页。

② 中央社香港五日电：“美《时代周刊》兼《幸福杂志》编辑鲁斯夫妇自美乘飞剪号邮机，于今日午后抵港，即将转赴重庆。鲁夫人鲍茜女士为名编剧家。据彼等著称：此次赴渝，兼有事业与游历之性质。鲁斯自称彼于四十二年前在华出生，故此次来华，可称之为第二次，鲁氏之父曾任燕京大学历史系教授。又讯，鲁斯夫妇定七日飞渝，将由孔副院长招待。鲍茜女士编有《妇人》名剧，并拟以中国为题材，写成与《欧洲之春》性质相似之回忆录。”《鲁斯夫妇昨日飞抵港》，《大公报》（重庆）1941 年 5 月 6 日。

③ 《鲁斯夫妇来华任务搜集援华宣传材料》，《大公报》（重庆）1941 年 5 月 11 日；《事略稿本——民国三十年五月》，1941 年 5 月 19 日，台北“国史馆”藏，《蒋中正“总统”文物》，入藏登录号：002000000632A，典藏号：002-060100-00152-019；李又宁编：《工作八年》，纽约：天外出版社 2009 年版，第 267 页。

④ 《鲁斯定今日离渝》，《大公报》（重庆）1941 年 5 月 21 日。

1941 年 5 月 10 日，宋美龄主持欢迎鲁斯夫妇聚餐会（《蒋中正“总统”文物》，台北“国史馆”藏，典藏号：002-050113-00002-153）

有敌机袭渝，重庆要人肖像照，以及前驻美大使施肇基与胡适大使拜访美副国务卿韦尔斯的新闻照片。①

宋美龄在接待鲁斯夫妇的同时，还于 5 月中旬听取自美返渝，同时也是“新运”妇女指导委员会委员陈吴敏墀女士的报告，了解在美组织华侨“新运”妇女工作委员会的经过和成果。② 宋美龄早在 1939 年 2 月即委托陈吴敏墀女士在美国组织华侨妇女，经过近两年的奔走呼号，“在旧金山，沙加勉度，罗安琪，西雅图，坡特仑，芝加哥，纽约，纽英伦，华盛顿，坡地磨等处，成立了十个华侨妇女工作委员会”，会员涵盖各个层面，无不以最大的热忱从事募款，声援抗战工作。该会在美经常性的活动有：“（一）棉衣运动，（二）捐饰运动，（三）国旗推销，（四）年宵夜卖杂碎，（五）劝销善钱，（六）风车义卖，（七）影画，（八）难民赈款，（九）一碗饭运动，（十）救国献金，（十一）征求药布绷带，

① 该刊列出孔祥熙、何应钦、李宗仁、张嘉璈和蒋纬国等人的肖像照。《鲁斯著文述游华印象》，《大公报》（重庆）1941 年 6 月 29 日。

② 参见李又宁编：《工作八年》，第 267 页。

（十二）话剧捐款。”在宋美龄的号召下，她们经常发动捐献，期望抗战胜利能早日实现。①

在居里访华期间，蒋介石曾与其商讨安排美籍顾问事宜，美方在 1941 年 5 月间传来罗斯福总统通过居里之安排，推荐约翰·霍普金斯大学国际政治学院教授拉铁摩尔（Owen Lattimore, 1900—1989），为蒋介石的政治顾问。② 蒋介石透过宋子文在美打探拉铁摩尔的背景，希望最好能物色一位能影响罗斯福对华更为友好的顾问。③

宋美龄为了支持蒋介石借由聘任美籍顾问，来建立与美国高层更紧密联系的方式，而持续与居里密切通信，同时留意时局与对外宣传。看到欧洲战场德军闪击的情形，宋美龄向蒋介石表示：

> 当我军在上海、汉口、南京等地撤退时，各国人士对我国讥评之言，令人难以忍受，故当时不便明译，恐我刺激过甚也。今英法两国败退之惨状，较我犹或过之，

---

① 李又宁编：《工作八年》，第 192 页。

② 蒋介石对于顾问人选，曾对居里表示，“如能使前美国驻法大使蒲立德（William C. Bullitt）来华应聘，尤所企望”。但居里“当时力表反对，并向蒋委员长列举三大理由说明蒲立德不适宜担当这个任务”。整体而言，蒋介石认为美国“陆军部发表其空军人员来华之消息，与罗斯福总统荐政治顾问二事”，代表美对华态度更趋积极而坚定。《革命文献——对美外交：拉铁摩尔顾问聘用经过》，1941 年 5 月 29 日，台北“国史馆”藏，《蒋中正“总统”文物》，入藏登录号：002000000389A，典藏号：002-020300-00035-001。《事略稿本——民国三十年五月》，1941 年 5 月 29、31 日，台北“国史馆”藏，《蒋中正“总统”文物》，入藏登录号：002000000632A，典藏号：002-060100-00152-029、031。

③ 宋子文于 6 月 3 日先回报拉铁摩尔：“通华语，对我北方情形及远东问题甚为熟悉，与总统并不相识……” 11 日又电告蒋介石：“鱼电奉悉（六日），遵谕面谒居里，据云，麦克猷亦奉钧电转询。又称，拉特摩尔与总统确无深交，惟因其学识声望颇加器重，故就推荐等语。”蒋介石亦指示：“拉铁摩尔君应即聘定，并催其速来为盼。”《革命文献——对美外交：拉铁摩尔顾问聘用经过》，1941 年 6 月 3、11 日，台北“国史馆”藏，《蒋中正“总统”文物》，入藏登录号：002000000389A，典藏号：002-020300-00035-002、004、005；秦孝仪主编：《“中华民国”重要史料初编——对日抗战时期》第三编战时外交（一），台北中国国民党中央委员会党史委员会 1981 年版，第 725—726 页。以下简称《战时外交（一）》。

吾人本忠恕之道，实不愿以其所言而还刺之也。[①]

6 月 29 日，宋美龄为庆祝“新运”妇女指导委员会改组扩大三周年，在黄山官邸宴请全体干部，蒋介石亦亲自出席。[②] 7 月 1 日，《中央日报》刊出由宋美龄亲题标题的纪念特刊。次日下午 7 时 30 分，宋美龄偕蒋介石亲临“新运”服务所参加纪念大会，训勉该会干部和妇女团体代表百余人，并揭晓“蒋夫人文学奖金”的得奖名单。[③] 为了鼓舞中国军民的士气，美国联合救济中国难民委员会有 30 多位女性委员，包括赛珍珠、鲁斯夫人、威尔基夫人（Edith Willkie）、纽约先锋论坛报（*New York Herald Tribune*）发行人李德夫人（Helen Rogers Reid，1882—1970）及韦尔斯利学院（Wellesley College）校长马克菲（Mildred H. McAfee，1900—1994）等领衔，代表美国妇女界于七七事变纪念日联合致函，向宋美龄表示敬意。[④]

宋美龄于 7 月 4 日偕蒋介石莅临“美使馆祝贺美国国庆。下午回黄山，赤日行空，夫人于途中触暑，略感不适”[⑤]。7 月中旬，美籍政治顾问拉铁摩尔抵渝，带来罗斯福的介绍函，除了介绍拉铁摩尔之外，强调“军火租借对华详细方案，早经筹划，且使其与敝国及英国之计划相配合”[⑥]。宋美龄开始通过拉铁摩尔和居里的联络通道；蒋介石则通过董显光，把相关的想法传递给拉铁摩尔，以了解美国高层的对华政策，并试图予以影响。

---

① 《事略稿本——民国三十年六月》，1941 年 6 月 2 日，台北“国史馆”藏，《蒋中正“总统”文物》，入藏登录号：002000000633A，典藏号：002-060100-00153-002。

② 李又宁编：《工作八年》，第 268 页。

③ 《“新运”妇女指导委员会三周年纪念特刊》，《中央日报》（重庆）1941 年 7 月 1 日；李又宁编:《工作八年》，第 268 页。

④ 《美妇女界名流函蒋夫人致敬》，《中央日报》（重庆）1941 年 7 月 23 日。

⑤ 《事略稿本——民国三十年七月》，1941 年 7 月 4 日，台北“国史馆”藏，《蒋中正“总统”文物》，入藏登录号：002000000634A，典藏号：002-060100-00154-004。

⑥ 《革命文献——对美外交：拉铁摩尔顾问聘用经过》，1941 年 6 月 23 日，台北“国史馆”藏，《蒋中正“总统”文物》，入藏登录号：002000000389A，典藏号：002-020300-05035-010。

为了促进与拉铁摩尔的交情，宋美龄和蒋介石多次和拉铁摩尔聚谈，交换彼此的看法。7月31日下午5时30分，蒋介石夫妇就中国和英、苏同盟及参加太平洋联防会议等议题，约见拉铁摩尔商谈。在宋美龄的陪伴下，蒋介石一开始就把中国的处境作了清楚的说明：

> 予对于满州、蒙古、新疆等边疆问题，至感兴趣，拟异日有暇与先生详谈之。今日所拟提出者，为另一问题，念中国抵抗日本侵略，迄今已逾四年，不料经此四年长期抗战之后，中国今日所处之地位，仍屹然孤立。美国对我，固不乏同情与亲善之表示，且与英苏同予我以物质上援助，然抗战踏入第五年头之中国，仍未有一联盟国家可凭，则他日战事结束之后，其他民主国家，是否能不拒中国于共同阵营之外，是否能以平等待我，迄今有何保障可言，此实中国人民所深感苦闷者也。①

蒋介石和宋美龄希望，拉铁摩尔能建议罗斯福，促请英、苏"二国与中国成立同盟"，并"让中国参加进行已久之英、美、澳、荷太平洋联防会议"，因"此项会议之目的，亦为预防日本推进其侵略而召开，乃继续抵抗日本侵略之中国，未得于此会议场中占一席地，致令会议所讨论者为何，中国皆茫然不知，安得谓为公允"？蒋介石还表示此项议题并未和高思大使讨论，希望拉铁摩尔"直接以电报或航空邮信将此意转达罗斯福总统"。宋美龄则补充，"寄美航空信须三星期或一个月始可送达罗斯福总统，拟请拉铁摩尔先生以电报转达此意"②，希望迅速地把中方的期待，转请罗斯

---

① 《事略稿本——民国三十年七月》，1941年7月31日，台北"国史馆"藏，《蒋中正"总统"文物》，入藏登录号：002000000634A，典藏号：002-060100-00154-031。

② 《事略稿本——民国三十年七月》，1941年7月31日，台北"国史馆"藏，《蒋中正"总统"文物》，入藏登录号：002000000634A，典藏号：002-060100-00154-031。

福协助。

拉铁摩尔在次日随即致电宋美龄，表示已将“昨日谈话及今晨董副部长电话转达委座指示之内容，草拟致居里先生电稿”，并请宋美龄过目：

> 极机密，尚未向任何使节述及。委座对目前政局至感关切。即一般民众心理发生一种普遍之感想，以中国独力抗战四年之久，虽获得美国之援助，并美国与其他国家之同情，然迄无同盟与国，深感政治上之孤立。甚恐战事结束之后，中国之胜利或将不能换取平等之地位与待遇，此种顾虑之情与日俱增。因此日伪利用现局最近造作宣传，称中国被反轴心之民主国家利用，实为其工具而非同盟，在和平条约中将为其牺牲。此种宣传如无法阻止，将减弱中国军民抗战实力，且将发生极不良之影响。委座以为此时惟有总统能处主动之地位，盖英苏传统藐视中国，而中国传统惧苏接壤而疑英动机。委座拟请总统考虑二端。一、建议英苏使二国与华联盟。二、美英荷等邀请中国参加彼等现存之太平洋联防会议。中国虽独负艰巨，抗拒德之同盟国日本以保卫民主列强之利益四年于兹，而有关抵御德国或日本之联防会议迄未参加，所决议采取之步骤，亦皆茫然。但此二建议之一保证中国之在反侵略民族间平等地位并解除被歧视之郁积。否则中国民族向来惧苏而疑英，此时英苏与中国皆已对德日作战，若无一共守盟约则中国民众对于以后英苏之行动更增怀疑与恐怖。以英苏过去对华之传统政策作为前车之鉴也。以上二种方式如不便公开则可以秘密方式行之。此外复有机密情报奉告，或者苏方已告英方。当英苏成立互助协议时，日大使向莫洛托夫抗议，称日本视英为假想敌，此后英苏进一步接近，将视为敌对行为。另讯，日将于一月发动南进。故委座以为总统

> 发动上述建议已至成熟时期，俾消灭日本宣传，解除中国民众之顾虑，而增强其士气，拉铁摩尔。[①]

有鉴于英美高层对日本仍多存妥协姑息之意，蒋介石和宋美龄希望能改变这个局势。在拉铁摩尔致函回美不久之后，罗斯福总统“核准派遣军事代表团来华，与邀我参加太平洋联防会议”，让蒋介石感受到美方似乎是“对倭确有进一步制裁之决心”[②]，这也让宋美龄和蒋介石更期待借由拉铁摩尔和居里的途径，影响美国的对华决策。[③]

1941年8月1日，宋美龄在重庆“新运”模范区，主持中国妇女慰劳自卫抗战将士总会四周年纪念大会，并备茶点招待各界。宋美龄在会上指示了工作重点，希望能多关怀伤兵，该会“捐款三百万元，筹建荣誉军人新村，置备大批药品，转赠各战场各医院外，并组织慰劳队十队，捐款四万元，慰问渝市及近郊出征军人家属”[④]，让受伤的军人有所安置，出征的军人能全力以赴。

重庆的夏季，晴朗的天气，成为日军发动空袭的好时机。8月11日深夜，日机连袭重庆三次，宋美龄因过于忙碌而身体不适，蒋介石“不忍强令起床”，而宋美龄“亦倦乏贪睡，故未起避空

---

① 《革命文献——对美外交：拉铁摩尔顾问聘用经过》，1941年8月1日，台北“国史馆”藏，《蒋中正“总统”文物》，入藏登录号：002000000389A，典藏号：002-020300-00035-013。

② 《事略稿本——民国三十年八月》，1941年8月9日，台北“国史馆”藏，《蒋中正“总统”文物》，入藏登录号：002000000635A，典藏号：002-060100-00155-009。

③ 在与拉铁摩尔首次会面之后，蒋介石在致居里的电文中转达了“对拉铁摩尔印象良好，及请转催轰炸机以供反攻，及请给旋风号飞机五十架”的讯息。《美政要来访（二）》，1941年7月21日，台北“国史馆”藏，《蒋中正“总统”文物》，入藏登录号：002000001276A，典藏号：002-080106-00053-005。

④ 《妇慰总会四周年蒋夫人致词》，《中央日报》（重庆）1941年8月2日。

袭，但于睡梦中隐约闻有飞机声与炸弹声震动门窗而已”。① 抗战生活的艰辛，由此可见一般。而为了经营与印缅方面的关系，8月下旬，宋美龄指示“新运”妇女指导委员会，接待来访的印度妇女领袖凯玛拉黛维夫人，并指派该会副总干事陈纪彝参加访缅团，赴缅进行访问。②

到了国庆节，宋美龄特别对美进行播讲，呼吁美方重视中国对反侵略的贡献。其指出：“中国是第一个与侵略者抗战的国家；但在讨论国际事件的会议席间，到现在还只能列到最后的一个。”宋美龄认为在抵抗侵略阵线中，中国是一个先驱，“因此在反侵略国家的会议席间，也不能视为次要的份子”。中国历经了四年多的残酷战争，虽十分困苦，但应让中国“全权参与计划，防止未来战争的世界秩序，如果这一点不能获得无条件的承认，我们决不能自认为安全”。③ 宋美龄最后指出：

> 我们中国相信你们现在一定已完全认识：如果牺牲了世界这一角为民主主义而奋斗的国家，以求苟全世界另一角的民主主义，结果必然徒劳而无功。中国国民从美国方面源源得到的同情，我们十分重视其价值。我们充分认识这种同情的存在，因之，我们对于美国怀着特别的信心，同时对于你们更是特别的感谢。④

针对宋美龄在双十节的对美广播，美国国务院远东司的戴维

---

① 《事略稿本——民国三十年八月》，1941年8月11日，台北“国史馆”藏，《蒋中正“总统”文物》，入藏登录号：002000000635A，典藏号：002-060100-00155-011。日机轰炸得猛烈，甚至一度危及位处山郊的黄山官邸，蒋经国在9月上旬曾致函：“父母亲大人膝下：接恒德弟来信，知敌机肆虐黄山住宅及防空洞被炸，所幸天佑我国，大人庆保无恙，又不胜庆幸。”《一般资料——蒋经国致蒋中正文电资料（一）》，1941年9月10日，台北“国史馆”藏，《蒋中正“总统”文物》，入藏登录号：002000002013A，典藏号：002-080200-00624-108。

② 李又宁编：《工作八年》，第268页。

③ 《国庆纪念日蒋夫人对美播讲》，《大公报》（重庆）1941年10月11日。

④ 《国庆纪念日蒋夫人对美播讲》，《大公报》（重庆）1941年10月11日。

斯（John P. Davies）写了一个备忘录，分析演说的背景与内容。[①]美国驻华大使高思将宋美龄的演讲词全文寄回国务院供参阅，高思认为在此广播演说之中，“蒋夫人明白地指出，她认为民主国家并未能够使中国在反侵略国家之会议上居于平等的地位”，但高思对于“蒋夫人未能提及美国实施战略物资冻结措施及颁布物资禁运日本命令后，已改善之情况”，以及“对运往中国之美援也仅仅轻描淡写”，表示不符期待。[②]

为了召开军事会议，宋美龄陪蒋介石提早出游赴会，双十节前后均停留在南岳，10月10日当天两人同游祝融峰福岩寺后山之高明台胜境。蒋介石不禁有感而言：

> 今登南岳，秋高气爽，为近年来罕有之胜事，然而此心终觉烦虑难事者，实以军事与外交在此堪虞，稍一失着，则崩溃乃可立至，故当见及“万方多难此登临”之石刻时，乃悟程子“道通天地有形外，思入风云变态中”之诗，更感昔贤忧国之切，与余正如同一辙也。[③]

为了犒赏湘北将士，宋美龄于10月14日，以中国妇女慰劳自卫抗战将士总会主任委员的名义，率领张蔼真、唐国桢等人赴湘北劳军，慰勉前线百姓，视察伤兵医院，并拨款五十万元慰劳前线官兵。[④]

由于蒋介石和宋美龄想加强与英、美等国的联系，除了聘任顾问之外，还希望两国能派访问团到重庆，在军事和经济方面对

---

① “Efforts to reach a peaceful settlement between the United States and Japan preceding attack by Japan on American territory”, October 25, 1941, *FRUS*, 1941, Vol. IV, pp. 552—553.

② “Undeclared war between Japan and China”, October 20, 1941, *FRUS*, 1941, Vol. V, pp. 539—540.

③ 周美华编：《蒋中正“总统”档案：事略稿本47——民国三十年九月至十二月》，台北“国史馆”2010年版，第244、247—248页。

④ 《蒋夫人赴湘北劳军》，《中央日报》（重庆）1941年10月15日。

中国提出建议或协助。英、美方面也纷纷作出回应，在10月中旬，由马格鲁德（John Magruder，1887—1958）率领的美国军事代表团和倪米亚率领的英国经济代表团，陆续抵达重庆。重庆方面为了表示对美国军事代表团的重视，特派宣传部副部长董显光专程到香港去迎接，还安排一场欢迎会，让各界媒体公开采访，扩大宣传效果。马格鲁德将军也在记者会中，“毫无保留地表示他将协助中国政府的认真态度”。董显光认为，“世界名人访华的数量日增，日方深感惶惧”，而美国军事代表团的访华，“是罗斯福总统执政以来，第一次公开对中国友善的表示”，让日本更加坐立不安了。①

1941年10月28日，宋美龄致电居里，转告蒋介石与马格鲁德谈话要点：

> 昨日委员长接见马格鲁德，其谈话要旨如下：马格鲁德顾问团抵华，委员长甚为忭欣，且以该团性质，不同于中国以前所聘之德苏顾问团，马格鲁德顾问团系由美国政府所发起，而为两国共同之利益在此时局险恶，贵国自需军官之际，委员长对于贵国此种友谊，尤深感激。委员长接获正确消息，日本企图于十一月中进攻云南，美国如能采取立即行动，通知日本，凡经过越南攻击云南，美国将视为南进之一步骤，美国不能坐视，则日本企图，或能改变。委员长并指示，如云南失守，则国际补给之最后生命线，势将断绝，中国人民与军队，在精神上遭受如此打击，则继续抗战将不可能，渠信如能增强空军力量，现驻云南部队足以抵抗。陈纳德仅有飞行员四十九人，目前增强空军实为最重要，务望美国力促英国，派遣新加坡空军与陈纳德合作，以挽救远东之民主地位，英美对于阻止云南之失陷，将与中国同样关心，因日本如占云南，则其第二步必将攻击英国远东

---

① 董显光：《董显光自传》，第175页。

之属地，与掀起太平洋之战争，如英采取立即行动，以增强空军，则彼得以小部之消耗，而保全其领土，同时太平洋问题，亦得以解决，因日本将集中最大空军力量于越南，如联合空军能将其消灭，则最后远东之威胁，可以解除矣。①

宋美龄协助蒋介石联系美方，希望美、英两国能协助中国阻止日军攻打云南，并提防日军南进与发动太平洋战争。但重庆对美、英发出的警讯，并没有受到重视，中国所获得的援助依旧很有限。宋美龄和蒋介石为了纾解压力，傍晚常至郊外散心。11 月 2 日下午，宋美龄陪伴蒋介石在重庆郊区，“自黄山经放牛坪，步行至大兴场，乘车回寓，拉铁摩尔适于途中相遇，遂偕之同归”②。对于争取外援，宋美龄和蒋介石始终锲而不舍，对于外籍顾问和来访贵宾，也分外地礼遇，希望通过建立私人的情谊，将其转化为支持中国抗战的力量。

四、主导赠美熊猫

1941 年 11 月上旬，成都的机场出现了罕见的乘客，一对熊猫装于木箱中，由美国动物专家全程陪伴，自蓉乘机飞渝，而机场也涌进了大批的中外记者，纷纷一探此珍兽的面貌。这对熊猫系宋美龄和宋霭龄准备送给美国救济中国难民联合会的礼物，以答谢该会长期的援华友谊。熊猫抵渝后，暂时“寄养于求精中学雷牧师家，三日内由高思大使代表美方接受后，将飞港莅美”③。

宋美龄和宋霭龄于 11 月 9 日凌晨，在漆黑的暗夜中，驱车前

---

① 《事略稿本——民国三十年十月》，1941 年 10 月 28 日，台北“国史馆”藏，《蒋中正“总统”文物》，入藏登录号：002000000637A，典藏号：002-060100-00157-028；《革命文献——对美外交：居里两度来华（一）》，1941 年 10 月 29 日，台北“国史馆”藏，《蒋中正“总统”文物》，入藏登录号：002000000387A，典藏号：002-020300-00033-037。

② 周美华编：《蒋中正“总统”档案：事略稿本 47》，第 389 页。

③ 《赠美熊猫昨由成都运抵渝》，《大公报》（重庆）1941 年 11 月 7 日。

往重庆广播大厦，准备对美播讲，并主持赠送熊猫典礼。重庆广播大厦异常忙碌，清晨四时三刻“首由美国哥伦比亚公司远东代表邓威廉氏致简短之介绍词，略谓此次蒋孔两夫人赠送美国之熊猫，足为中美两国间友谊之标识”，接着由宋霭龄、宋美龄两姊妹相继致辞。①

宋霭龄向美国人民说明：“我们奉赠送一对驯善可爱的熊猫，我和蒋夫人希望除了牠［它］们是珍奇动物外，更有其他的意义。我们想借此表示我们对于美国的友谊，同时因为美国联合救济中国难民协会为中国作种种热忱的努力，我们想借此略表感谢之意。”宋霭龄认为以熊猫为礼物赠美，系因：“牠［它］是中国的特产，全国界除了我们四川省一部分的地带以外别处是没有的，所以别的国家，都不能有这样的礼物——这真正是我们特有的礼物。”同时这珍奇的动物，得来不易，也只赠给最友好者，“有史以来，从中国送往国外的熊猫，一共只有七头而已”。宋霭龄接着指出，“我们希望赠送一种令人愉快的礼物”，“五月间美国白朗克斯动物园死去一头名叫本度拉的熊猫，美国各方面悼惜的情形，使我们很为感动”，“我们因此觉得一头小小的熊猫能够得到这许多的友人，而又不幸死去了，我们用两头来补偿一头，一定受到加倍的欢迎”。宋霭龄最后表示，因对日抗战，成千上万的军民，从沿海迁移到西南后方，“这种珍奇的动物也可以说是以代表下述的意义，就是我数千万同胞以及全国重心的西迁，我们把平时与战时的活动转移到数千里以外的内地来”，希望美国民众“知道我们是用最真挚的友谊，奉赠这一对小小的动物”。②

在宋霭龄简短地向美国民众说明致赠熊猫的理由之后，宋美龄继之向美国听众播讲：“孔夫人已经告诉你们，你们对我国表示的种种善意与同情，我们是多么的感谢，美国联合救济中国难民协会给我们的许多礼物，我们是多么的欢迎。”③ 宋美龄代表伤兵

---

① 《交换珍贵的友情》，《中央日报》（重庆）1941年11月10日。
② 《孔夫人致词》，《中央日报》（重庆）1941年11月10日。
③ 《蒋夫人致词》，《中央日报》（重庆）1941年11月10日。

们感谢美方接济的医药器材，但也提出呼吁：

> 你们诚然供给了我们许多东西，可是我们还得临时设法取得许多不可缺少的物品。我们所设计的若干权宜的工具，我想你们一定会感到神奇。例如我们缺乏灌肠器，就用竹子来做，用时倒也很灵便。竹子是到处用得着的东西，我们用牠［它］来做手术台，用牠［它］来做抬病人的担架，有时须抬数百里之遥，我们并且用牠［它］来建筑临时的甚至永久的医院。①

宋美龄把中国缺乏医疗用品的窘境，翔实地告诉美国听众。她还说：

> 我们放在橱子里一排一排精光雪亮的外科手术用具是用废铁甚至炸弹片，经过手工制造出来的。我想你们一定会感到惊异，连我也觉得有些不可思议。手术室里有时没有电光，我们就点油灯来代替。紧接着前线的道路破坏之后，撤退伤兵，就由数千个人来代替一辆救护车的工作。这些我们都做了，可是我们没有法子制造权宜代用的显微镜，X 光机器，或是其他临床必需的许多精密用具。为了救治无数的生命，这些东西定得从海外运来。②

宋美龄希望美国民众能持续援华的热情，她又举视察若干难童保育院的例子，和参观广西兴安堤及其历史典故。宋美龄肯定美国未趁抗战而欺侮中国，其表示："我觉得美国这一个国家，决不会因势乘便，以作便利自己的打算的。美国决不像法西斯国家那样，认为牺牲弱小是正当的行为。美国正在英勇地竭尽一切可能维护着正义与人道。"她认为"中美两国的友谊是建基于一致的

---

① 《蒋夫人致词》，《中央日报》（重庆）1941 年 11 月 10 日。
② 《蒋夫人致词》，《中央日报》（重庆）1941 年 11 月 10 日。

理想之上的”。[①] 宋美龄对于美国的友好，再次感谢道：

> 你们经由联合救济中国难民协会安慰着我们受难的同胞，医疗着他们的创伤，减轻了他们所受敌人残害的痛苦，今天经蒂文先生，我们很愉快的赠送美国这一对肥大滑稽黑白相间长毛茸茸的熊猫，聊表感谢的微忱。我们希望这一对面目诙谐的动物，将带给美国的小朋友们一种欣喜愉快的情绪，正像美国友人给我们以愉快欢欣一样。[②]

结束对美国的广播之后，宋美龄正式将熊猫交给蒂文先生，并由其代表纽约博物院及美国联合救济中国难民协会接受赠礼，蒂文致辞表示“此珍奇可爱之礼物必受美国人民无上之感谢”，同时在纽约方面，对于迎接熊猫，“已有种种之准备，俾能将此两只熊猫作十分妥善之保育”。蒂文还与华西大学葛维汉博士“用问答方式，详述猎取熊猫之经过，熊猫出产地之情况，以及熊猫之习性等”。[③] 11 月 9 日下午 3 时，宋美龄和宋霭龄在蒋介石官邸，为赠送熊猫一事举行盛大茶会，外长郭泰祺、宣传部副部长董显光和驻渝各外报、通讯社记者，也热烈出席，并纷纷拍照，见证此难得一见的熊猫捐赠活动。[④]

宋美龄和宋霭龄利用赠美熊猫的时机，对美大作宣传，她同时建议蒋介石要多和外媒接触，以增加中国在国际上的能见度。重庆的对外宣传作风，因此开始有所调整，负责国际宣传的董显光表示，“我们决定改变政策，蒋委员长要面对世界说我们要说的话了”。因此，在其安排之下，蒋介石陆续接受五位特选的外国记者单独访问，另在 11 月 7 日这天，为蒋介石规划一个大型的记者

① 《蒋夫人致词》，《中央日报》（重庆）1941 年 11 月 10 日。
② 《蒋夫人致词》，《中央日报》（重庆）1941 年 11 月 10 日。
③ 《交换珍贵的友情》，《中央日报》（重庆）1941 年 11 月 10 日。
④ 《蒋夫人茶会招待来宾》，《中央日报》（重庆）1941 年 11 月 10 日。

会，宋美龄陪同蒋介石接见23位外国记者的集体访问，并由宋美龄亲自担任翻译。此为蒋介石自抗战以来，第一次接见这样多的外国记者，会后外籍记者于“当晚以及第二天发出去的电讯总数超过一万字”，董显光认为此举“所得的宣传效果实属空前”。[①] 和宋美龄除了积极协助进行对外宣传之外，也希望通过教会的系统，向外争取对华的认同与援助。10日下午，蒋介石会见了于斌等人，但“又以夫人工作过分辛劳，恐有损健康为虑”[②]。

1941年11月下旬，由于美日谈判让美国似乎有对日妥协的传言，让蒋介石和宋美龄颇为担心，11月24日通过拉铁摩尔致函居里，表示：“美国压力之松弛，不论其为实质的或表面的，皆将使中国趋于崩溃；即使有关于妥协之最微弱之传闻，亦将动摇中国对美之信心。”希望居里向罗斯福转达中方的激烈反应。[③] 除了借由美籍顾问的沟通渠道外，蒋介石于11月25日电告宋子文，嘱其在美与胡适大使“磋商有效之交涉方法，使美国政府能明白表示对日决不妥协之态度，并将此事严重之程度，向其海陆两长史汀生、诺克斯及居里等郑重说明，如日本在华之侵略军队未撤退前，对日经济封锁政策，不容放松或改变，以免中国抗战功败垂成，世界祸乱，将无底止”[④]。

美方为了安抚蒋介石和宋美龄的忧心，居里于11月26日迅速

---

① 董显光：《董显光自传》，第176页。

② 周美华编：《蒋中正“总统”档案：事略稿本47》，第446页。

③ “Efforts to reach a peaceful settlement between the United States and Japan preceding attack by Japan on American territory”, November 25, 1941, *FRUS*, 1941, Vol. IV, p. 652；《革命文献——对美外交：拉铁摩尔顾问聘用经过》，1941年11月24日，台北“国史馆”藏，《蒋中正“总统”文物》，入藏登录号：002000000389A，典藏号：002-020300-00035-017。蒋介石表示：“自二十四日获悉美国务卿对日妥协方案后，三昼夜以来未得安心。”参见《蒋介石日记》（手稿本），1941年11月29日本星期反省录。

④ 蒋介石分析局势，认为“美国对日经济封锁有放松之意，余乃要求美国立即宣布对日不妥协之态度，此种智慧与真机，非遇危急时不易表露，更觉忧患乃人生之良华也，绝处逢生之妙机，当在于此矣，岂仅忧患不足畏惧而已哉”。周美华编：《蒋中正“总统”档案：事略稿本47》，第512—513页。

回复拉铁摩尔，向华方保证罗斯福根本态度迄未改变。[①] 但美方对于重庆方面通过各种渠道，试图影响决策的做法等表达不满。美国国务卿赫尔在备忘录中表示，蒋介石和宋庆龄以强烈而冗长的电文淹没华盛顿，指述日军威胁滇缅路，并且谩骂美日和谈，赫尔认为美方已将谈判经过告知中方，但蒋介石仍忽略美方对中方的关照，此使其颇不以为然。[②] 宋子文于 11 月 29 日电复重庆表示，“居里来言，赫尔因文将钧座有电意旨，分达陆海两长，两长并有所表示，故深为不满，居里不得不致电拉铁摩尔顾问”[③]。尽管美方对重庆的做法颇有微词，但蒋介石对于宋美龄能协助破解日本对美积极游说的成果，在月底的反省录中大表赞扬，其自记曰：

> 倭寇专使来栖赴美交涉，彼仍抄袭其甲午战争，迁就列强，独对中国压迫之故智，以售狡计。果尔，美国务院主持妥协，几乎为其所算，且其势已成百分之九十九，只差其妥协条件，尚未提交来栖而已。幸赖上帝眷佑，运用全神，卒能在最后五分钟，当千钧一发之际，转败为胜，内助之力实非尠也。[④]

宋美龄认为此次外交运作的成功，有如经营家庭或商店，其表示：“无论家庭或商店，若无家主与主妇时刻贯注全神，管理经营，则必不成也。”而蒋介石对于“历次主持外交及使节人员，对

---

① 《革命文献——对美外交：拉铁摩尔顾问聘用经过》，1941 年 11 月 26 日，台北“国史馆”藏，《蒋中正“总统”文物》，入藏登录号：002000000389A，典藏号：002-020300-00035-019。

② “Efforts to reach a peaceful settlement between the United States and Japan preceding attack by Japan on American territory”, November 25, 1941, *FRUS*, 1941, Vol. IV, pp. 652—654.

③ 《事略稿本——民国三十年十一月》，1941 年 11 月 29 日，台北“国史馆”藏，《蒋中正“总统”文物》，入藏登录号：002000000638A，典藏号：002-060100-00158-029。

④ 《蒋介石日记》（手稿本），1941 年 11 月 30 日本月反省录。

其使命之成败，几乎毫不关心”，不禁暗自批评，“此等官僚政客，无识无能，而又不愿为国家略费心神，凡事只听其成败，是诚可痛可悲之至也”。[①] 中国在太平洋战争前，靠着自身的努力和有限的外援，艰辛地从事抗战，在讲求现实的国际外交上，外交官员在对美的正式交涉过程中，不免力不从心，而宋美龄和宋子文通过私人渠道，影响美国对华决策，也成为不得不采取的做法。

五、助夫应对珍珠港变局

1941 年 12 月 1 日为宋美龄和蒋介石结婚十五周年的纪念日，宋美龄应美国联合救济中国难民协会之请，以《民主中国的贡献》为题，发表对美广播。[②] 夫妇两人于晚间，“约亲友欢聚，以资纪念”[③]。

12 月上旬，宋美龄和蒋介石为了借重拉铁摩尔的专长，开始酝酿和其谈论有关中美进一步合作以及战后若干争议问题的处理。拉铁摩尔于 12 月 2 日提出“在最近将来解决东北问题之方案”，建议“中国应绝对拒绝与日本妥协，日本崩溃时，中国应立刻取得东北之实际统治权。取得实际统治权之后，对外交涉，自可顺利进行。但如中国事先与英美荷苏订立反侵略条约，并与苏联另订附约则交涉之进行，当更为顺利”。[④] 蒋介石在 12 月 4 日上午，于黄山巡视建筑工程，并思考与拉铁摩尔的交涉要点：“（甲）借款问题；（乙）东北问题；（丙）共党阴谋；（丁）对俄对倭方针；

---

① 《事略稿本——民国三十年十一月》，1941 年 11 月 30 日，台北“国史馆”藏，《蒋中正“总统”文物》，入藏登录号：002000000638A，典藏号：002-060100-00158-030。

② 《民主中国的贡献》，《大公报》（重庆）1941 年 12 月 3 日；《事略稿本——民国三十年十二月》，1941 年 12 月 4 日，台北“国史馆”藏，《蒋中正“总统”文物》，入藏登录号：002000000639A，典藏号：002-060100-00159-004。

③ 《事略稿本——民国三十年十二月》，1941 年 12 月 1 日，台北“国史馆”藏，《蒋中正“总统”文物》，入藏登录号：002000000639A，典藏号：002-060100-00159-001。

④ 《革命文献——对美外交：拉铁摩尔顾问聘用经过》，1941 年 12 月 2 日，台北“国史馆”藏，《蒋中正“总统”文物》，入藏登录号：002000000389A，典藏号：002-020300-00035-020。

（戊）中美军事合作问题；（己）国际宣传组织机构。”① 宋美龄于12 月 5 日正午，陪同蒋介石与拉铁摩尔外出野餐，并散步约一小时。晚间，双方又继续谈话，并希望拉铁摩尔能转请罗斯福考虑下列各事：

> （一）渤海湾为亚洲唯一军港，当为中美海军合作之基地，故旅顺必使倭寇交还中国，方能消除东亚之祸根。（二）彼将来政治事业望其特重远东，辅助中国独立，与印度民族之解放。（三）东北问题须作中国之一部分，而中日战争之解决，须作世界战争解决之一部分，故东北问题不必与倭乞求谈判，以免将来美国为难也。②

蒋介石于 12 月 6 日上午，续与拉铁摩尔顾问谈论国策两小时，蒋介石认为罗斯福总统“正式责问日本在东亚之意向究竟如何，是美倭已无妥协之余地，至此我国根本之危机已成过去，实乃我外交上之最大成功”③。对于国际局势的看法，才渐趋乐观。蒋介石同时要拉铁摩尔务必转告罗斯福总统，中国要收回东北的决心，蒋介石曰：

> 中国决不能放弃东北，否则新疆、西藏皆将不保，外蒙亦难收复。如此倭俄英并吞中国边圉以后，不仅中国本部无法保守，且被俄倭英四面环伺，布［步］步紧逼，势至无法生存……就亚洲全部形势而言，渤海湾为谁所控置［制］，则远东局势之控置［制］，即操诸谁

---

① 《事略稿本——民国三十年十二月》，1941 年 12 月 4 日，台北“国史馆”藏，《蒋中正“总统”文物》，入藏登录号：002000000639A，典藏号：002-060100-00159-004。

② 《蒋介石日记》（手稿本），1941 年 12 月 5 日。

③ 《事略稿本——民国三十年十二月》，1941 年 12 月 6 日，台北“国史馆”藏，《蒋中正“总统”文物》，入藏登录号：002000000639A，典藏号：002-060100-00159-006。

人之手，故渤海湾必须由中美两国共同订立三年使用之约，如此则太平洋之基础，方可巩固，不致贻祸患于后世。①

拉铁摩尔建议中国要对东北问题预为准备，尤以“收集情报及发表宣传两方面，应更为活动”②，拉铁摩尔的建言，提供蒋介石夫妇对战后问题更广泛和深入的思考方向，双方的讨论方兴未艾，但日军在太平洋点燃战火，又将众人讨论的焦点，引回到如何面对当下势不可遏的日军。

12月8日清晨4时，蒋介石夫妇在黄山官邸接到董显光的急电，“倭机已于晨一时偷袭珍珠港与檀香山”，不一会儿，“又接香港、马尼拉被敌炸之报，当即祷告后，由黄山回渝”。③宋美龄和蒋介石随即由重庆郊区回到市区官邸，着手因应太平洋战争的新局面。

蒋介石在渝立即通知召开中国国民党中央常务委员特别会议，议定对世界战局的政策与方针，包括：“（一）太平洋反侵略各国应即成立正式同盟，由美国领导，并推举同盟国联军总司令。（二）要求英、美、苏与我国一致实行对德、意、日宣战。（三）联盟各国应相互约定，在太平洋战争胜利结束以前，不对日单独媾和之三原则。尤须严密注视苏俄之动向，促其实行对日宣战，

① 《事略稿本——民国三十年十二月》，1941年12月6日，台北“国史馆”藏，《蒋中正“总统”文物》，入藏登录号：002000000639A，典藏号：002-060100-00159-006。

② 《革命文献——对美外交：拉铁摩尔顾问聘用经过》，1941年12月2日，台北“国史馆”藏，《蒋中正“总统”文物》，入藏登录号：002000000389A，典藏号：002-020300-00035-020。

③ 《事略稿本——民国三十年十二月》，1941年12月8日，台北“国史馆”藏，《蒋中正“总统”文物》，入藏登录号：002000000639A，典藏号：002-060100-00159-008。根据董显光的回忆：“珍珠港事变新闻在重庆是由我广播科科长彭乐善第一个人收听广播听到的。因为旧金山跟重庆有十六小时的时差，彭乐善是在12月8日上午1时听到这节新闻。彭听了赶紧报告我。我因为这新闻太重要了，直接用电话报告蒋委员长。中国就在12月8日当天正式向轴心德、意、日三国宣战。”董显光：《董显光自传》，第181页。

免使日本仍得集中力量侵略中国。”12 月 8 日下午，蒋介石接连约晤“美大使高思、英大使卡尔与苏大使潘友新谈话，并分别面交建议书一件，希望各友邦（中、英、美、苏、澳、荷、加拿大、新西兰）应成立军事同盟，并推美国为领导，指挥共同作战之军队”①，以共谋取得军事胜利。是晚，蒋介石约集英、美两国武官，参加军事会议，蒋介石自省：“本日抗战政略之成就，已达于极点，物极必反，居高临危，能不戒惧?!”② 日军的扩大战线，美、英等国无法再消极姑息，让中国脱离单独抗日的窘境，也有机会正式和美、英谈论同盟的议题。

宋美龄一面关心着香港的姐姐是否能顺利逃离，一面配合蒋介石，积极运作与美、英结盟。12 月 9 日，三架飞机自港飞渝，宋霭龄和宋庆龄都得以顺利离港安抵重庆。12 月 11 日上午，蒋介石“约见英大使卡尔，谈成立军事协议与组织同盟事”③，不过苏方对此却有不同的见解，苏联顾问崔可夫向蒋介石表示，“希望我国暂切勿参加南洋战争与派兵增援缅甸”④。蒋介石对于世界大局，审慎地作了综合评估，其表示：

> （一）俄顾问间接表示，希望我国暂勿参加南洋战争与派兵增援缅甸，其用意恐我被英美所卖，亦为中国计也，然我决先以无条件派兵赴缅泰参战，一则缅为中国惟一通海要口，二则缅为中国与英美联系惟一之要道，

---

① 《事略稿本——民国三十年十二月》，1941 年 12 月 8 日，台北“国史馆”藏，《蒋中正“总统”文物》，入藏登录号：002000000639A，典藏号：002-060100-00159-008。

② 《蒋介石日记》（手稿本），1941 年 12 月 8 日。

③ 《事略稿本——民国三十年十二月》，1941 年 12 月 11 日，台北“国史馆”藏，《蒋中正“总统”文物》，入藏登录号：002000000639A，典藏号：002-060100-00159-011。

④ 对于苏方的建议，蒋介石认为“缅甸为中国唯一通海要口，且为中国与英美联系之唯一要道，不可任其失陷，而使我与英美隔绝，至陷于孤立无援之境，而易为苏俄所胁制，故我决以无条件派兵增援缅甸作战也”。《事略稿本——民国三十年十二月》，1941 年 12 月 14 日，台北“国史馆”藏，《蒋中正“总统”文物》，入藏登录号：002000000639A，典藏号：002-060100-00159-014。

> 不可坐令其失陷，而使我与英美隔绝，又陷于孤立无援之境，易为俄所胁制也，至于成立同盟公约，则应催其速办也。（二）英驻新加坡空军已被倭击毁大半，故其海军主力舰，以不得其空军掩护而致全军覆没也。（三）当国际形势好转之时，更应戒慎恐惧，切忌骄矜自慢，致为人所轻，而预伏失败之因也。[①]

面对日军在南进行动中取得惊人的战果，重庆方面积极地和美、英军事代表团团长马格鲁德、戴尼斯（L. E. Denys，？—1942）等人会商，以加强军事联系。[②] 宋美龄和蒋介石在因应瞬息变化的南洋战况，也未忘记祝福宋子安的婚礼，两人特地致函“敬贺婚礼并祝三多”。[③]

随着太平洋战争的扩大，英国驻印度军总司令魏菲尔将军（Arcihbald Wavell）和美国陆军空战司令勃兰特少将（George A. Breet）都飞抵重庆，加上美、英军事代表团，重庆俨然成为一个研究远东战略的中心。[④] 印度总督林里资哥于12月20日致函蒋介石并致赠宋美龄手表，函曰：

> 委员长钧鉴：敬启者，印度总司令魏菲尔将军赴渝

---

① 《事略稿本——民国三十年十二月》，1941年12月14日，台北“国史馆”藏，《蒋中正“总统”文物》，入藏登录号：002000000639A，典藏号：002-060100-00159-014。

② 宋美龄和蒋介石与英方交手的印象欠佳，蒋介石甚至批评曰：“英使及其武官之贪嗜小利，不识大体，不顾全局，此决非余平日所想象而具有伟大气魄之盎格鲁-撒克逊民族之所为也。”蒋介石在研究中英关系时，对英方保守做法，颇有微词，其于12月17日评估：“（一）如新加坡失守，则对倭与远东战局皆需要我国完全负责，故新加坡、香港必须使之固守不失。（二）英国行动之滞钝与事事之怀疑，最足令人不快，对余八日分向三国所交之建议，至今美俄皆已有复电，惟英国尚未正式作复，而且其形势最危，求余最急，然其仍不愿对于其权益上作丝毫有关之保证也。”《事略稿本——民国三十年十二月》，1941年12月15、17日，台北“国史馆”藏，《蒋中正“总统”文物》，入藏登录号：002000000639A，典藏号：002-060100-00159-015、017。

③ 《蒋中正致亲友函（三）》，1941年12月17日，台北“国史馆”藏，《蒋中正“总统”文物》，入藏登录号：002000000473A，典藏号：002-040400-00003-047。

④ 参见董显光：《董显光自传》，第181—182页。

晋谒聆教，深信其此行对我等共同目的必有丰富之收获，下风逖听，曷胜忭跃，兹因魏菲尔将军北上之便，呈奉新岁贺仪一件，藉申景慕之忱，又内人亦奉献尊夫人手表一只，期其忠实划定胜利到临之时间也。①

蒋介石于12月21日晚间，接见初抵重庆的魏菲尔，商讨中英军事合作问题，并于23日下午4时，“召集英美军事代表团团长及魏菲尔、勃兰特等开第一次会议，会商有关远东战略等问题，何应钦等各高级将领亦奉派参加讨论，至此中英美三国代表所组织之重庆军事会议，遂告成立”。由于各方首次聚会，在反侵略的共识外，对许多战略或是军事部署，多有不同见解。晚餐后，各代表继续开会，“讨论至翌晨三时方毕”。② 中美英联合军事会议在重庆举行了两日，但因中国拟派两军8万人援缅甸，英仅希望派一师，并未达成共识。而除了希望建立和美、英的军事同盟关系外，宋美龄和蒋介石也希望能获得经济上的实质援助，蒋介石连日与英大使卡尔、经济代表团团长倪米亚商谈经济问题，并获得彼等允诺提供贷款一万万英磅，以济中国之急。③

由宋美龄促成的美空军志愿队，于12月20日在昆明首次与日机作战，并传出捷报。“尤其经第三中队在仰光击落敌最新之零式驱逐机后，该志愿队之飞行人员，士气大振，其初惧敌之心理，已大为减少矣。”王叔铭还函报蒋介石在圣诞节及新年时，犒赏志

---

① 《对英国外交（三）》，1941年12月20日，台北“国史馆”藏，《蒋中正“总统”文物》，入藏登录号：002000001282A，典藏号：002-080106-00059-009；《事略稿本——民国三十年十二月》，台北“国史馆”藏，《蒋中正“总统”文物》，入藏登录号：002000000639A，典藏号：002-060100-00159-020。

② 蒋介石认为，“对倭德意三轴心国同时宣战，并在重庆成立中英美军事会议，此为我国外交史上之一新纪元，惜俄国未能如期参加，不无缺憾”。《事略稿本——民国三十年十二月》，1941年12月23、31日，台北“国史馆”藏，《蒋中正“总统”文物》，入藏登录号：002000000639A，典藏号：002-060100-00159-023、031。

③ 《事略稿本——民国三十年十二月》，1941年12月24、27日，台北“国史馆”藏，《蒋中正“总统”文物》，入藏登录号：002000000639A，典藏号：002-060100-00159-024、027。

愿军奖品的情形。[①]

12月31日，美国总统罗斯福来电建议成立中国战区最高统帅部，并请蒋介石担任中国战区盟军最高统帅。[②] 蒋介石在慎重的考虑后同意了美方的建议，但其发现英美的战略思想，对中国并非有利，其指出："彼以大西洋为主，太平洋为从，以保守为主，进取为从，此等习性，应使之澈底改变；尤其应促使美国全力注重太平洋，解决日本为第一要旨也。"同时开始研究英美态度，期待能有机会和英美交涉，故自问："废除不平等条约之宣言，与交涉之时机，已可开始否？"[③]

由于日军的南进行动迅速，美方希望能加强中美英三国的军事联系。1942年1月18日，宋子文电告宋美龄，请其将美国军政部次长的规划，向蒋介石说明。美国军方经由军政部及参谋总长马歇尔数次会商，对于蒋介石"建议所称派遣美国军官一人至重庆为联合参谋本部参谋长一节，正加考虑"。军政部次长认为，"此一军官，特别在缅甸战区中，于此中英美三方均有关系之地域内，与以连系三方关系之行政实权，其贡献必可得更远大之价值"，并希望蒋介石能对此议表示感想。宋子文特别将英文原函奉达，交由宋美龄向蒋介石说明，"俾不失其措辞之确切本意"。[④]

随着和美英交涉往返信函日益增多，宋美龄在协助蒋介石

---

① 王叔铭将颁发贺礼的情景作了一番描述："1. 以钧座名义，赠陈纳德空军礼刀一柄，当众交彼，彼兴奋万分，并举刀宣誓云：'委员长是中国领袖，亦是志愿军之领袖，待吾人如此优厚，余等决尽忠努力，报中国，报领袖'等语；2. 志愿队次要负责人，均赠予刺绣物品。3. 其他飞行人员，每人赠予中国绸质围巾，地面人员，每人赠予绸质小手巾，并均以红线绣一'蒋'字，彼等均快乐异常。"参见《盟军联合作战（六）》，1942年1月7日，台北"国史馆"藏，《蒋中正"总统"文物》，入藏登录号：002000001196A，典藏号：002-080103-00061-001。

② 参见《事略稿本——民国三十年十二月》，1941年12月31日，台北"国史馆"藏，《蒋中正"总统"文物》，入藏登录号：002000000639A，典藏号：002-060100-00159-031。

③ 黄自进、潘光哲编：《蒋中正"总统"五记：困勉记》，第818—819页。

④ 《革命文献——同盟国联合作战：重要协商（一）》，1942年1月18日，台北"国史馆"藏，《蒋中正"总统"文物》，入藏登录号：002000000370A，典藏号：002-020300-00016-041。

处理涉外机要之外，仍持续推动妇女和宣传工作。12 月 19 日，宋美龄“到干部训练班点名，并召开各联合席会议，指示工作”，27 日又到“新运”妇女指导委员会，对干训班学生训话[①]，希望一批批的妇女干部，能发挥种子的功能，把新的知识和爱国的热忱，传送到每个地方。宋美龄在与蒋介石结婚后，“她不但是他的夫人，而且是他的顾问或秘书，每晚她做读书和读报告，以补蒋氏为国勤劳阅读书报之不足”[②]。同时因蒋介石只能言中、日两国语言，“故蒋夫人为其英语传译员。自中日战争发生后，美龄又代他向外国传播中国之真相”[③]。而在太平洋战争爆发后，中国与英、美等国的联系更加密切，宋美龄充分发挥其英语特才，经常担任蒋介石与外宾间的沟通桥梁，并通过各种媒体渠道，对外进行宣传，对于吸引和争取国际援华的贡献，可说是厥功至伟。

---

① 李又宁编：《工作八年》，第 270 页。

② 李雪荔：《蒋夫人小传》，《时代知识》1943 年第 1 卷第 3 期，第 21 页。

③ 美洲国民日报编：《蒋夫人游美纪念册》，第 8 页。

第二章　访印跃然国际舞台

太平洋战争爆发后，随着日军大举南进，战火迅速蔓延到东南亚。英国为了集中兵力应付德国，在亚洲的殖民地，显得自顾不暇，凸显出中国牵制日军的作用。在1941年12月中旬，英国政府派员至重庆，要求中国军队入缅，阻止日军势力的扩张，并保障滇缅路的安全。① 是时日本为了遂行其“大东亚共荣圈”的计划，在东亚地区掀起了一场反英宣传运动，试图消除英国在亚洲的势力。② 此让宋美龄在分享夫婿蒋介石出任盟军中国战区最高统帅的荣耀之际，也跟着忧心如何在日军的封锁之下，让中国能够继续坚定地抗战。

日本以“亚洲是亚洲人的亚洲”为号召，分化印度内部的政治派系，蒋介石和宋美龄担忧甘地、尼赫鲁及其所领导的印度群众也受日本宣传的影响，希望“以亚洲人的立场去开诚布公跟甘地等人谈”。③ 同时随着英国在东南亚各殖民地陆续面临着日军进攻的危机，此让出任盟军中国战区最高统帅的蒋介石有意显现中国陆军在亚洲战场的重要性。在盱衡战局之后，蒋介石决定由宋美龄陪同出访印度，以寻求更多的外援和联外的替代通道，强化

---

① 参见王世杰：《王世杰日记》（手稿本）第3册，第210页。

② 参见顾维钧：《顾维钧回忆录》第5分册，中国社会科学院近代史研究所译，中华书局1987年版，第51页。

③ 董显光：《董显光自传》，第183页。原印度国大党中采取激进独立立场的鲍斯（Subhash Chandra Bose，1897—1945）于1941年间赴德国组团反英，后又至意大利，1943年在日本的支持下成立自由印度临时政府，并参加日本主导的大东亚会议。

盟国间的合作，并共同争取当时仍在英国殖民统治之下的印度，能够成为中国的战略伙伴。

为了寻求中、印在战时的合作及奠立战后的关系，蒋介石在宋美龄的协助下，致函给美国总统罗斯福，并于 1942 年 1 月下旬积极研究访问印缅的计划，评估“此时访缅访印，最为相宜”①。而英国方面亦在 1 月 28 日由驻华大使卡尔致函蒋介石伉俪，对其访问印缅表达欢迎之意。而蒋介石夫妇一行于访印归国后，在昆明、重庆等地通过演讲、广播，掀起一阵“印度热”，宋美龄更在 3 月中旬亲自参加“印度日”的对印播讲，积极促进中印关系。

第一节　秘密出访印度

1942 年 2 月 13 日，重庆各大报刊纷纷以斗大的标题和大篇幅的报道，披露蒋介石与宋美龄率团出访印度的消息。② 不过事实上蒋介石夫妇一行早在 2 月 4 日即自重庆出发，并在加尔各答停留了几日后于 9 日抵达新德里正式与印度总督林里资哥（Victor Alexander John Hope，2nd Marquess of Linlithgow，1887—1952）会晤。蒋介石和宋美龄素来颇重视文宣，对于如此重大的新闻，重庆各大报何以延迟多日才进行报道，个中原因实颇耐人寻味。

一、争取外交突破

在太平洋战争爆发后不久，蒋介石陆续和英使卡尔、英美军事代表团、印度英军总司令魏菲尔及美国军事代表勃兰特等，在渝会商远东战略问题，并决定成立军事会议，由中美英各派代表组成。③ 1942 年 1 月 2 日，蒋介石在回复美国总统罗斯福同意出任盟军中泰越战区统帅的同时，希望罗斯福能转达英国首相丘吉尔

① 《蒋介石日记》（手稿本），1942 年 1 月 23 日。

② 参见《蒋委员长抵印度》，《大公报》（重庆）1942 年 2 月 13 日。

③ 参见《事略稿本——民国三十年十二月》，1941 年 12 月 15、21、23 日记事，台北“国史馆”藏，《蒋中正“总统”文物》，入藏登录号：002000000639A，典藏号：002-060100-00159-015、021、023。

注意印度的局势：

> 对确保印度，与大战期中，如何使印度及南洋各殖民地民族贡献其人力、物力，而不为敌国所煽惑，甚至于发生叛乱也；否则，各殖民地最后必被敌国利用倒戈，此比军事计划，更应注重也。①

是时由于中国的新任外长宋子文仍继续留美，致力争取军经援助，蒋介石因而在身兼多项党政军要职外，又代理外交部。蒋介石投注更多的心力观察国际局势的变化，精通英文的宋美龄也适时扮演重要的角色。蒋介石试图利用此日军发动太平洋战争，在东南亚节节得逞之际，改变英美“先欧后亚”的战略，促使“美国全力注重太平洋，解决日本为第一要旨也”。同时思考交涉废除不平等条约，并积极研究访印的计划。②

蒋介石在1942年1月“经美国罗斯福总统转向英国首相丘吉尔代达访问印度之意”③。为了提升中国的外交地位，展开积极的布局。不过因为军事领袖的出访事涉机密，加以蒋介石认为英、美尚非以平等方式对待中国，在未获英方的确认前，为顾及安全和自尊，并未对外透露任何访印的讯息。而宋美龄早在1939年8月间即在重庆款待过尼赫鲁，宋美龄曾邀请尼赫鲁到黄山官邸，

---

① 《蒋介石日记》（手稿本），1942年1月2日。

② 《蒋介石日记》（手稿本），1942年1月7日。于蒋介石兼任外交部部长，英使卡尔等“外国驻渝使节，似感不便，以一切商谈颇无转圜余地也”。王世杰：《王世杰日记》（手稿本）第3册，第231—232页。

③ 《领导对日抗战——访问印度编案纪要初稿》，台北“国史馆”藏，《蒋中正“总统”文物》，入藏登录号：002000002153A，典藏号：002-090199-00013-001。王世杰在日记中提及“此事发议之人为罗斯福”；唐纵则在蒋介石出发后，记述陈布雷告其“此次委座赴印度，系因英国政府要求委座对印度首领劝其帮助英国共拒敌人，委座应允，并愿亲赴印度一行，英方旋即表示欢迎，故有此行”。王世杰：《王世杰日记》（手稿本）第3册，第246页；唐纵：《唐纵失落在大陆的日记》，台北：传记文学出版社1998年版，第228—229页。

并居间为蒋、尼二人通译。[①] 蒋介石夫妇均与尼赫鲁有良好的交情，加以印度以英语为官方语言，熟谙英文的宋美龄，自然成为陪同蒋介石出访印度的最佳人选。

二、获得英方的确认

对蒋介石访问印缅的构想，英国驻华大使卡尔在1942年1月28日，致函蒋介石夫妇转达伦敦的来电，卡尔在函中称：

> 顷接伦敦来电称，敝政府对阁下访问印缅之建议，表示竭诚欢迎。又接印度与缅甸总督之来电，表示得在德里与仰光迎候阁下与夫人，实感无限之欣幸。彼俩皆以此次访问，对于吾辈共同之作战，当有甚大之价值，彼等均当力守秘密，一如阁下之所期望者。印度总督以为如果保持秘密，于阁下离印时，由阁下发表一消息，以促进印度对于共同抗敌之全面合作，则访问之价值，必因之大增。彼以为阁下与甘地、尼赫鲁之会晤，欲保持完全秘密，殊为困难，除非由甘、尼前往德里候晤，似属最妥办法，倘能由阁下各致一电，嘱其前赴德里相见，甘、尼当愿就道也。此电可由总督转达，对于有助于会晤之事，彼当乐为之助，但彼殊重视彼能于会晤甘、尼之前，首先晋见阁下。彼并以为此事甚关重要，即阁下应接见回教领袖章力，故并建议阁下邀其相晤。[②]

由英使卡尔的复函，可知英方系被动的同意，且希望中方能保守秘密，到离印时再发表消息。而英印方面又希望蒋介石能先

---

① 《访问印度（一）》，台北“国史馆”藏，《蒋中正“总统”文物》，入藏登录号：002000001294A，典藏号：002-080106-00071-001。

② 章力即真纳。秦孝仪主编：《“中华民国”重要史料初编——对日抗战时期》第三编战时外交（三），台北中国国民党中央委员会党史委员会1981年版，第329页。以下简称《战时外交（三）》。

与印督会面，并以保密为由，建议致电甘地和尼赫鲁前往德里候晤，同时希望蒋介石能跟回教领袖交流。英方对蒋介石夫妇的访印，预先作了若干限缩，避免让甘地和尼赫鲁成为媒体的焦点。而此次访印的行前交涉，蒋介石因有宋美龄在身旁协助其运筹帷幄，让蒋介石甚觉“家有内助，幸福无量”①。

除了宋美龄的襄助，蒋介石在获得英方的确认之后，旋即在1月30日中午，邀晤曾赴印缅访问的戴传贤，密商访印计划约两小时。确认以“（一）劝英印互让合作；（二）劝印多出兵出力；（三）劝英允许印自治；（四）为将来中印合作基础；（五）宣传三民主义”为目标。② 蒋介石于31日又回顾中印历史的过往，认为“中印两国历史之关系，已二千年，边疆接壤界线甚长，民族亦为世界上之最大者，然而从未发生冲突或武力战争之时，只有文化之沟通，礼义之往来，岂非全世界和平民族之最著者乎？吾愿珍重此两国之历史，而发扬光大之”③，并再次确定出访的目的。不过对于蒋介石夫妇的访印之行，戴传贤与陈布雷均曾劝阻，希望“俟战争好转后再去”。然蒋介石颇坚持出访，并道：“汝等只知其一不知其二，世界上苟能四亿五千万民族与三亿五千万民族联合一致，岂非大佳事，如果战争结束，英政府还愿我去吗？”④

由于卡尔即将卸任驻华大使前往苏联履新，蒋介石和宋美龄于1942年2月2日晚间8时，盛大宴饯卡尔，在各院部会要员、

① 《蒋介石日记》（手稿本），1942年2月1日。

② 《蒋介石日记》（手稿本），1942年1月30日。

③ 《蒋介石日记》（手稿本），1942年1月31日；《爱记初稿（三）》，台北“国史馆”藏，《蒋中正“总统”文物》，入藏登录号：002000000757A，典藏号：002-060200-00018-001。王世杰当时曾分析：“蒋先生此次赴印度，其目的不只是与魏菲尔等晤洽，且欲藉此与印度国民党领袖晤谈，以期缓和英印间之纠纷，俾获共同对日。”王世杰：《王世杰日记》（手稿本）第3册，第246页。

④ 唐纵：《唐纵失落在大陆的日记》，第228—229页。

英使馆馆员和英国军事代表团团员的作陪下，直至深夜始散。[1] 到了出访前一晚，蒋介石为了处理要务，仍持续约晤僚属，丝毫未因要出访而让例行公务停顿。2 月 3 日晚间，王世杰向蒋介石报告参政会的问题，蒋介石指示“改组参政会，但仍表示应当设法使各党派能参加”[2]。不过在访印前夕，宋美龄的身体曾一度甚为不适，让蒋介石“甚忧其恐今日不能同行访印”，幸好在经过休息之后，2 月 4 日清晨见其“酣睡异常，乃知其病将愈”[3]。蒋介石终在宋美龄等人的陪伴下，在是日下午，秘密从重庆启程，展开其在抗战期间的首次出访行程。

三、随同秘密出访

1942 年 2 月 4 日，蒋介石与宋美龄一行人，为了不引人注目，仅由行政院秘书长陈仪、外交部总务司司长李惟果等十余人到重庆九龙坡机场送行。下午 2 时，蒋介石伉俪在卸任英国驻华大使卡尔和英国驻华军事代表团团长戴尼斯的陪同下，率团搭乘 D. C. 3 号道格拉斯邮航机起飞。随行的团员有国防最高委员会秘书长王宠惠、军事委员会办公厅主任商震、航空委员会主任周至柔、中央宣传部副部长董显光、中央政治学校教育长张道藩、侍从室秘书俞国华、参谋皮宗敢、国际宣传处专员王家棫、宋美龄秘书陈纯廉、电务员王燕及随从蒋恒德等十五人。[4]

---

① 《蒋委员长饯别英使》，《大公报》（重庆）1942 年 2 月 3 日。但蒋中正在出访印度后，曾思及卡尔临别时言行有所不逊的情形，而怀疑卡尔的动机，并批评：“卡尔实流氓之尤者，余一心为达成访印目的。虽受其公开欺凌，亦惟有置若不闻，彼或不愿余访印，不得面阻，乃以此激余之怒乎？”参见《困勉记初稿（七）》，1942 年 2 月 7 日记事，台北“国史馆”藏，《蒋中正“总统”文物》，入藏登录号：002000000746A，典藏号：002-060200-00007-004。

② 王世杰：《王世杰日记》（手稿本）第 3 册，第 242 页。

③ 《蒋介石日记》（手稿本），1942 年 2 月 4 日。

④ 《研究资料（三）》，台北“国史馆”藏，《蒋中正“总统”文物》，入藏登录号：002000001381A，典藏号：002-080115-00006-002。由于行程被列为绝对机密，“即侍从室亦未宣布，高级人员知者极少”，包括侍从室负责情报的唐纵都不知详情，甚至一度以为蒋介石“赴印度往晤罗斯福总统”。参见唐纵：《唐纵失落在大陆的日记》，第 228 页。

蒋介石在宋美龄的伴同下，一行人先飞往昆明，飞机加油后再往西行，于晚间约9时30分抵腊戍（Lashio），由后方勤务部部长俞飞鹏等陪同至腊戍土司（Swabwa）宅邸休息。① 在用毕晚餐后，为了把握时间，蒋介石于宋美龄的居中翻译下，与英国缅甸军总司令哈登（Thomas Jacomb Hutton，1890—1981）、卡尔、戴尼斯展开晤谈，并“商谈我军在缅之布防作战等问题，并召见俞部长飞鹏指示交通运输及由仰光抢运物资等事项”②。中英双方虽然在军事、外交、宣传和情报方面达成初步共识，但因英方未妥善安排食宿，蒋介石心中颇表不满，暗自抱怨：“英人并未如约预备住处，临时再商直赴仰光，余却之，即在其当地行政公所投宿，从人皆未得食宿。”③ 英方的接待方式，给蒋、宋等人留下不良的印象。

2月5日中午12时20分，蒋介石与宋美龄一行飞抵加尔各答，基于保守秘密，“先期通知孟加拉省（Bengal）省长郝博尔爵士（Sir John A. Herbert），免除任何欢迎形式，故仅有省长公署少数高级官员到场迎接”。随后蒋介石伉俪一行人前赴加尔各答城北，进驻孟加拉省省长预为准备的行辕。该行辕为印督避暑行邸，张道藩形容该处“地范围广阔，树木密茂，屋宇轩敞，园中榆树及菩提树尤多，气候清凉，风景幽美”。④

蒋介石和宋美龄等人抵行辕未久，驻加尔各答总领事保君建偕同二位副领事，及加尔各答中国银行办事处经理林凤苞等人相继赶到，蒋介石也在安顿妥当后，立刻召集王宠惠等主要成员，商讨此后的行程和相关事宜，并于午后接见郝博尔省长。为了妥善准备在印的讲辞，蒋介石于2月6日一早就召集幕僚，“指示草

① 当晚蒋介石伉俪与陈希曾、陈纯廉，驻歇该处，其余人员则宿于俞飞鹏腊戍寓邸。参见《研究资料（三）》，台北“国史馆”藏，《蒋中正“总统”文物》，入藏登录号：002000001381A，典藏号：002-080115-00006-002。

② 《研究资料（三）》，台北“国史馆”藏，《蒋中正“总统”文物》，入藏登录号：002000001381A，典藏号：002-080115-00006-002。

③ 《蒋介石日记》（手稿本），1942年2月4日。

④ 《研究资料（三）》，台北“国史馆”藏，《蒋中正“总统”文物》，入藏登录号：002000001381A，典藏号：002-080115-00006-002。

拟告印度国民书之要点，由张教育长纪录，王秘书长主稿”。在午餐后，蒋介石又详加指示，同时宋美龄也加入讨论，在旁提供意见。[①] 蒋介石和宋美龄抵印后，细心地斟酌各行程与讲稿，同时为了慎重起见，蒋介石在“跟印度人接触时，随时说明自己的立场是个人的行动并不代表官方。他严嘱各方，此行不向新闻界透露消息，随行人员皆不办签发护照手续俾绝对保密”[②]。

宋美龄在加尔各答停留期间，在王宠惠、张道藩及陈纯廉的陪同下，抽空到加城市内游览，并购备应用物品。蒋介石则率领其他随员，前往参观该城制造步枪及机关枪的兵工厂与炼钢厂，并检视印制军火质量。[③] 6 日晚间，蒋介石回想下午参观的情景：“全厂八千工人，皆为印人，观其工作情形与精神，亦不觉其有何异状，此心略慰，然决非能持久也。”[④] 蒋介石对于印度工人在濒临战争时，仍能保持平常心感到宽慰，但想到日军若真正攻印，恐将激化英、印的矛盾，将不利于中国，而颇忧心。蒋介石与宋美龄连日在加尔各答接见驻外人员，但各方传来的讯息，却让蒋介石对印、缅的局势更为担忧，其表示：

> 三日来，实地视察印情，其工厂之工人与军队之兵士，皆为印人，而英人与印人之待遇与生活，相差如此其甚！时代至此，而英人尚不自知积极政策，而且倭寇已占摩尔门、仰光，新加坡，形势危在旦夕，加尔各答只与之一水之隔，而乃毫不觉其危，毫无战时状态与积

---

① 《研究资料（三）》，台北“国史馆”藏，《蒋中正“总统”文物》，入藏登录号：002000001381A，典藏号：002-080115-00006-002。

② 董显光：《董显光自传》，第 183 页。

③ 《研究资料（三）》，台北“国史馆”藏，《蒋中正“总统”文物》，入藏登录号：002000001381A，典藏号：002-080115-00006-002。宋子文曾于 1941 年底向蒋介石转达俞大维的建议，“可由印度代造七点九二子弹”。吴景平、郭岱君编：《宋子文致蒋介石报告印度可代造子弹电（1941 年 12 月 29 日）》，《宋子文驻美时期电报选（1940—1943）》，复旦大学出版社2008 年版，第 114 页。

④ 《蒋介石日记》（手稿本），1942 年 2 月 6 日。

> 极防备，英人之沉着乎？抑不敏乎？吾实无以名之矣。[①]
>
> 侯腾参谋长由仰光来，谈缅甸前线英军情形，甚使人忧虑不置！英军将领缺乏作战经验与精神，乃在殖民地作战惟一之弱点也。尤其是敌人之第五纵队，以及其在社会中之侦探与奸细，潜伏造谣，使民众嫌恶战争与当地政府及其军队，而人民对英国与军队，已无信仰，此乃当然之事。是为最大危机！[②]

孟加拉省省长郝博尔在2月7日的中午，为蒋介石和宋美龄等人设宴洗尘，郝博尔认为，“自太平洋战事发生以来，中国与印度的关系更形密切。因加尔各答成为远东空运及海运的中心……所以我认为印度政府在此间设一联络机关，实在很有必要”。蒋介石希望“对于中国物资经加尔各答运华者，予以全力的帮助”。[③] 双方的会晤因保密得宜，蒋介石夫妇访印的讯息仍未见诸报端。不过卡尔则在加城接受路透社（Reuters）记者的访问，卡尔表示“印度人民应积极与印度国防当局合作”，高度推崇“重庆市民遭受惨重轰炸已历三年之久，但毫无怨言”，对于战局抱持乐观看法，认为“滇缅路如遭封锁，中国抗战力量自受影响，但中国必将继续抗战，中国深信同盟国必获最后胜利，将来中国于和议席上，自当与其他盟国立于平等地位”。并以幽默口吻谈称：“日本在远东之胜利，实如黄蜂之螫巨象。象虽一时感到不适，但如挥动其尾鼻，则黄蜂之噩运至矣。”[④]

蒋介石与宋美龄于2月8日午前，前往加尔各答火车站，搭乘印度总督的专列，挥别送行的加城官员，西行前往新德里，郝博尔省长并细心地派副官及侍役随车侍候，一切招待准备均甚周到，

---

① 《蒋介石日记》（手稿本），1942年2月7日。

② 《蒋介石日记》（手稿本），1942年2月8日。

③ 《蒋委员长在加尔各答会见印度孟加拉省长赫白脱爵士商讨关于在加尔各答设立一对华联络机关及如何使印度国民参加共同反抗侵略等问题谈话纪录》，载秦孝仪主编：《战时外交（三）》，第331—334页。

④ 《敌决难侵印卡尔大使过印谈话》，《大公报》（重庆）1942年2月9日。

让访印成员有一舒适的旅程。①

第二节　争取英印反侵略

当蒋介石和宋美龄一行从加尔各答转往新德里时，由于英印方面在火车站公开欢迎，路透社等各大通讯社，陆续由新德里发出电稿，中央社也拟专电准备转发“蒋委员长偕夫人及随员九日抵此。据公报称：蒋委员长将在此勾留数日，为印督之上宾……”和“魏菲尔亦抵印”等讯息。②然而为了遵守先前对访印行程保密的承诺，中央宣传部继续扣发中央社和各外电的讯息，重庆的各报刊并未立即报道蒋介石与宋美龄访印的新闻，而中国的绝大多数军民，也尚不知道蒋介石伉俪等人莅印的消息。

一、英印的公开接待

1942 年 2 月 9 日清晨，印度总督派员在往新德里的途中，送交行程表和欢迎辞稿给蒋介石和宋美龄参考。蒋介石伉俪随即指示王宠惠与董显光，在车上草拟出席欢迎会时的答辞文稿。③当蒋介石夫妇一行于下午 1 时 40 分抵达新德里车站时，发现印度政府从火车站台到站外，铺妥大红地毡，并由新任印度军总司令哈提勒（Alan F. Hartley，1882—1954）将军及印度总督府高级官员多人，在车站公开欢迎。英印一改先前保密的做法，使得蒋介石和宋美龄等人抵达新德里访问的新闻，因而被各大通讯社和印度的媒体竞相披露。④《民国日报》在报道中，描述当时媒体的盛况：

---

① 《研究资料（三）》，台北“国史馆”藏，《蒋中正“总统”文物》，入藏登录号：002000001381A，典藏号：002-080115-00006-002。

② 《蒋委员长抵印度》《魏菲尔亦抵印》，《大公报》（重庆）1942 年 2 月 13 日。

③ 《研究资料（三）》，台北“国史馆”藏，《蒋中正“总统”文物》，入藏登录号：002000001381A，典藏号：002-080115-00006-002。

④ 《研究资料（三）》，台北“国史馆”藏，《蒋中正“总统”文物》，入藏登录号：002000001381A，典藏号：002-080115-00006-002。

> “中国领袖访印”的新闻，由新德里的通讯社，首先传遍了全印度，广播到全世界去。新德里的报纸，更标着大号特号的欢迎词句，印度各省的报上，不论是身图文，乌图文，古什拉得文，旁遮普文……都一致的欢迎着我国委员长夫妇的莅印。[①]

蒋介石在2月9日下午3时率员拜会印度总督林里资哥，双方致意后，由印督夫妇邀请参观总督府花园和参加欢迎茶会。宋美龄由身材高大的印督陪同参观，两人直接以英语谈话，高雅的印督夫人则陪同蒋介石，由董显光协助翻译，众人漫步官邸花园，欣赏由奇花异草所布置而成的英式园林，各媒体记者也趁机纷纷拍照、录像。[②] 稍后印督在欢迎茶会中，郑重地以英皇的名义，欢迎蒋介石与宋美龄的到访，并强调印度“一定尽我们最大的能力与中国合作，与中国给我们的援助相平衡”[③]。

次日蒋介石与宋美龄抵印的新闻在伦敦通过广播，而广为周知，留守重庆的中央宣传部部长王世杰和侍二处主任陈布雷连忙向蒋介石请示，对于路透社等消息来源，“此间扣不发表，但国外既已传播，则在钧座未回前，如有续到之国外消息，应否概予检扣”[④]？王世杰认为，英、印已正式发表蒋介石访印的消息，似乎没有必要继续再封锁相关报道。唯在未获蒋介石亲允前，宣传部只好一方面持续控制重庆的媒体不得报道访印消息，另一方面对于英方在东南亚接连的败退，王世杰认为“大公报及其他一二报近来间有过分之言论”，而为了在蒋介石和宋美龄访印期间，营造盟国间友好的气氛，王世杰于10日下午招待中国各报记者，告以

① 古齐寿：《委座访印二周间》，《民国日报》1942年4月17日，中国国民党党史馆藏，一般档案：120/27。

② 《蒋委员长访问印度专号》，《中央日报》（重庆）1942年3月2日，图画特刊，中国国民党党史馆藏，一般档案：528/5。

③ 《印度总督林里资哥在新德里欢迎蒋委员长夫妇讲词》，载秦孝仪主编：《战时外交（三）》，第334—335页。

④ 《访问印度》，台北“国史馆”藏，《蒋中正“总统”文物》，入藏登录号：002000002113A，典藏号：002-090105-00005-038。

1942年2月10日，宋美龄访问印度与总督林里资哥等人合影（《蒋中正“总统”文物》，台北“国史馆”藏，典藏号：002-050101-00004-190）

“各报对于英美等同盟国应取之态度；即消极的应避免登载损伤友感之言论及有利于敌人之消息，积极的应不断助长友感之增进”。王世杰希望“各报勿因新加坡缅甸等处英军之失利，而向盟邦为过分之评责”。①

蒋介石和宋美龄在新德里除了与印督进行正式的会晤之外，同时也希望能与甘地、尼赫鲁等人见面，但英印方面基于诸多考虑，对于蒋介石夫妇与印度意见领袖的会面方式，始终有所坚持。2月10日上午9时半，卡尔即拜会蒋介石与宋美龄夫妇，赶在印督造访前“转达其总督之意，请余不必亲往华达访甘地，不如约甘地来此相晤，又不愿余先见尼赫鲁，以为阶级与英国体面有关也”②。稍后当尼赫鲁抵新德里时，宋美龄仍先往接晤，不过英印颇坚持立场，当蒋介石伉俪与印督夫妇晤谈时，印督仍请“勿先

① 王世杰：《王世杰日记》（手稿本）第3册，第245页。

② 蒋介石当时曾表示“余满望亲访甘地先生，从中斡旋，为印人与英国合作，乃卡尔大使转达其总督之意，阻余往访；又不愿余先见尼赫鲁先生，不得已乃属吾妻，代余先与尼赫鲁先生相见，心殊歉仄”。《爱记初稿（三）》，1942年2月10日记事，台北“国史馆”藏，《蒋中正“总统”文物》，入藏登录号：002000000757A，典藏号：002-060200-00018-001。

见尼赫鲁”，而宋美龄则据理力争，“告以必须先见之理”①，彼此均颇坚持。因此到了下午3时30分，当蒋介石率领王宠惠、董显光及张道藩赴总督府与印督晤谈时，宋美龄则留在行辕陪同尼赫鲁谈话，晚间才偕同蒋介石出席印督准备的宴会。② 虽然主客双方对访晤甘地的细节，意见仍未一致，不过是日下午，双方就印度的政治问题、甘地对作战的态度、派系种族内争与未来制度等，进行了广泛的交谈。印督建议蒋介石，“于接见尼赫鲁之后，并接见其他各党的领袖”。蒋介石则表明此行目的有二：“一欲知印度的作战力量；二欲知印度是否上下一心，军民合作，也就是它的政治情形究竟怎么样？”并希望英印政府能致力于“使印人愿意作战而不为敌人所利用”。③

印督对于蒋介石夫妇与甘地的会面方式颇坚持己见，2月11日又请卡尔拜晤蒋介石和宋美龄，再次转达“其总督之意，请求余不往孟买见甘地先生，且欲余召甘地来新德里会晤，否则使甘地与总督地位平等，殊失英督体面，果尔则英督地位难保，以伦敦政府，必予以处分也”。蒋介石对于印督的说法感到不悦，其回应道：“余未来此以前，英印政府皆允余往访甘地与尼赫鲁先生之住地，否则，余必不可来，奈何总督此次不允我访甘，而且不允余在孟买与甘相见，岂非欺余乎？”④ 而英方更在12日由丘吉尔出面电劝蒋介石夫妇不要到华达亲访甘地，蒋介石内心不禁觉得“英人之狭小，殊可怪也”⑤！不过尽管中印双方在晤见甘地的问题上仍存在歧义，但印督在公开场合仍是对客人推崇备至，特别是

---

① 《困勉记初稿（七）》，1942年2月10日记事，台北“国史馆”藏，《蒋中正“总统”文物》，入藏登录号：002000000746A，典藏号：002-060200-00007-004。

② 《研究资料（三）》，台北“国史馆”藏，《蒋中正“总统”文物》，入藏登录号：002000001381A，典藏号：002-080115-00006-002。

③ 《蒋委员长在新德里会见印度总督林里资哥讨论关于印度政情及如何使印度上下一心一致抗战等问题谈话纪录》，载秦孝仪主编：《战时外交（三）》，第351—358页。

④ 《蒋介石日记》（手稿本），1942年2月11日。

⑤ 《困勉记初稿（七）》，1942年2月12日记事，台北“国史馆”藏，《蒋中正“总统”文物》，入藏登录号：002000000746A，典藏号：002-060200-00007-004。

就宋美龄替中国宣扬坚决抗战的部分，林里资哥表示“蒋夫人非仅足使中国之正大立场大白于世界，即全世界其他各国亦多因而知所启发与激励，印度尤非例外”①。

由于重庆对媒体的管制，当国外媒体竞相报道蒋介石与宋美龄等人抵新德里访问的消息时，重庆的媒体仍未披露任何相关讯息。陈布雷因无蒋介石的复电指示，赶忙又在2月12日急电新德里，向蒋介石报告：

> 顷路透社由德里拍至中央社两电，报告钧座到达情形，注明至十日始可发表；同时伦敦报纸已有详细登载，海通瑞京电、同盟葡京电亦已传播。雪艇意拟将路透电酌予采登，可否？请示。②

蒋介石随即电示，“在印消息已电王部长准在国内发表矣”③。重庆方面因而放宽媒体报道蒋介石夫妇访印的新闻，各报也纷纷以头条、显著的标题或大篇幅来报道蒋介石与宋美龄抵印访问的消息。

二、出席全印妇女大会

宋美龄与蒋介石在新德里期间，密集地接晤印度各方要人。蒋介石于2月11日上午先应印度政府之请，在印度军总司令哈提勒及参谋长等人的陪同下检阅印度军队。下午，又接见印度各地土王及尼赫鲁与印度国民大会党主席阿柴德（Abul K. Azad，1888—1958），蒋介石在宋美龄的陪同下，与尼、阿二人晤谈了近

---

① 《印督欢迎词盛赞我战绩蒋委员长答词合作抗敌》，《大公报》（重庆）1942年2月13日。

② 《访问印度》，台北“国史馆”藏，《蒋中正“总统”文物》，入藏登录号：002000002113A，典藏号：002-090105-00005-042。

③ 《访问印度》，台北“国史馆”藏，《蒋中正“总统”文物》，入藏登录号：002000002113A，典藏号：002-090105-00005-043。

两小时。[①] 阿柴德表示“英国的态度，使印度国民无法参加努力作战”，唯“英国给我们以独立，我们就可协助战争”。蒋介石则以中国革命为例，建议印度采渐进的政治改革。双方又针对“自治领”的问题交换意见，宋美龄问道：“假使英国给印度以自治领地位，先生等的反应如何?”而“假使英政府有良好的响应，则整个国民大会的态度怎样”? 尼、阿两人均表示，如英方能真正交付实权，则国民大会必加考虑。[②]

随着双方的谈话进入尾声，宋美龄向尼赫鲁提起访晤甘地之事，表示“委员长很希望能赴华达见甘地先生，就是到孟买和他相见亦可，请先生将此事转告甘地先生。委员长因为甘地先生年事已高，不愿劳其长途跋涉，到这里来相见”。但因约会仍有困难，而未能敲定晤见甘地的行程，让蒋介石与宋美龄均十分失望。[③] 是日傍晚，新德里市民在旧德里甘地广场举行民众大会欢迎尼赫鲁，尼氏和其妹，即全印妇女会主席潘第提夫人（Vijaya L. Pandit，1900—1990）均到场。尼赫鲁以印度语讲演约 1 小时，高度颂扬蒋介石的人格及抗战建国功勋，并对宋美龄的美德才干推崇备至。[④]

蒋介石在 2 月 12 日上午又连续接见印度的土邦王公、政要和尼泊尔王子等[⑤]，下午 3 时，尼赫鲁兄妹和女儿英迪拉（Indira

---

① 《爱记初稿（三）》，台北“国史馆”藏，《蒋中正“总统”文物》，入藏登录号：002000000757A，典藏号：002-060200-00018-001。

② 《蒋委员长在新德里接见印度国民大会主席阿柴德暨执行委员尼赫鲁讨论如何使印度获得自由等问题谈话纪录》，载秦孝仪主编：《战时外交（三）》，第 361—362 页。

③ 《蒋委员长在新德里接见印度国民大会主席阿柴德暨执行委员尼赫鲁讨论如何使印度获得自由等问题谈话纪录》，载秦孝仪主编：《战时外交（三）》，第 364 页。

④ 参见《研究资料（三）》，台北“国史馆”藏，《蒋中正“总统”文物》，入藏登录号：002000001381A，典藏号：002-080115-00006-002。

⑤ 是日与蒋介石会晤的包括土邦王公何克尔（Maharaja Holkar of Indore）、印度国防部部长拉乌（E. Raphavendra Rao）、供应部部长摩提（Homy Mody）、尼泊尔王子巴哈度将军（Lieut. Gen. Shamsher Bahadur Rana）、印度工务部部长诺翁（Feroz Khan Noon）、印度交通部部长克罗（Andrew Gourlay Clow）及印度教育农林卫生部部长沙克尔（Nalini Ranjan Sarkar）等人。参见《研究资料（三）》，台北“国史馆”藏，《蒋中正“总统”文物》，入藏登录号：002000001381A，典藏号：002-080115-00006-002。

1942 年 2 月，宋美龄访问印度与尼赫鲁合影（《蒋中正“总统”文物》，台北“国史馆”藏，典藏号：002-050103-00007-005）

Nehru）拜会蒋介石与宋美龄，在美国一电影公司录像后，旋由潘第提夫人与英迪拉陪同宋美龄前往新德里欧文女子大学（Lady Irwin College of Women），出席欢迎大会。潘第提夫人先代表印度妇女，致辞欢迎宋美龄，并表示“吾人知战争已临吾人之门前，吾人愿作战，但必须有所为而战。倘吾人为自由而战，则必须先有作战所为之自由。吾人自然对中国妇女为自由及复兴其国家所作之奋斗，有极深刻之关切，此为对于吾人之鼓励”。宋美龄继之以英语向全印妇女会各地代表及妇女界领袖约数百人，“呼吁印人认清日本军阀狰狞面目，与中国人民为反侵略而密切合作”。[①] 并介绍中国妇女在战时成立的组织与活动，尤其是“‘新生活运动’妇女指导委员会正从事救护伤兵与救济难童等工作。余敢言中国妇女所作者，可谓具有相当价值之工作。余亟愿闻印度姊妹们之

① 《领导对日抗战——访问印度编案纪要初稿》，台北“国史馆”藏，《蒋中正“总统”文物》，入藏登录号：002000002153A，典藏号：002-090199-00013-001。《研究资料（三）》，台北“国史馆”藏，《蒋中正“总统”文物》，入藏登录号：002000001381A，典藏号：002-080115-00006-002。

工作，俾资借镜”[①]。宋美龄希望将中国的经验提供给印度妇女界参考，并激发印度妇女同仇敌忾的精神。

三、强化中印妇女关系

蒋介石与宋美龄在新德里的官式拜访告一段落之后，分别离开了新德里。2月13日，蒋介石飞赴印度西北边省视察边防及军队，宋美龄则在潘第提夫人、陈希曾和陈纯廉等人的陪同下，前往泰姬玛哈陵参观。蒋介石到白沙瓦（Peshāwar，旧名 Purushapura），“视察印阿（阿富汗）边境之开伯尔山隘要塞，并向夙［素］以骁勇著称之阿夫里地族致辞，希望开伯尔之弟兄将来与中国及中国之同盟国英国携手”[②]。蒋介石对于印边各族的欢迎，颇感亲切，特别是“阿富立提等族开欢迎会迎余，到会皆酋长，约百余人，牵羊欢迎，余摸羊头致谢，此乃其习俗也”。蒋介石认为该区民众，“三十年以前，皆为我之国民，大部以不丹、锡金人为多也，故余不禁称之为同胞！”对于此次到印边访问，蒋介石“引为惟一之快事也”！[③] 次日上午10时30分，蒋介石抵旁遮普省的首府拉合尔，访晤省长格兰赛爵士（Bertram Glancey）等人，并在下午5时飞返新德里。[④]

宋美龄则在游览名胜归来后，于2月14日下午接见由尼赫鲁陪伴前来的印度妇女界领袖暨女诗人奈杜夫人（Sarojini Naidu，1879—1949），双方晤谈将近1小时，因适逢奈杜夫人生日，宋美龄特地致赠中国绸绣两件作为纪念。[⑤] 稍后，宋美龄参加了印度妇女会发起的欢迎大会，包括全印度妇女协会的会长潘第提夫人、

---

① 《印度热烈欢迎蒋委员长》，《大公报》（重庆）1942年2月14日。

② 白沙瓦在今巴基斯坦境内，开伯尔山隘为巴基斯坦往来阿富汗的要道。《蒋委员长视察印阿边境》，《大公报》（重庆）1942年2月15日。

③ 《蒋介石日记》（手稿本），1942年2月13日。

④ 拉合尔位于现今巴基斯坦境内。参见《研究资料（三）》，台北“国史馆”藏，《蒋中正“总统”文物》，入藏登录号：0020000131A，典藏号：002-080115-00006-002。

⑤ 重庆部分报刊将奈杜夫人译成桑杜夫人，参见《大公报》（重庆）1942年2月16日。

文学家奈杜夫人、豪爽豁达的那华士夫人和俾桑德夫人等印度妇女界中最活跃的分子，共同举办了此次盛会。宋美龄在热烈的掌声中，以悠婉的语音，致辞表示：

> 战争已临诸君之门前矣。当余经加尔各答来新德里时，获睹贵国美丽山河及肥沃土地，余即默祝贵国万勿遭受中国所遭受之苦难……
>
> 日军待遇中国之儿童又如何？日军搜捕中国儿童，后为日军输血，并以船运回日本，施以奴化教育，俾其成为出卖祖国之奸贼。吾人曾捕获许多充敌探之中国儿童，彼等均谓：曾被日人训谏从事反对吾人之工作。日军占领东北后，即在一九三二年，数千中国儿童被日军掳去，受反对其祖国之特别训练。当日军占据吾人城市时，彼等不仅大肆掠夺，并戕害人民之性灵，彼且千方百计摧残人民身体与精神。凡被日本雇充劳工之人，均以鸦片为其工资之一部。中国今日已为民主国家之盟友，吾人与敌奋斗时，大都以血肉之躯用劣势武器对付之，并于撤退之前，凡足以资敌之贵重物资与建设均予破坏。新中国之精神，即“我为人人，人人为我”。患难使吾人团结，吾人之努力必获胜利。①

宋美龄娓娓地陈述日军在中国的暴行，惕厉印度妇女，让在座的印度妇女都热泪盈眶，使听众在悲悯战争受害者的同时，激起反抗战争暴力的义愤与共鸣。是日印度学生联合会向宋美龄呈送锦旗一面，“旗上绣有全印学生联合会敬赠勇敢之中国学生等字样”，希望宋美龄转送给中国的学生团体，表达印度学生对中国学生在抗战中艰苦学习的敬意。②

---

① 《蒋夫人演说》，《大公报》（重庆）1942 年 2 月 16 日；古齐寿：《委座访印二周间》，《民国日报》1942 年 4 月 17 日，中国国民党党史馆藏，一般档案：120/27。

② 《大公报》（重庆）1942 年 2 月 15 日。

在2月14日深夜，蒋介石与宋美龄接到尼赫鲁转来甘地的函电各一件，甘地表示：

> 阁下在印度期间，既不能在此间相见，余原拟不论在任何地点，趋前访谒，惟自尼赫鲁先生处得悉，此事亦不能，余只能以与阁下神交为满足矣……阁下暨夫人访问印度，对于吾人为非常重大之事，其重大性质实有历史之意义，吾人心中实充满欢迎之意，惟未能尽量利用阁下光临之机会，代表我国民大会及印度人民表达此种悃忱，且亦未能在此数日以内使阁下观察真正的印度，此为衷心所歉憾者也，盖不幸环境对于吾人过度强酷之故……①

甘地的信函让蒋介石“读之悲怆，不能成眠，更觉亡国者失却自由之苦痛也！乃决心与之谋面”②。蒋介石和宋美龄对于访印多日，尚未能顺利晤见甘地，颇觉失落，蒋介石并自省道：“此次来印事前对于印度近情未能观察详密，仅凭英国之宣传，以为印英间对于抗战真趋一致也。又因准备欠周，与印督及尼赫鲁等缺少联系，遂致误会丛生，然此亦使余获得重大之教训也。”蒋介石认为“到新德里后，对于政治之进行，未能尽如我所期”，而在与印督的交谈过程中，蒋介石亦觉得“谈话似乎太直率，若能先倾听其报告而不加断语，表示初到印度不识政情，不能提出具体意见之态度以对之，则英方或不致如此惶惑矣”。③

在蒋介石与宋美龄分访印度各地的同时，随行的宣传部副部

---

① 《印度国民大会执行委员尼赫鲁自新德里上蒋委员长转陈甘地先生之电文及书函并说明能与委员长相见及商谈中、印两国之各种重要事项深为荣幸函（译文）》，载秦孝仪主编：《战时外交（三）》，第387—388页。

② 《蒋介石日记》（手稿本），1942年2月15日。

③ 《事略稿本——民国三十一年二月》，1942年2月14日本星期反省录，台北“国史馆”藏，《蒋中正“总统”文物》，入藏登录号：002000000641A，典藏号：002-060100-00161-014。

长董显光负责与印度情报部进行中印新闻和情报合作的磋商，也有了具体的成果，董显光在记者会中谈称：

> 曾与情报部举行谈话，讨论中印两国传递新闻采用更迅速妥善方法之可能性。彼将于最近派遣两代表至印度，一为叶公超，驻新德里，一为骆传华，驻加尔各答。彼要求印度对彼等促进“共同目标”之工作中，予以一切可能之援助。①

蒋介石与宋美龄所率领的访印团队，在印度积极地交涉，将双方关注的议题，从敏感的印人政治地位、军事合作、情报交换、交通运输到经贸往来等，无不努力获致共识，建立起盟国间的实质合作与团结形象。

四、英方赠勋蒋介石

蒋介石与宋美龄在分别参观完边境要塞和古迹名胜，回到新德里之后，因为甘地的来函而大受感动，加上访期已过大半，两人更加期待能和甘地一晤。所以在 2 月 15 日早晨，蒋介石再与卡尔会晤，双方先谈及中国密码泄密、中缅和中印互派代表、共同对敌宣传、留印海员、告别印度民众书等问题，蒋介石强调：

> 我此次到印度来，希望印度能参加我们共同的作战而努力抵抗敌人到最后的胜利。我以英国朋友的资格到这里来，意欲减少英国的困难，使印度国民能拥护英国抵抗侵略的政策……我并不预备作何具体的主张，我的意见也仅限于告诉英国官方，并不预备向印度人提及……
>
> 我此行目的，希望能感召印度国民不反对英国而支持战争。关于此事，我的告别印度民众书，力量或者不

① 《蒋委员长覆美总统中国军民感谢美国援助》，《大公报》（重庆）1942 年 2 月 16 日。

如我日常与印度领袖的谈话……[①]

蒋介石以盟友的身份表示将力劝印人支持英国，最后又将话语带到与甘地会晤一事，蒋介石继谓：

倘能与甘地相见，或许能有很好的结果。我拟于国际大学与之相见，我是该校的名誉校长，我想在那里与他谈谈，如果觉得谈话很顺利，我预备在那里耽搁一天或两天。倘使我不与之相见，对于我帮助英国的目的，或者有不利的影响。[②]

为了确定甘地是否能前来会面，蒋介石旋即于下午约见尼赫鲁，告以“余必须与甘地先生面晤，使彼此得以慰藉平生，亦不虚我此行；又告以印度现下革命应取之策略，应渐进，而不宜过于极端也”。到了晚间，尼赫鲁回复：“甘地复电，改于加尔各答相会，以其友人之丧，须于二十日以前赶回家乡，故不能往国际大学相见云云。”[③] 蒋介石伉俪与甘地的会晤，至此总算有了眉目。

随着蒋介石与宋美龄在新德里的访问即将结束，印度总督林里资哥夫妇在2月15日下午6时，特别为蒋介石夫妇和随行人员准备盛大的欢送茶会与晚宴。双方在寒暄后，印督请蒋介石和宋美龄夫妇登台，主客在台上入座后，印督站起宣布英皇以“那埃脱大十字勋章”致赠蒋介石，借以表彰英国与英国人民对于蒋介石“领导中国抗战以获光荣成功，及对于同盟国伟大贡献之敬

---

① 《蒋委员长在新德里接见英国驻华大使卡尔商谈关于如何改进中国密电及组织中、英、美联合对敌宣传机构与如何感召印度国民帮助政府抵抗侵略等问题谈话纪录》，载秦孝仪主编：《战时外交（三）》，第392—393页。

② 《蒋委员长在新德里接见英国驻华大使卡尔商谈关于如何改进中国密电及组织中、英、美联合对敌宣传机构与如何感召印度国民帮助政府抵抗侵略等问题谈话纪录》，载秦孝仪主编：《战时外交（三）》，第393页。

③ 《领导对日抗战——访问印度编案纪要初稿》，台北“国史馆”藏，《蒋中正“总统”文物》，入藏登录号：002000002153A，典藏号：002-090199-00013-001。

意”，宋美龄在场关注着赠勋仪式而与有荣焉。在赠勋茶会后，蒋介石伉俪和团员又参加印督准备的饯行晚宴，是晚与宴者约七八十人，会后印督夫妇致送随行人员纪念礼品，宴毕回寓时已近半夜。[①] 次日蒋介石为了联系防务布置情形，在乘车返加尔各答前，又偕商震往访印军总司令哈提勒。不过，蒋介石对于印度军方的准备，颇为担忧，在日记中忆道：

> 访哈特雷总司令，告以印度目前应取之军略与要点。特别注重锡兰岛防务，与其东北及西北之防务，观彼无甚决心，闻余言，乃使彼得以决定处置也。机关与精神，皆未见其有战时状态也，可虑殊甚！[②]

2月16日中午，蒋介石与宋美龄一行告别了新德里，在返回加尔各答的火车上，蒋介石希望了解媒体的报道情形，但阅报后却发现：“尼先生对报界所发之谈话，对中国亦不留一点余地，以余在印之时，彼乃反乘机宣传，反对其政府，作极端之态势，殊出意料之外也。”[③] 对于尼赫鲁利用蒋介石的访印，向英印政府提出更多要求，以及甘地持续反对英印政府的态度，皆不符蒋介石此行力求英、印能团结一致对日的主张，蒋介石心中对甘、尼两人的政治要求，并不完全认同，因而希望能进一步说服甘、尼等人，要以大局为重。

蒋介石在新德里受勋，对抗战中的中国而言，确是一大鼓舞。重庆的媒体均加以报道，《大公报》在18日的报纸中，甚至表示：

> 英王赠蒋委员长以最荣誉之K. C. B. 勋位，均足证英方已充分承认中国在太平洋战略中立于主要之地位，及

---

① 《研究资料（三）》，台北“国史馆”藏，《蒋中正“总统”文物》，入藏登录号：0020000001381A，典藏号：002-080115-00006-002；秦孝仪主编：《战时外交（三）》，第396页。

② 哈特雷即哈提勒，《蒋介石日记》（手稿本），1942年2月16日。

③ 《蒋介石日记》（手稿本），1942年2月16日。

> 蒋委员长为此世界战争中之领袖，与丘吉尔、罗斯福、斯大林立于同等之地位。①

蒋介石与宋美龄的访印行程，在蒋介石获得赠勋后，各方皆认为这是加强盟国合作与提升中国国际地位的一大突破，宋美龄的居间协助，陪同蒋介石与英、印各界交涉，并亲自出席多场演讲，对增进印人和国际人士对中国的了解，产生了莫大的帮助。

第三节　归访甘地与临别播讲

蒋介石和宋美龄一行人拜别新德里后，经过了一夜的火车之旅，又回到了加尔各答。蒋介石夫妇在这访印的最后一段行程中，终于得以晤见甘地，国际媒体纷纷见证了这历史性的一刻，双方晤谈长达五个钟头之久，甘地也将他的“武器”——纺织机，送给了宋美龄带回中国。

一、访晤甘地亲身传译

蒋介石与宋美龄此次访印，一直希望能早日拜访甘地，但英印方面并不希望双方的会面成为焦点，在蒋介石夫妇赴新德里访问期间，甚至通过卡尔转达，不希望蒋介石和宋美龄亲赴甘地住处访问，以免造成印督的困扰。1942 年 2 月 11 日，卡尔即致函宋美龄表示：

> 夫人与委员长已有时机注意总督之为人，余亦犹然。

---

① 依据《大公报》的报道：“英王赠与蒋委员长之 K. C. B.（Knight Commander of the Bath）荣誉勋位，查系英王及王族所结之社，延纳其有特殊功绩勋誉之士。1725 年由英王乔治一世创立，最初膺选获此等勋位者，仅限于军人，惟自 1847 年起，文人亦可膺选。计分三级，首级为 Knight Grand Cross，仅限于各国元首及皇族；二级即为 K. C. B.，三级为 Knight Commander of the Companion。其勋章上均有十字架及四狮，玫瑰花，蓟草与酢浆草（爱尔兰国花）等花纹云。”《英王赠勋蒋委员长》，《大公报》（重庆）1942 年 2 月 18 日。

> 倘尊见与余不同，则余至感讶异。盖余深知总督为一良好而忠诚之人，彼已面临一极端困难之环境，在此困难环境中，彼已尽其最善之努力，以谋求人类之痛苦减至最低之限度。
>
> 余意夫人、委员长与余同以来宾与仅为观察者之身份，对于可能被认为干涉印度之政治，甚至予彼以遥远之妨碍者，均不宜有所作为，余信夫人与委员长必为至善之抉择也。①

卡尔在信中已表明不希望蒋介石和宋美龄“干涉印度之政治”，而英国首相丘吉尔随后亦致函蒋介石：

> 此间内阁同僚均以为阁下提议在华尔达访问甘地先生之举，可能会影响我们集中全印度力量以对抗日本的努力，此举或会无意中加重地方上的歧见。而在此时，则全国团结实属必要，余谨恳求阁下体谅此点，勿坚持与印度总督愿望相违之主张……②

由于拜访甘地的安排，“受到自总督林利思戈爵士以下的英国当局的强烈反对，以致局面一度很尴尬”。但因蒋介石坚持一定要与甘地会面，“英国人则对邻邦这样一位杰出的抗战领袖偏偏要去访问触犯当地法令而被投入监狱的印度革命领袖，感到难堪和不好办”。这使得蒋介石夫妇的访问几成僵局，所幸最后印督让步，“提出把甘地由狱中解至加尔各答，以便委员长个人与他会见，这

---

① 《革命文献——同盟国联合作战：蒋委员长访印（一）》，台北“国史馆”藏，《蒋中正“总统”文物》，入藏登录号：002000000375A，典藏号：002-020300-00021-011。

② 《革命文献——同盟国联合作战：蒋委员长访印（一）》，台北“国史馆”藏，《蒋中正“总统”文物》，入藏登录号：002000000375A，典藏号：002-020300-00021-015。

才解决了问题”。[1] 故当蒋介石与宋美龄一返回加尔各答，随即进行约晤甘地的安排。

蒋介石与宋美龄在2月初到加尔各答时，英印方面为了保密起见，并无公开接待仪式，不过当蒋介石夫妇搭乘的专列在2月17日下午1时返抵加城时，车站站台铺设红毡，由孟加拉省省长郝博尔率同高级官员多人到站隆重欢迎，在前往行辕的道路旁也有不少民众伫立静待，希望一瞻蒋介石伉俪的风采。[2] 而蒋介石与宋美龄在返回城北行辕未久，即接到中国驻加尔各答总领事保君建报告，“尼赫鲁先生已先抵加城，并留有住址，以便约见”。蒋介石因要接见回教同盟主席真纳（Muhammad A. Jinnah，1876—1948）[3]，而指派张道藩与保君建往访尼赫鲁，以讨论蒋介石伉俪与甘地晤面的细节。双方商讨后拟定在甘地友人比拉（Birla）的住宅进行会面。尼赫鲁随后与张道藩等人同返行辕，并和蒋介石夫妇晤谈，蒋介石提出他对印度争取独立的观点：

> 印度革命的成功，我看不过是时间的问题，革命成功当然早一步好一步，早一天好一天，但在民众力量没有切实培养成功之前，就不易做到。此刻练军一事，一时办不到。但发展国内教育与争取国际同情两点，大可做到很好的准备……我的结论认为印度用政治的策略来争取革命目的是对的，甘地先生用非暴力与不合作的手

---

① 顾维钧表示此为王宠惠向其转述，参见顾维钧：《顾维钧回忆录》第5分册，第23—24页。林利思戈即林里资哥。

② 参见《研究资料（三）》，台北“国史馆”藏，《蒋中正“总统”文物》，入藏登录号：002000001381A，典藏号：002-080115-00006-002。

③ 印回领袖真纳在和蒋介石晤谈后，接受路透社访问时表示：“蒋委员长以诚恳之态度，请余赴中国观光，并谓，必能随时受中国人士之欢迎。蒋委员长对余表示，彼此行并非参与解决印度之政治问题，盖彼对此毫无研究也。彼自称愿以学习者之地位，以研究并明了印度之政治情形。”《大公报》（重庆）1942年2月19日。从《大公报》的报道内容来看，蒋、真两人的晤谈应甚融洽，惟蒋介石事实上对其并无好感，甚至批评：“此人言行实为下等无赖之流，殊堪嫌憎……英人利用之人乃如此者，更可证明英人所宣传印度教与回教不能一致之非事实。”《蒋介石日记》（手稿本），1942年2月17日。

段对付英国人，也是对的。然而这种办法对付英国人则可，若在日本人的统治之下而用这种革命方式，决没有成功的希望。在这样交通发达的情况之下，日本人绝不会给你们任何活动的机会。①

在宋美龄的陪同下，蒋介石又“劝尼争取国际同情，俾将来能在和会席上取得参加资格，如印度长此采取不合作主义，不参加此次反侵略战争，则将失去盟国同情，对印实为不利”。不过尼赫鲁“仍坚持不合作主义为印度革命之唯一有效力量”，双方长谈至午夜，尼赫鲁因而留宿于行辕。②

除了促使尼赫鲁支持抗日、安排访晤甘地外，蒋介石考虑访印归期将届，指示随行的宣传部副部长董显光电告在重庆侍从室的陈布雷，转请宣传部部长王世杰要中央社准备发布中印运输合作的消息：

蒋委员长以此次访问印度与各方面谈话结果均极满意，而中印运输问题，即我国物资经由印度港口直接运入国内商谈，已有具体办法，运输量每日可自三千吨至五千吨之货物，较过去取道滇缅路者大为增加，故仰光港口决定布雷业已封锁不用。③

蒋介石希望能将此次访印的具体成果，在返国前能见诸报道，让国内的民众了解政府已在印度取得联外的运输通道，可替代陷于日军威胁的滇缅路和仰光，以鼓舞军民的士气。

---

① 《蒋委员长在加尔各答接见印度国民大会执行委员尼赫鲁告以印度不宜进行武力革命之原因及当前之正确做法谈话纪录》，载秦孝仪主编：《战时外交（三）》，第406—407页。

② 《领导对日抗战——访问印度编案纪要初稿》，台北“国史馆”藏，《蒋中正“总统”文物》，入藏登录号：002000002153A，典藏号：002-090199-00013-001。

③ 《访问印度》，台北“国史馆”藏，《蒋中正“总统”文物》，入藏登录号：002000002113A，典藏号：002-090105-00005-021。

在蒋介石与宋美龄离开新德里之后，印度总督林里资哥也发表声明，肯定蒋介石伉俪的到访，并提议举办“中国日”活动，印督声称：

> 蒋委员长夫妇所将留于吾人脑际者，即为一英勇明智之领袖，与其和霭［蔼］仁慈之夫人。而彼等所携带回国者，则为印度在共同斗争中与中国心心相印之保证。余兹提议以三月二日为“中国日”，俾由各方捐款协助中国之慈善事业。①

1942 年 2 月 18 日，宋美龄拜访甘地（《蒋中正“总统”文物》，台北“国史馆”藏，典藏号：002-050103-00007-002）

在获得印督公开的善意回应后，蒋介石和宋美龄接着慎重准备与甘地的晤谈，希望能说服甘地支持盟国的反侵略。2 月 18 日上午，蒋介石指示张道藩、保君建及谭云山先到车站迎接甘地，蒋介石与

① 《大公报》（重庆）1942 年 2 月 19 日。

宋美龄则在中午往晤甘地，双方谈约一刻钟之后，蒋介石为了让甘地稍事休息，而拟先辞去待下午再谈，不过甘地为了节省时间，同宋美龄商量，希望双方继续叙谈并留用午餐，是日蒋介石与宋美龄遂在比拉先生的家中，享用了地道的印度餐。[①] 午餐后甘地向蒋介石建议："阁下与显贵者，如印督等谈话，当然需要正式的通译官，对我这样的一个老头子谈话，似可不必拘此，尊夫人的英语极为流畅，声音极为悦耳，即烦夫人翻译何如？"对于甘地的提议，宋美龄闻之随即答应，蒋、甘的交谈遂改由宋美龄协助通译。[②]

在宋美龄的居间翻译下，双方对甘地主张的"非暴力主义"交换看法，宋美龄也特别向甘地询问道："先生以为先生的方法已经获得部分的成功，如果时间因素有利，还是完全要这样做下去，是不是这个意思？"甘地回答说："时间的进展，很有利于非暴力的抵抗。"[③] 蒋介石接着问道：

> 先生的非暴力主义，表面似若消极，而实则积极，我对此点，颇能明了。然而这种不合作主义，想在印度现状之下，不得已的一种手段，而不是用以对付世界其他全体人类的，是不是？

甘地则回答：

> 他们措置不当，我就不合作，他们措置得当，我就

---

① 参见《研究资料（三）》，台北"国史馆"藏，《蒋中正"总统"文物》，入藏登录号：002000001381A，典藏号：002-080115-00006-002。

② 《蒋委员长在加尔各答会晤印度教领袖甘地听其申述非暴力主义的起源与理论及其已获之成效后对中、印两国应如何合作以求得独立与自由提供意见谈话纪录》，载秦孝仪主编：《战时外交（三）》，第414页；董显光：《董显光自传》，第184页。

③ 《蒋委员长在加尔各答会晤印度教领袖甘地听其申述非暴力主义的起源与理论及其已获之成效后对中、印两国应如何合作以求得独立与自由提供意见谈话纪录》，载秦孝仪主编：《战时外交（三）》，第415页。

合作。①

由于甘地认为“日人在华暴行，正与英国在印度的暴行相同”，不改反英的立场，蒋介石建议“不必急急地要打倒英国为唯一途径”，否则“如不幸反侵略阵线失败，即印度不参战也要同样失败的，如欲希望于日、德、意手中获得自由，决不可能”。双方深谈至傍晚时分，甘地表示要“把我的武器赠献给夫人”，将其纺纱车置于地上，宋美龄则请其示范纺纱方法，最后因甘地返程的火车时刻将届，才互相辞别。② 在结束了与甘地的会晤之后，蒋介石先行返回行辕，尼赫鲁则邀请宋美龄及张道藩等人赴加城市区观览，并邀至斐尔普斯餐馆晚餐，略尽地主之谊。③ 对于与甘地这场期待已久的会晤，事后却未给蒋介石带来喜悦，甚至表示失望，蒋介石评道：

> 昨日会晤甘地先生后，对其态度不觉失望，此或余热望过度之故，亦未可知，彼受英人统治之苦痛，而演成今日铁石心肠，无论任何革命热忱，亦不能转移其忍心之毫末。余对其观念之综论，彼惟知爱印度，有印度而不知有世界及其他之人类也，可谓忍心极矣！此乃印度哲学与传统精神所造成，只知忍痛也。而毫无热忱，实非革命首领之特性。余乃断信，印度革命之不易成功也。④

---

① 《蒋委员长在加尔各答会晤印度教领袖甘地听其申述非暴力主义的起源与理论及其已获之成效后对中、印两国应如何合作以求得独立与自由提供意见谈话纪录》，载秦孝仪主编：《战时外交（三）》，第416页。

② 《蒋委员长在加尔各答会晤印度教领袖甘地听其申述非暴力主义的起源与理论及其已获之成效后对中、印两国应如何合作以求得独立与自由提供意见谈话纪录》，载秦孝仪主编：《战时外交（三）》，第419—423页。

③ 当日的谈话，除了蒋介石夫妇和甘地外，尚有尼赫鲁。在午餐前由董显光担任翻译，之后则由宋美龄翻译，并由张道藩与甘地秘书德赛（Mahadev Desai，1892—1942）负责记录。参见《研究资料（三）》，台北“国史馆”藏，《蒋中正“总统”文物》，入藏登录号：002000001381A，典藏号：002-080115-00006-002。

④ 《蒋介石日记》（手稿本），1942年2月19日。

1942年2月18日，宋美龄访问印度与甘地合影（《蒋中正“总统”文物》，台北“国史馆”藏，典藏号：002-050103-00007-004）

由于甘地坚定主张对外来的统治采取不合作主义，因此不管是英国既有的殖民或是日本可能的侵略，甘地认为两者间的差异并不大，印人没有必要替英国出力。此让蒋介石无奈地忆道：“其对余之中印共同奋斗，为两国合作求得共同自由之基础一点，竟置而不答……搭其纺机纺棉花矣。”① 蒋介石在返国后，更批评“甘地之虚伪与自私乎？余不敢臆断，而其冷刻与隐忍之性，则甚深也”②。蒋、甘两人的历史性会晤，虽然有宋美龄居中参与交谈及翻译，但因双方对英立场存在着根本的分歧，晤谈的结果并未留给蒋介石良好的印象。

二、造访国际大学

在抗战期间，印度文豪泰戈尔（Rabindranath Tagore，1861—

① 《蒋介石日记》（手稿本），1942年2月18日。

② 《蒋介石日记》（手稿本），1942年2月28日本月反省录。

1941）生前曾多次致函蒋介石与宋美龄，表达支持中国的抗日。蒋介石伉俪利用在印度停留的最后几天，在尼赫鲁的陪同下，于1942年2月19日出发前往圣蒂尼克坛，参观泰戈尔的故居和其所创办的国际大学（Visva-Bharati University）。众人抵达之后，泰戈尔之子亲迎蒋介石夫妇于门外，入内就座后，泰戈尔的外孙女克利泊拉妮夫人（Kripalani）更以传统的迎宾方式，表达对贵宾的崇敬之意。①

是日下午3时，蒋介石和宋美龄夫妇先至泰戈尔灵前致敬，随即赴国际大学参访。宋美龄在出席欢迎会时，对在场学生致辞勉励："君等现有极佳之机会，以领导千万人民入于自由平等之域。"并以"中国无数青年学生虽遭飞机大炮之威胁，仍能跋涉万里，深入内地，继续求学"②，鼓励学生排除万难，勤奋向学。是时负责中国学院的谭云山为蒋介石与宋美龄导览校区，当走访中国学院及图书馆时，蒋介石发现"其书皆为余在南京时送来者也"，该院并举办欢迎茶会，晚间该校艺术学院亦在礼堂表演音乐舞蹈。主人殷勤的招待让蒋介石夫妇大为感动，因而指示捐赠国际大学五万卢比、中国学院三万卢比，以纪念泰戈尔和修缮校舍。③

2月20日上午8时30分，国际大学全体师生齐集图书馆前，举行欢送仪式，蒋介石与宋美龄夫妇一行人在欢送歌声中告别了该校。中午，蒋介石夫妇在返回加尔各答之后，即赴孟加拉省公

① 根据张道藩在《蒋委员长访印纪要》中记载，当日克利泊拉妮夫人"捧一小碟出，碟内盛金色液质及金色竹签若干根，一端缠以棉花少许，浸蘸香水。当以手指恭蘸碟中液质，首向委座及夫人额前两眉间稍高之处作一圆点，即赠以金色竹签一根，继依次及于其他来宾"。《研究资料（三）》，台北"国史馆"藏，《蒋中正"总统"文物》，入藏登录号：002000001381A，典藏号：002-080115-00006-002。

② 《大公报》（重庆）1942年2月21日。

③ 《爱记初稿（三）》，1942年2月19—20日记事，台北"国史馆"藏，《蒋中正"总统"文物》，入藏登录号：002000000757A，典藏号：002-060200-00018-001；《研究资料（三）》，台北"国史馆"藏，《蒋中正"总统"文物》，入藏登录号：002000001381A，典藏号：002-080115-00006-002。蒋介石在参访泰戈尔故居和国际大学后，留下深刻的印象和感慨，其返国后自述："在印参观泰戈尔先生住所及其所办之国际大学，得领略印度一般之风习亦一幸事，惜未能自由视察其平民生活情形为憾耳。"《事略稿本——民国三十一年二月》，1942年2月28日本月反省录，台北"国史馆"藏，《蒋中正"总统"文物》，入藏登录号：002000000641A，典藏号：002-060100-00161-028。

署，参加省长郝博尔伉俪的午宴。由于蒋介石夫妇等人预定在次日返国，是晚蒋介石伉俪与尼赫鲁又交谈至深夜。尼赫鲁表示，印度国民大会内部面临许多困难，包括与甘地之间的意见常有不一致的情形，脱离国民大会的前任主席鲍斯，在国外时常攻讦该党主张等，加以印度是一个被压迫的国家，因而对于中国的抗战，该党只能表示同情而已。[①] 蒋介石则希望，“中印两大民族应把握时机，联合奋斗”，但尼赫鲁认为：“如欲印度国民全力抗敌，必须使印人知道战争为印人自己之事，如此必须成立一个包括各党各派之国民政府，但不愿由印督派人组织。”[②] 尼赫鲁盼望印人能建立一个拥有自主权的政府，然蒋介石深知此时中国尚不足以在国际间作此主张，因而蒋介石建议尼赫鲁不妨在国际关系上着力，并“告以外交政策，尤其对于中国之重要”，唯尼赫鲁“以其内容复杂”一语答之，蒋介石不禁暗自批评其“不重视外交也”。[③] 蒋介石与宋美龄在访印期间，基于过去私人的交情，对尼赫鲁频示善意，甚至由宋美龄亲自接访，对于促进中印关系，可说用心之至。而另一方面，当时随同访印的董显光回忆道：

> 尼赫鲁因为三年前访华，受到我们的亲切招待，特别邀请随从蒋委员长访印人员全体到他家里山坡草坪上吃野餐。一阵寒暄过后，尼赫鲁或者故示不拘礼貌的亲昵，突然脱去上衣，在他的草地上打滚表演。后来我知道，这是尼赫鲁遇到国际要员表示亲昵的一手得意杰作。中国贵宾中的张道藩想解除这不愉快的僵局，表示中国人也愿作同样不拘礼貌的表演，也脱去上衣跟着尼赫鲁

---

① 《蒋委员长在加尔各答接见印度国民大会执行委员尼赫鲁听其报告印度国民大会对中国抗战之态度后表示中、印两大民族必须联合起来方能求得解放谈话纪录》，载秦孝仪主编：《战时外交（三）》，第425—426页。

② 《领导对日抗战——访问印度编案纪要初稿》，台北“国史馆”藏，《蒋中正“总统”文物》，入藏登录号：002000002153A，典藏号：002-090199-00013-001。

③ 《蒋介石日记》（手稿本），1942年2月20日。

在草地上打起滚来。[①]

尼赫鲁为了建立友谊，对中国访印成员不拘礼节的友好表示，让团员印象深刻。而尼赫鲁多次与蒋介石及宋美龄长谈至深夜，也加深了彼此的认识与互相期待，其所展现的耐心和苦心，亦非常人所及。

三、参与发表《告印度国民书》

在2月21日午后，访印团员正收拾行装，准备返国之际，尼赫鲁到行辕与蒋介石夫妇话别，并带鲜花致送宋美龄。蒋介石将预备发表的《告印度国民书》文稿出示给尼赫鲁过目，尼赫鲁阅后建议略删几句，蒋介石为了展现诚意，完全依照尼赫鲁的建议修改。[②] 事实上早在英印接受蒋介石访印之时，印督即为了避免在访问的过程中产生不必要的困扰，因而建议蒋介石在返国前才发表正式的文告，而蒋介石也了解“印度政局见仁见智歧见纷陈，故不愿作公开的演讲。直等到最后离印的前夕，他才在印度广播电台向印度人民致道别辞，表示他对印度人民争自由奋斗由衷的同情”[③]。

蒋介石与宋美龄抵达印度之后，即请王宠惠等人开始着手撰拟《告印度国民书》，蒋介石夫妇在经日的斟酌，并接受尼赫鲁的建议后才行定稿，蒋介石认为：

> 余发此告别书，完全协助印度之解放，英国政府或不甚谅解，但余深信于英实有益也，故不计一切利害，亦不论甘地先生之对余态度与其结果如何，余一本余对印度一贯之政策，表示余对印度之政见，而且为此次来

---

① 董显光：《董显光自传》，第183—184页。

② 参见《研究资料（三）》，台北“国史馆”藏，《蒋中正“总统”文物》，入藏登录号：002000001381A，典藏号：002-080115-00006-002。

③ 董显光：《董显光自传》，第185页。

印最大之任务与目的也。[①]

2月21日下午3时，全印广播电台请蒋介石和宋美龄夫妇进行广播录音，以备于是晚8时播放。录音时，先由蒋介石以中文发表《告印度国民书》，再由宋美龄以英语播讲。宋美龄当天坐于蒋介石与尼赫鲁的中间，以略为激动的语调，在麦克风前对印度民众播讲，蒋介石则面带着微笑陪伴夫人播音，随行团员和工作人员则站于后侧，静待录音工作的完成。播讲录音结束之后，蒋介石夫妇和随行团员即准备前赴机场。下午5时，蒋介石夫妇一行人在孟加拉省长公署多位高级官员、中国驻加尔各答总领事保君建和张、陈二位副领事等人的欢送下，搭乘专机伴着夕阳霞彩起飞，并由印度政府派驱逐机护送到印缅边境。[②]

1942年2月21日，宋美龄通过广播发表《告印度国民书》（《蒋中正“总统”文物》，台北“国史馆”藏，典藏号：002-050103-00007-013）

① 《蒋介石日记》（手稿本），1942年2月21日。

② 参见《研究资料（三）》，台北“国史馆”藏，《蒋中正“总统”文物》，入藏登录号：002000001381A，典藏号：002-080115-00006-002。

是时人在重庆的中央宣传部部长王世杰，不久即获知蒋介石夫妇一行将在晚间飞抵昆明，王世杰肯定蒋介石离印行前，“发表告印度国民书，措词颇得体。未伤及英人感情，对印人之争取自由，都表现深挚之同情（表示希望英政府早日给印人以政治实权）”[①]。2月22日，尚在昆明的蒋介石立即电令王世杰和陈布雷，“告印度民众书一文可即发表”并将原文传达[②]，希望国内的媒体能将该文迅速刊出，以让各界了解其对英、印的立场，并凸显中、印在大战中的重要地位。

随着蒋介石促刊《告印度国民书》的电稿到达重庆，重庆各报在2月23日多以头条新闻报道，并刊出《告印度国民书》全文。蒋介石在文中强调：“我中印两国不仅利害攸关，实亦命运相同，因此我两大民族惟有共同一致，积极参加反侵略阵线，并肩作战，以实现世界真正之和平，竭尽吾人应尽之职责。”[③] 并特别呼吁英国政府：

> 余且深信我盟邦之英国将不待人民有任何之要求，而能从速赋予印度国民以政治上之实权，俾更能发挥精神与物质无限之伟力。印度此次参战，固为求取反侵略民主阵线之胜利，实亦为其本身自由之得失有莫大之关系。余以客观地位，认此乃为于大英帝国有益无损最贤明之政策也。[④]

蒋介石与宋美龄均希望以此促使英国能早日给予印人政治实权，并呼吁中、印两国应同为人类自由而努力。蒋介石连日通电中国驻英、印、美外交人员，令广泛搜集各通讯社相关报道，亟

---

① 王世杰：《王世杰日记》（手稿本）第3册，第251页。

② 《访问印度》，台北“国史馆”藏，《蒋中正“总统”文物》，入藏登录号：002000002113A，典藏号：002-090105-00005-022。

③ 蒋介石的临别播讲《告印度国民书》，在电稿和《大公报》有时也称《告印度民众书》，见《大公报》（重庆）1942年2月23日。

④ 《蒋委员长告印民书》，《大公报》（重庆）1942年2月23日。

欲掌握各界对其演说的反应。

第四节 归国续注印情

宋美龄陪同蒋介石访问印度时，先后出席了好几场欢迎会，并协助组织印度妇女领袖做反侵略的努力。1942 年 2 月下旬返抵昆明之后，宋美龄于当地停留数日，与龙云夫人顾映秋共同策动该地妇女加紧投入抗战工作，并办理募款活动赈济难胞。蒋介石则于 3 月 1 日又飞往腊戍，与魏菲尔将军商讨战略，并和缅甸总督多尔曼史密斯（Reginald Dorman-Smith，1899—1977）交谈缅甸政情及中国人缅军的供应问题等。蒋介石停留腊戍期间，积极约晤入缅部队将领，召开军事会议，进行滇缅的布防，宋美龄则在昆明持续投入妇运、宣传与对外关系的工作。

一、飞返昆明关注舆情

蒋介石与宋美龄一行人在 1942 年 2 月 21 日返抵昆明，蒋介石不久又飞至腊戍布局滇缅防务，宋美龄则留在昆明参与活动，蒋介石夫妇直至 3 月 5 日才回到重庆。蒋介石和宋美龄在昆明时，非常留意盟国间对其访印的响应，特别是针对英国，一方面要了解英方的态度，另一方面也为了避免造成英国政府的误解。蒋介石自 2 月 22 日起，除了电令重庆宣传部传播《告印度国民书》外，连日致电驻英大使顾维钧和加尔各答总领事保君建等驻外人员，要持续回报各国舆情。顾维钧在蒋介石与宋美龄返回昆明不久即接到电函："关于对印度告别书，想已鉴及，英国舆论与其心理对此影响如何？希一一详告。并乘便面达丘首相，印度政治与军事，实非余到印前所能想象者，亦恐丘首相不知其印度内容与实情一至于此也。"① 蒋介石同时电告在美国的宋子文，要其向美国总统

① 《革命文献——同盟国联合作战：蒋委员长访印（一）》，台北"国史馆"藏，《蒋中正"总统"文物》，入藏登录号：002000000375A，典藏号：002-020300-00021-037。

罗斯福转达印度局势“危险万分！若英政府对印不澈底变更政策，无异以印与敌，而诱敌加速占印”①。由于蒋介石及宋美龄高度关切访印后各方的舆情，各驻外人员纷纷回电，保君建在2月22日回报：

> 昨晚九时半钧座及夫人广播，加尔各答印京及孟买等处，同时转播并奏我国国歌声音宏亮清晰，告民众书全文今晨报载未有删减。加尔各答印度国民党报同时发表社论恭祝钧座胜利，赞钧词为铎论，并盼英当局早日觉悟，倘遵照施行，非仅中印之幸，实足表现反侵略决心之伟举。②

保君建把印度广播的情形，迅速地向蒋介石夫妇报告。2月23日，连远在瑞士伯尔尼负责情资搜集的林秋生都向重庆的宣传部报告：

> 本电请代转交董副部长显光、曾处长虚白仝鉴。蒋委员长印度之行引起此间大注意，各报均详细载有蒋委员长受印度人民热烈欢迎情形，并同声拥戴我国伟大之领袖，欧洲各国向来不重视我国年来抗敌伟大成绩，今时英军在远东不能持久，更显明我国军势之壮。英人在先接受蒋委员长援助，决不能遭此惨败，此后联盟在亚洲胜败大部分均在蒋委员长掌握，蒋委员长必能利用机会表示其不与伦比之神力领导联军，各报并特赞蒋夫人

---

① 《访问印度》，台北“国史馆”藏，《蒋中正“总统”文物》，入藏登录号：002000002113A，典藏号：002-090105-00005-029。

② 《革命文献——同盟国联合作战：蒋委员长访印（一）》，台北“国史馆”藏，《蒋中正“总统”文物》，入藏登录号：002000000375A，典藏号：002-020300-00021-036。

之贤能功效云。[1]

由于宋美龄熟谙英文，可直接与英印人士和国际媒体沟通，在欧洲的媒体也颇得好评。顾维钧自英国亦传回，“英国各派舆论对钧座访印一致表示热烈欢迎，谓此行具体方面促进此后中印军事合作及交通联络，可使中英印三国之联系益为密切”[2]。顾维钧又电告：“钧座告印民众书，今晨各报评论，均表赞扬。”[3] 顾维钧将英国主要媒体的报道，具体地向蒋介石作了汇报。

蒋介石夫妇于离印所播讲的《告印度国民书》，逐渐在英国和印度发酵并形成讨论的焦点。蒋介石更亟欲得悉各方的后续回应，于2月24日又亲自电令保君建，要其持续关注“英印两方对中告印度国民书之反应，仍盼续告并将其全文航寄以供参考为要”[4]。同时指示秘书俞国华以特急件电告陈布雷和保君建，通知“最近如有来电报告委座告印度国民书发表后，英印各方之反应以及印度各方对委座此行之舆论，恳速电昆明”[5]。蒋介石在晚间“阅报知印度各报对余告别书，一律欢迎与尊重”，颇表满意并认为身为盟国的一分子，“余有此权与义务，提出解决印政意见也”。[6] 宣传部部长王世杰也认为“英美一般舆论，对于蒋先生告印度书，大都表示赞许”。不过由于许多媒体呼应蒋介石对放宽印人政治权利的报道，王世杰也判断，“英政府处此种压迫之下，似将采取相当步骤，以取得印人之合作”。[7] 侍从室的唐纵则分析：“委座于途中

---

① 《访问印度》，台北“国史馆”藏，《蒋中正“总统”文物》，入藏登录号：002000002113A，典藏号：002-090105-00005-055。

② 《访问印度》，台北“国史馆”藏，《蒋中正“总统”文物》，入藏登录号：002000002113A，典藏号：002-090105-00005-024。

③ 秦孝仪主编：《战时外交（三）》，第435—436页。

④ 《访问印度》，台北“国史馆”藏，《蒋中正“总统”文物》，入藏登录号：002000002113A，典藏号：002-090105-00005-058。

⑤ 《访问印度》，台北“国史馆”藏，《蒋中正“总统”文物》，入藏登录号：002000002113A，典藏号：002-090105-00005-059。

⑥ 《蒋介石日记》（手稿本），1942年2月24日。

⑦ 王世杰：《王世杰日记》（手稿本）第3册，第252—253页。

发表告印人书，相信英人能授印人以实权宣言后，英人至感惶恐!”① 王、唐两人都认为蒋介石夫妇的离印发言，将会给英方带来压力。

虽然各方舆论对于蒋介石与宋美龄的访印多持肯定态度，但英印方面则不愿在战时作大幅度的变革，蒋介石于2月25日阅读印度路透社的电讯后，认为“对余告别书，印政府宣传，仍以印度各政党内部不一致为词，此乃英人对印度分化政策也，余应有以纠正之”②。蒋介石发现英印官方，一直以印度内部分歧来回避处理印人政治地位的问题，因而要宋子文建议罗斯福劝告英国改变对印的态度。蒋介石甚至认为，此事因美国总统有同感，“此事非联合中美两国共同对英劝告，使其速下决心不可也”③。对于离印发表《告印度国民书》的成效，蒋介石在2月底的日记中作了自省，并道：

> 本周注重告印民书之反响如何？初以为英政府必不乐意，孰知英国朝野亦多赞同，尤以全印各党派热烈欢迎，得未曾有，此为余赴印政治上最大之目的。此后印人对余与中国之认识，必更清晰矣，实为二千年来重开中印之新局面，奠定亚洲民族亲善合作之业也。④

随着蒋介石与宋美龄一行结束在印度的访问，有关各方的响应，特别是伦敦政坛热烈讨论对印政策的情形，陆续在重庆各报中刊载。《大公报》于1942年3月1日特别转载伦敦《泰晤士报》社论《中国与印度》的要点，呼应该报建议英方思考战后香港的问题、“英必须改变态度，战后印度之政治组织必须根据双方平等

---

① 唐纵：《唐纵失落在大陆的日记》，第234—235页。

② 《爱记初稿（三）》，1942年2月25日记事，台北“国史馆”藏，《蒋中正“总统”文物》，入藏登录号：002000000757A，典藏号：002-060200-00018-001。

③ 《蒋介石日记》（手稿本），1942年2月26日。

④ 《蒋介石日记》（手稿本），1942年2月28日上星期反省录。

互惠之新精神，促其实现”等论点。[①]《泰晤士报》呼吁英国政府改变对亚洲态度的观点，正与蒋介石和宋美龄借由出访印度，谋求改善中国国际地位的用心不谋而合。

二、鼓舞昆明军民

蒋介石与宋美龄的访印，不只在英、印引发回响，连远在美国的媒体也对蒋介石夫妇此行相当关注。当宋美龄自印归国，停留在昆明参加活动的期间，美国的大同杂志（Cosmopolitan Magazine）主笔韦丁（Frances Whiting）于2月26日特地从纽约致电重庆，希望宋美龄能提供一访印文章供刊载，其电文如下：

> 大同杂志对委员长此次与甘地有历史意义之会晤，拟请求夫人对美国民众发表论文，希望关于人道方面未经报章发表者，加以有声色之描写，若蒙慨允，拟按每千五百字敬赠千元，尚祈早赐佳文，并乞电覆为幸。[②]

宋美龄因在昆明陆续参加云南省安排的欢迎会和陪同蒋介石走访，一时未接到重庆转来大同杂志的邀电，韦丁不久又致电，诚挚地希望宋美龄能提供稿件。[③] 而为了欢迎宋美龄莅临昆明，龙云夫人顾映秋特别于2月27日下午，召集了当地妇女举办欢迎会，迎接宋美龄访印归国。

昆明妇女平日少有机会参加公共活动，但此次欢迎宋美龄的大会，却吸引了许多妇女的热烈参加。媒体描述当天的会场：“欢迎会场设训练班礼堂内，会场坐无隙地，天井内站立者为数甚夥，当地政府官吏军官之夫人，工厂女工，无不踊跃参加。”宋美龄在

---

① 《印加强对华关系决设立对华事务局》《泰晤士报评论》，《大公报》（重庆）1942年2月28日、3月1日。

② 《访问印度》，台北“国史馆”藏，《蒋中正“总统”文物》，入藏登录号：002000002113A，典藏号：002-090105-00005-065。

③ 参见《访问印度》，台北“国史馆”藏，《蒋中正“总统”文物》，入藏登录号：002000002113A，典藏号：002-090105-00005-070。

致辞时，以恳切的语句，希望“昆明妇女对抗属及香港、新加坡相继失陷后返国妇女侨胞所负之责任”，并期勉“来自外省的青年妇女应祛除省界观念，尽全力鼓励省内之士气与民气”。[①] 宋美龄在演说中，特别提及男女平等的问题，宋美龄认为：

> 苟妇女决定与男子并肩担负责任，则此意念即可实现。苟吾妇女自满于续居较弱性别之地位，而仍以无用之装饰而满足，则吾人实不能责男子以吾人为饱食之洋囡囡。中国现已成为世界四强之一，此新国际地位之获得，纯由四年有半之艰苦抗战而来。中国妇女必须向世界表现足能担此盛誉与责任。中国妇女此后为抗属及不幸姐妹之福利服务，以及鼓励与促进建设工作，必须超过往昔。[②]

宋美龄的致辞让与会听众莫不深为感动，当演说结束，为响应宋美龄推动国内的妇女工作，在场妇女纷纷自动捐款或脱下耳环戒指，当场认捐25万元，并决定募捐100万元，作为赈济难胞之用。[③]

宋美龄在激起昆明妇女界的同仇敌忾与热情捐输后，次日在空军美国志愿队指挥官陈纳德上校的陪同下，与蒋介石共同巡视驻在昆明的飞虎队。陈纳德特别带着两位刚立下战功的队员谒见蒋介石和宋美龄，报告他俩在空战中奋不顾身完成使命的经过。稍后，宋美龄出席慰劳飞虎队成员的餐会，席间并和蒋介石及陈纳德轮流上台，勉励在场队员。蒋介石首先指出：

> 余今日以同盟国联军中国战区最高统帅之资格，欢宴诸君。余既为此战区之最高统帅，则凡在战区内美英

① 《蒋夫人在昆明》，《大公报》（重庆）1942年3月1日。
② 《蒋夫人在昆明》，《大公报》（重庆）1942年3月1日。
③ 《蒋夫人在昆明》，《大公报》（重庆）1942年3月1日。

盟军之战友，皆系余之部下。然余今日仍不能不以中国四万万五千万人一致之热忱，欢迎诸君，愿诸君与我在印缅同盟军，全军团结一致，奋发忠勇，以歼灭吾人共同之敌人，至最后胜利为止。故诸君之生命，即为余之生命，诸君之荣辱，即为余之荣辱。诸君既在中国作战，余必给予诸君以中国空军同样之待遇。其已为作战而牺牲者，余亦必特予以褒奖与抚恤，而其所遗家属子女之教育与抚养，余愿完全负其全责。希望诸君尽忠职责，安心作战，以完成诸君光荣伟大之任务。待吾人最后胜利到来之日，愿与诸君直捣东京，再与诸君共同庆祝吾人之成功。①

蒋介石希望美国志愿队能全力投入对日作战，特别提出了褒奖和抚恤的保证。陈纳德接着上场致辞，他先推崇飞虎队队员的表现和蒋介石抗战的决心，陈纳德表示：

在历史上余未闻曾有任何军事团体，获有吾侪今晚之荣誉者。无论将来吾人可得几许勋章，决不至有过今夕。五载以来，余曾追随蒋委员长，余深知其实唯一具有最高理想与最大决心之领袖。蒋委员长乃一宁死而不妥协之领袖，蒋委员长不仅为中国之领袖，且系整个盟国之领袖，我美国人自愿追随如此之领袖。②

紧接着陈纳德对宋美龄与中国空军的渊源、关怀战时儿童保育、居间联系志愿队来华等事迹，大加赞扬，陈纳德言道：

至于蒋夫人，除在航空方面之功绩以外，且系全中国妇女之领袖，全中国之孤儿寡妇，或直接来依夫人，

① 《蒋委员长过昆明时曾欢宴美国志愿队》，《大公报》（重庆）1942 年 3 月 6 日。
② 《昆明盛会》，《大公报》（重庆）1942 年 3 月 7 日。

或由夫人所创之机关予以庇荫，且皆获得夫人之援助。鄙意以为夫人乃中国之母。今中国千百万士兵均已开赴前线，并有阵亡与受重伤者，孤儿遍野，在在需援，然夫人均已尽速予以援助。今尚有千万之人，须待赡养须待教育，并须待医药，唯一问题，厥为资以款项，凡此各端，莫不需款，其在中国，且较在他处为少，但亦非钱莫办。夫人慷慨好施，不辞艰巨，但如乏款，则其工作将受影响。夫人之事业，余不能枚举，但有一事，余尚未提及，当我志愿队之组织初在美国提出讨论之日，曾请余建议将来在华拟如何组织，余首先坚决提议者，即蒋夫人应为我等之参谋长，夫人应在委员长与我志愿队之间担任联络工作。夫人虽在百忙之中，但因急盼中国得一坚强之空军，遂欣然同意，自本队成立以来，夫人系我辈名誉大队长，兼本队参谋，诸君或尚不知也。今晚余特愿将我名誉大队长介绍于诸君之前。①

在陈纳德的称许和引介下，宋美龄即以“名誉指挥官的资格”和在场的志愿队员们称兄道弟，她首先表示：

在我国作生死斗争的严重关头，诸位带着希望与信义的羽翼，飞渡太平洋，前来参战。为了这个理由，不仅我中国的空军，凡我同胞，对各位莫不表示竭诚的欢迎。各位英勇优异的成绩，刚才委员长已经说过，我们志愿队是世界上最英勇无敌的空军。因为我对于各位的来华参战，曾经稍稍尽过一些力量，所以今晚特别觉得高兴。②

宋美龄接着痛陈中国因为缺少空中武器，让日军在中国肆虐，

① 《昆明盛会》，《大公报》（重庆）1942 年 3 月 7 日。
② 《昆明盛会》，《大公报》（重庆）1942 年 3 月 7 日。

造成人民死伤流亡，妇女和儿童惨遭残害。对于志愿队员能够离乡背井"来供给我们，而且来与我们共同作战"，表示谢意，并赞扬陈纳德对工作的投入，盼望飞虎队能有更大的贡献，她说道：

> 陈纳德上校与我共事五年，各位弟兄们对他当然也知道得很清楚，你们知道他是一个如何可敬的将领，如何的公而忘私，他永远不会满足他自己的工作，我所要对他的批评，恐仅此一点而已。我并且可以说，他对于你们也是如此，无论诸位有多大的劳绩，他仍旧希望你们有更大的贡献。①

宋美龄对于陈纳德在介绍她时，以"空军美国志愿队的荣誉指挥官"的头衔来称呼，感到特别光荣。她推崇飞虎队队员，"不仅以你们的身体与技能作战，并且用了你们的心灵与精神作战"。对于队员在空战中，经常勇而忘身，甚至不顾牺牲的代价，宋美龄认为"这种精神，就是空军美志愿队成功的秘诀"！宋美龄接着又开玩笑地谈到先前有一位军官问她：

> "夫人，有几位志愿队的战士，击落了很多敌机，机翼上划的标记已无处可容，这怎么办？"
>
> 我告诉他，"我们给他再添上一对翼子"。如果各位的纪录增加，我想我们只有这样办法。②

对于许多只身在中国的飞虎队队员，宋美龄一方面体谅他们思乡情切之心，但另一方面由于飞虎队的待遇，相对于中国其他军职要优渥许多，加以部分队员自恃立有战功，她特别指出纪律的重要性，她说：

---

① 《昆明盛会》，《大公报》（重庆）1942年3月7日。
② 《昆明盛会》，《大公报》（重庆）1942年3月7日。

> 纪律这个名词，有些令人厌烦吧。在空中要守纪律，在地上要守纪律，可是没有纪律，就不能成功什么。我以你们名誉指挥官的资格，我更要对你们絮聒不休，告诉你们纪律的重要。我并且要比陈纳德上校更进一步，我要告诉你们须有内心的纪律，只观察外表的纪律，是不够的。我们须有内心的纪律，方能造成健全的人格，可是我并非要你们做成一个一个泥塑的圣像，我也喜欢富有人生情趣的人，但我要你们牢记一件事情，所有中国四万万五千万的同胞，都把你们放在心上。我希望你们的服务，决不辱你们自己造成伟大的传统精神。我要你们在我同胞心目之中，留下一个印象，一个美国国民正确的印象。我相信而知道你们，无论在中国什么地方，你们的行事，觉［绝］不会有辱令誉的。①

宋美龄表示她也可以很客气地对大家说，“弟兄们，你们很伟大，你们是有翅膀或没有翅膀的小天使”。但她希望飞虎队队员们体谅如此直率的说话，是期待大家要记得：

> 你们是中国的客人，一举一动，都足影响美国的声誉。你们深知我爱好美国这个国家，无异于我的祖国中国，因为大家都知道，美国是我自少至成年所领受教育的二家乡。②

在慰勉了飞虎队的成员之后，宋美龄继之感谢大家在圣诞节对于难童的自动捐款，但对于先前陈纳德在致辞时，提起捐款赞助救济工作的事情，让她心中感到不安，她因此特别转向陈纳德，委婉地说：“我知道捐款诚然是很需要的，但今晚我不愿以此事来麻烦大家，否则这顿晚餐我将食不下咽了，所以我不想谈起。”还

---

① 《昆明盛会》，《大公报》（重庆）1942 年 3 月 7 日。
② 《昆明盛会》，《大公报》（重庆）1942 年 3 月 7 日。

一面问陈纳德上校："这样好不好。"[①]

宋美龄在致辞的最后，高度肯定飞虎队奋战不懈的士气，她表示："我感觉到空气中流荡着你们非常激昂的情绪。你们作战已有数月，你们充满着热忱与锐气，这是很伟大的。然如这种激昂锐气，其锋利的程度，与日俱进，不论有何遭际，绝不灰心，就更加伟大了。"宋美龄形容飞虎队翱翔天空的时候，"是以火焰般灿烂的笔迹，在天宇间纪录下不朽的真理"。[②] 再次感谢志愿队的美国官兵能前来中国助战。

1942 年 3 月，宋美龄与陈纳德将军合影（《蒋中正"总统"文物》，台北"国史馆"藏，典藏号：002-050101-00005-032）

三、引领"印度日"热潮

宋美龄与蒋介石停留在昆明期间，除了巡访当地的军备民情，也持续留意国际舆情对于《告印度国民书》的反响。蒋介石在视察昆明一带的情形之后，发现"云南政治与上下关系，不见有何进步，此后世界战局，云南不惟在中国，而且在东亚实为重要之

① 《昆明盛会》，《大公报》（重庆）1942 年 3 月 7 日。
② 《昆明盛会》，《大公报》（重庆）1942 年 3 月 7 日。

根据，不可使之摇撼也”[1]。而回想访印的经过，蒋介石认为此行，“使余对印度与英国之认识更为清晰，虽期间几经周折，屡感失望，然增进余之阅历不少也”，而自印归国后，“马来半岛与新加坡完全陷于敌手，苏门答腊以及婆罗洲南洋英荷各属地，除泗水、爪哇仅存外”[2]，东南亚大半沦为日军势力范围，而“前方情况，英人秘匿不报”[3]，这使蒋介石与宋美龄对英国的企图与实力，不禁起了怀疑。而此时期美国在国会通过援华贷款，空军志愿队在华的战果迭有收获，让蒋介石和宋美龄夫妇更致力于发展与美国的关系。

在1942年2月下旬，从印度返国的中途，蒋介石陆续获得情报，指出缅甸战局日渐严重，加以日军持续进逼仰光与爪哇，缅境盟军的防卫牵动到滇境的安危。蒋介石决嘱宋美龄暂留昆明，自己再飞缅甸腊戍跟英、美将领商讨对策。[4] 所以蒋介石于3月1日元宵节当天，在董显光等少数人的陪同下，动身飞访腊戍。由于此行秘密而紧凑，并未带领卫兵随侍，蒋介石“事后思之，不觉危险万分，此全为国军入缅，不亲往指导处理，恐贻国耻，故不能不单身出国，冒险急进耳”[5]。蒋介石在腊戍停留期间，连日与盟军将领魏菲尔、史迪威、戴尼斯、缅甸总督多尔曼史密斯等人商谈国际局势与战情，也召晤在缅的国军将领戴安澜和杜聿明等人，但蒋介石对于当地“联络参谋毫无信息，而侍从人员，亦毫无组织”，感到郁闷不已。[6] 在3月4日离开腊戍前，蒋介石对陈纳德和杜聿明作了指示，交代“空军侦察敌情，与以后在缅空

---

① 《蒋介石日记》（手稿本），1942年2月28日上星期反省录。

② 《事略稿本——民国三十一年二月》，1942年2月28日，台北“国史馆”藏，《蒋中正“总统”文物》，入藏登录号:002000000641A，典藏号：002-060100-00161-028。

③ 《蒋介石日记》（手稿本），1942年3月1日。

④ 参见董显光：《董显光自传》，第185页。

⑤ 《困勉记初稿（七）》，1942年3月5日记事，台北“国史馆”藏，《蒋中正“总统”文物》，入藏登录号：002000000746A，典藏号：002-060200-00007-005。

⑥ 《困勉记初稿（七）》，1942年3月2日记事，台北“国史馆”藏，《蒋中正“总统”文物》，入藏登录号：002000000746A，典藏号：002-060200-00007-005。

军使用计划"①，才搭机返回昆明。

宋美龄在昆明的活动，得到顾映秋不少的协助，但蒋介石回到昆明后，在和龙云交谈的过程却有不少歧见，龙云希望蒋介石在空军特务与云南卫队的冲突案中处分特务团团长，而当双方谈及汪兆铭时，龙云犹称其为汪先生，让蒋介石心中暗批："此人真夜郎自大，跋扈反体之尤者也，可叹！"②

3月5日中午12时45分，蒋介石和宋美龄等人由昆明乘专机返渝，国民政府主席林森、于右任、吴铁城、朱家骅、何应钦、贺耀组、陈仪、陈布雷、甘乃光和刘峙等党政军要员均至机场欢迎。蒋介石返邸稍事休息后，于下午5时乘车巡视城区，并在城南公园稍作浏览。重庆媒体形容"市民见蒋委员长远游归来，精神健朗，胜于曩昔，莫不肃立道旁，喜形于色"③。不过事实上，连日的奔波，蒋介石和宋美龄都已疲惫不堪，蒋介石更于日记中表露："半月来，口破头痛，时感不适。"④ 蒋介石夫妇看似风光的外表，其实内在所承受的压力，恐非当事人所能知晓。

蒋介石及宋美龄在返抵重庆后，仍持续加强中印合作并留心印度局势的变化，蒋介石于3月7日下午接见了英国新任驻华大使薛穆（Horace J. Seymour，1885—1978），双方进行初步的意见交换。晚间蒋介石邀集多位党政要员到官邸共进晚餐，谈叙访问印度的经过，蒋介石向到府众人表示："（一）印度领袖尼赫鲁等保证决不采与中国抗战不利之行动；（二）印度领袖不愿接受英政府之空口诺言，因上次欧战结束后英政府对印已失信；（三）印度教

① 蒋介石在指示陈纳德之后，却批评："被人滞疑，恐不能负重任也！"《蒋介石日记》（手稿本），1942年3月4日。

② 《困勉记初稿（七）》，1942年3月4日记事，台北"国史馆"藏，《蒋中正"总统"文物》，入藏登录号：002000000746A，典藏号：002-060200-00007-005。

③ 《蒋委员长返渝》，《大公报》（重庆）1942年3月6日。

④ 《困勉记初稿（七）》，1942年3月5日记事，台北"国史馆"藏，《蒋中正"总统"文物》，入藏登录号：002000000746A，典藏号：002-060200-00007-005。

徒与回教教徒之冲突实际上并不严重，大半出自英人之制造。”①蒋介石是时正着手准备在国内发表演说，但顾及“对印度现状之讲演，使敌打消进占印度之野心，是为目前之要务，然措词甚不易也”②。

重庆在3月8日举办了多项活动，中缅文化协会在上清寺广播大厦召开援缅大会，由吴铁城、张治中、翁文灏、陈立夫、谷正纲、罗家伦、杭立武和太虚法师等，轮番声援缅甸。下午2时，宋美龄则亲自出席在夫子池“新运”会广场所举行的妇女节庆祝大会。现场人山人海，万头攒动，大家都想一睹甫自印归来的宋美龄的风采，宋美龄对着超过万名的群众致辞表示：

> 我这次访问印度归来，恰恰赶上参加我们陪都的“三八”妇女节。我已经好久没有对我们妇女界同胞说话了。我认为世界风云如此紧急，轴心强盗如此横行，我们要挽回人类的浩劫，惟有我们每一个男女同胞，各竭其能，各尽其职，从实际工作上加紧努力。我们中国受侵略之祸最久最深，而奋起抵抗也是最早。我国的女同胞们更应该负起当仁不让的责任。今天全世界的妇女都在热烈庆祝我们妇女自己的节日。庆祝的方式，或许各有不同，但其有一点心理我相信是共同的，那就是说：侵略暴力必须打倒，人类文明必须护持。而我们这一代的妇女，应该对于这一次反侵略的义战，有重大的贡献。③

---

① 王世杰：《王世杰日记》（手稿本）第3册，第259—260页。蒋介石在2月26日分电顾维钧和宋子文，表示“英国对印度问题，总以印度各派不能一致为词，中到印后对此点特别注重。余观察之结论，以为印度各派之不一致与英印间之不合作，皆为不自然之事”。蒋介石此后多持此观点看待英、印关系。参见《革命文献——同盟国联合作战：蒋委员长访印（一）》，台北“国史馆”藏，《蒋中正“总统”文物》，入藏登录号：002000000375A，典藏号：002-020300-00021-042、044。

② 《蒋介石日记》（手稿本），1942年3月7日。

③ 《蒋夫人开会词》，《大公报》（重庆）1942年3月9日。

宋美龄指出："自从今年元旦二十六国共同宣言发表以后，正义和暴力两大分野，划然鲜明。"由于太平洋战争促使了盟国的团结，中国所扮演的角色日渐吃重，"人类的历史正在重写"。宋美龄呼吁妇女："我们应该替全人类负担起一半以上的责任。我们确实要有这样的抱负和自信。我在这一次旅程中，更坚定了我所报的信念。"① 宋美龄认为在战争期间，虽然在前线作战的多为男性，但妇女所担负的工作与责任却更为凸显。宋美龄接着向现场群众报告印度妇女界的概况，她说：

印度的妇女界实在具有高尚伟大的潜力，特别是刻苦坚忍的德性。我曾经出席过全印度妇女协会，她们要我将她们对于战时中国妇女的关切，和一片同情挚爱之心携回来，转达给各位女同胞。当我向她们报告中国抗战和敌人暴行，以及我们战时工作的时候，她们中间有好几位滴下热烈的眼泪。我知道她们的眼泪不只是悲悯，而是一种共鸣的感应，不是消极的伤感，而是一种反抗黑暗暴力的义愤。这中间代表着人类高尚纯洁的至性，也可以说是我们妇女优良的天赋。在印度我驻留的时间虽不长，可是我有机会接触到好几位杰出的女性。我遇见了奈杜夫人，班第脱夫人和那华士夫人。各个都有各个的长处，值得我们景慕。奈杜夫人是有名的女诗人，文艺天才是不必说了，最难得的是她对于人生真切的理解和丰富的热情。我倾听着她的谈话，我只觉的她的心胸是人类热力无尽的泉源。班第脱夫人是全印度妇女协会会长，也是尼赫鲁先生的妹妹，她是有决断有干才，亦明敏亦大方，可以说世界上很难找到如此完美的女性。那华士夫人是豪爽，豁达，勇敢，我觉得我是遇见了一位英锐的女将军。她说她那旁遮普一省的女子，义侠勇

① 《蒋夫人开会词》，《大公报》（重庆）1942 年 3 月 9 日。

> 武，决不下于当地的男子。我只介绍这几位，各位就可以知道印度妇女的智慧和学问修养的一斑。至于没有受教育机会的女子，当然还很多，但是一般都是正直勤劳诚笃而坚定。我可以说一句，只要被给予以充分的机会，印度的女同胞一定能有所作为，以贡献于为人类自由的奋斗。我想各位听了一定感到很大的兴奋和鼓励。①

宋美龄在致辞中肯定印度妇女领袖的表现，并认为只要给印度充分的机会，对于反侵略阵线，必然是一大助力。在宋美龄发表完演说之后，继由重庆市党部主任委员杨公达、总司令刘峙、代表胡伯翰、国际妇女代表琼斯夫人、渝市抗属、女工及各地来渝义民的代表，接续致辞，大会直至下午4时才散会。②

宋美龄除了参加重庆庆祝妇女节的大会外，在3月8日晚间也通过重庆国际电台，向全世界广播致辞，并由全世界主要电台网，包括美国广播公司、哥伦比亚广播电台、交换广播电台、加拿大广播委员会、英国广播公司、全印无线电台和澳洲广播委员会等，将宋美龄的声音传播到全世界，甚至远及阿拉斯加、檀香山及巴拿马运河区。是次的广播系首次以远东为中心，向全世界转播之先例，因此格外引起国内外媒体的关注，宋美龄于是晚7时45分开始播讲③，让世人感受中国坚定抗战的决心。

宋美龄在此次对全球的播讲中指出："国际妇女节是表示人类精神进步与社会进步的标记。"④ 她接着向听众表示，这是同盟国成立以来，她第一次向美国、英国及其他联合国妇女界的广播。希望放开客套，不作浮泛空虚之词，而能采取一个较自然随意的

---

① 班第脱夫人即潘第提夫人。《蒋夫人开会词》，《大公报》（重庆）1942年3月9日。

② 《昨日妇女节陪都妇女举行庆祝会》，《大公报》（重庆）1942年3月9日。

③ 《时值非常妇女应勠力奋斗蒋夫人向世界广播》，《大公报》（重庆）1942年3月9日。

④ 《时值非常妇女应勠力奋斗蒋夫人向世界广播》，《大公报》（重庆）1942年3月9日。

谈话方式。宋美龄认为：

> 战争使我们更趋密切，而我们共同的目的与抱负，也更加明确地集中在一个焦点了。在人类活动的每一个部门，妇女的合作已经见得有极广的必要。然而在国家与地方的公务上面，妇女与男子争得平等负荷的职责，其间经过了很长的岁月。承认男女平等必须听取及为妇女界的呼声。这种平衡状态，还是比较最近的事情。男人们有很长很长的时期，不知道把妇女限制于家庭琐务，其实是放弃了人类伟大力量的一个无价泉源。战争给了我们许多可痛可憎之事，尤其在日本野蛮主义横行不法之下。我们要寻找战争的优点，是很困难的。但至少却有一个有利的副产物，凡是获得思想自由的国家，一般都承认妇女为文明进步的有力因素。战争对于这个认识，至少增加了很大的激励。①

宋美龄认为战争没什么好处，但在动乱中却让妇女从家庭中解放出来，给妇女表现的机会。宋美龄接着批评在德国与日本这两个穷兵黩武的集权国家里面，“把妇女视为低劣的份子，以为她们的人生目的和训练标准，只应集中在产生兵员，不准妇女参加国家大事”。宋美龄又举例说明，从前妇女曾经贡献她们的头发，以制造弓弦，但现在妇女“不是贡献头发，而是贡献她们的本身为国家勤劳，我们可以在兵工厂发现她们，而在争取胜利所必需的各种事业之中，都有妇女在出全力服务”。② 宋美龄继之以中国妇女投入抗战，协助建设滇缅路为例，说明道：

---

① 《时值非常妇女应勠力奋斗蒋夫人向世界广播》，《大公报》（重庆）1942 年 3 月9 日。

② 《时值非常妇女应勠力奋斗蒋夫人向世界广播》，《大公报》（重庆）1942 年 3 月9 日。

> 我们中国无数的妇女，帮助着建设滇缅路，及构成我战时中国交通线的许多其他公路。这种公路的开辟，或经疾疫流行之区，或跨矗天的山岭，或渡无底的深谷，凡是历经千辛万苦，甚至牺牲生命的筑路者，其以生命供献国家，实在与战死沙场同样的英勇，同样的有价值。①

宋美龄表示，“在世界历史上，这个千钧一发的时代，妇女的责任非常巨大”。但在重见和平之前，“有很多的苦痛要我们忍受，很多的忧患与失望要降临到我们的身上。然而没有一种有价值的收获，是不要付相当代价的”。② 她呼吁各国妇女要像中国的妇女，用行动来支持抗战、支持反侵略，以大无畏的精神，勇往前进。

宋美龄提及中国妇女为了对抗日本所谓的“大东亚共荣圈”，正勇敢和辛勤地工作，因为中国的妇女“觉得她们有神圣的责任，鼓励枪炮后面的将士，使他们知道全国的妇女，身体虽不在他们的旁边，而精神则永远追随着他们的左右，尽最大的力量帮助他们，支持他们”③。宋美龄随后向听众介绍印度的妇女，她说：

> 刚才我谈过日德妇女的落伍，或者有人以为印度的妇女没有意向也没有能力去追随现代的进步。这种观念是错误的。我曾经与若干印度妇女长谈，她们有的是政治界与文化界的领袖，我立刻感觉到她们的理智，她们的气魄，以及待人接物的风度，与世界其他各处的优秀妇女完全一样。
>
> 如果印度妇女能得到利用其才能的充分机会，她们

---

① 《时值非常妇女应勠力奋斗蒋夫人向世界广播》，《大公报》（重庆）1942年3月9日。

② 《时值非常妇女应勠力奋斗蒋夫人向世界广播》，《大公报》（重庆）1942年3月9日。

③ 《时值非常妇女应勠力奋斗蒋夫人向世界广播》，《大公报》（重庆）1942年3月9日。

对于共同创造新世界的努力，必有无穷的贡献。我发现她们对于光明的世界前途，有敏捷的感觉认识与信心。我并且觉得只要一旦能实现她们的希望和抱负，世界一定会得到很大的改善。凡是像我们这样有缘和他们相见的人，必会得到一种深刻的印象，知道她们对于今日所存在而需要我们在自由祭坛上供献一切的世界问题的重心，她们也同样的了解。印度人民一旦获得了真正的权力，印度妇女必将男子作比例相等的发展。印度妇女不仅表示着热切的渴望，想学习中国及其他国家妇女的战时活动，并且同时渴望对于我们共同努力得到有所效力的机会。[1]

宋美龄借由此一向全世界广播的机会，公开呼吁让印度人获取真正的权力。在播讲结束前，宋美龄特别提及空军美国志愿队，“在昆明城内与我们人民所发展的热烈友谊，以及我国同胞处处体贴他们，使他们有作客如家之乐”[2]。她称许在回到昆明的留美学生，以自身的经验，组织了一个团体，协助飞虎队队员克服思乡之苦。宋美龄说：

一般美国留学生的态度令人欣慰，他们从自己的经验，知道旅居异国是怎样一种滋味，于是组织了一个团体，给这些异国战士以种种的方便。女留学生们轮流把贵国的这些志愿军人请到家中，款待他们，他们告诉我心中觉得无限的感激。我可以向各位告慰，他们受到很好的照顾，因为他们的功绩已获得了我全国的亲善与尊敬，这种待遇是他们份所应得的。我忝为空军美志愿队

---

① 《时值非常妇女应勠力奋斗蒋夫人向世界广播》，《大公报》（重庆）1942年3月9日。

② 《时值非常妇女应勠力奋斗蒋夫人向世界广播》，《大公报》（重庆）1942年3月9日。

> 的荣誉指挥官，我能如此告诉你们，尤其觉得高兴。我感到我可以称他们为“弟兄们”，而他们在我国同胞间获得如此的令誉，连我也十分光荣。①

宋美龄最后提醒听众，在获得胜利以前，要继续不懈努力，才能让男女在光明愉快的前途上携手并进。

宋美龄与蒋介石回到重庆后，马不停蹄地参加各项活动，把他们在访印的所见所闻，提供给各界参考，并于许多场合表达对印人争取政治地位的同情。到了3月9日上午，蒋介石出席国民党中央扩大纪念周，主讲《访问印度之感想与对于太平洋战局的观察》，分别就访印观感、印度内情、对印民抗战意志与心理观察等七个面进行报告。② 其认为“外间所谓印度内部不统一也者，我以为是不自然的，就是人为的为多”③。蒋介石表示他在太平洋战事爆发的两周之后，就致电美国，请他们转告英国：

> 这一次世界大战——尤其是太平洋战事爆发之后——英国必须澈底了解现在局势，决非第一次世界大战仅仅限于欧洲战场可比……一定要从速赋予实权，采取切实的方法，使其力量得以充分发挥。然后才能使太平洋上所有的各民族群策群力，来挽救目前的危局！④

蒋介石并呼吁“各位同志必须认识我们中国在东方的地位及其所负的责任是格外重大，我更希望英、美各盟邦对于东方各民

---

① 《时值非常妇女应勠力奋斗蒋夫人向世界广播》，《大公报》（重庆）1942年3月9日。

② 蒋介石：《访问印度的感想及对于太平洋战局的观察》小册，摘要第1—2页，中国国民党党史馆藏，一般档案：132/112.1。

③ 蒋介石：《访问印度的感想对于太平洋战局的观察》小册，第7页，中国国民党党史馆藏，一般档案：132/112.1。

④ 蒋介石：《访问印度的感想对于太平洋战局的观察》小册，第20—21页，中国国民党党史馆藏，一般档案：132/112.1。

族的问题，必须重新考虑其态度，尽速决定其方略”[①]！总之，蒋介石希望英国予以印度“政治上之实权，藉以发挥其精神物质的力量”[②]。但此重大的宣示，蒋介石考虑由于东南亚战局持续恶化，在王世杰的建议下，采取低调的做法，未让重庆的报刊登载。3 月 15 日蒋介石更密电各单位：

> 中访印归来九日在中央纪念周报告访印感想与对于太平洋战局的观察，原文如次（文同 A737 号所附之小册全文）即希知照并酌予密为印发，但不必登报为要。[③]

蒋介石在归国后，对印度的局势有了更深刻的认识，其表示“本月游印之日为多，故对印度与英国之认识更清，此为余平生不可多得之阅历”[④]。对于英方在南洋旧属接连的失败，蒋介石虽暗评英军失利“不若如此之大且速，彼尚不知倭寇之凶顽”[⑤]，但却不愿在媒体上再刺激英国，以维持盟国间的友感。

蒋介石与宋美龄此次的冒险访印，确实留给全印人民一个深刻的印象。回国后，陈布雷、张道藩和董显光等人迅速汇编访印纪要，将各方函牍文电作一整理。访印期间负责对外宣传、翻译和保管蒋介石夫妇纪念品的董显光回忆道：

> 领袖夫妇接到印度上自王公贵族，中层各政党各民

---

① 蒋介石：《访问印度的感想及对于太平洋战局的观察》小册，第 31 页，中国国民党党史馆藏，一般档案：132/112. 1。

② 《事略稿本——民国三十一年三月》，1942 年 3 月 9 日记事，台北“国史馆”藏，《蒋中正“总统”文物》，入藏登录号：002000000642A，典藏号：002-060100-00162-009。

③ 《访问印度》，台北“国史馆”藏，《蒋中正“总统”文物》，入藏登录号：002000002113A，典藏号：002-090105-00005-074。

④ 《蒋介石日记》（手稿本），1942 年 2 月 28 日本月反省录。

⑤ 《事略稿本——民国三十一年二月》，1942 年 2 月 28 日本月反省录，台北“国史馆”藏，《蒋中正“总统”文物》，入藏登录号：002000000641A，典藏号：002-060100-00161-028。

> 间团体，下至普通老百姓的信件多至几千封，都分别向他们表示谢忱并陈述印度人对一般问题的观点。①

蒋介石和宋美龄夫妇的访印，除了受到印度民众热烈的回响，在英国也引起了广泛的讨论，丘吉尔于3月11日在下议院宣布将由掌玺大臣克利浦斯（Stafford Cripps，1889—1952）赴印交涉；美国也准备派遣工业代表团赴印访问，以加速开发印度资源，提供远东和近东同盟国的军需补给。

蒋介石夫妇的访印，让中国与印度间的合作日益密切，但盟军在东南亚的战力整合则尚未见到成效，蒋介石在3月中旬研究国际形势时，就认为：

> 倭寇南进计划，至此可谓完全告成，今后若徒望英美之力来援取胜，势不可能，惟有先求自保自立，而后始可待机取胜，盖时间延长，敌必自败也。
>
> 今后之计：甲、倭如不北进，则我惟充实兵力，整顿军队，巩固现有之根基，先求自立；乙、倭如北进，则我乘机解决封建余孽，统一内政，推进边务，以备决战；丙、最后目的，则收回失地，恢复旧有领土与民族固有地位，以为解放亚洲各民族之张本。②

从蒋介石的盘算中，可以了解恢复固有的领土与民族地位，并协助亚洲各民族的自主，才是他最终的目的，而蒋介石与宋美龄的访印正是这想法的初步尝试，但顾及中国自身力量未强，很难直接影响英国的决策，宋美龄的对外广播和宣讲，就显得更为重要。

因此，在访印回国不到一个月，为彰显访印的成效，当重庆

---

① 董显光：《董显光自传》，第184—185页。

② 《困勉记初稿（七）》，1942年3月14日记事，台北“国史馆”藏，《蒋中正“总统”文物》，入藏登录号：002000000746A，典藏号：002-060200-00007-005。

文化界于3月17日举行“印度日”时，宋美龄、王宠惠和吴铁城于是日一早，即赴中央广播电台准备对印度播讲。文教单位亦举办多场活动共襄盛举，包括中央社与记者职谊会将蒋介石和宋美龄访印的照片特地整理放大后，举办一场访印照片展览；教育部和中央图书馆则分别主办中印文化合作座谈会和开辟专室陈列所藏印度书籍。①

宋美龄在“印度日”对印的广播内容中，首先，以略带羡慕的口吻指出印度“未经战神染指”、肯定印度民族的伟大并以同理心的立场说明中国和印度“正在向前向上挣扎着”。其次，陈述日本强大的兵力无法屈挠中国的民族精神，希望同具悠久历史的印度能和中国成为兄弟之邦，强调“亚洲大陆未来的和平与繁荣，就靠中印两大民族抵抗侵略的擎天双柱支撑起来的”。② 最后，宋美龄期待克利浦斯到印交涉能有好结果。她说：

> 我们回来之后，就把在你们那里学到看到的向我们国内同胞报告。没有几天前，我告诉他们，印度妇女的种种高尚德性，怎样肯吃苦，肯牺牲，怎样富于同情心，又是怎样的敏感。我们回来后，又听到克利浦斯爵士到印度去的伟大使命。全中国的人都充满着希望，以为印度人民不久可以得到实权，使他们在争取人类自由的战斗中能施展他的身手，更使他们能感到参加这种战斗是保卫他们自己的家园。我盼祷这种希望就能实现……③

宋美龄在“印度日”的讲辞，隔天被重庆各大媒体纷纷转载，王世杰在日记中，对宋美龄等人是次的宣传表示肯定：

---

① 《印度日》，《大公报》（重庆）1942年3月17日；《中印友情热炽》，《大公报》（重庆）1942年3月18日。

② 《蒋夫人对印播讲》，《大公报》（重庆）1942年3月18日。

③ 《蒋夫人对印播讲》，《大公报》（重庆）1942年3月18日。

> 各报多着论鼓励中印合作，打击侵略国家。蒋夫人及王亮畴等均作对印广播。此种表示，对于英国进行解决英印争执之工作，亦当有益。①

此时美国的韦尔斯利学院“费贝他卡巴”姐妹会，刚好也聘请宋美龄为名誉会员，表彰其在文化方面的贡献。② 重庆妇女界二百多位代表，也于 3 月 19 日下午 4 时，在嘉陵宾馆举办茶会欢迎宋美龄访印归国。欢迎会由重庆市市长吴国桢的夫人黄卓群担任主席。黄卓群推崇宋美龄的访印之行，开创了中国历史的新页，为中国妇女界增光。宋美龄在致答词时表示：“今日中国争自由，亦愿协助全世界弱小民族获自由，否则在良心、理智、义务上均非所许，亦不能放弃此责任。”并出示甘地赠送的纺车，强调掌握经济力量的重要性。③

有关宋美龄陪同蒋介石访印归国后的相关活动，至此虽渐入尾声，但在英、印激烈的交涉与南洋战况转炽等因素的催化下，蒋介石与宋美龄的访印，让中国与印度的合作更为广泛，也使中国在同盟间的角色更为重要。

四、出访腊戍与发表《如是我观》

蒋介石与宋美龄在访印归国后，因缅甸战况激烈，不久就又决定再赴缅甸，协调盟军间的指挥和部署问题。是次出访腊戍，蒋介石和宋美龄原定于 1942 年 4 月 4 日启程，并“同史迪威飞缅，解决指挥问题，乃因腊戍航空电台不通，不得不改期也”④。这趟访程最后于 4 月 5 日出发，除了蒋介石夫妇外，还有史迪威、罗卓英、董显光及侍从室秘书俞国华等人同行。在飞机上，蒋介石帮

---

① 王世杰：《王世杰日记》（手稿本）第 3 册，第 264—265 页。

② 《蒋夫人荣誉》，《大公报》（重庆）1942 年 3 月 19 日。

③ 《陪都妇女界昨开会欢迎蒋夫人访印归来》，《大公报》（重庆）1942 年 3 月 20 日。

④ 《困勉记初稿（七）》，1942 年 4 月 4 日记事，台北“国史馆”藏，《蒋中正“总统”文物》，入藏登录号：002000000746A，典藏号：002-060200-00007-005。

宋美龄修订文章，而甚感快慰。[①] 但对于英军防线持续后退，则颇觉忧心，蒋介石认为英军在“曼德勒郡瓦城毫无防守准备，彼自无兵力防守，而不许我军入城构筑工事，作固守之备，余自带兵作战以来，从未见有如此糊涂懈忽之军情也，可叹”[②]！飞机辗转飞行，到了晚间才抵达腊戍，次日众人循公路经西坡，在侨胞陈宗神之寓所略事休息后，又赶赴缅甸花都——眉苗，展开军事会谈。

在眉苗停留期间，蒋介石连日与史迪威、罗卓英、杜聿明、戴安澜、甘丽初和孙立人等将领讨论军事问题，宋美龄也陪同参加部分会议。此次到眉苗访问可说是危机重重，4 月 8 日 10 时左右，随同蒋介石担任翻译的董显光描述：

> 未经警报突有敌机二十架临头。此间警报系统既不完备，且无防空设备。蒋委员长夫妇只能站在花园中看着敌机把一颗一颗炸弹扔下来，有一颗竟掉在离我们站的地方只有五十码的距离，幸亏没有炸。[③]

由于当地人心惶惶，蒋介石发现：“警察与居民，逃避一空，被炸之尸体，至晚尚无人收埋，疫病之发，甚可虑也！”是日晚间，蒋介石和宋美龄等人连夜搭乘火车回腊戍，蒋介石在车中分析缅甸的局势：“当地英政府之腐败与对缅民之不道，以缅民愚昧，一至战时不仅逃窜无踪，而反为敌寇利用与扰乱我后方，使我军队为之寒心不置也。”[④] 由于缅甸民心已受到日本的分化，蒋介石和宋美龄对于缅甸的处境感到担忧。

由眉苗开出的火车于次日清晨回到腊戍，车方抵达，英方就

---

① 参见《爱记初稿（三）》，1942 年 4 月 5 日记事，台北“国史馆”藏，《蒋中正“总统”文物》，入藏登录号：002000000757A，典藏号：002-060200-00018-002。

② 《蒋介石日记》（手稿本），1942 年 4 月 5 日。

③ 董显光：《董显光自传》，第 186—187 页。

④ 《困勉记初稿（七）》，1942 年 4 月 8 日记事，台北“国史馆”藏，《蒋中正“总统”文物》，入藏登录号：002000000746A，典藏号：002-060200-00007-005；《蒋介石日记》（手稿本），1942 年 4 月 9 日。

促蒋介石和宋美龄一行人立刻离开，随行的董显光指出：“因为日方在腊戍有组织灵活的间谍网，我们留在此城必引来大批敌机轰炸。”① 蒋介石与宋美龄等人遂于4月9日上午9时30分搭机返回昆明，但因日方在缅甸利用当地人布建情报网，蒋介石夫妇的行踪，可能已被日军掌握，飞机起飞不久，众人在机上经历了一段惊险的航程。董显光表示：

> 留在腊戍的时间也许还是太久了。起飞不到十分钟，我们就接到无线电警告说，有敌机十八架分成三队在搜索蒋委员长的座机，跟着真是一段非常紧张的时间。全机二十人，只有四套降落伞，死亡好像就在眼前。但一小时后，我们遇到昆明飞来接我们的战斗机，我们才安全得保，解除了紧张。②

蒋介石在日记中亦记下：“九时半由腊戍起飞，及十分时接无线电报腊戍有警报，后乃知敌机飞腊戍周围上空。”③ 所幸飞机于中午安抵昆明，蒋介石随即召见陈纳德，希望其“赴垒允，指挥美空军志愿队，每日分三次，每次三架，在平曼勒附近掩护我陆军作战”，并将座机先给陈纳德去进行部署。蒋介石夫妇因而在昆明中国银行稍事憩息，并于傍晚共往温泉，舒缓旅途的劳顿。④ 蒋

---

① 董显光：《董显光自传》，第187页。

② 董显光：《董显光自传》，第187页。俞国华亦回忆道：“蒋委员长结束腊戍之行以后，专机继续东飞前往昆明……专机从腊戍起飞之后没多久，俞国华就感到专机速度加快，情况不比寻常。此时机上侍从人员才得知，在委员长专机后面，有日本战斗机跟踪追击……运输机因加速导致机身剧烈震动……当时整架飞机只有两具降落伞……俞国华当时已经看见有侍从人员拿起两具降落伞，替蒋介石、宋美龄夫妇背上。那次空中追逐，如果天候不帮忙，晴空万里没有云层掩护，日本战斗机有可能追专机……”俞国华口述，王骏撰：《财经巨擘——俞国华生涯行脚》，台北：商智文化事业股份有限公司1999年版，第176—177页。

③ 《蒋介石日记》（手稿本），1942年4月10日。

④ 《事略稿本——民国三十一年四月》，1942年4月9日记事，台北“国史馆”藏，《蒋中正“总统”文物》，入藏登录号：002000000643A，典藏号：002-060100-00163-009。

介石一行于4月10日到空军学校进行训话和视察，在向龙云辞行后，于下午4时30分才偕宋美龄自昆明搭机飞返重庆。[①] 此行让蒋介石对缅甸的局势有了更清楚的认识，也使其对在缅军队的进退，考虑再三，但蒋介石“最后只有尽力补救，与敌在缅周旋到底之一法，否则，虽保全一部兵力，然于国际地位与国军声威，甚不利也”[②]。

结束紧张的访缅之行后，宋美龄回到重庆，马上于12日电告白宫特别助理居里：“此次由腊戍回程时，敌机派十八架四处侦察，拟在空中攻击我等，特闻。”[③] 把中国领导人不顾安危，深入缅境前线，主持军事会议的辛劳，迅速转告给美方了解。

宋美龄与蒋介石此次访缅，对于英国在缅甸的治理状况和军事防务，均留下不良的印象，加上回到重庆后，又从印度传来克利浦斯与印人领袖交涉未果的讯息，蒋介石对此局面也有所估算，蒋介石认为：

> 英印谈判，已于十一日完全破裂，殊为不幸之至，有人主张，中美应出而调解；余以为未至其时，应静观也。[④]

蒋介石与宋美龄方自印缅归来，对于能否影响英印局势，早已了然于胸，但是对英国的不满则日甚一日。加以日本自偷袭珍珠港，大举南进东南亚后，日军已先控制泰国并在短时间内攻占香港、英属马来西亚、新加坡、荷属东印度等地。到3月8日仰光失守，4月中旬日军已直逼滇缅路，中国的外援补给线几告断绝，

① 《事略稿本——民国三十一年四月》，1942年4月10日记事，台北“国史馆”藏，《蒋中正“总统”文物》，入藏登录号：002000000643A，典藏号：002-060100-00163-010。

② 《蒋介石日记》（手稿本），1942年4月11日上星期反省录。

③ 《访问印度》，台北“国史馆”藏，《蒋中正“总统”文物》，入藏登录号：002000002113A，典藏号：002-0901105-00005-002。

④ 《蒋介石日记》（手稿本），1942年4月13日。

也让中国的抗战更为艰苦。

是时宋美龄应美国《纽约时报》之邀，于4月19日发表《如是我观》一文，并于24日以中文刊载于重庆各大报。宋美龄在该文中表达对东南亚战局的失望，屡以西方国家的“失策”，来阐述中国的优越。其先评述近代西方国家对华观念和行动的偏失，继之以中国在淞沪战争中的肉身抵抗日军飞机大炮，成功遏止日本“三月亡华”目标，对比法国马其诺防线的失守。接着更不留颜面地指出“过去三个月来，我中国人民以惊奇而难信的眼光，目睹着西洋军队处处对敌人屈降”。“过去五年之中，中国军队完全没有对敌投降的例子”。又以“时间之神所造成的亦庄亦谐的一个报复故事”，拿昔日英法联军攻打大沽口的情形，暗讽此时英国在香港、新加坡和缅甸等地的不堪一击。[①]

综览《如是我观》全文，宋美龄是时对于欧美国家仅肯定美国麦克阿瑟将军（Douglas MacArthur，1880—1964）在菲律宾的奋战。其最后并借此批评英国对印度的政策，认为要拉拢印度配合对日作战，要先给印度以自由，“若不把现在的印度政策及其实施的方法作彻底急遽的改变，恐无根本解决之望”[②]。

虽然宋美龄为文的最终目的在“大家都须认识各民族有各民族的长处，可供相互的借镜”。希望国与国相互尊重，“促进东西民族的互相了解，互相认识，达成我们大同世界的目的”，却让英国颇难堪。[③] 宋美龄事后向顾维钧谈及：

> 在纽约发表的那篇文章一定会使英国人大为不快。她说，不过她写这篇文章丝毫没有反英情绪。她接着说，总要有人站出来为中国说话。她不是以委员长夫人的身份，也不是以中国官方发言人的身份，而是以她个人的名义写这篇文章的。如果英国人对别人写文章谈论他们

① 宋美龄：《如是我观》，《大公报》（重庆）1942年4月24日。
② 宋美龄：《如是我观》，《大公报》（重庆）1942年4月24日。
③ 宋美龄：《如是我观》，《大公报》（重庆）1942年4月24日。

而敏感的话，那么英国家长式专横跋扈的受害者对其所受待遇产生敏感就更加自然了。①

王世杰因宋美龄此番对欧洲盟国的指摘，特别是对英国露骨的批评感到不安，其于日记中写道：

蒋夫人著一文在美国报纸发表，并于今日译成汉文送中国报纸发表（系国际宣传处代送，予事前未及闻之）。文中切责英国军队在远东各地对敌投降，并指责新加坡、香港防备之疏失。此种批评文字，发表却在此时，殊属不当，文中言词，大率均系责人誉己，亦未必能使客观者心服。惟英文文字甚好，予于事前如获闻悉，必促其修改或中止发表。蒋夫人文中谓中国无降军。不幸该文甫发表，而孙良诚投诚敌伪之讯即至，使予闻而痛心。②

相对地，任职于侍从室负责情治工作的唐纵，则对宋美龄的大力批英感到痛快，还与同事传阅该文。唐纵在其日记的每周反省录中表示：

蒋夫人近应美国《纽约时报》之请，撰写《如是我观》一文。其英文本业于本年四月十九日刊载该报，中文本四月二十六日在重庆各报发表。该文首先指出西洋

① 顾维钧：《顾维钧回忆录》第5分册，第108页。

② 王世杰：《王世杰日记》（手稿本）第3册，第285—286页。孙良诚于4月24日在河北叛变，出任汪兆铭政权的第二方面军总司令。另据顾维钧回忆录对此事的描述："令人遗憾的是，尽管我不断设法改善英中两国政府间的关系，但是两国关系仍在不断恶化。克里普斯爵士在7月11日对叶公超所说的，两国关系'处于极坏的状态'。他说，双方都犯了很多错误。他认为中国的知识分子是排外的。他说他认为蒋委员长印度之行不仅没有加强两国关系，而是害多利少，并且留下了一系列的误解。蒋夫人说给美国人听的讲话则把事情弄得更糟糕了。"显见蒋宋美龄此次的播讲，对当时中英关系的发展确有负面的影响。顾维钧：《顾维钧回忆录》第5分册，第69页。

> 人对中国歧视观念与优越感的错误，到了抗日战争发生之后，西洋人才认识中国精神的伟大。上海没有设防，我们战斗了三个月，新加坡设防十四年，两个星期为敌人占领了，谁优谁劣，不言而喻。对于讽刺英国人，大快人心。同事谈起此文，乃急起取而阅读。公开的正式的批评外国人尤其英国人，这是近年来的第一次。国际宣传处，应该惭愧。①

为了避免宋美龄的《如是我观》对中英关系造成负面的影响，王世杰特地撰稿要《中央日报》刊登。其认为中国仍应争取英国的支持，并对英国赠勋蒋介石、英国自卢沟桥事变后在舆论的声援和以香港作为中国物资转运港的贡献予以肯定。② 其在日记中载道：

> 今晨撰一社论交，《中央日报》于明晨发表，题为《中国与英国》（未署名），对于抗战以来英国舆论所给予中国抗战之援助，以及南京失陷后香港所给予中国抗战之援助，剀切指述。予自信予所敷陈皆最平心最公允之言。③

尽管王世杰在外交宣传上作了努力，但随着缅甸战场的失利，显现同盟国的合作仍欠缺默契，尤以英国先是拖延中国远征军的入缅，次又因补给和空援不力，且由于战略视角的不同，彼此留下不佳的印象。④ 缅甸失陷使中国对美援的依赖更为迫切，为了缓和盟国因缅甸战事引起的龃龉，5月中旬外交部部长宋子文自华盛

① 唐纵：《唐纵失落在大陆的日记》，第245页。

② 《中国与英国》，《中央日报》（重庆）1942年4月27日。

③ 王世杰：《王世杰日记》（手稿本）第3册，第286—287页。

④ 当时身兼中国战区联军参谋长、联合作战计划参谋部美国代表和指挥入缅华军的史迪威曾对英军自毁油田表示“不知为何而战？”并有颇多抱怨，包括权限不足、运输不继、给养不足、医疗短缺、蒋介石干预指挥和英军惧战等。《蒋委员长在重庆接见中国战区参谋长史迪威听其报告我军在缅甸作战情况及讨论改编美国空军志愿队等问题谈话纪录》，载秦孝仪主编：《战时外交（三）》，第583—587页。

顿密电重庆：

> 缅战不利之主要原因，无疑为美国不能与我澈底合作。但（一）此后我尚须利用印度为运输军械飞机之航空站；（二）英美战后或背道而驰，在战时则因生死存亡关系，不能不密切合作，故我如公然向英责难，反失美国同情……中国为此原因，危难更为迫切，不得不要求：（甲）英、美即派大批飞机来华助战；（乙）英、美、华速策划雨季后反攻缅甸，夺回仰光，恢复中国之国际路线。①

自滇缅通路断绝，至1945年1月底中印公路通车前，中国外来的军需物资多赖美国协助从印空运。因此，争取美国增加更多空运量、空军支持和谋求反攻缅甸，即成为此阶段中国对外宣传与交涉的重点，也成为宋美龄的工作重心之一。此外，宋美龄自访印归国后，对印度的局势时表关心，除了和尼赫鲁保持联系，更为英印问题之延宕未决感到焦虑，分别于4月23日、5月30日、7月4日及24日，先后致电美国白宫特别助理居里，“告知印度局势恶化，甘地之不合作运动或将造成不利后果，非由同盟国出面立允印度独立自由，恐难挽回危局”②。唯中国是时受限于自身的力量，并不容易有所积极作为，宋美龄也只能运用与美方政要的联系和公开的文宣，声援亚洲民族争取自治。

---

① 《外交部长宋子文自华盛顿呈蒋委员长请密致罗斯福总统及丘吉尔首相直陈缅战过去之错误及今后之补救办法电》，载秦孝仪主编：《战时外交（三）》，第142页。

② 《领导对日抗战——访问印度编案纪要初稿》，台北“国史馆”藏，《蒋中正“总统”文物》，入藏登录号：002000002153A，典藏号：002-090199-00013-001。蒋介石于1943年2月24日，在指示驻印专员沈士华的电函中，仍是委婉地表示：“我国对甘地先生绝食与体力皆极关怀，此时非形式上言论不能奏效，只有蒋夫人在美国积极督促美政府从速出任调解，以期挽救甘地先生与英印关系之一法，如有印友来问，可以此意答之。”《筹笔——抗战时期（五十一）》，《蒋中正函告沈士华甘地绝食事》，台北“国史馆”藏，《蒋中正“总统”文物》，入藏登录号：002000000244A，典藏号：002-010300-00051-008。

第三章　纾解盟国争歧与受邀赴美

随着日军不断地在太平洋扩张势力，中、日的较劲从中国本土，延伸到整个东南亚，日本试图切断中国的对外航运通道，阻止战略物资输入重庆，以瓦解中国抗战的意志。中国运用太平洋战争的新形势，在多方的联系下，逐渐取得外交上的进展。1942年初外交部部长宋子文在华盛顿，代表中国和美、英、俄、荷等26国签订联合宣言，共同全力对付轴心国家，决不单独与敌人媾和，中国军队也随即入缅协防。然而在盟国宣告合作之际，英缅当局却在仰光强扣由美运达，准备供给中国的物资，中、英间的矛盾迅速浮上台面，中国向英方提出抗议，并由宋子文向英、美交涉。

蒋介石在膺任盟军中国战区最高统帅之后，决定洽请罗斯福遴派一美军将领担任中国战区参谋长，美方经由蒋介石同意后，决定派史迪威到华，而中国向美国提出的五亿美元贷款案，也获得罗斯福的回应。[①] 除了来自美国官方的支持，美国民间方面也陆

---

① 宋美龄对于史迪威来华，初颇为亲切，还曾用双手分别牵着蒋介石和史迪威合影。史迪威在回忆录中形容宋美龄是“一位聪明、有头脑的女人。持有西方的观点。她直爽，坚强，精力充沛，喜欢权力，重名誉，喜奉承，对于她的过去满不在乎。在与外国人打交道时，她从不向西方观点让步。中国人永远是正确的；外国人永远是错误的。文笔引人入胜，但也失于肤浅，对西方的缺陷极尽讽刺，但从来不提中国任何一个微小的缺点。能够随心所欲地施展魅力。她知道该怎么做。对蒋介石有很大影响力，主要是好的影响。有几次帮了大忙”。史迪威还认为，“中国人在政治和斗争上往往采用拐弯抹角、间接、隐晦的方式，而她能够理解一个外国人对此做出的反应”。Joseph W. Stilwell, *The Stilwell Papers* , New York: Schocken Books, 1972, p. 80.

续响应援华。当2月下旬宋美龄自印返蓉时，纽约中华劳工联合会会长朱雪凡特致函告知，每月可获得美方五万美元的赞助，协助中国的劳工。①

太平洋战争的蔓延，让中国和盟国间的联系更为紧密，宋美龄所扮演的角色也更为重要，包括在外交、媒体、空军、军火采购和社会团体间，其通过多元渠道的经营方式，为中国争取到更多的国际援助。不过由于盟国战略利益未尽相同，作战的优先考虑各有不同，加上各国军事将领的指挥作战风格不一，盟国在东亚战局陷入困顿，宋美龄多次周旋其间，化解盟国间的歧异。

第一节　缅战失利协整战备

1942年春，宋美龄刚陪同蒋介石结束访问印缅，虽未能马上说服英方同意给予印人更多的政治空间，也未能让印人公开宣称加入抗日的行列，但蒋介石和宋美龄在抗战期间初次的出访，已在国际间引起高度关注，盟国对于华军入缅协防，也赋予高度的期待，希望华军能以兵员优势，吓阻日军的继续前进。而宋美龄在结束访印之后，停留在昆明一带，除了号召当地妇女投入抗战，更走访空军美志愿队基地，鼓舞飞行员士气，并与美方交涉改编志愿队事宜。

一、挽救缅战失利

1942年3月初，宋美龄在昆明分别参加云南妇女界和飞虎队的活动，不及返渝接待国际知名的化学家约里奥－居里女士（Ir ène Joliot-Curie，1897—1956），而由“新运”妇女指导委员会

① 朱雪凡向宋美龄表示：“经向CIO与AFL之延长谈判，已蒙允对中国联合救济会给予每月五万美元之援助，惟系专为工联会职工教育及工人福利之用，兹敬恳夫人对此后款项之分配，能亲自支配为佳，若夫人能立即电致前述机关表示谢意，及注重工人之技术训练与福利，则此后交涉更易着手，并请致意。最好由职接洽一切，敬候电复。”《对美关系（三）》，1942年2月27日，台北“国史馆”藏，《蒋中正“总统”文物》，入藏登录号：002000002093A，典藏号：002-090103-00004-081。

代为接待，并于3月2日介绍与重庆各界妇女领袖会面。① 宋美龄返渝后，先主持了3月8日妇女节下午在夫子池“新运”模范区广场举行的庆祝大会，晚间7时45分又到重庆广播大厦第三发音室，以英语对美播讲。② 随后为了感谢纽约中国救济联合会的捐款，特别致函表示，“由印度返国后，收到致难童之美金二万五千五百元汇票一纸，由君等之热诚，而得此成功之结果，深堪庆贺，并对捐款敬申谢意”③，以呼应朱雪凡先前的建议。

宋美龄还分别在昆明和重庆，参加妇女团体为其所举办的慰劳茶会，并将甘地和印度友人所赠的礼物，提供展示，以便与众人分享访印经验。蒋介石在3月10日任命史迪威担任中国战区参谋长，负责指挥中国入缅远征军，并指派熊式辉为中国驻美军事代表团团长，赴美交涉军事合作事宜。中美之间的军事合作关系，一时之间似大有进展。

4月1日中午12时，为了会商空军美志愿队改编之各项问题，由宋美龄担任主席与马格鲁德、史迪威、毕赛尔（Clayton Lawrence Bissell，1896—1973）和陈纳德等美籍军官进行讨论。是项会议由于牵涉编制、领导和福利等问题，无法马上获致共识。众人于是日下午7时30分在黄山官邸继续讨论，直至饭后。在讨论的过程中，毕赛尔上校提出七项问题，“例如志愿兵之公允待遇、改编日期、人员器材之供给”，“陈纳德上校又询问数点，经毕赛尔上校一一答复，陈纳德表示满意，改编日期陈纳德建议七月十六日，毕赛尔上校建议七月一日，后遵照夫人建议，决定为七月四日”。陈纳德又报告称，“志愿队多数队员，皆希望于合同期满之时，得返美享用其所得薪金，故应即在美续招空军来华以补充之”。经过详细的讨论之后，志愿队驾驶员30人和地勤人员60人的权益，均得以保障，宋美龄也特别建议以美国国庆日，作

---

① 李又宁编：《工作八年》，第270页。

② 《陪都纪念妇女节》《蒋夫人的广播》，《中央日报》（重庆）1942年3月9日。

③ 《对美关系（三）》，1942年3月12日，台北“国史馆”藏，《蒋中正“总统”文物》，入藏登录号：0020000002093A，典藏号：002-090103-00004-082

为志愿队改编的日期。①

相对于美国志愿队的顺利改编，史迪威在3月中旬到缅之后，与入缅华军的将领并未能迅速建立默契。4月上旬，蒋介石和宋美龄再次不顾安危，相偕出访缅甸，以安抚史迪威的情绪。不过日军在丛林战中的“骁勇”，让英军与华军都备尝艰辛，难以招架。

为了感谢与肯定飞虎队的战功，孔祥熙所主导的中美文化协会于4月17日下午4时30分，在国府路范庄举行游园会，招待在渝各国使节、外交人员和各界名流四百余人，宋美龄“以许士骥教授所绘《扬鹰图》一幅赠予中国空军美志愿队，并放映蒋委员长检阅滇缅边界军队及美志愿队生活等名贵新闻片，以为余兴”。该画作由国民政府林森主席亲题“壮志凌云”，“上绘鹰三十三只，惟妙惟肖”。② 行政院副院长孔祥熙以中英文致开幕词之后，接着请该会名誉会长暨美志愿队名誉队长宋美龄致辞，并由侯华惠队长代表接受，其表示：

> 侯华惠队长——你所代表的空军美志愿队，打击日寇，勇武无伦，被称为“飞虎”，我全国军民，没有一个人不是怀着爱慕的心理而传颂着“飞虎”的威名。这个纪念品是名艺术家许士骥先生所绘的一幅鹰隼。鹰是你们美国的国鸟，而其行动时，庄严敏捷准确的英姿，一如空中斗士，可以说是空军天生的弟兄。所以把这幅画赠给空军美志愿队，尤其来得适当。再则鹰在离地高飞翱翔空中的时候，往往能高瞻远瞩，毫无错误的发现目

---

① 《事略稿本——民国三十一年四月》，1942年4月1日记事，台北“国史馆”藏，《蒋中正“总统”文物》，入藏登录号：002000000643A，典藏号：002-060100-00163-001。

② 《名画鹰扬图赠予飞虎》，《中央日报》（重庆）1942年4月18日。中美文化协会为提供在渝美人聚会场所，发起“筹建新会所募款事宜，进行至为顺利，孔会长概捐一万元，自流井盐商捐二万元，另有会员某君亦捐一万元，现已于上清寺附近择造会址，即开工兴筑，新会所设立规模宏大之阅览室，并有会议室可供美国各大学生在渝校友集会之用”。《中美文协定期举行游园会》，《大公报》（重庆）1942年4月5日。

标，我空军美志愿队也有同样的能力。[①]

宋美龄形容空军美志愿队能“正视太阳而目不一瞬”，“同时骄傲地望着我中国旭日初升温暖光明的光芒”，期待“你们不仅有了猛虎的勇力，现在又增添空中之王——鹰的诸种特质”。宋美龄还特地向在1932年淞沪战役为中国捐躯的萧特致敬，期勉太平洋东西两大国能如同胞手足，共同奋斗。[②]

4月24日，英皇赠予蒋介石象征军人最高荣誉的大十字勋章，同一天重庆各大报纷纷刊出宋美龄所撰《如是我观》和社评。《中央日报》在社论中指出：“综观我中国所参与的条约，差不多完全把中国视为低劣的国家，从来没有基于平等的立场的。”而呼吁欧美盟国，“我们如果要此次所争取的共同胜利切实而永久，必须于此时此刻，努力树立新世界的心理基础”。[③]《大公报》则在社论中特别强调宋美龄文中的结论，“将来怎样呢？西洋人必须改变他们对东方的观念；我们当然也同样的应当尊重西方国家。在我们所要创建的世界里，不应当再有谁是优秀谁是低劣的思想存在，应当人人平等，全世界各民族的男男女女，大家携手往崇高的理想迈进”。企盼“西洋人也必须肃清其优越感；中国应该接受西洋的科学进步，西洋人也应该对中国的战斗精神加以体认”，“全世界各民族都应该平等合作，打倒侵略者，创建新世界！”[④]

宋美龄所发表的《如是我观》一文，正传递了蒋介石和宋美龄对英国不满的讯息，国民政府内部的幕僚，在不同的职务和角度上，产生不一致的看法，蒋介石甚至因此批评了宣传部部长王世杰。而在国际间，特别是在英国，更引起不少误解，这对盟国

---

① 《蒋夫人演词》，《中央日报》（重庆）1942年4月18日；《蒋夫人致词》，《大公报》（重庆）1942年4月18日。

② 《蒋夫人演词》，《中央日报》（重庆）1942年4月18日；《蒋夫人致词》，《大公报》（重庆）1942年4月18日。

③ 《新世界的心理基础——读蒋夫人的“如是我观”》，《大公报》（重庆）1942年4月24日。

④ 《“如是我观”感言》，《大公报》（重庆）1942年4月24日。

间的合作，事实上是有负面影响的。

5 月中旬，英国驻华大使薛穆（Horace James Seymour，1885—1978）将英国援华救济会劝募所得的一万英镑，交给宋美龄作为救济难民、难童和伤兵之用。① 另一方面，宋美龄为了感谢美国罗斯福总统夫人的协助，致赠一八仙刺绣图，期勉共同追求“普天同庆世界大同之域”。② 而美国学界为了表彰中国坚持反侵略的努力，也陆续颁发荣誉学位给宋美龄和胡适等人。5 月 24 日，重庆的各大报，纷纷刊载为宋美龄毕业于韦尔斯利学院 25 周年纪念，并获得美国三项荣誉学位肯定的消息。③ 5 月下旬，宋美龄因工作辛劳，又患齿痛，颇为辛苦。④

6 月 1 日凌晨，宋美龄和蒋介石相偕到广播大厦，以应美国陆军部之请，在美国陆军纪念日，通过美国国家广播公司的陆军特别节目发表谈话。清晨 2 时 54 分节目开始后，蒋介石为主讲者，宋美龄将之译为英语播讲并作简短演说，继由美国军事代表团空军首席军官毕赛尔致辞。⑤ 蒋介石指称：“我们抗战五年，没有飞机大炮来抵抗拥有重武器、机械化装备完整的敌人，是用磁铁战术，以有利的地形与敌人争取时间，以民族主义和爱国精神与敌人始终周旋。但精神奋斗固然重要，若有机械装备，方能达成胜利的目的。”⑥ 宋美龄在翻译蒋介石的讲词后，又简短地对美国的听众表示：

> 刚才委员长声明我们虽经长期抗战，对最后胜利的信心更见坚强。已由我翻译给你们听了。现在我想利用这余剩下来的一分钟，把刚才知道的敌人奸谲宣传来给

---

① 《英援华会捐英金一万镑》，《中央日报》（重庆）1942 年 5 月 16 日。

② 《八仙过海抵美》，《中央日报》（重庆）1942 年 5 月 19 日。

③ 《美大学荣誉学位将再赠予蒋夫人胡大使》，《中央日报》（重庆）1942 年 5 月 24 日；《蒋夫人又获美国三荣誉学位》，《大公报》（重庆）1942 年 5 月 24 日。

④ 《“新运”妇女指委会保育儿童两万名》，《大公报》（重庆）1942 年 5 月30 日。

⑤ 《充实中国武器配备争取时间击溃敌人》，《中央日报扫荡报》（重庆）1942 年 6 月 2 日。

⑥ 唐纵：《唐纵失落在大陆的日记》，第 254 页。

> 你们指点出来，希望你们没有一个人会受他们骗。敌人说，中国拥有大量的武器，现在故意按兵不动，使美国来替它争取胜利。这显明是一个挑拨离间的阴谋，目的在毁坏我们亲睦的邦交。这种欺诈伎俩，当然用不着我来提醒你们。中国向来注重在发挥自己力量，自将继续尽它应尽的责任。在过去中国已不假思索的贡献它整个国力，为同盟国家共同的前途而努力，它现在当然不会迟疑，将来更不会顾虑。中国能立国五千年，就靠我们能坚守某种道德的信条，使我们永远保持着光明的态度。敌人屡［屡］次向我们求和，暗示欧美民主国家利用中国为工具，而日本却愿与中国合作，并以平等相待来欺骗我们。中国断然拒绝了这种和议。就这一点事实，已足证明我们对美国诚意信心是不可动摇的了。我们当然知道你们对中国的诚意，也有同样的信心。我们目的一致，又互信互助，如此，让我们并着肩，在自由的光辉旗帜之下，迈步向必然的胜利前进吧！①

毕赛尔接着代表致辞，其肯定中美在缅共同作战，称许美籍医护在华的日夜勤劳，航空运输的不断接济，以及志愿队的英勇表现，认为“美国与中国为盟邦，尤其是莫大的光荣！”②

宋美龄的母校韦尔斯利学院于其毕业25周年之际，分别在华盛顿、纽约、洛杉矶、芝加哥等地举行纪念会，并安排授予荣誉

---

① 《中国必能善尽责任》，《中央日报扫荡报》（重庆）1942年6月2日；《蒋夫人演词敌寇谰言妄图挑拨离间》，《大公报》（重庆）1942年6月2日。

② 《美国的光荣》，《中央日报扫荡报》（重庆）1942年6月2日。虽然盟国与中国的互动日趋频繁，但蒋介石发现“莫洛托夫密访英美，而独于我置之不理，最近美国亦对我藐视，此乃世态炎凉应有之事，更觉‘屈伸如画夜，死生若寒暑’之天道为不误也，故成败得失，毁誉荣辱，皆应淡然处之，所谓学以为已人在自强愧悔无益耳”。蒋介石同时批评：“美国军事代表团，大半皆自私自大之流，观乎史迪威不知自反，而专事毁人之举，更令人嫌恶矣。”《事略稿本——民国三十一年六月》，1942年6月8日，台北“国史馆”藏，《蒋中正“总统”文物》，入藏登录号：002000000645A，典藏号：002-060100-00165-008。

学位和募集一万美元成立宋美龄奖学金。宋美龄于6月13日上午通过哥伦比亚广播公司表达感谢。[①] 其首先对母校的安排和校友们表示感谢："今天母校以我的名义设立奖学金，以及给我个人的光宠，我觉得很难找寻适当的言词，来表示我的谢意。此刻我虽是对校友说话，可是我知道我的语音将达到每一位听我广播的美国朋友的耳鼓里，所以我的话同时也是对他们说的，尤其是对今日为我而参与宴会的诸君说的。"宋美龄继之表示，"中国抗战已进入第六个年头。你们一定会猜想这五年来的困苦艰难，究竟把我们磨折成了什么样子。我可以确告诸位，现在中国祇要能得到必需的武器，千难万苦，我中国同胞咸有克服与应付的能力与信心"。她认为中国只要有足够的外援，就可以支持抗战，并"相信战事结束之后，必有一个以自由正义及平等为基础的新世界组织出现"。[②]

宋美龄明白地指出："中国军队的配备与敌人比较起来，实在是说不上有机械化的部队，也从未扬言能与敌人交锋。因为缺少这种军队，所以不得不采取磁铁战术，咬住了敌人，使他进退维谷。我们未被敌人征服，而且永不会被敌人征服。我们配备不良的部队，已经阻碍了敌人这些年数，一旦获得我们所急需的飞机、大炮，立刻就可以把他们击退出去。"宋美龄说明中国由于军备的不足，只能以大量兵力拖住日军，因此在精神层面上，以追求民族平等的信念，号召军民坚持下去，其表示："这几年来常常鼓励他们，使他们相信战胜之后，世界的旧秩序将完全改变，各民族都将成为自由的民族，不论强国弱国，都将公允平等相处。"宋美龄建议要设置国际警察，对于"凡是违法犯纪的国家，须一律予以惩处。每一国家都有从事积极维护和平与秩序的义务。除非对

---

① 《美国盛大集会尊崇蒋夫人》，《中央日报扫荡报》（重庆）1942年6月15日。纽约方面亦举行午宴庆祝，由克尔鲍斯女士主持，林语堂与会致辞，呼吁美方援助中国战机，并称许宋美龄最能代表中美文化之结合。参见《蒋夫人毕业纪念》，《中央日报扫荡报》（重庆）1942年6月17日。

② 《蒋夫人对美广播说明中国之希望》，《中央日报扫荡报》（重庆）1942年6月15日。

于违法者绳之以相当的制裁，否则每遇机会，他必有故态复萌的可能，而世界也永远将受战争的摧残”。并期勉各国于战后，“在新的世界组织中，我们必须真正像兄弟一样相处相待，那时的强国将扶助弱国，并不像过去尊者对卑者的眷顾，而是像长兄对幼弟那样的可亲可信，扶持他的成立”。①

宋美龄认为，“我们用肤色或眼睛的式样来评定一人或一国优劣的时代，已经过去了。我们必须建立一种新的世界秩序，适合于一切民族的需要与要求，而不是采用削足适履的方法，牺牲某一国家的领土与自由，去适应那既存的秩序”。宋美龄相信“从此次战争，民主国一定能学得经验，知道防患于先，愈于补救于后，防止战争，愈于战争获胜。但要防止战争，唯有建立一个新世界，一切民族咸有均等的机会，发展所长”。宋美龄最后鼓励众人，“我们必将以泰然自若的勇气，继续抗战，为人类造永久幸福，并实现我母校的理想。我们不役于人，而自己做自己的主宰”。②

美国大学妇女协会也致电中国妇女界，表达支持反侵略之意，宋美龄代表中国妇女电复致谢，其表示：

> 余谨代表中国妇女，对于美国大学妇女协会来电表示彼等衷心感谢之忱。抗战五年以来，吾人对于美国姐妹之热切同情与实际援助，均甚铭感。兹当联合国日之庆，吾人愿重申吾人对于本身及各同盟国所努力之共同目标之忠荩之忱。吾人愿向君等保证：美国妇女致其全力于争取胜利之榜样，确令吾人大受感动。吾人可以断言，中国妇女对于胜利目标之获得，如有可以为力之处，无不以乐意与光荣之态度为之。③

---

① 《蒋夫人对美广播说明中国之希望》，《中央日报扫荡报》（重庆）1942 年 6 月 15 日。

② 《蒋夫人对美广播说明中国之希望》，《中央日报扫荡报》（重庆）1942 年 6 月 15 日。

③ 《蒋夫人覆美大学妇协会电》，《大公报》（重庆）1942 年 6 月 14 日。

宋美龄除了经常与美方保持联系之外，为了促进中英两国间的关系，还指示“新运”妇女指导委员会配合外交部，将各种活动成果和资料送交该部转赴英国展览。①

6月14日，陪都举行联合国日庆祝活动，中、英两国也由王宠惠秘书长和掌玺大臣克利浦斯分别向对方广播祝贺，王宠惠称许英国保卫英伦，粉碎希特勒野心的英勇；克利浦斯则提及两年半以前访问中国的经验，并表示“当日本进攻英美时，吾人因忙于保卫本土，并无充足之力，援助贵国，然情势正在改变中，贵国与英美苏之力量，已日增强”，“英美合击日本之时机，终将莅临”。②

除了以广播的形式互相为盟国打气之外，外交部为了庆祝联合国日，安排于是日16时至18时，在该部新址举行茶会招待外宾，会场外悬挂28面盟国国旗。下午4时起，外交部次长率各司长、参事、秘书等在大厅内招待来宾，蒋介石则偕宋美龄在楼上客厅招待各国使节。5时20分，蒋介石偕宋美龄亲莅大厅，招待各来宾，至6时始尽欢而散。③

宋美龄和蒋介石一直希望能强化中国的空军战力，并争取美、英等国赞助更多战机，以抗衡日军的空中优势。但在6月下旬却传来美国变更空军的调度，将原本要援华作战的战机，临时又飞赴埃及。26日上午11时，蒋介石在宋美龄的陪同下，接见史迪威、格鲁勃（William R. Gruber）和毕赛尔等，史迪威一开始就报告说：“今日不幸须以不能称意之消息奉闻，惟当声明此不称意事件，实只暂时性质，盖勃兰勒登将军奉华盛顿命，率领在印之重轰炸机赶赴埃及，运输机亦将尽量拨彼应用，以便转运轰炸机所需人员及器材，因是在此期间中由印运华物资之数量将见减少。”蒋介石对调动的轰炸机和运输机数量，作了一番询问，并质疑说：

① 李又宁编：《工作八年》，第271页。

② 《王秘书长对英广播》《克利浦斯对我广播》，《中央日报扫荡报》（重庆）1942年6月14日。

③ 《蒋兼外长招待外宾》，《大公报》（重庆）1942年6月15日。

“将军既为予之参谋长，则此美国空军第十军如有调动，应先得予之同意。”同时“罗斯福总统来电明言，已令将美国空军第十军由印度调来中国作战，想令出必行，岂容擅改，若谓埃及局势严重，予敢声言，我浙赣态势亦至危急”。[①] 蒋介石对于美军方屡以欧洲战场为优先，忽略中国战场需求的做法，有所不满。宋美龄更以严正的口吻质问说：

> 每次英国军事失利，辄夺我军备或强取拨归我用之器材，苟此作风不戢，实不知中国继续抗战有何裨益？[②]

面对宋美龄的批评，史迪威无奈地表示：“此种擅自拨用中国器材办法，本人亦坚决反对，前华盛顿拟调美国空军第十军归魏菲尔将军指挥，本人反对最力，曾作表示，倘此空军不能归本人遵钧旨指挥为中国缅甸战区之用，宁去职离华，不敢从命。至此次事件之突变，本人之震惊实不减于钧座。”宋美龄续问：“然则将如何应付之，能设法阻止重轰炸机调埃及否？”史迪威回答因战机已在赴埃途中，恐无法阻止其前往。蒋介石听了史迪威的报告，表示整起事件的转变，“足证中国战区未被重视，思之殊感不快，予深愿详知英美是否尚以此中国战区为同盟国之战区耶？”[③]

宋美龄遂建议史迪威，“应立派贵国要员赴华盛顿，向最高当局详述利害”。史迪威表示已经指派格鲁勃将军返国报告。蒋介石则继续质问：“予所欲知者中国战区之得失，彼等是否不复置怀，愿得确切之明告。回溯过去中国为同盟国共同之利益，已贡献其

---

① 《事略稿本——民国三十一年六月》，1942 年 6 月 26 日记事，台北“国史馆”藏，《蒋中正“总统”文物》，入藏登录号：002000000645A，典藏号：002-060100-00165-026。

② 《事略稿本——民国三十一年六月》，1942 年 6 月 26 日记事，台北“国史馆”藏，《蒋中正“总统”文物》，入藏登录号：002000000645A，典藏号：002-060100-00165-026。

③ 《事略稿本——民国三十一年六月》，1942 年 6 月 26 日记事，台北“国史馆”藏，《蒋中正“总统”文物》，入藏登录号：002000000645A，典藏号：002-060100-00165-026。

最大之努力，以最忠诚之态度，尽其应尽之义务，五年来之抗战，中国为本身求生存，亦为同盟国作奋斗，倘英美以为中国抗战实力尚有保持之必要，绝不应一再无视中国之利益，如此，盖中国最近所受之待遇，不啻在英美心目中已失其存在矣。”史迪威坦承“英美措置确有失当之处，然吾人实未减对中国战区之重视，最近不幸事态之发展，恐皆因华盛顿军人未明中国真相所致”。史迪威表示为了强化中国的战力，“曾努力要求华盛顿增加运华飞机，地上部队与军备器材，并曾要求派遣陆军一师来华，惟所得答复辄谓欲遣此大批人员器材来华，深感运输无术”。蒋介石接着引用宋子文的来电，询问史迪威说：“据美国军政部报告称，彼等正等候将军去电建议增派飞机军备，藉作根据，然久候未见去电。”史迪威听了之后，批评说：“此实无稽，绝非真相。军政部实早有运送中国物资之次序清单，存盘备用，安可借口推诿。”宋美龄续以宋子文另电质称：“军政部电询将军是否须加派运输机来华，将军复称不须。”史迪威回答表示：“关于此点，本人曾电华盛顿告以目前状况，可运用运输机一百架，实则中国机场能容纳飞机数量只五十架耳。”①

双方又针对罗斯福总统同意运送来华的飞机数量、停放地点和使用情形，进行商讨。为了因应支持战机改赴埃及的变化，蒋介石在中午召集参事会报，下午则“手拟致甘地复电，期能正当解决印局一致抗日”。蒋介石是晚在自省与史迪威的对谈过程时，对美军方置中国安危于不顾，“心殊愤激，而不愿表示于颜色，使之自悟，则面斥严训，不假辞色”，认为夫妻两人的态度“亦甚当也”。② 不过宋美龄和蒋介石对史迪威报告的不满，很快就在侍从

---

① 《事略稿本——民国三十一年六月》，1942 年 6 月 26 日记事，台北“国史馆”藏，《蒋中正“总统”文物》，入藏登录号：002000000645A，典藏号：002-060100-00165-026。宋美龄对扩建机场设施颇关切，7 月 21 日黄光锐即将有关“同盟国空军来华作战，应予准备之地面建设，及昆明区与印度上阿萨姆区建设运输机场应办之各项工程设备”向宋美龄报告。《盟军联合作战（六）》，1942 年 7 月 21 日，台北“国史馆”藏，《蒋中正“总统”文物》，入藏登录号：002000001196A，典藏号：002-080103-00061-004。

② 《蒋介石日记》（手稿本），1942 年 6 月 26 日。

室的干部间传开，唐纵于日记中记录道："委座闻言表示极不愉快……言已拂袖而去。史与夫人商量，决派一空军将官回国报告。"[①] 宋美龄和蒋介石确实对史迪威和美方的处理方式颇为不满，在对谈的措辞上或较为直接，但其自认内心激愤未形于色，应不致拂袖离去，不过盟国此种矛盾的合作关系，让宋美龄在很多讲演或文稿中，总是不忘提醒美英要平等地对待中国。

6月中旬，宋美龄偕蒋介石视察川省。18日上午10时，蒋介石夫妇由四川省主席张群夫妇、金陵女大校长吴贻芳等人陪同往灌县视察，先后参观都江堰工程和三台荣县大邑等水利设计模型，以及视察宝瓶口与水标深度。[②] 6月下旬，昆明妇女界为欢迎宋美龄，决定发起省会妇女献金运动。四川省"新运"妇女工作委员会暨川省妇女运动委员会于21日下午4时，假励志社举行欢迎会，宋美龄"对今后妇女工作多所指示与策勉，希望蓉市妇女今后特别注重于生产事业，尤须时时顾念前方浴血抗战将士，及后方出征军人家属之生活，应鼓励各界妇女为征属服务，从事慰劳救济等项工作"。宋美龄并当场提议"发起省会妇女界百万献金运动，经全体一致赞成，蒋夫人首认捐献五万元，各首长夫人亦均自动捐献或负责劝募，成绩异常良好"。宋美龄还号召成立四川省会妇女界"七七"献金筹备委员会，希望在"七七"纪念前当能圆满完成募集百万元的目标。[③]

6月29日下午4时三刻，宋美龄陪同蒋介石接见史迪威、格鲁勃和毕赛尔等人，处置缅战失利和空军等问题。史迪威先赍呈27日罗斯福总统致蒋介石的电函，蒋介石继之指示史迪威："予当命第三十八师开赴兰姆卡，同时希望将军亦以此令转知驻印部队。"史迪威立即询问："未识彼等之训练与军械供给将如何解决之，倘得钧座准许，中国国防部供应器材即可拨归第三十九师应

① 唐纵：《唐纵失落在大陆的日记》，第259页。

② 《事略稿本——民国三十一年六月》，1942年6月18日，台北"国史馆"藏，《蒋中正"总统"文物》，入藏登录号：002000000645A，典藏号：002-060100-00165-018。

③ 《蓉妇女界欢迎蒋夫人》，《大公报》（重庆）1942年6月28日。

用。”蒋介石同意了史迪威的请求，宋美龄则询问部队将由何者统率，蒋介石回答：“罗卓英。”① 由于缅战的失利，中国远征军撤退至印度的过程，让蒋介石对史迪威的做法颇存疑虑。

蒋介石接着询问史迪威对美军增援印度协助攻缅有何意见，史迪威表示：“本人固乐见美国军队亦参加此间战争，惟欲求实现，恐有显著之困难二端：（一）美国一切军事需要，恐将集中于今决发动之欧洲第二战线上。（二）运输船只恐不敷应用。”宋美龄马上回以：“中国需要供应时，辄有他处需要夺之而去。”毕赛尔则认为中国机场和飞机用油的不足，很难增加运输量，其指出：“即就一百三十五架在华飞机之活动言，欲储备足量之汽油与炸弹，尚须六个月之时间，如欲加增运华物资之数量，则又须加增飞机场之数量。”宋美龄马上说：“倘能指定机场地点，欲增设机场，余可负完全责任。”②

蒋介石接着关心美国第十航空队何时可调遣来华，史迪威回答：“我人正尽力调之来华。”蒋介石又问：“未识其运输何时可告完成?”史迪威表示希望能于7月15日完成。毕赛尔最后补充：“拟运华飞机七十二架，此中四十八架为属于志愿队者，惟能否完成，当以气候为准。”③ 宋美龄和蒋介石一直希望美国援华的飞机能尽早到位，唯受限于种种的因素，加上运送过程的难度颇高，导致进度不如预期，也造成蒋介石夫妇和美方间的不少误解，所

---

① 宋美龄于6月23日陪同蒋介石接见史迪威等人时，即曾提及“史迪威将军以为在印之第五军深感与杜军长合作之困难，以易人指挥为妥，至人选之决定，彼盼能由罗卓英将军继任之”。《事略稿本——民国三十一年六月》，1942年6月24、29日记事，台北“国史馆”藏，《蒋中正“总统”文物》，入藏登录号：002000000645A，典藏号：002-060100-00165-024、029。

② 《事略稿本——民国三十一年六月》，1942年6月29日记事，台北“国史馆”藏，《蒋中正“总统”文物》，入藏登录号：002000000645A，典藏号：002-060100-00165-029。

③ 《事略稿本——民国三十一年六月》，1942年6月29日记事，台北“国史馆”藏，《蒋中正“总统”文物》，入藏登录号：002000000645A，典藏号：002-060100-00165-029。

幸宋美龄和蒋介石在审时度势之后，多以忍让成就大局。①

1942 年 7 月 1 日，为“新运”妇女指导委员会四周年纪念，宋美龄一面莅会指导机宜②，一面代表蒋介石“约集中美空军各主管，解决空军数量问题与空军计划”。在宋美龄的斡旋下，许多悬久未决的问题都能化解，蒋介石表示“此为半年来美员延宕推托者，今耗一日之力，竟得解决一切，殊为欣慰，设非余妻之果敏，决不易成也”。③ 宋美龄是日约集史迪威、毕赛尔、陈纳德、周至柔、毛邦初和董显光，就周至柔草拟的 500 架飞机计划进行讨论，希望由史迪威明白向美军部正式提出中方对飞机数量和型式的需求。④

虽然美国在太平洋战争后对华提供不少援助，但在战略上仍倾向支持英国的“先欧后亚”策略，此让宋美龄和蒋介石在和盟

---

① 蒋介石于 6 月 28 日研究国际形势，决定将“以全力促成英美收复缅甸，为惟一策略”。但对英俄等国则仍持戒心，其认为“俄倭英三国皆无信义，而企图统制中国者也，然而英国之行动未如其他二国之显著也”。蒋介石于 6 月 30 日的本星期反省录中分析：“此次缅战失败之原因，虽在战略之方针不能照既定之决心执行，为主要关键，而美政府，并表示我第五第六两军归史迪威指挥入缅作战之消息公布，因之敌寇知我入缅兵力只有两军，故敢由毛奇河滂直袭腊戍，而毫无忌惮耳，西人不守秘密，不明敌情，至今尚不知东方作战，中国能持久抗战之要件究何在耶。”蒋介石还批评“美国战略政略，往往不能自主，皆追随于英国之后，受其欺弄，甚至其本国西岸已受倭寇之威胁，而犹不知自悟，以全般战况观之，同盟国之战略，如不澈底改变，则必为英国所牵累，而受无谓之损害，甚或达于危险之境，亦意中事也。然而最后胜利，仍必归于我耳”。同时对于日俄间的关系其评估指出：“俄倭虽皆有暂时避战之心理然从无妥协之可能，而且美俄与英俄两协议之签订，实已造成俄倭无形之战，俄国过去对倭妥协之妄念，至此亦不得不告断绝。”蒋介石还观察盟国间微妙的竞合关系指出，“俄莫洛托夫分访英美，缔结盟约此于中国未始无益，观英美对俄所表示者，每提中国为同盟国中四强之一，情意殷拳，此或使俄不快与不安，而致对华态度与政策，有所改变乎，我国对英美之政策，所以不能不慎重考虑，切毋以小不忍而乱大谋”。《蒋介石日记》（手稿本），1942 年 6 月 28 日、30 日。《事略稿本——民国三十一年六月》，1942 年 6 月 28、30 日，台北“国史馆”藏，《蒋中正“总统”文物》，入藏登录号：002000000645A，典藏号：002-060100-00165-028、030。

② 《“新运”妇女指导会成立四周年纪念》，《中央日报扫荡报》（重庆）1942 年 7 月 1 日。

③ 《事略稿本——民国三十一年七月》，1942 年 7 月 1 日，台北“国史馆”藏，《蒋中正“总统”文物》，入藏登录号：002000000646A，典藏号：002-060100-00166-001。

④ 《盟军联合作战（六）》，1942 年 7 月 1 日，台北“国史馆”藏，《蒋中正“总统”文物》，入藏登录号：002000001196A，典藏号：002-080103-00061-005。

国交涉时，总有被忽视的感觉。7 月 4 日，蒋介石在研究对外政策后指出：

> （一）改变美国战略先解决太平洋倭寇之运动，非仅自救，亦为救世也，应积极进行，此为我国最要之政策。（二）在大战期中，必须相机要求美英对我不平等条约无条件的自动宣告废除。（三）英印问题，乃我国外交成败之关键也。①

不过，就在蒋介石和宋美龄想进一步改变美国策略时，史迪威却送交一份备忘录，“说明其个人之地位，语多无礼”，让蒋介石颇为不悦，并电告在华盛顿的宋子文，“告知史迪威骄纵跋扈，深恐有碍中美精诚合作，嘱其转请美政府重商参谋长职权”。美方为了调解蒋史间的争执，准备再次派遣居里来华处理，驻华盛顿大使胡适获讯后，迅速电告重庆方面：“居里先生奉罗斯福总统派赴我国，面向接洽，闻于日内搭机起程云。又租借案管理处派赴印度及中国之代表 Franklin Pay，现在印度，一二日内赴华，Pay 系居里助手，对我国极表同情。”②

宋美龄和蒋介石对于书告文稿的字句颇为讲究，经常对于重要的文件内容，一再修改。7 月 6 日上午 7 时，蒋介石为抗战五周年纪念向全国军民广播。晚间，蒋介石“以广播讲词英文译稿不当，又嘱夫人亲为译正也”③。国民政府自汉口播迁重庆后，宣传部的外籍职员马斌穌（Mac Causland）坚持留在中国，董显光“钦佩他的志向，同时欣赏他的文学天才，聘他做我们的译员。蒋

① 《蒋介石日记》（手稿本），1942 年 7 月 4 日。

② 对于史迪威提出职权问题，有意回避蒋介石的指挥，蒋介石于上星期反省录中写道：“史蒂华无端侮辱，来加子文亦跋扈要挟，然皆非要事，不足容怿。无论如何，对美空军整个计划，已提出具体要求，此乃悲愤中一进步乎。”《蒋介石日记》（手稿本），1942 年 7 月 4 日上星期反省录。

③ 《事略稿本——民国十一年七月》，1942 年 7 月 6 日，台北“国史馆”藏，《蒋中正“总统”文物》，人藏登录号：002000000646A，典藏号：002-060100-00166-006。

委员长抗战时期文告宣言之最佳英文译稿都是马斌稣的手笔”①。对此蒋介石的文胆陈布雷表示，“他最怕办英文稿，中文送委座改了，翻成英文送夫人看，夫人要改英文。所改的英文又要译成中文给委座看，委座再要改动时，真就麻烦了”②。

宋美龄的英文造诣绝佳，对于中文的努力，也未曾松懈。曾追随宋美龄多年的钱用和表示，宋美龄“每日早晚，必抽空阅览英文报章杂志，谈话或讲演时，即能引用。关于中文报，我先阅后，选有关部门，须请夫人过目了解，取红笔为划出，俾节省翻阅时间。有时提出要点，为叙述大意，一经讲过，她就记忆深刻，不到一二年，对中文报纸，都能阅读明了，无须再为圈划，她进步迅速，为一般妇女所望尘莫及”。钱用和也“常与夫人通信，练习写英文，夫人改削寄回，夫人有时写中文信，嘱我润饰寄回，互相交换进修”。③ 蒋介石对于重要的英文书信文告，多赖宋美龄的协助，只是中英文稿修订往返之间，幕僚的工作量也大幅增加。

7月11日晚，宋美龄与蒋介石同返黄山官邸休息，蒋介石自记于星期反省录：“（一）美国对华战事，并无认识，故其总统表示，亦无积极精神，此非待其澈底觉悟，不易为功也。（二）对印度问题，略有端倪，得以先报印友，亦一要事。然英人用心与结果如何，未敢自信耳。”④ 蒋介石和宋美龄都想对印度多予协助，但受限于对英的影响力，多只能期待美国出面表态，但处理英印问题显然非美、英当务之急；而美国对华的援助，也只是支持重庆方面能继续维持抗战，战略重心仍是欧洲优先。此战略观点的矛盾，涉及盟国间各自的利益，宋美龄和蒋介石也只能伺机说服美方。

---

① 董显光：《董显光自传》，第145—146页。

② 唐纵：《唐纵失落在大陆的日记》，第363页。

③ 钱用和：《半世纪的追随》，第15、70页。

④ 《蒋介石日记》（手稿本），1942年7月11日上星期反省录；《事略稿本——民国三十一年七月》，1942年7月11日，台北“国史馆”藏，《蒋中正“总统”文物》，入藏登录号：002000000646A，典藏号：002-060100-00166-011。

相较于中美政军高层间陷入沟通危机，美国民间团体又传来友善的讯息。纽约为了支持宋美龄号召的反侵略，特地将纽约市中心区原有日本公园，改造为中式造景，命名为“美龄公园”，并于七七事变五周年之际，邀请驻美大使胡适出席揭幕典礼。宋美龄特撰文以志盛举，其文曰：

> 园之为物，所以发扬造化之美，而永志人生之乐也。兹承诸君子雅意，以予名名斯园，人生荣誉，无高尚于此者，予因是而有感焉。夫园也者，在吾中华民族观念中，实含有精神上之要义。其四时美景，层出不穷，有如人生进化之递嬗。春天萌芽，幼年景也：夏日花开，成年景也；秋季叶黄，壮年景也；冬令富藏，晚年景也。其景不同。而美之所以为美者，曰秩序，曰整齐。犹乐之所以为乐者，曰心安，曰神恬，二者不可须臾离也。予名美龄，凡游览此天然与人工所造成既美且乐之园者，予祝其享受美满高龄，心之安，神之恬，一如吾列祖列宗在若斯佳境所享受者焉。[①]

除了美国纽约建造宋美龄公园声援中国外，印度和古巴等地，也纷纷举办活动募款，并将之交给宋美龄作为救济中国民众之用。

中国在宋美龄和蒋介石访印返渝后，举行“印度日”活动，印度朝野亦发起“中国日”运动，“先后募获印币一百万卢比以上，已由印督请英国驻华大使薛穆转交蒋夫人”。同时“有印度友人指赠大批药品，已交中国红十字会总会”。[②] 美属古巴的同盟赈济基金委员会，亦于七七事变五周年纪念日，“捐赠美金一万元，充作蒋夫人

---

① 《美龄公园揭幕》，《中央日报扫荡报》（重庆）1942 年 7 月 12 日。

② 据重庆各主要报纸报道，该款支配办法如下：“（一）儿童保育协会五十万卢比，（二）妇女慰劳总会二十万卢比，（三）抗属生产费十万卢比，（四）其他紧急费用十万卢比，（五）中国盲人幸福促进委员会十万卢比。”《印“中国日”运动》，《中央日报扫荡报》（重庆）1942 年 7 月 12 日；《印度厚谊各界赠我卢比百万》，《大公报》（重庆）1942 年 7 月 12 日。

之战时儿童保育基金”[①]。由于宋美龄积极的对外宣传，各国对中国的处境更加了解，也纷纷慷慨解囊，支持宋美龄的救济工作。

二、居里二度访华

7月20日下午3时，居里衔美总统之命，由美经印飞抵重庆，了解中国战时之需要[②]，重庆各界纷纷表达欢迎之意。是日“新运”妇女指导委员会举行茶会，欢迎缅甸都弥亚辛女士，并邀请重庆妇女界名流作陪。[③]

居里在1941年2月首次到访重庆，停留了二十余天，希望中国能整合内部力量一致对日，宋美龄也在1941年2月中旬自港返渝，并加入和居里的对谈。在居里返美后，通过密切的书信往返，建立起中美间的一个沟通通道。居里在间隔一年五个月之后再次造访，此时世界的局势，有了很大的变化，包括在苏、德间的启衅和血战；在太平洋上日本袭击夏威夷，更席卷南洋。重庆方面期待居里不只是罗斯福总统的“私人代表”，且能带给中国更多的资源。

重庆《大公报》即发表社评，希冀：“此次居里先生之来，不能把解决中国问题与解决美国问题分开，尤其不能与解决世界战局分开。居里先生的使命，就是美国对战争应担的责任。”[④]

重庆方面原本希望罗斯福能指派霍普金斯（Harry L. Hopkins）访渝，但罗斯福对其倚重颇深，加以霍普金斯身体不适远行，而再次训令居里访华。居里是次造访，原本预计留渝十日，但最后自7月20日抵达至8月7日事毕离渝飞印，和蒋介石夫妇进行了十多回合的会谈，其真正的目的是要调解蒋介石和史迪威之间的争执，说明美国的战略规划，并缓和中美英因缅战失利的紧张关系。7月21

① 《古美赈济会赠我美金一万》，《大公报》（重庆）1942年7月12日。

② 《衔美总统命居里抵渝》，《大公报》（重庆）1942年7月21日。

③ 参见李又宁编：《工作八年》，第271页。戴季陶也于22日设宴为都弥亚辛洗尘。参见《蒋夫人定期欢宴都弥亚辛》，《中央日报扫荡报》（重庆）1942年7月23日。

④ 《迎居里抵渝》，《大公报》（重庆）1942年7月22日。王世杰曾向蒋介石提议，“可乘居里来渝之时，与谈（一）美国于战后协助中国经济建设办法；（二）反攻缅甸计划”。王世杰：《王世杰日记》（手稿本）第3册，第333—334页。

日下午5时，宋美龄陪同蒋介石在黄山官邸接见居里，居里在寒暄后即面陈罗斯福总统亲笔函，双方就丘吉尔第三次赴华盛顿商讨的议题、德苏战况交换看法。蒋介石中途因故离室后，宋美龄与之继续谈话，并往访亦在黄山官邸的孔祥熙。8时30分晚餐前，蒋介石又与居里对印度局势进行谈话，居里表示：

> 我总统对印度之态度，大致以其对英国之态度为准，盖彼一贯主张巩固联合国之共同阵线，为其高于一切之目标，至于个人对于英国之举措，未尝不时作严厉之批评，但不愿公开抨击，使英国难堪，而且有损联合国之共同利益，克利浦斯赴印之前，总统曾向丘吉尔首相作解决印度问题之建议，未蒙接纳。①

双方谈话告一段落后，宋美龄和蒋介石招呼居里入座就餐，席间双方谈论在过去一年间与美方人士交往的情形，并在餐后，续就改善中英关系、恢复缅甸和英印情势详细商讨。②

7月22日下午2时，宋美龄继续陪同蒋介石在黄山接见居里，双方就同盟国战略各自表示意见，并言及美国在华部分官员态度和史迪威冒犯等事。居里一开始就针对太平洋作战会议的召集方式进行说明：

> 昨谈有一事忘未提及，赶再加解释，闻中国方面，以未将其加入太平洋作战会议，不啻降其地位与自治领并列，深感不怿，蒋夫人于致华盛顿函中曾提及此事，

---

① 《事略稿本——民国三十一年七月》，1942年7月21日，台北“国史馆”藏，《蒋中正“总统”文物》，入藏登录号：002000000646A，典藏号：002-060100-00166-021。

② 《事略稿本——民国三十一年七月》，1942年7月21日，台北“国史馆”藏，《蒋中正“总统”文物》，入藏登录号：002000000646A，典藏号：002-060100-00166-021。因居里建议缔结中英同盟条约，蒋介石曾指示王世杰和王宠惠先行研议。参见王世杰：《王世杰日记》（手稿本）第3册，第334页。

> 罗斯福总统睹此甚为震惊，盖太平洋作战会议之会员，以沿太平洋作反侵略战争诸国家为标准，别无他意，不久尚拟邀菲律宾参加，闻宋子文先生参加此会议之后，每星期得与罗斯福总统面一次，颇感便利，故绝无视中国与自治领同等之意。①

听了居里的解释，蒋介石表示："中国不得参加英美联合参谋会议，益使中国感觉待遇之未得其平。"宋美龄质问居里："中国独立抗战已有五年，其贡献实不在英国之下，乃中国不能得与英国同等之待遇何耶？"居里以苏联亦未参加和保密等理由，说明未邀中国出席联合参谋会议的原因。接着双方就中国地位、分配物资和战后合作续作讨论，宋美龄表示："战争时可作互相利之婚姻，战事结束之后，或仍可继续作此结合。"居里则指出中美歧见亟待化解："盖一年以来，中美两国间感情亦有渐趋隔阂之倾向，今固非根本究责任谁属之时，然搜索其原因，纠正其错误，从而修复原来之好感，实为当前之急务。"蒋介石认为中美间的隔阂是英国所造成的，其表示："予不能承认一年来中美感情有隔阂之倾向，惟若干个人之观感，确有逐渐转移之现象，此种转移势所当然，盖受英方之影响也。"居里看蒋介石未明白其所指，遂进一步指出："本人之意，亦非指中美一般关系而言，惟在华盛顿之中国代表与若干美国军人间时生龃龉与摩擦之现象，其关系渐见恶化耳。"② 蒋介石也坦承有此情形，居里接着透露美国军方的态度曰：

> 诚挚之争执，固如钧座所言，为两国关系之好现象，惟华盛顿军人最近态度之变更，则颇可虑，彼等以为中

① 《事略稿本——民国三十一年七月》，1942 年 7 月 22 日，台北"国史馆"藏，《蒋中正"总统"文物》，入藏登录号：002000000646A，典藏号：002-060100-00166-022。

② 《事略稿本——民国三十一年七月》，1942 年 7 月 22 日，台北"国史馆"藏，《蒋中正"总统"文物》，入藏登录号：002000000646A，典藏号：002-060100-00166-022。

> 国人不合常情，时作过份要求，其统计不足信，办事不坦诚、不持平，无合作精神，此种歧视态度，如一任发展，实至可虑。[①]

宋美龄问道："未识阁下所言，是否指宋子文先生在华盛顿之举措应负责任耶?"居里表示："马格鲁德将军之军事代表亦应负一部分责任，盖彼部下若干军官返国后，曾散布流言，谓中国师长等多囤积军用器材，并不应用，现驻西安一带之部队，始终保存实力，不预战争，此为偶然想到之数点，若假以时间，细加思索，则在华盛顿所闻之此类流言，尚可历［列］举四五项。"而更严重的是"此种现象之危险性，实超过意见争持之程度，而为形成华盛顿一部分人士基本态度之过程，趋势至为不利，美国军政部竟有若干重要军官公开倡议，谓美国不必期待中国协助作战，可自动以海空军进攻日本本岛，且可以坎察加为进攻之根据地"。[②]

居里同时指出中美间的误解还来自"中国拒绝考虑史汀生部长借拨军用器材二十万吨之要求"，居里认为"此项器材，目前既无转运来华之可能，应可借拨用于他处，待可运华应用时，即当如数归还也"。宋美龄回答："委员长业已同意借拨此项器材，惟保留中国急需应用之飞机部分，予曾以此意电告阁下，委员长并已电令宋子文嘱其以此意转告史汀生部长。"但居里表示宋子文并未以此电转告军政部，同时"华盛顿方面之印象，仍以为中国需索无厌，宋子文先生实利用钧座名义作种种要求"。居里除了批评宋子文在美的交涉方式，也期待华均能有惊天动地之战绩。宋美龄则反问："我军队无重炮，无轰炸机，安得取攻势耶?"双方最后谈到史迪威的去留问题，居里表示："马歇尔将军颇器重史迪威

---

① 《事略稿本——民国三十一年七月》，1942 年 7 月 22 日，台北"国史馆"藏，《蒋中正"总统"文物》，入藏登录号：002000000646A，典藏号：002-060100-00166-022。

② 《事略稿本——民国三十一年七月》，1942 年 7 月 22 日，台北"国史馆"藏，《蒋中正"总统"文物》，入藏登录号：002000000646A，典藏号：002-060100-00166-022。

将军，故史将军在美国军人界之地位甚高，如史将军无绝对留华之必要，马歇尔将军可调彼往他处服务。”蒋介石回答道：“予对个人问题并无意见发表，美国在华军官用舍之事，固应由美国政府决定之。”[①] 双方经过一番长谈，把中美间的许多问题，摊开来沟通，唯对于史迪威的去留问题，仍交由美方自己决定。

在进行两天的会谈之后，蒋介石于7月23日电询宋子文：“居里携来罗总统函内，有近接尊电，谓此间对中国战区未予以应有之重视，闻之甚为不安等语，并有所解释，中近来似未去电提及此语，是否曾电兄转达类似之意，已不能详忆，请兄一查，电复为荷。”宋子文接电复陈：“居里携来罗斯福总统函内所谓接钧座电，有美方对中国战区未予以应有之重视之语，查文并未接转此类意旨电文，惟秘密获悉史迪威致军部一电，报告六月二十六日与钧座、三妹谈话，谨摘译呈览。”[②] 史迪威在缅战失利回到中国后，蒋介石和宋美龄多次予以接见，深切检讨败战原因，曾提及宋子文指摘史迪威未向美方确实反映中方的需求，而居里也在此次访华批评宋子文在美的交涉方式，宋史之间的意见之争，有愈演愈烈的趋势。

7月25日晚7时30分，居里和史迪威相偕晋谒蒋介石夫妇，居里一开始即表示希望就史迪威的问题进行讨论，蒋介石表示：“就余意度之，美国军事代表团来华之任务，应为改进中国陆军，组织中国空军，俾助我增强作战之效能，并可减少美国派遣来华武装实力之数量。然该团来华，始终未见注意及此，亦未见诸问题作应有之研究。”居里表示在渝与史迪威作数次谈话，“深感彼郁郁寡欢，颜怀不满，因询究竟，彼举数事以告”。并向蒋介石询问：“彼得华盛顿报告称，钧座曾有一电嘱宋部长转陈罗斯福总

---

① 《事略稿本——民国三十一年七月》，1942年7月22日，台北“国史馆”藏，《蒋中正“总统”文物》，入藏登录号：002000000646A，典藏号：002-060100-00166-022。

② 《事略稿本——民国三十一年七月》，1942年7月23日，台北“国史馆”藏，《蒋中正“总统”文物》，入藏登录号：002000000646A，典藏号：002-060100-00166-023。

统，并悉钧座对彼责难之某数点，实非真相，罗斯福总统于四、五日前曾有一长电奉复，未识已达左右否？”蒋介石表示尚未获悉该电，居里趁机批评宋子文，“此实一严重问题，罗总统如此重要文件，宋部长安可延搁不发？此电将史迪威将军之地位与责任，曾作详细之说明”。双方就史迪威的职权和毕赛尔阻止拨交运输机详加讨论。①

众人于7月25日8时30分半共进晚餐，晚饭后又继续谈话。居里认为：“纠纷之起，恐因史将军本人为钧座参谋长一言，太无边际，未识宋部长曾以史将军之地位与责任详电钧座否？”蒋介石表示：“余已不忆宋部长曾否有此项报告电余，然史将军来华说明其地位谓‘在任何此项军事会议中，本人所得之其他地位皆不生效’一言，实使我等关系发生复杂变化。”宋美龄接着就史迪威的缺失举例说明：“余请史将军向华盛顿建议接受中国五百架飞机之要求，史将军并未声明不愿作此建议。”居里认为：“不应嘱彼作此建议，盖以彼参加谈话时所处地位言，彼实不能作此建议。”宋美龄则质疑：“然则彼因何不说明不能作此建议之理由？”居里承认：“不加说明实为彼之错误，惟为补救起见，彼作此函以说明其所处之地位。”蒋介石抱怨史迪威来华之后，“为总统代表之时，实多于为余参谋长之时”。因此“于史将军地位责任未得明白了解之前，工作恐难顺利推进，彼为总统代［表］，即不能为余参谋长”。②

宋美龄接着又批评史迪威曰：“余等与史将军约有密码，彼不用之，反以二电告马格鲁德将军。”蒋介石也不满地说：“当缅甸战局如此吃紧之时，余实不明彼何以不向余请示？”居里则为史迪威缓颊说：“相［想］像当时彼见中国部队冲散成若干小单位，无

① 《事略稿本——民国三十一年七月》，1942年7月25日，台北“国史馆”藏，《蒋中正“总统”文物》，入藏登录号：002000000646A，典藏号：002-060100-00166-025。

② 《事略稿本——民国三十一年七月》，1942年7月25日，台北“国史馆”藏，《蒋中正“总统”文物》，入藏登录号：002000000646A，典藏号：002-060100-00166-025。

法集合，必异常失望，惟本人既非军人，又未明当时真相，自未便为彼解释。”蒋介石对于居里来华沟通表示肯定，其向居里表示：“倘阁下不来重庆，余将以适所言者，藏之于心，不复赘言，惟史将军之双重任务，实召纠纷。”居里回答说：“未识史将军来华以前，曾将此点解释明白否？彼之双重任务实与宋部长共同商定，宋部长自为钧座之代表。”宋美龄认为史迪威的问题，在于其具有多重身份，因此“当时并未发生任何事件，自未能预料事后变化所发生之困难，我人经验中实未遇有同样性质之遭遇”。①

居里一面提出解决方案，一面为史迪威说情，认为其并非针对中方将领，“史将军在缅甸战役之期，精神过度兴奋，此为本人惟一可贡献之解释，彼反对英国将领，亦反对中国将领，到处寻人疵瑕”。对于居里的说法，宋美龄仍不满地表示：“倘委员长不发令以挽救缅甸危局，正不知中国入缅军将成如何结局矣。”居里表示：“史将军对缅甸战役之结果，亦深感悔恨，彼深悔不应派一师赴援在油田被困之英军，倘此后再有机缘，彼决不再派队赴援英军，彼思之辄深痛恨。”蒋介石淡淡地回应：“此已为过去之事。”宋美龄最后期许：“深愿能求得满意合作之办法。”在结束此番深谈之后，蒋介石立刻电询华盛顿宋部长子文曰：“据史迪威方面称，罗总统为史迪威职权事已有复电交兄转中，且史已于三日前接此电原稿，而中至今并未接收此电，究竟如何？盼覆。”②

居里在会谈间，替史迪威出气，批评和质疑宋子文，让蒋介石和宋美龄一时也不明就里。其实该函电原系美国军部马歇尔协助罗斯福拟稿，马歇尔将内容电告史迪威，但罗斯福在宋子文的建议下，另拟新电稿而未发出史迪威和居里指摘宋子文的电函，

---

① 《事略稿本——民国三十一年七月》，1942 年 7 月 25 日，台北“国史馆”藏，《蒋中正“总统”文物》，入藏登录号：002000000646A，典藏号：002-060100-00166-025。

② 《事略稿本——民国三十一年七月》，1942 年 7 月 25 日，台北“国史馆”藏，《蒋中正“总统”文物》，入藏登录号：002000000646A，典藏号：002-060100-00166-025。

宋子文当时也就未向重庆方面报告。[①] 不过在蒋介石求证之后，事实得以澄清，宋子文电复道：

> 有宥电敬悉，梗电计达钧览，文为史迪威函事，与军部麦次长继续接洽时，彼谓罗斯福总统有电答复钧座，即将请文转达，并先告文内容，文乃急谒罗总统面陈，蒙总统素以友人相待，今竟以友谊奉告，该电仍取维持史迪威原函态度，为中美两国以后亲切合作之关系，及总统与蒋委员长之情感，故未便转呈，总统百忙之中，对军部代拟此稿或未加细思，设使总统处蒋委员长之地位，接此电后，必有同一之感想云，总统极以为然，并云君诚恳之言，至为心感，此电决定取消等语。至对史迪威职权之答复，一如梗电所陈，军部未知当时变化，仍将电稿转史迪威，现已去电撤销，此乃经过情形，文以该电既经总统取消，梗电所陈答复语，有商量余地，事已过去，不愿两国领袖稍存芥蒂，故略而未提，措置有无不当，及梗电总统意见是否可行，统祈指示，俾有遵循。[②]

---

① 齐锡生：《剑拔弩张的盟友——太平洋战争期间的中美军事合作关系（1941—1945）》，台北“中研院”近代史研究所 2011 年版，第 225—226 页。蒋介石于星期反省录中自记曰：“近日与居里谈话，更觉西人皆视华为次等民族，无不心存欺侮，可以进一步压迫，乃必压迫不止，美国所谓道义与平等为号召，其实其心理与方法无异于英国之所为，不过其人民精神与自由思想，或较英国为进步耳。”而其对史迪威提出名目繁多的职权，不愿受指挥一事，蒋介石仍感到愤慨，其曰：“虽强制自反，然终觉愤闷不平，盖对帝国主义者，应争则争，不可以克己复礼为主，否则彼反加轻侮，以为可欺也。”《蒋介石日记》（手稿本），1942 年 7 月 25 日上星期反省录；《事略稿本——民国三十一年七月》，1942 年 7 月 25 日，台北“国史馆”藏，《蒋中正“总统”文物》，入藏登录号：002000000646A，典藏号：002-060100-00166-025。

② 蒋介石于 7 月 26 日续电宋子文曰：“前电所说史迪威三日以前已接其总统复中电稿，而其总统如今尚未将此稿交兄转来，则其间显有试探作用，故兄不必自动提问其有否复电，若其果有此电稿交兄，而其内容认史函所言为对时，则兄可即表明中接此电，只有请辞中国战区总司令与取消中国战区之一道，作严正之警告。”《事略稿本——民国三十一年七月》，1942 年 7 月 26 日，台北“国史馆”藏，《蒋中正“总统”文物》，入藏登录号：002000000646A，典藏号：002-060100-00166-026。

居里和蒋介石夫妇间的深入沟通，无意间透显出中美军政高层，各自在罗斯福的对华政策上角力，也反映出外交工作的复杂性。

7月26日上午11时，蒋介石夫妇在黄山官邸接见居里。蒋介石先询问居里对致缅甸前线函的看法，居里直言此易使“美国指挥长官陷入困难异常之地位”，双方接着论及缅战失败的原因。蒋介石表示：“余并不责史将军之不尽力，美国运华之飞机，与器材数量，亦非问题之中心，余所注意者，惟史将军对余之感情，与态度耳，物资上之估量，在任何情况中，皆非余所重视。”宋美龄向居里强调：“委员长以为彼所重视者，并非飞机之数量，而为态度与精神，试例明之，苟有人也，竭力助汝，即令不成，汝亦感其盛意，苟其协助，出以傲慢之态度，则彼非所愿见也。”居里继之对于美机调赴埃及，表示遗憾，并批评美国“派赴国外之空军，实不甚佳，阿诺德将军允诺颇多，欲一一实践，颇感困难，而训练所用之飞机，损失又甚巨大，惟美国目前虽仍感飞机缺乏，念其为一巨大之工业国，并不惜巨资拨为加增飞机生产之用，迟早必能生产大量飞机，中国方面即不加敦促，亦当随时拨送飞机前来，惟倘能拟具作战计划，而经总统之核准，深信阿诺德将军亦不得不尽量拨送所需之飞机”。[①] 宋美龄和蒋介石对于美国每月可生产一千多架飞机，却不愿满足中国所提的需求，深表不解。

是晚7时30分，蒋介石夫妇续与居里交谈约一小时半。居里陈述了史迪威的作战计划，宋美龄建议：“为节省时间起见，可否将史将军之意见译成中文，备委员长考虑，然后再详细讨论之。”蒋介石再次提到作战要以美国援助资源到位为前提，其指出：“就中国方面言，以二十一师参加此项攻势，绝无问题，惟在三个月内取得飞机五百架，及有足数运输机每月可运货五千吨来华，实

① 《事略稿本——民国三十一年七月》，1942年7月26日，台北“国史馆”藏，《蒋中正“总统”文物》，入藏登录号：002000000646A，典藏号：002-060100-00166-026。

为至要。”① 由于在缅战中，盟国承诺的支持未及到位，迫使华军仓促应战，此让蒋介石和宋美龄非常坚持美方应先提供五百架战机和每月运送五千吨物资的条件，并希望居里能在离华前，促使反攻缅甸的作战计划能完成规划。

经过几次的深谈，蒋介石于7月28日抽空修正与居里的谈话稿，并慎重考虑对美提出战略意见书。② 29日晚餐后，宋美龄陪同蒋介石和居里谈话约两小时，居里先提出“三路攻势作战计划”，透露美军可能以澳洲为根据地发动反攻，加以欧洲可能开辟新战场，美方短期之内将不易另派部队赴印。蒋介石再次提出要以美援为前提，才能同意居里所提的计划。居里继之希望就史迪威的地位再作讨论，蒋介石表示：“余并不反对史将军兼任二职，试举苏联军事顾问以为例，彼同时兼任苏联驻华大使馆武官，直接受苏联军事委员会之命令，余并无闲言。”宋美龄补充说：“此实为其本人对委员长所持之态度问题。”居里表示：“本人不愿为史将军作辩护，惟希望能商得妥善办法，俾史将军得以正确之姿态，执行其双重任务。”蒋介石提醒居里道：“当其晤余时及其直接来函声明非余之参谋长，则其态度如何可知，此实为造成不可挽救之僵局。”③

居里则强调史迪威所处之地位，“实较军事顾问为重要，盖彼等时为驻中缅印美军之司令，复管理租借法案器材，而反攻缅甸泰国越南时，彼又将指挥美国军队”。对于史迪威的去留，居里希望蒋介石考虑史迪威抱病仍勠力从公，马歇尔对史迪威的倚重，以及替代人选不易寻觅等问题。蒋介石认为：“彼应改变态度，此

---

① 蒋介石是晚自记曰：“本日对居里痛斥史迪威来函不敬之过恶，与美国军部对华藐视与侮辱态度，约三小时，皆出自配义与道浩然之气，毫无歉馁之心。居里本甚偏袒矜持，见此乃亦不敢不折服矣，可叹。”《蒋介石日记》（手稿本），1942年7月26日；《事略稿本——民国三十一年七月》，1942年7月26日，台北“国史馆”藏，《蒋中正“总统”文物》，入藏登录号002000000646A，典藏号：002-060100-00166-026。

② 《蒋介石日记》（手稿本），1942年7月28日。

③ 《事略稿本——民国三十一年七月》，1942年7月29日，台北“国史馆”藏，《蒋中正“总统”文物》，入藏登录号：002000000646A，典藏号：002-060100-00166-029。

实为基本问题，彼可兼任他职，惟当其面对余时，彼只为余之参谋长，不能有其他立场。”双方坦怀相叙，并约次日再谈战后问题。①

7月30日上午，宋美龄在黄山官邸陪同蒋介石批阅公文，拟致美总统罗斯福电稿。中午，约晤居里继续谈话。双方原本要讨论战后问题，但居里建议先就史迪威去留问题再作讨论。居里认为史迪威于此时调回美国，将有四不利，不如让史迪威先到印度研究“三路攻势作战计划”和训练中国在印军队，居里同时又抱怨宋子文在美要求租借法案器材，不循常规办理，滋生美军方困扰。蒋介石强调，“余并不反对一人兼领二职，但希望其能正确明了对余应取之态度耳”。宋美龄认为史迪威惹出的麻烦，“实为应对得宜之问题也”。居里则回答：“窃意此种对比，尚未十分吻合，盖史将军代表美国统帅，即美国总统而指挥驻中缅印之美国军队，并管理租借法案器材，彼若不能以此资格晋谒钧座，美国人士将认为受辱，惟美国司令与租借法案器材管理者，此二职似有分开之必要。”宋美龄再举例说明：“史将军上委员长三路攻势作战计划书，签名列衔者为美国陆军中将，就中国习惯言之，实属不当，应列衔参谋长。”蒋介石也再以英国军事代表团团长勃鲁斯将军为例，说明彼在初次见面时，即明白表示：“本人为钧座之僚属，奉本国政府命，本人来华受钧座之指挥。”希望居里把美国政府代表兼任中国战区参谋长的定位和美国驻中缅印军司令的职权，作一明确规范，以免又造成困扰。② 是日晚间7时，居里和史迪威、陈纳德应中美文化协会邀请，参加在孔祥熙官邸的欢迎会，会中有四百余中外嘉宾暨各文化团体代表出席，居里并作公开演讲，表

---

① 《事略稿本——民国三十一年七月》，1942年7月29日，台北“国史馆”藏，《蒋中正“总统”文物》，入藏登录号：002000000646A，典藏号：002-060100-00166-029。

② 是日蒋介石自记：“正午，居里又谈史蒂华［史迪威］去留事，彼于昨夕与今午谈话后，始知我中国习惯与心理所在，乃令史先赴印度，另派一人来华暂代，以为过渡办法，勿使史太失体面，以致回美反华之意，余即允之。此乃为中美能否合作之症结，亦可表明余用美国人为参谋长，并非为能多得租借案关系，而且其去留亦不关我心也，此种精神，应使其彻悟也。”《蒋介石日记》（手稿本），1942年7月30日。

示战争是整个的，美方对欧亚战区并无轻重之分。[①]

在居里访华期间，英国伦敦举行援华募款大会，由克利浦斯夫人主持，外相艾登（Robert A. Eden，1897—1977）致辞时表示尽力援华，驻英大使顾维钧向英人强调，中国非胜利不停战，郭秉文和叶公超等中国使馆人员亦出席观礼。[②] 是日，克利浦斯夫人特别把宋美龄的贺电公开宣读：

> 君等之组织，殆足代表英国全体人民之意志，而在民主国家，人民之意志最关重要。君等援助吾国，盖系导源于一种认识，即承认吾人系为共同目标共同原则并肩作战是也。吾人兹愿欣然受君等之援助，认系患难中友谊之表现，余望君等亦可发现彼仁厚之给与者，适亦巧遇一仁厚之接受者，而致双方俱蒙其利。[③]

抗战期间，宋美龄经常与克利浦斯夫人联系，克利浦斯夫人在英也多次为华募款，坚定支持中国的抗战。

居里抵渝之后，连日和蒋介石夫妇对谈，宋美龄居间协助中国争取资源，对史迪威冒犯蒋介石也不假辞色地批评，蒋介石更是有感而发：

> 近日对外交经验所得，无论为友为敌，凡我应得之

---

① 参见王世杰：《王世杰日记》（手稿本）第 3 册，第 338—339 页；《中美文协欢迎居里》，《大公报》（重庆）1942 年 7 月31 日。经过多日和居里的交涉，蒋介石于 7 月 31 日本月反省录中记下：“居里来华疏解，罗斯福未轻视中国战区之意，其实窥伺吾之意态，如可以强制，乃即行其威胁手段，彼见余直道坦怀，不为所屈，始转变态度，不敢欺凌，然而愁闷抑郁，亦云甚矣……空运计划与空军计划，虽皆制定具体方案，而美国消极应付，未能乐观也。美国对我中国战区与军力，不仅轻视，简直无视也，此乃本月中最为痛心之事，只有忍性自勉耳。”《蒋介石日记》（手稿本），1942 年 7 月 31 日本月反省录。

② 《英伦盛大举行联合援华募款会》，《中央日报扫荡报》（重庆）1942 年 7 月 31 日。

③ 《蒋夫人致克利浦斯夫人电》，《大公报》（重庆）1942 年 7 月 31 日。

> 权利与地位，只可进取与坚强，而不可有丝毫之退让，以我退一步，彼必进一步，不仅不以我为知理见情，而反视我为怯弱可欺也……对外事，应据理争取，对内应约礼退让，但亦一于中和自持耳。[1]

8月1日，王世杰安排居里与记者会面[2]，蒋介石夫妇则讨论着陈布雷和王宠惠草拟给罗斯福函件的中英文稿。[3] 3日中午，蒋介石夫妇继续约晤居里至黄山谈话，双方原拟讨论战后规划，却因空运援华补给问题，未获共识而一再讨论。

蒋介石表示如美国不继续援助，可能会造成无法控制之局势，但同意增派部队赴印受训，并指示宋子文同意将车胎等几种器材给美方先用。居里马上表示："本人奉夫人来电称，钧座业已允准拨回此项器材，以为宋部长当可转知美国军政部，故未向军政部报告，不料宋部长并未转告，中国国防供应局中有若干青年，似有蒙蔽美国军政部之举动，使该部深感不快。"[4] 居里再次中伤宋子文，接着其将话题转到战后问题，居里先提出数点意见：

> （一）战后土地之再分配问题，罗斯福总统尚不拟立即表示，盖知一作表示，困难必随时发生……（二）国际联盟所产生之委托统治制，亦经研究，认为不适宜于处理此次战后之落后国家，故有人建议国际训政制或可考虑，此即由落后国之二三邻近国家，共同代管该国政

---

① 蒋介石于星期反省录中对于和居里的交涉自记曰："本周对居里谈话，与之无形奋斗，彼自知屈顺从，然其心犹未折服也。"同时"研究对美交涉与世界战局战略甚切，几乎专心对美问题，无暇他顾也"。对于居里批评宋子文，也让蒋介石心生芥蒂，而考虑调整宋子文在美职务，其认为"子文在美言行横暴，专弄小术，而不顾大体，如延久不调，恐误大事矣"。《蒋介石日记》（手稿本），1942年8月1日上星期反省录。

② 王世杰：《王世杰日记》（手稿本）第3册，第339页。

③ 《美政要来访（二）》，1942年8月2日，台北"国史馆"藏，《蒋中正"总统"文物》，入藏登录号：002000001276A，典藏号：002-080106-00053-013。

④ 《事略稿本——民国三十一年八月》，1942年8月3日，台北"国史馆"藏，《蒋中正"总统"文物》，入藏登录号：002000000647A，典藏号：002-060100-00167-003。

治……（三）对于中国东北问题，亦拟略述鄙见，华盛顿一部分人之感想，以为中国东北应作为战后日俄两国间之缓冲国，盖华盛顿之印象，已有不将中国东北认为中国一部分者，赖德懋顾问今正竭力向美国各方说明，中国东北为中国不可分之一部。[①]

听到居里有关东北问题的陈述，蒋介石立即回以："中国东北为中国领土之一部分，绝无讨论之余地，此实为中国抗战之基本意义，盖我抗战，若非为收复东北失地，早可结束矣。"[②] 居里继续陈述：

（四）中国战后之稳定问题，华盛顿各方亦多加讨论，即罗斯福总统亦曾注意及此，一般顾虑，以为维持中国稳定之责任，似恃钧座一人负责之处过多……（五）其次，即关于中美邦交问题，两国亲善之日增，为中国所热望，亦为美国所企祷，就罗斯福总统本人言，亦曾再三努力使中国列为四强之一，故深盼两国政府，本此心领神会之默契，携手共建更亲密之关系……（六）罗斯福总统所最注意者，为战后中国之政体，美国今正竭其全力以鼓励中国民主政治之发展，中国救济联合会之中心人物，在战时发动救济运动以结中国人之好感，其目的在于战后投资中国，以达其吸收中国资源之目的，故见中国专利事业之发达，彼等即认为妨害其将来发展而感不快，对于夫人论文所涉及之国营事业，彼等亦予注意……[③]

① 《事略稿本——民国三十一年八月》，1942 年 8 月 3 日，台北"国史馆"藏，《蒋中正"总统"文物》，入藏登录号：002000000647A，典藏号：002-060100-00167-003。

② 《事略稿本——民国三十一年八月》，1942 年 8 月 3 日，台北"国史馆"藏，《蒋中正"总统"文物》，入藏登录号：002000000647A，典藏号：002-060100-00167-003。

③ 《事略稿本——民国三十一年八月》，1942 年 8 月 3 日，台北"国史馆"藏，《蒋中正"总统"文物》，入藏登录号：002000000647A，典藏号：002-060100-00167-003。

面对居里的建议，蒋介石再次强调："愿美国人士，明白认识我中国民众所以肯忍受重大牺牲与各种困苦以支持抗战之意义，当知凡此一切，皆以收复东北四省为目标。"居里又建议说："兹愿贡献刍议，或可改善钧座之处境，本人曾询返国美人，中国政府中有自由思想之青年，是否有升迁之机会，整个行政机构中是否有新血液之注入，彼等之答复，则谓政府仍为老党员所把持，并无任何新气象可寻。"蒋介石认为居里有所误解，建议居里，"倘阁下能赴各省巡游，当知此言之非确，青年县长及自由主义之行政官吏，遍布各行政区域"。居里遂再建议："董副部长应设法使外国记者注意此种事实，俾得扫除各种不利宣传之毒素。"宋美龄则认为官员的年龄不是问题，其以美国为例说："恐在美国亦能发现此种现象，例如国务卿赫尔、军政部长史汀生、海军部长诺克斯，皆为老成持重之行政首长，为政府所必需，此种现象为世界各国普遍所共有，何独中国。"①

是日晚间，蒋介石夫妇在官邸宴请居里，史迪威亦于是晚加入谈话。双方继续讨论"三路攻势作战计划"，居里提醒蒋介石，"云南恐将为联军作战之重要据点，此后将有多量军事器材送达该处，各项飞机将以昆明为第一站，日本倘知云南之重要性，或将向彼发动攻势，以占领昆明为目标"。蒋介石表示："余已注意此问题，深觉甚严重，今正进行必要之准备，我陆军如有足量空军之支持，自有力保持该省。"② 蒋介石和史迪威都希望反攻缅甸，洗刷败战的耻辱。宋美龄和蒋介石在与美方的交涉过程中，经常

① 《事略稿本——民国三十一年八月》，1942 年 8 月 3 日，台北"国史馆"藏，《蒋中正"总统"文物》，入藏登录号：002000000647A，典藏号：002-060100-00167-003。

② 蒋介石自记与居里谈话之感想曰："（一）居里谈话中，美国对东北问题，尚有主张国际共管者。闻此，恍如青天霹雳，国际诚无公道与是非可言，实足寒心。（二）对居里以每月三千五百吨租借案之运输再延长一月之语，更为痛心，不得不表示坚强态度，以彼既无礼，则我亦不能不以理争之，使之知所反也。（三）勿再与居里多提问题。（四）中英同盟之如何答复，应再审慎之，如一经允诺，则不能退转，徒受虚名，而蹈实祸，不可为也。"《蒋介石日记》（手稿本），1942 年 8 月 3 日。

以美援作为中国持续抗战的前提，部分美方人士则认为此举是“漫天要价”，事实上中国在抗战期间的经济状况，确实欠佳，若非有过人的意志，刻苦互持，恐难以支撑。

居里于8月4日下午又拜访蒋介石，洽谈约一个半小时。居里首先表示在离美时，“罗斯福总统坚嘱此行应设法增善中英关系也”。蒋介石表示在国际协议上，将会以美国的态度为依归，其表示：

> 余愿再借此机会，重将我国之外交政策为阁下一言之，日前谈话时，余已声明中国决不参加美国不愿签字之任何国际协议，惟美国参加之协议，中国始愿为签字国。简言之，此即为中国之外交政策，中国得为四强之一，实经罗斯福总统所一手促成，英苏两国，并未作何臂助，此为中国所深切了解而铭感者也。吾人深知在军事方面言，中国为一弱国，不论对英对苏订立任何协议，皆不能增进其地位，或使之获得任何利益，中国于苏俄未向日本宣战之前，拟暂不对日宣战。罗斯福总统来电力劝我国不必等候苏俄，应即参加二十六国，先行对日宣战，我政府中若干重要领袖，闻此反对甚力，余不顾众论，毅然接受罗斯福总统之建议，对日宣战。自本年一月一日迄今，中国始终并未获得英苏二国之任何协助，独立抗战，一如旧也，然英国方面今正竭力宣传英国对华经济与军事之协助。①

宋美龄和蒋介石对于英方的印象，因英印和缅战问题而趋于不佳，蒋介石的谈话，表明中方对英的不信任。

居里表示数月前，其“尚为反英者，然最近已改变态度，盖

① 《事略稿本——民国三十一年八月》，1942年8月3日，台北“国史馆”藏，《蒋中正“总统”文物》，入藏登录号：002000000647A，典藏号：002-060100-00167-003。

深感中国在缅在印，皆将恃英国之合作，本人并不奢望英方积极之援助，但求其不横生阻碍已足，深惧中国对英关系如不改善，英国对华态度或将由淡漠或辩护，转变而为积极之敌对，因而影响美国”。听到居里自析对英态度的转变，蒋介石还是不满地表示：“目前英国政府所采取之政策，实甚短见，彼等似已遗忘自由中国尚有四万万之人民，七百万方里之土地，在战区中，且拥有五百万武装军队，倘无中国之抗战，亚洲大陆早为日本所独占。”居里除了希望缓和中英间的紧张关系，还建议要注意美国部分人士对中国未来的看法，其曰：“美国今有一部分人感觉战后之中国，将为军国主义而排除白种人之国家，故彼等持养虎贻患之戒心，中国欲消除美国此种心理，最妥办法，应逐渐向民主主义推进，勿作排外之表示，应用‘中国为亚洲之领导’等字句，尤应小心。”① 居里建议中国要进行民主化，并避免成为军国主义的国家。

宋美龄于8月5日中午又陪同蒋介石在黄山接见居里，蒋介石一开始要董显光先向居里说明印度的局势，蒋介石表示如“印度问题不能以政治家态度作适当之处理，则必为日本所利用，日本或将设法联络亚洲十万万以上之人民，发动种族战争，余个人对甘地并无好感，惟请转告罗斯福总统，吾人对甘地之为人，不必多加注意，所应注意者为印度问题，盖其影响之广，乃涉及整个世界”。同时认为“吾人必须立刻有所举动，防止日本利用局势，以逞私图，罗斯福总统似可担任联合国之正式发言人，设法使印度问题得一解决，纵使为暂时之解决亦可”。但是居里随即表示：“关于罗斯福总统解决印度问题，其固然在不易觅得各方面均表同意之办法。”同时“印度无一足以代表全体民众发言之领袖，乃一

---

① 《事略稿本——民国三十一年八月》，1942年8月4日，台北“国史馆”藏，《蒋中正“总统”文物》，入藏登录号：002000000647A，典藏号：002-060100-00167-004。

大困难，印度教徒与回教徒对国是之意见，相差太甚”。[①] 居里将罗斯福处理英印争端的难处，明白地向蒋介石夫妇说明。

宋美龄则认为美方对英印问题，还是要有所表示，其指出：“委员长仍觉美国不宜坐视印度问题而无所行动，盖一般咸认美国为联合国家之领袖也，至少须有暂时之办法转变印度危机。”居里反问蒋介石：“钧座觉印度问题有妥善之可能否?”蒋介石表示：“余不能断言，但英印关系已甚恶劣，惟余不愿见美国与印度之关系更趋恶劣，如果如此，将为世界之一大不幸，吾人决不能使印人对美国有仇恨之心，苟有此种事态发生，将不利英国，不利美国，而不利吾人奋斗之共同目标。”居里认为除非罗斯福有相当程度之成功把握，否则对于印度问题，必将被动因应，以免陷于困境。双方除了对如何处理英印表达各自的立场外，蒋介石声明中国绝无干预印度政治之意，且不愿派军队赴印，避免引发误会。居里也转达罗斯福希望中苏两国维系和谐关系，并建议，“钧座与罗斯福总统皆应选派最可靠之代表，俾得随时正确反映彼此态度而付诸实施”，居里批评“驻华大使高思既不能正确反映罗斯福总统之态度，我人必设法补救，求满意之解决”，并认为如“欲解除华盛顿方面之误会，宋部长所取态度实有纠正之必要，盖宋部长处事态度与钧座所取者不同，彼每喜斤斤论价，引用压力，遂使彼与军政部间之感情日趋恶劣”。[②]

居里还指陈宋子文不直接向军政部提出交涉，“径自在太平洋作战会议中提出，结果罗斯福总统仍批交军政部，而军政部对宋部长之恶感益深”。同时宋子文还派人四处打探租借法案器材，指派“哈利白礼氏赴泰晤士杂志社，供给熊式辉将军被拒不得出席英美联席参谋会议之消息，军政部得宋部长幕后活动之报告，益

① 《事略稿本——民国三十一年八月》，1942 年 8 月 5 日，台北“国史馆”藏，《蒋中正“总统”文物》，入藏登录号：002000000647A，典藏号：002-060100-00167-005。

② 《事略稿本——民国三十一年八月》，1942 年 8 月 5 日，台北“国史馆”藏，《蒋中正“总统”文物》，入藏登录号：002000000647A，典藏号：002-060100-00167-005。

感不快”。居里建议，“似应派遣比较强干之人为驻美大使，俾得面谒罗斯福总统讨论战后以庄严之姿态出席太平洋作战会议”。居里其实希望孔祥熙能取代宋子文，其向蒋介石直接表示：“与华盛顿人士周旋，应用比较和平之手腕，倘钧座能派要员如孔院长者赴美，必能胜此重任，唯恐孔院长目前在渝职务异常重要，不便分身耳，在美活动须爽直而坦白者，能得人如此，必可胜任愉快。”①

居里除了对驻美人士表达关切，又建议中方不要斤斤计较飞机之数量。蒋介石表示：“余并不坚持此五百架飞机，必于三个月内供给完备稍予推迟，自亦不妨，惟时间限度，实不可缺，再阁下于报告中国空军需要之时，应向华盛顿方面说明，中国战区今有武装同志五百万人，配合之以飞机五百架，实不能比例，故此只维持现状之用，非可言他日反攻用也。”居里继续向蒋介石反映，“美国空军对中国空军之估价甚低”，希望中国空军要设法展现战斗力，以赢得美方的信赖。②

8月6日晚间，宋美龄偕蒋介石与居里叙别，双方深谈直至深夜12时30分方结束。蒋介石对居里两度访华，促进邦谊表示感谢，并在史迪威去留问题上让步，其对居里表示：“至中美互派代表之人事问题，凡美国政府或罗斯福总统所派来之人员，余自仍当继续礼遇之非至忍无可忍决不愿作任何表示，盖改派代表美国政府自有权衡，非余所应置喙者也。”蒋介石又表达对罗斯福的感谢与对其他盟国的不满：“中国以罗斯福总统之力得跻于四强，从此将益增其责任，所不能释然于怀者，其他各国之视中国仍未以

① 《事略稿本——民国三十一年八月》，1942年8月5日，台北“国史馆”藏，《蒋中正“总统”文物》，入藏登录号：002000000647A，典藏号：002-060100-00167-005。

② 8月5日晚9时双方续谈，蒋介石对居里在谈话中注重战略问题，慨叹谓：“西人多灵敏，我国实不及也。”《蒋介石日记》（手稿本），1942年8月5日。另外，为争取美方提供500架战机，加上史迪威未向美军部提出需求，在宋美龄的建议下又规划丙案，由陈纳德向美军部提出更多要求。参见《美政要来访（二）》，1942年8月5日，台北“国史馆”藏，《蒋中正“总统”文物》，入藏登录号：002000001276A，典藏号：002-080106-00053-020。

平等相待且无诚意，此意余引为耻辱，而并不觉列于四强之一有何荣幸耳。”蒋介石同时希望居里能协助中国取得所需的战机。①

对于宋美龄和蒋介石要求美方提供战机的想法，居里表示：“美国一般人士多具戒心，以为中国今正企图自保其实力，多数美国军官以为中国只以防守为己任，而以攻击之责诿诸他人，因是本人曾劝周主任至柔相机采取攻击姿态，俾得扫除此种怀疑心理。”居里还指出：“美国军官对中国部队多感敬佩，惟多怀疑其将领咸具保全实力不肯牺牲其部属之心理，史迪威与马格鲁德两将军皆作如是观，即以攻击宜昌之役为例，中国部队战斗并不甚力。”居里并建议中方要在可能范围内尽量优容共产党，还帮擅离职守的温毓庆说情，并希望能协助查明三名无故被拘禁的中国工业合作社社员，以免消息披露美国报纸，影响美国观感。宋美龄表示：“可由董副部长调查真相报告委员长。”② 由于宋美龄平日即与居里有密切的联系，加上宋美龄和蒋介石连日与居里的深入谈话，中美很多问题上的误解，得以一一澄清，虽双方对若干问题的看法仍有差距，但对弥补史迪威等问题所造成的嫌隙，仍发挥了正面的作用。

居里的第二度访华让宋美龄和蒋介石忙于周旋应对，在其离去之后，蒋介石更有如释重负的感觉，其对于双方交涉的心路转折有一剖析：

> 此次居里来华疏解与视察，余始刚而终和。彼初来

---

① 《事略稿本——民国三十一年八月》，1942 年 8 月 6 日，台北“国史馆”藏，《蒋中正“总统”文物》，入藏登录号：002000000647A，典藏号：002-060100-00167-006。

② 在结束多日和居里的对谈后，蒋介石自记曰：“余以坦白告之，租借案物资皆美国之物，其至如何处理与数量多寡，皆任美国作主，余无异议。惟前线五百架飞机与每月五千吨空运之最低限度如不能实行，则中国必无法反攻，嘱其了解此一点而已。以子文等对美强求与争持，不特无效，反招其轻侮与嫌恨耳。”《蒋介石日记》（手稿本），1942 年 8 月 6 日；《事略稿本——民国三十一年八月》，1942 年 8 月 6 日，台北“国史馆”藏，《蒋中正“总统”文物》，入藏登录号：002000000647A，典藏号：002-060100-00167-006。

> 之态度带有威胁与示惠之意，余乃据理力争，持以刚毅之气应之，及其气折知屈，余乃以宽和无求，而且以毋必毋固之心对之，勿使之以余为固执无理之人也。若始终强硬，则对罗斯福辅助中国为四强之一政策亦将背弃其初衷，是于吾最不利，然余亦明示其如非美国参加领导，则中国决不愿列入同盟国之内。现虽为四强之一，但在我只有知耻而毫不觉其有何荣心［耀］也。[①]

居里此次访华系以解决盟国争歧而来，其原以高姿态来面对宋美龄和蒋介石，但蒋介石夫妇并未因此而畏缩，尤以宋美龄几次对话，都是直指问题核心，严词表明中国的立场，积极争取美国对华的援助。蒋介石在事后对交涉过往作一回顾，其不禁感慨："此次居里来华，可明察罗斯福以及美国军部，决无中国军队与中国战区在其心目之中也，能不奋勉乎？"并表示：

> 国际间只有势利与强权，而无道义与公理可言，更无诚信可恃，余于美国政府与其罗总统之态度对华示穗与轻蔑一点观之，实增益吾所不能者，莫大也。国非自强，岂复有立于世界之余地乎？勉旃，半月来烦闷痛苦最甚。[②]

居里本次访华与蒋介石夫妇从欧亚战略布局、反攻缅甸方案、飞机供应补给、改善中英邦交、史迪威职权定位、空运紧急货品、战后政治规划、英印问题到改善中苏关系问题等，进行广泛而深入的商讨。[③] 居里传达罗斯福希望中英缔结同盟的构想，中方因对英方的不信任，而仅愿以美方加入，作为参与国际组织的前提；

---

① 蒋介石于8月7日自记曰："居里住渝两旬，呼为其困惫盛溽，交涉尤为伤神，一旦辞去，如释重负矣。"《蒋介石日记》（手稿本），1942年8月7日。

② 《蒋介石日记》（手稿本），1942年8月8日上星期反省录。

③ 《美政要来访（一）》，台北"国史馆"藏，《蒋中正"总统"文物》，入藏登录号：002000001275A，典藏号：002-080106-00052-002。

居里对于缓解蒋、史争端不无贡献，但却加深其自身与宋子文间的隔阂。宋美龄周旋其间，对史迪威职权争议，力维中方尊严，并借机表达对印度问题的关切，发挥人道关怀的精神。

三、随访西北单赴迪化

1942年7月上旬，重庆与莫斯科都派员到新疆，争取盛世才的合作，重庆方面应盛世才之邀，由经济部部长翁文灏率同交通部和航空委员会代表自重庆飞兰州，偕朱绍良到迪化，会商开发新疆要略，以加强在交通经济上的合作。盛世才同时通过朱绍良转告俄方种种胁迫，蒋介石深知苏俄居心，一面安抚盛世才，一面召见苏使潘友新，“重申今后凡关涉新疆事项，苏联政府应与我中央政府直接洽商，以免发生误会”①。

8月初，入缅远征军退至雷多，损失极大，加上印度内部关系紧张，中国西南后方的防线，已濒临日军的威胁之下，宋美龄陪同蒋介石飞赴西北，持续笼络新疆，以确保西北的安定。宋美龄和蒋介石自访印之后，持续关注印度局势，经常和甘地、尼赫鲁通信。在8月10日，蒋介石夫妇听闻甘、尼等人被捕之讯，分别致电关怀，希望彼等多加珍重，宋美龄还特地致函奈杜夫人，表达慰问之意。② 同时为了协助蒋介石斡旋印度问题，8月11日，宋美龄陪同蒋介石接见英国驻华大使薛穆爵士并谈话，希望英方能善待甘地和尼赫鲁等人，以缓和英印局势。③

对于英印内部的矛盾，宋美龄和蒋介石终究只能婉言相劝，

---

① 秦孝仪主编：《蒋公大事长编初稿》卷5上册，第140、148页。

② 《革命文献——同盟国联合作战：蒋委员长访印（二）》，1942年8月18日，台北“国史馆”藏，《蒋中正“总统”文物》，入藏登录号：002000000376A，典藏号：002-020300-00022-071。罗斯福曾致电蒋介石表示：“因英政府以为此时采取他国之建议，将减损印度政府之威权，故暂不宜有所举动，倘如最近一二周内印度事件更趋严重，当对阁下所建议之步骤，作更进一步之考虑。”秦孝仪主编：《蒋公大事长编初稿》卷5上册，第175页。

③ 秦孝仪主编：《蒋公大事长编初稿》卷5上册，第177页；《访问印度（二）》，1942年8月12日，台北“国史馆”藏，《蒋中正“总统”文物》，入藏登录号：002000001295A，典藏号：002-080106-00072-016。

或是通过建议罗斯福，看能不能稍微影响英国对印有更开放做法。[①] 相对而言，争取新疆盛世才的靠拢，排除苏俄在新疆的影响，更是蒋介石夫妇所急需解决的问题，蒋介石于研究长期抗战的经济政策之后，决定出巡西北。[②] 15 日上午，宋美龄一早就准备随同蒋介石飞往兰州，然重庆的夏日酷热难耐，是日宋美龄和蒋介石所预备搭乘的飞机为美国运货机，“初入机时阳光照射，其闷热如入蒸笼，为从来未有之难堪”，“所乘机若不急飞将昏倒，而夫人此时之面色已呈灰青矣”，所幸十时后由九龙铺起飞，“空气转凉乃渐复元。下午一时半到兰州，进驻西关外九间楼”。[③] 经过一阵辛苦的航程，宋美龄和蒋介石顺利抵达兰州，在谷正伦的接待下，展开巡访西北的旅程。

8 月 16 日，蒋介石夫妇陆续接见了胡宗南总司令、马步青军长和青海马步芳主席。次日，蒋介石主持兰州各界扩大纪念周，畅谈“开发西北的工作方针”，下午 3 时 30 分“与夫人再临省署访谷主席，夫妇同上望河楼前后眺望，殊足欣赏”。[④] 18 日，盛世才致函蒋介石表示，因苏军入疆，恐局势复杂，无法前赴兰州晋谒，蒋介石亦以迪化机场有苏方驻机，未便前往迪化，宋美龄表示可由其代表前往迪化，此让蒋介石颇为感动，其记曰：“余欲赴新疆，面晤盛世才，乃迪化机场已有俄国驱逐机，余往

---

① 宋美龄和蒋介石希望英方能对印人多予政治空间，但英方并不太愿意中方牵涉其间，此让蒋介石颇为愤懑，蒋介石于本星期反省录自记曰：“（一）对印度问题言动过激，又失常态，戒之。（二）丘吉尔间接探察其访华之反响，余决置之不答。此乃余对印政策之坚定，决不为其势利与虚声所诱惑，此不惟对英为然，以后对国际态势皆应以为己与自立为本。彼以其利，我以其义，彼以其力，我以其理，以应之。使欧美人士知我民族之道义，精神之所在，而渐改其藐视中华之心理也。”《蒋介石日记》（手稿本），1942 年 8 月 15 日。

② 秦孝仪主编：《蒋公大事长编初稿》卷 5 上册，第 175 页。

③ 《事略稿本——民国三十一年八月》，1942 年 8 月 15 日，台北“国史馆”藏，《蒋中正“总统”文物》，入藏登录号：002000000647A，典藏号：002-060100-00167-008。

④ 秦孝仪主编：《蒋公大事长编初稿》卷 5 上册，第 179 页；《事略稿本——民国三十一年八月》，1942 年 8 月 17 日，台北“国史馆”藏，《蒋中正“总统”文物》，入藏登录号：002000000647A，典藏号：002-060100-00167-017。

不妥，召盛世才来亦不妥，吾妻愿代余赴新慰盛，以壮盛胆，可感也。”①

在联系安排宋美龄与盛世才会面的同时，陈布雷自重庆向蒋介石请示有关对印问题的宣传，陈布雷表示：“昨奉谕示中止时，已有外字记者三人电发消息，由董副部长临时截回，今晨续奉电话，已发外电可予放行，但其消息业经追回，殊不便于即日仍通知其续发，爰经亮畴、雪艇及职等商洽结果，拟中外一概缓发，再待指示。亮畴先生意：（一）罗总统来电切望钧电与彼均不作任何公开表示；（二）目前英舆论正在酝酿由蒋夫人及华莱士副总统等出面调停，此时发表慰问电易起猜测，拟请稍待至必要时，再予考虑中外一律发表。”② 蒋介石原本有意将其和宋美龄致印度友人电函大加宣扬的计划，因罗斯福致函表示暂缓干涉印局，致使蒋介石的想法反复，而重庆的高级官员，包括王宠惠、王世杰和陈布雷等亦建议慎重因应，不必要在此问题上得罪英、美当局。

宋美龄连日在兰州陪同蒋介石巡视，蒋介石于20日着手拟订“对新疆措施进行程序及收回主权要点”，并指示何应钦在云南进行部署，以防范日军自缅越境。22日，美国总统罗斯福宣布邀请宋美龄赴美国访问，宋美龄则继续陪伴蒋介石持续在甘肃视察，蒋介石电告宣传部部长王世杰，指示要中央社速派记者驻新工作并筹办《新疆日报》，以借宣传来彰显主权。③

连日在西北密集的参访，让宋美龄患了重伤风，且发了高烧，蒋介石紧急以专机将医师载到兰州看诊。④ 26日，蒋介石前往青海

---

① 黄自进、潘光哲编：《蒋中正“总统”五记：爱记》，第261页。

② 《访问印度》，1942年8月19日，台北“国史馆”藏，《蒋中正“总统”文物》，入藏登录号：002000002113A，典藏号：002-090105-00005-019。

③ 秦孝仪主编：《蒋公大事长编初稿》卷5上册，第181、183—184页。

④ 蒋介石自记曰：“昨夜妻病伤风甚重，派机回渝接医生来诊，幸日中渐愈，热度亦退，始慰。”黄自进、潘光哲编：《蒋中正“总统”五记：爱记》，第262页。

西宁，并请朱绍良代为联系宋美龄后续飞往迪化的行程。[1] 盛世才接到宋美龄准备到访的通知后，也由其夫人邱毓芳致一邀请函给宋美龄，表达欢迎之意：

> 蒋夫人美龄先生钧鉴：顷接朱长官一民兄来电，藉知先生拟远道跋涉驾临新省访问，远闻之下世才、毓芳等实不敢当，又不胜惶悚，当能使世才、毓芳等亲聆教诲，俾诸事有所遵循，则无任欢迎之至。现正竭诚扫榻以待，仍望将起程日期先为电示，以便世才、毓芳等亲往机场恭候迎接，再先生近日玉体违和，深为系念，余俟亲聆教言，谨电奉闻。[2]

宋美龄此时还收到居里自美国电告，有关中国军需的处理情形，其电曰：

> 平安到达，计划与建议现由总统与军部研究中，经宋子文送来之附件备忘录已收到，政府现已通过重要新点，余无决定之权限，谅阁下知之甚详也。在租借法案供给3a项下请注明“分配中国用何名义”，如此可分清五月一日前后之供给，总统闻余报告后，深感忻悦，下星期当再详电一切。[3]

---

① 蒋介石致电朱绍良曰：“内子如病愈决飞新时，兄可先电告晋庸也。”《蒋中正致亲友函（三）》，1942年8月26日，台北“国史馆”藏，《蒋中正“总统”文物》，入藏登录号：002000000473A，典藏号：002-040400-0003-052；《积极治边（五）》，台北“国史馆”藏，《蒋中正“总统”文物》，入藏登录号：002000002087A，典藏号：002-090102-00016-183。

② 《新疆问题（二）》，1942年8月26日，台北“国史馆”藏，《蒋中正“总统”文物》，入藏登录号：002000000987A，典藏号：002-080101-00053-007。

③ 《对美关系（三）》，1942年8月26日，台北“国史馆”藏，《蒋中正“总统”文物》，入藏登录号：002000002093A，典藏号：002-090103-00004-045。

宋美龄身体稍康复后，于27日自兰州飞抵西宁与蒋介石会合[①]，接着蒋介石夫妇相偕自西宁飞抵酒泉，转嘉峪关视察。29日上午蒋介石先记事和手书致盛世才函，然后率同谷正伦、胡宗南等人，巡视嘉峪关和油田，宋美龄则携带着蒋介石的专函，在朱绍良、吴忠信、毛邦初和陈希曾的陪同下，到迪化面晤盛世才。[②]

在宋美龄一行21人抵达迪化之后，朱绍良和陈希曾随即分别向蒋介石报告："夫人于午后二时四十分抵达迪化，沿途平安亦未呕吐。"[③] 蒋介石也通过朱绍良转告宋美龄其行踪，并建议"回来如机上时久不便，可在嘉峪关住息，后日在凉州相会亦可。礼卿委员长老成持重，请晋庸兄多与接谈，当有益也"[④]。蒋介石于31日由张掖飞抵武威，宋美龄次日自迪化经肃州至武威与其相会，"旋相偕视察满城，傍晚至于宁夏"。盛世才请宋美龄代转蒋介石函曰："承蒙赐派夫人莅新指导，惶悚莫名，又承颁行手示，训诲有加，永铭心版，所有夫人转达钧座一切意旨，均已敬悉。职今后惟有遵照钧座一切指示，切实奉行，诸请勿念，至详情已恳夫

---

① 蒋介石对宋美龄能康复继续行程曰："吾妻病已愈，慰甚！"黄自进、潘光哲编：《蒋中正"总统"五记：爱记》，第262页。

② 蒋介石致盛世才函曰："千里咫尺，未克面晤为念，今日内子飞新代中慰劳，聊表惓惓之意而已！余托内子面详，不尽维心照。"《事略稿本——民国三十一年八月》，1942年8月29日，台北"国史馆"藏，《蒋中正"总统"文物》，入藏登录号：002000000647A，典藏号：002-060100-00167-029；秦孝仪主编：《蒋公大事长编初稿》卷5上册，第185—186页。

③ 《积极治边（五）》，1942年8月29日，台北"国史馆"藏，《蒋中正"总统"文物》，入藏登录号：002000002087A，典藏号：002-090102-00016-186、188、189。

④ 《一般资料——民国三十一年》，1942年8月30日，台北"国史馆"藏，《蒋中正"总统"文物》，入藏登录号：002000001686A，典藏号：002-080200-00297-072。蒋介石为了让宋美龄旅途不要太劳累，又电告朱绍良曰："张掖机场离城太远，夫人明日回时最好仍在嘉峪关住宿，东日直飞武威机场相遇，或明日直飞武威亦可，如何盼复。"《蒋中正致亲友函（三）》，1942年8月30日，台北"国史馆"藏，《蒋中正"总统"文物》，入藏登录号：002000000473A，典藏号：002-040400-00003-053。

人回甘回禀。”[①] 蒋介石看完宋美龄携回的专函后，回电盛世才曰：“内子今午抵回甘，转达详情，恍如面晤，欣慰之至，日间巡视各地途中，匆促未克详告，一俟回渝，再行奉告。”[②] 宋美龄亦致函邱毓芳，感谢其招待：

> 盛夫人惠鉴：在迪承蒙优礼厚遇，铭感无涯，今已安抵目的地，请勿遗念，敬谢厚意并祝康健。[③]

在宋美龄结束造访新疆之后，重庆的宣传部门随即请示，是否要将之公开报道，陈布雷以特急电询问：

> 夫人此次抵新疆及在当地慰劳与受欢迎之情形，已由中央社来电报告，并云得夫人同意后发电，前奉钧座谕对于新疆消息应慎重发表，特电请示可否发表？祈示。[④]

蒋介石经考虑后，为了避免苏方作梗，指示：“夫人赴新消息，暂缓发表可也。”[⑤] 蒋介石夫妇在 9 月 3 日中午自宁夏飞往西安，驻节王曲西边之常宁宫。由于西安气候较燥热，巨大的温差让蒋介石和宋美龄都感到不适。[⑥]

---

① 秦孝仪主编：《蒋公大事长编初稿》卷 5 上册，第 186—187 页。宋美龄还与朱绍良在新疆介绍多人加入国民党。参见《积极治边（一）》，1942 年 11 月 28 日，台北“国史馆”藏，《蒋中正“总统”文物》，入藏登录号：002000002083A，典藏号：002-090102-00012-162。

② 《筹笔——抗战时期（五十）》，1942 年 9 月 1 日，台北“国史馆”藏，《蒋中正“总统”文物》，入藏登录号：002000000243A，典藏号：002-010300-00050-018。

③ 蒋介石亦手书致函感谢邱毓芳曰：“承蒙嫂夫人盛情嘱招待内子，代谢并祝康健。”《筹笔——抗战时期（五十）》，1942 年 9 月 1 日，台北“国史馆”藏，《蒋中正“总统”文物》，入藏登录号：002000000243A，典藏号：002-010300-00050-019。

④ 《积极治边（五）》，1942 年 9 月 1 日，台北“国史馆”藏，《蒋中正“总统”文物》，入藏登录号：002000002087A，典藏号：002-090102-00016-194。

⑤ 《积极治边（五）》，1942 年 9 月 2 日，台北“国史馆”藏，《蒋中正“总统”文物》，入藏登录号：002000002087A，典藏号：002-090102-00016-198。

⑥ 秦孝仪主编：《蒋公大事长编初稿》卷 5 上册，第 188 页。

稍事休息后，蒋纬国前来谒见，蒋介石见其“母子相谈欢，此心安乐无比”①。次日，蒋介石和宋美龄走访临潼华清池西安事变旧地，蒋介石观后，对宋美龄当年的果敢，大表赞佩：“其地即余蒙难时所囚拘之室所，吾妻特往室内，查验其门缝中窥伺余夫妻行动之密隙处，已不见矣”，并对于蒋纬国和宋美龄欢聚，表示：“见纬儿与吾妻相亲之意，余心最安乐也。”②

宋美龄也于 9 月 5 日下午，将访问迪化与盛世才的晤谈内容，一一向蒋介石回报，对于拉拢新盛归服中央，更有信心。③ 宋美龄在是日晚间，为了协助马鸿逵之母及妻求医，专程飞往成都，在晚上 10 时蒋介石“得妻安抵成都之报，乃睡”④。对于盛世才向宋美龄表达不再惧怕与重庆接近，蒋介石认为：“即此一点，已收成效。吾人待人一本诚意，至其结果如何，固所不计也。”⑤ 对于是次视察西北，蒋介石表示：“本周巡视河西与宁夏，对于新疆与内蒙一般情况，亦得明了，将来处置决策，较有把握矣。”⑥ 宋美龄在陪同马鸿逵妻母到成都就医之后，于 9 月 6 日先行返回重庆，蒋介石则在西安连日召集军事会议。⑦ 宋美龄此次不顾安危，率团赴新，帮助蒋介石和盛世才建立起沟通通道，对于改变新疆过去依

---

① 《蒋介石日记》（手稿本），1942 年 9 月 3 日。

② 《蒋介石日记》（手稿本），1942 年 9 月 4 日。

③ 宋美龄向蒋介石说明盛世才的心态，蒋介石记曰：“新疆盛晋庸对中央心理，已无恐惧之心，惟此一点已收成效，吾人以诚意待之。”《蒋介石日记》（手稿本），1942 年 9 月 5 日。

④ 蒋介石见蒋纬国亲送宋美龄搭机，母子和乐颇为自得，其自记：“吾妻以马少云母妻觅医，今晚先飞成都，纬儿送之登机，见家庭和融，母子亲善，为平生最快乐之事。”黄自进、潘光哲编：《蒋中正“总统”五记：爱记》，第 263 页；《事略稿本——民国三十一年九月》，1942 年 9 月 5 日，台北“国史馆”藏，《蒋中正“总统”文物》，入藏登录号：002000000648A，典藏号：002-060100-00168-005。

⑤ 秦孝仪主编：《蒋公大事长编初稿》卷 5 上册，第 188—189 页。

⑥ 《蒋介石日记》（手稿本），1942 年 9 月 5 日上星期反省录。

⑦ 陈布雷向蒋介石电告：“夫人今午后四时安抵重庆，马少云夫人在成都尚须一星期治疗，谨闻。”《积极治边（五）》，1942 年 9 月 6 日，台北“国史馆”藏，《蒋中正“总统”文物》，入藏登录号：002000002087A，典藏号：002-090102-00016-199。

赖苏方势力的倾向，发挥了催化的作用。①

第二节　接待盟国政要访华

1942年9月上旬，中国与盟国间的关系，仍然处于互相适应调整的阶段，在居里访华斡旋后，宋美龄和蒋介石原本期待的军援，始终未见突破性的进展，罗斯福总统于9月7日发表炉边谈话，蒋介石闻后质疑，“见罗斯福炉边播音，惟未提及中国战区，是其不加重视我中国，更为显然矣献欤？”② 中国方面准备以驻法大使魏道明调任接替胡适担任驻美大使，美方的态度不甚热络，让蒋介石夫妇想起居里对宋子文的抱怨，蒋介石甚至考虑将宋子文调回国内，以平息美军部和居里等人的不满。

居里返美之后，宋美龄继续和其保持固定的联系。宋美龄在9月中下旬陆续致函居里，告知巡视西北及飞访迪化的情形，宋美龄还透露苏军在新疆的动静。此外，宋美龄也告知居里，蒋介石同意增派兵员赴印受训，以及史迪威态度改善的讯息。③ 面对美国未改善对华态度，宋美龄持续通过居里沟通，蒋介石亦反省曰：

---

① 9月14日傍晚5时30分，蒋介石由西安起飞，8时抵重庆白市驿，经新开寺至孔寓晚餐，结束了西北之行。其认为此次巡视“甘肃之河西、新疆、绥西与宁夏之实况，由于此次西北之行益臻明了，有助于建国计划者多矣”，并对于“吾妻独飞往迪化，以固盛氏内向之心，尤为难能也”。蒋介石认为，河西与新疆土地的开发和人民教化，皆须同时并举，并在巡视西北后，对于整个国防形势，有所“领悟大要，是对个人学识又进一步也”。而在西安军事会议之后，“军事当有一大进步，此后西北军政可以齐头并进矣，故此行于家于国有大进益也”。《事略稿本——民国三十一年九月》，1942年9月30日，台北“国史馆”藏，《蒋中正“总统”文物》，入藏登录号：002000000648A，典藏号：002-060100-00168-030。

② 蒋介石于9月12日本星期反省录中记曰：“最近数日内，美国对我征求其魏道明驻美大使同意之态度，以及居里复子文，为其在渝接洽之备忘录，与罗斯福前日所发表之炉边讲演，对中国战场只字未提，此乃其心理未来如此，而令形之于言色而已。应注意美国对我外交之动态。如为人问题，则调回子文，当不难恢复原状也。”《蒋介石日记》（手稿本），1942年9月9日，12日上星期反省录。

③ 《美政要来访（二）》，1942年9月18、24日，台北“国史馆”藏，《蒋中正“总统”文物》，入藏登录号：002000001276A，典藏号：002-080106-00053-016。不过日后居里有意谋任驻华大使，蒋介石考虑予以拒绝。参见《蒋介石日记》（手稿本），1942年10月13日记事。

“美国对华态度，渐次不良，此乃应自反省，其原因乃在我外交人员在美作风太坏，而美国在华军事与外交人员对华态度亦太坏之故，然而其对华根本政策如何，则当拭目以待之。”①

在中英关系方面，8月下旬外交部次长傅秉常和钱泰，向蒋介石请示，是否同意英方发布英国会访问团应邀访华的消息。② 蒋介石亦思考如何改善双边关系，其认为：“英国对我观念之转变，实始于端纳顾问之蹰促，至今思之甚觉遗憾，对外人之交接，实不可始近而终远，更不宜待之过诚如家人。此所谓远之则怨，而不知者徒见其对西安事件有功于我，一旦弃之似不近情理也。凡事不能忍耐，轻动刚肠，无论其是非如何，而其结果必有害无益也，戒之。”③ 宋美龄和蒋介石曾甚倚重端纳，唯因抗战政军权力日趋集中，致使双方对政见看法不一，而分道扬镳。自英印政府收押甘地和尼赫鲁等人，宋美龄和蒋介石同情印人，使得中英间更为紧张，丘吉尔不希望他国介入，使英印问题渲染于国际间，特于8月底致函重庆，明白表示“英国政府决难接受美国总统调停英、印关系”。陈布雷也把外交部原文电函送呈宋美龄审阅。④ 蒋介石则因西北之行，于9月14日才接阅丘吉尔来函，而丘吉尔的做法，让蒋介石夫妇颇不以为然。⑤

由于中英之间对印度问题存在着重大的矛盾，当宋子文向重庆请示访英之行时，蒋介石认为：“子文要求赴英，是其英国运动，欲其赴英协商中英同盟问题也，余阻止之。子文对魏道明使美言行不一，且破坏此事，不顾国家地位，而以私利是图，殊为

---

① 《蒋介石日记》（手稿本），1942年9月11日。

② 《事略稿本——民国三十一年八月》，1942年8月24日，台北“国史馆”藏，《蒋中正“总统”文物》，入藏登录号：002000000647A，典藏号：002-060100-00167-024。

③ 《蒋介石日记》（手稿本），1942年8月26日。

④ 《访问印度（二）》，1942年9月14日，台北“国史馆”藏，《蒋中正“总统”文物》，入藏登录号：002000001295A，典藏号：002-080106-00072-017。

⑤ 蒋介石阅函后表示：“英国丘吉尔首相致余之函，表示其对印度政策之决心，而且带有威胁性之词意，并以印度问题比之我国共党问题，拟于不伦，只有置之一笑而已。”秦孝仪主编：《蒋公大事长编初稿》卷5上册，第196页。

可叹。”[1] 不过为了缓和彼此间的关系，蒋介石还是同意英国国会访华团的行程，并于9月10日由外交部正式宣布，英国议会将由上下两院议员四人组成，并于月底起程来华。[2]

宋美龄除了协助蒋介石因应对外关系外，并于九一八前夕，以中国妇女慰劳总会主任委员的名义，派员慰劳补训处新兵，并“特赠牛肉二千斤，分赠该处所属各团官长士兵，以资鼓励”[3]。宋美龄在抗战期间于特定节庆纪念日，经常通过劳军和募捐，鼓舞官兵士气，并与国际社会组织多方联系，争取国际对华的援助。9月中旬，宋美龄特别致函美国芝加哥戴耳泰新闻社，感谢其赞助中国救济联合会五千元美金。[4]

由于此时中国与盟国间的关系正处于既合作又有争歧的矛盾阶段，尤其是蒋介石对于罗斯福所发表的炉边谈话，耿耿于怀，甚至认为此“足见美国对华无视之态度已表面化”，而其对于丘吉尔的来电，亦认为是“威胁之情状，意在言表，此乃英美皆有联带关系，对华试用强制高压手段，以期余就范，余当以不屈不挠，不亢不卑，视若无睹……余应知刚柔相济之道，勿以无益而舍之也”。[5] 到了9月底，蒋介石对罗斯福的广播有了新的想法，其表示：“自其7日广播，不提中国只字……始见之甚以为奇，继思之反以为幸，是又增进我外交经历非浅也，此实为我将来外交胜利之张本，信赖美国之成见可以止矣。”同时“俄国对我外交方针，日渐好转，此乃抗战中最大之收获，然美英俄，皆同一之主义，吾不知其所别矣”。蒋介石盱衡世界战局，指出“南太平洋美倭战争，相持不下，此实于我为最大之利益。俄国固守史大林城，亦

---

① 《蒋介石日记》（手稿本），1942年9月9日。

② 《事略稿本——民国三十一年九月》，1942年9月10日，台北“国史馆”藏，《蒋中正“总统”文物》，入藏登录号：002000000648A，典藏号：002-060100-00168-010。

③ 《慰劳新兵妇慰总会特赠牛肉》，《大公报》（重庆）1942年9月18日。

④ 《对美关系（三）》，1942年9月16日，台北“国史馆”藏，《蒋中正“总统”文物》，入藏登录号：002000002093A，典藏号：002-090103-00004-085。

⑤ 《蒋介石日记》（手稿本），1942年9月19日上星期反省录。

持久不失，又东非法属马达加斯加岛，全被英军占领，以世界整个战局观之，同盟国实占优势也”。[①] 蒋介石原本对美期待甚高，甚至视以为依赖，但其发现盟国对华态度，并无甚差别，均以中国为挡箭牌，然中国终须仰仗盟国共同对日，蒋介石自省不能意气用事，表示：“美国对华之传统政［策］，为扶持与解放，而非英国自私与压制剥削为主者可比，万不可以其一时之态度不良，而变更我基本政策也！”[②] 并决定“以印度独立与亚洲各民族一律平等，为对英美外交方针之基础也”[③]。

一、初闻威尔基有意来华

1942 年 3 月下旬，美国就传闻威尔基有意前往中国访问，宋子文得悉相关消息后，随即电报重庆曰：“前与罗总统竞选之威尔基氏，闻将赴澳及新西兰，并表示愿往中国。此间最高当局颇不赞同，如有人建议我方邀请，以婉转饰辞推托为宜。请卓裁，乞勿宣泄。”[④] 宋子文担心如果邀请了美国反对党领袖访华，可能会给罗斯福总统造成困扰，因此建议蒋介石暂时推辞威尔基的访华。

7 月上旬，威尔基打算出访的讯息传到重庆的媒体界，《大公报》引用中央社自纽约传来的消息，“美国共和党要人威尔基，顷向新闻记者表示，渠将赴中国、澳洲、苏联及其他盟国之战场参观，现正在征求官方之同意”[⑤]。7 月中旬，中国驻美军事代表团团长熊式辉自华盛顿致电重庆请示：

> 共和党领袖威尔基，为其自己政治活动，前在美报

---

① 《蒋介石日记》（手稿本），1942 年 9 月 30 日本月反省录。

② 黄自进、潘光哲编：《蒋中正“总统”五记：爱记》，第 264 页。

③ 《事略稿本——民国三十一年九月》，1942 年 9 月 15 日，台北“国史馆”藏，《蒋中正“总统”文物》，入藏登录号：002000000648A，典藏号：002-060100-00168-015。

④ 《革命文献——对美外交：威尔基访华》，1942 年 3 月 24 日，台北“国史馆”藏，《蒋中正“总统”文物》，入藏登录号：002000000390A，典藏号：002-020300-00036-001。

⑤ 《威尔基将来华观战》，《大公报》（重庆）1942 年 7 月 11 日。

> 发表将赴澳印华苏消息，意在试探美政府与我国及苏联政府之反应如何，再定行止，职日前在纽约承伊款接，并面告拟于九月间赴华，职答以若果决定赴华，华人自甚欢迎，现重庆大公报已发表欢迎其赴华文字，英美报亦已转载，职意如威氏果能成行，则于美方朝野皆发生一种刺激作用，美政府若果允其外游，则为避免威氏利用机会批评政府起见，或对我援助亦可望加以改善，钧座此时应否有所表示，请赐考虑。[①]

由于宋子文早先即对此案有所建议，蒋介石随即复电表示："威尔基来华事，我方不可有正式表示。"[②] 但重庆《大公报》于7月23日公开欢迎威尔基来华，并将国民外交协会致函威尔基的内容予以披露。[③] 沈士华于30日自印度电告陈布雷，印方对威尔基到亚洲访问的反应曰："威尔基来印消息传出后，印方甚为振奋，据报伦敦将于日内发表声明。"[④] 宋美龄和蒋介石在抗战期间，一直致力于拓展对外关系，尤以加强与美国间的联系通道，而威尔基尚为全美援华总会主席，宋美龄平时已有所接洽，因此对于威

---

① 《革命文献——对美外交：威尔基访华》，1942年3月24日，台北"国史馆"藏，《蒋中正"总统"文物》，入藏登录号：002000000390A，典藏号：002-020300-00036-002。

② 《对美关系（一）》，1942年7月20日，台北"国史馆"藏，《蒋中正"总统"文物》，入藏登录号：002000002091A，典藏号：002-090103-00002-035。

③ 《大公报》引用中央社讯报道："国民外交协会近以报载美国共和党领袖威尔基拟来中国、苏联及非洲战场参观，特由该会理事长吴铁城致函威氏，表示欢迎之意。原函云：威尔基先生阁下，敬启者，近日自当地报纸电讯中欣悉阁下将赴中国及其他同盟国家旅行，深信阁下此行，对于整个世界，特别太平洋局势将负特殊重要之使命。中国人民亟盼阁下能早日莅临中国，并准备热烈之欢迎。吾人确信以美国伟大领袖中之一人如阁下者，能涉足于此横受兵燹之土地，实为中国及其人民之光荣。吾人在深信阁下访华之举对于中美国民间友谊之增进以及对于日本军阀及其伙伴们侵略之打击，必将有极大之帮助。吾人对于阁下时时助华之宝贵工作，愿代表中国国民致衷心之仰慕与诚挚之感想，盖此种助华之工作，将使中国人民铭刻肺腑，永志不忘也。最后吾人谨祝阁下之健康与成功，并盼早日莅临，一倾吾人修慕之积愫，而致崇敬之热忱也。"《欢迎威尔基来华国民外交协会致函威氏》，《大公报》（重庆）1942年7月23日。

④ 《访问印度》，1942年7月30日，台北"国史馆"藏，《蒋中正"总统"文物》，入藏登录号：002000002113A，典藏号：002-090105-00005-090。

尔基的访华，虽因美国官方尚未表态，而不便正式表示欢迎，但也间接通过吴铁城所主导的国民外交协会，释出欢迎威尔基的讯息。

8月下旬，正当宋美龄陪同蒋介石在西北巡察时，在旅途中收到罗斯福正式提出安排威尔基访华的电函。罗斯福表示：

> 福请威尔基先生于由莫斯科回美时，务必设法趋访阁下于重庆。阁下自知威尔基先生为一九四〇年大选时，与福竞选之总统候选人，故彼为反对党名义上之领袖，彼对于政府之外交政策以及作战事项，皆竭力予以拥护，并协力以造成今日国内精诚团结之现象。福极望彼能与阁下及尊夫人相晤叙，必能产生良好之结果；并望彼能了解贵国各种重大之问题，与将美国诸问题为阁下一陈也。福甚盼蒋夫人能即前来敝国，福与内子无不渴望其来临也。①

罗斯福不仅提议由威尔基赴渝访问，更正式邀请宋美龄能赴美访问。此让原本对盟国关系渐不抱期望的蒋介石夫妇，又有机会扩展对美关系。

宋子文和孔祥熙分别速电在兰州的蒋介石夫妇，建议以蒋介石的名义正式邀请威尔基访华。② 蒋介石也随即指示孔祥熙："请宋部长以中名义代为邀请可也。"③ 8月28日，宋子文再以特急电向尚在西宁的蒋介石报告威尔基的行程，表示威尔基将先到近东

---

① 《革命文献——对美外交：威尔基访华》，1942年8月22日，台北"国史馆"藏，《蒋中正"总统"文物》，入藏登录号：002000000390A，典藏号：002-020300-00036-003。

② 宋子文电告曰："共和党竞选总统之威尔基氏，得总统许可，赴苏及近东，美国内政情形与前不同，应否以钧座名义邀请来华，乞速裁示。"《对美关系（一）》，1942年8月23日，台北"国史馆"藏，《蒋中正"总统"文物》，入藏登录号：002000002091A，典藏号：002-090103-00002-069。

③ 《美国威尔基访华》，1942年8月23日，台北"国史馆"藏，《国民政府档案》，入藏登录号：001000005230A，典藏号：001-062214-0002。

再由苏联飞华，约9月底可到，请驻苏大使邵力子预洽所经航线及抵华日期，同时告知回程将避开印度。宋子文表示："日前尝与长谈，对我同情溢于言表，彼此行不但为我军政党当局交换意见，并希望与社会各方面人士均有接触，期明了中国民众观念，将来报告更为有力。"宋子文希望能借由威尔基访华，催促美国援华舆情，并对美国政情变化，预为联络之计。[①] 蒋介石立即指示邵力子在苏预洽航线和行期[②]，以迎接威尔基的到访。

9月初，周至柔电告蒋介石，美方通知威尔基已由美起程，预计经莫斯科转新疆到渝，将在两星期后到达兰州。[③] 孔祥熙决定以怡园招待贵宾，蒋介石也指示陈布雷配合布置。[④] 宋美龄则在9月6日返渝后，指示"新运"妇女指导委员会投入安排威尔基在渝的行程和活动，重庆的国民外交团体，亦纷纷商讨欢迎威尔基之程序及其他事宜。[⑤]

随着威尔基的访期将届，蒋介石一面在西安主持军事会议，一面指挥各地筹备迎接事宜，尤以对威尔基抵华首站的迪化，一再对朱绍良、谷正伦和盛世才等人下达指示。[⑥] 例如17日，蒋介

---

① 《对美关系（一）》，1942年8月28日，台北"国史馆"藏，《蒋中正"总统"文物》，入藏登录号：002000002091A，典藏号：002-090103-00002-039；《对美关系（三）》，1942年8月28日，台北"国史馆"藏，《蒋中正"总统"文物》，入藏登录号：002000002093A，典藏号：002-090103-00004-020。

② 《对美关系（三）》，1942年8月28日，台北"国史馆"藏，《蒋中正"总统"文物》，入藏登录号：002000002093A，典藏号：002-090103-00004-091。

③ 《对美关系（三）》，1942年9月1日，台北"国史馆"藏，《蒋中正"总统"文物》，入藏登录号：002000002093A，典藏号：002-090103-00004-023。

④ 《对美关系（一）》，1942年9月8日，台北"国史馆"藏，《蒋中正"总统"文物》，入藏登录号：002000002091A，典藏号：002-090103-00002-054。

⑤ 《威尔基先赴苏再来华晤蒋委员长》，《大公报》（重庆）1942年9月5日。

⑥ 蒋介石电告盛世才和朱绍良曰："美国总统代表卫尔基君约于本月内由苏联来华。经过迪化时请代为招待，惟彼为其总统私人代表，形式不必隆重，但精神上以热诚待之，届时朱长官陪同其来渝可也。"同日又电朱绍良和谷正伦曰："卫尔基为企业家，彼在到处对社会与市政皆特别注意，故准备招待时对于迪化市面与道路最好多加修整注意，请以兄个人之意与晋庸兄陈述之。"《革命文献——对美外交：威尔基访华》，1942年9月12日，台北"国史馆"藏，《蒋中正"总统"文物》，入藏登录号：002000000390A，典藏号：002-020300-00036-004、005；《事略稿本——民国三十一年九月》，1942年9月12、17日，台北"国史馆"藏，《蒋中正"总统"文物》，入藏登录号：002000000648A，典藏号：002-060100-00168-012、017。

石对谷正伦指示：

> 兰州飞机场至城内道路应特别修整平实，其在道路两侧穹隆，更应填平，树木亦应整理，死树当即砍伐，城门与关口更应整齐严肃，对于官民军人等，只要表现苦干平实，不必故意造作奢华，令人轻视，更应切戒军警打人，如卫尔基在兰逗留时，可陪其至西北干训班讲演，与民众运动场俱乐部以及前日各展览会内各种物品，如有遗留亦可陈列，使之一观。励志社与省府后花园之墙门开通，亦可使之自由游息，但须特别整洁为要。[1]

蒋介石对布置事宜巨细靡遗的指挥，可见其对威尔基到访的重视。中国驻外的官员，也沿途配合接待威尔基，务期能留给威尔基一良好印象。9月15日，李铁铮自德黑兰电告，“据威尔基代表面告，定10月1日到达重庆，在华访问十日及建议将中国抗战以来，所得接济物资制成图表，予其了解中国抗战问题”，然后由阿拉斯加返美的讯息。[2] 16日，罗斯福夫妇再次函请宋美龄访问美国与白宫，“盼能有所更张，以促进吾人共同之目的”[3]。此讯息大大鼓舞了重庆军民的抗战信心。新任驻美大使魏道明亦自美向重庆方面电告：

> 威尔基巡视各国之动机，要在增加其将来在国内发言之力量，罗总统之派为个人代表，不过因势利用，藉

---

① 卫尔基即威尔基。《领袖指示补编（十六）》，1942年9月17日，台北“国史馆”藏，《蒋中正“总统”文物》，入藏登录号：002000002139A，典藏号：002-090106-00016-205。

② 《对美关系（三）》，1942年9月15日，台北“国史馆”藏，《蒋中正“总统”文物》，入藏登录号：002000002093A，典藏号：002-090103-00004-025。

③ 《事略稿本——民国三十一年九月》，1942年9月16日，台北“国史馆”藏，《蒋中正“总统”文物》，入藏登录号：002000000648A，典藏号：002-060100-00168-016。

> 表朝野之一致，威氏除对轴心政策大体与罗一致外，其于作战计划及实施方面，仍在反对当局之立场不断批评。今威氏赴渝，职见似可以吾人欲使美人知之，而不便言者，告知为援助不积极之情况，及我国之需要，表面托其转致罗总统，实可藉此对民众宣传，如我政府人员不便告者，似可由参政员告之。威氏为人尚相当爽快，职前晤于纽约，伊认为我方对美援助不满，不妨公开表示，宁使过分发生问题时，一面仍可与我外交官连络，一面以公开宣传方式，俾得舆论声援，乃为惟一之政府有效方法。此言在反对党之立场，或不无用心，然实亦有相当之理由，以威氏现在之布置，似将仍为竞选总统之准备，再威尔基现为此间援华总会之名誉主席，谨闻。①

魏道明建议无论威尔基访华动机为何，重庆均可借机作为有利之宣传。28日，万多伦（I Van Doren）致函宋美龄，请其转达威尔基，祝贺威尔基“苏联旅程有伟大报告，及生活杂志载有非洲经验摄影描写，希望能按预定计划回国”②。显见威尔基亦有意通过此行，提高个人的曝光率，增加国际知名度。

威尔基于1942年9月29日中午12时40分，搭乘专机飞抵迪化，军事长官朱绍良、督办盛世才、宣传部副部长董显光、外交部驻新特派员吴泽湘、美国驻华武官麦克猷和新疆各界要人共百余位到机场欢迎。威尔基“着深灰西装，黑色大衣，下机后精神极佳，毫无风尘劳顿之色”，含笑向在场人士致意，展开访华的首站行程。③

30日上午10时15分，威尔基由朱绍良、董显光和麦克猷陪

---

① 《对美关系（一）》，1942年9月27日，台北“国史馆”藏，《蒋中正“总统”文物》，入藏登录号：002000002091A，典藏号：002-090103-00002-046。

② 《对美关系（三）》，1942年9月28日，台北“国史馆”藏，《蒋中正“总统”文物》，入藏登录号：002000002093A，典藏号：002-090103-00004-033。

③ 《来渝途中》，《大公报》（重庆）1942年10月3日。

同飞往兰州，并于下午 3 时 30 分抵达，再次受到热烈欢迎，“沿途学生工人店员及民众约三万余人，手执中美国旗，伫立道旁，高声欢呼”，“全市悬挂国旗，欢迎标语触目皆是”。威尔基随后驱车赴励志社休憩，正式拜会朱绍良长官，并出席欢迎茶会与晚宴。[①] 威尔基在下午 5 时 30 分参加谷正伦主席欢迎茶会时，对记者表示此行“极愿与中国新闻界及广大民众多多接触，藉以透澈了解中国之舆论及民情”，并亲临前线向官兵致敬，以增进中美两国友谊。[②] 晚间 7 时，威尔基参加在励志社大楼的晚宴，在主人开场后，威尔基一一介绍团员并致辞表示，“此行为渠生平旅行中最愉快之一次”，声称“若无此五年历史之中国抗战，今日吾人之作战殆不可能”，肯定中国持久抗战的价值。威尔基期待与中国朝野人士讨论战时与战后问题，认为美国援华非仅政府之政策，而是基于全美人民对华之长久友谊。[③] 为了感谢威尔基的到访，朱绍良赠予龙骨图章一对，谷正伦则以张大千敦煌千佛洞之佛像画作和中式图案之地毡一方相赠。[④]

威尔基于 10 月 1 日晨 7 时，应谷正伦之邀，赴省府后花园早餐，席间威尔基“特别注意甘省农林水利之改进，物产蕴藏之丰富，及宗教方面之融洽”。餐毕，双方相偕参观制造军毡的工合纺织工厂，并与童工二人合影留念，旋即在民众夹道欢呼和商店燃放爆竹中，奔赴机场准备飞蓉。[⑤] 威尔基在朱绍良及董显光的陪同下，于下午 1 时 30 分飞抵成都，四川省主席张群、主任邓锡侯、潘文华等均赴机场欢迎。威尔基在成都除了出席励志社张群主席夫妇茶会和晚宴外[⑥]，亦往华西大学对师生三四千人演讲，其指

---

① 《兰州欢迎嘉宾军政长官欢宴席上威氏演说》，《大公报》（重庆）1942 年 10 月 3 日。

② 《对新闻界谈话》，《大公报》（重庆）1942 年 10 月 3 日。

③ 《欢宴席上演说》，《大公报》（重庆）1942 年 10 月 3 日。

④ 《兰州欢迎嘉宾军政长官欢宴席上威氏演说》，《大公报》（重庆）1942 年 10 月 3 日。

⑤ 《兰州欢迎嘉宾军政长官欢宴席上威氏演说》，《大公报》（重庆）1942 年 10 月 3 日。

⑥ 《过蓉盘桓两日》，《大公报》（重庆）1942 年 10 月 3 日。

出："(一) 上次大战时威尔逊总统的十四点宣言，纵不失败，亦不足以永奠世界和平，因彼只看到政治平等，而忽略了种族平等及经济平等。(二) 中国是首先抗战的国家，牺牲重大，今后的牺牲应由大家分担，美国必尽力援华，而义不容辞。(三) 到重庆将访问蒋委员长，商讨争取共同胜利及建立世界永久和平的办法。"① 演说之后，威尔基等人前往春熙路东大街一带游览，参观学校后，在下午 3 时飞渝。②

蒋介石和宋美龄以威尔基为罗斯福总统之私人代表，指派宣传部副部长董显光代表欢迎，中国各媒体也纷纷配合进行大篇幅的报道，塑造中美关系密切的印象。而因宋美龄先前飞新疆安抚盛世才，盛世才也配合中央，负责在迪化招待威尔基，在威尔基抵华第二日，盛世才更在董显光的协助翻译下，与之坦率谈论中国共产党和彼与苏联的关系。③ 此让威尔基了解苏联对新疆的企图，也使其更同情中国，这可能是宋美龄先前访新疆的意外收获。

二、招待威尔基访渝

1942 年 10 月 2 日下午 3 时 46 分，威尔基乘专机抵渝，孔祥熙代表蒋介石到机场欢迎，外交部次长傅秉常、美国驻中印缅陆军总司令史迪威、美国驻华大使高思、英大使薛穆、苏联大使潘友新等各国驻华使节和重庆政要，都往机场迎接。威尔基穿着灰色便服，在机场招待室发表简短演说与接受访问后，驱车入城参观

① 《威尔基在蓉演讲》，《大公报》（重庆）1942 年 10 月 3 日。

② 《过蓉盘桓两日》，《大公报》（重庆）1942 年 10 月 3 日。

③ 董显光负责全程陪伴威尔基，事毕撰写《招待威尔基之经过与观感》一文作为报告。《革命文献——对美外交：威尔基访华》，1942 年 10 月，台北"国史馆"藏，《蒋中正"总统"文物》，入藏登录号：002000000390A，典藏号：002-020300-00036-022。

市容，沿途受约三十万民众的夹道欢迎，至 6 时许始至旅邸休憩。[①]

就在威尔基抵达重庆之际，宋子文自华盛顿电陈，美籍政治顾问拉铁摩尔亦将自美回渝，但因美政府拟命其担任对远东宣传职务，宋子文询问蒋介石是否续聘其为顾问。[②] 拉铁摩尔担任政治顾问之后，对许多战后问题提供了建议方案，也曾获得蒋介石夫妇的称许，宋美龄并通过拉铁摩尔加强和居里之间的联系，不过因拉铁摩尔与美国高层究竟不够熟络，宋美龄也早已直接与居里对话，蒋介石夫妇也就不再那么倚重拉铁摩尔。

10 月 3 日上午 10 时 40 分，威尔基由傅秉常、高思、董显光和李惟果等人陪同，晋谒蒋介石夫妇，作首次之拜会，双方晤谈 20 多分钟后辞去，蒋介石对威尔基的第一印象不错，其谓："初见其人一见而知其为一直率坦白之资本家，而无官僚习气者也。"[③] 威尔基偕随员高而思（Mike Cowles）、白纳斯（Barnes）和鲍倍，在 11 时 45 分前往国民政府，觐见国民政府主席林森，林森于中午在府设宴招待并由重庆各长官作陪。[④]

傍晚 5 时许，美国驻华大使高思举办欢迎茶会。是晚 8 时，蒋介石夫妇假军委会礼堂设宴欢迎威尔基，"礼堂内布置极为壮丽，室内悬挂中美国旗及同盟国旗帜，席座为 U 字形，席前高悬 V 字

---

① 威尔基访渝日程由各报所公布："威氏定三日上午觐见林主席，并分别访谒蒋委员长、孔副院长、何总长等；中午林主席宴威氏洗尘；下午五时至六时美大使高思茶会；晚间蒋委员长暨夫人设宴招待，并邀党政军各长官作陪。四日将由翁部长陪同参观陪都各工厂，并招待午宴，下午继续参观工厂。五日参观学校；午刻，中大、重大、中工、南开四校茶会招待；晚间孔副院长欢宴。六日参观工厂，晚吴秘书长欢宴。七日参观儿童保育院，届时将由蒋夫人陪同前往。"《美国当代第一流政治家威尔基昨飞抵重庆》，《大公报》（重庆）1942 年 10 月 3 日。

② 《事略稿本——民国三十一年十月》，1942 年 10 月 2 日，台北"国史馆"藏，《蒋中正"总统"文物》，入藏登录号：002000000649A，典藏号：002-060100-00169-002。

③ 《蒋介石日记》（手稿本），1942 年 10 月 3 日。

④ 《威尔基昨谒访林主席蒋委员长等》，《大公报》（重庆）1942 年 10 月 3 日。威尔基之随员高而思（或译为柯乐士），为美国《展望》杂志（*Look*）的发行人。参见吴国桢手稿，黄卓群口述，刘永昌整理：《吴国桢传》（下册），台北：自由时报 1995 年版，第 410 页。

1942 年 10 月 3 日，宋美龄出席欢迎威尔基宴会(《蒋中正“总统”文物》，台北“国史馆”藏，典藏号：002-050101-00004-199)

彩灯，光线灿烂，象征同盟国精诚团结，共争胜利之壮伟精神。蒋委员身着戎装，偕夫人热切款待贵宾”。蒋介石与威尔基先后致辞，威尔基表示，“自新疆经兰州以至重庆，沿途备受各地人民热烈欢迎，衷心非常感激”，“中国幅员如此广大，其蕴藏之富，于此可见，故此实为我平生所见最美丽之景物，此不可磨灭的印象犹依稀在心耳”，威尔基演说获全场热烈掌声。宴会后安排由中央广播电台表演国乐，节目计奏五曲：“（一）民族曙光、（二）变体新水令、（三）空山鸟语、（四）阳春之曲及（五）大同之声。”威尔基倾耳细听，每一曲奏毕时，由宋美龄亲加解释。表演完毕后，威尔基还登台参观乐器，对于每一种乐器均详细查看，宋美龄轻松愉悦地逐予解说，并亲抚古琴示范，让在场人士叹为观止，直至晚间 10 时 30 分许，方尽欢而散。①

---

① 《蒋委员长款宴嘉宾》，《中央日报扫荡报》（重庆）1942 年 10 月 4 日。蒋介石分析威尔基答词，认为其“对中国及余个人之推重，此乃对中国亲善政策之象征，盖美国真正之政治家，必以与中国合作为要务也”。《事略稿本——民国三十一年十月》，1942 年 10 月 3 日，台北“国史馆”藏，《蒋中正“总统”文物》，入藏登录号：002000000649A，典藏号：002-060100-00169-003。

1942 年 10 月 4 日，宋美龄主持欢迎威尔基茶会（《蒋中正“总统”文物》，台北“国史馆”藏，典藏号：002-050101-00082-067）

10 月 4 日，威尔基由经济部部长翁文灏陪同前往各工厂参观，中午在中央造纸厂设宴招待，至下午 2 时许始返城休息。下午 4 至 6 时，宋美龄以美国援华会中国名誉会长名义，假两浮支路外交部官舍举行茶会欢迎威尔基，“新运”妇女指导委员会则展览各种难童抗属作品。[①] 在芳园的盛会，“会场设于草坪，壁上悬美国援华会会旗，中美两国国旗，总理遗像，及蒋夫人、威尔基肖像”，有中外嘉宾和记者百余人参加。威尔基莅临后，宋美龄陪同登楼参观儿童保育院及抗属工厂作品展览，并对各展品一一加以说明。茶会中安排儿童保育第八院儿童八人表演“欢迎威尔基”“参加后方生产”等歌舞表演，进茶点后，宋美龄于掌声中起立致欢迎词。[②] 宋美龄表示，“我们今天的贵宾曾经参观过好些国家，并且亲眼看见他们目前为争取联合国家的胜利所做的一些工作”，“但

① 《蒋夫人招待威尔基》，《中央日报扫荡报》（重庆）1942 年 10 月5 日。

② 据《中央日报扫荡报》和《大公报》报道，10 月 4 日出席贵宾有“孙夫人、孔副院长、孙院长暨夫人、王秘书长、谷部长、董副部长暨夫人、吴市长暨夫人、张参政员伯苓暨夫人，及外宾史迪威将军、美国援华会驻华代表爱德华斯、威尔基随员高而思、白纳斯、皮耳海军少校、梅森陆军少校等，及中外记者百余人”。《蒋夫人招待威尔基》，《中央日报扫荡报》（重庆）1942 年 10 月 5 日。

我确信，他绝没有在任何地方受到比在中国更真挚更诚意的欢迎”。宋美龄对于“威尔基先生能来到我国，我们真特别高兴。他晓得我国人民的一切愿望，他晓得中国在实现她的愿望的时候，决不愿侵略别人的权利，她不贪图别人的土地或资源，也不愿干涉他们的生活方式”。宋美龄肯定威尔基担任美国联合援华委员会的名誉会长，“这件事实足够证明他个人是如何关心我们作战努力的那一方面”。[①] 其最后指出：

> 我们两大民族间虽必然地有很多的异点，但是威先生将会发觉正义感是我们所共有的。就因为这种天生的美德，可使中国文化支持几千年之久。美国也一向有这种潜在的美德，尤其在战时，比较已往任何时期更是显明。威先生本人便兼有美国人所特有的热诚，自发精神和力量。我两国关系本来很密切，现在更为密切……他确实可以代表美国人民和罗斯福总统而无愧。无论威尔基先生走到那儿，那儿都打胜仗，埃及和苏联同是这样，我想诸位都像我一样，认为威先生是一个吉星。他这次到中国来，所将完成的工作决不会比我们所希望的少；换一句话说，他所将完成的工作，就是联合国家的最后胜利。威先生，你是一个自由国家的新世界的生动的象征，我们谨以此意欢迎你。[②]

威尔基接着在茶会中致答词，其表示“生平受过的赞扬倒不少，但这位夫人称我为幽默人物，我认为是所受的赞扬中最精彩的一种。我平常因为事实需要常作公开演说，惯于以此道和人竞赛”。“蒋夫人提到我所聘问过的国家，和我在游历途中所偶然遇到的胜利，我不禁受宠若惊。”威尔基表示所受到的招待，“没有

---

① 《蒋夫人致词》，《中央日报扫荡报》（重庆）1942 年 10 月 5 日。

② 《蒋夫人欢迎词自由国家的新世界的象征》，《大公报》（重庆）1942 年 10 月 5 日。

一处能像中国那样令人衷心欢悦，我相信同行诸君必能表示首肯”。[①] 威尔基认为假使生平能有所贡献，其中之一便是向世界呼吁：

我们务须使所有国家，所有民族，都能获得自由，俾使如此天真纯洁的儿童，无论在美国、中国或苏联，都能生长在自由的社会里，过着高尚的生活，除了他本国的人民外，再不受任何旁人的管束。我曾和蒋夫人谈过联合援华委员会，我问她款项是否够用，她说可以应付，我说：如果不够，请打电报给我，我可以呼吁。你们可以看到我呼吁的时候，我就认真的呼吁，将来战事结束以后，我还要和蒋夫人共同一致的呼吁。[②]

在参加完宋美龄主持的茶会后，威尔基晚间与蒋介石夫妇共进便餐，并由宋美龄陪同谈话两小时。[③] 威尔基先述其在兰州参观工业合作社的感受，继提出两项问题：“（一）美国不能予中国适量之援助其症结究竟何在？（二）委员长对战后问题之意见如何？”[④] 威尔基透露在离美前夕曾与罗斯福总统作数次谈话，并一致认为：

就美国立场言美国人民以为最重要者帝国主义必绝

---

① 《威尔基答词》，《大公报》（重庆）1942 年 10 月 5 日。

② 《威尔基答词》，《大公报》（重庆）1942 年 10 月 5 日。

③ 《事略稿本——民国三十一年十月》，1942 年 10 月 4 日，台北“国史馆”藏，《蒋中正“总统”文物》，入藏登录号：002000000649A，典藏号：002-060100-00169-004。

④ 蒋介石考虑对威尔基谈话要旨：“（甲）美国之孤立政策及其传统观念能否改变。（乙）美国驻华之文武官吏对华之观念与态度不当，将为太平洋上最大不幸之症结。（丙）中美如无特别合作或同盟关系，太平洋即失其永久和平之保障，实为中美政治家共同之责任。”《事略稿本——民国三十一年十月》，1942 年 10 月 4 日，台北“国史馆”藏，《蒋中正“总统”文物》，入藏登录号：002000000649A，典藏号：002-060100-00169-004。

对摒除，并有下列三项具体意念之原则：（一）应确定印度独立之期限。（二）在中国应消灭势力圈与返还其占领地。（三）对荷属东印度等地域民众政治思想尚未成熟之国家，应先成立一国际共同训导与保护之机构，援助其发达，待其成熟时予以独立。然以情势判断英国战后必竭力保持其占领地，苏联或将占领满州，或将向西发展。因此惟有中美两国对战后问题应求澈底之谅解，并应完成较目前更密切之合作，以谋致未来诸问题之顺利解决。[①]

蒋介石指出："战后最重要者为太平洋问题，其次为种族问题，此二问题皆与中国有切肤关系，五年以来中国人民受战争之摧残与其本身亲历之痛苦已深，亟盼此次战争结束之后，世界上不复有战争重演之可能。"宋美龄则询问罗斯福对战后摒弃帝国主义的看法，威尔基表示："原则上总统自亦赞同，惟丘吉尔从旁怂恿而动摇之不遗余力，故总统处境确甚困难。"威尔基还认为英国在美宣传得力，中方则相形失色，建议宋美龄赴美促进宣传。[②] 双方交谈甚欢，颇有共识。次日，蒋介石晨起回顾曰："谈话约二小时，觉其政治思想与常识颇丰也。彼乃同情于弱者，亦热心援华之人也，但余不愿多谈物质援助之言，而使之着重于将来美国对华政策为主也。"[③] 宋美龄亲切的接待，蒋介石对战后问题坦白的交谈，均给威尔基留下了深刻的印象。

10月5日，威尔基分别会见史迪威、大公报总经理胡霖、张

---

① 《事略稿本——民国三十一年十月》，1942年10月4日，台北"国史馆"藏，《蒋中正"总统"文物》，入藏登录号：002000000649A，典藏号：002-060100-00169-004。

② 《革命文献——对美外交：威尔基访华》，1942年10月4日，台北"国史馆"藏，《蒋中正"总统"文物》，入藏登录号：002000000390A，典藏号：002-020300-00036-016；《蒋委员长在重庆见威尔基先生听其报告对中国发展工合运动之意见及交换有关战后问题之意见谈话纪录》，载秦孝仪主编：《战时外交（一）》，第753—760页。

③ 《蒋介石日记》（手稿本），1942年10月5日。

伯苓校长及周恩来等。下午，蒋介石夫妇亲自在“九龙铺听江别墅与威氏谈话，自五时半至八时半回寓，晚餐后再谈至十一时半，双方谈话均甚坦白洽意”。双方分别就印度问题、战后中美基本邦交问题、宣传与邦交之关系、中美缔结同盟问题和苏联与中共等问题，继续进行广泛的交谈，并同观威尔基抵渝欢迎盛况之影片。①

双方广泛交换意见，宋美龄特别对英国的态度批评道：“英方之贡献实甚戋戋，给养之承诺者多，而实践执行其诺言者未见也。”威尔基则认为在渝外籍记者素质甚少优秀者，希望宋美龄能致函罗斯福，改善媒体对中国的报道。双方在谈到印度问题时，宋美龄表示：“如中、美保证印度之独立，印人将信此保证。尼赫鲁为甘地精神之继承人，实为一讲理性之人。”当威尔基询中国最迫切所需的武器为何时，宋美龄强调“不断飞机之供给为我所急需者”，并澄清入缅军官抗命潜逃谣传，帮罗卓英洗刷冤屈。②

10 月 6 日上午，俞大维陪同威尔基参观兵工厂，陪都 18 个文化团体则于下午 4 时假嘉陵宾馆举行联合茶会，由吴铁城主持招待。③ 宋美龄在和蒋介石讨论如何函覆威尔基所携来罗斯福总统的邀函后，决定接受邀请，表示“蒋夫人对贤伉俪殷盼其游美之热情，至为感谢，彼固无时不思趋访贵国以为快也”④。因罗斯福请威尔基当面转达邀请，此决定对促进邦谊或是个人间的情谊，均有正面帮助。晚间 7 时，行政院副院长孔祥熙在范庄私邸，设宴欢

① 《蒋介石日记》（手稿本），1942 年 10 月 5 日；《蒋委员长与威尔基长谈》，《大公报》（重庆）1942 年 10 月 6 日。

② 《革命文献——对美外交：威尔基访华》，1942 年 10 月 5 日，台北“国史馆”藏，《蒋中正“总统”文物》，入藏登录号：002000000390A，典藏号：002-020300-00036-019；《蒋委员长在重庆接见威尔基先生商谈印度问题、美国援华问题、战后中美合作问题及英苏问题谈话纪录》，载秦孝仪主编：《战时外交（一）》，第 760—775 页。

③ 《威尔基参观兵工厂》《陪都十八文化团体联合茶会招待嘉宾》，《中央日报扫荡报》（重庆）1942 年 10 月 7 日。

④ 《事略稿本——民国三十一年十月》，1942 年 10 月 6 日，台北“国史馆”藏，《蒋中正“总统”文物》，入藏登录号：002000000649A，典藏号：002-060100-00169-006。

迎威尔基，宋霭龄、宋庆龄、宋美龄三姊妹、王宠惠夫妇及美大使高思、史迪威将军、陈纳德将军、美使馆一等秘书范宣德、海军武官麦克猷、陆军副武官包瑞德、陆军副武官戴伯斯、威尔基随员白纳斯、皮耳、梅森等以及孔家成员孔令仪、孔令伟等百余人，均到场同欢。[①] 晚间8时15分，威尔基应中美文化协会之请，对中国军民进行播讲。[②] 是日，陕西省主席夫人皮以书自长安致电宋美龄，报告陕西妇女界暨保育院正准备欢迎威尔基来访，保育院儿童已换制新衣物，"藉以表示在钧座领导下之事业，对国家及世界之贡献，与中国抗战之决心"，并请宋美龄先将陕西保育情形向威尔基先生介绍。[③]

威尔基于7日上午8时与蒋介石夫妇进行了早餐会谈，蒋介石"以太平洋大势图与中美在西太平洋共同制敌要图示之"，提到"战后我沿海要塞，如旅顺、大连以及台湾必返诸中国，予欢迎美国参加在该各要塞建筑海军根据地，我两国共同维持而应用之"。并希望威尔基向美国高层转达此意。[④] 威尔基于9时召开记者会，对新闻界发表谈话，会后由董显光和随员陪同转赴妇女指导委员会参观，宋美龄以该会指导长的身份亲自招待，带往各办公室，介绍工作人员与威尔基见面，详谈该会各种工作情况。威尔基见百余位妇女干部勤勉工作，大为赞扬，至11时方离会，其在渝的参访行程也告一段落。[⑤] 威尔基一行于7日下午4时30分乘机由重庆抵西安，8日傍晚由陕飞抵蓉，并于9日晨离华返美。[⑥]

综观威尔基是次访华，自近东经苏联再抵新疆，把迪化作为

---

① 《范庄盛会》，《中央日报扫荡报》（重庆）1942年10月7日。据黄仁霖回忆："孔夫人宋霭龄女士恰有些不适，无法亲自出席，所以由宋庆龄和宋美龄二位夫人代表做女主人。"黄仁霖：《蒋介石特勤总管回忆录》，第79页。

② 《威尔基昨对我全国播讲》，《大公报》（重庆）1942年10月7日。

③ 《对美关系（三）》，1942年10月6日，台北"国史馆"藏，《蒋中正"总统"文物》，入藏登录号：002000002093A，典藏号：002-090103-00004-038。

④ 《蒋介石日记》（手稿本），1942年10月7日记事。

⑤ 《威尔基参观妇女指委会》，《大公报》（重庆）1942年10月8日。

⑥ 《威尔基飞抵陕曾赴潼关参观我军阵地》，《大公报》（重庆）1942年10月10日。

访华的第一站，中方在此盛大迎接，无疑向苏方宣告，反对其染指新疆的企图，而这若非宋美龄在稍早不顾安危，单飞迪化获取盛世才的信任，能不能有此安排，恐尚有疑问。威尔基此行转达了罗斯福邀请宋美龄访美之意，并在渝发表反对帝国主义和倡导予中国以平等待遇的谈话，加上英、美在国庆时节发表放弃在中国所享之治外法权，此对重庆方面而言，都是有力的支持，对巩固民心，强化抗战意志，均有相当影响。在美国方面，罗斯福亦通过媒体表示："渠为威尔基此次赴中东及远东各战场对于执行渠所付托之任务，结果甚为圆满。"①

威尔基为了解华军前线实况，在离渝抵陕后，由胡宗南总司令陪伴乘铁路手摇车赴潼关，"胡总司令指点沿途风景与之长谈者半小时，说明潼关之重要"。当威尔基遇到蒋介石次公子蒋纬国时，"立即请同行外国摄影记者，为彼与蒋排长并肩合摄一影，谓将携返美国，送登著名杂志，以中国民主精神之明证，公开示诸美国人士"。蒋纬国在宴请贵宾时，用夺自敌营阵中洋酒，向威尔基举杯致敬，加上胡宗南以虏获之日军指挥刀馈赠威尔基及其随从，并"择一铸造较精为日本上级军官佩带之一柄，拟请威氏转赠总统"，均使威尔基耳目一新。参访活动在"各地长官及将领协力合作，使预定节目，按照履行，不差分秒。尤以火车行程，何时抵达何处，亦一一按照时间，不爽毫厘，此种有规律，守时间之表现，使威氏所得之印象极深"。②

全程陪同威尔基的董显光发现，"当威氏在渝时，视外国新闻记者为家人，与之共进早餐，携之参观工厂学校。默察威氏公开演讲及私人谈话，措词之间，每句似皆被记者采用，作为新闻资料，一举手，一投足，似皆被摄影记者收入镜头"。当其赴潼关前线时，董显光建议"偕外记者七人同行，彼即欣然允诺"，且及赴

---

① 《威尔基飞抵陕曾赴潼关参观我军阵地》，《大公报》（重庆）1942 年 10 月 10 日。

② 《革命文献——对美外交：威尔基访华》，1942 年 10 月，台北"国史馆"藏，《蒋中正"总统"文物》，入藏登录号：002000000390A，典藏号：002-020300-00036-022。

前线时，对于日军隔岸炮轰，威尔基认“此为好新闻材料，足使余此行带有新闻价值”。及见受日机机枪扫射之蓝钢车时，甚至在董显光面前跃起击桌曰：“此第一页大标题新闻矣！”并面嘱随行记者以此电美，希望董显光对“此项新闻将使中国与本人同受宣传之益，望勿予检扣”。[①] 不久，美国《时代周刊》（*Time*）即刊出《威尔基与火炬》，将威尔基的访华之行，特别是在陕西前线的经历，作了详尽的报道。[②]

威尔基在渝期间，曾由市长吴国桢陪伴参观，某次两人“同车经过市区，看见许多人排队在一店前等候购买物品。威氏询民众排队购买何物，吴氏答以在买政府公债。威氏非常赞扬中国人民的爱国情操”。吴国桢当即笑其所言为戏言，澄清说：“他们不是买公债，乃是买米。战时食粮重要，重庆在四川中心，四川是中国出名产米区域，不乏食粮，但是我们要供应四川之外省份，所以重庆人民买米，也用配给办法，他们就是排队依照配给办法，按票买米。”威尔基听了之后很高兴，向吴国桢表示：“你解释得很好，但是假如我写书，我还是要说你答的是买公债，那样便成了一个更动人的故事。”[③] 威尔基返美后，即依旅次所见著书《一个世界》（*One World*），也让重庆居民排队买公债的故事，传颂一时。

威尔基在渝期间，前后与蒋介石夫妇相谈达十时之久，宋美龄和蒋介石在威尔基离渝前最后一次商谈，建议战后“对旅顺、大连、台湾等海港，由中美共同建设与使用之意，亦完全接受，

---

① 《革命文献——对美外交：威尔基访华》，1942 年 10 月，台北“国史馆”藏，《蒋中正“总统”文物》，入藏登录号：002000000390A，典藏号：002-020300-00036-022。

② 《革命文献——对美外交：威尔基访华》，1942 年 10 月，台北“国史馆”藏，《蒋中正“总统”文物》，入藏登录号：002000000390A，典藏号：002-020300-00036-023。

③ 吴国桢手稿，黄卓群口述，刘永昌整理：《吴国桢传》（下册），第 409 页。

尤足自慰。彼此来对华感情，吾知其毫无欠缺也”[①]。同时因英美于双十节自动放弃在华不平等条约，实现了蒋介石多年革命的最大目标[②]，加上双方在战后的问题上达成颇多共识，蒋介石和威尔基彼此均留下好感。

宋美龄在威尔基访华期间，留下许多陪伴其参加活动的照片，媒体也作了许多报道，加上董显光刻意安排外籍媒体陪同参访。中国抗战前线的情形，在国际媒体一一曝光，威尔基也因亲赴中国抗战前线，而被英雄式地报道。美、英在中国双十节之际，宣告放弃在华特权，使中国突破了不平等的枷锁，更成为重庆媒体的头条，宋美龄协助蒋介石在对外关系的经营上，又取得一次重要的成果。

三、接晤英国国会访问团

1942 年 3 月中旬，驻英大使顾维钧自伦敦电告，英国国会议员有意派恳亲团赴华访问的讯息，蒋介石随即批示：“应极欢迎，但春季雨水与轰炸较多，如秋季十月中到华，则为最好。”顾维钧随后又于 4 月间应英方之请，电请“以委员长名义邀往，益足示两国之亲善”，促成英访华团能于秋间访渝。[③] 不过此后中英因缅战失利和英印等问题，关系趋于不睦。

8 月上旬，因为印度总督拘禁印人领袖，宋美龄和蒋介石分别致函表达对印人的支持，中英关系再次紧张。英国首相丘吉尔间

---

① 《事略稿本——民国三十一年十月》，1942 年 10 月 10 日，台北“国史馆”藏，《蒋中正“总统”文物》，入藏登录号：002000000649A，典藏号：002-060100-00169-010。

② 蒋介石于本月反省录自记曰：“威尔基游华之宗旨与我所期所料者无异，其结果可说十分圆满，此亦中美外交之要点也。”《蒋介石日记》（手稿本），1942 年 10 月反省录。

③ 《驻英大使顾维钧自伦敦致外交部请示英国议员恳亲团来华应以何时为便电》《驻英大使顾维钧自伦敦致外交部报告英外次建议以委员长名义邀请议员赴华观光电》，载秦孝仪主编：《中华民国重要史料初编——对日抗战时期》第三编战时外交（二），台北中国国民党中央委员会党史委员会 1981 年版，第 121—122 页。以下简称《战时外交（二）》。

接探询其访华之意，但蒋介石“决置之不答”，以示其“对印政策之坚定，决不为其势利与虚声所诱惑”。① 而重庆各报也配合一致批评印度事变，让一向主张对美、英友善的宣传部部长王世杰，不得不特别留意媒体的处理方式。②

8 月下旬，宋美龄随同蒋介石在西北巡视，24 日获悉外交部次长傅秉常和钱泰自重庆所转来电，询问蒋介石是否同意英国外交部，发表英国会访问团应邀赴华的消息。③ 9 月 10 日，外交部于重庆正式宣布，“英国议会将于短期内派遣访问团来华，访问团代表全体议会，系由上下两院议员四人组成，议会三大政党：保守党、自由党、工党皆有代表在内，此世界上历史最悠久之议会派遣访问团来华，尚属首次，中国愿致其热烈欢迎之忱，访问团之团员四人，上院为艾尔文爵士及泰弗亚爵士，下院为卫德波及劳森两氏，该团约可于九月底起程来华”④。

正当重庆准备欢度双十节国庆时，美、英分别表示愿意放弃在华特权之意，这对刚结束招待威尔基的蒋介石和宋美龄而言，不啻为最佳的国庆贺礼。宋美龄也因在航空委员会秘书长任内，对中国航空贡献甚巨，在国庆获颁一等宝鼎勋章。⑤ 10 月 11 日晚间，蒋介石约集王宠惠、王世杰和外交部次长、参事，商讨取消

① 《事略稿本——民国三十一年八月》，1942 年 8 月 8 日，台北“国史馆”藏，《蒋中正“总统”文物》，入藏登录号：002000000647A，典藏号：002-060100-00167-008。

② 王世杰对于重庆各报批英的情形，认为：“尚未超过予所指述之范围，然亦已显示对印同情，对英不满矣。午后张岳军来谈，予力称我对英美政策须坚定而彻底；不可丝毫摇动，不可采取与目标相反之步骤。我如欲充分援助印度，亦必须如此。彼亦以为然。”王世杰：《王世杰日记》（手稿本）第 3 册，第 344—345 页。

③ 《事略稿本——民国三十一年八月》，1942 年 8 月 24 日，台北“国史馆”藏，《蒋中正“总统”文物》，入藏登录号：002000000647A，典藏号：002-060100-00167-024。蒋介石批示：“复。可赞成。”《外交部次长傅秉常、钱泰自重庆呈蒋委员长请示是否赞同英外交部发表关于英国议员来华访问电》，载秦孝仪主编：《战时外交（二）》，第 122 页。

④ 《事略稿本——民国三十一年九月》，1942 年 9 月 10 日，台北“国史馆”藏，《蒋中正“总统”文物》，入藏登录号：002000000648A，典藏号：002-060100-00168-010。

⑤ 《授蒋夫人一等宝鼎勋章》，《中央日报扫荡报》（重庆）1942 年 11 月 11 日。

不平等条约的事宜，决定由外交部拟具方案，以争取国家最大权益。[①] 英国援华募款运动主席克利浦斯夫人和英国职业妇女联盟，也分别向中国妇女的坚忍奋斗以及蒋夫人致函表示敬意。[②] 宋美龄也向英国妇女战时工作人员致意，而英国三军妇女辅助队，亦复电宋美龄表示，“际此重要关头，联合国家妇女精神上之团结，一如联合国家男子之团结于战场之上”，希望盟国之合作能坚定不移。[③]

11 月 3 日下午，宋美龄邀请自英返国述职的顾维钧共进茶点。顾维钧向宋美龄表示，其“所进行的大量活动在国内外都得到赞赏”。宋美龄表示，“人们知道的一些表面事情只是她所干的工作中的一小部分。他的文章和工作都是经过周密组织安排的，她只需加以督导和作决定。这些活动都是例行公事，按部就班的”。顾维钧又说：“鉴于她通晓国内外的问题，因此，她一定是委员长的得力参谋。”但宋美龄否认说：“不，委员长毕竟重任在身，须亲自决定国家的重大问题。我并不为他出谋划策，但是我要照管他的文件、函电和讲话稿件。由于国际事务大增，此项工作已成为重大负担。”[④]

11 月 10 日，重庆《中央日报扫荡报》以社论刊出《欢迎英国议会访华团》，同时透露英国国会议员访华团已于 9 日傍晚 5 时抵达昆明，即将转机往重庆。在英、美对华释出善意，加上宋美龄与英国妇女和社会团体的函电往返，中英关系逐渐酝酿出和谐的

---

① 王世杰建议：“此次英美废弃特权之举，必不以领事裁判权为限，亦将涉及租界租借地内河航权及在华驻兵权等，我当力求诸事解决之彻底。租界问题彼时容或提出若干之保障，我宜早定对策。”王世杰：《王世杰日记》（手稿本）第 3 册，第 374—375 页。

② 《全英妇女告中国妇女书》，《中央日报扫荡报》（重庆）1942 年 10 月 13 日。

③ 《联合国家妇女精神团结》，《中央日报扫荡报》（重庆）1942 年 11 月 10 日。

④ 顾维钧于当天日记的结尾描述曰：“她极为娴美聪慧，无愧为国家第一夫人和我国政界一位身负重任的领袖。同她进行了五十分钟的交谈以后，我不禁感到她理应得到那些认识她和没有见过她的人们的称赞和敬佩。她才华出众办事干练，而不失美丽文雅的妇女本色。她有一副漂亮的容颜和苗条的身材，穿着也很华丽。她有着强烈的爱国激情，是委员长这位国家领袖、民族英雄的忠实妻子。”顾维钧：《顾维钧回忆录》第 5 分册，第 109—110 页。

氛围。英访华团在10日上午10时50分许，于雾色茫茫中安抵重庆，开创中英交流的新页。英国国会派员访问他国，此尚为创举，重庆各界也隆重地欢迎远来的贵宾，蒋介石指派吴铁城担任迎宾代表、王世杰、顾维钧和吴国桢等政军要员和外交官员，纷纷赴机场迎接。访华团成员共有四人，包括上下院各两人，涵盖英国国会三大政党。飞机抵达后，在悠扬的军乐中，由英国驻华大使薛穆引导团员与众人见面。①

英国议会访华团艾尔文（Ailwyn）、泰弗亚（Teviot）、劳森（Lawson）暨秘书都伯森（Dobson），于11日上午9时起，先后拜会外交部次长傅秉常和部长宋子文后，由英大使薛穆陪同径赴蒋介石官邸晋谒蒋介石夫妇，宾主相谈甚欢。艾尔文、劳森分别面呈丘吉尔首相暨英国上、下两院议长致蒋介石之函件，艾尔文并将丘吉尔夫人函面陈宋美龄。② 下午，续拜访行政院副院长孔祥熙、立法院院长孙科和国防最高委员会秘书长王宠惠，并于4时晋谒国民政府主席林森。③

蒋介石夫妇于11日晚7时30分，在军事委员会大礼堂设宴欢迎英国访华团贵宾，英国大使薛穆爵士、使馆参事专员和英国军事代表团团长等英方在渝人士，都应邀出席，而代表作为战时民意机构的国民参政会亦有多位参政员作陪，到宾客一百三十余人，齐为中英交流作一见证。“礼堂布置，堂皇朴雅，中悬中英国旗，两国元首肖像之间，置一大V字，象征共同之胜利。”蒋介石和宋美龄两人亲切接待，并介绍访问团团员与各来宾相见，众人交谈热烈，情至愉快。席间，蒋介石致辞表示热烈欢迎之意，并在致辞完毕后举杯祝访问团团员健康暨同盟国胜利。继由访华团艾尔文、泰弗亚和劳森三团员分别致答词，并皆举杯祝蒋介石和宋美龄健康，共祝同盟国胜利。餐会后比照欢迎威尔基的模式，安排

---

① 其中一人因病在印休养。《英议会访华团抵渝》，《中央日报扫荡报》（重庆）1942年11月11日。

② 《英访华团晋谒林主席蒋委员长》，《大公报》（重庆）1942年11月12日。

③ 《访华团在渝日程》，《中央日报扫荡报》（重庆）1942年11月11日。

中央广播电台演奏国乐，以乐会友。在宋美龄的协助安排下，一夕盛宴，至10时许宾主才尽欢而散。①

英国国会访华团在渝行程丰富，12日分别拜会吴铁城、王世杰、张伯苓、何应钦和顾维钧等人，中午由王宠惠设宴，晚间则由国民参政会款待，促进中英民意机构的交流。13日，访华团参观沙坪坝各级学校，午后莅临中英文化协会，由王世杰以茶会招待，王世杰建议英国各政团对华态度能趋一致②，以使盟国合作更有力量。蒋介石夫妇于14日晚间，在黄山官邸设宴欢迎英国国会访华团成员，并邀请英大使薛穆、英大使馆一等秘书盖治、董显光和顾维钧作陪。是晚，宋美龄和蒋介石特地在官邸辟室数间，款待嘉宾在周末度假休憩，翌晨始返行馆。③ 访华团在渝又接连参观中央政治学校、中训团、歌乐山儿童保育院、中央医院等，在16日下午自北碚返回城内，参加在由宋美龄所举行的茶会。④

宋美龄以“新运”妇女指导委员会指导长的身份，于16日下午4至6时，假嘉陵宾馆举行茶会，欢迎英国国会访华团，并邀英方在渝外交官员、女性参政员和重庆妇女名流、团体代表等三百余人作陪。“会场陈列儿童保育会、妇女慰劳总会文化事业组、乡村服务组、女工教育组和生产事业组等部门的作品，访问团对此精致作品，备［倍］加赞誉。”宋美龄在茶会中安排第八儿童保育院十名儿童表演歌舞，并在表演结束后，以该队儿童战时画册赠送访问团，并向英国儿童致意，获得英国嘉宾的热烈称许。⑤

茶会进行到4时30分，宋美龄起身致辞，代表中国各妇女团体表示热烈的欢迎，希望访华团成员，将来能“归告贵国妇女，诸位在中国曾发现同样服务精神，鼓励他们参与各项工作”。宋美龄对于此次未安排女团员访华，表达些许遗憾，她向来宾强调：

---

① 《军委会礼堂晚宴欢迎》，《大公报》（重庆）1942年11月12日。

② 王世杰：《王世杰日记》（手稿本）第3册，第391页。

③ 《蒋委员长款待曾在官邸设宴欢迎》，《大公报》（重庆）1942年11月17日。

④ 李又宁编：《工作八年》，第271页。

⑤ 《妇女界欢迎嘉宾　蒋夫人昨招待访问团》，《大公报》（重庆）1942年11月17日。

1942 年 11 月 16 日，宋美龄主持英国议员访问团茶会（《蒋中正“总统”文物》，台北“国史馆”藏，典藏号：002-050113-00002-281）

“不久以前，诸位所会晤的参政员中，也有女参政员，追随着贵国第一位跨入下院庄严神秘的门槛的女议员阿斯特夫人。”展现中国妇女在政经领域正逐渐突破过去为男人所独占的职业。宋美龄最后期待，访华团能将中国妇女界所表示的欢迎，“要从诸位转到贵国人民，尤其要转到英联合王国的妇女界。这种欢迎也是永久友谊的保证，在争取自由获胜（今日已露获胜曙光）以后的无数世纪中，此友谊将永存不灭”。[①]

英国议员在宋美龄致辞后，也分别在欢迎会上致答词。泰弗亚表示：“蒋夫人话中所表达的情绪与思想，很值得我们携带回去，报告于英格兰和苏格兰的妇女。”艾尔文则称许中国妇女和宋美龄所完成的许多工作，劳森则对于能欣赏到保育院和妇女指导委员会成员的作品，表示欣幸，称赞中国“有一群英勇无畏的妇女，感于人类所受苦痛而从事现在所进行的工作。这正是她们参加建设未来中国及建设未来世界时将居于光荣地位的表示”。最后由卫德波（Coplin Scrymgeour-Wedderburn）致答词表示：“中国在

---

① 《蒋夫人致词叙述中国妇女服务精神》，《大公报》（重庆）1942 年 11 月 17 日。

这次战争中所受的创痛，深刻感动了英国人民，蒋夫人和各位所做的救济工作，甚获得英人钦佩，对今天的盛会，更表示无限的谢忱。”①

英国国会访华团四团员于17日下午5时，由英大使馆秘书盖治陪同，往访孙夫人，并由孔祥熙在官邸招待晚宴。② 18日，由兵工署俞大维署长带领参观兵工厂，并由总长何应钦和国民党中央党部吴铁城秘书长分别招待午、晚宴。宋美龄也特别定制五件深灰色丝棉袍，赠送访华团成员作为来华纪念。③ 经过多日参访，吴铁城于24日晚间邀请访华团成员和王世杰等人，在寓交换关于战后问题的意见。王世杰提出两个问题：“一、英国舆论是否赞同在一个普遍的国际组织之外，成立区域的集体安全组织？二、英国舆论是否准备于战后仍维持日本天皇制度？”英议员卫德波答以英方目前未有另设区域组织计划，且“英人不主张干涉战败国政治制度”。④

蒋介石在25日国民党十中全会上表示：“对外政策，我国不拟以东亚领导者自居，并反对任何帝国主义；对内政策，吾党对共产党态度今后可改趋宽大。”⑤ 在美英接连派出代表访华，重庆方面趁势表明对外不扩张的立场，对内政治将以非武力为原则。宋美龄亦在接待访英团，馈赠中式丝棉袍作为纪念后，准备进行访美的行程。英国国会议员访华团在华参观游览，直到12月上旬

---

① 《各团员答词》，《大公报》（重庆）1942年11月17日。

② 《孔副院长昨晚欢宴》《访问孙夫人》，《大公报》（重庆）1942年11月18日。

③ 《参观兵工厂》《中央党部各部会昨欢宴英访问团》《丝棉袍五件蒋夫人制赠英议员》，《中央日报扫荡报》（重庆）1942年11月19日。

④ 王世杰：《王世杰日记》（手稿本）第3册，第396页。

⑤ 王世杰：《王世杰日记》（手稿本）第3册，第396—397页。蒋介石对各界接待情形表示：“英国议员访华团在渝半月，在陕四日，参观我前后方情形，各方招待，似太热烈，社会人士，且有中英同盟之呼声，此乃国人常识不足之表示，然余亦不愿纠正，免着痕迹，而余夫妇对该团之招待，皆出自然，公私两宜，言行皆甚自重也。”《事略稿本——民国三十一年十一月》，1942年11月30日，台北“国史馆”藏，《蒋中正“总统”文物》，入藏登录号：002000000650A，典藏号：002-060100-00170-030。

才自昆明返英。[①] 中英双方借此次交流，增进不少了解，也促使日后英方邀请中国派遣访英团，为战时盟国互动再添佳话。

第三节 接受罗斯福邀访

宋美龄自学成归国之后，到抗战爆发前，均未再前往美国，但有关其赴美的传闻，则时有所闻。1937 年 3 月间，法国大使那齐雅（Paul-Emile Naggiar）晤见时任行政院院长的蒋介石，双方就中国采购飞机事宜进行订货，法使希望趁孔祥熙赴英观礼英皇加冕时，能乘赴欧之便至法国验视订货，并与法方谈判解决有关两国之许多问题。那齐雅同时询问："闻蒋夫人拟赴美并拟绕道欧洲返国，确否？"蒋介石当即表示："内人以余身体未痊，拟不赴美，此刻渠适以事外出，不然伊甚愿见贵大使，因伊常提起贵大使也。"[②] 蒋介石因西安事变负伤未愈，宋美龄是时即有念头，也不得不暂时打消。

抗战军兴之后，中国孤军奋战，亟待外援。1937 年 11 月 6 日，陶行知自华盛顿电告南京，表示虽然部分美国民众策动舆论，展开抵制日货和拒运军火，但日本代表多方破坏，美人暗斗甚烈，因此建议请"孙夫人、蒋夫人亲偕谢青［晋］元师长、八路战士一人及女义童，分两批先后速来，诉诸政谊，则登高一呼，亿兆响应"[③]。由于中日在美宣传资源不成比例，为了号召美国民众和舆论，故陶行知有此建议，唯时机未成熟，美方态度保留，宋美龄访美之议，仅能期待观望。

---

① 《驻英大使顾维钧自昆明呈蒋委员长报告英国国会访华团已起飞返国电》，载秦孝仪主编：《战时外交（二）》，第 126—127 页。

② 对于法使那齐雅的建议，蒋介石表示："余对贵国所制飞机，甚表欢迎，愿大批订购，但须为最新出品，勿予我以旧物才好！"《一般外交（一）》，1937 年 3 月 19 日，台北"国史馆"藏，《蒋中正"总统"文物》，入藏登录号：002000001297A，典藏号：002-080106-00074-001。

③ 《对美关系（二）》，1937 年 11 月 6 日，台北"国史馆"藏，《蒋中正"总统"文物》，入藏登录号：002000002092A，典藏号：002-090103-00003-133。

王宠惠于1939年12月18日在华盛顿出席太平洋学会理事会时，与会代表有人在宴席上表示，“如宋美龄此时来美，必受欢迎，于中美邦交裨益甚大”，王宠惠立即电询蒋介石是否可行?[①]唯美方对中日纷争，仍不愿积极介入，宋美龄访美的时机仍待酝酿。

宋美龄的健康情形原本就有问题，抗战之初曾多次赴港寻医，周遭亦有劝其赴美就医者。但因蒋介石倚赖甚深，加之宋美龄自己不肯离开，迨美出版家鲁斯夫妇赴渝，“劝宋美龄赴美，一则调养身体，二则替中国宣传，使美国人民认识中国，其效力可抵三十师兵力”。但蒋介石又表示，“有夫人在旁襄助，可抵六十师兵力”[②]，遂一再拖延赴美行程。

一、罗斯福多次邀访

太平洋战争之后，美国被迫卷入战火，对华态度始渐趋积极。1942年8月22日，美国罗斯福总统宣布威尔基访华并邀请宋美龄赴美国访问。罗斯福指出：“福甚盼蒋夫人能即前来敝国，福与内子无不渴望期来临也。”[③] 罗斯福于9月16日针对居里返美报告和邀请宋美龄访美致函蒋介石，希望其了解美国的战略，保证将尽量克服技术困难，尽速予以接济，且说明因运输调度仍甚不足，故仅能维持美空军在华作战与继续补给中国兵工材料，并希望以装备在印华军替代派遣美国陆军。罗斯福最后在信函中又提出邀请，其表示：“福与内子重行热烈邀请蒋夫人来访美国与白宫，福等必能为彼尽除外界之搅扰也。”[④]

---

① 《增编（一）》，1939年12月18日，台北“国史馆”藏，《蒋中正“总统”文物》，入藏登录号：002000002470A，典藏号：002-090300-00216-314。

② 美洲国民日报编：《蒋夫人游美纪念册》，第35页。

③ 《美国总统罗斯福自华盛顿致蒋委员长介绍威尔基来华访问函（译文）》，载秦孝仪主编：《战时外交（一）》，第749页。

④ 《事略稿本——民国三十一年九月》，1942年9月16日，台北“国史馆”藏，《蒋中正“总统”文物》，入藏登录号：002000000648A，典藏号：002-060100-00168-016；《美国总统罗斯福自华盛顿致蒋委员长表示将在技术困难许可之下尽速尽量以急需之物资接济中国函（译文）》，载秦孝仪主编：《战时外交（一）》，第721—722页。

10月4日，宋美龄陪同蒋介石接见威尔基时，威尔基坚信如宋美龄能赴美进行宣传，将可引领知识分子的思潮，促使有利于中国的舆论。[①] 蒋介石于6日函覆罗斯福总统，感谢其赐函与指派威尔基访华，并转达宋美龄对受邀访美的谢意，“蒋夫人对贤伉俪殷盼其游美之热情，至为感谢，彼固无时不思趋访贵国，以为快也”。[②] 11日下午，宋美龄“代拟致罗斯福与丘吉尔各电，对罗斯福电稿尤佳也”[③]。罗斯福于10月26日在信函中以夫妻两人的名义，向宋美龄和蒋介石提出邀请，“内子因阁下转递尊夫人致彼之音信，嘱代致谢。吾等深望有一日欢迎尊夫人之来美，而福并盼阁下之莅临也”[④]。在罗斯福连番函邀和威尔基盛情的建议下，蒋介石夫妇也慎重思考应访与否，然宋美龄的健康却不断出现状况，蒋介石甚为忧虑：“妻体弱时病，而未能发现病因，甚忧！”[⑤] 甚至担心：“妻体弱神衰，其胃恐有癌，甚可虑也！”因此在10月底决定：“妻飞美医病，恐其有癌症，不如早割。”[⑥]

11月初，蒋介石曾预定颁给宋美龄军事一等勋章和名誉上将衔。[⑦] 驻美大使魏道明亦向重庆报告有关威尔基返美情形。魏道明表示威尔基回美后对华印象颇佳，因其擅长演说与运用媒体宣传，

---

① 《革命文献——对美外交：威尔基访华》，1942年10月4日，台北“国史馆”藏，《蒋中正“总统”文物》，入藏登录号：002000000390A，典藏号：002-020300-00036-016。

② 《事略稿本——民国三十一年十月》，1942年10月6日，台北“国史馆”藏，《蒋中正“总统”文物》，入藏登录号：002000000649A，典藏号：002-060100-00169-006。

③ 《蒋介石日记》（手稿本），1942年10月11日记事。对于宋美龄协助拟致英美领袖外文电稿，蒋介石称许曰：“吾妻代余拟致谢罗斯福与丘吉尔各电，而对罗电尤佳，可感也！”黄自进、潘光哲编：《蒋中正“总统”五记：爱记》，第268页。

④ 《美国总统罗斯福自华盛顿致蒋委员长说明威尔基访华对于协调吾人共同作战力量之各种重要问题已获得更明切之见解函（译文）》，载秦孝仪主编：《战时外交（一）》，第779页。

⑤ 《蒋介石日记》（手稿本），1942年10月27日记事。

⑥ 对于要夫人前往美国就医，蒋介石心情欠佳，于11月2日表示：“今日为妻将赴美，此心甚抑郁，不知此生尚能有几年同住耶？惟默祝上帝保佑而已。”《蒋介石日记》（手稿本），1942年10月31日记事；黄自进、潘光哲编：《蒋中正“总统”五记：爱记》，第268—269页。

⑦ 《蒋介石日记》（手稿本），1942年11月2日。

所发表演说已引起舆论回响，但因其政治背景而为当局所忌。威尔基返美后，希望宋美龄能同意由美国电影公司，摄制宋美龄学生时代的影片。威尔基认为此对于中国宣传裨益甚大，且剧本将由对中国友好的赛珍珠拟编，加上威尔基与电影界的关系，向宋美龄和蒋介石保证摄制必臻完善。[①] 不过由于宋美龄曾经拒绝过类似的建议，加以是时宋美龄的身体欠佳，而予以婉拒。

为了感谢罗斯福夫妇多次对宋美龄的邀请，和美国宣布放弃在华特权，以及政治顾问拉铁摩尔在华期间的匡益，蒋介石于11月间特地致函向罗斯福夫妇示意，并期待于宋美龄访美时，双方能进行密切的商谈，其表示：

> 蒋夫人兹前来贵国观光，藉答贤伉俪热烈邀请。余特托其向尊夫人及阁下致候。彼终得实现其久所蕴蓄之愿望，余殊引为欣幸。彼为理解我因战时实际需要最精，而洞悉余之思想与处事方法最深之一人，亦为我国了解贵国最深之人，彼之此行，其增进我中美两大民族精神之契合，抒发我两国合作一切问题之关键，与沟通余与阁下两人间之心灵，亦不亚于余亲身访问与阁下握手倾谈也。[②]

蒋介石在此函中，含蓄地表示宋美龄将以观光的名义前往，但又希望两国能就关键问题深入商讨，所以特别向罗斯福说明宋美龄对其想法与处事均能充分掌握，如同其亲访，可将之视为“分身”。

宋美龄在1942年下半年，接连协助蒋介石处理史迪威职权争端、战机补给、巡视西北、接待威尔基和英国国会访华团等要务，其身体状况在百忙中更趋恶化。董显光认为：“对外交通十分困难的重庆，那时候医疗设备简陋到无法治好这种病。蒋委员长虽不

---

① 《对美关系（一）》，1942年11月4日，台北“国史馆”藏，《蒋中正“总统”文物》，入藏登录号：002000002091A，典藏号：002-090103-00002-052。

② 《美政要来访（二）》，1942年11月，台北“国史馆”藏，《蒋中正“总统”文物》，入藏登录号：002000001276A，典藏号：002-080106-00053-015。

愿在这重要时期夫人远离左右，可是这病却非出国求治不可。”[①] 于是最后蒋介石和宋美龄决定指派董显光陪同赴美，以俾推展对美的宣传工作。

二、启程赴美求医

1942年11月中旬，在宋美龄即将起身赴美的前数日，重庆往成都各机场就已经进入警戒状态，负责安全任务的戴笠向侍从室组长唐纵询问，究竟是为何事警戒？唐纵透露：“委座夫人即将启程赴美矣！”[②] 11月16日，蒋介石致函罗斯福感谢协助宋美龄提前赴美就医，其表示：

> 此次内子之病承蒙鼎力协助，得以提前赴美早日就医，私衷至为感谢，并得乘此访问阁下与贵夫人，代中亲致敬意，使中更觉无上愉快，一若与贵大总统及贵夫人晤聚一堂也。内子非仅为中之妻室，且为中过去十五年中共生死同患难之同志，彼对中意志之了解，当非他人所能及，故请阁下坦率畅谈，有如对中之面罄者也。于深信内子此行，更能增进余两人之私交及扩展我两大民国之睦谊也。[③]

蒋介石再三强调宋美龄的代表性，希望罗斯福能视之如亲访，与之坦率畅谈。17日下午，宋美龄与蒋介石在听江亭廊前，讨论着对美总统的谈话要项，蒋介石面授十项原则，并“夫妻依依甚矣，明晨出发，将别为忧也”[④]。但为了夫人的健康和使命，蒋介石仍默默地祝福宋美龄此行能平安、成功，其表示：

---

① 董显光：《董显光自传》，第188页。

② 唐纵：《唐纵失落在大陆的日记》，第287页。

③ 《革命文献——对美外交：宋美龄访美》，1942年11月16日，台北“国史馆”藏，《蒋中正“总统”文物》，入藏登录号：002000000391A，典藏号：002-020300-00037-001。

④ 《蒋介石日记》（手稿本），1942年11月17日。

本日夫妻尤依依，甚以明日将别为忧；惟妻此次赴美，余以关于中美合作，国际与太平洋集体安全等方案交付，敬祝吾妻之能达成使命也。[①]

宋美龄于18日启程赴美，蒋介石清晨5时即醒，“不能安眠，默祷吾妻此行，平安与成功，九时，送妻至九龙坡机场，同上机，送至新津大机场，十二时，送妻登机；见其机大，乘坐必平稳，此心少安，别时，妻不忍正目仰视，别后更觉黯然消魂之情景，心甚悲怆，惟祝上帝赐予生育子女，以补吾妻平生之不足也”。宋美龄临别凄怆，蒋介石亲送之后更觉“吾妻爱，惆怅不寐，苦夫肠”！[②]

蒋经国也特地从江西赶来送行。[③] 宋美龄在董显光等人的陪伴下共同赴美，同机的还有在华任期届满、欲返美接任新职的拉铁摩尔。[④] 宋美龄一行离开重庆时保持绝对机密，辗转经过非洲红海岸的阿斯马拉、黄金海岸的阿克拉、巴西的纳塔尔等地，绕了大半个地球。[⑤] 蒋介石在宋美龄飞行途中，也不断“研究对罗斯福总

---

① 蒋介石于1943年10月下旬补记，交代宋美龄与罗斯福总统谈话要点：“（甲）东三省、旅顺、大连与台湾、琉球须归还中国，惟此等地方海空军根据地，准许美国共同使用；（乙）越南应由中美两国共同扶助其十五年以内独立；（丙）朝鲜应即独立；（丁）泰国仍保全其独立；（戊）印度如果一日不能独立，则世界和平与人类平等仍不能实现，故印度在战后必须使之独立，但可有一过渡时期与办法，勿使英国失却体面，缅甸亦然；（己）南洋各民族应明定训政年限，二十年内扶助其独立；（庚）外蒙古应归还中国，至于自治问题则由中国自定之；（辛）中俄问题与中共问题立场之说明。”《事略稿本——民国三十二年十月》，1943年10月24日，台北“国史馆”藏，《蒋中正“总统”文物》，入藏登录号：002000000661A，典藏号：002-060100-00181-024。

② 黄自进、潘光哲编：《蒋中正“总统”五记：爱记》，第270—271页。

③ 蒋经国电告蒋方良，表示母亲宋美龄11月18日出国，特来渝送行，约月底可返赣。《一般资料——蒋经国其他文电资料》，1942年11月18日，台北“国史馆”藏，《蒋中正“总统”文物》，入藏登录号：002000002059A，典藏号：002-080200-00670-054。

④ 董显光：《董显光自传》，第188页。

⑤ 《革命文献——对美外交：宋美龄访美》，1942年11月22、26、27日，台北“国史馆”藏，《蒋中正“总统”文物》，入藏登录号：002000000391A，典藏号：002-020300-00037-002、003、004、005。

统谈话项目，嘱妻面达”，希望借由宋美龄在美疗养期间，能直接与罗斯福交涉。[①] 宋美龄一行至26日晨方抵达美国佛罗里达，两位弟弟宋子良与和宋子安，均到佛罗里达机场迎候，并于是日下午直赴纽约。[②] 蒋介石获悉宋美龄平安抵美后，欣慰地致电给宋美龄表示：“蒋夫人刻闻平安抵美，欣慰之至，未知途中玉体如何？别后五日方得间接电报飞过之地，而至今尚未得直接电告为念。”[③]

宋美龄一到纽约就进入长老会医疗中心哈克纳斯医院（Harvard Hospial）就医，并致电向蒋介石报平安。[④] 华府方面由罗斯福总统顾问霍浦金斯（或译为贺金斯 Harry L. Hopkins，1890—1946）负责安排一切医疗，主治医师为美国两位著名专家劳勃医师（Dr. Robert F. Loeb）与阿区伦医师（Dr. Aschlen）。在美方悉心安排下宋美龄得以迅速就医，从1942年11月至1943年2月间，宋美龄多半留在医院里治疗休养，以恢复健康。[⑤]

宋美龄抵美入院后于11月28日致电给重庆的大姐宋霭龄，请其协助转译信函给蒋介石，说明抵达纽约后的情形。霍浦金斯在安顿好宋美龄的住院医疗事宜后，随即安排罗斯福总统夫人爱莲娜和宋美龄会面。28日上午10时，爱莲娜到院探视，宋美龄表示“此次来美尽以私人看病，对美国政府并无任何要求”，爱莲娜则表达美国朝野人士对宋美龄的仰慕，称扬宋美龄“为全世界女界中第一人物”。爱莲娜指出罗斯福正苦于无法与蒋介石讨论各种战后问题，希望能借此机会对诸方案作透彻商谈。接着彼又询中方对英态度，宋美龄未作表示，反询其对英印象。爱莲娜表示先前

---

① 《蒋介石日记》（手稿本），1942年11月21日。

② 《革命文献——对美外交：宋美龄访美》，1942年11月22、26、27日，台北“国史馆”藏，《蒋中正“总统”文物》，入藏登录号：002000000391A，典藏号：002-020300-00037-002、003、004、005。

③ 《革命文献——对美外交：宋美龄访美》，1942年11月28日，台北“国史馆”藏，《蒋中正“总统”文物》，入藏登录号：002000000391A，典藏号：002-020300-00037-006。

④ 宋美龄经初步健康检查后，幸无大碍，蒋介石得悉后记曰：“妻于二十六日，平安飞到美国，此心略慰，并据医者检查，决无癌症，此心更安。”《蒋介石日记》（手稿本），1942年11月28日上星期反省录。

⑤ 董显光：《董显光自传》，第188页。

赴英考察，发现“英国人民之努力可赞美，若无英国之一阶段抗战，美情况或较现在必差”，但爱莲娜认为丘吉尔作风守旧，“徒可为英战时领袖，战后恐不足在领导地位”，且战后民族思想将成全球风潮，任何一民族决不甘受他人来支配。宋美龄和爱莲娜两人又针对印度问题、如何让美国人民感受中国抗战对美之贡献和驻华大使人选进行交谈，双方共谈一小时半左右。宋美龄表示中国之抗战乃为全人类而牺牲，两人看法不谋而合，爱莲娜还亲吻宋美龄的脸颊，并谓希望能做私人朋友，相约次周再见。①

对于美方体贴的接待，蒋介石一面期待夫人早日康复，一面希望能完成到美使命。其表示：“妻到美后，罗总统派其心腹霍浦金斯招待，并派其妻翌日特到医院访问，殷勤倍至，余甚望吾妻不虚此行，祝其必成功也。”② 蒋介石于结婚纪念日前夕致函宋美龄曰：“明日为我们结婚十五年纪念，东西远隔，此为一生最大之残念，惟祝玉体康健，上帝特加保佑我夫妻共同完成革命大业而已，临书怅怅！”③ 宋美龄亦电告蒋介石：

> 今日（十二月一日）为兄妹十五年结婚纪念日，远隔重洋，不能与兄共处一地，为怅！忆此十五年中同尝甘苦，佐兄建国，望未来之十五年中，更能与兄同心协力，为国家民族之幸福而努力，愿上苍特加佑护吾两人，

---

① 两人最后谈及驻华大使人选，爱莲娜表示：“罗总统拟派现在共和党之主席 Edward Flgnn（爱德华·富林）为美驻华大使，彼与罗已有二十五年之历史且罗对彼甚是信任，虽 Flynn 氏对远东问题完全不谙，但此人尚属可教。”《革命文献——对美外交：宋美龄访美》，1942 年 11 月 28 日，台北“国史馆”藏，《蒋中正“总统”文物》，入藏登录号：002000000391A，典藏号：002-020300-00037-007。

② 《事略稿本——民国三十一年十一月》，1942 年 11 月 30 日，台北“国史馆”藏，《蒋中正“总统”文物》，入藏登录号：002000000650A，典藏号：002-060100-00170-030。

③ 《革命文献——对美外交：宋美龄访美》，1942 年 11 月 30 日，台北“国史馆”藏，《蒋中正“总统”文物》，入藏登录号：002000000391A，典藏号：002-020300-00037-008。

举杯遥祝我夫君康健平安，临电神驰。①

蒋介石接到宋美龄的电函后，再电曰：

此时正下午六时半，寂寞难堪，未知至爱如何？情景正如来电所言，远隔重阳［洋］，不能翘翅飞美聚首一室，举杯互祝健康耳，惟祷上苍保佑至爱玉体早日康复，俾得即叙天伦之乐为祷。②

12 月 3 日，蒋介石得悉宋美龄和爱莲娜晤谈的情形，对双方谈话融洽，不无期许。③ 罗夫人爱莲娜于 4 日上午，再度与宋美龄晤谈，两人从妇女工作、驻美人事到国际局势，作广泛的探讨。

双方先就战后妇女工作交换意见，爱莲娜对宋美龄推动妇女工作多所称许，希望其能协助战后世界妇女工作，并盼对彼能有完全信任。两人接着谈到中国军事代表团团长熊式辉在美的情形，宋美龄表示熊式辉为蒋介石特别遴选到美者，但对美国政府的冷淡，极感苦恼，故告罗夫人“熊式辉为日本军校毕业生，对日本问题颇有研究，虽不谙英文，但文字障碍可由翻译解决”。爱莲娜又谈及英俄关系和太平洋战局最新发展④，让宋美龄也获知不少军事和外交信息。

---

① 《革命文献——对美外交：宋美龄访美》，1942 年 12 月 1 日，台北“国史馆”藏，《蒋中正“总统”文物》，入藏登录号：002000000391A，典藏号：002-020300-00037-009。

② 《蒋中正致宋美龄函（五）》，1942 年 12 月 1 日，台北“国史馆”藏，《蒋中正“总统”文物》，入藏登录号：002000000464A，典藏号：002-040100-00005-044。

③ 参见黄自进、潘光哲编：《蒋中正“总统”五记：爱记》，第 272 页。

④ 《革命文献——对美外交：宋美龄访美》，1942 年 12 月 4 日，台北“国史馆”藏，《蒋中正“总统”文物》，入藏登录号：002000000391A，典藏号：002-020300-00037-010。虽然宋美龄希望改善熊式辉在美的尴尬处境，但是时熊式辉已准备结束任务返国。蒋介石于 12 月 8 日电熊式辉曰：“可照其意发表回国措辞，并希回国前详研美空军训练编组、陆空业务与各军需工厂详情，及可派车交夫人乘坐。”《领袖指示补编（十六）》，1942 年 12 月 8 日，台北“国史馆”藏，《蒋中正“总统”文物》，入藏登录号：002000002139A，典藏号：002-090106-00016-211。

对于爱莲娜的倾心相谈，谈论话题涵盖层面甚广，加以联系事项日益增多，宋美龄连忙电告蒋介石，希望能增派助手，并催请宋霭龄和宋子文到美协助。① 宋美龄亦将其对美初步交涉的心得，向蒋介石作一说明：

> 自抵美后，综合各方报告，及妹个人观察，详细分析，对于欧美对我无真正诚意之印象，更觉加强，基本观念为忌我自强，故对我之援助，除必要者，均以表面敷衍。美军日臻强盛，则赖我之心理必日趋薄弱，加以我军缺乏械弹，以致久无捷讯，以动听闻。尤其令人感觉矛盾者，即美国人种混杂，但对种族血统歧视观念甚深。又英方在美直属其大使馆之人员，负联络宣传工作，为数达三千余人，每年耗费何止千万美金，其他工作人员，无法统计。此次美国当局对妹招待周到，民众之关切，以及罗夫人之钦佩殷勤，或可谓无以复加，但妹以为美人对我辈之敬仰，乃个人之成就，虽与国家不无利益，但不可不作一识别。妹将来与美国当局作谈话时，惟有取十二分诚意，在平等互惠原则下晓谕中美之利益，此虽为妹在美时深愿完成者，但我在彼等心目中，只为伸手索物者，此兄定已谅察，无论如何，妹抵美宗旨以代表社稷及兄，当尽力为之，惟决不肯失国家及兄之尊严。妹到美后，民众自动热烈欢迎情绪正可感人，亦妹素来尽心培植者，今乃见其收获。到后千绪万端，尤感缺乏助手，文件一项，已感随从人员不敷，况内外交接，均由妹一人负担，终日应付，尤感精神时间之不足。故盼兄能催请大姊及文兄从速来美，以分妹之劳顿，为公

① 《革命文献——对美外交：宋美龄访美》，1942 年 12 月 4 日，台北“国史馆”藏，《蒋中正“总统”文物》，入藏登录号：002000000391A，典藏号：002-020300-00037-013。

为私，均有利益，盼兄对之特别出力赞其成行，如何盼复。[①]

由于中国抗战急需外援，但又不愿被视为伸手索物者，宋美龄在争取美援和维护国家尊严间，力持对等原则，对维系国家民族地位，尽心尽力。

蒋介石于12月5日电询夫人曰："近日身体有否进步？甚念！"并对参与国际组织作出指示，"如罗斯福总统询及中英同盟之意如何，则可先问其高见如何，再答以当电兄详商，不可有拒绝之意"。[②] 蒋介石希望宋美龄在商谈中英同盟时，要以美方的意见为依归，并以向重庆请示作为缓冲谈判压力的挡箭牌。蒋介石在11日电询夫人是否完成健康检查，并告知美国接济军械的情形[③]，希望宋美龄在美交涉时能随时掌握最新的情资。

12月中旬，中美之间完成架设传真通信的工程，罗斯福于15日偕同驻美大使魏道明等人在华府进行启用，拍电向蒋介石致意，罗函指出："自轮船、电报、无线电发明以来，渐使我两国间过去之庞大距离，不复存在。兹复有此种科学奇迹，即今日余所利用者。余敬借此难得之机会，奉告阁下，尊夫人盛名清德，此次在美，如何为余夫妇及我国国民所尊敬也。"[④] 蒋介石于17日函复罗斯福曰：

① 《革命文献——对美外交：宋美龄访美》，1942年12月4日，台北"国史馆"藏，《蒋中正"总统"文物》，入藏登录号：002000000391A，典藏号：002-020300-00037-013；《事略稿本——民国三十一年十二月》，1942年12月12日，台北"国史馆"藏，《蒋中正"总统"文物》，入藏登录号：002000000651A，典藏号：002-060100-00171-012。

② 《革命文献——对美外交：宋美龄访美》，1942年12月5日，台北"国史馆"藏，《蒋中正"总统"文物》，入藏登录号：002000000391A，典藏号002-020300-00037-011。

③ 《革命文献——对美外交：宋美龄访美》，1942年12月11日，台北"国史馆"藏，《蒋中正"总统"文物》，入藏登录号：002000000391A，典藏号：002-020300-00037-012。

④ 《名人书翰（二）》，1942年12月15日，台北"国史馆"藏，《蒋中正"总统"文物》，入藏登录号：002000001373A，典藏号：002-080114-00020-017。

> 承赐无线电传真手翰，科学之进步，通讯之神速，已使吾人日益接近，此乃象征吾联合国家共同努力之长足进展，与作战目的之早日达到，庶几人类之自由平等，得实现于和平秩序与康乐之世界。阁下与尊夫人以及贵国人士，对内人热诚款待，至深铭感。①

罗斯福利用传真机将手稿和照片传至重庆，象征中美的情谊更为接近，蒋介石也致电罗斯福表达对其传真函和盛情款待宋美龄的谢意。

就在中美开通传真通信之际，宋美龄却对药物出现了过敏的症状，孔令伟致电蒋介石，告知此一情形，“姨母因多年之劳，致影响神经，今用种种考验，知悉常人所用药品，均不能施用。因服药及注射后反应极烈，此种神经系之病态极为复杂，故医生令其多休息，不准见客。观姨母近数日无精神，甥在旁奉侍亦正苦束手无策也”②。

蒋介石得知宋美龄“精神又有衰弱不振之象，系念之极”，一面致函慰问，一面也向宋美龄求证并指示对罗斯福晤谈的原则，“报载妹将在白宫过圣诞节已定否？如见罗总统时准照妹真电所言之精神态度处之，而尤以无所求三字为主旨”，同时告知将请“大姊与文兄待过旧历年后，当促其成行来助也”。③ 蒋介石因宋美龄在美就医，许多涉外机密函件，包括宋美龄以英文寄回的电函，都要请宋霭龄协助处理，而宋子文是时担任外长，蒋介石委以和

---

① 《革命文献——对美外交：宋美龄访美》，1942年12月17日，台北“国史馆”藏，《蒋中正“总统”文物》，入藏登录号：002000000391A，典藏号：002-020300-00037-014。

② 《革命文献——对美外交：宋美龄访美》，1942年12月18日，台北“国史馆”藏，《蒋中正“总统”文物》，入藏登录号：002000000391A，典藏号：002-020300-00037-015。

③ 《革命文献——对美外交：宋美龄访美》，1942年12月18日，台北“国史馆”藏，《蒋中正“总统”文物》，入藏登录号：002000000391A，典藏号：002-020300-00037-015。

美、英交涉平等新约和借款等要务，一时均难以抽身赴美。①

由于罗斯福夫人爱莲娜在首次与宋美龄会晤时，即提到对华使节的人选，为了营造和美方友好关系，蒋介石于20日电告宋美龄曰：

> 富林史华自当赞同，如遇美总统或其夫人时，可表示兄对富林甚为欢迎之意。前所面谈中美可共同之地点，如有便提及时，“应以美如愿意则中国自当欢迎之语意出之”，切勿使其想中国要美国多加负担，拖其下水之意。总之吾人此时抱定无求于人之态度，凡事皆出于自然而无所要求，决不加勉强，使之觉有为难也。②

蒋介石多次提醒宋美龄要以无所求的态度与美交涉，其于耶诞前致电向宋美龄贺节曰：

> 明日即为圣诞节之前夕，亦为我夫妻六年前共同出险复生之纪念日，今年未能共聚一堂，度此佳节，惟有默祷上帝，保佑至爱，身心康乐，为国增光，完成天父赐予吾人之使命，千万珍重，并祝良、安诸弟夫妇安好，与侃、伟、杰诸甥进步。③

---

① 《事略稿本——民国三十一年十二月》，1942年12月19日，台北“国史馆”藏，《蒋中正“总统”文物》，入藏登录号：002000000651A，典藏号：002-060100-00171-019。

② 《革命文献——对美外交：宋美龄访美》，1942年12月20日，台北“国史馆”藏，《蒋中正“总统”文物》，入藏登录号：002000000391A，典藏号：002-020300-00037-017。

③ 《事略稿本——民国三十一年十二月》，1942年12月23日，台北“国史馆”藏，《蒋中正“总统”文物》，入藏登录号：002000000651A，典藏号：002-060100-00171-023。

是时，宋美龄在美尚不寂寞，除了孔令仪留在重庆外[①]，孔氏侄辈多人均在美随侍宋美龄身旁。

霍浦金斯于圣诞节前夕，特地由华盛顿飞纽约往晤宋美龄，双方就非洲战事、欧洲第二战场何时开辟和俄国战后可能情势等问题广泛交谈。霍浦金斯把美国对开辟第二战场的策略和苏联对战后的要求，一一向宋美龄说明，霍浦金斯表示："战后即俄进占其邻邦领土，罗总统亦决不因之而与俄开战也。但罗总统颇有自信，认为对斯大林定有方法约束与应付之道，深信战后俄国内部必有种种问题，即使抱有野心亦当无力赤化全球。"宋美龄认为美国对俄的态度与方式，将是战后问题之关键，故续询问："美不愿因他国领土完整而与俄一战，斯大林是否知之？"霍浦金斯表示斯大林为现实主义者，必定知此情况，同时"日、苏双方均不愿起衅，故彼此均极敷衍，近日订立商约，西伯利亚俄运输量每月吨位变本加厉，故美极怕俄将美供给之租借军火输送日本也"。[②]

宋美龄接着询问，罗斯福与参谋本部预估战事何时可结束？霍浦金斯认为，"一九四四年战事当可结束，若运用得法，一九四三年亦有可能"，不过罗斯福担心战后美国内部意见分歧，不愿听从中枢领导，霍浦金斯尚透露英国首相丘吉尔以战后彼拟退休著书为由，对战后问题完全不谈，甚至毫不闻问。宋美龄综合霍浦金斯所谈内容，深恐"战后英、美、俄又将忙于己身利益，将置我国于不顾"，因此建议蒋介石，应在战后和议席上争得重要地位，也感叹"哀我国家民族徒赤手空拳，亦为兄所怅叹者，唯凭应付得当，或有所成"。宋美龄结束与霍浦金斯的交谈，再次感到

---

① 《事略稿本——民国三十一年十二月》，1942 年 12 月 20 日，台北"国史馆"藏，《蒋中正"总统"文物》，入藏登录号：002000000651A，典藏号：002-060100-00171-020。

② 《革命文献——对美外交：宋美龄访美》，1942 年 12 月 24 日，台北"国史馆"藏，《蒋中正"总统"文物》，入藏登录号：002000000391A，典藏号：002-020300-00037-019；《事略稿本——民国三十一年十二月》，1942 年 12 月 29 日，台北"国史馆"藏，《蒋中正"总统"文物》，入藏登录号：002000000651A，典藏号：002-060100-00171-029。

“罗总统周围多智囊，显有准备，妹则单枪匹马，毫无后援，故务须请大姊来助，望兄促其早日成行”。[①] 宋美龄在24日立即将与霍浦金斯的谈话内容，寄给在重庆的宋霭龄，希望蒋介石能迅速请宋霭龄和熟悉国际局势的人员，前往美国相助。12月29日晚，宋霭龄携着宋美龄24日所发的长电，帮蒋介石作翻译，蒋介石听完方慨叹：“今乃知美国对英俄战后问题，皆无把握也。”[②]

有鉴于宋美龄在美国交涉颇需人手协助，蒋介石打消原本要董显光从速回国的意思，在12月底电告宋美龄，“董显光先生在美协助不必速回”，指示“以后切勿再提德事，恐对方引起误会”，并希望宋美龄以健康为重，“玉体未痊为虑，一切应酬与外交事暂时搁置，专以养疴为重，刻已催大姊旧历年后来美协助，明夕即大年夜，夫妻未能在家共叙天乐，想念何如”。[③] 宋美龄抱病在美陆续与爱莲娜和霍浦金斯晤谈，虽然获得不少信息，但因交谈内容广泛，也要付出许多准备，其所承受的压力当非外人所能想象。

宋美龄以疗病的名义赴美，建立与罗斯福夫人爱莲娜和霍浦金斯直接对话的通道，让中方得以了解更多国际情势，也让美方更清楚中方的需求。蒋介石对宋美龄在美养疴，仍不辞辛苦为国争取援助，而深受感动。在1942年中的本年总反省录即认为，“外交成就，以今年为最大”！但也因访印成果未如预期、缅战失利、史迪威职权争议等问题，亦觉“受辱被侮，亦以今年为最甚”。宋美龄在1942年八九月间陪同蒋介石巡视西北，“且飞往新

① 《革命文献——对美外交：宋美龄访美》，1942年12月24日，台北“国史馆”藏，《蒋中正“总统”文物》，入藏登录号：002000000391A，典藏号：002-020300-00037-019；《事略稿本——民国三十一年十二月》，1942年12月29日，台北“国史馆”藏，《蒋中正“总统”文物》，入藏登录号：002000000651A，典藏号：002-060100-00171-029。

② 《事略稿本——民国三十一年十二月》，1942年12月29日，台北“国史馆”藏，《蒋中正“总统”文物》，入藏登录号：002000000651A，典藏号：002-060100-00171-029。

③ 《革命文献——对美外交：宋美龄访美》，1942年12月18、30日，台北“国史馆”藏，《蒋中正“总统”文物》，入藏登录号：002000000391A，典藏号：002-020300-00037-016、020。

疆迪化，慰劳盛氏”，协助蒋介石得以略识西北宗族与宗教派系之复杂，在秋冬之际又盛大接待威尔基和英国国会议员，让国际人士对中国更有所认识与同情，加上 11 月飞美调养兼准备对美进行直接交涉，均为影响边政和外交成败的关键。[①]

三、准备巡讲事宜

1942 年 12 月下旬，已返美就任远东情报局旧金山分局新职的拉铁摩尔致函蒋介石，透露罗斯福准备邀请宋美龄访问白宫的计划，函中表示：“总统对于其内人与蒋夫人间所长成之友谊，甚为喜悦，并热盼蒋夫人访问白宫。”[②] 1943 年 1 月初，宋美龄在美受限于消息来源，无法直接回复霍浦金斯所提的一些问题，因此于 1 月 2 日电告蒋介石，希望将国内重要战事消息，随时电知以便与美方谈论，并作为宣传，其表示：

> 若由妹酌告美当局，各种较重要之我军事动态在此一举，则已做到我在此宣传机关，虽费九牛二虎之力而不能做到者，故为消息正确而免遗［贻］笑，密切关系计，惟有请兄亲自命所欲告彼等者，饬属不时电妹。[③]

宋美龄在函中还转达霍浦金斯所透露的英、美参谋部拟于 3 月初在缅开始反攻，美方已派数千名技术工兵赴缅的讯息。[④] 有鉴于宋美龄应邀访美，是时加拿大和英国也纷纷提出邀请，蒋介石希

---

① 《蒋介石日记》（手稿本），1942 年 12 月 31 日总反省录。

② 《事略稿本——民国三十一年十二月》，1942 年 12 月 28 日，台北“国史馆”藏，《蒋中正“总统”文物》，入藏登录号：002000000651A，典藏号：002-060100-00171-028。

③ 《革命文献——对美外交：宋美龄访美》，1943 年 1 月 2 日，台北“国史馆”藏，《蒋中正“总统”文物》，入藏登录号：002000000391A，典藏号：002-020300-00037-021。

④ 《革命文献——对美外交：宋美龄访美》，1943 年 1 月 2 日，台北“国史馆”藏，《蒋中正“总统”文物》，入藏登录号：002000000391A，典藏号：002-020300-00037-021。

望宋美龄能接受加拿大总理的邀请。宋美龄则对于英国掌玺大臣克利浦斯电邀访英一事，向蒋介石询问意见。[①]

宋美龄于1月4日自纽约致电蒋介石，一面问候其健康，一面催促尽快派宋霭龄、宋子文和军备专家到美协助，其函称：

> 介兄：近日身体如何？念念！妹在月底或可准赴白宫，故诸事均须预先开始筹划。据报丘吉尔将来美，出之奇特，故请兄将英近日对我交换文件完全详告，以筹对策。妹带来空军参考材料，内有极多均属过去者，故请兄派谙悉各种最近配备者，随同大姊文兄来美，以便咨询。罗总统对各方军情消息必定灵通，若我所告者较彼为简，岂非遗笑外人，请兄再催大姊即来襄助也。[②]

蒋介石于5日下午4时，与宋霭龄“同车到听江亭，商谈彼赴美行止问题”，并电告宋美龄，“大姊实无意来美，是其确有为难之处，应加原谅”。蒋介石在函中同时批评延迟反攻缅甸曰：“英国不肯如约派海军进攻仰光，以致反攻缅甸又要延期，殊为痛心！如美当局谈及时，可表示遗憾。”[③] 1月7日晚间，蒋介石和戴季陶在松下室聚餐时，接到宋美龄的来电，得知丘吉尔可能赴美，且“罗总统欲介绍与吾妻相见，联系中英感情，此甚或即商谈太平洋与东亚战后问题乎？应切实研究应对方案，电告吾妻。”[④] 蒋介石于11日回电纽约蒋夫人曰：

---

① 《事略稿本——民国三十二年一月》，1943年1月2日，台北“国史馆”藏，《蒋中正“总统”文物》，入藏登录号：002000000652A，典藏号：002-060100-00172-002。

② 《革命文献——对美外交：宋美龄访美》，1943年1月4日，台北“国史馆”藏，《蒋中正“总统”文物》，入藏登录号：002000000391A，典藏号：002-020300-00037-024。

③ 《事略稿本——民国三十二年一月》，1943年1月5日，台北“国史馆”藏，《蒋中正“总统”文物》，入藏登录号：002000000652A，典藏号：002-060100-00172-005。

④ 黄自进、潘光哲编：《蒋中正“总统”五记：爱记》，第276—277页。

> 确息，丘吉尔约一星期内到美，如有人来探询中英同盟事，仍应照原定方针要求美国共同参加为辞可也。美国已允我二个机械化师武器，本党派员赴美宣传共党之消息，乃系去腊太平洋学会开会时，准备报告之材料，并未特为此特派人员也。空军报告拟令邦初与子文同来面详，购办礼物已由大姊另行电详，大姊或可来美，彼已有此意。①

由于丘吉尔可能赴美洽商联合作战和同盟事宜，蒋介石仍要宋美龄以美国参加为前提，并否认派人到美进行反共宣传。

是时中英、中美平等新约分别在重庆、华盛顿签字，为了准备和丘吉尔进行后续交涉，宋美龄于 16 日请蒋介石“将取消治外法权英方与我所订条约电知以供参考”，并求证美报登载国军在皖击退日军之消息。宋美龄还抱怨说：“前妹曾电请兄遴选可靠消息告妹，以备询问时答复，后日罗夫人又将探妹病状，万一询及，妹不谙真相，究将作何答复？亦极难堪也。”② 蒋介石接电后立即回复：

> 闻居里近日对记者尽力诋毁我国要求武器而不肯抗战之说，确否？请详复。冬支两电各问题皆详达于真电之中，岂真电尚未接阅及手？在皖击退敌军实有之，但不算大战。英国与我所订新约，惟其不肯提及九龙租界地归还我国一事，实为遗憾，其他条约大体与中美新约相同，可嘱魏大使就近转送中美新约一份，即可了然。

---

① 《革命文献——对美外交：宋美龄访美》，1943 年 1 月 11 日，台北“国史馆”藏，《蒋中正“总统”文物》，入藏登录号：002000000391A，典藏号：002-020300-00037-026。

② 《革命文献——对美外交：宋美龄访美》，1943 年 1 月 16 日，台北“国史馆”藏，《蒋中正“总统”文物》，入藏登录号：002000000391A，典藏号：002-020300-00037-027。

近日玉体如何？甚念！[①]

宋美龄希望了解平等新约的内容，以试图对未臻满意的部分，再做努力。宋美龄于20日向蒋介石回报，确实听闻有关“居里诋毁我国，并谓西北驻有重兵，并非为抗战之用等语”。[②] 由于宋美龄在美已建立起直接与美国高层沟通的通道，加以居里未能进一步取得要津，宋美龄与居里间的互动原已趋于平淡，加之居里公开在媒体批评中国政军问题，致使彼此互信尽失。

英国为了争取美国优先支持欧战，派员在美国影响舆论，宋美龄心中颇不是滋味，想借由罗斯福夫妇的邀访，抢先在丘吉尔抵美之前与罗斯福夫妇见面，让英方能有所收敛。[③] 由于罗斯福夫妇邀访宋美龄访问私邸，蒋介石甚赞成宋美龄前往赴约，因此于24日电纽约宋美龄曰：

昨托大姊覆电，亦甚赞成吾爱允往罗总统家乡游览，如见罗总统时，最好只谈国际大势与战后政策，对于飞机与陈纳德等事，暂不提及，此种普通小事，由子文来美再谈。何如？[④]

蒋介石希望宋美龄和罗斯福见面时，只谈政策与原则等事，

---

① 《革命文献——对美外交：宋美龄访美》，1943年1月18日，台北“国史馆”藏，《蒋中正“总统”文物》，入藏登录号：002000000391A，典藏号：002-020300-00037-028。

② 《革命文献——对美外交：宋美龄访美》，1943年1月20日，台北“国史馆”藏，《蒋中正“总统”文物》，入藏登录号：002000000391A，典藏号：002-020300-00037-031；《事略稿本——民国三十二年一月》，1943年1月18日，台北“国史馆”藏，《蒋中正“总统”文物》，入藏登录号：002000000652A，典藏号：002-060100-00172-018。

③ 《革命文献——对美外交：宋美龄访美》，1943年1月18日，台北“国史馆”藏，《蒋中正“总统”文物》，入藏登录号：002000000391A，典藏号：002-020300-00037-030。

④ 《革命文献——对美外交：宋美龄访美》，1943年1月24日，台北“国史馆”藏，《蒋中正“总统”文物》，入藏登录号：002000000391A，典藏号：002-020300-00037-032。

有关细节则留待宋子文前往交涉。不过罗、丘最后是在北非摩洛哥的卡萨布兰卡现称为达尔贝达会面，宋美龄的巧计并未能实现，而在26日将美国政府公布的消息电告蒋介石。宋美龄于函中对于罗斯福曾设法邀请斯大林参加会议，而未邀请蒋介石有微词，并询问蒋介石是否如美国政府公布所言，随时告知中方开会进展，并认为若此并非事实，应予以发动舆论打击。宋美龄认为，“即我开罪美国，其微少之援助亦决不会减削，若因之而造成美不满意，政府各派急进运动，则美国政府当局亦不得不改变政策，更积极助我”。宋美龄想借机“煽动及暗中领导”美国舆论，并请蒋介石“考虑后立取对策，并立即电妹以备响应，并一齐步骤也”。[①] 宋美龄对于卡港会议中方未获邀请，耿耿于怀，试图说服蒋介石发动舆论攻势，迫使美方增加对华援助。宋美龄对美、英不重视中国的态度，深深自省，认为中国非发愤图强不可，其表示：

妹自抵美之后，即抱我国虽穷亦决不作低头求人态度，盖我国民族之抗敌，乃为全世界人民之幸福而作此极大牺牲，非仅为中国谋久长之康乐。至今为止，妹撮要之，少数言论家均谓中国此种精神既可钦佩，且与向来作风相同。在妹则认为此亦无他，唯为我等经历年勠力同心工作所造成之信誉耳。他人不便说者，我不但透澈声述，反令人敬仰我等宗旨之高尚纯粹也。此次非洲会议则可作我前车可鉴之一点者，乃因美国如居里辈乘机诋毁者，正不乏人，若在和议席上欲争取合法权利，亦非有力量方能有资格说话。换言之，赶快积极发展轻、重工业，在可能范围内千计百方，总需设法切实提倡创办。须知欧美各国初始亦仅赤手空拳也，若再沉于幻想，俟他国战后开始供给所需，或纸上空谈，或竟沉潜于以

① 《革命文献——对美外交：宋美龄访美》，1943年1月26日，台北“国史馆”藏，《蒋中正“总统”文物》，入藏登录号：002000000391A，典藏号：002-020300-00037-033。

往头痛医头、脚痛医脚敷衍办法，则一切均将太晚矣。再，妹觉对方国内共产党纷歧问题拟提及，以免外人认为我不团结，更可欺凌。此次非洲会议，中、苏均被摒于主观外，我若在可能范围内与俄得一具体谅解，俾于国际上取一致态度，即操得团结力量，于我国似为巨得计。兄意如何？①

对于宋美龄批评英、美，甚至想要联俄的想法，蒋介石去电安抚，希望宋美龄冷静处理，不要公开批评美国政府。②

宋美龄于2月5日电询蒋介石，希望了解美空军总司令安诺德到渝会谈的经过情形。宋美龄认为反攻缅甸，应将“日军全部驱出缅甸境外，以免敌人不断侧击，切断交通之患”，同时“美军应参加中、英军队作战，以免我又吃英人之亏”。宋美龄对于英国在第一次缅战期间，不顾盟军安危的表现，印象显然欠佳。宋美龄还关心“美国拟供给我方飞机数量究竟若干”？并希望在掌握安诺德与蒋介石谈话的要点后，准备和罗斯福进行直接交涉。③ 对于宋美龄的疑问，蒋介石于7日复电纽约，让宋美龄了解美空军总司令安诺德在渝开会的情形④，以期能口径一致，共同对美争取更多援助。

宋美龄于2月9日致函大姐宋霭龄，将访问白宫与赴各地演讲

---

① 《革命文献——对美外交：宋美龄访美》，1943年1月，台北“国史馆”藏，《蒋中正“总统”文物》，入藏登录号：002000000391A，典藏号：002-020300-00037-034。

② 《蒋委员长自重致夫人告以对罗、丘北非会议之看法及我方应持之态度电》，载秦孝仪主编：《战时外交（一）》，第788页。

③ 《革命文献——对美外交：宋美龄访美》，1943年2月5日，台北“国史馆”藏，《蒋中正“总统”文物》，入藏登录号：002000000391A，典藏号：002-020300-00037-036。

④ 《事略稿本——民国三十二年二月》，1943年2月7日，台北“国史馆”藏，《蒋中正“总统”文物》，入藏登录号：002000000653A，典藏号：002-060100-00173-007。

的行程，转告蒋介石。[1] 次日，宋美龄又告知，即将前往罗斯福夫妇的私人宅邸休养，其电称："罗夫人来晤时，请妹赴其海德公园私邸小住，决于本月十二日前往，预定逗留三、五日，于十七日赴白宫，特此电闻。"[2] 是日，蒋介石"手写致妻长函，劝其忍耐，勿争意气，勿忘赴美惟一目的所在"[3]。希望宋美龄务必要相忍为国，不要因盟国态度而意气用事。随着爱莲娜当面邀请宋美龄访问其私邸和白宫，宋美龄访美的公开活动也准备一一展开。

在罗、丘卡港会议之后，美方指派安诺德赴渝说明，以示对蒋介石的尊重，但蒋介石并不满意双方晤谈的结果，遂于2月12日电告宋美龄，告知致罗斯福函之大意曰：

> 兄致罗公函意之电，乃我国在目前维持战场最低之要求，亦是极少之数量，未知其政府为何连此极少而可能之物品，不肯作切实之答应，诚令人困惑。安诺德对此尚未能解决，故彼此来，兄认为并无结果，有便与其当局婉言之。彼对陈纳德只增加重轰炸机三十六架，兄以为不能发生作用也。[4]

---

① 宋美龄函曰："妹决定于本月十七日赴白宫。十八日向美国国会演讲后赴美国无名士兵纪念碑献花，当晚由我大使馆招待。三月一日返纽约，由纽约市长至站迎迓，即赴市政府接受纽约市赠予荣誉公民。二日由我纽约总领事馆公宴，是晚十时半在麦狄生花园向美国民众演讲，美东部八省省主席均准备夜席。四日在加乃奇厅向华侨演讲，六至八日赴韦尔斯利来演讲，十二日到芝加哥演讲。十八日赴旧金山，由市长赴站迎迓，并赴市政府接受该市金锁匙后，检阅海、陆、空军及民众游行及宴会等。二十一日向我华侨演讲，偕往洛杉矶赴宴。拟于三月底或四月初，或赴加拿大以增国光。妹演讲、宴会之程序当极辛劳，当经为国家加强邦交而增光荣计，当尽为之，唯默祷上苍予我精神及体力耳。请姊转告介兄。妹龄。"《革命文献——对美外交：宋美龄访美》，1943年2月9日，台北"国史馆"藏，《蒋中正"总统"文物》，入藏登录号：002000000391A，典藏号：002-020300-00037-039。

② 《革命文献——对美外交：宋美龄访美》，1943年2月10日，台北"国史馆"藏，《蒋中正"总统"文物》，入藏登录号：002000000391A，典藏号：002-020300-00037-040。

③ 黄自进、潘光哲编：《蒋中正"总统"五记：爱记》，第278页。

④ 《革命文献——对美外交：宋美龄访美》，1943年2月12日，台北"国史馆"藏，《蒋中正"总统"文物》，入藏登录号：002000000391A，典藏号：002-020300-00037-041。

蒋介石告诉宋美龄安诺德的访华形同安抚，对于实质的援助并无作用，尤其是对战机的供给与补充，对于整体作战无甚帮助，蒋介石的不满与无奈溢于言表，仅能期待宋美龄在美发挥影响。是日，蒋介石又致函宋美龄，指示演讲要点，希望其能在后续的访问与巡回演说，顺利达成使命。①

1942 年冬，宋美龄到美后，一面在纽约进行疗养，一面与罗斯福夫人爱莲娜和霍浦金斯展开对谈，双方的话题涵盖层面甚广，从妇女工作、对华援助、盟国关系、国际战略到战后问题等，均考验宋美龄对相关议题的掌握程度与应对智慧。蒋介石虽通过函电指示机要，但许多问题巨细靡遗，让宋美龄多次电催，请求指派宋霭龄、宋子文和军事专才前往助阵。然而宋霭龄是时在重庆暂代宋美龄协助处理翻译机密外文函件，充当蒋介石对英美联系的窗口；蒋介石同时畀予宋子文处理中美和中英新约以及对外借款的重任，一度还有意将陪同宋美龄访美的董显光调回重庆。在太平洋战争爆发之后，中国与盟国间的互动日趋频繁，蒋介石和宋美龄所要应付的问题与承担的责任，也更为繁重。

① 黄自进、潘光哲编：《蒋中正“总统”五记：爱记》，第 278 页。

第四章　访美巡讲与交涉

随着罗斯福总统夫人爱莲娜和霍浦金斯屡次到院探望宋美龄，进出纽约哈克纳斯医院拜访的人逐渐增加，宋美龄在美的消息很快就流传开来，随同访美的宣传部副部长董显光，因长期负责国际宣传，就被许多美国人包围着索取消息。董显光认为，“因为在1942年这一年，蒋委员长夫妇盛名震荡着美国人民的幻想，他们感奋中国英勇地孤军独战他们的共同敌人好几年，都想要瞻仰一下我们这位第一夫人的仪容”①。

1942年12月下旬，拉铁摩尔致函重庆，透露罗斯福准备在宋美龄出院后，邀请其访问白宫。② 宋美龄亦于1943年1月上旬将这个讯息告诉蒋介石，并在2月上旬敲定行程③，决定于2月17日正式前往华府拜访罗斯福总统，准备展开一连串的巡回演说。由于宋美龄的行程，并未完全经由驻美大使馆安排，因此驻美公使刘锴曾经前往纽约请示，在返回华盛顿之后，立刻造访礼宾司商谈有关宋美龄的访问行程与细节，并于2月9日下午拜访远东司司长汉弥尔顿（Maxwell M. Hamilton，1896—1957）。刘锴透露

---

① 董显光：《董显光自传》，第188页。

② 《事略稿本——民国三十一年十二月》，1942年12月28日，台北“国史馆”藏，《蒋中正“总统”文物》，入藏登录号：002000000651A，典藏号：002-060100-00171-028。

③ 《革命文献——对美外交：宋美龄访美》，1943年2月9日，台北“国史馆”藏，《蒋中正“总统”文物》，入藏登录号：002000000391A，典藏号：002-020300-00037-039。

宋美龄将在2月20日左右抵达华府访问，预定在华府停留约一周，相关行程的安排，据悉已由宋美龄方面直接与白宫商妥。而且宋美龄已收到很多邀请，请她在美国各地公开演讲，预计于3月2日在麦迪逊广场作一次讲演，再访问芝加哥，然后前往西海岸若干大城市作公开讲演。刘锴表示宋美龄不拟作大量公开讲演，因此将仅安排少数场次。最后并希望汉弥尔顿如获悉白宫对宋美龄访华府所作安排之任何细节，能通知中国大使馆，俾作配合安排。①

由于宋美龄莅临华府并非以官方的身份造访，因此许多联系都未经过驻美大使馆，而直接和爱莲娜或霍浦金斯接洽，因此双方官员必须另外通过其他渠道打探消息，避免有所不周之处。宋美龄是次造访华府，非常慎重地准备国会的演讲内容，希望能借由演说，促使美国国会议员支持中国，同时希望借罗斯福的邀请，到白宫直接与之交涉，期待能就美方援华空运吨位、战机数量、反攻缅甸、战后领土和国际安全等问题达成共识。

第一节　从事公开演说

为了准备华府的访问，宋美龄和蒋介石在纽约与重庆间，不时以电函往返，期能不卑不亢地表达中方的立场，而宋美龄也不负所托，从国会的演讲、白宫记者会、中国大使馆招待茶会，以迄展开巡回演说，均成为美国各界所关注的焦点，并让美国人民了解到中国抗战对世界的贡献。

一、赴参众两院演说

宋美龄到美不久，访问华府之说开始在美国报纸传载，虽然宋美龄因住院，并未正式露面，但其是时受景仰的程度，据董显

---

① "General wartime relations between the United States and China, with emphasis on China's military position and United States efforts to give military assistance to China", February 9, 1943, *FRUS*, 1943, China (1943), pp. 3-4.

光在回忆录中记载："美国人民给夫人的来信高峰时，每天超过一千封。我不得不找一位临时秘书来协助夫人应付这些来信与电话。华盛顿大使馆和纽约总领事馆和我们的办事处都拥满了这些求见夫人的美国人。"① 随着白宫的访期日近，宋美龄也开始着手准备演讲，细心拟定谈话的要点，审慎考虑表达的策略，以求吸引美国民众的关注。宋美龄于 1943 年 2 月 12 日将其准备对美国国会演讲和对美沟通的方式，向蒋介石说明：

> 妹预备在美国议会演讲时，取世界眼光，在不为自己鼓吹与无求于人之原则下，提醒美国民族及其政府，公开谈话亦取同上态度，私人方面当晓罗斯福总统以大义。望兄注意发展重工业，俾作国家立场之后盾也。②

蒋介石对宋美龄来电所述之见解，表示同意，并希望提及中美情谊和感谢美方历来的协助等，其复电表示：

> 对美国会讲演，照来电所述之意甚妥。此外应注重各点，略述如下：一、中、美两国传统友义［谊］过去一百六十年间，毫无隔阂之处，是世界各国历史所未有之先例。二、代表中国感谢美国朝野援助中国抗战之热忱。三、今后世界重心将由大西洋移于太平洋，如欲获得太平洋永久和平，必须使侵略成性之日本，不能再为太平洋上之祸患。若欲达成此目的，必须太平洋东西两大国家之中、美两国有共同之主义与长期之合作，否则步骤不一，宗旨不明，必授侵略者以隙，如此不惟二十年后，日本侵略者仍将为害于中、美，而且太平洋上永

---

① 董显光：《董显光自传》，第 188 页。

② 《事略稿本——民国三十二年二月》，1943 年 2 月 12 日，台北"国史馆"藏，《蒋中正"总统"文物》，入藏登录号：002000000653A，典藏号：002-060100-00173-012。

无和平之希望。四、战后太平洋各国应以开发西太平洋沿岸之亚洲未开发之物资与解放其被压迫民族，使世界人类得到总解放为第一要务，盖如此方不辜负此次大战中所牺牲之军民同胞，乃能达成此次大战之目的。五、中、美两国乃为太平洋上东西两岸惟一之大国，亦为太平洋永久和平之两大柱石，此两国同为民主主义之国家，且同为爱好和平之民族，将来太平洋能否永久和平与全人类能否获得真正幸福，其前途如何，实以此二大民主国家之主义与政策如何而定，而其责任则全在吾辈，即此一时代两国国民共同之肩上也。①

蒋介石希望宋美龄不仅要要求盟国一致反侵略，同时要放眼战后亚太新秩序的建立，解放被压迫民族。

宋美龄访问白宫和国会之说，在华府传闻已久，全美各报刊于2月13日公布其访问日程。华府友好人士、驻美大使馆和侨胞团体，确知宋美龄到访之期，也欢欣相告，准备欢迎贵宾之莅止。是日，美国众议院民主党领袖麦考麦（John William Mc Cormack，1891—1980）亦正式宣布宋美龄或将在下周莅临华府的讯息，并称众议院已于10日决议，届时将与参议院联合邀请宋美龄莅会致辞。②

宋美龄的行程一经公开之后，美国民众对其现身更感期待，也跟着对中国产生浓厚的兴趣。事实上，宋美龄还在医院疗养时，“她看到每天如潮涌到的美国各地各团体请她演讲的邀请书，立刻感到倘然她选定这中间比较重要的几处，安排一个环游全美的巡回演讲，此时此地能对中国抗战作一次有意义的重大贡献”。宋美龄作了这个决定之后，随行幕僚如董显光等人，即在她没有离开

① 《革命文献——对美外交：宋美龄访美》，1943年2月12日，台北“国史馆”藏，《蒋中正“总统”文物》，入藏登录号：002000000391A，典藏号：002-020300-00037-042。

② 孔令伟：《蒋夫人美加行纪》，中农印刷所1944年版，第1页。

长老会医疗中心以前，就着手进行全美巡回演讲的安排。[①]

为了让宋美龄在国会的演说更臻完备，蒋介石于2月13日连发数电，多次指示修正演说的内容。蒋介石首先希望宋美龄在演说内容中，能回应美方取消在华特权，其认为“美国会对于中美平等新约及其撤销在华特权之议案，于十一日一致通过，表示此为中、美两国友爱之基础”，请宋美龄斟酌是否应对国会表示感慰之意。蒋介石又举例说明，“华盛顿总统今日如尚在世，则其必主张美国须与东方被压迫之民族共同奋斗，又如林肯总统如果生于今日，亦必如今日罗斯福总统以解放被压迫人类为己任，此乃美国立国平等、自由之精神，亦即耶稣基督博爱、和平之教义，而我中国孔子大同世界与国父孙博士三民主义立国之基本原理也”。蒋介石拟借美国先贤之例，高捧罗斯福的贡献。[②] 蒋介石接着建议宋美龄要注意演说的语气，并指示演讲技巧曰：

> 对国会讲演，语意切不可使听者觉有训示之感，亦不宜有请求之意，只以友邦地位陈述意见，以备其检讨与采择之态度。其次应使听众能移其目光，留心于太平洋问题之重要。再次认定日本为中、美两国共同之敌人，非根本打倒不可。再次战后亚洲经济地位之重要，若不准备大量开发亚洲，尤其是中国之资源，则战时之机器与资本及技术将无所施用，必致废弃。若能以中国之物资与美国之机器，以中国之人力与美国之资本配合，则中、美两国百年内之经济皆无虑其缺乏，而世界全人类生活亦必能长足进步，增进其无穷之幸福矣。[③]

---

① 董显光：《董显光自传》，第189页。

② 《革命文献——对美外交：宋美龄访美》，1943年2月13日，台北“国史馆”藏，《蒋中正“总统”文物》，入藏登录号：002000000391A，典藏号：002-020300-00037-043。

③ 《革命文献——对美外交：宋美龄访美》，1943年2月13日，台北“国史馆”藏，《蒋中正“总统”文物》，入藏登录号：002000000391A，典藏号：002-020300-00037-044。

蒋介石希望宋美龄能强调，中美除了共同对付敌人之外，战后能从国际分工的角度，继续进行合作。蒋介石同时建议宋美龄最好参考1942年1月丘吉尔在美国国会演说的内容，并嘱咐董显光协助研究其当时要求的重点与策略。① 此外，蒋介石还希望宋美龄要将美国百年来未侵略中国领土的事实，予以肯定。②

宋美龄在纽约静养期间，多次函促宋霭龄前往相助，但宋霭龄于13日因重庆发生飞机失事，决定中止赴美，蒋介石随即将此讯息转告宋美龄，并续就演说内容再行指示。蒋介石建议宋美龄在演说中，可不提购借飞机之事，但要提醒国会议员注意日本海陆空军的实力，尤其是日本的民族野心及其侵略教育，实比德国有过之而无不及，蒋介石要宋美龄呼吁：

> 现在世人多视日本军力为容易对付，或以先打败德国之后，日本即不成问题，此种心理实为错误。民主联合国家如不改善此心理，甚恐将来因此而受不断之打击，此应各盟邦特别注重，而切勿轻易视之。③

蒋介石期待借由宋美龄对美国国会议员的演说，能改变盟国“先欧后亚”的战略，至少能多对付日军，减缓中国所承受的压

---

① 《革命文献——对美外交：宋美龄访美》，1943年2月13日，台北“国史馆”藏，《蒋中正“总统”文物》，入藏登录号：002000000391A，典藏号：002-020300-00037-044。

② 蒋介石电告宋美龄曰：“自一八四二年鸦片战争以来，在此百年间，中国之领土与主权几被世上每一国家所剥夺，惟有美国对中国不但无侵略我领土之行动，而且时时领导各国表现其恢复中国主权之事实，即此一点，凡我中国军民以及小学生皆知美国对民主主义之纯洁无瑕以及其对中国高尚友义［谊］之可贵，殊非任何各国关系之所可比拟也。”《革命文献——对美外交：宋美龄访美》，1943年2月13日，台北“国史馆”藏，《蒋中正“总统”文物》，入藏登录号：002000000391A，典藏号：002-020300-00037-045。

③ 《革命文献——对美外交：宋美龄访美》，1943年2月13日，台北“国史馆”藏，《蒋中正“总统”文物》，入藏登录号：002000000391A，典藏号：002-020300-00037-046。

力。蒋介石还致电给宋子安，请其转告董显光，准备孙中山所著实业计划和三民主义等书的英文译本，以便于宋美龄在国会演讲时，赠送给议员参考。[①]

中国驻美大使馆在2月15日宣布宋美龄经疗养后健康大有进步，可望于数日内自纽约前往华府访问，但因仍在康复阶段，将应酬减至最低限度。[②] 中国大使馆为了在华府盛大欢迎宋美龄，开始配合动员侨界，陆续通知华盛顿华侨救国会等侨团，告以宋美龄将于17日下午5时10分搭乘专车抵达华府。各侨胞团体得悉后，纷纷走告并准备前往车站，加入迎接的行列，一睹宋美龄的风采。[③] 宋美龄在纽约依据蒋介石的指示，将演讲稿再作修正，并与之确认曰：

> 文、元各电均悉，所告卓见非常感佩。妹向国会及各地演词，当予分别遵照电示，总以维持我国家尊严，宣扬我抗战对全世界之贡献，及阐明中美传统友好关系为原则。私人谈判，当晓谕美国当局以我国抗战之重要性；公开演讲，则避免细节，专从大处着眼，以世界眼光说明战后合作之必要。兄意如何？[④]

宋美龄于16日另电告蒋介石，在美接见加拿大新派驻华公使维克多·文特沃斯将军（Victor Wentworth Odium，1880—1971）时，彼表示“当依照彼个人所认为良好之办法，以增加中加友谊”，宋美龄觉“其对我观念尚属可取”，希望蒋介石俟其抵渝后，

---

① 对于蒋介石希望能在宋美龄访问国会时，赠送各议员书籍，董显光表示：“总理所著英文本之实业计划及英文三民主义，职处尚剩二百余本，夫人定十八日在议会演讲，议员达七百余人，不敷分配，现遵即赶印各二千本，十日内可印就，当于夫人未离京前分送各议员及华府要人。”《革命文献——对美外交：宋美龄访美》，1943年2月13、17日，台北“国史馆”藏，《蒋中正“总统”文物》，入藏登录号：002000000391A，典藏号：002-020300-00037-047、048。

② 参见孔令伟：《蒋夫人美加行纪》，第1页。

③ 参见美洲国民日报编：《蒋夫人游美纪念册》，第24页。

④ 《革命文献——对美外交：宋美龄访美》，1943年2月16日，台北“国史馆”藏，《蒋中正“总统”文物》，入藏登录号：002000000391A，典藏号：002-020300-00037-049。

能予接见。[①]

2月17日下午，宋美龄一行自纽约搭乘专车直驶华盛顿，欢迎宋美龄的中美人士，在下午4时后，陆续云集站内，连车站前街都有许多群众不畏寒冷，夹道鹄立迎候。罗斯福夫妇待以贵宾上礼，亲自到站迎接，“因蒋夫人并非一正式政府代表，故欢迎时系用非正式之礼节，但罗斯福总统与夫人，仍系以接待丘吉尔首相及美洲各国元首之方式接待蒋夫人”。[②] 宋子文夫人张乐怡、宋子良先生、魏道明大使夫妇、刘锴公使、朱世明武官、前驻美大使施肇基、美京华侨救国会执委及各华侨团体代表等，先后进入站内恭候，美国国务院远东司及交际科，亦派代表到站招待。[③]

5时许，罗斯福总统夫人爱莲娜亲入车厢，迎接宋美龄下车，现场观众热烈鼓掌欢迎，“总统夫人行右，左手挽蒋夫人之臂，蒋夫人身穿中国旗袍，头包围巾，缀以首饰，左手抱花，笑容满面”，在群众不断鼓掌声中，步向迎接厅会晤罗斯福总统，并随后在摩托车队引导下，共同驱车前往白宫。[④] 是晚，罗斯福夫妇在其私人小餐厅内举行“家庭晚餐”宴请宋美龄等人，宋美龄作为罗斯福夫妇之上宾，由孔令侃和孔令伟兄妹随侍，在白宫访问数日。[⑤] 蒋介石对于罗斯福夫妇亲自到车站迎接，亦替宋美龄感到光荣，其表示：“吾妻今日到华盛顿，罗斯福与夫人，亲到车站迎接，陪入白宫，表示以优礼相待，为吾妻荣，尤为吾国家荣，然余之心，则殊觉歉愧不安。”[⑥]

宋美龄于2月18日中午，“应国会之邀请，出席演说，其时国会广场周围，警探密布，每隔十英尺设一岗位，众院至参院议

---

① 《革命文献——对美外交：宋美龄访美》，1943年2月16日，台北“国史馆”藏，《蒋中正“总统”文物》，入藏登录号：002000000391A，典藏号：002-020300-00037-050。

② 《蒋夫人抵华盛顿　美国总统暨夫人亲自迎迓》，《中央日报扫荡报》（重庆）1943年2月19日。

③ 参见孔令伟：《蒋夫人美加行纪》，第2—3页。

④ 美洲国民日报编：《蒋夫人游美纪念册》，第24页。

⑤ 参见孔令伟：《蒋夫人美加行纪》，第3页。

⑥ 黄自进、潘光哲编：《蒋中正“总统”五记：爱记》，第278页。

事厅之甬道上，每一窗口均站有便衣警探，在会场内部，曾经出动警察、侦探、特务人员一千人，预先检查每英吋［寸］之地板，试验升降梯，搜索参院外交委员会房屋，议长办公室，及两院议场，处事之精细周密，无以复加”。此间对于宋美龄之前来访问，均期待甚殷，纷纷索取来宾旁听证，使得两院座无虚席，门口在前一晚即高悬“座满”之布告。①

许多民众静候宋美龄在国会发表演说，“其演词将由四主要广播电台同时播发，过去仅有极重要之事件发生时始采取此种方式，蒋夫人出席国会演说，已被认为珍珠港事变后之最重要事件”②。宋美龄为首位在美国国会演说之中国人士，且为有史以来第二位女性主讲者，亦是美国国会邀请以私人名义来美外宾，正式致辞之第一人，均引人关注。③

宋美龄于18日身穿深色中国旗袍，由罗斯福夫人陪伴到国会，先到参议院演讲。④ 车抵参议院后，由秘书长霍尔席（E. A. Halsey）和多位议员代表迎往会场，宋美龄于12时13分步入国会大厅，“总统夫人径赴总统旁听席就坐，其他旁听席中有劳工部长波金斯（F. Perkins）、商业部长琼斯（J. Jones）等，最高法院院长史东（Stone）及全体大法官亦破例出席，此外各国外交使节均联袂而至，其时全场空气骤肃，静寂无声”。出席人士凝神企盼宋美龄的演说，待其步上讲台就定位后，参议员们报以热烈的鼓掌，以示欢迎与敬意，主席华莱士副总统亦随即介绍宋美龄，全场听众复一致起立鼓掌，在华莱士介绍完后，即请宋美龄临场向大家致辞。⑤

---

① 《蒋夫人将招待记者 国会定今日邀请演说》，《中央日报扫荡报》（重庆）1943年2月18日。

② 孔令伟：《蒋夫人美加行纪》，第2页。

③ 参见孔令伟：《蒋夫人美加行纪》，第3页。

④ 参见美洲国民日报编：《蒋夫人游美纪念册》，第24页。

⑤ 参议院指派秘书长霍尔席（E. A. Halsey）、总务长达克西（Wall Daxey）、议员白克莱（Barkley）、康纳利（Coimally）、麦纳莱（Me. Nary）、克拉威（Caraway）及克泼（Capper）等代表在院前迎接。据孔令伟指出，“国会原邀请夫人在众院举行之两院联合会致词，旋当事者为避免听众拥挤及易于警备起见，临时决定两院分别开会”。孔令伟：《蒋夫人美加行纪》，第4页。

1943 年 2 月 18 日，宋美龄访问美国国会发表演说（《蒋中正“总统”文物》，台北“国史馆”藏，典藏号：002-050113-00002-242）

宋美龄在演说中以美飞行员于轰炸东京任务后，在中国内地跳伞降落受民众欢迎为例，表彰中美两国传统友谊。同时以本身自青少年即在美长育，“不但操诸君内心之语言，且操诸君口头之语言”，有如见家人之感。宋美龄强调中美为同一目的而作战，具有相同理想，并向参议员保证，“我国人民切愿与诸君合作”。同时以磨镜台的典故，呼吁应以行动实现理想。①

宋美龄在参议院的演讲因是临时安排，篇幅较短，但言简意赅，适切表达希望美国参议员给予中国更广泛的支持。宋美龄于参议院简短致辞后，继由众议院议长雷本殷陪同转赴众议院会场，演讲时罗斯福总统夫人爱莲娜坐于环廊上陪伴。② 宋美龄在众议院的演讲，显系经过精心拟撰，其首先认为美国民众得以“分布全球各地之美国作战壮士自豪”并表示敬意。其次肯定美国“不仅为民主制度之烘炉，而且为民主主义之胚胎”。接着以孙子“知彼知己，胜乃不殆”和“看人挑担不吃力”，来提醒美国“先欧后

① 《蒋夫人在美国参议院发表演讲讲词》，载秦孝仪主编：《战时外交（一）》，第795—796 页。

② 参见美洲国民日报编：《蒋夫人游美纪念册》，第 24 页。

亚”的战略，可能让日军攫取更多利益而更难以对抗。[1] 其特别指道：

> 吾人慎勿忘日本今日在其占领区内所掌握之资源，较诸德国所掌握者更为丰富。吾人慎勿忘如果听任日本占有此种资源而不争抗，则为时愈久，其力量亦必愈大。多迁延一日，即多牺牲若干美国人与中国人之生命。[2]

宋美龄主张“日本之武力，必须予以彻底摧毁，使其不复能作战，始可解除日本对于文明之威胁”。其肯定众议院通过对日、德、意的宣战，并强调国际互赖、中美传统友谊，期待众议员能“尽力于创立战后新世界”![3] 在宋美龄优雅、不卑不亢地表达中国的立场和要求后，不但得到了美国国会议员热烈的掌声，更引发媒体的争相报道。

演讲后，宋美龄应邀在参议院外交委员会用餐，由该会主席康纳利及众议院外交委员会主席勃罗姆迎接招待，在罗斯福夫人、副总统华莱士夫妇和参众两院领袖等人的陪伴下，共进午餐。[4] 宋美龄在美国国会演讲的盛况，普遍获得好评，演说的情形与内容，很快传播于美国各大媒体，孔令伟亦将之电告蒋介石：

> 姨母因国会上下院争请演讲，故于今日十二时一刻向上院致词，十二时三刻向下院演讲，后者广播全美。当时听众欢迎之下，情绪至为热烈，鼓掌屡屡，尤以姨母提及

---

① 《蒋夫人在美国众议院发表演讲讲词》，载秦孝仪主编：《战时外交（一）》，第797—799页。

② 《蒋夫人在美国众议院发表演讲讲词》，载秦孝仪主编：《战时外交（一）》，第799—800页。

③ 《蒋夫人在美国众议院发表演讲讲词》，载秦孝仪主编：《战时外交（一）》，第800—801页。

④ 陪同用餐的尚有，副国务卿韦尔斯夫妇、麦克阿瑟夫人、张乐怡、魏大使夫妇、董显光和孔令侃、孔令伟兄妹等。参见孔令伟：《蒋夫人美加行纪》，第6页。

> 吾人应不忘中国抗战之始，并无外助达四年半，及本任国会应令战后建设为己任，以谋人类永久和平及友好，及中美一百六十年传统友谊，绝无隔阂，全堂鼓掌，表示钦佩，又当姨母谓一般意见，以日本为次要之错误时，全堂起立，掌声雷鸣，过于数分钟不息，盛况实属空前，一般批评家均谓较之以前丘首相之演词为佳，演讲后并由上下院两外交委员会公宴，此为破例者。谨电奉闻。①

重庆各媒体对于宋美龄访问华府和在参众两院演讲所受到盛大的欢迎，无不大幅度登载，对其演说的内容作全文的刊登，并将经过情形详加报道。《中央日报扫荡报》即以社论《自由中国之呼声——读蒋夫人在美国国会演词的感想》，作为呼应。② 任职于侍从室的唐纵也为其喝彩，其在日记中写道：

> 蒋夫人在美国会之演说为中国之第一人。报载蒋夫人于十八日在美国国会演说，极言不能任日本坐大，进攻乃正当途径。蒋夫人发言后，国会议员予极佳之赞扬。罗斯福夫人赞为不仅盛极一时，且并世无双。并称，当蒋夫人吁请吾人应以日人为主要敌人时，所博得长时间之喝采，将永志不忘。③

全美各主要报刊，亦对宋美龄的演说加以登载和特写，如《纽约时报》于19日报道称："蒋夫人克服国会，使两院意见一致，此一胜利，不仅为蒋夫人个人之胜利，亦不仅为中国之胜利……不断之掌声与赞美之评论，确切证明中国之第一夫人已经

---

① 《革命文献——对美外交：宋美龄访美》，1943年2月18日，台北"国史馆"藏，《蒋中正"总统"文物》，入藏登录号：002000000391A，典藏号：002-020300-00037-055。

② 《自由中国之呼声——读蒋夫人在美国国会演词的感想》，《中央日报扫荡报》（重庆）1943年2月20日。

③ 唐纵：《唐纵失落在大陆的日记》，第304—305页。

感化无数人士倾心于中国。”[①] 是日，该报社论题为《中国第一夫人》，对宋美龄的演说予以高度的肯定，该社论曰：“美国欢迎此中国之第一夫人，第一就伊本身而论，实为现在世界舞台上最使美国人神往者，第二因伊所代表者为东方不屈不挠朝气蓬勃之民主国，现与美国成为盟国，吾人甚以为荣，蒋夫人之演词，不但显出英语之纯熟，且使吾人明了中国之思想与志向，实与吾人相同，伊已昭示亚洲与世界之不可分性……中国之第一夫人！不必忧虑中国徒然抗战，吾人不将最后一个日兵逐出中国，决不停战。”[②]

宋美龄在国会的演说，未向国会要求增加租借援助，此一策略得到不少美国媒体的好评，认为此举颇有见识，令人钦佩。演说中对于英美盟国向来主张先行击败德国的理论，公开予以批评，亦博得许多同情，深深影响华府朝野的舆情。《纽约论坛报》认为此“实为从来外宾到美京者所罕见，政府官员对其在国会演说之姿态、声调无不有口皆碑，称誉不置，美国军械租借管理局今日下午已创设中国组，增加人员，专司管理美国对华租借事宜，预料对华军械租借数量必有增加，此乃蒋夫人演说之实际效果，至援助增加至若何程度，现尚未得确讯，但观乎国会议员对蒋夫人之热烈情绪，苟蒋夫人自行提出要求，则无论数量如何巨大，谅必为国会所接受”[③]。

宋美龄的演说内容文辞典雅，但若干用字则略艰涩，连部分记者都一时无法理解。孔令伟描述说：“蒋夫人在国会致词，其中有一二字，当时听众中竟有未能解释其意义者，在场之新闻记者中甚至有费六十四元美金购一大字典，始能寻出其字义。”[④] 蒋介石对于宋美龄在国会的表现，颇为满意，其表示：

---

① 孔令伟：《蒋夫人美加行纪》，第9页。
② 孔令伟：《蒋夫人美加行纪》，第9—10页。
③ 孔令伟：《蒋夫人美加行纪》，第10页。
④ 孔令伟：《蒋夫人美加行纪》，第11页。

今晨阅报，见吾妻在美国两院讲演，所言甚为得体，国会听众之热烈欢迎，亦为向来所未有，此为吾妻十年来修养之功，吾之培植苦心，亦至今始得表现，甚慰平生之愿望，尤盼美国对华，从此能更一进之认识也。①

对于宋美龄在美公开演说获得各界的赞赏，蒋介石于20日亦致电肯定曰：

议会演说全文甚妥，对美国朝野当能发生大效，伟甥来电已悉，甚为欣慰。前托子文面交函件，其中有史迪华不易合作一节，兄以此时不必如此表示，不如沉默不加可否为宜。②

蒋介石原本要宋美龄趁机将史迪威在华配合度欠佳的情形转告罗斯福，但因演讲后气氛对华有利，遂告诉宋美龄暂时打消原意。宋美龄的演说，除了在美国引起广泛的回响，对于重庆军民士气亦是一大鼓舞，更坚定了抗战的信心。

二、出席白宫记者会

2月19日上午10时三刻，宋美龄偕罗斯福总统夫妇，出席其访美的首次记者会，媒体阵仗之大亦为白宫少见。宋美龄穿着中式旗袍，在左襟别双翼形空军徽章，衣服样式为“浮凸花黑缎旗袍，以绿玉色丝捆边，其肩捆双行。耳环、戒指、手镯及衣钮，均为玛瑙制成者。其黑色高跟鞋则饰以金色线条”③，充分展现典雅的中国风格。

---

① 黄自进、潘光哲编：《蒋中正“总统”五记：爱记》，第278页。

② 史迪华即史迪威。《革命文献——对美外交：宋美龄访美》，1943年2月20日，台北“国史馆”藏，《蒋中正“总统”文物》，入藏登录号：002000000391A，典藏号：002-020300-00037-057。

③ 美洲国民日报编：《蒋夫人游美纪念册》，第24页。

在白宫椭圆形办公室中，宋美龄坐于总统书桌之侧，其左为总统，其右为总统夫人，两旁为总统之参谋长李海上将（Admiral Leahy）、居里、摩根韬夫人、总统夫妇秘书和护卫两人。出席记者众多，其中有女记者五十人，均摩肩接踵站立等候。[①] 待前排出席人员就座后，罗斯福首先发言引荐记者与蒋夫人相见，继之向宋美龄表示谓："此次大约为十年来之第一千次记者招待会，实际上在此十年中，报界之人与我不独能合作，且亦甚融洽，吾等常相谈论，颇为相得。"[②] 罗斯福同时希望美国记者能多了解中国，其对记者表示：

> 今日之在场记者，颇足以代表美国报界，余仅愿我等对于明了中国，能如蒋夫人明了美国之一半为已足，蒋夫人为与众不同之特使，伊此行来美，将来对于我中美两大民族之间，当有真正之帮助，百余年来中国人民对于美国人民，较世界任何国人民为接近，且更有相同之伟大观念存在，在以往之数十年间，中国已成为世界上最大民主国家之一，吾人必须时时记取中国文化之古旧，远过于美国数千年，因此美国须从中国学习之处，远多于中国之于美国，蒋夫人已熟悉美国情形，余将请伊说几句话，有如邀请一位旧友讲话，吾人千万记取，此一会谈，应视作平时之会谈，不可在今日之问句中使机巧，亦不可将今日之谈话直接引载。[③]

---

① 依中央社华盛顿合众电，当时出席记者有 225 人；孔令伟的记载为 173 人；《事略稿本》则记为达 250 人；《蒋夫人游美纪念册》的记载为二百余记者。参见《招待会详情》，《中央日报扫荡报》（重庆）1943 年 2 月 21 日；孔令伟：《蒋夫人美加行纪》，第 24 页；《事略稿本——民国三十二年二月》，1943 年 2 月 19 日，台北"国史馆"藏，《蒋中正"总统"文物》，入藏登录号：002000000653A，典藏号：002-060100-00173-019；美洲国民日报编：《蒋夫人游美纪念册》，第 24 页。

② 孔令伟：《蒋夫人美加行纪》，第 24 页。

③ 孔令伟：《蒋夫人美加行纪》，第 24—25 页。

罗斯福引介之后，宋美龄起身致辞表示：

> 余在中国时曾与蒋委员长亲历前线各处，对于日本人之刀剑从未感觉其可惧，而于今日面对如许之铅笔沙沙挥舞于速记本上时，一时反生恐惧之感，诚如谚语所谓笔锋强于刀剑，但余目睹诸君笑容可掬，复使余感觉如置身于良友之群，则亦无所用其恐惧，且所谓使机巧之问句，余相信不致发生。①

宋美龄希望能取得记者友善的对待，随之又称道美国报界之遵守职业道德，以大局为重的态度，其以罗斯福总统赴北非参加卡港会议，美国媒体记者明知其事，但各报均谨守分际，只字未提，表现出美国报界国家优先的高度素养。②

由于宋美龄前一日在国会发表的演说造成轰动，记者对其访美的目的颇感好奇，甚至认为其负有特殊任务，但宋美龄答以“并无正式使命，余来贵国首为健康问题”，如不信者“唯有任凭诸君自行猜测”。当记者问道：“曾微闻有人谓中国并未充分利用人力作战，夫人对此有何意见？”宋美龄答道：“吾人不能徒手作战，有若干配备，即用若干人力，吾人毫无空军掩护，但已抗战五年半，所谓中国未充分利用人力一说，完全不确。”宋美龄极力否认中国未全力作战的传言。当记者问到在华美国空军对于中国军民的影响时，宋美龄将中国在抗战爆发后，惨淡经营空军的情形予以说明。宋美龄指出战事初起时，中国仅有飞机数百架，并随战争扩大而逐渐消耗，苏联虽曾以若干飞机相助，但因其对德战事渐紧，运华飞机随之减少，迨美国志愿空军到华助战，屡创日机，立下辉煌战果，使中国人民将美国视为共同作战的盟友。宋美龄指出“中国现所需要者为军火，其要点在如何可使得到飞机与汽油”，其一面肯定罗斯福总统已经克服许多困难，但又期盼

---

① 孔令伟：《蒋夫人美加行纪》，第25页。
② 孔令伟：《蒋夫人美加行纪》，第25页。

罗斯福能就后续援华作进一步的承诺。①

面对宋美龄在记者面前所提的要求，罗斯福表示，“现最难解决者为运输问题，吾人不能横渡大洋，亦不能经由俄国，只能从中国西南飞航，且每架运输机设法飞达中国，尚须带往返与供给在华战斗机之用油”。罗斯福指出因运输困难，短期内只能将最重要的物资先送往重庆，在空运与军事专家的努力下，“吾人正在尽力设法，将来援助必能相当增加，此不仅为情感问题，实为整个战事胜败问题”。罗斯福还从战略的角度分析说明，“设吾人自南方进攻日本，每月夺取一岛，则需时五十年方能达到日本本土，故吾人必须以中国为作战根据地，是不仅可切断日本之阵线，且可攻击日本本部，此乃吾人确定之政策，必当竭力促速实现，上帝许吾人如何快，我人即如何快”。②

记者又对苏联援华情形和改善美国援华等问题，继续发问。宋美龄均一一回答，并针对罗斯福总统将美国援华速度诉诸“上帝”的说法，补充说：“上帝助自助者。”罗斯福夫人爱莲娜在记者会时，则沉静地陪在宋美龄旁边，随众欣笑而未置一言。记者会结束后，“众记者夺门而出，争往电话室向报社报告，夫人见状，为之莞尔”，美国媒体再次对宋美龄的表现印象深刻，事后并有记者表示：“夫人云笔锋强于刀剑，而夫人之词锋实更胜于笔锋！”③

宋美龄在美国的公开谈话，不只受到美国方面的重视，英国各报纷纷进行报道，英国广播公司亦将其在国会演说情形加以转播。④宋美龄除了准备演讲和应对媒体记者外，亦借由与美国高层对谈，得悉不少人事更迭讯息，并将之转告重庆方面，以有所因应：

> 关于补充美驻华空军由陈纳德主持指挥事，已与罗斯福当面提及，彼面允即予办理，可无问题，惟此事极

① 孔令伟：《蒋夫人美加行纪》，第25—26页。
② 孔令伟：《蒋夫人美加行纪》，第26—27页。
③ 孔令伟：《蒋夫人美加行纪》，第27页。
④ 《英伦各报重视蒋夫人演说》，《中央日报扫荡报》（重庆）1943年2月21日。

> 须保守秘密，切勿告知任何人，即史蒂威尔及陈纳德亦不可使其知之。[①]

宋美龄还向蒋介石透露美国准备更换驻华大使的讯息，其表示：

> 大姊转介兄：据闻美国政府现拟派 CLYDE HERRING（克拉特·海林）为美驻华大使，彼为前任上院 IOWA 议员，曾任上院外交委员会，系罗斯福之私人朋友，罗斯福屡次竞选，彼协助之处甚多，与“新法”有密切关系，且为赫尔三十年老朋友。此次竞选落选，罗斯福以政治关系，拟予酬报，原拟派为物价统制处副处长，彼因不愿屈居人下，故婉辞不就。现拟提出国会派为驻华大使，赫尔因朋友关系必予协助，查彼并非素专外交，但因其无成见，且并不为 CAREERMAN 故敢有所主张，依照外交惯例，一国派驻另一国之外交官员征求意见，不外一种照例手续，除非有特殊原因，驻在国素来均加接受。此事尚在拟议时期，特先电闻，务请保守秘密。[②]

宋美龄因与罗斯福夫人爱莲娜和霍浦金斯经常接触，得悉许多还在台面下酝酿的人事案，也将之转告蒋介石预为因应。蒋介石于 21 日接阅电函后，就宋美龄在白宫对新闻记者的谈话，颇为肯定，并表示“妻今日在白宫，对记者谈话，亦甚得体。此次吾妻赴美，其成功程度如何，固不可必然于将来之影响必大也”[③]。

---

① 《革命文献——对美外交：宋美龄访美》，1943 年 2 月 19 日，台北“国史馆”藏，《蒋中正“总统”文物》，入藏登录号：002000000391A，典藏号：002-020300-00037-058。

② 《革命文献——对美外交：宋美龄访美》，1943 年 2 月 20 日，台北“国史馆”藏，《蒋中正“总统”文物》，入藏登录号：002000000391A，典藏号：002-020300-00037-058。

③ 黄自进、潘光哲编：《蒋中正“总统”五记：爱记》，第 278 页。

不过蒋介石对罗斯福以“上帝所能允许之事，无不可办之语”，来说明援华的情形，则认为“其言近于滑稽推托，未知其语意，果否如此耳”？[①] 对罗斯福援华的谈话与诚意，仍持怀疑。

在宋美龄传来美方的人事安排讯息不久，蒋介石于22日电告接获史迪威正式通知，罗斯福总统已指派陈纳德担任第十四空军队长，独立作战不受毕塞尔指挥。蒋介石也告知先前由罗斯福夫人爱莲娜所推荐的驻华大使人选，如无法顺利使华，亦可安排赴渝担任政治顾问，协助罗斯福夫妇解决该人事问题。[②]

宋美龄在白宫访问期间，罗斯福总统曾询及中印陆路运输的情形，宋美龄因不熟悉该地情况，电请蒋介石能迅速提供资料，其表示：“顷罗总统问及阿撒姆 ASSAM 经列多 LIDO 至昆明一段，是否有道路通达？可供人力或牲畜载运汽油供给应用？盼电复再离渝。告妹各事大部分均有把握，美人现在心理，为我方抗战业已五年余，最近前线沉寂，最好能有胜利以振奋人心，并增进国际视听。”[③] 宋美龄希望在美宣传的过程，中国方面能有捷报，以壮宣传声色。

2月23日，蒋介石回复宋美龄，对于美方所提的新任驻华大使人选，表示欢迎，但因宋美龄前后电函所提到的人选不一，蒋介石希望能再加确认，其表示：“胥电所称克拉特哈林者来华任使节，自甚欢迎，惟罗夫人前在医院所提者，若为另一人，则此人

---

① 《事略稿本——民国三十二年二月》，1943年2月21日，台北“国史馆”藏，《蒋中正“总统”文物》，入藏登录号：002000000653A，典藏号：002-060100-00173-021。

② 《事略稿本——民国三十二年二月》，1943年2月22日，台北“国史馆”藏，《蒋中正“总统”文物》，入藏登录号：002000000653A，典藏号：002-060100-00173-022。

③ 蒋介石于2月24日，电复华盛顿宋美龄曰：“养电悉，由阿撒姆经列多至昆明，陆路无法通行，其可问子文兄。”《革命文献——对美外交：宋美龄访美》，1943年2月22日，台北“国史馆”藏，《蒋中正“总统”文物》，入藏登录号：002000000391A，典藏号：002-020300-00037-060。

闻为民主党之领袖，如其不便任大使而愿来华任顾问，则亦甚欢迎。”① 是日，蒋介石亦电请宋美龄面告罗斯福，设法劝英释放绝食濒危的甘地，其电曰：

> 甘地先生绝食，其生命已入危险状态，吾人无论为联合国利害计，或为友谊关系计，决不愿英国出此无人道之举动，而妨碍英国之荣誉。请即面商罗总统，从速设法切劝英国政府，立即释放甘地先生，以确保联合国为民主、为人类作战之信念也。②

蒋介石对于协助印人领袖，不遗余力，特地电告宋美龄，务必当面商请罗斯福力劝英方释放甘地等人。罗斯福总统夫人于2月24日上午，在华府招待新闻界女记者，邀请宋美龄共同莅临出席，再次与媒体互动。女记者首先问道：战后中国需要美国供给多少粮食？宋美龄表示：

> 中国无论在战时或战后，均不期望美国供给粮食，所需要者厥为军械，一有军械，即可使用广大之人力，以驱除共同敌人，中国人民虽穷，傲骨尚存，决不受他人施惠，亦不受无偿之物，惟具有友谊性质之赈济，则中国人民自然感激不置，中国所产粮食原足分配，目前仅因运输困难，致有分配难均之现象，至于军械，美国既为民主国家之兵工厂，自应负接济之责任，盖中国战士以血肉抵抗共同敌人，美国对华之租借援助，在中国

---

① 《革命文献——对美外交：宋美龄访美》，1943年2月23日，台北“国史馆”藏，《蒋中正“总统”文物》，入藏登录号：002000000391A，典藏号：002-020300-00037-062。

② 《革命文献——对美外交：宋美龄访美》，1943年2月23日，台北“国史馆”藏，《蒋中正“总统”文物》，入藏登录号：002000000391A，典藏号：002-020300-00037-061。

观之，乃在尽其友情与盟义。[①]

宋美龄清楚地表示，中国人民尚不缺粮，更不进“嗟来之食”，但中国仍多以血肉之躯抗战，需要美国租借更多的军备，其中所需“第一为飞机及一切有关之对象，第二为重军器，如坦克大炮等，至于轻军器则中国能自行制造，并不需要”。[②]

记者还问宋美龄对于男女平权以及妇女在和平会议席上应否有重要地位的意见。宋美龄表示，“男子既要女子担负一半责任，当然应使女子享平等之权利”，其同时主张，“若欲与男子平等，应在多尽责任，少享权利上着想”。而为了维持世界和平，宋美龄建议“此次大战之后，不妨给予女子以参加和会之机会，俾可一试女子能否共同维持和平”。[③] 记者对于中国何以能抗战如此之久，也提出了疑问。宋美龄回答：“中国为一老大古国，人民深知精神价值之伟大，具有永世不灭之性质，此次侵略战争，不但为国家存亡所系，抑且关系全人类将来之幸福，个人生命有限，但国家则必须永存，中国军民咸抱此种信念，故能前仆后继，持久不懈。”罗斯福夫人爱莲娜也对于中国救助难童的工作方式，表示好奇。宋美龄表示：“委员长与本人已筹设不少儿童保育院，可容纳难童三万余人，但仍有许多难童尚无法容纳，言之心恻。”宋美龄希望通过记者的报道，借机帮难童争取更多赞助。宋美龄在记者问毕之后，先行离开会议室，罗夫人爱莲娜表示其乃“一甚有思想而且爽快之宾客”，称许宋美龄对英文极其娴熟。[④]

宋美龄在华府的访问，很快引起轰动，连国务卿赫尔在 2 月 25 日与宋子文的会谈中，都形容宋美龄在这个国家已造成一种

---

① 孔令伟：《蒋夫人美加行纪》，第 29 页。

② 孔令伟：《蒋夫人美加行纪》，第 29 页。

③ 孔令伟：《蒋夫人美加行纪》，第 29—30 页。

④ 孔令伟：《蒋夫人美加行纪》，第 30 页。

"良好的印象"。[①] 26 日下午 5 时，中国驻美大使馆假雀汉饭店（苏咸大旅馆）欢迎蒋夫人大会，应邀出席来宾二千余人，其情况之热烈，为该城所罕见。[②] 驻美大使魏道明夫妇于宾客进入饭店之新舞厅时，与之一一握手为礼，宋美龄因健康关系，坐于黑色之大藤椅中，与来宾相互致意，舞厅中悬有联合国国旗，并以中美英苏四国之国旗悬于中央。最先莅临者为苏联大使利瓦伊诺夫，来宾当中尚有美国副总统华莱士夫妇，英大使哈里法克斯（Edward Frederick Lindley Wood，Lst Earl of Halifax，1881—1959），菲律宾总统奎松（Manuel Luis Quezón，1878—1944），美国总统参谋总长李海，美陆军参谋总长马歇尔，美陆军航空总司令安诺德等，此外并到国会议员数十人，欢迎会达一小时又二十分钟之久，众人纷纷借机向宋美龄致意。[③] 宋美龄接连出席各项公开活动，精神体力负荷均大，孔令伟于 27 日向蒋介石报告宋美龄连日活动的情形曰：

> 姨母前与罗斯福及罗夫人出席白宫记者招待会，全系临时对答，姨母应付裕如，各界反响极为良好。昨日大使馆招待各界，应约而至为数二千余人，未被请而设法参加者数百人，其余因地方不敷容纳而未经邀请者，为数更不止次［此］，实为华盛顿外交宴会开一新纪录。美国政府当局以及各国大使馆公使馆，连芬兰在内，无不全数参加，均以得见姨母为荣幸。俄大使馆以前参加外交宴会，历来仅到数人，此次则全体均到，华盛顿人

---

① "General wartime relations between the United States and China, with emphasis on China's military position and United States efforts to give military assistance to China", February 9, 1943, *FRUS*, 1943, China (1943), p. 11.

② 《我驻美大使馆欢迎蒋夫人》，《中央日报扫荡报》（重庆）1943 年 2 月 27 日。《蒋夫人游美纪念册》中誉此"为美京有史以来外交界最伟大之盛会，统计国际间使节及美国名流赴会人数约共四千名，美政府长官及国会全体议员，则由副总统华尔斯（华莱士）率领赴会"。美洲国民日报编：《蒋夫人游美纪念册》，第 24 页。

③ 参见孔令伟：《蒋夫人美加行纪》，第 31 页。

> 士及记者等大为惊异。俄大使见姨母交换鞠躬达九十度，异常恭敬。
>
> 此次姨母与罗斯福谈话，并未提及中苏问题，意在维持中苏友谊并促进邦交，是乃姨母之功也。①

孔令伟立即把随行所见向蒋介石报告，让蒋介石在重庆也能随时掌握宋美龄的相关行程与进展。是日，宋美龄把安诺德运华战机的规划和罗斯福协助甘地的情形，先回报重庆。② 次日，宋美龄又把在白宫和罗斯福总统交涉的情形告知蒋介石曰：

> 妹此次在白宫迭与罗总统谈话，诸事均照我在渝所定原则办理，但做法妹均随机应变，一切暂不便电告，俟妹返国，再行详述，总之罗总统为人颇难应付，但其所以能总揽美政治如此长久，故亦不称怪，又兄拟即印书，若即出版，即能译成英文，恐易发生误会，一经印刷公开，任何人即可各手一册，不易控制，此次来美，妹得到许多印像［象］，一定能助兄著作极多，千万请俟妹返国后再行出版，则使措词见解均可更为完备，且英文译文，可由妹编辑，则定可使之妥当。③

宋美龄在华府的访问，在宣传上颇获媒体青睐，但在实质的交涉上，如战机的取得，并未有太大突破，故批评罗斯福难以应付。宋美龄建议蒋介石不要急着把《中国之命运》译成英文本，以免造成盟国间的困扰。

---

① 《革命文献——对美外交：宋美龄访美》，1943 年 2 月 27、28 日，台北“国史馆”藏，《蒋中正“总统”文物》，入藏登录号：002000000391A，典藏号：002-020300-00037-067。

② 参见《事略稿本——民国三十二年二月》，1943 年 2 月 27 日，台北“国史馆”藏，《蒋中正“总统”文物》，入藏登录号：002000000653A，典藏号：002-060100-00173-027。

③ 《蒋中正致宋美龄函（五）》，1943 年 2 月 28 日，台北“国史馆”藏，《蒋中正“总统”文物》，入藏登录号：002000000464A，典藏号：002-040100-00008-005。

对于宋美龄在华府引发媒体对华关注的热潮，蒋介石称许："吾妻在华盛顿言语态度均好，尤以中国要求美国补助物资，非为赠予，而为本分之言，或可促美国之醒悟也。"① 不过蒋介石对罗斯福的举止颇为敏感，猜测罗斯福称病，可能与宋美龄在记者会公开希望增加租借物资有关②，并质疑美国援华的诚意，蒋介石于2月的反省录中写道：

> 余妻访问白宫以后，美国对我政策但有利用，而毫无辅助诚意。观其北非会议后，派员来华通报应酬，及罗发表以中国主要战场之恶意宣传，更可知其专以中国为牺牲品也。从此对于国际政策应再加检讨，然亦除联美政策之外，更无其他较妥之途径耳。③

罗斯福因美军在太平洋上的岛屿战牺牲颇众，曾有意以中国作为轰炸日本的基地，并运用中国庞大的陆军，引诱日军扩张战线，及阻挠日军的调遣，但美方援华的战机并未随之大幅度增加，这无异增加了中国在战场上的负担，此与蒋介石的期待并不完全相符，因而蒋介石一直希望宋美龄在美的交涉能有突破。而宋美龄在华府的访问很快在1943年2月底届期，在告别白宫后，其回到纽约，准备展开下一阶段的宣访行程。

宋美龄在华府的访问，掀起一阵旋风，使美国民众对中国从陌生到好奇，甚至从观望转而给予热烈的支持。国会议员方面以

---

① 黄自进、潘光哲编：《蒋中正"总统"五记：爱记》，第279页。

② 蒋介石于2月28日记上星期反省录中指出："罗斯福称病，似与余妻对新闻记者谈话太露骨之态度有关，但我行我事，人之好恶由人自定，吾则必须于国家与人格为前揭也。"《事略稿本——民国三十二年二月》，1943年2月28日，台北"国史馆"藏，《蒋中正"总统"文物》，入藏登录号002000000653A，典藏号：002-060100-00173-028。白宫发言人于25日上午宣布罗斯福总统身体不适，需静养几日。参见《美总统违和》，《中央日报扫荡报》（重庆）1943年2月27日。

③ 《事略稿本——民国三十二年二月》，1943年2月28日，台北"国史馆"藏，《蒋中正"总统"文物》，入藏登录号：002000000653A，典藏号：002-060100-00173-028。

鲁斯夫人“呼吁最力，促请英美大举进攻，重开滇缅路，建立中国空军司令部或则在中国国旗之下，恢复飞虎队”，也有议员要求充分承认中国在此举世战争中，唯一与美国平等之大国。[①] 不过就在宋美龄完成参众两院轰动全美的演讲之后，鲁斯夫人于中国驻美大使魏道明举行的酒会中，把董显光拉到一个僻静的角落里低声道：

显光，蒋夫人这几次演讲，把她的声望提高到登峰造极的程度。她在美国人的心目中变成了一位最伟大的女英豪。她简直俘获了全部美国人的心。我想最好她在这最高收获的关头结束她访美之行，在一星期或十天之内载誉返国。这是保留美国人对她崇高印象的最好方法，希望你能选择时机，代为转告。[②]

鲁斯夫人的忠告，董显光考虑了好几天，才决定向宋美龄转达，不过宋美龄的反应出乎董显光的意料，她非常爽脆地回答说：“鲁斯夫人的考虑正就是我的想法，非常正确。但我们答应的演讲不能不去讲，我们不能失信。讲完了排定的节目立刻走，不应久留。”宋美龄决定继续演讲的旅程。[③]

宋美龄在离开白宫前夕，又与罗斯福就军援、战后问题与国际警戒等进行对谈，希望能争取更多军备援助。宋美龄将谈话结果电告蒋介石曰：

大姊转介兄：昨晚与罗斯福作澈底谈话结果，洽商各问题。兄要求飞机五百架，罗斯福已答应着手办理，年底全部交来，并谓运输机三十架，连日正在设法，彼

① 《蒋夫人演说以后美议员益主援华》，《中央日报扫荡报》（重庆）1943 年 2 月 22 日。

② 董显光：《董显光自传》，第 190—191 页。

③ 董显光：《董显光自传》，第 191 页。

虽为总司令但军事均须与陆海两部洽商，已嘱安纳德尽速照办，若安再以无运输机为词，则彼将以空军各将领所备用之飞机拨给中国。关于战后建设问题亦曾提及，彼谓琉球群岛、满州及台湾将来应归中国，对于香港问题，妹曾告彼我决意收回，因为主权有关，盖香港之重要实系华南之贸易之咽喉，若英不还我，我尽可开辟黄浦港，则商业不经香港矣，结果罗斯福谓香港主权应属中国，但可划定为自由港。朝鲜独立罗意可由中美共同担保，安南可采用保管委员制暂代治理，泰国则采用顾问制，马来群岛人民教育应予监督指导，其他邻近中国诸岛可由中美共同清算，并谓继则可在中国投资、供给机器，以助我之建设，在双方同意规定时期内，由中国偿还。①

关于战后国际警戒工作亦曾谈及，已请其与文兄详商矣。离渝前关于战后建设问题，兄虽未提起，妹已乘机说及，以后战事结束，即可照以上原则谈判。罗斯福为人圆滑不定，颇难应付，但因妹在美国民众爱戴不可轻视，故几经交涉结果十分满意，所有其他各问题，因函电不便，俟妹返国后当再详告。据霍浦金斯告以往文兄毫无办法，数月不能见罗斯福一次，以前我人依文兄所言，以为文兄与霍浦金斯关系如何密切，现在始知其不然，霍浦金斯谓自妹来后，一切工作当可顺利进行，盖罗斯福对妹意见思想甚能了解。妹意将来返国后，在美工作仍须继续，以免前功尽弃，究应如何组织办理，可俟妹返国与兄斟酌决定，兄意如何？②

---

① 《革命文献——对美外交：宋美龄访美》，1943 年 3 月 1 日，台北“国史馆”藏，《蒋中正“总统”文物》，入藏登录号：002000000391A，典藏号：002-020300-00037-068。

② 《革命文献——对美外交：宋美龄访美》，1943 年 3 月 2 日，台北“国史馆”藏，《蒋中正“总统”文物》，入藏登录号：002000000391A，典藏号：002-020300-00037-068。

宋美龄与罗斯福交手后，发现部分问题未如预期中顺遂，尤其是期待美方补充军机和加强运输方面，罗斯福直接表明军事问题仍要与军部协商，非其所能直接决定，让宋美龄颇难理解与接受。对于战后问题，中美双方基本上无太大歧见，其中中方原本有意在战后收回港九的问题，因英方始终不愿松口而成悬案。罗斯福提出自由港的概念，期能化解中英对香港的争议。对于战后建设，宋美龄也建议美方能予以投资，扩展双方在战后经济方面的合作基础。

宋美龄在函中，先后批评罗斯福圆滑不定，和宋子文对罗斯福"毫无办法"，而有意在对美外交上，另行组织。其实宋美龄在美初与罗斯福交涉，所谈多为原则问题而非细节问题，宋子文所谈多为实际的贷款、军备运补，所需面对者上自罗斯福总统，下至美方业务单位，其间又有军部、居里等从中干涉，所面临的艰辛，都需有坚强毅力，方能与之周旋。宋美龄造访华府所受到的热烈欢迎与高规格的接待，重庆媒体特加报道，使得宋美龄的声望更高。军民对美的期待也更高，担任党政多项要职的王世杰即表示，"蒋夫人在华盛顿受各方热烈欢迎，美人援华范围，或可由是扩大"①，正反映出绝大多数中国人民的想法。

三、展开巡回演说

1943 年 2 月 28 日晚间 10 时，宋美龄在宣传部副部长董显光、公使刘锴、武官朱世明、秘书孔令侃和孔令伟的随行下，搭乘专车离开华府赴纽约，准备作正式访问。经过一夜车程，宋美龄一行于 3 月 1 日清晨 8 时 40 分顺利抵达纽约宾夕法尼亚车站，纽约市市长拉加地亚（La Guardia）亲自站台迎接，中国驻纽约总领事于焌吉，及其他纽约著名人士 250 余人亦随行欢迎。市长夫妇引导宋美龄行至车站大厅，接受林语堂女儿林如斯和侨领之女赵秀澳

① 王世杰：《王世杰日记》（手稿本）第 4 册，台北"中研院"近代史研究所 1990 年版，第 31—32 页。

献花，各报社记者争先摄影，随后搭乘美政府所备专用轿车，由市警摩托车队前导，带领随从人员分乘16辆汽车，浩浩荡荡驶往华尔道夫旅馆（Hotel Waldorf Astoria）。纽约市府当局事先筹组“欢迎蒋夫人筹备委员会”，盛大欢迎宋美龄的到访。为了避免欢迎人潮过多，是时特派警察200人在车站周围担任警卫，凡宋美龄所经之处，均加管制，而现场“群众拥挤，翘首企足，冀望丰采，沿途行者驻足，车过时摇巾欢呼，声震屋瓦，夫人亦摇巾报之”。[①]

宋美龄在3月1日上午11时30分由旅馆赴市政厅，出席纽约市市长主持的欢迎会，现场环绕听演讲者万余人，纽约市市长向听众表示，“蒋夫人来美，非为受美方之赞扬，彼不望赞扬，希望大炮”，市长旋以卷轴一幅赠予宋美龄，以志其“服务祖国与其勇敢人民，及服务其他国家无数人民之不断努力及其无畏之勇气，并以志其大公无私，努力服务于一切爱好自由人民，及其争取世界和平正义与博爱之不朽贡献”[②]。宋美龄接受荣誉并致辞，其首先感谢美国人民愿意站在同一阵线，支持中国军民继续作战。宋美龄接着举秦朝在广西治河的故事，以喻有正直德行者，“不愿他人所付之生命代价，以裨益其本身也”。宋美龄同时赞扬纽约市宏伟的物质建设以及美国人民在思想上与精神上所表现之真正财富。[③] 在欢迎典礼后，宋美龄在市长的陪同下步入市政厅，一一和出席茶会者握手，但因连日旅途劳顿，宋美龄突感不适，甚至“几将晕厥”，医生乃急开窗，并以药品请其嗅闻，经休息片刻恢复后，仍照原定行程赴华埠出席华侨各团体代表欢迎会。[④]

宋美龄一行人于中午12时45分抵达华埠，直上华侨公立学校，两旁欢迎者争相一睹宋美龄风采，警方动员数百名警察维持秩序。宋美龄在礼堂向三百多位代表简短致辞，于1时10分离去，返回旅店休息。是日，聚集华埠参观者凡数千人，徘徊不去，宋

---

① 孔令伟：《蒋夫人美加行纪》，第33页。

② 孔令伟：《蒋夫人美加行纪》，第33—34页。

③ 《蒋夫人在纽约市政厅发表演讲讲词》，载秦孝仪主编：《战时外交（一）》，第803—804页。

④ 参见孔令伟：《蒋夫人美加行纪》，第35页。

美龄在美参访，通过媒体的报道，有如明星般地受到众人注目。[①]对于宋美龄不顾身体状况，风尘仆仆的巡访，蒋介石心有不忍，自记曰：

> 吾妻昨日在纽约市政厅演讲，几至晕厥，其心身之疲乏，精神之愤闷，可想而知，此又余审事不周，而任其单身前往苦斗之过也；但深信吾妻此行，其结果，于国家前途，必有良效也。[②]

蒋介石于2日电复慰问宋美龄曰：

> 近日身体如何？甚念。二十八日电悉，某公作风早在意料，无作为异，惟吾爱在华盛顿言行态度，兄以为得体之极。未知此次离美国以前，是否再往华府辞别？有否约定，望详告。应付诸事须极忍耐，表面更应和悦。所著新书中文本定五日出版，不能再迟，但英文本准延至四月底，待吾爱回国后再定稿付印也。[③]

蒋介石于信函中肯定宋美龄的言谈极为得体，盼其在与美交涉遇委屈时能多忍耐，至少在表面上要和悦地对待罗斯福总统，并希望宋美龄能早日回国协助审阅《中国之命运》英文本，以期能于4月底出版。

3月2日晚间8时30分，由纽约市民委员会主办欢迎宋美龄大会，有17000多人拥入纽约麦迪逊广场（Madison Square Garden），准备听取宋美龄的演讲。是日，由纽约州长杜威先发表演说，宋

① 参见美洲国民日报编：《蒋夫人游美纪念册》，第34页。

② 《蒋介石日记》（手稿本），1943年3月2日记事。

③ 《事略稿本——民国三十二年三月》，1943年3月2日，台北“国史馆”藏，《蒋中正“总统”文物》，入藏登录号：002000000654A，典藏号：002-060100-00174-002。

美龄于晚间9时47分始莅临，由前“飞虎”队员引导而行，全场起立鼓掌达一分钟之久，待掌声终止，各州长相继发言，宋美龄坐于台上中间，右为美东九位州长，左为张乐怡、威尔基、郑毓秀及其他显要。接着威尔基致辞介绍宋美龄，称其“为世界最有感召力之领袖，但诸君见其端庄尊严，又当认其天使矣。彼为天使，但为向敌人报仇之天使，为争取正义而无恐惧之士兵”。10时整宋美龄开始演说，虽微露倦容，但语调仍清晰流畅。[①]

宋美龄首先感谢在患病休养期间，承蒙各方所表示的关切与慰问。其次批评希特勒与近卫之流，忽视正义与公平交往，将重蹈人类以往文明覆灭之陷阱。宋美龄亦感佩美国民众，“为着我们受苦民众所曾经做过及现在做着的事情，尤其因为在现时这个世界的斗争，我们不惜以我们的人性之花及我们所有的一切，在这个为着自由与公道世界而斗争的伟大作战当中，来贡献我们一部分责任”。其又引证过去暴政与独裁夭折之史实，强调“世界各国，勿论大小，必要有其发展的均等机会，那些较强大及较进步的国家，应该考虑一下她们的力量，以用作帮助较弱小的国家，使后者适应完全自治，而非以榨取他们为目的”。宋美龄同时认为，“自私自利心和自满自足心，在人类灾祸和苦难上，已使我们付了惨重的牺牲，我们固然因侵略者所施行之手段而感觉所惨遭损害之痛苦，但我们也要记紧了互相归罪及互相怨恨，实在对我们毫无补益，我们应该用尽我们的精力，为着更高尚目标而奋斗，然后每个国家才能用尽他天生的智慧与精神，来建设一个永久进步的世界”，共同为建设伟大“乐国”而努力。[②] 宋美龄演说至10时30分结束，掌声历久未停。

3月3日下午2时30分至5时，纽约侨界假卡尼奇（卡乃奇）会堂，举办侨胞欢迎大会，6000多位侨胞于大雪纷飞中，麇集于

---

① 《在广大群众欢呼中蒋夫人在纽约演说》，《中央日报扫荡报》（重庆）1943年3月4日。

② 讲词为英文本，各中文翻译内容略有不同。《夫人演词全文》，《中央日报扫荡报》（重庆）1943年3月4日。

会堂内外。宋美龄由魏道明大使、魏夫人郑郁秀博士、于焌吉总领事、孔令侃秘书长、刘恩初主席等人，陪同登讲台上。[①] 宋美龄以中文代表蒋介石向与会华侨和300多个华侨慈善团体致意，并发表演说25分钟，宋美龄指出中国不仅为本身且为世界而战，并举战场所见实例，呼吁侨胞与美国民众，要为共同理想奋战不懈。侨商是日为欢迎宋美龄，也停业一日，以示崇敬之意。[②]

宋美龄因疲劳而取消对全美的广播演说，但仍力疾为侨胞演说，获得侨界的一致喝彩。蒋介石对于美国东部各州政治领袖亲身出席宋美龄在麦迪逊广场的演说，也与有荣焉，特记曰："余妻昨在纽约麦迪逊广场演说受群众最热烈之欢迎，东部各州州长到者有九人之多！"[③] 张九如也在《中央日报》以《蒋夫人是伟大国家的象征》为题，连日发表专栏，推崇宋美龄在美的成就。[④] 中国驻纽约总领事于焌吉于3月4日下午5时至7时，邀请纽约名流1200余人在华尔道夫旅馆举行茶会，宋美龄于5时50分到会，和与会嘉宾共同欢叙。[⑤]

在驻纽约总领事馆及中华新闻通讯社的安排下，宋美龄于3月5日下午2时30分，在旅邸华尔道夫旅馆之碧玉厅举行招待记者会，为了控制到场人数，事先分发请柬，到会者有纽约各大报馆和通讯社记者、中国及各外国通讯员共150余人出席。宋美龄是日着黑色长旗袍，应摄影记者之请，在举行谈话以前，先行拍摄特写留影，随后由董显光、朱世明陪同招待与会者。宋美龄入场后向各记者颔首，然后就座于中间，左右分坐有纽约论坛报前任发行人雷特夫人和董显光，并由董显光向各记者介绍。宋美龄逐一

---

① 参见美洲国民日报编：《蒋夫人游美纪念册》，第34页。

② 《在纽约卡乃奇大厅蒋夫人对侨胞演说》，《中央日报扫荡报》（重庆）1943年3月5日。

③ 《事略稿本——民国三十二年三月》，1943年3月3日，台北"国史馆"藏，《蒋中正"总统"文物》，入藏登录号：002000000654A，典藏号：002-060100-00174-003。

④ 参见张九如：《蒋夫人是伟大国家的象征》，《中央日报扫荡报》（重庆）1943年3月5日。

⑤ 参见孔令伟：《蒋夫人美加行纪》，第41页。

答复若干问题，并请各记者勿直接引其用语，并谓“本人此次来美，系为求医而非负有使命，事前预定三个月为期，即行返国继续工作，只因美国朝野之真诚亲密与关切，始在美作如此长久之勾留”①。

在场记者询及对华援助问题，宋美龄答谓：“对华援助，必须考虑两种因素，一即军事，一即道义，以飞机军火供给中国，乃是军事的援助，中国人力无穷，但倘能遣派远征军赴华，虽其数目微小，亦可向世界表示美国系崇尚道义，认真从事。”关于国内各作战分子之团结问题，宋美龄回答说：“一国之有内部纠纷，犹如一人与其亲属间之有纠纷，但一旦外侮入侵，则全家或全国均将起而团结应付之。”至于有人询问对战后世界之意见，宋美龄未直接响应，而答称：“余非上智，不能率尔而言。”对于记者谈及麦克阿瑟将军新近所获之大胜利，和在太平洋方面联军应采取何种战略，宋美龄表示，此应由军事当局决定，但“吾人之盟友，在世界上任何一处之胜利，均为吾人之胜利，对于促成日本之溃败自有裨益，但任何攻日战略，将来最后之推动大攻势以争取最后胜利，必须发动于中国大陆”。②

记者又陆续针对中国妇女在战时服务情形，中国有无孤立派等问题发问，宋美龄或以实例回答，或以反问方式，全场气氛融洽。当一记者询问宋美龄是否曾邀请罗斯福总统夫人赴华一游。宋美龄答谓：“当邀请在座男女记者赴中国一游，吾人极表欢迎。”此外，当记者问到宋美龄对访英、访俄和归国行程的看法时，宋美龄巧妙地回答道：“此项消息乃日寇所亟欲知之者，恕不公布。”最后宋美龄感谢各方的来函与支持曰：“来美以后平均每日收到各方信件在二千封以上，其中有曾相识者，率皆来函问安，而多数则从未谋面者，亦皆表示对中国同情援助，而本人对美国亦具真诚之爱慕。”③

---

① 孔令伟：《蒋夫人美加行纪》，第 41—42 页。

② 孔令伟：《蒋夫人美加行纪》，第 42 页。

③ 孔令伟：《蒋夫人美加行纪》，第 42—43 页。

宋美龄有感于此次来纽约，受盛大的招待与热烈的欢迎，特派董显光于3月5日下午4时到中华公所，向纽约各侨团代表及美东各埠代表答谢，并说明宋美龄访美经过，表示来美经过11星期的调养，健康已渐恢复，但仍需长期休养，不过“为了替国家宣传，不得不勉强到美京，做白宫上宾，出席国会演讲，再到纽约及其他各城参加欢迎会”。[①] 是日，宋美龄电告蒋介石拟再赴华府，并希望邀宋子文加入与罗斯福之谈话，其电曰：

> 妹此次与罗斯福接洽各问题，拟交文兄负责，但其中一部分，罗斯福仍欲经妹直接与兄商量也。详细情形，俟妹返国后面告。为使子文作事容易起见，俟妹西部返来时，应罗斯福之招再赴华盛顿，邀子文加入妹与罗斯福谈话，兄意如何？[②]

是日，宋美龄把安诺德对中国交运运输机的讯息也转知蒋介石曰：“三月四日安诺德命令 WRIGHT FIELD（拉爱脱·飞尔特飞）机场负责上校即运交中国C-46五吨运输机三十架，下月再交二十架。”[③] 宋美龄在巡回演讲的行程之外，还要与华府高层保持联系，希望能多为中国争取资源。

3月6日上午10时，宋美龄率同随从人员乘火车离开纽约，经波士顿转赴母校韦尔斯利学院。[④] 宋美龄一行于下午4时到达波士顿，受到韦尔斯利学院前院长麦克阿菲（Mildred H. McAfee）、波士顿市市长之代表和华侨代表中华公所主席梅封乃、抗日后援会常委余璞斋、安良工商会代表伍碧玉、华人航空班代表李兆焕、

① 美洲国民日报编：《蒋夫人游美纪念册》，第35页。

② 《蒋夫人自纽约致蒋员长告以拟邀宋子文加入与罗斯福总统之谈话电》，载秦孝仪主编：《战时外交（一）》，第811页。

③ 《革命文献——对美外交：宋美龄访美》，1943年3月5日，台北“国史馆”藏，《蒋中正“总统”文物》，入藏登录号：002000000391A，典藏号：002-020300-00037-073。

④ 参见孔令伟：《蒋夫人美加行纪》，第45页。

司徒志芳和司徒志芬等人的热烈迎接。宋美龄在特务人员的保护下，驶过波士顿的唐人街，宋美龄向4000多位在街上列队欢迎的华侨挥手示意，并随即前往韦尔斯利学院。宋美龄对于沿途熟悉景物，逐一忆起，当车驶进校园，并认出昔时在校就读所居住的门牌第六号之房舍。[①] 是晚，韦尔斯利学院1917级之80多位校友，举行非正式招待会，让宋美龄得以重温其学校生活，众人尚使用宋美龄于1936年自中国送来的茶杯，彼此叙旧互诉点滴，并热心地捐款支持中国抗战。[②]

7日上午10时30分，宋美龄在韦尔斯利学院发表演讲，其表示因对母校有深刻之系念，常渴望重返旧游之地，并感谢母校同学对中国的友谊与同情。宋美龄还列举中西各国妇女教育与参政的情形，鼓励妇女领袖改革社会，推动国家与世界的进步。宋美龄在演说中还表彰中国妇女伸张女权及在抗战期间参加社会工作的努力与成就，“深感中国对世界及其他人民，所负责任之大，吾人最令人注目之点，为以前一个妇女之地位，须跟随伊之丈夫，在社会上、政治上及经济上之地位而定，但现在中国妇女，自己能在社会上政治上及经济上谋独立，为世界人士认识伊等之本领”。宋美龄最后指出，“现在世界大战，乃为黑暗与光明之争斗，为公理与正义对强权与自私之冲突”[③]，希望美国妇女共同为理想而奋斗。宋美龄在演说时，因情绪过于兴奋，曾一时不能言语，并停止发言，似将晕倒，一旁看护以手扶之，并助以嗅药提神，数分钟后才顺利继续演说。[④]

宋美龄于8日游览母校校园，在图书馆中国存书柜前留影，参

---

① 波士顿华侨团体中华公所、抗日后援会得知宋美龄将到访之讯，“即召集会议，通令华埠各商店各社团各住宅一律悬旗，并休业一小时，全体侨胞依时站立于蒋夫人经过街道之两旁，手执中美小旗，以表示华侨对蒋夫人敬仰和欢迎之真诚”。美洲国民日报编：《蒋夫人游美纪念册》，第52页；《离别已二十五年蒋夫人访魏斯里学院》，《中央日报扫荡报》（重庆）1943年3月8日。

② 《离别已二十五年蒋夫人访魏斯里学院》，《中央日报扫荡报》（重庆）1943年3月8日。

③ 《蒋夫人昨赴波士顿》，《中央日报扫荡报》（重庆）1943年3月9日。

④ 《游览魏斯里母校》，《中央日报扫荡报》（重庆）1943年3月10日。

观礼拜堂和学生合影，并于学生齐唱校歌和高呼华语“再会”声中离去。告别韦尔斯利学院之后，宋美龄一行先驱车至哈佛大学进午膳，随后转赴波士顿。是日，该市市长颁赠荣誉公民予宋美龄并举行欢迎大会，大会出席者达三千余人，欢呼之声不绝于耳，波士顿公民慷慨捐输，在欢迎会上将合计金额118000美元的支票三纸，交予宋美龄作为保育儿童之用。宋美龄表示感谢：“余愿告知诸君者，即二十年后，敝国之战时难童，当因诸君之热诚慷慨，而在波士顿与诸君同行矣。”① 此外，波士顿各方热情赞助，纷纷发动捐款，响应宋美龄的号召，以救助中国因战乱而流离失所的人民。

看到宋美龄在华府、纽约到波士顿各地，都受到盛大的欢迎，但几次因不适险些晕厥，蒋介石感到忧心，并于日记反省录中自记曰：“对吾妻在美单身奋斗亦颇忧虑，然而方寸泰然，自觉进步。”② 宋美龄回到纽约之后，因频繁出席公共活动，疲劳过度，亦于10日请随员以书面向报界正式声明，将遵医嘱，展期并缩短访问美西的计划。③

宋美龄返回纽约调养后，罗斯福先派霍浦金斯以总统私人代表的身份往访，接着爱莲娜亦于11日亲赴旅馆探望，两人晤谈历半小时之久，宋美龄向其说明预定行程。④ 在重庆方面，蒋介石因不满美方供给飞机的实际数量，于3月14日电告宋子文和宋美龄曰：

---

① 据中央社波士顿3月8日合众电，“各方顷以支票数张送呈蒋夫人，其中一张华币三十万元，系中国妇女振济协会所赠者，又一张华币三十万元，系中国爱国协会所赠者，另有一张美金八万八千元，系由波士顿人民所赠者，此间圣公会主教祈祷上帝保佑蒋委员长及蒋夫人并勗勉美籍华人为良好之美国人民”。《波城市民纷纷捐输》《波士顿市民盛大欢迎蒋夫人发表演说》《蒋夫人在波城备受热烈欢迎》，《中央日报扫荡报》（重庆）1943年3月10、11日。

② 《事略稿本——民国三十二年三月》，1943年3月7日，台北“国史馆”藏，《蒋中正“总统”文物》，入藏登录号：002000000654A，典藏号：002-060100-00174-007。

③ 《蒋夫人将缩短游美计划》，《中央日报扫荡报》（重庆）1943年3月12日。

④ 《美总统夫人拜访蒋夫人》，《中央日报扫荡报》（重庆）1943年3月13日。

> 罗总统原电谅达，其中所称补足陈纳德部飞机五百架，而对中国空军仅以战斗机与轻轰炸机若干队，并未明言机数，此实与余对安诺德将军面谈之原意不符，余所指五百架飞机专为补充中国空军，在前方维持五百架飞机之战斗力，而非指美空军陈纳德将军所部之飞机数量也。以下之意不妨用间接方式向美国当局说明，即近日敌寇广播迭时造谣，以期中伤我中美军民情感无微不至，而尤以称美国不许中国有完整空军之组织，并称更不许中国有与美国同样精良之空军，而美国必须控制中国之领空，不许中国有独立作战之能力，如果美国不供给中国空军此区区五百架前线之数量，则各种中伤之言不幸而中，更使中国军民心理之疑惧，而且此区区五百架前线之数量，亦不能建立独立之空军，此理甚明，余想美国空军当局必无此意也，望以此意婉达美国政治家注意为盼。①

蒋介石希望宋美龄和宋子文，能以争取500架战机为目标，搭配陈纳德第十四航空队，化解后方被空袭的压力，并进而掌握空中优势。美国军事高层则因现实的运补、燃料、维修、机场安全等问题，始终未予松口。

3月15日晚8时30分，美国红十字会纽约分会在麦迪逊花园举行筹款园游会，罗斯福夫人爱莲娜、挪威公主、纽约市市长拉加地亚等均莅场助阵，该会亦邀请宋美龄于下榻的旅馆用电话向大会演讲，勖勉群众踊跃捐款。宋美龄肯定红十字会“不但为人类减除痛苦，且在战时及平时推进基督工作，常如基督之献身流血，至牺牲其生命，故联合国均拥护敬重红十字会，而轴心则鄙视之，吾人重视精神价值，而轴心则崇拜残暴势力，希望各人谨

---

① 《事略稿本——民国三十二年三月》，1943年3月14日，台北“国史馆”藏，《蒋中正“总统”文物》，入藏登录号：002000000654A，典藏号：002-060100-00174-014。

记十字为灾难受苦符号，而红十字则唤起精神为人群服务符号也”。[①]

此时，英国外相艾登适有访美之行，因英方先前已函邀宋美龄访英，但迟未获宋美龄首肯，蒋介石希望宋美龄能当面和艾登晤谈，并对结盟事宜进行指示。[②] 宋美龄在纽约经过几天的静养，体力逐渐恢复，因此于3月18日下午6时30分，率员离开华尔道夫旅馆，搭乘罗斯福总统专用之钢甲汽车赴宾夕法尼亚车站，登上专车准备前往访问芝加哥。[③] 是日，宋美龄电告蒋介石：

> 妹近来精神疲劳不堪，医生原不准妹再赴各地演讲，但妹为国家利益关系，仍拟照原定计划赴芝加哥及美国西部……妹自西部返纽约已将为下月十日左右，罗斯福已约妹十二日再会议一次。[④]

宋美龄决定不顾身体是否能够负荷，毅然展开巡回演讲，并与罗斯福约定再次造访白宫会商。

3月19日上午11时，宋美龄所搭乘的专车抵达芝加哥车站，在众多华侨和群众的欢呼之下，宋美龄在车站大厅接受芝城市长凯莱呈献市钥。[⑤] 是日下午，总领事陈长乐在宋美龄下榻的佐烈旅馆安排招待会，中西来宾赴会者逾千人。6时20分，宋美龄由孔

---

① 孔令伟：《蒋夫人美加行纪》，第53—54页。

② 参见黄自进、潘光哲编：《蒋中正“总统”文物》，第280页。

③ 参见孔令伟：《蒋夫人美加行纪》，第54页。

④ 《事略稿本——民国三十二年三月》，1943年3月18日，台北“国史馆”藏，《蒋中正“总统”文物》，入藏登录号：002000000654A，典藏号：002-060100-00174-018。

⑤ 参见《芝加哥市民热烈欢迎蒋夫人》，《中央日报扫荡报》（重庆）1943年3月21日。美中芝加哥华侨救国后援会，为了准备宋美龄的到访，于2月15日晚8时召开会议，在会前请总领事陈长乐报告宋美龄来芝消息，及接洽经过情形。3月19日，宋美龄一行到芝城时，“谭爱河女士代表向蒋夫人献花，美中芝城华侨救国后援会委员长梅友卓、副委员长李伟泮、谭赞、中华会馆主席陈昆楼、妇女‘新运’会主任梅黄凤娥、空军上校蒋其炎夫妇、前国府军医顾问胡维廉博士，均在检阅台上迎候”。美洲国民日报编：《蒋夫人游美纪念册》，第63页。

令侃和武官朱世明陪同出场，答谢来宾盛意。[①]

次日下午2时30分，宋美龄在下榻旅邸招待芝城新闻记者，出席男女记者百余人，讨论问题甚为广泛，宋美龄特别招呼了一位资深的老记者，又特别指明一位身材娇小，屡被他人所挡住的女记者发言。[②] 在场记者所询问题，涵盖层面甚广，包括宋美龄个人的健康和信仰、中国军需与美国军火运输的情形、中国经济和农业发展的问题，以及与英国外相艾登会晤等问题，宋美龄均逐一作答。

宋美龄表示在历经连续几天的公开访问后，确实曾极感困倦，经休息后现精神甚佳，虽然医生曾劝告取消其芝加哥之行，但因不愿使芝城人民失望，亦不愿使其自己失望，仍继续坚持行程。对于基督教的信仰，宋美龄表示不全然与其父母有关，主要系“吾人欲渡过大难，非抱定基督原则不可”，但其亦认为“此并非谓其他文化之道德原则，皆可弃之不顾，盖其他文化虽无崇拜基督之名，然颇有崇拜基督之实”。有关中国的农机使用与通货膨胀问题，宋美龄认为中国主要为小农经济，“田亩面积分划甚小，非如美国之田地，往往几百亩达成一片，只有西北数省或与美国情形相似，故农业机器之销路，恐不甚大”，并以美国参战后的情形来说明，表示通胀为“战时必有之结果”。至于美国援华军的运输问题，宋美龄希望美国海军能予协助，而记者询问中国所最需要的武器为何，宋美龄坦白说：“飞机，更多之飞机！”在盟国关系的问题上，宋美龄向记者透露，“如健康所许或将赴英苏一行”，与是时在美的英国外相艾登并无会见的计划，“但倘有机会相遇，谈话当有可能”。对于记者所提国际警察制度，宋美龄表示基于和平之理想，为维持国际秩序，可考虑设置，但“还须有实力以促其实现”，且应是人道的而非暴力的。历经半小时的问答后，宋美龄向记者声明谓：“中国绝无领土野心，但求固有领土完整，凡原

① 参见美洲国民日报编：《蒋夫人游美纪念册》，第63—64页。

② 参见孔令伟：《蒋夫人美加行纪》，第56—57页。

属中国者必须收还”，宣示了中国的主权意识和在战后的定位，这场记者会最后在董显光宣告散会下，顺利结束。①

宋美龄访问芝加哥，获得布莱恩夫人（或译勃林夫人，Mrs. Amita McCormick Blaine）捐赠巨款美金10万元，作为保育难童之用，当地扶轮会代表亦献颂辞册，而西美子弹厂则赠予第十万万颗子弹以资纪念。② 宋美龄于21日视察芝加哥唐人街，侨胞皆手持中美小旗，与侨铺旗彩相互辉映，宋美龄颔首微笑，以手巾向欢迎者示意，引起当地一阵轰动，并造成交通大阻塞。宋美龄一行于下午5时许莅临侨胞欢迎会，全场热烈鼓掌欢迎，宋美龄点首答礼，即登台准备致辞，孔令侃、魏大使夫人郑毓秀和朱世明在侧伴随。③ 宋美龄向出席侨胞表示：

> 各位同胞，今天得到机会，与各位相见，觉得很是欢喜。我们祖国抗战已经六年了，我们中国能够抗战六年，而且愈战愈强，全赖两种方法：一为军械、一为精神，国内的军队以及民众，使用武器去打击敌人，你们发挥你们的精神，去拥护抗战。过去你们努力捐输，政府及国内的同胞，均常时想念你们的，他日抗战胜利，你们也是有功的，现在我们的政府、国民党、全国的军队，以及全国的民众，均尽他们的能力，去从事抗战工作，这次我们抗战，是谋能解决我们的终身问题，然后我们的国家，方可以得到自由平等。④

各埠侨团在宋美龄的号召下，热烈捐输，大会逐一唱名报告，并当场交宋美龄秘书长孔令侃接收。⑤

宋美龄紧接着于3月22日在芝加哥运动场（Chicago Stadium），

① 孔令伟：《蒋夫人美加行纪》，第57—58页。
② 孔令伟：《蒋夫人美加行纪》，第58页。
③ 《芝城华侨区盛会》，《中央日报扫荡报》（重庆）1943年3月23日。
④ 《芝城华侨区盛会》，《中央日报扫荡报》（重庆）1943年3月23日。
⑤ 美洲国民日报编：《蒋夫人游美纪念册》，第64页。

对二万余群众发表演讲，希望中美两国建立互信基础，共谋世界和平，宋美龄首先称许美国的立国，乃近代之奇迹，尤其是美国先贤追求自由平等，建立民主的历程，已成为普世价值。宋美龄剀切申言："战争为人类最狂谬之事，为确保一切民族将来之和平与繁荣计，不应容许战争之再度发生。惟有联合国家以及今后能遵守'自存共存'各原则之其他国家，采取共同戒备与行动，始能使世界永享和平。"宋美龄认为以往国际间之联合虽无成就，但仍不可因此而抹杀，战后仍要继续合作，积极维持和平。宋美龄期许中美两民族能互相了解其历史与文化，以不屈不挠之意，坚信民有、民治、民享的理想，继续作战以谋致世界永久之和平。[①] 宋美龄在美之第四次广播演说，通过美国的广播网，很快传播全美。宋美龄在芝城停留四日，转眼期届，随即准备于是晚搭乘夜车赴旧金山，展开美西巡访之旅。[②]

宋美龄一行 26 人，搭乘罗斯福总统之专车，在 3 月 25 日上午 9 时 5 分抵达屋仑车站，当地政军显要百余人在站迎候。宋美龄和一部分随员登上美国海军特备的巡艇，另一部分随员则搭乘汽车经大桥，共同于 9 时 30 分抵达旧金山第 14 号码头，宋美龄登岸时，港湾各轮艇均鸣笛致敬。接着宋美龄依照原定计划，搭乘汽车巡游华埠，由孖结街经都板街前往皇宫旅馆（Palace Hotel），沿途欢迎牌楼与宋美龄巨幅肖像，以及广大群众的欢呼，让宋美龄一路笑容可掬，频频摇巾致意。[③]

宋美龄抵旅馆休息后，于 3 时至满饰花草的市政厅阳台上，检阅中西大巡游队，队伍由数千位 4—17 岁的青少年分批组成，阵容殊为壮盛。当队伍经过时，宋美龄以鼓掌或摇巾致意，整个检阅

---

① 《革命文献——对美外交：宋美龄访美》，1943 年 3 月 22 日，台北"国史馆"藏，《蒋中正"总统"文物》，入藏登录号：002000000391A，典藏号：002-020300-00037-078。

② 参见《蒋夫人芝城演说》，《中央日报扫荡报》（重庆）1943 年 3 月 24 日。

③ 同行者计有"中央宣传部副部长董显光、刘锴公使、魏大使夫人、大使馆武官朱世明夫妇、孔祥熙公子孔令侃及女看护、秘书等共 26 人"。美洲国民日报编：《蒋夫人游美纪念册》，第 77 页。

1943 年 3 月 25 日，宋美龄抵达旧金山，华埠群众夹道欢迎（《蒋中正“总统”文物》，台北“国史馆”藏，典藏号：002-050113-00002-247）

典礼经 1 小时 10 分始毕。宋美龄观礼后致辞谓：“吾人将从废墟中建设新中国，并将为美国之友人，中国将似埃及之长生岛，必将再起。”接着从市长罗西（Rossi）手上接受长约一尺之“旧金山之钥”，并表示：“余站在诸君之中，不禁神驰于战前新建成之上海市中心区，现在已成废墟，旧金山之通达南北之两大桥梁，实为我两大民族永久友好之象征。”①

宋美龄于 3 月 26 日以茶会招待史迪威将军夫人约瑟芬女士②，并于下午 2 时 30 分，在旅邸招待旧金山新闻记者，由董显光介绍并主持。记者一开始就询问宋美龄对丘吉尔新近演讲的看法，以及延后攻日时期至两年以后等敏感的议题，宋美龄没有直接批评丘吉尔的说法，而以中美同受日本攻击，回答说：“余意美国人与中国人相同，均能认清现实，美国被日本攻击，中国亦被日本攻击，至于德国，美国尚只受到其口头上之轰炸而已，余信美国人

① 《盛大欢迎中蒋夫人抵旧金山》《旧金山空前盛况百万人欢迎蒋夫人》，《中央日报扫荡报》（重庆）1943 年 3 月 27、28 日。

② 《蒋夫人招待史迪威夫人》，《中央日报扫荡报》（重庆）1943 年 3 月 28 日。

既能认清现实，则被人攻击后，自必能起而自卫。”记者接着又就苏日关系、日军使用毒气、中美战后贸易和中美外交关系等提出问题，宋美龄表示，中国方面能体会苏联的困难，“深知苏联现在之处境，有种种不能宣布之困难，设吾人遇有此种困难，或将采取同样之政策”。对于日军使用毒气，宋美龄谓，“余在过去六年中，曾自观甚多之毒气牺牲者。形象殊属可怖，不复保持人之型［形］态”，并严厉谴责日军的不人道。宋美龄指出，自滇缅路封闭后，美国援华物资和医疗用品大受影响，美国援华救济联合会仅能以金钱援助为主，红十字会之供应则大部分断绝。至于在中美关系方面，宋美龄认为战后双方“发展机会之大，恐难想象，中国需要美国大批技术人才，及大批物资，须知中国乃一四万五千万人之市场”。认为美国为真挚之友，希望彼此深切了解与善意互助。宋美龄在结束前向记者坚决声明谓：“中国并不在恳求何物，余此来亦非为行乞。”① 此次记者会共历时 14 分钟，宋美龄把中国在抗战中缺乏物资的艰苦情形，真实地告诉各媒体，希望唤起更多人对中国的关注。

宋美龄在记者会最后之所以强调中国并非恳求或乞讨，与丘吉尔于 3 月 21 日所发表的广播演说有密切的关系。丘吉尔于该篇演说中完全以欧洲优先的观点，将亚洲战场置于次位，用“拯救中国”的字眼，并且宣称要恢复海外领土，此均刺激到中方的感受。② 蒋介石甚至因此致电宋美龄，要其对访英问题，暂时不要作回复，以免被视为有求于人，甚或遭其轻侮或被其欺诈。③

---

① 孔令伟：《蒋夫人美加行纪》，第 72—73 页。蒋介石对于宋美龄此次记者会的谈话，颇表肯定曰：“余妻在旧金山答记者问，说明倭已直接攻英而德国只以口反美之语，对美民必发生大影响也。”《蒋介石日记》（手稿本），1943 年 3 月 30 日记事。

② 丘吉尔希望英人支持其主张，并谓在击败希特勒之后，“将立即前往世界之另一方面，惩处贪婪残暴之日本帝国，拯救中国于长久苦难之中，解放吾人本身与荷兰盟友之海外领土，并使日本对于澳洲、新西兰和印度海岸之威胁，永远清除”。《英首相广播全文》，《中央日报扫荡报》（重庆）1943 年 3 月 23 日。

③ 参见《事略稿本——民国三十二年三月》，1943 年 3 月 26 日，台北“国史馆”藏，《蒋中正“总统”文物》，入藏登录号：002000000654A，典藏号：002-060100-00174-026。

开完记者会之后，宋美龄自 3 月 27 日至 29 日在旧金山风尘仆仆，四处参加活动，包括旧金山市的欢迎大会、接见各埠侨胞、向国父铜像献花、参加华侨欢迎大会、对西人工会致辞、出席旧金山妇女界欢迎会等，并接受各埠侨团献金。宋美龄于 27 日晚间 9 时在旧金山市政厅，发表莅美以来第五次对全美之广播演说。宋美龄举述中美两国风土与富藏相似，并同受恶势力气氛所威胁，呼吁中美共同“护卫与保存吾人所爱好之一切”。宋美龄同时列举史实，说明经济与领土之征服业已成为过去，代之而起者必为国际之谅解与亲善；又以德国哲学家学说，批评纳粹主义、神道主义与其他一切狭隘之国家主义，决不能维持久远；并举中国桃园结义典故，期勉联合国家能勠力同心，共救邦家，以谋人类之进步。①

3 月 28 日下午 2 时 45 分，宋美龄在旧金山市政厅礼堂，以中国语对华侨发表演说，其建议华侨“应小心抚养儿女，予以富有营养之食物，教以对尊长以及友辈之礼节，在美侨胞应完全遵守美国之法律，服装要简单清洁，饮食要适当”。并期勉“海外侨胞必须获得当地人民之尊敬，并须参与社会改革”，且以“美国以飞机及作战物资援助我国，诸君购买美国公债，不啻有助于中国”，鼓励侨胞购买更多美国战时公债。宋美龄也以为，“晚近美国人民之研究中国历史文化者，大见增加，各地华侨应鼓励外人对中国之此种兴趣”，促进外国人士更了解中国，宋美龄再次对于侨胞在精神与物质上的支持表达感谢，同时也期待侨胞继续支持祖国抗战。② 次日，宋美龄赴码头工人协会，向 1000 多位各地劳工代表致辞，呼吁团结，增加生产，作为盟国坚强后援。③

---

① 对于宋美龄的演说，蒋介石期待美国民众能有所觉悟，并记曰：“吾妻在旧金山答记者问，说明倭已直接攻美，而德尚只以口头反美云云，想美国民众必能觉悟也。”《革命文献——对美外交：宋美龄访美》，1943 年 3 月 27 日，台北“国史馆”藏，《蒋中正“总统”文物》，入藏登录号：002000000391A，典藏号：002-020300-00037-080。

② 《蒋夫人赴洛杉矶前日对旧金山侨胞演说》《勖勉侨胞》，《中央日报扫荡报》（重庆）1943 年 3 月 31 日。

③ 《美劳工代表聆听蒋夫人讲演》，《中央日报》（重庆）1943 年 4 月 1 日。

1943 年 3 月 29 日，旧金山华侨盛会欢迎宋美龄（《蒋中正“总统”文物》，台北“国史馆”藏，典藏号：002-050113-00002-248）

宋美龄在旧金山的活动多彩多姿，许多邀请应接不暇，有时只好请随员代表参加，像郑毓秀就代表宋美龄前往主持“孙逸仙号”下水典礼，董显光被派往记者协会领取礼物，接见韩侨代表等。[①] 3 月 30 日，宋美龄访问旧金山已历五日，在当地行程渐告尾声，因是晚 9 时预定乘罗斯福总统之专车前往洛杉矶，故在行前特别致电话给邝炳舜，嘱其约集华侨各妇女团体领袖相聚，包括中华女青年会会长邝李彩琼、妇女“新运”会主席赵黄足以、妇女协会会长黄梁佩珍、方圆社社长陈彩柳、诚志会会长陈唐雪清、妇女救国会会长郭徐旺兰女士等应邀至旅馆相叙，并由冯总领事夫人介绍各人与宋美龄握手为礼。[②] 宋美龄鼓励众人继续努力，为海外妇女工作和抗战继续不懈奋斗。

3 月 30 日晚上 9 时，宋美龄一行搭乘罗斯福总统之专车，转

---

① 董显光在回忆录中记曰：“在旧金山，那里的记者俱乐部要奉献一件礼物给夫人，我奉命前往代表接受。这个记者俱乐部有一个怪传统：首席上外宾坐的位子前放一只黑猫，这位外宾发言时，倘然永远把手抚摸这只黑猫，他就可以得到保证他当时说的话没有一个字会给当场的记者采用泄露出去。我非常欣赏这个怪传统。”董显光：《董显光自传》，第 191 页。

② 孔令伟：《蒋夫人美加行纪》，第 87 页。

往洛杉矶，送行民众，拥塞车站。次日上午10时许，车抵洛杉矶后转搭敞篷车赴饭店，受到居民热烈欢迎，洛城市政府并宣布是日为“蒋夫人日”。[①] 4月1日下午9时，宋美龄出席在旅邸大使酒店的欢迎会，在致辞时引用史例，强调尚德重义、豁达大度的重要。又以战场所闻所见，譬喻盟国关系，又举在重庆疏散难童遇雨，较年长孩童会优先礼让幼小孩童乘车，年少即知“强助弱，大助小，快助慢”之理。宋美龄盼望，“此次惨恶战争结束后，盟邦果能领会此教训，即为强助弱。是故，余觉恶者可变为善，然则吾人所受之痛苦，非为虚受也”。[②] 宋美龄认为盟国应更紧密地互助，尤以强盛者应主动伸出援手，抵抗侵略的恶势力。

宋美龄于4月2日上午11时，在旅邸招待洛城新闻记者，计有媒体记者100多人到场，各记者分就印度问题、中苏关系、战后规划、妇女参与国际事务、华侨青年和访英规划等问题，提出询问。对于解放印度此一敏感议题，宋美龄和蒋介石平日都甚支持印人寻求自主，但为避免引起盟国间的误解，其婉转地表示：“中国与印度接壤，两国文化有密切关系，感情亦一向甚好，余当然希望印度出全力应付战局，至于印度独立问题，蒋委员长与中国人民均以为一国具有自由能力，即当享受自由，关键在何时始能目为具有自由能力，此种能力究竟须具多少。”对于苏俄方面，宋美龄和蒋介石平日虽无甚好感，且又须防其野心，但因在抗战之初尚有接济中国军备，宋美龄回答：“苏俄亦为中国近邻，世人对于共产主义毁誉参半，但苏俄能军民一致奋斗抗德，吾人不得不钦佩其战绩之辉煌。”[③]

宋美龄对于战后计划，认为“初步尚不需国际谈话，但每一人民对此项问题，均应有所准备，将来开国际会议时即可据以贡献政府”，其特别强调中国对于战后世界，“多从责任上着想，少在权利上注意，惟有如此方能挽救文明之陷落，中国毫无土地野

---

① 《蒋夫人抵洛杉矶》，《中央日报》（重庆）1943年4月2日。

② 美洲国民日报编：《蒋夫人游美纪念册》，第114—116页。

③ 《招待美记者席上蒋夫人纵谈世局》，《中央日报》（重庆）1943年4月4日。

心，但所有合法之领土，一寸决不放弃”！有关妇女在和议席上应否占有相当地位的问题，宋美龄认为美国妇女均有选举权，故在国际组织中，可利用此选举权促成真正和平之目的，希望妇女界在战后有更多参与国际活动的空间。宋美龄同时期待在美华侨青年，应尽力研究美国之实业与科学，并及早补习中文，以俾日后回国工作，协助国家建设。至于是否应邀访英，宋美龄表示如健康允许，甚愿一行。宋美龄还回答一位墨西哥记者，称许拉丁美洲加入联盟国家，“希望大家努力工作，争取共同之胜利”。是次记者会历时30分钟，至11时30分由董显光宣布问答终止，结束散会。①

1943年4月4日，宋美龄在好莱坞露天会场向三万听众发表演说，其首先以珍珠港事件前日本派来栖三郎（Kurusu）使美佯谈，恰似七七事变以后，日本一面佯与中国政府谈判，一面则调集重兵为例，批评日人背信弃义的历史。其次，陈述中国空军虽极端谨慎，节用飞机，但损耗益见严重，望之急切，却难有突破。中国军民仅能以血肉之躯，忍受侵略苦况，每在探视时心酸不忍。宋美龄坦白地告诉听众，“中国之所有者为何？吾人无海军可言，只有尚在萌芽时期之空军，以及仅持步枪、机关枪与旧式大炮为主要装备之陆军而已”。但宋美龄接着强调，“然吾人具有人力，均自愿以其血肉，贡献国家；因知吾人乃为公道与正义而战，故具有战斗精神。吾人更有时间空间之有利因素”，“吾人之用意与战略，乃使敌人所夺取之每一寸土地，必须付代价且付重大之代价，庶几吾人可在时间方面，消耗敌人，使其趋于衰竭。惟争取胜利之意志，必须能对抗钢铁与高度爆炸弹之猛烈打击耳”。宋美龄指出中国之所以与敌人继续作战者，“在使各民主国家有从容准备防御之时间”，同时公开称许罗斯福总统，“洞悉正义与强权对抗之意义与结果，而毅然实行措施，使美国成为‘民主国家之兵工厂’，其卓越远见与经世宏才，实为吾人以后世所不能不钦仰不

① 《招待美记者席上蒋夫人纵谈世局》，《中央日报》（重庆）1943年4月4日。

置者。历史与后世对贵国总统坚定不移之信念，以及努力实现此种信念之道德勇气，将颂扬不已”。[①] 宋美龄公开赞扬罗斯福协助盟国的义举，肯定其领导地位，希望美国不再让中国靠血肉之躯，阻挡日军的侵略。

宋美龄在好莱坞演讲之后，体力又告不支，次日遵医嘱，暂停一切应酬，安心静养。[②] 原定要到圣地亚哥统一飞机工厂的行程，亦改用以电话向工人发表演说。[③] 有鉴于宋美龄奔波有碍健康，蒋介石于 4 月 7 日电告宋美龄，希望能于月底前归国，其电曰：

> 近日体力如何，念甚，望事毕早日回国，四月以后气候太热，途中更感辛苦，望于本月底回来为盼。[④]

宋美龄在旅美巡讲期间，已有三次几近晕倒，本次因患支气管炎，且过分疲劳，不得不暂停后续行程。不过宋美龄在美的交涉工作，并未因此停歇，其于 4 月 9 日向蒋介石透露，美国国会军委会拟派代表，视察太平洋各战区军事动态，其电曰：

> 大姊转介兄：据闻美国国会军事委员会对于 TRUMAN 国防会注重欧洲及英国工作深表不满意，最近拟派员视察太平洋各战区军事动态。并认为美国在太平洋方面，目下仍缺乏大规模军事作战，乃为错误，现由国会议员五人组织小组委员会，刻与参谋总长麦歇尔商议进行步骤，此为

---

① 《革命文献——对美外交：宋美龄访美》，1943 年 4 月 4 日，台北“国史馆”藏，《蒋中正“总统”文物》，入藏登录号：002000000391A，典藏号：002-020300-00037-082。

② 《蒋夫人遵医嘱静养》，《中央日报》（重庆）1943 年 4 月 7 日。

③ 《蒋夫人明晚返纽约由电话对飞机工厂演说》，《中央日报》（重庆）1943 年 4 月 8 日。

④ 《事略稿本——民国三十二年四月》，1943 年 4 月 7 日，台北“国史馆”藏，《蒋中正“总统”文物》，入藏登录号：002000000655A，典藏号：002-060100-00175-007。

妹历次演讲后之结果。届时，妹拟请彼等赴太平洋前线时，赴华参观，兄意如何？盼速电复，俾在不开罪美国行政当局原则下，相机进行。①

宋美龄在美演讲，多次呼吁美国应重视亚洲战场，当其得悉美国国会议员有意前往前线视察时，电询蒋介石是否利用时机安排美国国会议员访华。蒋介石于 13 日回复曰：

佳电拟请美国拟派议员调查太平洋战线，兄以为对此议员不必特别邀请其来华。但其如要来华考查时，我方自当欢迎。照此方针进行何如？②

由于宋美龄和宋子文是时均在美为国奔波，蒋介石此次并未积极地邀访。事实上，蒋介石在 4 月 10 日曾致电美国罗斯福总统，"告以为增加空运量及配合空中作战，各种地面设备，皆正依照计划积极修筑中，并保证于预定时间内准备完成"。蒋介石同时建议罗斯福召见陈纳德，期能通过陈纳德协助说服美方，以获得五百架战机的援助。③

10 日上午，宋美龄于在洛杉矶大使饭店礼堂，接受加州天主教罗耀拉大学颁赠荣誉法学博士学位，并访问洛城唐人街，训勉当地侨胞。午后，在其旅馆主持茶会回谢当地政要士绅，顺利结束在洛杉矶的行程，返回美东转赴熊山（Bear Mountain）小住。④ 4 月 14 日，宋美龄在纽约接见记者并发表谈话，主张中美英苏四

---

① 《革命文献——对美外交：宋美龄访美》，1943 年 4 月 9 日，台北"国史馆"藏，《蒋中正"总统"文物》，入藏登录号：002000000391A，典藏号：002-020300-00037-084。

② 《事略稿本——民国三十二年四月》，1943 年 4 月 13 日，台北"国史馆"藏，《蒋中正"总统"文物》，入藏登录号：002000000655A，典藏号：002-060100-00175-013。

③ 参见秦孝仪主编：《蒋公大事长编初稿》卷 5 上册，第 305—306 页。

④ 《在洛杉矶曾访唐人街蒋夫人嘉勉侨胞》《接受罗耀拉大学荣誉学位》，《中央日报》（重庆）1943 年 4 月 14 日。

国应首先成立战后世界委员会，并明白表示，所有小国均应获得自由。[①] 不过宋美龄是次公开谈话中，对甘地有微词，此与蒋介石一贯支持印度的主张并不相符，蒋介石因此自记曰：

> 妻对纽约记者谈话称：甘地思想褊狭与混沌一语，不仅为英人利用，而且吾人对印基本政策亦遭受不利之影响矣。应嘱其慎重并催归。[②]

蒋介石希望宋美龄审慎处理对印问题，盼其在美休养告一段落之后，能早日返国。4 月中旬，中美两国在华盛顿由宋子文与美海军部长诺克斯签订特种合作协议，于重庆成立中美合作所，以戴笠为主任，梅乐思为副主任，负责训练及遂行战时情报工作。[③] 史迪威于 19 日晋谒蒋介石，“报告蓝姆伽及昆明训练情形，并请准偕同陈纳德将军于二十二日起程返美，约于三周后返渝”[④]。蒋介石在 22 日电告宋美龄曰：“史迪威陈纳德今日已起飞来美，约月杪可到，兄与史谈话纪录已抄一份，托其带奉，史此次奉召回美，对陈纳德甚怀疑，此人如有神经病然，甚难与共事也，余函详。”[⑤] 此时中美双方一面扩大合作的范围，一面却因蒋介石和史迪威的相互不满，蒋介石甚至以“神经病”形容史迪威，史迪威也在日记数落蒋介石，双方龃龉日益严重，亦使得与美国军部的芥蒂日深。

宋美龄在美国的巡回参访中，留下不少珍贵的纪录片，蒋介石于 4 月 27 日特别观看宋美龄在唐人街演说的影片，并致电曰：

---

① 《蒋夫人重大表示四国应成立战后世界委员会》，《中央日报》（重庆）1943 年 4 月 16 日。

② 《蒋介石日记》（手稿本），1943 年 4 月 15 日。

③ 秦孝仪主编：《蒋公大事长编初稿》卷 5 上册，第 307 页。

④ 秦孝仪主编：《蒋公大事长编初稿》卷 5 上册，第 305—306 页。

⑤ 《革命文献——对美外交：宋美龄访美》，1943 年 4 月 22 日，台北“国史馆”藏，《蒋中正“总统”文物》，入藏登录号：002000000391A，典藏号：002-020300-00037-086。

“昨观吾爱在唐人街演说影片甚佳，惟体力、容态皆甚疲弱，未曾复元，甚念！望早日回国为盼。”① 蒋介石于29日续电宋美龄，要其转告美方，日军可能进攻西伯利亚的讯息，该电曰：

> 在一、二月内，如太平洋方面倭敌不受严重打击，则倭必进攻西比［伯］利亚，请密告美当局注意，并问其对日俄战争，是否望其从速发动，盼速覆。如吾爱不即赴华府见当局，则请速告子文兄转询，俾得明了其意见。②

蒋介石一直期盼日军能发动攻打苏联，以缓和中国在战场上的压力，所以当其得到日军可能攻打西伯利亚的情资，便速电宋美龄，请其转告美方政军高层，预为防范。

宋美龄返回纽约之后，便在熊山静养，以恢复连月的劳顿，不过是时健康和访英的问题，一直困扰着宋美龄，顾维钧特地前往说明，试图说服其接受邀访。而随着与罗斯福再度会面的约期日近，如何争取到蒋介石期待的战机、军备和反攻缅甸等问题，也让宋美龄所面临的压力，难以尽释。

第二节　对美高层交涉

宋美龄在美完成巡回演说的行程之后，回到纽约静养，并于1943年5月初再度造访白宫，宋子文和宋美龄兄妹同时在华府，为争取中国的利益而努力。不过由于中美战略的观点与利益不尽相同，双方在攻缅的军力部署和时机上，一时无法达成共识，宋美龄折冲之后拟同意美方渐进攻缅的方案，而宋子文则依蒋介石

---

① 《蒋中正致宋美龄函（五）》，1943年4月27日，台北“国史馆”藏，《蒋中正“总统”文物》，入藏登录号：002000000464A，典藏号：002-040100-00005-046。

② 《蒋委员长自重庆致蒋夫人嘱密告美当局日本可能进攻西伯利亚及询其是否希望从速发动日俄战争电》，载秦孝仪主编：《战时外交（一）》，第834页。

的指示，希望采取全面的反攻。

一、再访白宫争取军援

宋美龄在4月下旬接获蒋介石有关日军准备攻打西伯利亚的情报之后，和罗斯福之间的交涉又多了一项新话题。5月1日，宋美龄自纽约电告蒋介石称："妹定二日赴华府，关于西伯利亚事，届时当面询美当局，特先电闻。"① 宋美龄一行于5月3日再抵华府，第二度访问白宫，与罗斯福总统就反攻缅甸、援助中国战区空军与中印空运等问题进行商谈。②

1943年5月3日，宋美龄访问白宫与罗斯福夫人合影（《蒋中正"总统"文物》，台北"国史馆"藏，典藏号：002-050113-00002-250）

宋美龄于3日上午抵达白宫，罗斯福总统夫人爱莲娜亲至门外欢迎，爱莲娜亲切地关怀宋美龄的健康情形。是晚，宋美龄与罗斯福开始谈判，宋美龄先将蒋介石的意见转告罗斯福，但罗斯福坚决表示，美军赴缅须经英政府应允，蒋介石反攻缅甸的主张无法进行，请宋美龄转请蒋介石宣布放弃攻缅计划，但美方将尽力维持吉大港、利都和阿萨密空军基地。宋美龄对此认为罗斯福"意在骗中国上当，

---

① 《事略稿本——民国三十二年五月》，1943年5月1日，台北"国史馆"藏，《蒋中正"总统"文物》，入藏登录号：002000000656A，典藏号：002-060100-00176-001。

② 《事略稿本——民国三十二年五月》，1943年5月3日，台北"国史馆"藏，《蒋中正"总统"文物》，入藏登录号：002000000656A，典藏号：002-060100-00176-003。

但其口气甚为坚决，故当时不与争辩，以免弄成僵局”①。

宋美龄和罗斯福于4日继续谈话，宋美龄婉转地向罗斯福表示，蒋介石很难照美方的意见放弃反攻缅甸，尤以滇缅路为中国之生命线，中方“对缅甸之重视，不在领土而在运输及经济”。宋美龄还指出：“英、美以前屡次公开宣称，决以中国为反攻日本之根据地。北非会议，英、美发表宣言，主张反攻缅甸，若不重开滇缅公路，安能大量军械以接济我军？”更严重的是倘若英、美变更约诺，蒋介石“将何以答复中国人民、军队及舆论”？宋美龄向罗斯福晓以利弊，经交涉后，罗斯福同意将“既往每月空运吨位分配陈纳德三千吨、史迪威四千吨，希望上述总吨数增至一万吨”。宋美龄是时还说服罗斯福支持空军军力，从陈纳德要求的四个中队，提高到供给空军二大队，并且设法协助中方打到腊戍、曼德勒，使此路线不再为敌切断。宋美龄向蒋介石表示，此次谈判的一大收获，即是“英、美本拟将反攻缅甸计划完全放弃，经妹交涉，现美已允助我维持新路线”。②

宋美龄继之告诉罗斯福，蒋介石希望美军派三师赴缅的意见，罗斯福以此须经联合参谋会议同意，来回避派军赴缅的要求。不过经宋美龄再三竭力交涉，罗斯福始答应“派一师海军陆战队协助抗敌，并允竭力与陆军部洽商其余二师”。宋美龄除了和罗斯福谈判之外，还由马歇尔处得悉，“英人拟退出反攻缅甸计划”，因而断定英人在反攻缅甸的议题上作祟。宋美龄同时对于在美交涉的宋子文提出批评，其向蒋介石表示，“文兄计划要求由美国空运总处拨给运输机数架，供给国内之用，妹认为此种进行方式在心理上不妥。盖罗以前有令所有运输机全部集中美国空运总处，现如请其划拨，岂非使其前后自相矛盾？故妹主张，国内所需运输

---

① 宋美龄于5月7日将与罗斯福谈判的内容电告蒋介石。《革命文献——对美外交：宋美龄访美》，1943年5月7日，台北“国史馆”藏，《蒋中正“总统”文物》，入藏登录号：002000000391A，典藏号：002-020300-00038-089。

② 《革命文献——对美外交：宋美龄访美》，1943年5月7日，台北“国史馆”藏，《蒋中正“总统”文物》，入藏登录号：002000000391A，典藏号：002-020300-0037-089。

机，可另由美国供给五架，罗亦允照办。总观文兄以前计划，略嫌太过散漫”。宋美龄也把罗斯福对其访英的看法告诉蒋介石，“彼不希望妹至欧，盖恐使妹身体更坏，且德人闻妹在英必派机轰炸，亦属问题也。彼告妹赴英之议，现赴似非时候也，妹已定取消赴英之意矣。罗并请妹于离美国之前再赴华盛顿，俾得继续谈话也”。[①] 宋美龄和罗斯福进行了两天密集的交涉，取得美方对华空运吨数和支持攻缅军队的初步承诺，并相约在离美返国前，到白宫作第三度的访问，为战时中美高层互动建立起直接的沟通渠道。

5月5日，宋子文也从华盛顿把宋美龄与罗斯福谈话的要点，向蒋介石进行报告称：

> 转达蒋夫人昨晚与罗总统之谈话，总统表示：（甲）中印空运吨位接济，陆空军各占百分之五十。（乙）反攻缅甸，改为占领缅北至曼德勒线为止，派遣美军赴印，俟魏菲尔将军来华盛顿再商。（丙）在美训练之中国空军人员，利用现在克拉其之飞机，成立两个中队。[②]

宋子文电函中有关罗斯福承诺援华的内容，显然和宋美龄的谈判结果有所出入，加上罗斯福先前在履行承诺时的反复态度，使得蒋介石对于美方援华的诚意，始终抱持怀疑。

宋美龄于5月7日把连日与罗斯福谈判的内容电告蒋介石，并指出“关于空军总攻计划，兄嘱文兄在华府会议提出各项，文兄

---

① 《革命文献——对美外交：宋美龄访美》，1943年5月7日，台北“国史馆”藏，《蒋中正“总统”文物》，入藏登录号：002000000391A，典藏号：002-020300-00037-089。

② 《事略稿本——民国三十二年五月》，1943年5月5日，台北“国史馆”藏，《蒋中正“总统”文物》，入藏登录号：002000000656A，典藏号：002-060100-00176-005。

无法与罗斯福见面，请妹再赴白宫与罗谈判"①。宋美龄同时把罗斯福答应协助设立炼油厂的消息告诉蒋介石曰：

> 以往航空输华飞机、军械及各材料，彼等之借口，向谓唯一之困难系汽油，因运输机除备飞入我境之汽油外，尚需随带飞出之汽油等等，故妹与罗斯福谈判时，提及我国玉门出产汽油，甚盼美国派送技术人员及机器在中国成立炼油厂，将来空军反攻，当可减少汽油困难问题，罗除答应外，并愿担拨款。妹忆以前盛世才提及新疆亦产汽油，曾由俄工程师采测，倘美国技术人员抵华后，亦赴新疆视察，在政治上亦可使俄国有所顾忌也。上项计划，罗表示希望妹返国指导，则美当局当可放心，妹意此项计划可俟妹返国主持，完全由我政府主办，美国技术人员处被我雇用地位。倘由资源委员会办理，万一将来经营不善，美当局对我政府不但发生极坏印象，并认中国腐败不可救药，故须竭力注意，否则与我国国际前途大有关系。②

为了解决中国汽油短缺的问题，宋美龄希望在资源委员会之外，再设立一个机构单独处理与美国合作设立炼油厂的事宜，宋美龄同时再次批评宋子文，"文兄不敢说话，而所用人员亦未尽妥善"，但考虑"在美洽商各项，将来总需人继续办理"，向蒋介石表示，有意在美另辟渠道，经营双方的关系。③ 5月8日，宋美龄

---

① 《革命文献——对美外交：宋美龄访美》，1943年5月7日，台北"国史馆"藏，《蒋中正"总统"文物》，入藏登录号：002000000391A，典藏号：002-020300-00037-089。

② 《革命文献——对美外交：宋美龄访美》，1943年5月7日，台北"国史馆"藏，《蒋中正"总统"文物》，入藏登录号：002000000391A，典藏号：002-020300-00037-090。

③ 《革命文献——对美外交：宋美龄访美》，1943年5月7日，台北"国史馆"藏，《蒋中正"总统"文物》，入藏登录号：002000000391A，典藏号：002-020300-00037-090。

电告蒋介石，经与罗斯福洽妥反攻缅甸的计划，将美国航空队轰炸机全权授予陈纳德指挥，其电曰：

> 大姊转介兄：关于反攻缅甸计划，经妹与罗斯福洽妥，所有反攻时空中堡垒均归陈纳德指挥，史迪威仅负责陆军防守职务，不参加反攻事宜。此事罗请保守秘密，敬请勿告文兄及其他任何人员为盼。①

不过此时宋美龄和蒋介石的联系出现了小状况，宋美龄于5月1日所发的电函，蒋介石在8日才看到，蒋介石连忙电询宋美龄曰："白宫对西伯利亚事，意见如何？速覆。"②

宋美龄于5月11日电复蒋介石，表示日前电函中西伯利亚的电码误为西沙群岛，因往返查询，致有稽延。宋美龄表示如果日军发动袭击西伯利亚，应可减轻对华压力，对中国实属有利，因此就算告知美方，罗斯福也未必有所特别表示，最多不过转知俄方而已。不过因蒋介石有意了解美方态度，宋美龄表示"仍当转告探其态度如何，容再电告"。宋美龄还把罗斯福电邀魏菲尔赴美与派员邀斯大林晤谈的情形，告知蒋介石。③ 对于蒋介石所关切的反攻缅甸问题，宋美龄表示已收到宋子文转达的电函，其表示：

> 兄力主全面反攻缅甸，直达仰光，此举当为英军部与我澈底合作，如能办到，自属上策。但妹与罗谈话当时，文兄既不在场，焉能体会罗之言谈含意。妹与罗检

---

① 《革命文献——对美外交：宋美龄访美》，1943年5月8日，台北"国史馆"藏，《蒋中正"总统"文物》，入藏登录号：002000000391A，典藏号：002-020300-00037-091。

② 《事略稿本——民国三十二年五月》，1943年5月9日，台北"国史馆"藏，《蒋中正"总统"文物》，入藏登录号：002000000656A，典藏号：002-060100-00176-009。

③ 《革命文献——对美外交：宋美龄访美》，1943年5月11日，台北"国史馆"藏，《蒋中正"总统"文物》，入藏登录号：002000000391A，典藏号：002-020300-00037-093。

讨此项问题时，罗原来主张完全放弃反攻缅甸计划，经妹再三阐释，始取消原意，允助我攻至腊戍，共同保护新路线。如罗无意助我全面反攻缅甸，则即使此时得其诺言，将来仍无实效，即使彼允助我攻至仰光，而仍无积极援助，则裨益极鲜。故妹以为反攻缅甸问题可分两步骤，此时无妨暂以五月四日妹与罗协议作为局部反攻缅甸中美合作根据，俟腊戍收复后，再竭力进行全面反攻问题。届时胜利在握，于心理上构成较有成功希望也。兄意如何？①

宋美龄向蒋介石建议，因罗斯福原有意放弃攻缅计划，加以全面反攻缅甸势必劳师动众，不如先以打通至腊戍为目标，等缅北底定再图收复仰光，可能较为实际。不过蒋介石仍坚持其主张，并于13日复电在纽约的宋美龄曰：

对西比利亚［西伯利亚］事究有与罗提及否？盼详告。对反攻缅甸事，在军事上非先占领仰光，决无克复腊戍与蛮德腊［曼德勒］之可能，如去年，徒然牺牲我军，不仅无益，而且真有灭亡之危险。此事关系太大，切不可谦让。故英、美如无意攻仰光，则我军决不能攻腊戍与缅北，此应坚决声明，不可留有回旋余地。余详文兄电中，万不可有所迁就，并望从速回国面商一切。在美不可再住，千万速归。②

由于有协防缅战被英军出卖的经验，蒋介石明白地告诉宋美龄，如果英、美无意发动全面反攻缅甸，不如不战。蒋介石担心

① 《革命文献——对美外交：宋美龄访美》，1943年5月11日，台北“国史馆”藏，《蒋中正“总统”文物》，入藏登录号：002000000391A，典藏号：002-020300-00037-093。

② 《蒋委员长自重庆致蒋夫人告以对反攻缅甸事之意见电》，载秦孝仪主编：《战时外交（一）》，第838页。

宋美龄对于缅战问题向罗斯福妥协，因此要宋美龄迅速离美返国。至于日军可能攻打西伯利亚的情报，宋美龄告诉了美方，美方也转达给是时在美的英国首相丘吉尔，但此一情资，负责在美交涉的宋子文却毫无所悉。宋子文于 13 日自华盛顿把与丘吉尔晤谈的情形，电告蒋介石曰：

> 午后见丘相，告以中国被困数年，尤其自缅甸沦陷后，完全被包围又已年余，国内情形更加危迫……又问西比［伯］利亚有何消息？文答最近未接消息，彼云霍布金斯接孔令侃长途电话，告以蒋委员长电蒋夫人转告总统，日敌即将进攻西比［伯］利亚云。文不觉奇窘，因此种重要消息毫无所闻也。[①]

宋子文对于是项情报的传递，经由外人之口而得知，颇不以为然。[②] 宋子文与丘吉尔晤谈，希望英方能支持反攻缅甸，但丘吉尔以尚待与美方军事人员相商，来回避宋子文的问题。

对于丘吉尔到美开会，宋美龄有意通过美方，促其同意反攻缅甸，宋美龄电告蒋介石曰："自演讲后，已造成于我有利之时机，昨托罗夫人转告罗总统，应尽全力实现预定计划，夺回缅并乘丘吉尔来美，促其履行诺言。"[③] 罗斯福夫人爱莲娜在探视宋美龄时，则把丘吉尔带领一百余位重要将领及随员到美的大阵仗，告诉了宋美龄，同时表示此次罗、丘两人谈话，"将为晤面以来最困难之一次"。宋

---

① 《盟军联合作战（三）》，1943 年 5 月 13 日，台北"国史馆"藏，《蒋中正"总统"文物》，入藏登录号：002000001193A，典藏号：002-080103-00058-006。

② 对于宋子文的抱怨，蒋介石特地致电宋美龄，告其"兄以此消息乃三妹此次到华府之电，而为北非战局未结束时之情报，想此电三妹返纽约后始接到，故未及面告吾兄婉覆"，以免误会。《蒋中正致宋美龄函（五）》，1943 年 5 月 15 日，台北"国史馆"藏，《蒋中正"总统"文物》，入藏登录号：002000000464A，典藏号：002-040100-00005-048。

③ 《事略稿本——民国三十二年五月》，1943 年 5 月 13 日，台北"国史馆"藏，《蒋中正"总统"文物》，入藏登录号：002000000656A，典藏号：002-060100-00176-013。

美龄再次向蒋介石说明，若能做到全面反攻缅甸自属上策，但现实上罗斯福原意为完全放弃反攻，甚至曾欲蒋介石“代其受辜，声称不攻仰光”，目前至少已争取到美方允诺保护新路线，“若此第一步先能做到，使其将领不再见敌生惧，然后再挺进取获仰光，则似较其垂手不动为强多矣”。宋美龄希望蒋介石能务实面对反攻缅甸的问题，并感叹：“哀我战线无捷音，助兄妹之运也！”①

蒋介石于5月14日电示宋美龄，“丘吉尔既到华府，如能与其见面，则于公私皆有益”②。次日，蒋介石则告诉宋美龄，不用再提日军攻打西伯利亚的情报，其电曰：“西伯利亚事究否通知罗总统，如未通知则时效已失，勿必再提。”宋美龄则电复：“西伯利亚事，经已亲函罗总统矣。”③ 蒋介石为了避免宋美龄和宋子文在美交涉形成双头马车，特别召见美国代办，希望相关会议能让两人共同参加，并电告宋美龄曰：

> 刻召见美国代办，面告转达其政府之言如下：此次丘吉尔首相在华府期间，凡于中国有关事项，或与太平洋有关问题，如有会议，请约蒋夫人与宋部长出席参加可也等语。此系正式通知，罗、丘必能重视，请准备一切为盼。④

由于日军攻打西伯利亚的情报，显与局势发展不符，蒋介石于5月16日电告宋美龄，指示如何回应对罗、丘的提问，其电曰：

---

① 《蒋夫人自纽约致蒋委员长告知丘吉尔首相抵美情形及对反攻缅甸事再陈意见电》，载秦孝仪主编：《战时外交（一）》，第838—839页。

② 《事略稿本——民国三十二年五月》，1943年5月14日，台北“国史馆”藏，《蒋中正“总统”文物》，入藏登录号：002000000656A，典藏号：002-060100-00176-014。

③ 《事略稿本——民国三十二年五月》，1943年5月15日，台北“国史馆”藏，《蒋中正“总统”文物》，入藏登录号：002000000656A，典藏号：002-060100-00176-015。

④ 《事略稿本——民国三十二年五月》，1943年5月15日，台北“国史馆”藏，《蒋中正“总统”文物》，入藏登录号：002000000656A，典藏号：002-060100-00176-015。

如晤罗、丘问及日攻西比［伯］利亚事，可直告其此为四月底之情报，而且确知日、德挟攻俄国日期为六月下旬开始，但现今情势变迁……如与文兄出席会议时，请预商文兄，应请其代表发言，而吾爱竭力协助之，如其言有遗漏之处，则再由吾爱代其补充说明之可也。①

为了避免宋美龄和宋子文在面对美、英会议时，出现态度不一的尴尬局面，蒋介石特地要宋美龄事先与宋子文商讨，并指示由宋子文代表发言，必要时再由宋美龄作补充。

对于罗、丘在美会谈，蒋介石非常期待宋美龄能够出席参与，一面营造同盟国团结的形象，一面期待能促使英、美遂行攻缅，其盼“罗、丘会谈，必使余妻能共同参加，则精神与事实以及外交之形势，方不致失败也”。由于反攻缅甸攸关中国对外联系命脉，而英、美如不动员相助，单以中国陆军实难以突围。蒋介石批评“罗之放弃攻占仰光主张，违反春季约言，殊出意料之外，可知此人在军事与战略，毫无定见，且无主义，完全为英人所愚弄，殊令人失望”。② 美方为了避免人员伤亡，并不愿意大规模投入缅战，英国的欧洲优先策略，更是对攻缅虚与委蛇。不过为了让中方固守防线，拖住大批日军，以减少美军在太平洋岛屿作战的伤亡，罗斯福仍对中方释出增加空运、补充战机的善意，让宋美龄和宋子文在交涉的过程仍有所收获。

---

① 《事略稿本——民国三十二年五月》，1943 年 5 月 16 日，台北“国史馆”藏，《蒋中正“总统”文物》，入藏登录号：002000000656A，典藏号：002-060100-00176-016。蒋介石于 18 日续电宋美龄：“昨电对于日寇进攻西比［伯］利亚理由，对罗丘似不必如此详细解说，更不必说明其进攻日期与日德夹攻之关系，只说来电甚简单，不知其详可。”《革命文献——对美外交：宋美龄访美》，1943 年 5 月 18 日，台北“国史馆”藏，《蒋中正“总统”文物》，入藏登录号：002000000391A，典藏号：002-020300-00037-105。

② 《事略稿本——民国三十二年五月》，1943 年 5 月 16 日上星期反省录，台北“国史馆”藏，《蒋中正“总统”文物》，入藏登录号：002000000656A，典藏号：002-060100-00176-016。

二、宋氏兄妹分头接洽

1943 年 5 月中旬，为了促请宋美龄与丘吉尔在美会面，宋子文于 16 日致电蒋介石，告知罗斯福已安排白宫餐会，将邀请宋、丘共同参加，宋子文在电函中表示："文因日内须参加各军事会议，不克亲往纽约面商三妹，已托少川及子安弟代为恳切劝告，并催促与丘相会晤，总统拟于下星期五，请三妹与丘相在白宫会餐。"[①] 宋子文请顾维钧和宋子安前往纽约，劝请宋美龄出席罗斯福的邀宴，但宋美龄于 17 日电告蒋介石，若"丘吉尔如来纽约，当约其见面"，"妹需休养已谢绝赴华府会，议事可由子文总办一切"。[②] 宋美龄认为，丘吉尔应展现君子风度，前往纽约拜会，故未承诺前往华府参加罗斯福举办的餐会。由于先前宋美龄有意接受罗斯福渐进攻缅的做法，蒋介石对此仍不放心，因此再次电告宋美龄曰：

> 如参加会议时，务与子文态度一致，如果有不利于中国之决议，则以暂时保留，待先请示政府再答，此时不能负责擅自允诺答之可也，并以此意转达子文为盼。[③]

蒋介石也把同样的意思电告宋子文，如宋美龄参加会谈，务求态度一致并请宋子文代表发言，电曰：

> 三妹如参加会议必与兄一致，并请兄代表发言，彼

---

① 《革命文献——对美外交：宋美龄访美》，1943 年 5 月 16 日，台北"国史馆"藏，《蒋中正"总统"文物》，入藏登录号：002000000391A，典藏号：002-020300-00037-102。

② 《事略稿本——民国三十二年五月》，1943 年 5 月 17 日，台北"国史馆"藏，《蒋中正"总统"文物》，入藏登录号：002000000656A，典藏号：002-060100-00176-017。

③ 《事略稿本——民国三十二年五月》，1943 年 5 月 17 日，台北"国史馆"藏，《蒋中正"总统"文物》，入藏登录号：002000000656A，典藏号：002-060100-00176-017。

乃从旁协助，请勿念。[①]

蒋介石不但希望宋子文和宋美龄对外口径一致，还希望通过宋美龄与罗、丘会晤，解决宋美龄访英的问题，然在宋美龄两度拒绝罗斯福的安排后，宋、丘会仍告未能成局，使东道主罗斯福颇为尴尬，英方对宋美龄的邀访也成为悬案，中、英高层间的直接联系渠道，终究未能趁机建立，许多原本具有争议的议题，在缺乏互信与沟通下，更是难以化解。

最后，由于宋美龄的坚持，中、美、英三方高层在美的会议，都由宋子文出面协商，但由于兄妹两人对部分问题处理的观点不同，宋美龄于 5 月 19 日致电给宋霭龄，抱怨宋子文不易共事，其电曰：

妹在此为国家已竭尽精力，但总感与子文极难共事。自妹在国会演讲后，美即将租借案中中国部分扩充，妹意应即利用时机将我租借数量改为百分数，当询子文何以不如此办理，据告我所要数量绝无问题，所虑者乃交通工具耳。但试问飞机抑租借物耶？如他种租借物增加，则飞机亦是内中之一项，子文之不愿一劳永逸者，或因自己零碎交涉，藉以显其成绩之故也。[②]

宋美龄接着指出，宋子文因瞒着毛邦初接洽空军事宜，使毛邦初不满并向宋美龄诉苦，表示宋子文不准其将任何事向宋美龄报告，且宋子文将各事委交外国人办理，与毛邦初又发生直接冲突。宋美龄还抱怨说："子文处处不做实际而做表面，尤其见外国

① 《革命文献——对美外交：宋美龄访美》，1943 年 5 月 18 日，台北"国史馆"藏，《蒋中正"总统"文物》，入藏登录号：002000000391A，典藏号：002－020300－00037－104。

② 《革命文献——对美外交：宋美龄访美》，1943 年 5 月 19 日，台北"国史馆"藏，《蒋中正"总统"文物》，入藏登录号：002000000391A，典藏号：002－020300－00037－106。

人即畏缩翼翼，应攻改守犹豫不定，妹因之真不能与其共事，子文既为外交部长，妹来美原无使命，于事听其接洽。”宋美龄还向宋霭龄抱怨蒋介石所发的删（十五日）电：“称卡港会议英美重新答应反攻缅甸，妹以前从无所闻，诸如此类何以能作任何谈判耶？”① 蒋介石与宋美龄原先通过多个渠道，建立与美方政军界的关系，宋美龄离渝时间日久，许多讯息并未完全掌握，而其在美和罗斯福交涉，必须考虑罗斯福当下的想法或是依临场气氛转变话题，宋美龄亲历第一线谈判，其所面临的情境，未必是身处后方，远在重庆的蒋介石所能理解。蒋介石夫妇两人对反攻缅甸的意见，存在着认知的差距，宋子文对于主要的谈判内容，则几乎事事向蒋介石请示或报告，因此其在美交涉，所反映的多是经过蒋介石认可的意见，因此蒋介石要其担任主谈代表，宋美龄遂有“听其接洽”的抱怨。

不过宋美龄抱怨归抱怨，当5月下旬听闻到战况不利消息，颇为焦急并电询：“闻我战况极坏，纽约报载兵变，妹对国事甚为焦急，拟即飞回，如何，盼复。”② 蒋介石接电后立即回复说：

> 近日战况确甚紧急，本星期内关系最大，所以致此之故，实由史迪华［威］催促我精兵抽调入滇准备攻缅，以致前方空虚为敌所乘。其实去年至今，自缅战至此次战争，皆为史所陷害也。纽约报载兵变之说，绝无其事，自信对战事最后仍有胜算，请勿过虑，一星期内胜负即可分明也。③

---

① 《革命文献——对美外交：宋美龄访美》，1943年5月19日，台北“国史馆”藏，《蒋中正“总统”文物》，入藏登录号：002000000391A，典藏号：002-020300-00037-106。

② 《革命文献——对美外交：宋美龄访美》，1943年5月25日，台北“国史馆”藏，《蒋中正“总统”文物》，入藏登录号：002000000391A，典藏号：002-020300-00037-109。

③ 《革命文献——对美外交：宋美龄访美》，1943年5月26日，台北“国史馆”藏，《蒋中正“总统”文物》，入藏登录号：002000000391A，典藏号：002-020300-00037-110。

蒋介石迅速向宋美龄澄清并无兵变的情形，虽战况紧急但仍有胜算，唯对史迪威屡要精兵攻缅，置中国其他战线于不顾，更是愤懑不已。[①] 蒋介石于5月底对于罗丘在华盛顿会谈的成果，作了一番省视，高度肯定宋美龄访美巡讲对于促进美国舆情支持中国，发挥了巨大的作用，蒋介石认为：

> 华盛顿罗丘会谈结果，对我中国战区之将来作战补助，比前或有进步，以美国之民心与舆论渐与吾人之战略主张接近，罗固不敢置之不理，而丘亦受相当之打击，然市侩与流氓之徒，自私失信为常事，是否能实践此约，今年能否打通滇缅路，犹在不可知之列，惟余所恃者为道与理，不患真理不能实现，盖人同此心，心同此理，美国民心所向，料其不能掩尽天下耳目耳，此乃余妻赴美最大之效用，比之任何租借案之获得为有益也。[②]

宋美龄原本对丘吉尔的印象即欠佳，赴美与罗斯福多次交涉，亦觉其圆滑老练，蒋介石对罗、丘两人更是以“市侩与流氓之徒”来形容。故当6月上旬，罗斯福邀约蒋介石参加领袖会议时，蒋介石自认为“余之参加不过为彼辈陪衬，最多获得有名无实四巨头之一之虚荣，于实际并无补益，故决婉词谢绝”[③]。虽然宋美龄在

---

① 蒋介石虽然要宋美龄无须过虑，但其在5月30日的反省录自记曰：“本周以军事外交经济社会情况渐恶，故日夜忧虑，而以将领疏懈，怯拙不求上进，最为悲愤”，对于“丘吉尔对华之轻侮与史迪威对余之诽谤，是于我个人或有益无损，所谓动心忍性是也”。《事略稿本——民国三十二年五月》，1943年5月30日，台北“国史馆”藏，《蒋中正“总统”文物》，入藏登录号：002000000656A，典藏号：002-060100-00176-030。

② 《事略稿本——民国三十二年五月》，1943年5月31日，台北“国史馆”藏，《蒋中正“总统”文物》，入藏登录号：002000000656A，典藏号：002-060100-00176-031。

③ 《事略稿本——民国三十二年六月》，1943年6月6日，台北“国史馆”藏，《蒋中正“总统”文物》，入藏登录号：002000000657A，典藏号：002-060100-00177-006。

美备受礼遇，获得广大民众的声援，罗斯福也支持中国列名四强，但蒋介石自知中国的实力，不愿贸然接受罗斯福召集领袖会议的邀请。

宋美龄于6月7日自纽约致电蒋介石，告诉其将赴加访问与应罗斯福之约，准备于6月下旬赴华府会晤。宋美龄表示，“兄如有最后意见，请思索，在十九日电告，俾届时提出与罗总统商洽”①。不过是时陈纳德自美返渝，带回宋美龄健康仍未恢复讯息，让蒋介石不胜忧虑，特致电慰问探询究竟。② 宋美龄接电后于12日复电称：

> 妹身体未复元，最近草拟演稿，稍觉疲倦，皮肤即发风疹块。而日夜忧思国事，晚间每多不能睡眠。反攻缅甸，妹再四思维，知阻挠甚多，即使英、美全部接受兄之意见，如届时不能履行约诺，仍属空言，无济于事。但知兄对此事至为关怀，故竭力推动，俾求逐步进行。妹认为美国人心理，倘我方有相当成绩表现，则届时美方必定乐于协同进行全部反攻计划也。③

宋美龄在美仍难得清闲，无论是和美方的交涉或是公开的演讲和发言，都是颇耗费精神之事，加上中国的军经情势沉重，对其健康也多少造成负面的影响。

由于6月中旬宋美龄将访问加拿大，蒋介石希望其于行前，能预先准备第三度造访白宫的交涉内容，以俾于和罗斯福会面时商讨，尤以对攻缅海军的部署，“应切实详询，如果攻缅海军以英国

---

① 《蒋夫人自纽约致蒋委员长告知赴加拿大及返美之日程电》，载秦孝仪主编：《战时外交（一）》，第843页。

② 《事略稿本——民国三十二年六月》，1943年6月8日，台北“国史馆”藏，《蒋中正“总统”文物》，入藏登录号：002000000657A，典藏号：002-060100-00177-008。

③ 《革命文献——对美外交：宋美龄访美》，1943年6月12日，台北“国史馆”藏，《蒋中正“总统”文物》，入藏登录号：002000000391A，典藏号：002-020300-20037-120。

为主力，则恐其届时不能履行计划，甚为可虑，仍望美国能派有力海军，能自主发动攻势也”。[①]

6月11日，宋美龄电告蒋介石，在经罗斯福亲自督促后，第一批美机已准备交运，唯美方认为中国和印度的飞机场过于狭小，且防护不全，因此请蒋介石向英印空军交涉，预先加长飞机跑道，以免美方借口不进行交运。其次，宋美龄透露美国派员赴华事，已在讨论中，而参议员肯尼迪在国会中正式提案，拟修正对华移民律，对中国国际地位极有影响，宋美龄认为此议案如通过，对中国人民在心理和实质的影响，都可能较租借法案更为远大。[②]

对于宋美龄在美访问的成果，蒋介石于日记中表示，“妻在美国七月之久，于我国之地位与中美之邦交，实有不可想象之收获也”[③]。宋美龄在美加访问的行程，随着即将访问加拿大和准备第三度访问白宫，而逐渐进入尾声。宋美龄在先前的巡回演讲过程中，多次肯定美国自由民主的价值，是时美国国会议员倡议修改华人移民律，正是对宋美龄呼吁捍卫普世价值的最佳响应，让华人的地位得以获得平等的对待，也让世人更加肯定中国坚持抗战的价值。

第三节 婉拒访英与受邀访加

在太平洋战争爆发后，烽火波及英、美在亚太的利益，使同盟国阵线日形确立，但由于彼此的利害不一，在合作的基调下，却屡传摩擦，尤以中英双方间，始终存在着歧见。宋美龄和蒋介石原本对英印象即欠佳，尤以缅战失利、马来半岛与新加坡速陷

---

① 《革命文献——对美外交：宋美龄访美》，1943年6月9日，台北“国史馆”藏，《蒋中正“总统”文物》，入藏登录号：002000000391A，典藏号：002-020300-00037-118。

② 《革命文献——对美外交：宋美龄访美》，1943年6月11日，台北“国史馆”藏，《蒋中正“总统”文物》，入藏登录号：002000000391A，典藏号：002-020300-00037-119。

③ 《蒋介石日记》（手稿本），1943年6月30日本月反省录。

于日军之手，让中方对英方只求自保，不顾入缅援军安危，而深表疑虑。①

宋美龄对英方的不满，还经常来自英国首相丘吉尔的演说。丘吉尔多次在国际性的播讲或演说中，常以欧美为重，忽略中国对战局的贡献。宋美龄为此曾撰写《如是我观》等文章，公开批评，而蒋介石亦感觉英方“备加侮蔑”，在日记中批评丘吉尔以怨报德，“形同狡狯之流”。在与英国驻华大使卡尔交手的印象也不好，认为“英人之自私极矣”，并把“远征军被困于缅印之间，损失良将，坠灭威望”，视为年度之耻。② 到了1943年底，蒋介石在反省外交工作时，认为“自妻在美国两院演讲各地宣传以后，国家地位与外交形势，为之大变，而英国嫉忌阴谋破坏，亦无所不用其极，直至本年十月间，莫斯科四国宣言发表以前，英与俄对我侮蔑奚落，几难忍受，卒至最后四国宣言与开罗公报发表以后，外交上二十年来之奋斗，方收功效”③。整体而言，英国在第二次世界大战期间对华的外交政策，经常以自身的利益为出发点，对华援助多口惠实不至，让蒋介石夫妇在与英方交手时，不得不审慎以对。

然而尽管英方对中国外交多出于现实，但中方急需外援，期

---

① 对于英国在东南亚溃败，蒋介石不禁惊叹：“呜呼！英人之怯弱无能，于此可见”，并以“英在南洋失败，不若如此之大且速，彼尚不知倭寇之凶顽，与我国之坚强耳”。面对缅战失利，蒋介石慨言：“朝夕不能安者几一月矣，初未料失败如此之速也，以后对于军事，力求自全，决不能以友邦关系，改变既定之方针耳。”《事略稿本——民国三十一年二月》，1942年2月28日本月反省录，台北“国史馆”藏，《蒋中正“总统”文物》，入藏登录号：002000000641A，典藏号：002-060100-00161-028。

② 1942年5月中旬，蒋介石批评丘吉尔论及“战局独重俄国，兼及美国，而于我国之抗战，则只字未提。际此缅战初败，我军被欺受诈，为其牺牲，今尚在缅被围，未脱险境，彼不仅不加救援，而对我援缅之贡献，竟未言及，此种恶劣之态度，既背乎情，又乖于理，诚可憎之至矣。古人所谓吃一堑，长一智，今更觉英人之狡狯，而不可与共事也”。《事略稿本——民国三十一年十二月》，1942年12月31日，台北“国史馆”藏，《蒋中正“总统”文物》，入藏登录号：002000000651A，典藏号：002-060100-00171-031。

③ 《事略稿本——民国三十二年十二月》，1943年12月31日，台北“国史馆”藏，《蒋中正“总统”文物》，入藏登录号：002000000663A，典藏号：002-060100-00183-031。

待加强与同盟国之间的联系，以及凸显中国对国际战局的重要性，而英方也试图拉拢中方。当宋美龄在 1942 年赴美访问之初，英方即通过驻华大使薛穆向蒋介石转达外相艾登对宋美龄访英的邀函。

一、酝酿宋美龄访英

随着宋美龄接受美国罗斯福总统的邀访，中国驻英大使顾维钧趁返回重庆之便，一方面协助英国国会访华团的参访，一方面则把英方友人的期待，告诉宋美龄，并探询她访英的意愿。

1942 年 11 月初，宋美龄即将赴美就医，蒋介石不胜忧惜，有感而曰："不知此生尚能有几年同住耶，惟默祷上帝佑护而已。"[①] 蒋介石在 11 月 3 日下午会客，宋美龄则邀请返渝述职的驻英大使顾维钧共进茶点，商讨接待英国国会议员访华团事宜。顾维钧一开始就告诉宋美龄："英国人民对委员长和她本人十分钦佩，他们希望邀请她作为政府的贵宾前往英国访问。"同时"英国王后对她的工作很感兴趣，好几位著名的英国女士也建议邀请蒋夫人去英国访问。"但宋美龄坦率地向顾维钧表示："她认为她个人出访英国不会成功。因为她会向白厅官员坦率地陈述自己的观点，而这样做将无助于她的访问。她希望还是由外交家施用外交手腕去解决这些问题为好。"宋美龄担心英国王后和丘吉尔不理解她的观点，亦对英国和中国打交道的态度颇不以为然，她激动地表示，"英国应该认识到中国已经不是昨天的中国，英国不应该再以旧日那种家长式的、傲慢的态度对待中国"。[②] 种种的顾虑让宋美龄在访英的议题上，并没有抱持积极的态度。

不过为了促进中英关系，几日后，蒋介石和宋美龄伉俪在重庆隆重地接待英国国会访华团成员，希望"中英不仅为求争胜利而努力，更为建立新世界而提携共进"，在周末下午，更邀请英国

---

① 《事略稿本——民国三十一年十一月》，1942 年 11 月 2 日，台北"国史馆"藏，《蒋中正"总统"文物》，入藏登录号：002000000650A，典藏号：002-060100-00170-002。

② 宋美龄认为在中英两国关系问题上，"英国人基本上没有给予中国援助，连一架飞机都没有给过"。顾维钧：《顾维钧回忆录》第 5 分册，第 108 页。

驻华大使薛穆、访华团团员和顾维钧等赴黄山官邸度假，并分别安排茶会和晚宴，宋美龄“以妩媚而庄重的风度和安详自如的举止主持了这个宴会。委员长也十分殷勤，他一直照顾着客人，并不断掉转头来让侍者为客人续酒……蒋夫人以娴雅妩媚的举止招待了代表团的成员，整个晚上大家都感到轻松愉快”。众人在云岫楼直至夜间10时后，始尽兴而散。① 宋美龄热烈地招呼自英国的客人后，随即准备赴美，英国访华团成员则继续至各地参访。

薛穆在获悉宋美龄离华访美的讯息后，密向英国政府作了汇报，并于11月28日致函蒋介石，转达英国官方对宋美龄的邀访，薛穆在信中提道：“兹承艾登先生之嘱，谨代表英国政府，极诚邀请尊夫人于自美返华途中，顺道访英。”薛穆诚挚地期望，“尊夫人或可能接受此项邀请，由此，英国人民得热烈亲表欢迎，盖彼等已熟闻夫人之名，且尊夫人表现中国之勇敢精神，若是其伟大也”。蒋介石很快地在12月初请幕僚回复薛穆大使，感谢英国的邀约，表示“对此友好之邀请，深为欣感”，并请薛穆向外相艾登代致谢忱，“并谓蒋夫人此次赴美固为就医，如将来情形许可，当必欣然应此亲善之约，前往英国一行”。② 由于宋美龄甫至美国就医，疗效尚未明朗，蒋介石只礼貌性地答谢英方的邀访。

1942年12月13日中午，蒋介石为了了解英国访华团的观感，特别指派参谋皮宗敢上校接待顾维钧到黄山官邸晤谈。顾维钧表示英国议员对华印象大体尚佳③，并指出“英国报纸报导说蒋夫人

① 蒋介石认为，“该团来意，全为联络两国感情，以补救其政府过去对华之不良态度而已，彼以避免谈政治具体问题，尤以印度问题为然，故余亦不愿多谈”。更在本星期反省录中乐观地判断：“英议员此次来访，丘吉尔等重视我国在东方将来之地位，则可断言，从此，我国对英，当可放宽一步矣。”《事略稿本——民国三十一年十一月》，1942年11月11、14日，台北“国史馆”藏，《蒋中正“总统”文物》，入藏登录号：002000000650A，典藏号：002-060100-00170-011、014；顾维钧：《顾维钧回忆录》第5分册，第127页。

② 《名人书翰（二）》，1942年11月28日、12月2日，台北“国史馆”藏，《蒋中正“总统”文物》，入藏登录号：002000001373A，典藏号：002-080114-00020-016。

③ 《事略稿本——民国三十一年十二月》，1942年12月13日，台北“国史馆”藏，《蒋中正“总统”文物》，入藏登录号：002000000651A，典藏号：002-060100-00170-013。

有可能访问英国”，其一面向蒋介石求证，一面表示“如果这一消息属实的话，我愿意及早回到伦敦为她的访问做必要的准备”。蒋介石回答说，“英国大使送来艾登的电报，邀请蒋夫人访问英国”。同时，“如果蒋夫人认为可以再从美国归国途中，以个人名义在英国访问几天的话，他便赞同这一想法”。[①] 午餐休息后，蒋介石与顾维钧、皮宗敢及蒋纬国前往汪山散步、喝茶，蒋介石向顾维钧提到丘吉尔在8月份来了一封无礼的信函，让其“不屑答复”，两人又对中英关系做了广泛的讨论，直到晚间10时才结束。[②]

顾维钧于12月17日出席孔祥熙夫妇的晚宴，一方面与之交换彼此对英国的看法，另一方面则还是关心着宋美龄是否能出访英国，与会者多同意，“英国虽然过去是侵略中国的魁首，但是在战后的世界中仍将是一个重要因素。因此，我们必须妥善相待，而不应幼稚地感情用事”。孔祥熙夫妇认为“合作是可取的，但是怀疑英国结盟是否可取或适宜”，并告诉顾维钧，“罗斯福夫人命令卫兵在纽约保卫蒋夫人”的特殊关照，且宋美龄“讲话或许过于直率”，让顾维钧感到，“蒋夫人可能不去英国了”。[③]

英国为了邀请宋美龄到访，克利浦斯于12月21日致蒋介石书，克利浦斯表示：

> 吾人切盼阁下能允任尊夫人于其健康状况可以离美时，即来英访问。若此事不能实现，则中国暨阁下与夫人之诚挚友人，全体将感极端失望。余确知其访问对于贵我两国间之邦交将有最大贡献，而尤以此时为甚。余至希阁下劝伊光临吾国。[④]

---

① 顾维钧：《顾维钧回忆录》第5分册，第153页。

② 顾维钧次日（12月14日）用过早餐后，才陪蒋介石同车回渝官邸。《事略稿本——民国三十一年十二月》，1942年12月13日，台北“国史馆”藏，《蒋中正“总统”文物》，入藏登录号：002000000651A，典藏号：002-060100-000170-013。

③ 顾维钧：《顾维钧回忆录》第5分册，第162页。

④ 《名人书翰（二）》，1942年12月21日，台北“国史馆”藏，《蒋中正“总统”文物》，入藏登录号：002000001373A，典藏号：002-080114-00020-016。

克利浦斯希望蒋介石能劝宋美龄访英，促进同盟国团结形象，以强化宣传，提振士气，蒋介石还是未直接回复，而在函件上批示："此英文原电转夫人，并问其愿否访英？详覆为盼。"① 对于宋美龄是否愿意访英，蒋介石自始即尊重宋美龄的个人意愿，而未强加要求。

由于宋美龄平日即与克利浦斯夫妇有所书信联络，对于其邀约不得不慎重考虑，故在看完蒋介石转来的信函后，反过来向蒋介石询问："克利浦斯电请妹赴英一行事，兄意如何？"② 而此时除了来自英国的邀访外，加拿大亦向宋美龄提出邀请，蒋介石在1943 年 1 月初电询尚在纽约疗养的宋美龄曰："加拿大总理夫人邀吾爱赴加游历作上宾，如果允可，则彼将正式邀请。加外交关系重要，应允其所请，如何？盼复。"③ 相较于对英国邀约的未置可否，蒋介石倒是很希望宋美龄能到加拿大一行，拉拢中加双边的关系。

二、战略与战后利益的摩擦

太平洋战争爆发后，罗斯福函请蒋介石出任中国战区最高统帅，支持中国成为四强，但许多重要的会议却仍置中国于圈外，更为了避免美军的伤亡，鼓吹中国派军援缅，以牵制南洋的日军。英方则不愿在欧亚两边同时大动干戈，倡导"先欧后亚"战略，对中方恢复滇缅运补线的反攻计划，多持敷衍；对于暂时失去的殖民地，战后如何处置则毫不松口。

宋美龄在陆续接获英、加的邀约，并准备筹划造访白宫之

---

① 蒋介石将克利浦斯的电函转致宋美龄，并请宋美龄"考虑决定后电复"。《名人书翰（二）》，1942 年 12 月 21 日，台北"国史馆"藏，《蒋中正"总统"文物》，入藏登录号：002000001373A，典藏号：002-080114-00020-016。

② 《革命文献——对美外交：宋美龄访美》，1943 年 1 月 2 日，台北"国史馆"藏，《蒋中正"总统"文物》，入藏登录号：002000000391A，典藏号：002-020300-00037-022。

③ 《革命文献——对美外交：宋美龄访美》，1943 年 1 月 2 日，台北"国史馆"藏，《蒋中正"总统"文物》，入藏登录号：002000000391A，典藏号：002-020300-00037-023。

际，获知丘吉尔也将到美，特地致函给蒋介石，请其“将英近日对我交换文件完全详告，以筹对策”①。1943 年 1 月 11 日，中美、中英订定平等新约，蒋介石回电给宋美龄：“确息丘吉尔约一星期内到美，如有人来探询中英同盟事，仍应照原定方针，要求美国共同参加为辞可也。”② 英国与中国之间，虽因太平洋战争而形成同一阵线，但蒋介石和宋美龄对英方的作为，仍存有很深的疑虑，故当获悉英国首相丘吉尔欲到美造访时，一方面期待能与之建立稳固的同盟关系，但另一方面又担心被其矮化，甚或被其所利用，因此希望能拉拢美国，通过美方的援助，建构平等的同盟关系。

不过中英此种竞合的矛盾关系，随着彼此在美寻求支持的工作逐步展开，宋美龄很快感受到英方的优势，遂决定先声夺人，打算抢先一步到白宫做客，并在 1943 年 1 月 18 日通过大姐宋霭龄转译信函给蒋介石，信中指出：

> 近来妹所得报告，均争论英方到处运用，加紧对我不利之宣传，总意不外离间中、美友谊，并主张不供给我反攻武器。又经兄告丘吉尔将来此，故妹准备其未到美前，应罗氏夫妇之请，到其私人住宅 HYDE PARK（哈德公园）少作逗遛，使丘吉尔想罗氏夫妇之请，并非完全循例于国际间之不得已之惯例立场也。如是丘吉尔亦聪明人，当不至茅塞，过份自讨没趣也，妹准如此作去，

① 《革命文献——对美外交：宋美龄访美》，1943 年 1 月 4 日，台北“国史馆”藏，《蒋中正“总统”文物》，入藏登录号：002000000391A，典藏号：002-020300-00037-024。

② 宋美龄为因应丘吉尔的访美，连电蒋介石商议对策，蒋介石自记：“接夫人三电，知英首相丘吉尔由于罗总统电邀，将于近期内赴美，罗氏其将为余妻介绍，与之联系中英感情，或即商谈太平洋与东南亚战后问题，应切实研究应付方案。”《对美关系（三）》，1943 年 1 月 11 日，台北“国史馆”藏，《蒋中正“总统”文物》，入藏登录号：002000002093A，典藏号：002-090103-00004-196。

既不显明又极机巧，兄意如何？①

罗斯福与丘吉尔最后是在北非摩洛哥的卡萨布兰卡展开会谈，美、英两国对反攻缅甸的部署，进行了广泛的交涉，美方为牵制日军，以继续配合“先欧后亚”战略，换得英方含糊承诺支持在缅甸的作战计划。② 而中国未获邀出席卡港会议，让蒋介石和宋美龄深感未被尊重。

宋美龄在 1 月 26 日从纽约向蒋介石电询：“罗、丘在北非会谈，已将一九四三年之战略完全决定，美政府公报谓兄随时得悉会议演进情形，此讯确否？”并向蒋介石建议，“美舆论界以兄未被邀出席，对其政府表示不满，我似可利用时机有所表示，或可促使美当局改采积极助我之政策，请兄考虑后立取对策，并即电知以响应”，宋美龄对于中国未被邀请，颇为不满。③

蒋介石于 29 日回电要宋美龄不要把出席会议一事看得太重，蒋介石认为，“罗、丘北非会议是欧战会议，可说与远东战局无关，此不足为异”，但“其对华方式太坏。兄接彼等之电为二十七日下午，而其会议结果之消息乃在是日晨，已广播公布，何得谓之对兄已随时通报，吾亦并不以接其通报为荣”。蒋介石要宋美龄冷静看待美、英后续如何处理卡港会议的决议，不要对盟国有情

① 《革命文献——对美外交：宋美龄访美》，1943 年 1 月 18 日，台北“国史馆”藏，《蒋中正“总统”文物》，入藏登录号：002000000391A，典藏号：002-020300-00037-030。另宋美龄到美后，曾向蒋介石提道，“英方在美直属其大使馆之人员负连络宣传工作者，为数达三千余人，其他工作人员无统计”，明确表达中国在美文宣工作，远不如英方。《事略稿本——民国三十一年十二月》，1942 年 12 月 12 日，台北“国史馆”藏，《蒋中正“总统”文物》，入藏登录号：002000000651A，典藏号：002-060100-00171-012。

② 过去曾有部分论著，以卡港会议决议将反攻缅甸的攻势，拖延到 1943 年 11 月雨季后才实施，是同盟国在敷衍中国。但齐锡生的研究指出，美军领袖“在卡萨布兰卡的英美参谋首长联席会会议中，多次强调缅甸战争和太平洋战事之间的相关性”。并且“用最强硬的语气通知英国军方，为什么必须开展第二次缅甸战役”。参见齐锡生：《剑拔弩张的盟友——太平洋战争期间的中美军事合作关系（1941—1945）》，第 284—286 页。

③ 《事略稿本——民国三十二年一月》，1943 年 1 月 26 日，台北“国史馆”藏，《蒋中正“总统”文物》，入藏登录号：002000000652A，典藏号：002-060100-00172-026。

绪性的反应。他还认为，“此会美国又中英国之计，但我方应以冷静处之，暂观其后，切勿对美政府有所批评”，同时秉持“吾人本无所望，亦无所求，一切当以冷峻处之”的原则，持平应对。①

除了卡港会议让中方仍有置身盟国局外之感，英印政府与甘地之间的对立，也让中英关系更为不洽，蒋介石在2月23日电告宋美龄，要其与罗斯福面商，设法劝英释放绝食中的甘地，但罗斯福一向对英印问题不直接表态，避免造成英国的困扰。而就在此时，英王与英王后令英国驻美大使哈立法克斯，代表其向宋美龄商请赴英访问之意，宋美龄遂密电蒋介石，询问其意见：

> 哈立法克斯昨日来见时，称英皇与英后极愿妹赴英一行，令其代表前来商请，兄意如何，盼先电覆，但届时尚须视妹之精神体力能否胜任再为决定。因妹自到华盛顿后，日夜无暇，已感疲惫万分也。②

英国外相艾登亦于24日在伦敦答复议员询问时指出，“去年年底，吾人即已邀请蒋夫人来英”，“余深信当时其健康上不允许作确定之计划，然目前彼已完全康复，余有若干理由，可以相信，且有一切理由，可以希望此一高贵之夫人能在返华前来访吾国”。③蒋介石获悉英皇正式邀请宋美龄访英后，原本为间接声援印度甘地绝食，不拟立即应允，其自记曰：“英王、与其后，正式令其驻美大使，邀请吾妻访英，此事且待甘地绝食满期无恙或释放时，

---

① 对于美方通过公报，向各界表示随时告知中方有关卡港会议的讯息，蒋介石表示，“此时我国只求于实际无损，战后能恢复台湾、东三省与外蒙，则其他外来虚荣皆可不以为意也”。在1943年1月的本月反省录中，蒋介石认为：“罗、丘北非会议专为欧局，而与远东无关。其事后联名来电通报，表示增加援助，但其无诚无信，更可见矣！”《蒋介石日记》（手稿本），1943年1月29、31日本月反省录。

② 《革命文献——对美外交：宋美龄访美》，1943年2月23、24日，台北“国史馆”藏，《蒋中正“总统”文物》，入藏登录号：002000000391A，典藏号：002-020300-00037-061、064。

③ 《蒋夫人出席白宫记者会》，《中央日报扫荡报》（重庆）1943年2月25日。

再作答复可也。”① 但在27日复电宋美龄时，则希望其应允访英，电文曰：“英王、英后既来正式邀请，如再拒绝，将甚失礼，应即允访英，并仍正式托哈立法克斯转报为宜。”②

英王和王后邀请宋美龄的消息，很快在重庆的高层间传开来，顾维钧为了促使宋美龄能同意访英之行，利用在渝停留时间，征询和沟通政界对此事的看法，并准备取道美国返回伦敦。顾维钧在拜访宋霭龄时得悉，英方已准备高规格接待宋美龄的到访，宋霭龄谈及，“事实上邀请蒋夫人不仅访英，而且在白金汉宫下榻”，其又认为，“为了尽可能使双方对这次访问都感到愉快，最好先解决一两个悬而未决的问题。这将表明英方的友好，并消除由于委员长夫妇访问印度时受到异常而颇为离奇的接待所引起的不满情绪”。③ 宋霭龄透露蒋介石夫妇在访缅印时，未获满意接待的心结，顾维钧认为这可能是阻碍宋美龄接受英国邀请的原因之一。

顾维钧在1943年3月8日上午向英使薛穆辞行时，薛穆“再度提起蒋夫人访英问题。他说，他盼望实现这次访英，因为他觉得，如不能实现，英国政府和人民一定会大失所望”。顾维钧接着与孔祥熙夫妇晤谈，发现美方似乎不是很支持宋美龄在此际访英，孔祥熙向顾维钧透露说：“罗斯福总统曾劝蒋夫人不要访英，因为他认为那不会取得成果。”但顾维钧表示，“邀请是以国王和王后的名义发出的，所以最好不要拒绝”。孔祥熙认为，“罗斯福的劝告很可能是在邀请发出之前提出的”，“罗斯福可能对蒋夫人访美成功十分得意，并认为她访英不会取得同样成功”。顾维钧则推测罗斯福可能是“想让英国记住，在有关中国的问题上，美国总能够施加有利的影响，让中国同它一致起来”，加上“他同丘吉尔磋

① 黄自进、潘光哲编：《蒋中正“总统”五记：爱记》，第278—279页。

② 《革命文献——对美外交：宋美龄访美》，1943年2月27日，台北“国史馆”藏，《蒋中正“总统”文物》，入藏登录号：002000000391A，典藏号：002-020300-00037-065。

③ 顾维钧：《顾维钧回忆录》第5分册，第234—235页。

商几个处置战后亚洲殖民地问题的时候，发现很难同英国政府达成协议”，所以才会向宋美龄建议不要在是时访英。[①] 宋霭龄则认为，宋美龄“有可能进行一两天的短暂访问。由于重庆有许多事情需要她处理，所以她必须尽快回国”。宋霭龄的回答使顾维钧感到，“他们一直在反复思考这个访问问题。孔夫人的话似乎与委员长的话一致，就是说，一切将由蒋夫人自己决定”。[②] 这让顾维钧更急于赴美，以直接与宋美龄讨论访英的问题。

由于宋美龄访英一事迟迟未定，如何让中英通过高层互动强化同盟关系，一直是双方外交界所关注的事情。1943 年 3 月上旬，宋子文自美国向重庆传回英国外相艾登日内访美的消息，并询问蒋介石有无指示。[③] 宋子文在与罗斯福会晤时，罗斯福透露艾登即将到访，认为宋子文应把握机会，因“丘相不能脱离十九世纪思想，与艾登可坦白交换重建新世界意见”，希望中方在美能与艾登讨论“中英间问题，拟提议交还香港”。罗斯福并表示在日前已把相关想法告知宋美龄，以一致对英，罗斯福的拟议是：

> 一面英自动交还香港，一面中国自动划香港九龙一部或内部为自由港区，在该区内不征收捐税。英经营香港百年，宣布为自由港，可保全英侨民一部分权利，此亦中国为建议［设］新世界之贡献。[④]

宋子文亦说明与英方接洽的情形：

> （一）卡尔大使在渝曾有表示，英愿放弃香港，顾大

---

① 顾维钧：《顾维钧回忆录》第 5 分册，第 238—240 页。

② 顾维钧：《顾维钧回忆录》第 5 分册，第 243—244 页。

③ 《革命文献——对英外交：一般交涉（二）》，1943 年 3 月 10 日，台北“国史馆”藏，《蒋中正“总统”文物》，入藏登录号：002000000394A，典藏号：002-020300-00040-031。

④ 《革命文献——对英外交：一般交涉（二）》，1943 年 3 月 13 日，台北“国史馆”藏，《蒋中正“总统”文物》，入藏登录号：002000000394A，典藏号 002-020300-00040-032。

> 使在英亦获得英方此种同样感想。（二）此次洽商废除不平等条约时，英方则表示愿在战后再商交还九龙问题。（三）战后香港军事重要性，已不存在，至经济地位，如中国严格以外国属地视之，香港必行破产。①

对于罗斯福提出将香港划为自由港区的建议，宋子文请蒋介石有所裁示，而未直接答复。罗斯福同时对于宋美龄的访问行程，表示简化的意见，其认为“蒋夫人此次莅美，予美国人以深切之好感，最好不再劳动，以免阻碍病体复元，经与罗夫人意见，蒋夫人疲劳已甚，不必赴美西部，加拿大之行亦可作罢”。宋子文则答称，宋美龄“此行本专为治病，蒙总统及夫人并朝野人士盛情，款待周挚，我辈非常感谢，又荷如此亲切关照，更深纫感，自当转达”，并将相关谈话内容迅速转达给蒋介石和宋美龄。②

为了让宋美龄在美能与艾登会晤，蒋介石在3月14日致电给宋美龄，对于英方可能的做法，进行指示。蒋介石希望：

> 艾登来访时，必邀请吾爱游英，应即面允，并作已允英国之请，决定访英之声明为宜，如其谈及中英两国外交问题，仍照在国时所定政策与态度处之。顾大使约哿日可到美国，兄亦已详示方针，请与面商。③

---

① 《革命文献——对英外交：一般交涉（二）》，1943年3月13日，台北“国史馆”藏，《蒋中正“总统”文物》，入藏登录号：002000000394A，典藏号：002-020300-00040-032。

② 《革命文献——对英外交：一般交涉（二）》，1943年3月13日，台北“国史馆”藏，《蒋中正“总统”文物》，入藏登录号：002000000394A，典藏号：002-020300-00040-032。

③ 《革命文献——对美外交：宋美龄访美》，1943年3月14日，台北“国史馆”藏，《蒋中正“总统”文物》，入藏登录号：002000000391A，典藏号：002-020300-00037-076。

蒋介石同时给宋子文和宋美龄指示：

> 艾登来美如其提及中英外交进一步关系时，仍应照在国时所定之态度与方针进行，并可便询其中英美三国有否共同同盟可能，与可否协同进行之意。此时或一良机，否则以中英美俄四国另订一同盟条约之议提商亦可，如此则美国各党或易赞同，若将俄国除外则于国际形势与美国各党政策皆多不便，盖此时美国惟一目的为使俄国就范，如果在此时邀俄参加，则俄亦不能拒绝，而美将使俄就范，亦惟有此举且必于此时行之，此意不妨非正式或间接向英美探询之。何如？[①]

对于罗斯福向宋美龄和宋子文提出有关战后香港问题的处置建议，由于在交涉平等新约时，英方有意模糊处理香港的问题，回避中方在战后接收香港的要求。重庆方面认为，罗斯福此议，或可趁机解决收回香港的悬案，蒋介石从贵阳电告王宠惠将该案提交国防最高委员会审议，又让陈布雷先转知孔祥熙及何应钦等人，并电告宋子文："香港如英国交还我国后，我国可自动声明，以香港（或连旧九龙租界地在内）为自由港，当不反对，但不能作为交还香港之条件，必须由我方以自动方式出之为要，惟此必须国防会议通过，兹已转该会提出讨论，待公决后当再电达。"[②] 在蒋介石的授意下，战后香港在英方交还后划为自由港的提案，很快顺利通过，并迅速通知在美代表，作为谈判的依据。[③] 但因艾登行程匆

---

① 《革命文献——对英外交：一般交涉（二）》，1943 年 3 月 13 日，台北"国史馆"藏，《蒋中正"总统"文物》，入藏登录号：002000000394A，典藏号：002-020300-00040-032。

② 《革命文献——对英外交：一般交涉（二）》，1943 年 3 月 18 日，台北"国史馆"藏，《蒋中正"总统"文物》，入藏登录号：002000000394A，典藏号：002-020300-00040-034、035。

③ 《革命文献——对英外交：一般交涉（二）》，1943 年 3 月 19、24—25 日，台北"国史馆"藏，《蒋中正"总统"文物》，入藏登录号：002000000394A，典藏号：002-020300-00040-036、038。

促，与宋美龄相错而过，失去一次沟通战后香港问题的机会。

三、面子与友谊的矛盾

宋美龄对于英方的邀访，一面想促进双边的关系，另一方面却对英方的安排仍存疑虑，包括访印期间的接待方式，丘吉尔的公开发言经常漠视中国，均使得宋美龄在安排访英的过程中，执着于接待细节，并迟疑不决。在顾维钧的力促下，宋美龄于 1943 年 4 月间曾一度同意访英，然罗斯福的意见和中英接连的龃龉，终致未能成行。

3 月中旬，英国下议院有人询问英首相丘吉尔，“如宋美龄因健康因素，未能渡大西洋前，渠二姊中之一，能否先邀其来英”。丘吉尔谓“目前无其他新闻可资奉告”，并坚定地表示：“吾已明白表示，吾人欢迎蒋夫人莅此，超过任何他人。”[①] 3 月 21 日，宋美龄在芝加哥的记者会表示：“如健康所许或将赴英苏一行”，目前虽“无会晤艾登之计划，但如于旅次巧遇则乐与艾登一晤”。[②]蒋介石则希望宋美龄仍须立即赴英，更应访加拿大。[③] 3 月下旬，伦敦举行“中国日”活动，英方有意营造对华善意，但丘吉尔于 21 日播讲谈论战后问题，甚少提及中国对盟军的贡献，引起中方高度的不满。宋子文在 3 月 24 日于华盛顿告诉顾维钧，“如果他处于蒋夫人的地位，他就不去，丘吉尔的那篇讲话使访问显得更为不妥。他说这样做就像中国挨了一记耳光还赔笑脸。看来我们将受到一个被英国挽救的流亡政府的待遇”，但宋子文又从另一个角度思考说，“说不定正是为了这篇演说，蒋夫人更应该走一趟”，“他刚给蒋夫人写了一封长信，说明他自己的看法，但是访问与否请她自己决定”。顾维钧力图使宋子文“认识到保持英国对华友谊的重要性”，并表示“英国如此费力邀请她，她若拒绝，可能影响

---

① 《蒋夫人莅美后美踊跃捐款助华》，《中央日报扫荡报》（重庆）1943 年 3 月 18 日。

② 《蒋夫人招待记者谈话》，《中央日报扫荡报》（重庆）1943 年 3 月 22 日。

③ 《蒋介石日记》（手稿本），1943 年 3 月 21 日。

到中英关系，那将是最为令人惋惜的事”。[1] 次日，顾维钧飞往旧金山，以便和巡回演讲中的宋美龄会晤。

宋美龄向顾维钧表示对丘吉尔演说的反感和访英的顾虑，宋美龄认为，“丘吉尔发表的演说‘约翰牛’味道太浓，而且和美国友好慷慨的支持对比，英国的帮助微不足道”，同时对访英行程也有些顾虑，包括“到英国将受到什么规格的接待呢？会不会有伤害印度感情的危险呢”？[2] 宋美龄认为，她“在美国各处，受到空前热烈的欢迎，尤其是罗斯福总统无微不至的关切照应，使她深受感动……她说，如果英国的款待不一样，那可不行”。此外“罗斯福总统曾向她示意，去英国一行不会有什么收获，因此可以不去”。顾维钧赶紧向宋美龄保证，“英国也将同样热诚隆重地欢迎她。英国人民比英国政府更热情地希望她去。倘不接受邀请，他们会感到非常失望，也许会伤害他们的感情”。一番细谈后，宋美龄表示，“只要对国家有利，即或华盛顿不完全赞成，她也要去”，并答应仔细考虑之后和顾维钧再作研究。[3] 不过早在宋美龄和顾维钧切谈之前，宋美龄电告宋霭龄和蒋介石，恐身体不堪负荷而欲婉辞访英，电文曰：

> 妹近来精神疲劳不堪，医生原不准妹再赴各地演讲，但妹为国家利益关系，仍拟照原定计划赴芝加哥及美国西部，至英皇、英后邀请妹赴英之议，诚恐身体不堪负担，决婉言辞谢。[4]

对于宋美龄无意访英，蒋介石希望“访英问题，不必肯定，亦不必答复”，以免对中英关系造成负面影响。对于丘吉尔的播讲

---

① 顾维钧：《顾维钧回忆录》第 5 分册，第 257 页。

② 顾维钧：《顾维钧回忆录》第 5 分册，第 262 页。

③ 顾维钧：《顾维钧回忆录》第 5 分册，第 263 页。

④ 《对美关系（一）》，1943 年 3 月 19 日，台北“国史馆”藏，《蒋中正“总统”文物》，入藏登录号：002000002091A，典藏号：002-090103-00002-080。

内容，蒋介石亦深不以为然，其电告宋美龄曰：

> 观丘吉尔二十一日演词，对世界问题仍无觉悟，对中国观念毫无变更，将来政治似无洽商余地。如吾人此时访英，将被视为有求于人，否则，亦只有为其轻侮，或反被其欺诈耳。以余对丘演词之感想，完全为反对罗总统主张而发，未知罗作如何想念，兄定明日回渝。①

3月27日下午，当宋美龄与顾维钧再次会晤时，宋美龄表示："经过一番考虑之后，仍然不知是否应该去英国。她说美国对她的接待非常热情隆重，去英国，可能会疏远美国人民。不管如何，她想先和艾登谈谈。"②

顾维钧在与宋美龄谈话后，一方面致电蒋介石，另一方面赶忙飞往华府接洽宋美龄与艾登会晤之事。顾维钧向蒋介石表示：

> 钧于二十四日飞往旧金山谒见夫人，商谈访英问题，细讨利弊，陈请夫人勉为一行，夫人意盼与艾登晤谈一次，故钧今晨飞华府，即往晤，悉艾登原亦盼晋谒，惜在纽约相左仅一日，现夫人正访美国西岸，逗留尚有日，而彼已定明日离美访加拿大，三日后即须回英报告，以此预约在先，势难抽身往谒，殊以为憾，惟深盼夫人能早日决定赴英，并谓英朝野愿以最崇厚之礼招待夫人，托钧代陈。除密陈夫人外，谨闻。③

---

① 《革命文献——对美外交：宋美龄访美》，1943年3月26日，台北"国史馆"藏，《蒋中正"总统"文物》，入藏登录号：002000000391A，典藏号：002-020300-00037-079。

② 顾维钧：《顾维钧回忆录》第5分册，第263页。

③ 《革命文献——对美外交：宋美龄访美》，1943年3月29日，台北"国史馆"藏，《蒋中正"总统"文物》，入藏登录号：002000000391A，典藏号 002-020300-00037-081。

为了安排宋美龄与艾登的会面，宋子文、顾维钧在华府与艾登先行会晤，但因艾登行程已定，与宋美龄的会面终告擦身而过。不过艾登表示，如宋美龄能同意访英，“他保证如果这次英国人的接待不能使我们满意‘你们可以砍掉我的头’。他说一定会用最最庄重堂皇的仪式来接待蒋夫人”，而“如果她对英国之行还没有决定，无论如何，他希望宋到英国去一趟”。[①] 由于宋美龄对访英之行态度反复，3 月底，宋子文先行宣布将访英伦，宋美龄自旧金山转往洛杉矶，继续巡回演讲。[②] 4 月 2 日，宋美龄在洛杉矶的记者招待会上公开表示：“余甚愿一行，但须视体力如何，并征取医生之意见而定。”[③] 孔令杰于 4 月 4 日打电话联络顾维钧，请其前往圆形音乐厅听宋美龄演说。是日，孔令侃在餐厅特地与顾维钧同桌，表示经由其大力的说服，宋美龄“已有七八成准备接受英国的邀请”，并建议顾维钧协助“准备两份演说稿，下院和上院各一份”。顾维钧表示乐于为宋美龄拟稿，“但一定要她按自己的意见删改。至于发表演说的地点，是伦敦的市政厅，还是下议院，应该和英国人商定”。孔令侃认为“英国人一定会建议市政厅，可蒋夫人应坚持在议会发表演说”，嘱咐顾维钧“先不要告诉英国人说邀请已肯定接受。暂不宣布，在某种程度上有利于对接待程序的交涉”。顾维钧回应说：“英国的接待将是最热烈的，但和美国表现的方式不会一样。英国的生活要朴素得多，英国人的战争观念要比美国人强烈得多。因此接待的仪式可能简单一些，但肯定是真心实意的。”孔令侃建议顾维钧最好把英方可能接待的方式，事

---

① 顾维钧：《顾维钧回忆录》第 5 分册，第 265—266 页。

② 蒋介石认为，丘吉尔演说遗弃我中国，“其对我侮辱可谓极矣！但此为其坦白肺腑之言，实于吾有益。其后艾登虽在美为其修正补充，不过更增英国虚伪欺诈之劣行而已耶！其所言对吾国之关系尚少，昔之所谓四强者，吾国不过拥有其虚誉，而丘乃连此虚名亦不许中国所有而已。似英国对联合国之信约及其屡次之诺言，尤其对大西洋宪章之皇皇宣示，皆因此消失殆尽。前后如此二人，英国拐骗手段暴露无余，余断此拐子末日必不远矣”！因对英方不满，蒋介石曾有意要宋美龄以健康为重，暂不作远行，其自记曰：“应属吾妻，先休养身体后，再访英加。”《蒋介石日记》（手稿本），1943 年 3 月 31 日上星期反省录。

③ 孔令伟：《蒋夫人美加行纪》，第 95 页。

先向宋美龄说明，让她心里有所准备，避免不必要的误解。[1]

4月5日，宋美龄又通过孔令侃了解英方可能的接待方式，包括“是否有把握英王英后会到车站来接，并请她去白金汉宫。还有，她是否会被请到议会去发表演说”。4月5日下午，孔令侃告诉顾维钧，“蒋夫人访英的事可以说已成定局”，请其开始进行各种准备工作，并在“去伦敦之前拟好两份演说稿，一份去加拿大用，一份去英国用”。[2] 不久，宋美龄接待顾维钧，其秘密表示：“她现在计划在5月3日左右飞往伦敦。可是她希望我在和艾登谈话时，先不要替她做许诺”，“她打算取最短的途程，从北线飞往英国。她逗留的时间，准备不超过两周。她想在5月下旬就回国，因为天气很快就会炎热了。她说刚刚逃过种种战争风险出国，她不希望在路上出事”。顾维钧表示英国政府会极力关注访英和返华途中的安全，确保宋美龄全程平安。[3]

1943年4月下旬，陪同宋美龄访美的宣传部副部长董显光，电告部长张道藩有关宋美龄在美访问和宣传训练的安排情形，电曰：

> 蒙注甚感，弟久离部务，只以侍从夫人在美工作未了，一切偏劳为荷。兹将最近情事电闻如次：（一）此次夫人在美甚好，业已发生极大效果，全美钦仰，对于我国抗战精神、委座伟大功绩，认识益增，助华物资可望增加，夫人将应总统邀再赴白宫会议，如康健许可拟即赴英回国。（二）我方国际宣传人员奇缺，弟离华时委座面示，训练事宜立即进行，今与哥伦比亚大学新闻学院院长商妥，允每年供给美金五万元，聘请教授到华教导，动机完全服务我国，前已电呈委座请示，谅已交兄察阅，旋以夫人嘱进行初步谈判，今再电请委座核准原则，俯

① 顾维钧：《顾维钧回忆录》第5分册，第272—273页。
② 顾维钧：《顾维钧回忆录》第5分册，第274—275页。
③ 顾维钧：《顾维钧回忆录》第5分册，第275页。

赐继续洽商，早日实施训练，尚乞随时指助，不吝指示为祷。①

董显光向张道藩预告，宋美龄即将与罗斯福晤面，并在健康许可的情形下，启程访英后归国。但随着气温逐渐回暖，宋美龄的健康却又出现麻烦。顾维钧在 4 月 28 日到熊山拜会宋美龄，其提起“英王和王后想尽早知道她的决定。如果接受邀请，需要一段准备的时间”，但宋美龄表示“她仍感不适，难以成行”，“她谈到拟议中的对英访问，说身体一直不大好，荨麻疹更厉害了。也许根本去不成了”，同时蒋介石一直催她早日回重庆。宋美龄提出一个替代方案道：“现在先回国，今年晚些时候再去英国是否合适。她还得再来美国一次，那时她将取道英国，这样她像是在专程访英。”而且“现在美国人给了她那么热情和前所未有的盛大欢迎，都把她当作自己人。如果现在又去英国访问，她到那里当然不能不说很多好听的话，美国也许会感到不受用”。顾维钧表示“能理解推迟访英的好处，但是由于英国对她的访问盼了那么久，又那么诚心诚意，不趁这个时机去，会影响效果。她现在不立即从美国去，英国必然会感到非常失望”。顾维钧最后只好请宋美龄，“无论如何，在其返回伦敦和艾登商谈之前不要作出最后决定”。②

辞别宋美龄之后，顾维钧和孔令杰谈了片刻，孔令杰认为，“蒋夫人对访英之行仍迟疑未决，看来不像前几日那么有意成行。他说，不是有了什么新情况，仅仅是她的健康问题，近几日她感到很不舒服”③。宋美龄为了调养累月奔波的辛劳，自 1943 年 5 月上旬第二次访问华府返纽约后，即深居简出，极少应酬，其间仅接见美国前总统胡佛（Herbert Clark Hoover，1874—1964）夫妇，以及专程前来致意并邀请宋美龄访问的加拿大总理威廉·莱昂·

① 《对美关系（一）》，1943 年 4 月 24 日，台北“国史馆”藏，《蒋中正“总统”文物》，入藏登录号：002000002091A，典藏号：002-090103-00002-077。

② 顾维钧：《顾维钧回忆录》第 5 分册，第 279—280 页。

③ 顾维钧：《顾维钧回忆录》第 5 分册，第 279—280 页。

麦肯齐·金（William Lyon Mackenzie King，1874—1950）等人。[①] 5月7日，宋美龄电告蒋介石，在罗斯福的建议下，决定取消访英之行。是日晚，宋美龄和罗斯福夫人一起喝茶之后，回寓邸时接见了顾维钧，宋美龄表示，“她已经决定推迟访英。她说罗斯福总统已经告诉哈立法克斯勋爵，今年夏天德国可能要入侵。她对中国太重要，不便冒生命危险去访问英国。此外，她健康条件也不够好”，委员长一直劝她返国。[②]

5月13日，宋美龄致电重庆，转达罗斯福夫人提供丘吉尔率领大队随员到访的讯息。次日，蒋介石电告在纽约的宋美龄曰：

> 丘吉尔既到华府，如能与其见面，则于公私皆有益，此正吾人政治家应有之风度，不必计较其个人过去之态度，更不必存意气，但亦必须不失吾人之荣誉与立场，此事可由顾维钧与哈立法克斯先行接洽，然后由罗总统为之介绍何如。[③]

由于宋美龄已有取消访英之念，蒋介石希望宋美龄能设法与丘吉尔会晤，拉拢与英方的关系，并最好能答应访英，故又电告宋美龄：

> 此次丘吉尔在美，终须设法会面方好，但各方面或有不愿丘与吾爱相晤者，应加注意，然由我方自动设法要丘会面或亦不便，拟以兄名义电子文，嘱转罗总统电意如下：“此次丘来美，如有与中国有关之会议，与宋部

① 孔令伟：《蒋夫人美加行纪》，第107页。

② 顾维钧：《顾维钧回忆录》第5分册，第296页。

③ 《革命文献——对美外交：宋美龄访美》，1943年5月13日，台北“国史馆”藏，《蒋中正“总统”文物》，入藏登录号：002000000391A，典藏号：002-020300-00037-096。5月12日晚，顾维钧赶到宋美龄纽约寓邸时，孔令侃向顾维钧表示，“罗斯福夫人刚才来看了蒋夫人，告知丘吉尔那天来到了华盛顿，愿意有机会见见蒋夫人”。顾维钧：《顾维钧回忆录》第5分册，第298页。

长二人出席会议可也”等语，如果照此进行，则应先告子文以此意，或可以间接方法使哈立法克斯知此消息，或可使英方运用促成会议也。若与丘相晤，丘约吾爱访英，则当面允其请。以最近经验与国际形势，吾爱能顺道访英，实与中国有益也。①

宋子文接到蒋介石的指示后，随即联系宋美龄与丘吉尔会晤面之事，并在5月16日向蒋介石回报：“因日内须参加各军事会议，不克亲往纽约面商三妹，已托少川及子安弟代为恳切劝告，并催促与丘相会晤，总统拟于下星期五请三妹与丘相在白宫会餐。”② 罗斯福总统为了促使双方在华府相晤，有意邀约宋美龄与丘吉尔餐叙，但罗斯福夫人在星期日晚上以电话邀约，请宋美龄到白宫参加午宴时，宋美龄以另有行程安排和身体还不适于远行为由，谢绝了邀请。③

宋美龄在5月17日电告蒋介石，其不愿接受罗斯福的邀约，蒋介石自记：“正午接妻电，不愿与丘吉尔会晤，固执己见，而置政策于不顾，幸子文尚能识大体，遵与英美抗争也。”④ 隔天宋美龄续电宋霭龄，再次告知不赴华府原因，电曰：

罗斯福本邀请妹于二十二日赴华府与丘见面，当即谢绝，种种理由均在前电具列。今由安弟来告，子文得白宫表示，妹既不能如期赴华府，可否改于二十五日一往。妹告安弟，我既有驻在国大使，又有外交部长，足可正式代表国家，而妹只有私人资格并无名义，任何使

---

① 《蒋中正致宋美龄函（五）》，1943年5月15日，台北“国史馆”藏，《蒋中正“总统”文物》，入藏登录号：002000000464A，典藏号：002-040100-00005-049。

② 《革命文献——对美外交：宋美龄访美》，1943年5月16日，台北“国史馆”藏，《蒋中正“总统”文物》，入藏登录号：002000000391A，典藏号：002-020300-00037-102。

③ 顾维钧：《顾维钧回忆录》第5分册，第301页。

④ 《蒋介石日记》（手稿本），1943年5月18日。

命，一切仍请子文代表政府主持。事实方面，妹早已断定，若将当时与罗商讨后，罗之诺言机会错过，则根本英美更不会开缅甸战线，今不幸妹之见地完全证实。介兄前来电，盼妹对彼等不必谦卑，事实上乃向来妹之风度也，现既知使罗允攻北缅诺约之机会业已失去，即照介兄忠言，以不谦卑为原则，故决定不屈就赴华府见丘也。①

白宫方面为了配合宋美龄再次改期，但宋美龄认为让宋子文或魏道明前往参加即可，并以遵循蒋介石先前指示不卑不亢的原则为由，丝毫不愿迁就前往华府，而两度回绝白宫的安排，让罗斯福对她的举措有所微词。罗斯福认为，“在这种时期，不必过分拘泥礼节”。宋子文和顾维钧对此“都感到不安，认为没有必要触怒总统”，而宋美龄“坚持要丘吉尔去海德公园使他丢面子，也使总统面子不好看”。②

就在宋丘会面宣告破局的同时，宋子文与丘吉尔在美的会谈亦不顺利，有鉴于英国对中国的态度，宋子文建议顾维钧不要再去促成宋美龄和丘吉尔的会晤。宋美龄希望顾维钧告诉艾登，“说她在保养精力以便能乘飞机回国。若不是因为身体不好，她定会接受英王英后的邀请”，但身为外交官的顾维钧认为，“英国是我们的盟国，英王邀请她作国事访问，肯定是一种表示深切友谊的姿态。这是给中国的荣誉，很少给别的国家”。对英国皇室的邀约应有符合国际礼仪的回复，而宋美龄“愿意保留邀请，却不肯作日后专程去英国的承诺”，对于“进行官方访问，对她说来还是缺乏经验”。③

中英关系原本就存有若干歧见，宋美龄取消访英、拒绝与丘

---

① 《革命文献——对美外交：宋美龄访美》，1943 年 5 月 19 日，台北“国史馆”藏，《蒋中正“总统”文物》，入藏登录号：002000000391A，典藏号：002-020300-00037-107。

② 顾维钧：《顾维钧回忆录》第 5 分册，第 303 页。

③ 顾维钧：《顾维钧回忆录》第 5 分册，第 306、309、311—312 页。

会晤，让彼此的互信更为薄弱，偏偏丘吉尔又于此际宣称“西藏为独立国家”，让蒋介石有被辱之感，特别致电给宋子文和宋美龄，电曰：

> 丘吉尔称西藏为独立国家，而将我国领土与主权完全抹煞，侮辱异甚，不料英国竟有如此言动，殊为联合国家共同之羞辱，应向罗总统问其于丘言如何感想及如何处置。西藏为中国领土，藏事为中国内政，今英相如此出言赞同，无异干涉中国内政，是即无异首先破坏大西洋宪章，中国对此不能视为普通常事，必坚决反对并难忽视也。①

蒋介石同时指示王世杰，派杭立武“以私人关系警告英使，令勿再提此事”。宋子文则认为，“关于西藏事，在此危急之时，务恳避免冲突，文观察，英方将来对于西藏交涉，必能让步，英国已失其数百年之积蓄，故希望战后中国建设，获得一部分贸易也，且开辟公路，如无英方合作亦恐无益于事”。宋子文将罗斯福“希望勿因此发生意外”之意转达重庆，并“俟此间各事就绪，即拟赴英，与各当局接洽，随时秉承指示，勉力为之”。②

相对于宋子文不愿大力批评英方，宋美龄对丘吉尔的言论则予以公开的反驳，并转告蒋介石各界舆情的反应，宋美龄表示：

> 日前丘吉尔向全世界广播演说，建议战后由英、美、俄总揽一切，完全将中国摒弃门外，妹认为实有加答复之必要，以免丘吉尔以为我之可欺，而加紧其排挤我国

① 《革命文献——对英外交：一般交涉（二）》，1943 年 5 月 22 日，台北“国史馆”藏，《蒋中正“总统”文物》，入藏登录号：002000000394A，典藏号：002-020300-00040-039。

② 《革命文献——对英外交：一般交涉（二）》，1943 年 5 月 22、23 日，台北“国史馆”藏，《蒋中正“总统”文物》，入藏登录号：002000000394A，典藏号：002-020300-00040-039、040。

> 之工作，且因心理、时间关系，乃即于二十二日晚芝加哥演词中加以巧妙之反驳。事前电请罗斯福于无线电中收听，事后据称妹所发表意见有同一感想。据赫尔称，罗斯福现在设法请行政方面负责人在星期五演说对付英国。又美国上下议院外交委员会主席及各位委员经派人接洽，亦均允在两院分别发表言论，注重战后中国务须列入四强之一，亚洲和平尤须倚重中国等语。美国纽约、芝加哥各地报纸对妹演说全文均加登载，并发表评论，对妹所发表主张以后全世界各国不得专顾一国本身利益，而应以全人类利益为制，努力益使防止战争之再发，维持永久之和平，一致加以赞美及拥护。①

丘吉尔的言论，让中方有被贬抑之感，“西藏独立”的论点，更不符中国寻求主权完整的观点，让原本因宋美龄访英议题而陷入低潮的外交团队，有了一致应对的对象。

在宋美龄的声援下，蒋介石于回复宋子文时态度也趋于强硬，蒋介石指示：“关于西藏问题不能轻忽，应照前电对罗总统严重表示，使其注重。罗总统如其有勿因此发生意外之语，则我更应申明立场，拥护主权为要，否则其他军事要求，与我之主张更被轻视，以后一切交涉皆为从此失败矣，切盼遵令执行，勿误！盼复。”② 宋子文接到蒋介石的指示后，作了进一步的说明，其电曰：

> 丘吉尔当日提及西藏，文即郑重声明，西藏为中国主权所有，哈立法克斯亦表示承认。次日总统亦云，丘

① 《革命文献——对美外交：宋美龄访美》，1943 年 5 月 26 日，台北“国史馆”藏，《蒋中正“总统”文物》，入藏登录号：002000000391A，典藏号：002-020300-00037-111。

② “罗总统如其有勿因此发生意外之语，则我更应申明立场，拥护主权为要”等文字，为后来增补。《革命文献——对英外交：一般交涉（二）》，1943 年 5 月 25 日，台北“国史馆”藏，《蒋中正“总统”文物》，入藏登录号：002000000394A，典藏号：002-020300-00040-041。

所言殊不得体。兹拟下次见总统时，遵令重复声明我国立场与主权，对任何人绝不能发表，并无攻藏之言论，惟务乞饬令军队千万不可发生冲突。英美反对我者，已谓中国一旦成为强国，必为侵略者，西藏为我国土，即使用兵固绝非侵略可比，但不明真相者必多误解。①

宋子文不愿中英双方因西藏问题伤了和气，更不希望国民政府军队在西藏引发冲突，故提醒蒋介石要冷静处理西藏问题。而蒋介石与宋美龄对丘吉尔此一发言，视为侵犯主权，而大表不满，也为宋美龄访英的议题画下了休止符。②

英方为了化解尴尬，由薛穆转达艾登另一个邀请，“以英国前派国会访华团来华，备受欢迎，用特探询我方有无派访问团报聘之意”，并建议事先告知访问团人选，以便邀请。③ 英国希望通过中国派出访英团，促进双边的交流，弥补宋美龄未到英国访问的缺憾。

四、访问加拿大

1943 年，加拿大总理威廉·莱昂·麦肯齐·金通过夫人向重庆传达邀访之意，蒋介石迅速电告宋美龄，希望其能接受邀访，以强化中加关系。到了 5 月间，金氏专程前往纽约，向宋美龄致意

① 《革命文献——对英外交：一般交涉（二）》，1943 年 5 月 25 日，台北“国史馆”藏，《蒋中正“总统”文物》，入藏登录号：002000000394A，典藏号：002-020300-00040-042。

② 宋子文在 1943 年 7 月 5 日致电蒋介石，建议宋美龄返渝后，针对未能到英访问一事公开说明，其电曰：“欣悉三妹安旋，长途跋涉，辛劳至念，三妹此次未克访英，文意对外发表谈话，最好以病体为词，引为遗憾，将来复元仍希望可以一行，如何尚祈酌裁。”但蒋介石回电说：“三妹昨日到渝，对外不拟发表谈话。请勿念，贵恙请随时电告，并望珍重保养。”《革命文献——对美外交：宋美龄访美》，1943 年 7 月 5 日，台北“国史馆”藏，《蒋中正“总统”文物》，入藏登录号：002000000391A，典藏号：002-020300-00037-131。

③ 《革命文献——对英外交：一般交涉（二）》，1943 年 6 月 10 日，台北“国史馆”藏，《蒋中正“总统”文物》，入藏登录号：002000000394A，典藏号：002-020300-00040-043。

并郑重邀访。由于宋美龄推迟访英，又不愿与到美开会的丘吉尔会晤，蒋介石担心宋美龄访加的行程也受影响，遂在6月2日电询在纽约休养的宋美龄，“加拿大是否仍如约访问？最好能先访加再回，何如？盼覆”①。宋美龄遂电复蒋介石访加行期，“冬电悉，加拿大首相亲来纽约面邀赴加，已允于本月二十日左右前往，特闻”②。由于加拿大总理亲自出面，宋美龄欣然接受邀访。

6月14日下午8时，宋美龄在中国驻加公使刘师舜和加政府外次金利赛（Hugh Llewellyn Keenleyside，1898—1992）特地至纽约迎接下，率领董显光、驻美大使魏道明夫人郑毓秀、驻美公使刘锴、武官朱世明夫妇、秘书孔令侃及孔令伟等11人，自纽约乘加拿大国家铁路公司专车，前往加拿大首府渥太华（Ottawa），进行三天的访问。访加专列于6月15日下午1时15分抵达渥太华车站，加拿大国家铁路公司事先在站旁特建一月台，专供宋美龄的专车停靠，以示欢迎，随行的孔令伟描述“站台上悬挂中加国旗，并缀鲜花，布置雅洁，高大之马警，散布各处，担任警卫”。加拿大总督艾斯隆伯爵（Alexander Cambridge，lst Earl of Athlone，1874—1957）暨其夫人艾丽斯公主（Princess Alice，Countess of Athlone，1883—1981）、加国总理金氏及阁员，均到站迎迓，并在专车停妥后，总督夫妇和总理登车向宋美龄表示欢迎之意。③

加方随即引领宋美龄一行人至政府大厦中国厅，举行隆重的欢迎仪式，并安排三个加拿大团体代表，捐赠“救济中国战时难民及难童之赠金二十八万七千元加币”。宋美龄代表中国人民，“对加拿大人民之友情与赠予，表示诚挚之谢意”，其表示“不仅中国沿海受战祸，即内地亦然，因此死亡之人民以百万计，流离

---

① 《革命文献——对美外交：宋美龄访美》，1943年6月2日，台北“国史馆”藏，《蒋中正“总统”文物》，入藏登录号：002000000391A，典藏号：002-020300-00037-113。

② 《革命文献——对美外交：宋美龄访美》，1943年6月2日，台北“国史馆”藏，《蒋中正“总统”文物》，入藏登录号：002000000391A，典藏号：002-020300-00037-114。

③ 孔令伟：《蒋夫人美加行纪》，第107—108页。

失所者以亿计”，宋美龄特别感谢加拿大中学女生对中国难童的捐赠，并对“行期匆促，表示遗憾”，“希望战后交通重开时，中加两国合作将更趋密切”。①

宋美龄在6月16日上午11时应邀出席加拿大国会两院联席会议，并发表演说，宋美龄先“赞扬加国具有最优型式之议会政体”，继之提及彼在美国国会中有关先击败日本的战略主张，其认为盟国“不应容许日本安然无虑，保有其在中国及其他地域攫占之土地，盖彼正藉时间之助在此地域积聚资源，以继续轴心侵略战争”，接着又指出六年以来中国的重大牺牲，“坚韧抗战，不啻一大磨石挂诸日本军阀头项之间，使其无法自由行动”。宋美龄并以鄂西会战，中国军队仅“凭借中美空军少数飞机之协助，即能击溃最近一次溯江进犯之敌军”，暗示盟国应多提供飞机、武器给中国，不能让中国只靠意志和肉躯对抗日军，否则“如日本竟获制服中国，则其对于联合国家目标之反响，将为文明前所未遭际之最大灾祸”。最后宋美龄期待盟国“在计划战后世界时，应力求远见与谅解，以谋世界永久之和平”。②

宋美龄在离开政府大厦后，又前往参加总理在罗利埃旅馆（Chateau Laurier）举行的茶会，并与金氏长谈。下午5时，驻加公使刘师舜在同一旅馆举行茶会，欢迎夫人，加国与会者达900人之众，晚间则赴国家俱乐部，参加欢迎晚宴，受到热切的款待。加国侨界亦安排代表50人，到渥太华热烈迎接，而大批华侨更自加拿大各地主动前往，导致渥太华旅宿爆满，不少人只好寄居当地华侨家庭中，许多中国餐馆及华人商号亦主动暂时停业，静候一睹宋美龄的风采。③

由于宋美龄的访加行程简短紧凑，6月17日上午11时30分，宋美龄在加总理金氏及众院议长的陪同下，于国会大厦第十六号

---

① 《加三团体献金》，《中央日报》（重庆）1943年6月17日。

② 《在加拿大国会中蒋夫人发表演说》，《中央日报》（重庆）1943年6月17日。

③ 《加京欢迎盛况堪与英相访加媲美》，《中央日报》（重庆）1943年6月17、18日。

厅议长办公室，招待60余位媒体记者和作家，金氏致辞之后，宋美龄开始接受记者们的提问，“举凡有关中国之实业，通货问题，妇女在作战中之努力，日本在华之阴谋与暴行，甚至营养等问题”，均经提出。其中对于苏日战争将否爆发问题，宋美龄答称：“政治问题，甚难预言，当他国踌躇不前之时，苏联曾为中国之正义而采取有力之立场，然苏联本身今负有极艰巨之工作，故对吾人之援助已趋减少。”① 有关于中国需要作战物资与抗战持久的问题，宋美龄表示：

> 吾人有众多之人力，及盛旺之作战意志，吾人首需空军之援助，次则需要重炮，盖吾人本身仅能制造轻武器也。
>
> 中国已抗战六整年，但除获得少数之空运供应外，已完全与外界隔断，惟战斗之意志则依然健在，然吾人于丧失家庭流离失所之时，倘无解除痛苦之希望，则自不能长此以往。②

宋美龄就有关对日作战的战略问题，也提出她的见解：

> 唯有对日本本土发动攻势始能击败日本，吾人倘循取逐岛进攻日本之政策，则将特五十或一百年始能完成最后胜利，亚洲之第二战场将大有助于中国，唯必须对日本本土为之，而进攻日本，亦唯有自中国始能为之。③

宋美龄也对于加拿大之行，所受到的隆重接待，表示感谢，“此次来加访问渥太华，倘能使中加人民有更密切之关系，私衷至引以为慰”。在记者会结束要离场时，又有记者询问可否向加拿大

---

① 《在加接见记者发表重要谈话》，《中央日报》（重庆）1943年6月19日。
② 孔令伟：《蒋夫人美加行纪》，第113页。
③ 《进攻日寇本土须自中国为之》，《中央日报》（重庆）1943年6月19日。

国防工人特留数语，宋美龄谓："请转告全加国防工人，彼等所负之责任，及其对战争之贡献，实与前线将士同一重要，彼等如此乐于服务，忠于职守，非但在物质上裨益战事，在精神上且能振奋人心，盖精神与物质二者，均为获致胜利之必要条件也。"①

加国总督夫人艾丽斯公主在6月17日下午，于宋美龄离加行前，为其设宴饯行。加总理金氏、内阁阁员暨彼等之夫人、中国公使馆全体馆员和华侨群集车站，在傍晚6时送别宋美龄一行。加国还特派代表及马巡队随车护送专车至美国边境，车抵蒙特利尔，休息两小时。宋美龄在旅馆小憩，又受到广场数千群众的欢呼致敬，遂在阳台向群众微笑挥手致谢，在晚间9时15分继续开行直抵纽约。②

6月18日上午，蒋介石"拟致妻电稿三通"，在审阅宋美龄于加拿大国会的演说词时，称许其"最为得体，无任欣慰"③，对宋美龄在加拿大的访问，深表满意，而宋美龄在美加的访问，也进入了尾声。

五、获致战后东亚秩序共识

宋美龄在美国的访问，引起公众同情中国，却也带给罗斯福困扰，"曾有人告诉总统，人们的不满实际上是针对他本人的，人们在听到蒋夫人的演说后，这种不满还有所增加"。"罗斯福显然对她的活动感到不安。罗斯福夫人曾建议她住在海德公园，说她在那里会感到更舒适。但是她觉得纽约是便于与各方接触的中

---

① 孔令伟：《蒋夫人美加行纪》，第113页。

② 《蒋夫人离加返纽约》，《中央日报》（重庆）1943年6月19日。

③ 在宋美龄返纽约之后，蒋介石希望宋美龄能再与罗斯福交涉，希望美方能多派军攻缅，其表示："史迪威昨已来见，关于其攻缅所用之海军兵力已知大略，此事可对罗总统称其坚强作战决心，表示无限感佩之意，惟望其能加派陆军若干师，如不能派三师则二师亦可，请再相机恳谈或能收效。"蒋介石还希望通过美方与苏联交涉，以使用西伯利亚的空军基地直接轰炸日本。《事略稿本——民国三十二年六月》，1943年6月18日，台北"国史馆"藏，《蒋中正"总统"文物》，入藏登录号：002000000657A，典藏号：002-060100-00177-018。

心。”[①] 1943 年 6 月中旬，罗斯福即对宋子文表示：

> 蒋夫人此次莅美，予美国人以深切之好感，惟旅行目的，已完全达到，最好不再公开演说，至阻碍其病体复原。[②]

罗斯福原希望通过“策略性的运用”，让宋美龄来增进自己的政治资本[③]，但她的演讲不完全配合美国的基调演出。在无法兼顾双方立场的情形下，罗斯福是时显然已对宋美龄巡回演讲所引起的民意压力感到不耐，而以安心养病的建议，暗示其不要再有公开的活动，这也等于宣告她访美的行程已接近终点。

为了确保对美交涉成果，在宋美龄第三度造访白宫前，蒋介石于 6 月 18 日连致三电给宋美龄，指示与罗斯福交涉的要点。蒋介石希望宋美龄在向罗斯福辞行时，应确认盟军共同作战方针、详商战后远东和平问题并相机告知史迪威问题等。在盟军共同作战部分，蒋介石建议宋美龄向罗斯福表达“无限感佩之意，惟望其能加派陆军若干师，如不能派来三师，则二师亦可”。同时希望罗斯福能分享苏联的军情，并“甚望俄能供给美国以西比［伯］利亚空军根据地，直接轰炸日本”。[④] 对于战后远东和平与善后处理的各项政策，蒋介石要宋美龄照其所嘱各件，再和罗斯福详细讨论，以作成结论带回。特别是“关于旅顺、大连问题，中国只可与美国共同使用，而不宜与其他各国共享，尤其旅顺港更应绝对保留为要，将来大连或可作为自由港，但亦须看俄国对于外蒙

① 顾维钧：《顾维钧回忆录》第 5 分册，第 302、309 页。

② 吴景平、郭岱君编：《宋子文致蒋介石报告与罗斯福谈中英香港交涉情形电》，《宋子文驻美时期电报选（1940—1943）》，复旦大学出版社 2008 年版，第 203 页。

③ ［美］T. 克里斯托弗·杰斯普森：《彼此了解：一九三〇与一九四〇年代蒋夫人对中美关系的影响》，谢惟敏译，载秦孝仪编：《蒋夫人宋美龄女士与近代中国学术讨论集》，台北：中正文教基金会 2003 年版，第 329 页。

④ 《革命文献——对美外交：宋美龄访美》，1943 年 6 月 18 日，台北“国史馆”藏，《蒋中正“总统”文物》，入藏登录号：002000000391A，典藏号：002-020300-00037-123。

等边疆问题，能否尊重我主权以为定”。①

除此之外，蒋介石要宋美龄与罗总统拜别时，以非正式的方式，相机提出史迪威问题，但尚不要求美方予以撤换的方式出之。蒋介石认为史迪威不仅对其个人，甚至对整个中国军队存有偏见，其表示：

> 史迪威在华如只对余个人之不能合作，则余为大局计，必能容忍与谅解，不足为虑。但其态度与性格对中国全体之官兵与国民成见太深，彼终以二十年前之目光看我今日中国革命之军民，不只动辄欺侮凌辱，而且时加诬陷与胁制，令人难堪。而其出言无信，随说随变，随时图赖。故自史氏来华与缅甸失败以来，在此一年间，中国军队精神不惟因彼之来华援助未有获益进步，而且益加消沉与颓丧。②

蒋介石批评史迪威，“几乎视中国无一好军人，无一好事情，根本上不信华军能作战，更不信华军能有胜利之望”。蒋介石认为史迪威对华军绝无信心，且对其所处理之业务与计划，全凭主观用事，毫无洽商余地，很难取得一般中国军人的信服，因此“为大局之前途，为作战之胜利计，甚望罗总统明了此中真相与现状”。③ 蒋介石希望宋美龄能说服罗斯福妥为处理史迪威的问题，以免双方误解更深。

宋美龄接到蒋介石的电函后，对于史迪威的去留，因事关美

① 《革命文献——对美外交：宋美龄访美》，1943 年 6 月 18 日，台北“国史馆”藏，《蒋中正“总统”文物》，入藏登录号：002000000391A，典藏号：002-020300-00037-124。

② 《事略稿本——民国三十二年六月》，1943 年 6 月 18 日，台北“国史馆”藏，《蒋中正“总统”文物》，入藏登录号：002000000657A，典藏号：002-060100-00177-018。

③ 《革命文献——对美外交：宋美龄访美》，1943 年 6 月 18 日，台北“国史馆”藏，《蒋中正“总统”文物》，入藏登录号：002000000391A，典藏号：002-020300-00037-122。

国军部对华态度，故予6月20日电请蒋介石再深思熟虑，其电称：

史迪威事，若照兄意告罗君，以妹判断：（一）恐因不满我方之真实评议，反使进攻缅甸计划障碍丛生；（二）一切计划及联络均有史氏接洽，今突然提出易人，恐害联系，请兄熟思后，是否仍应照来电转告？盼即电复，以便日内赴华府时谈洽也。①

蒋介石接到宋美龄的复电后，并未坚持一定要立即处理史迪威的问题，其又电谓："对史迪威事并非正式要求其撤换，不过使之察知实情而已。待有便乘机以闲谈出之，否则不谈亦可。"② 宋美龄要蒋介石以攻缅为重，不要在史迪威的人事上得罪美方。

6月24日下午2时45分，宋美龄在董显光等人的陪同下抵达华盛顿，宋子文、魏道明夫妇、刘锴和大使馆职员等在火车站迎候，宋美龄访美七个月内三度访问白宫，此次系向罗斯福总统夫妇辞行，并再与罗斯福洽商反攻缅甸及战后远东和平与善后处理诸问题。③ 宋美龄在告别白宫之后，迅即将洽谈的情形，电告蒋介石曰：

（一）罗允洽商二师赴缅甸作战，于九月准备完毕。（二）据告丘对缅南海、陆、空总攻事仍未热心赞同，虽亦能口答应，但觉其无诚意，届时未必履行。然缅甸原系英属地，中、英、美又为联盟国，罗谓不便迫英实行

① 《革命文献——对美外交：宋美龄访美》，1943年6月20日，台北"国史馆"藏，《蒋中正"总统"文物》，入藏登录号：002000000391A，典藏号：002-020300-00037-125。

② 《革命文献——对美外交：宋美龄访美》，1943年6月21日，台北"国史馆"藏，《蒋中正"总统"文物》，入藏登录号：002000000391A，典藏号：002-020300-00037-126。

③ 《事略稿本——民国三十二年六月》，1943年6月24日，台北"国史馆"藏，《蒋中正"总统"文物》，入藏登录号：002000000657A，典藏号：002-060100-00177-024。

也。(三)丘心目中仅有英、美、俄三强国，将与中国摒于门外，答询将来与兄晤会时，是否约丘参加，妹答以可由罗与兄直接商谈。(四)关于大连、旅顺、台湾，中、美海空军共享事，罗对兄意表示（似有脱漏），并谓俟中国准备完妥之后，美即可退出。(五)罗意高丽可暂由中、美、俄共管。(六)前国联交日本保管之太平洋各岛，罗意战后可由联盟国接收组织暂时共管之。[1]

宋美龄再次与罗斯福确认攻缅的部署，但英国的态度暧昧，始终未让中方感受诚意，因此罗斯福倡议的领袖会议，宋美龄建议不妨由蒋、罗直接商谈。双方对于战后东亚的权力架构和领土的归属，也都获致一定的共识。

离开白宫之后，宋美龄一行于 25 日下午乘火车前往佐治亚洲梅肯城（Macon）的威斯里安女子学院（Wesleyan College）。宋美龄于 1908 年随宋庆龄到该校，并在稍晚入学就读。宋美龄于 26 日接受威斯里安学院赠予荣誉法学博士学位并发表演说。[2] 宋美龄在前校长安思华滋（William Ainsworth）遗孀的协助下，戴上了博士帽，也带着这份荣耀，准备踏上归途。

6 月 28 日，宋美龄率同成员自佛罗里达州乘专机启程返国。[3] 是日，赫尔与宋子文会面时，再次推崇宋美龄留给美国人民的印象，及为两国合作所作的努力。[4] 罗斯福于次日电告蒋介石宋美龄

---

① 《革命文献——对美外交：宋美龄访美》，1943 年 6 月 25 日，台北“国史馆”藏，《蒋中正“总统”文物》，入藏登录号：002000000391A，典藏号：002－020300－00037－127。

② 《事略稿本——民国三十二年六月》，1943 年 6 月 25 日，台北“国史馆”藏，《蒋中正“总统”文物》，入藏登录号：002000000657A，典藏号：002－060100－00177－025。

③ 《事略稿本——民国三十二年六月》，1943 年 6 月 28 日，台北“国史馆”藏，《蒋中正“总统”文物》，入藏登录号：002000000657A，典藏号：002－060100－00177－028。

④ “Ceneral wartime relations between the United Statesand China, with emphasis on China's military positionand United States efforts to give military assistance to China”, June 28, 1943, *FRUS*, 1943, China (1943), p. 66.

离美的消息，其对宋美龄的访问予以肯定，“夫人此次莅美，余认为一大成功”，并提醒虽然宋美龄的“健康确比初到时良好，惟医生坚嘱，于长途辛苦之旅行到渝后，必须有一星期之完全休息”。①蒋介石对罗斯福夫妇礼遇宋美龄，亦表示感激曰：

> 内子在美承蒙阁下与尊夫人厚遇优待，并对内子体力常承关怀更为感激，特致恳挚之谢意，值兹贵国独立纪念日，并向阁下热烈致贺，敬祝政躬康吉，贵国前途昌盛无量。②

蒋介石对于宋美龄的访美成果，颇表称赞曰：“妻在美国七月之久，其于我国之地位与中美之邦交，实有不可想象之收获也。”③宋美龄在返国途中，为了飞行安全起见，飞机航程依旧绕了大半圈地球，过程还惊险不断。随行的董显光回忆道：“我们返国回程中，遭遇到两次有惊险的挫折。第一次，当我们从卡拉奇起飞的时候，竟跟地上自己的信号失去联络，另有一个奇怪的信号，诱导我们飞向日本人占领的缅甸境内去。幸亏我们的驾驶员发现得早，立刻纠正飞行路线，才免飞近敌人的陷阱。”④

7 月 4 日上午，蒋介石回寓探询宋美龄的航机究在何处降落，

---

① 《美国总统罗斯福自华盛顿致蒋委员长告以蒋夫人已离美返华及对夫人健康表示关切电》，载秦孝仪主编：《战时外交（一）》，第 855—856 页。

② 《事略稿本——民国三十二年七月》，1943 年 7 月 4 日，台北“国史馆”藏，《蒋中正“总统”文物》，入藏登录号：002000000658A，典藏号：002-060100-00178-004。宋美龄抵渝之后，蒋介石电告罗斯福曰：“内子已于本日午后抵达重庆，其健康已较离渝时良好，殊感欣慰。在美期间，诸承贤伉俪优加礼遇，谨同表深挚之谢忱。”《蒋委员长自重庆致美国总统罗斯福为蒋夫人在美期间所受之优礼表示谢忱电》，载秦孝仪主编：《战时外交（一）》，第 856 页。

③ 《事略稿本——民国三十二年六月》，1943 年 6 月 30 日，台北“国史馆”藏，《蒋中正“总统”文物》，入藏登录号：002000000657A，典藏号：002-060100-00177-030。

④ 董显光：《董显光自传》，第 192 页。

最后得报是日可到成都。[①] 因此，蒋介石特地从九龙坡乘飞机赴新津机场迎接，但宋美龄的航机直接在白市驿降落，没有往新津换机，所以两人并未会合。而蒋介石回渝时，适蒋经国亦由桂林抵渝，两机同时降落，几乎相碰，险遭不测。[②] 蒋介石为了迎接宋美龄，亲飞成都却白跑一趟，但在机场碰到蒋经国，遂同车回寓，等到下午 6 时返邸时，许多亲友已在官邸迎接，蒋介石一方面"见妻已到寓病卧榻上头部疼痛，不能摇动矣"，颇为不舍；另一方面见到"孙、孔二夫人与经、纬两儿皆聚集一室"，而甚觉难得。待众亲戚辞去，蒋介石夫妇"二人晤谈别后经过，妻又报告留美经过要务"，两人晚餐后，又继续再谈。蒋介石终于见到阔别七个月之久的宋美龄，心中殊感欣慰并于睡前静坐祷告如常。[③]

宋美龄经过长途的飞行，一路颠簸辛苦，回到重庆甚至因受寒而颈项疼痛，无法自行下机。7 月 5 日晚餐后，蒋介石与宋美龄谈话时，"彼颈已渐愈矣"[④]，至"归国第三日乎痊愈无恙，夫妻精神和乐，非任何药石所能比较也"[⑤]。宋美龄和蒋介石也陆续致函感谢美加各方人士的招待和协助，宋美龄于 7 月 6 日致函罗斯福夫人爱莲娜，感谢其"隆重之招待及密切之友谊，并盼能有第二

① 《事略稿本——民国三十二年七月》，1943 年 7 月 4 日，台北"国史馆"藏，《蒋中正"总统"文物》，入藏登录号：002000000658A，典藏号：002-060100-00178-004。

② 唐纵：《唐纵失落在大陆的日记》，第 328 页。另据董显光的描述说："夫人座机是 7 月 4 日降落在嘉陵江畔的珊瑚坝，不知是电讯联络犯了错误还是什么，蒋委员长也定在这天从珊瑚坝起飞到成都去迎接夫人。两机一起一落险些在空中互撞。"不过依据《爱记》，蒋介石是日与蒋经国同车自机场返回官邸，两人飞机抵达的时间较为相近。参见黄自进、潘光哲编：《蒋中正"总统"五记：爱记》，第 291 页。

③ 《事略稿本——民国三十二年七月》，1943 年 7 月 4 日，台北"国史馆"藏，《蒋中正"总统"文物》，入藏登录号：002000000658A，典藏号：002-060100-00178-004。

④ 《事略稿本——民国三十二年七月》，1943 年 7 月 5 日，台北"国史馆"藏，《蒋中正"总统"文物》，入藏登录号：002000000658A，典藏号：002-060100-00178-005。

⑤ 《事略稿本——民国三十二年七月》，1943 年 7 月 11 日，台北"国史馆"藏，《蒋中正"总统"文物》，入藏登录号：002000000658A，典藏号：002-060100-00178-011。

次之晤面”[①]。在重庆方面，包括中美文化协会、中国劳动协会、妇女慰劳会、妇女指导委员会、全国慰劳会等，以宋美龄为国宣劳，自7月8日下午4时在“新运”会开第一次筹备会，准备为宋美龄举行荣归大会。[②] 7月10日下午，宋美龄召开记者会，对三十多位中外记者谈访美观感，宋美龄表示此行让美国人民更了解，“中国并非仅为自身而战，乃系为一普遍之理想而战”，宋美龄认为“罗斯福总统与美国政府当局亦了解此点，余信美国之诺言业已见证事实，但此类性质之事，须费时日，自属当然”。宋美龄同时公开对罗斯福夫妇的热诚款待表示感谢，并赞扬旅美侨胞的爱国热忱。[③]

7月11日晚间7时30分，重庆各团体在夫子池“新运”广场，热烈欢迎宋美龄自美载誉归来，会中由吴铁城致欢迎词、孔祥熙报告访美典故，继由宋美龄发表演说，并放映旅美加期间的幻灯片。[④] 7月12日，宋美龄到“新运”妇女指导委员会，召集数月未见的干部讲话。[⑤] 蒋介石在7月底的本月反省录中表示：“余妻由美国载誉归来，其成效乃出于预想之外！”[⑥] 曾专程赴美说服宋美龄访英的顾维钧，分析对其访美之行的影响谓：

> 蒋夫人行程的主要目的是使美国公众对远东战争感到关心，从而促使美国采取积极支持中国的政策。蒋夫人预料如果能唤起美国大众认识远东战区的重要性，他

① 《对美关系（一）》，1943年7月6日，台北“国史馆”藏，《蒋中正“总统”文物》，入藏登录号：002000002091A，典藏号：002-090103-00002-073。

② 《陪都各团体筹开欢迎会》，《中央日报》（重庆）1943年7月9日。

③ 《蒋夫人对记者谈访问美国观感》，《中央日报》（重庆）1943年7月11日。

④ 《蒋夫人载誉归国后首次公开演说》《欢迎蒋夫人大会》，《中央日报》（重庆）1943年7月12日。蒋介石“以军事会报，未往参加，在寓会商军事，至十时半方毕”。《事略稿本——民国三十二年七月》，1943年7月11日，台北“国史馆”藏，《蒋中正“总统”文物》，入藏登录号：002000000658A，典藏号：002-060100-00178-011。

⑤ 李又宁编：《工作八年》，第273页。

⑥ 《事略稿本——民国三十二年七月》，1943年7月31日，台北“国史馆”藏，《蒋中正“总统”文物》，入藏登录号：002000000658A，典藏号：002-060100-00178-031。

> 们可能受激发而给白宫施加压力。这一作用会影响总统在远东战区采取更为积极的政策，以满足美国公众舆论的要求。①

事实上，宋美龄的访美不仅唤起美国民众和舆情支持中国的热情，也让中国艰苦抗战的军民得以被肯定，国会议员废除移民排华律的呼声愈来愈高，而与罗斯福达成反攻缅甸、战后重建东亚新秩序等共识，也鼓舞中方的士气；酝酿中的领袖会议，也逐渐成局，让蒋介石和宋美龄在日后有机会出席开罗会议，对奠定中国在四强中的地位，有不可磨灭的贡献。

① 顾维钧：《顾维钧回忆录》第 5 分册，第 302 页。

第五章　出访开罗共商大计

1942 年 10 月下旬，当美国总统罗斯福致函感谢中方盛情款待威尔基时，在函中以其夫妇两人的名义，向宋美龄和蒋介石提出邀请，“内子因阁下转递尊夫人致彼之音信，嘱代致谢。吾等深望有一日欢迎尊夫人之来美，而福并盼阁下之莅临也”[①]。到了 12 月下旬，宋美龄在美国纽约疗养之际，已返美任职的前政治顾问拉铁摩尔致函蒋介石，透露罗斯福再次提及，“彼与钧座之会晤，如一旦成为可能，乃属绝对必要”[②]。此后在宋美龄访美期间，罗斯福几次透露有意和蒋介石会晤的讯息，但中方的考虑甚多，直到宋美龄返国后，才逐渐敲定盟国高层会面之事。

宋美龄的访美巡讲，无论在美国还是中国，都造成了相当的影响，特别是吸引美国民众重视与支持中国，以及鼓舞中国民众坚持抗战的士气，但由于美、英高层经常举行罗、丘会，中方屡屡未被邀请，且经常是在会后才得悉盟国合作的新方针，难免有不平之感。

1943 年 5 月 21 日，美国驻华海军武官布朗（Brown），向美高层作一情资报告，布朗表示在与某中方核心官员接触时，曾透露

---

① 《事略稿本——民国三十一年十月》，1942 年 10 月 6 日，台北“国史馆”藏，《蒋中正“总统”文物》，入藏登录号：002000000649A，典藏号：002-060100-00169-006。

② 《事略稿本——民国三十一年十二月》，1942 年 12 月 28 日，台北“国史馆”藏，《蒋中正“总统”文物》，入藏登录号：002000000651A，典藏号：002-060100-00171-028。

罗、丘多次峰会在重庆已成为经常讨论的话题，而身为盟国成员的中国领袖，却不知何故一直未参加类似的高层会谈。因此，一般民间的心理，可能会猜想罗斯福之未邀请蒋介石与会，可能是盟国领袖认为中国依旧是个弱国，发挥不了太大作用。该中国官员表示，在珍珠港事变以前，中国的民心士气陷入低潮，迨太平洋战争后，中国人民又燃起一线希望，认为可望获得盟国更多的援助。不过随着日军南进，与滇缅路受阻，中国的士气又再次遭受到严重打击。因此如果能举行一次蒋、罗会议，将可鼓舞日渐低落的民心士气，即使蒋、罗会谈只是象征性的交流与寒暄，还是可以让中国的军民有新的期待与希望。假若是由罗斯福总统具名邀请举行，将可让中国官员与中国民众感受到美国的支持，并可恢复人民的信心，强化中国的政治与经济力量。该官员同时也向布朗表示，由于“面子”仍是中国政治与社会活动中的支配力量，蒋介石碍于情面，将不会主动要求举行是项会议。① 布朗的情报，使美方高层了解了中方领导内心的想法，相信对促进美方邀请中方参加盟国高峰会议，具有一定的作用，也让宋美龄再次跃然于国际舞台。

第一节 促美转变对华态度

宋美龄访美之后，美国各界对中国军民的坚持抗战，有更多的认识与声援，舆情影响所及，使得美国国会议员陆续响应废除限制华人移民法案，而为了强化中国在四强的地位，罗斯福也致函邀约蒋介石参加巨头会议。不过另一方面，盟国对华的态度一时尚未完全改变，魁北克会议中国还是被漠视，加上史迪威与蒋介石间的纷争，让宋美龄颇费心思，试图调解史迪威的冲撞，以避免影响大局。

---

① “Ceneral wartime relations belween the United States and China, with emphasis on China's military position and United States efforts to give military assistance to China”, May 21, 1943, *FRUS*, 1943, China (1943), pp. 54-55.

一、回应罗斯福的再三邀约

1943年6月上旬，宋美龄在美访问获得广大的回响，并与罗斯福进行数度的交涉，罗斯福特致函蒋介石，邀请其参加四强领袖会议，并望能于二三日与之单独晤洽，但蒋介石认为时机不宜，而有意婉辞①，并于7日电告宋子文曰：

> 对于罗总统拟约丘、史与余四人会谈，并愿先与余畅谈之提议，甚所感纫。惟余觉在苏联与日本尚未公开决裂以前，余之参加会议，是否将使史［斯］大林感觉不便。若果有此顾虑，而目前为商讨战略，英、美、苏有提先会谈之必要时，似不可因待四人会谈而迟延。故余意或请美、英、苏三国领袖可先行会谈，至余个人甚愿与罗总统把晤倾谈，若届时有机会，请总统赐约，随时可趋教也。惟如罗总统以为此次会谈余有参加之必要，而无如以上所述之顾虑，则中亦不敢坚辞。请照此意面见总统密为切商，并请以此意先商三妹，然后再达罗总统可也。②

6月9日，蒋介石又电告身体微恙的宋子文，请其先为四人会晤事，洽询罗斯福对中方复电的看法后，再离开华府赴乡间养病。③ 到了6月16日，蒋介石又电示宋子文，要其和罗斯福交涉时，表达“美陆军加入缅战，以在缅南战场为宜，至于四人会谈事，暂不表示

---

① 蒋介石接到罗斯福的邀函后，自记曰：“罗斯福约余与其三国领袖会晤，并望余先数日与之单独接洽，然后再开四头会议，余以为余之参加不过为彼辈陪衬，最多获得有名无实四巨头之一之虚荣，于实际并无补益故决婉词谢绝。”《事略稿本——民国三十二年六月》，1943年6月6日，台北“国史馆”藏，《蒋中正“总统”文物》，入藏登录号：002000000657A，典藏号：002-060100-00177-006。

② 秦孝仪主编：《战时外交（三）》，第491页。

③ 宋子文因肠胃病复发，血压增高，在6月7日向蒋介石告假准备赴乡间疗养院调治。《革命文献——同盟国联合作战：开罗会议》，1943年6月9日，台北“国史馆”藏，《蒋中正“总统”文物》，入藏登录号：002000000377，典藏号：002-020300-00023-002。

辞意亦可”。蒋介石经反复考虑后，不再拒绝罗斯福邀请参加领袖会议。[①] 对于罗斯福邀约参加四强会谈，蒋介石分析并记曰：“余以不使斯大林为难之理由婉辞，此着在常人以为失机，而实则在精神与人格自尊上之收获，比任何胜利为尤大也。”[②] 蒋介石的顾虑甚多，提出了几个方案，要宋子文和宋美龄商量后，再和罗斯福沟通。

7 月 4 日，宋美龄自美返国，转述罗斯福诚心邀约。是日，史迪威亦传达罗斯福电谓：“福与蒋夫人交换之各种完满谈话，蒋夫人当将告知于阁下，福切望今秋能与阁下晤谈，如蒙俞允，福将建议吾人相见于重庆与华盛顿之中途地点。”[③] 蒋介石遂于 7 月 8 日电复罗斯福，表示同意，并提议在 9 月以后会晤。蒋介石表示：

> 七月四日尊电提议，余皆同意。阁下与内子谈话详情，已由内子见告，其谈话结果，与所交换多数问题之意见，殊令人欣慰。中雅欲于最近之将来，得与阁下相晤觌，多年以来，中即期望能与阁下聚首共商互有利益之各种问题。中兹冒昧建议，其时间则九月以后最为适宜。倘有提早会晤必要时，甚望能于中离华前至少二星期以前，惠予知照也。[④]

是年 10 月，莫斯科美、英、苏三国外长会议，决议由中、美、英、苏四国发表一共同宣言之后，罗斯福连电邀请蒋介石与英国首相丘吉尔，在 11 月 20 日至 26 日之间于埃及开罗会晤。蒋介石决定应邀前往，丘吉尔首相亦特电蒋介石表示殷切欢迎之意。[⑤]

---

① 《革命文献——同盟国联合作战：开罗会议》，1943 年 6 月 16 日，台北“国史馆”藏，《蒋中正“总统”文物》，入藏登录号：002000000377，典藏号：002-020300-00023-003。

② 《事略稿本——民国三十二年六月》，1943 年 6 月 30 日，台北“国史馆”藏，《蒋中正“总统”文物》，入藏登录号：002000000657A，典藏号：002-060100-00177-030。

③ 秦孝仪主编：《战时外交（三）》，第 491—492 页。

④ 秦孝仪主编：《战时外交（三）》，第 492 页。

⑤ 秦孝仪主编：《战时外交（三）》，第 492 页。

二、推动美英援华与攻缅

1943年7月上旬，宋美龄自美返渝，美国总统罗斯福除致电问候之外，更盛赞中国的坚持抗战，在7月7日下午4时30分，宋美龄陪同蒋介石到军事委员会，参加蒋介石接受罗斯福颁赠美国“最高统帅勋章”的典礼，会中由史迪威代表赠勋，宋美龄观礼后与史迪威握手寒暄致意，对美方的好意表示感谢。① 原本在美交涉的宋子文，于7月下旬赴英访问，受到英王与政府高层的热切接待。8月8日，宋子文在伦敦广播，呼吁英方支持攻缅，重开援华路线。但蒋介石认为英方并无诚意，其表示“子文在英接洽反攻缅甸计划，军事会议毫无结果，英国仍不愿反攻缅甸”，而颇为不满。② 到了8月中旬，英方更提出西藏自治备忘录，蒋介石不禁暗批英方“对东方政策并未受此次大战严重之教训也”③。英国现实主义的外交作风，给蒋介石和宋美龄都留下了负面的印象。

宋美龄在造访白宫时，罗斯福曾答应派军增援，在获悉美方确实增加印度驻军后，蒋介石于8月19日自记曰：“美国到印度之陆军已有二万余人，则罗总统对余妻所言，必于九月底派二个师到印之诺言为不虚矣，可知美国对远东战争之积极，英国亦不能不随之紧张矣。”④ 接着罗斯福为了处理盟军联合作战的问题，又和丘吉尔在8月中旬于加拿大魁北克会面，然依旧未邀请中方出席，此让中方非常不满。蒋介石特别要宋子文亲自转交电函给罗、

---

① 《罗斯福总统赠蒋委员长美国“最高统帅勋章”》，《中央日报》（重庆）1943年7月8日。

② 《事略稿本——民国三十二年八月》，1943年8月8日，台北“国史馆”藏，《蒋中正“总统”文物》，入藏登录号：002000000659A，典藏号：002-060100-00179-008。

③ 因宋美龄在美与罗斯福多次交涉战后问题，蒋介石是时对战后建设问题颇用心研究，其自析曰：“对国防城市先从内部与西南做起，更于以后对外交与建国，定有莫大之价值也。”《事略稿本——民国三十二年八月》，1943年8月15日，台北“国史馆”藏，《蒋中正“总统”文物》，入藏登录号：002000000659A，典藏号：002-060100-00179-015。

④ 《事略稿本——民国三十二年八月》，1943年8月19日，台北“国史馆”藏，《蒋中正“总统”文物》，入藏登录号：002000000659A，典藏号：002-060100-00179-019。

丘二人，宋子文才于8月22日到魁北克，并象征性参加了会议。①

宋子文在23日出席了魁北克会议，次日罗斯福、丘吉尔即发表联合声明，表示彼此对日作战及援华，有进一步的共识。此一情形让宋美龄和蒋介石都很难释怀，蒋介石甚至感叹曰：

> 魁北克罗丘会谈完毕，发表之件在形式上虽有利，但事实上仍未见进步，徒供他人作宣传之资料而已。凡事不能自立，尤其军事不能自主，则始终为人操纵，不怕你不随人脚跟，此种精神之苦痛与耻辱，无异受暴力之奴役。甚望我青年国民，将来继续革命事业者，见此而能奋发自强，力求自主，勿再深受我今日之痛苦则幸矣。②

中方除了因未获邀出席盟国会议感到不悦之外，史迪威在华的言行，也经常触怒蒋介石，宋美龄还得扮演缓和的角色。9月12日，在中国国民党第五届中央执行委员会第十一次全体会议的首日，史迪威提出一备忘录，“主张调第十八军及胡宗南、傅作义、邓宝珊所部，皆向山西出击”。蒋介石批评史迪威之“语意有威胁之意”，且“史实最卑劣胡涂之小人，余不屑驳复，乃置之不理，

① 蒋介石对此颇为不满，其自记曰：“罗丘在魁北克会议已一星期，对我国则置之不理，对俄不参加其会议则甚懊表，国际之势利与强权本来如此。待余致罗丘之电令子文面交消息到后，彼等乃属子文二十二日到魁北克，是彼已决定一切，不过向余通报或要我照其所决之方案遵循而已，即使参加其会议亦不过徒具形式耳。”《事略稿本——民国三十二年八月》，1943年8月22日，台北“国史馆”藏，《蒋中正“总统”文物》，入藏登录号：002000000659A，典藏号：002-060100-00179-022。

② 蒋介石于1943年8月底本月反省录中自析曰：“子文访英毫无结果，而且被英对西藏问题又增一度干涉之说明，彼所允我五千万磅之借款则已遗忘无物，英国之狡诈奸滑实于任何各国可怖极矣……魁北克之罗丘会议声势浩大，援华为其一宣传资料，但于实际对我打通滇缅路之希望毫无进步，然世事往往弄假成真，故余信打通滇缅路之希望，今冬仍有可能也。”《事略稿本——民国三十二年八月》，1943年8月29、31日，台北“国史馆”藏，《蒋中正“总统”文物》，入藏登录号：002000000659A，典藏号：002-060100-00179-029、031。

表示拒绝其干涉之意”。[①] 除了蒋、史不睦之外，美方也传来令人失望的讯息。

罗斯福总统夫人爱莲娜于9月中旬致电给宋美龄，告知原拨补第十四航空队的飞机，将有所变更，其表示：

> 关于增拨第十四航空队驱逐机两中队事，现正办理重要手续中，用以切实保护缅甸区域，此当于九月底。目前第十四航空队之一部——中级轰炸机与驱逐机之补充，亦正准备中，虽其计划因运输飞机船舶沉没而受阻，P-11机此时无法供给，殊以为歉然。余以为集中目前之P-40机，并再加以P-58机，当能达成战斗机之任务。一俟中国能维持与供应此项机队，吾等亦计划将现驻印度之额外中级轰炸机调至中国。另有驱逐机八十九架，业已起运，此自为增强中国空军之轰炸机，惟气候与水灾以及不能如期完成机场，使对华空运遭受阻碍，此属最为不幸，而此事亦因改正所有新机之若干机械上之缺点而益趋纷繁，此种情形亦发现于C-46运输机，余信对于排除困难一节，现已大有进步，吾等定将继续努力，以达成每月一万吨之目标也。[②]

爱莲娜以运输舰沉没、天候不佳、机场加长跑道未完工和部分机种瑕疵等因素，告诉宋美龄美方支援的飞机，无法照原先承诺运补，对于空运吨数则会尽力努力。蒋介石和宋美龄一直期待美国能支持前线500架飞机，但美方只做局部的补充，双方对攻缅的战略思考与认知，仍有颇大的差距。

---

① 《事略稿本——民国三十二年九月》，1943年9月12日，台北“国史馆”藏，《蒋中正“总统”文物》，入藏登录号：002000000660A，典藏号：002-060100-00180-012。

② 《革命文献同盟联合作战：空军美志愿队成立》，1943年9月16日，台北“国史馆”藏，《蒋中正“总统”文物》，入藏登录号：002000000379A，典藏号：002-020300-00025-033。

中方军队入缅原为协助英方防卫，但缅战经验却让中方对英观感更差，加以英方“先欧后亚”策略，相较于中方迫需打通对外通道求活路，英方此际并无意攻缅，而丘吉尔在魁北克会议之后转往美国，其对战后问题的观点陆续传至重庆。王世杰即于日记中记载曰：“关于战后远东问题，近来自美国方面传来之英方态度为维持战前现状，英国不准备放弃香港或任何其他殖民地。”① 丘吉尔在盟国会议或演说中，所表达的对战后问题的观点、对华态度与措辞，屡让中方耿耿于怀②，中英的互信与关系都亟待改善。相较于在1942年公开为文批评英国，宋美龄是时并未再以强硬措辞批判英方，但中国原定派出的访英团规模，则因此受到了影响。③

三、促废限制华人移民法案

1943年2月中旬，宋美龄在美国国会演讲之后，除了一向对华友好的鲁斯夫人撰文力挺，积极促请英、美大举反攻，重开滇缅路，协助中国空军之外，纽约州民主党众议员甘纳第，提议废除禁止华人入境案，其呼吁：“余盼每一议员研究提案内之各条款，赞同余之主张，予可敬盟邦中国以应得之权利。”甘纳第希望同人支持其提案，并指出：“吾人对中国之杰出女性亦世界公认之伟大妇女竭诚予以欢迎。中国人民英勇克己勤劳诚实，且亦可敬。在吾人移殖西部之困难期间，有华工输入，彼时曾引起一部分国人之惊疑与嫉忌，致华工迄未取得合法地位……余趁蒋夫人光临之吉日，提出此案，

---

① 王世杰：《王世杰日记》（手稿本）第4册，第143页。

② 蒋介石于9月26日记上星期反省录中批评丘吉尔曰：“丘吉尔上星期一演说，其用意为无形中轻蔑我中国，彼之用心必使我国毫无地位方得甘心。”又分析英、俄对华态度曰：“本周对于外交刺激最深，英、俄对我国之侮辱与遗弃，唯恐不甚，此乃国际之权势使然，无足为怪。”《事略稿本——民国三十二年九月》，1943年9月26日，台北“国史馆”藏，《蒋中正“总统”文物》，入藏登录号：002000000660A，典藏号：002-060100-00180-026。

③ 王世杰于日记中表示：“英国近来对中国态度使我政府中人多不满。九龙问题既悬而未决，香港问题则暗示无交还中国之意；西藏问题则反对中国实行控制；五千万镑借款事则坚不让步，以致迄无结果……蒋先生对访英一事颇不热心。并拟即将原定访英团人数缩减。”蒋介石与王世杰讨论的结果，访英团人数由八人减至五人。王世杰：《王世杰日记》（手稿本）第4册，第163—165页。

界华人以进入美国及加入美国国籍之权利。”[①] 该议案随后提交美国众议院移民归化委员会，并陆续有议员提案加以讨论。

中方对于美国国会的善意，纷纷表示乐观其成，重庆的各大媒体也陆续报道相关内容，到了1943年10月上旬，中国各界除了积极准备庆祝国庆和国民政府主席的就职典礼外，主要媒体对于美国废除限制华人移民法案亦持续报道，《大公报》于10月5日更发表社评，呼吁美国参、众两院议员，支持尽速废止限制华人入境条例。[②]

宋美龄在美巡讲期间，多次呼吁重视中国抗战贡献，要求盟国给予中国平等的对待，自甘纳第提议之后，华盛顿州众议员麦纽逊（麦格纳森）在众院提出法案，期待能废除限制华人移民法案，提供合理的定额，以和他国一样享有平等的地位。该案随后由众议院移民归化委员会讨论，而佛罗里达州参议员安德卢亦于10月初提出法案，进一步促使国会面对撤销一切阻碍华人进入美国之法案。安德卢指出："纵予华人以平等地位，亦不过每年允许华人百人入境而已，彼提出是项法案，系对蒋主席及蒋夫人表示敬意，俾有助于增进两国之友谊。彼并深信中美友谊将垂诸永久。”[③] 美国参议院移民委员会主席罗素，在巡视太平洋战场时到重庆拜访蒋介石夫妇，双方谈到废除是项法案时，均表示乐观其成。[④]

美国众议院移民委员会于10月7日开会决议通过废除限制华人移民法案后，经法制委员会审查，并送交大会审议。罗斯福于10月11日咨文国会表示，如能废除限制华人入境法，将“能改正历史的错误，并平息日本的恶意宣传”。罗斯福认为提供在美华人以加入美国国籍的权利，“乃是富于意义之友谊表现，此举益足以证明，吾人不仅认中国为作战中之盟友，且亦为和平时期之伙

---

① 《美议员甘纳第主张弛华人入境禁律》，《中央日报扫荡报》（重庆）1943年2月22日。

② 《再论废止限制华人入境条例》，《大公报》（重庆）1943年10月5日。

③ 《美议员安德卢提出之法案》，《大公报》（重庆）1943年10月5日。

④ 《美参院移民会主席曾谒蒋主席》，《中央日报》（重庆）1943年10月7日。

伴”，同时借由修法，凸显中国人民较远东其他民族获有优越之地位，罗斯福呼吁国会支持此修订法案并具体采取行动，展现美国决心对其他民族采取睦邻政策。罗斯福在咨文中还肯定中国在战争中之地位，并重提保证，将尽速予中国更多援助，直至将共同的敌人逐出中国的领土而后已。① 罗斯福通过支持废除限制华人移民法案，借以肯定中方抗战对盟国的贡献，并响应宋美龄一贯的呼吁。

在罗斯福声明支持废除限制华人移民法案之后，美外交政策协会的公报亦宣称罗斯福的咨文为前瞻有远见的做法，并进一步强调采取此种行动的时机，已刻不容缓，认为对于废除限制华人移民法案，应及早响应，让“中国亦当认国会之行动，为美人尊崇中国人民代表之蒋夫人之表示”。② 由于有罗斯福的号召，加上舆情的推波助澜，麦纽逊法案于 10 月间很快就在众议院以绝对多数通过。众议院并在讨论议案时，曾两度提及宋美龄之名，有的议员表示，宋美龄曾告诉参议院移民委员会主席罗素，废除限制中国移民法后，可以提高中国之民心士气。有的议员认为，宋美龄可对世界和平作更大贡献。鲁斯夫人即称：“有一妇人将参加和平会议，助成和约，此一妇人即为蒋夫人。”③ 虽然在众议院的讨论中，仍有少部分议员抱持不同的考虑，但在多数主张平等对华的共识之下，两院也陆续完成修法。在 11 月下旬开罗会议期间，美国参议院通过废除限制华人入境法案，随后并由罗斯福总统公告实施，终让宋美龄长期促使盟国改善平等对华的工作，又得以向前迈出一步。④

---

① 《美总统向国会咨文》，《中央日报》（重庆）1943 年 10 月 12 日。

② 《美舆论界继续鼓吹废除》，《大公报》（重庆）1943 年 10 月 23 日。

③ 《蒋夫人在参院演词将有助于该案成立》，《中央日报》（重庆）1943 年 10 月 9 日。

④ 蒋介石认为：“美国众议院对华禁止移民法案通过，此乃国耻与不平等条约之一，如其参议院亦能同样通过，是不可谓非一种胜利也。”《事略稿本——民国三十二年十月》，1943 年 10 月 31 日，台北“国史馆”藏，《蒋中正“总统”文物》，入藏登录号：002000000661A，典藏号：002-060100-00181-031。

第二节 沟通战后太平洋问题

宋美龄自美返国不久，蒋介石在身兼党政军多项要职之外，又膺任国民政府主席，宋美龄所协处的对内外应酬亦更加繁重。面对蒋介石与史迪威之间的争端、受制于盟国战略、对日军事难以突破，以及日益恶化的财政经济等问题，均影响其健康。不过宋美龄方自美国归来，深悉中方所求于美方之处仍多，因此在筹备蒋介石就任国民政府主席的同时，也开始设法调解史迪威的问题。

一、返渝投身对内外工作

宋美龄自返渝之后，在重庆闷热的夏季中仍偶有不适，但也逐渐恢复日常工作。1943 年 8 月上旬，宋美龄请驻加公使刘师舜，将其照片于 7 日送交加拿大总理金氏，庆贺其任自由党领袖 25 周年纪念。① 当美国海军上将金恩（Ernest J. King）宣称“中国之人力及地理地位，为对日作战之决定关键”，表达有意以中国为基地，发动对日攻击的战略观点之后，宋美龄随即接受中央社记者的访问，公开表达欢迎之意，其表示：“此项谈话，表示对于中国在反侵略，共同奋斗中之贡献，具有无所顾忌而切合现实之信任。吾人深知金氏之语有权威之背景，故富于价值。余敢预言对于鼓励我国军民，必有远大之影响。”② 1943 年 9 月初，在英国力抗德、意四周年，且将取得对意胜利之际，宋美龄特电致贺，呼吁中英双边要继续同仇敌忾，并肩作战联手击败敌人。③ 宋美龄也积极投身后方妇女事务和救济工作，并于 9 月 20 日亲赴“新运”妇女指导委员会主持纪念周，鼓舞干部的士气。④

---

① 《蒋夫人玉照加督加揆收到》，《中央日报》（重庆）1943 年 8 月 13 日。

② 《蒋夫人论金氏卓见》，《中央日报》（重庆）1943 年 8 月 12 日。

③ 《蒋夫人贺词》，《中央日报》（重庆）1943 年 9 月 4 日。

④ 李又宁编：《工作八年》，第 273 页。

1943 年夏秋之间，因国民政府主席林森去世，蒋介石于 8 月 1 日被推举代理国民政府主席。9 月 13 日，中国国民党第五届中央执行委员会第十一次全体会议，决议推举蒋介石为国民政府主席兼行政院长。而随着双十节日近，各项筹备国庆庆典和就职典礼的工作也陆续展开。不过到了双十节前一天，有关就职典礼的座位安排，却仍有问题，蒋介石接连三次电洽外交部政务次长吴国桢赴国府协助，然恰巧吴国桢夫妇奉命陪同蒙巴顿勋爵夫人（Lady Mountbatten）前往北碚游览，因逢风雨，到傍晚才回到府邸。吴国桢到府后，才知道原来是蒋介石拟邀请夫人参加典礼，但因抗战期间的国民政府礼堂因陋就简，所有参加人员皆站立观礼，而宋美龄认为，“她既非官员，何能同文武人员排队同列，且外国总统就职时家属均设有座位，我国似可仿效照办”。[①]

对此座位问题，蒋介石曾召集国民政府参军长吕超和外交部礼宾司人员处理，但均无答案。吴国桢遂绘制一示意图，向蒋介石依序说明行礼顺序，建议在宣誓完毕，要进行“主席训话”时，“主席步上主席台。同时参军处指定两参军，一人领导夫人步往右首之椅，一人领导吴稚老步往左首之椅，一俟主席开始训话，即由两参军分别恭请夫人及稚老坐下”。蒋介石闻后立即要吴国桢前向宋美龄报告，吴国桢遂又到官邸向宋美龄说明，顺利化解就职典礼座位的困扰，让“她很高兴。告辞时，她照西仪，手挽吴臂送他出门”。[②] 宋美龄于 10 月 10 日上午陪伴蒋介石赴国民政府出席就职典礼，并与文武百官合影留念。下午 4 时，续在国民政府接见外交团，由吴国桢介绍各国驻华使节暨夫人并一一握手致意。[③]

在宋美龄的陪伴下，蒋介石风光地接任国民政府主席，蒋介石自记曰：“就职为一大事，近日为此戒惧惶栗，诚不知其所止，幸举行典礼之日如仪无误，妻谓仪容庄严威重，从容中节毫无失态，惟所感觉承受者多为羞辱与惭愧，而各国之冷薄轻蔑亦甚矣！

① 吴国桢手稿，黄卓群口述，刘永昌整理：《吴国桢传》（下册），第 388 页。
② 吴国桢手稿，黄卓群口述，刘永昌整理：《吴国桢传》（下册），第 389 页。
③ 《蒋主席接见外交团》，《大公报》（重庆）1943 年 10 月 11 日。

若不自勉自强，其将何日见重于国际之林。”[①] 宋美龄深受西方教育涵养，对于国际礼仪甚为重视，由其协助招待外国使节与宾客，正可辅助蒋介石不谙英文的缺憾。

宋美龄于10月13日陪同蒋介石和蒋纬国到黄山午餐，傍晚，宋美龄又陪蒋介石到松厅对饮茶点，巡视黄山一匝，夫妻二人聚餐，让蒋介石“甚觉自由简捷，比任何宴会为乐也”![②] 是日，中国工业合作协会举行全体理事年会，通过敦请宋美龄继蒋介石担任该会名誉理事长。[③] 而在美国方面，由于宋美龄在访美期间的几场演说令人印象深刻，许多民众纷纷向国会索取相关档案，美国众议院外交委员会主席白鲁姆于10月13日在华盛顿接见中央社记者，表示“蒋夫人之演讲不独感召当代人民且感召后世各代，余信蒋夫人之思想对领导后代，建立将来之世界大有裨助”。白鲁姆称，因受宋美龄国会演讲所感动，认为“其在美国其他各地所发表之演讲，亦应成为美国历史之一部，因此曾将其以后在各地发表之演讲，亦载入国会档案录”。白鲁姆预判宋美龄在美的演讲集如能出版，“将用于学校及大学学院作为研究世界问题之名著，后世将视为珍贵之籍；演讲家亦将以蒋夫人之演讲，为演讲裁格式之模范；尤有进者，蒋夫人之演讲不仅将加强中美邦交之维系，且将对一切操英语民族及读英语者均富有感召力”。因此安排由美政府印务局出版宋美龄在美演讲集，以供各界参考。[④] 蒋介石于15日收到美国方面送来的报告，得知宋美龄在美国的演讲已被列入美国国会记录，同时还被多所学校采用为学生读物，令蒋介石颇

---

① 蒋介石认为“双十节就职文告书，当为传世之重要文献”。《事略稿本——民国三十二年十月》，1943年10月10日上星期反省录，台北“国史馆”藏，《蒋中正“总统”文物》，入藏登录号：002000000661A，典藏号：002-060100-00181-010。

② 《事略稿本——民国三十二年十月》，1943年10月13日，台北“国史馆”藏，《蒋中正“总统”文物》，入藏登录号：002000000661A，典藏号：002-060100-00181-013。

③ 《工合名誉理事长请蒋夫人继任》，《中央日报》（重庆）1943年10月14日。

④ 《美众院外委会主席赞扬蒋夫人之伟大思想》，《中央日报》（重庆）1943年10月15日。

为感动。①

随着蒋介石担任国民政府主席，宋美龄所负担的对内外工作更加繁重。10 月 15 日上午 9 时半，宋美龄偕同蒋介石前往北碚澄江镇荣誉军人自治实验区，以主持该村落成典礼。车在嘉陵江南岸山谷里蜿行了四小时，方抵荣誉军人自治实验区门前。宋美龄乘坐一顶轿子，负责开发的罗衡女士和随从人员伴行在旁，宋美龄参观全区后，到礼堂主持开幕典礼。宋美龄首先表示，“抗战时期能举行这新村的落成典礼，真是非常高兴的事”，接着她以激越的声音谈道：“今天的新村是我十五年前理想的新村，那时候我们在济南，日本人正侵略进攻我们。我去慰劳伤兵，送给他们礼品，有一个伤兵对我说：‘夫人，不要礼品，请你告诉大夫不要把我的腿锯掉。’我去找大夫，大夫说腿不锯就有生命危险。结果这人残废了。身体残废不要紧，我们要精神不残废，脑筋不残废。今天看见这新村，想到十五年前的事，感觉到你们光荣的残废了以后，有这新村，给你们机会，再把一切贡献给国家，真十分高兴。军人要始终保持牺牲精神，就在负伤后，也仍旧要对国家人民负责任：你们存在一天，这精神须保持一天。”宋美龄还期勉大家：“安居乐业，要等到抗战胜利以后。现在你们在这里养成模范军人，自立自治，使得将来新村可以扩充得几百个、几千个。新村如果办不好，国家也没有前途。你们须有内心的纪律，到处更要做模范的国民。你们在前方为民主而战，在后方也要为民主而奋斗！”② 礼毕已一时半，宋美龄步入荣军群中慰问后才出会场，再与蒋介石至北碚公园中央银行午餐。③

---

① 《蒋介石日记》（手稿本），1943 年 10 月 15 日。

② 《荣军自治实验区开幕典礼在美龄堂隆重举行》《荣军自治区开幕礼中蒋夫人演词原文》，《中央日报》（重庆）1943 年 10 月 17 日。

③ 《事略稿本——民国三十二年十月》，1943 年 10 月 15 日，台北“国史馆”藏，《蒋中正“总统”文物》，入藏登录号：002000000661A，典藏号：002-060100-00181-015。

二、调解史迪威事件

在帮助荣军新村主持开幕式之后，宋美龄面临一个棘手的问题，即蒋介石有意对史迪威问题进行摊牌。由于宋美龄长期协助空军发展和采购军备，加以熟悉美国文化，许多在华美籍将领，包括与蒋介石龃龉不断的史迪威，都与之相当熟稔。在蒋介石就职国民政府主席之后，一向支持蒋介石对史迪威问题采取强硬态度的宋子文，恰好经由印度返国。蒋介石于10月11日上午先和宋子文谈论其在印接触情形，下午又和宋美龄谈论史迪威的事情，蒋介石认为史迪威有意运用共军力量的军事计划，并不符合重庆方面的利益，且对事直言不讳，愤指“此史诚卑劣小人无耻极矣”![1] 宋美龄深悉史迪威受军部马歇尔的力挺，如贸然使之去职，不但继任人选难寻，且恐将不利中方后续军备的取得，并影响到罗斯福的对华态度。[2]

史迪威的去留问题，在重庆高层间已成为公开的话题，宋美龄积极斡旋，试图化解此一僵局。10月17日下午6时左右，宋美龄和塞末维尔、商震参加由蒋介石主持讨论史迪威问题的会谈，但会谈结果仍无交集，蒋介石遂授意宋美龄在是晚8时左右约见史迪威，并向史迪威清楚表达中方立场，要求“史迪威必须保证今后将改变态度，服从蒋介石，否则便必须离开中国”。[3]

---

① 史迪威分别于1943年9月5日条陈“补足三十师之数，迅予调赴训练”案。9月6日条陈“使用晋绥驻军（包括共军在内）牵制日敌，以减轻平汉路、陇海路日军之压力”案。16日又条陈“提前准备第二批三十师，设立后勤业务”案，虽皆以中国战区参谋长名义署衔签呈。蒋介石自记曰：“史迪威此次来书，虽署中国战区参谋长之职衔，但其书中仍多不逊之言，令人隐痛。”且对6日之条陈未予批示。《事略稿本——民国三十二年十月》，1943年10月11日，台北“国史馆”藏，《蒋中正“总统”文物》，入藏登录号：002000000661A，典藏号：002-060100-00181-011。

② 宋子文在1943年9月中旬曾电告与霍浦金斯洽谈内容，表示“在参加联合参谋团及改组战区大前提之下，更换史迪威轻而易举，史汀生反对无效，马歇尔对史迪威亦不如以前绝对维持态度”，因此罗斯福已愿意撤换史迪威。霍浦金斯同时转告“罗与斯大林不久将会晤，罗见斯后，愿与钧座晤面”。秦孝仪主编：《蒋公大事长编初稿》卷5上册，第396—397页。

③ 《蒋介石日记》（手稿本），1943年10月17日。

在宋美龄、宋霭龄与史迪威进行一番恳谈之后，史迪威向蒋介石表示“悔过之意”，蒋史间的僵局暂时得以解决。由于史迪威的问题，蒋介石在过生日之际，颇觉“忧患多而乐趣少，尤以生日为然”。蒋介石甚且认为“史迪威去留问题为本星期最重要之一事，子文主张去史，余之既定方针几为其所摇撼，最后卒能自动补救，允史悔改留任重加信用，此乃中美关系与战局影响一大转机，乃知安危成败之机，全在最后五分钟几微之间也”。由于宋子文一直坚持史迪威必须去职，让改变心意的蒋介石批评宋子文“自私至此，实不能再为赦宥，如不速去，则党国之后患，将不堪设想矣”。蒋介石接受了史迪威的“悔过自新”，而对宋子文严厉斥责，并拒绝接见。[①]

10 月 18 日下午 4 时，宋子文陪同东南亚战区总司令蒙巴顿到黄山官邸晋谒蒋介石，由于蒋、宋两人在是日上午对史迪威问题的争论，蒋介石怒气犹存，不愿见宋子文，遂由宋美龄转告宋子文，要其自行离去。[②] 10 月 19 日上午 10 时，宋美龄出席蒋介石主持的中英美军事会议，出席的中方人员包括何应钦、商震、刘斐、林蔚和董显光等人，英、美方面则有蒙巴顿、塞末维尔、史迪威、格立斯但尔（Gordon E. Grimsdale）和数位军事参谋。会议先后由刘斐报告中国战局概况，蒙巴顿说明魁北克会议提案和英美情势，众人分就反攻缅甸、空中航线安全、空运吨位、盟军联系方式和交通修缮与给养等问题，进行商讨。[③]

---

① 蒋介石当时对自己的决定颇为自得，并怪罪宋子文，其于 24 日上星期反省录中表示：“本周以子文横暴愚诈，触余愤怒实为近年来所未有之现象……史迪威态度改变甚速，表现颇好，是亦感召之力乎？幸未为子文所胁制，否则必得相反之恶果。”《事略稿本——民国三十二年十月》，1943 年 10 月 17、18、24 日，台北“国史馆”藏，《蒋中正“总统”文物》，入藏登录号：002000000661A，典藏号：002-060100-00181-017、018、024。

② 蒋介石是日与蒙巴顿会谈一小时余。《事略稿本——民国三十二年十月》，1943 年10 月 19 日，台北“国史馆”藏，《蒋中正“总统”文物》，入藏登录号：002000000661A，典藏号：002-060100-00181-019。

③ 《事略稿本——民国三十二年十月》，1943 年 10 月 19 日，台北“国史馆”藏，《蒋中正“总统”文物》，入藏登录号：002000000661A，典藏号：002-060100-00181-019。

宋美龄在会议中，对于魁北克会议拟“集中全力于一久远之政策，增加交通线之效能，建设前方运渡飞机场，倍增铁道线，在雅鲁藏布江筑一桥梁等”方案，一一提出询问，以了解“如此将使陆上攻势耽搁多少时间”，塞末维尔表示约一年。① 宋美龄随后又问，美国过去曾允诺，对华空运补给吨位，至9月将增至每月一万吨，不知是否已达到此数字？塞末维尔答称：“不能达成此目标数字，有四事为其大阻碍，天气恶劣、机场完成之延期、C-46式飞机之不适用，与驾驶员之缺乏经验是也。”不过塞末维尔乐观表示，“此四者今皆改善，彼切盼至十月中运华吨位可至七千吨，同时中航公司之吨位亦可增至一千五百吨至二千吨，史特梅耶将军正以每月一万吨为目标而努力，届时连同中航公司之运量，当可得一万二千吨”。宋美龄表示，假若采取从陆路进攻缅北与中国会师的方案，也不要影响空运补给吨数的目标，同时建议应规划处理后方法纪及治安。蒙巴顿则答以各部队中，将派驻特别政治工作人员，由陈诚指挥并配合前方部队长的命令来办理。蒙巴顿也希望能加强盟国情报合作，并由英方在战时建置相关组织。是日晚间8时，蒋介石夫妇特别宴请蒙巴顿，并于餐后继续谈论泰越区域等问题。②

---

① 《事略稿本——民国三十二年十月》，1943年10月19日，台北“国史馆”藏，《蒋中正“总统”文物》，入藏登录号：002000000661A，典藏号：002-060100-00181-019。

② 会后，宋美龄发现英方的对外谈话，与会谈时的内容不尽相同。蒋介石于10月22日自记曰：“前日与蒙氏开会完结时，彼即要求先交换会议之临时纪录，余乃允之照办。不料其起程以后，英国大使馆及宣称蒙氏此来甚为满足，尤以中国方面已允减少空运吨位，而留一部分物资为印度作战补给之用云。余妻先闻此言甚以为异，乃召董显光查明当时之纪录文字，而纪录中称余言‘当可商量’而已，而彼英文即藉此为已允，其实余在会议并无此‘当可商量’之语，而亦未明言‘此乃美国供应部长之责任’，以当时薛氏完全声明虽开始反攻时，决不减少运华物资之数量也。由此可知英人之狡狯，无时无地无不以其讨得小便宜为依归，乃知其所以要求急于交换临时纪录之意即在于此。一切外交言行，可不审慎郑重而掉以轻心乎！”蒋介石于月底的反省录又曰：“蒙巴顿来访，协商攻缅计划，对于泰越所属战区问题如旧，并未为英国所算，此不可谓非一大事也。”《事略稿本——民国三十二年十月》，1943年10月19、22、31日，台北“国史馆”藏，《蒋中正“总统”文物》，入藏登录号：002000000661A，典藏号：002-060100-00181-019、022、031。

送走蒙巴顿之后，宋美龄于10月21日出席由“新运”妇女指导委员会和保育总会慰劳总会所举办的活动，勉励中训团第二十七期党政训练班的女学员。[①] 而为了加强和美方的关系，宋美龄捐助母校威斯里安学院25000美金，以作为该院宋美龄奖学基金之用。[②] 10月28日，罗斯福致电，表示盼能与蒋介石和丘吉尔在11月下旬于埃及举行三日的会谈。对于罗斯福的邀约，蒋介石心中始终有所忐忑，其表示：

> 接罗斯福电约，下月下旬在埃及相晤，余实无意为此，然却之不恭，故甚为犹豫。[③]

罗斯福邀请中方出席首脑会议，对肯定中国的国际地位具有特别意义，但蒋介石深知中国在国际谈判上的筹码有限，多只能配合盟国所主导的议题，尤其蒙巴顿有意将泰越划入东南亚战区，使其对英更怀戒心，加以蒋介石不谙英美语言文化，并非十分热衷参加首脑会议。不过，宋美龄的学经历背景，恰可填补蒋介石的缺憾，因此许多重要的对外会谈，宋美龄均亲身协助交涉。宋美龄在蒋介石担任国民政府主席之后，与各国驻华外交人员的接触更为广泛，在其协助之下，蒋介石于10月份的本月反省录中，对于对外交涉之处理与策略运用，自觉有四项成就，包括：

> 甲、莫斯科四国协议之签字。乙、美国众议院通过对华移民法案。丙、蒙巴顿希望泰越划归其战区，余乃据理力辟其不可，故未为其所算。丁、史迪威之留用，卒能改善其态度，使美国反能感佩敬重，益知中国之有

---

① 李又宁编：《工作八年》，第273—274页。

② 《蒋夫人捐助美金二万五千元充魏斯里学院奖学金》，《大公报》（重庆）1943年10月24日。

③ 《事略稿本——民国三十二年十月》，1943年10月31日，台北“国史馆”藏，《蒋中正“总统”文物》，入藏登录号：002000000661A，典藏号：002-060100-00181-031。

人也，此乃中美邦交亲疏善恶之转机，未致错误，差可自慰，若论对外之成就，自以本月为最多也。①

中方的这些外交成就，宋美龄多参与其间，尤以在对美关系的经营与宣传上，贡献良多。

三、协助准备提案

在宋美龄协助召开中英美军事会议之后，蒋介石于10月20日上午召集董显光等幕僚，分别整理会议纪录与草拟对泰越协同作战计划，约塞末维尔商讨拟稿。是日下午4时，蒋介石请塞末维尔依其主张修改草拟稿件，以让彼携回美国，并向罗斯福总统转达双方会晤的意见。②

宋美龄在1942年冬赴美前夕，蒋介石曾指示对美谈判要点，希望在战后能收回东三省、旅大、台湾、琉球等地，并期盼罗斯福支持扶植朝鲜、越南、泰国、印度和东南亚民族的独立，以及将外蒙归还中国等，蒋介石于24日将之详阅并记载，开始准备与罗斯福和丘吉尔谈判的提案。③ 11月1日，罗斯福总统电告曰：

余尚未接获斯大林元帅之明确回答，但丘吉尔与余仍有晤彼于波斯湾附近之一机会。余望阁下能决定于十一月二十六日约在开罗邻近之处，与丘吉尔及余相会晤，对于四强提议获得如此惊人之进展，殊为欣慰，吾辈排

---

① 《事略稿本——民国三十二年十月》，1943年10月31日，台北“国史馆”藏，《蒋中正“总统”文物》，入藏登录号：002000000661A，典藏号：002-060100-00181-031。

② 《事略稿本——民国三十二年十月》，1943年10月20日，台北“国史馆”藏，《蒋中正“总统”文物》，入藏登录号：002000000661A，典藏号：002-060100-00181-020。

③ 《事略稿本——民国三十二年十月》，1943年10月24日，台北“国史馆”藏，《蒋中正“总统”文物》，入藏登录号：002000000661A，典藏号：002-060100-00181-024。

除艰难，余思阁下与余实已奠其成功之基矣，敬候安好。①

蒋介石于11月2日电复罗斯福，表示将如约前往开罗会晤，并对四国宣言之签订表示感谢，该电曰：

贺恩将军于十月二十八、二十九及十一月一日转来尊电均诵悉，余当如最后尊电之所约，届时前来与阁下及丘吉尔相晤，此间一切当严守秘密。此次四国宣言之签订，全由阁下坚持正义团结之精神所感召，实为一伟大之成功也。此举对于未来世界之和平与安全必有莫大之贡献，殊堪庆幸，余兹请阁下接受余热烈之感忱，赫尔先生在会议中之努力深感慰，并请代为致意祝健康。②

在回复罗斯福邀请的同时，蒋介石详加研议与罗丘会谈的目的和要旨，其自记曰：

甲、我国参加华府美英联合参谋团并战后亦保留不撤销，则此组织即可代替三国同盟之精神，比之名义上同盟更胜一着，且可避免其他国家之妒忌刺激也。乙、政治方面主张从速建立国际联合机构。丙、中美经济合作与金融联合之提议及机构之组织。丁、对倭最低限度之条件。戊、倭之海军与机器应多派于我国。己、

---

① 《事略稿本——民国三十二年十一月》，1943年11月1日，台北“国史馆”藏，《蒋中正“总统”文物》，入藏登录号：002000000662A，典藏号：002-060100-00182-001。

② 对于罗斯福总统连电邀请出席盟国会议，蒋介石于11月7日本周反省录记曰：“其诚挚有加无已，殊无可感，此乃对蒙巴顿及史迪威各事之处理允当，令罗知感，所以对余能更进一步之认识，而频增其助华之热忱。此次我国参加四国宣言，完全由其全力所促成，而彼自亦以此获得极大之成功也。”《事略稿本——民国三十二年十一月》，1943年11月2、7日，台北“国史馆”藏，《蒋中正“总统”文物》，入藏登录号：002000000662A，典藏号：002-060100-00182-002、007。

对法问题应加扶助。庚、利用外资之各种经济事业应即拟定名目与办法。①

中方期待借由此次会谈，能对战后的国际组织和新秩序，作一通盘的讨论。而由于中美英苏四国协议，刚刚在莫斯科签订并同步公告，宋美龄与蒋介石对于相关媒体的报道颇为注意，希望通过此来凸显中国国际地位的提升，以鼓舞军民的士气。

不过就在开始准备出访之际，宋美龄因长期的操劳，再次迫病，让蒋介石十分担忧并表示："妻近日心神不安，故目疾痢疾交作，痛苦甚剧。智慧超凡者，其感觉病症亦最灵，是以其痛苦亦甚于常人也，奈何！"② 宋美龄虽然生病，但对于促进中美关系的工作，以及持续调解史迪威的问题，依旧未放松。宋美龄与蒋介石分别在 11 月 5 日和 8 日晚间，讨论史迪威的事情，尤以陈纳德与史迪威两人的冲突情形，"彼二人意见甚深，互相暗斗"，而有意设法调解之。③

宋美龄于 11 月 7 日晚间，在蒋介石和王宠惠、陈布雷等人商谈开罗会议的提案之后，与蒋介石谈到宋子文的事情，蒋介石依旧愤慨不已。④ 11 月 9 日，罗斯福来电，盼蒋介石夫妇一行能于 22 日到达开罗，以便与彼和丘吉尔首相会晤。英相丘吉尔以地主

---

① 《事略稿本——民国三十二年十一月》，1943 年 11 月 2 日，台北"国史馆"藏，《蒋中正"总统"文物》，入藏登录号：002000000662A，典藏号：002-060100-00182-002。

② 对于宋美龄的病情，蒋介石于 11 月 7 日本周反省录又记曰："本周忧戚最甚，然亦转忧为慰之一周也。妻病痢与目疾恐难速愈，彼实为国为家集中心力，以期助成革命也，惟其心急忧甚，所以其病剧增也奈何。"《事略稿本——民国三十二年十一月》，1943 年 11 月 5、7 日，台北"国史馆"藏，《蒋中正"总统"文物》，入藏登录号：002000000662A，典藏号：002-060100-00182-005、007。

③ 《事略稿本——民国三十二年十一月》，1943 年 11 月 8 日，台北"国史馆"藏，《蒋中正"总统"文物》，入藏登录号：002000000662A，典藏号：002-060100-00182-008。

④ 宋子安曾于 11 月 16 日下午，特地到蒋介石官邸谒见，请蒋介石召见宋子文，蒋介石事后自记表示："彼诚幼稚而天真之人也。"《事略稿本——民国三十二年十一月》，1943 年 11 月 7、16 日，台北"国史馆"藏，《蒋中正"总统"文物》，入藏登录号：002000000662A，典藏号：002-060100-00182-007、016。

身份所发的邀请函，亦随后在 11 日抵渝，期盼彼此能早日共商大计，确保同盟国间将来全面之合作。①

11 月 12 日，罗斯福致电，对宋美龄身体违和，表示关切，并“甚望吾辈会晤时，得能完全康复也”。宋美龄在治疗之后，日渐好转，蒋介石于 14 日认为，“妻目疾略愈，或可同赴开罗无碍也”。但因未完全康复，蒋介石又担心曰：“妻痢疾已痊也，而目疾未见进步，无任忧虑！此其忧愤之故，总须使之心神宽裕为第一也。”②

随着罗斯福来函确定会议日期，中方积极准备相关会谈资料，国防最高委员会秘书长王宠惠，在蒋介石的授意下，开始草拟中方预备在开罗会议提出的方案，王宠惠认为应运用此一时机，预先讨论日本无条件投降时应接受的条款。在军事方面，王宠惠认为日本投降后，“一切军舰与商船、飞机、军器以及作战物资，应即听候联合国处置，其中一部分应交与中国”，并完全解除武装。在政治方面，王宠惠分就战犯处理方式、日本归还中国财产及领土内容、承认朝鲜独立和赔偿中国自九一八起一切公私损失等，进行了规划。王宠惠拟议，在战后成立集体安全制度前，先由中、美、英、苏担负维持世界和平之责，并期盼进行国际经济合作与促进外资投资中国。③

除此之外，王宠惠对于美、英等国可能提出的问题，也作了

---

① 《事略稿本——民国三十二年十一月》，1943 年 11 月 9、11 日，台北“国史馆”藏，《蒋中正“总统”文物》，入藏登录号：002000000662A，典藏号：002-060100-00182-009、011。

② 《事略稿本——民国三十二年十一月》，1943 年 11 月 12、14 日，台北“国史馆”藏，《蒋中正“总统”文物》，入藏登录号：002000000662A，典藏号：002-060100-00182-012、014。

③ 王宠惠的草案建议日本应将下列项目归还中国：“(甲) 旅顺大连（两地一切公有财产及建设一并无价偿交与中国）。(乙) 南满铁路与中东铁路（无价交还中国）。(丙) 台湾及澎湖列岛（两处一切公有财产及建设一并无价交与中国）。(丁) 琉球群岛（或划归国际管理或划为非武装区域）。”与蒋介石在 11 月 14 日的记录内容略有不同。《事略稿本——民国三十二年十一月》，1943 年 11 月 14、15、16 日，台北“国史馆”藏，《蒋中正“总统”文物》，入藏登录号：002000000662A，典藏号：002-060100-00182-014、015、016。

预估，特别是与英方之间，王宠惠建议对西藏和九龙香港等问题，均采取“搁置议题”的做法，不要急于解决。王宠惠认为：“九龙为租借地，归还中国固属毫无疑义，惟在英方视之九龙与香港属一问题，而香港为割让地，其法律上地位与九龙不同，似以留待日后解决为宜。”① 宋美龄和蒋介石对丘吉尔的印象虽一直不佳，但为了避免在首次会谈形成僵局，蒋介石认为：“对丘吉尔谈话，除与中、英、美有共同关系之问题外，皆以不谈为宜。如美国从中谈及港九问题、西藏问题、南洋华侨待遇问题等，则照既定原则应之，但不与之争执，如其不能同意，暂作悬案。”② 至于对台湾与琉球归还中国的问题，蒋介石也将之作了区隔，其表示：

> 琉球与台湾在我国历史地位不同，以琉球为一王国，其地位与朝鲜相等，故此次提案对于琉球问题，决定不提，而台湾之收复与暹罗独立问题，乃应由我提出也。③

中方在出访前，核心团队集中商讨对开罗会议的提案，期待在盟国首脑会议中，能争取到更多的权益。

四、参与出访团队

宋美龄于 11 月 18 日上午，陪同蒋介石应美国总统罗斯福及英国首相丘吉尔之邀，启程前往埃及首都开罗。宋美龄偕蒋介石在

---

① 蒋介石于 11 月 12 日拟议于开罗会议应主动提出之主张如下：“（甲）望罗丘对大西洋宪章应用于世界各民族之解释。（乙）联合国战时政治机构限期之组织成立。（丙）中国参加华盛顿参谋团。（丁）反攻缅甸之开始，必须海陆并举，并以海军准备完成之期为标准。”《事略稿本——民国三十二年十一月》，1943 年 11 月 12、16 日，台北“国史馆”藏，《蒋中正“总统”文物》，入藏登录号：002000000262A，典藏号：002-060100-00182-012、016。

② 《事略稿本——民国三十二年十一月》，1943 年 11 月 15 日，台北“国史馆”藏，《蒋中正“总统”文物》，入藏登录号：002000000662A，典藏号：002-060100-00182-015。

③ 《事略稿本——民国三十二年十一月》，1943 年 11 月 15 日，台北“国史馆”藏，《蒋中正“总统”文物》，入藏登录号：002000000662A，典藏号：002-060100-00182-015。

10时后由渝寓出发，随行者有国防最高委员会秘书长王宠惠、军委会办公厅主任商震、侍从室主任林蔚、航委员会主任周至柔、中宣部副部长董显光、军令部第二厅厅长杨宣城、外交部参事郭斌佳、侍卫长俞济时、军委会战地服务团总干事黄仁霖及侍从秘书俞国华等十余人。蒋介石夫妇在11月18日中午12时前到白市驿机场，专机起飞经五小时到达印度阿萨姆州（Assam）之茶埠机场，在美军餐厅略进茶点后，又登机续飞，半夜12时才到阿格拉（Agra），住宿于"薛薛尔"大旅馆①。是日，陈布雷在渝吩咐邮检所，"关于最近委座行动，一律检扣"，以防止蒋介石和宋美龄出访的消息曝光。②

晚餐后，蒋介石接见丘吉尔新派之驻华代表魏亚特，而宋美龄的皮肤病却于此时复发，"其状甚苦，至深夜二时方睡"。③ 蒋介石和宋美龄在行前，为了保守机密起见，并未向每位随行人员透露行程的目的地，出访的团队分乘两架飞机，在不同时间起飞，先行出发的董显光即表示："就在我们登机起飞时，我们只知道飞到印度。到了印度，我们才知道埃及开罗是我们的终站。"④

---

① 《事略稿本——民国三十二年十一月》，1943年11月18日，台北"国史馆"藏，《蒋中正"总统"文物》，入藏登录号：002000000662A，典藏号：002-060100-00182-018。蒋介石原本要宋子文一起参加首脑会议，后因蒋介石对处理史迪威事件的态度转变，而忿斥宋子文并拒见之，并且未言宋子文再参与开罗会议的事务。蒋介石于7月下旬曾电告宋子文曰："罗总统与兄相晤时，未知其有否再提会晤时地，如其未提，则当如其原电预约之期，不必再改。兄仍可先访伦敦，届时共同参预会议，尚有余裕时间也。至于相晤地点，中以为经过俄国西伯利亚赴阿拉斯卡，如不与斯大林约晤，则于中、俄与国际皆受不利之影响，故不如在其他地区为宜。至于究择何地，仍请罗总统拟定电告，如霍普金斯君再谈时，望以此意告之。若罗总统拟提前在八九月间会晤亦可，中无成见，惟须先半月预告也。又兄电所谓战后建议意见，此时不必再用书面建议，以会期不远，俟面商更能详尽也。"《革命文献——同盟国联合作战：开罗会议》，1943年7月21日，台北"国史馆"藏，《蒋中正"总统"文物》，入藏登录号：002000000377A，典藏号：002-020300-00023-006。

② 唐纵：《唐纵失落在大陆的日记》，第351页。

③ 蒋介石于旅次休息时，又思考与罗丘会谈应注重之问题，包括"（甲）国际政治组织。（乙）远东委员会组织。（丙）中英美联合参谋团之组织。（丁）占领地管理方案。（戊）反攻缅甸之总计划。（己）朝鲜独立。（庚）东北与台湾应还我国"。《事略稿本——民国三十二年十一月》，1943年11月18日，台北"国史馆"藏，《蒋中正"总统"文物》，入藏登录号：002000000662A，典藏号：002-060100-00182-018。

④ 董显光：《董显光自传》，第193页。

11 月 19 日，宋美龄身体不适，蒋介石在早餐后召集随员于旅馆草坪上开会，分配各员工作，并于 11 时与王宠惠、郭斌佳等同游泰姬玛哈陵。蒋介石和随员于下午 2 时回到旅馆，在 6 时 30 分由阿格拉起飞，晚间 10 时后到卡拉奇（Karachi），住宿于美空军司令家中，晚餐后 12 时方睡。印度的气候较中国为热，是日，宋美龄的“目疾略减，而皮肤病湿气为患更剧”，蒋介石视之不忍，并“默祷上帝，保佑速痊也”。①

11 月 20 日，宋美龄身体仍未康复，蒋介石于“八时起床，朝课如常”，并于 10 时乘车到“吗雷”空军训练基地，对中美空军官兵与学生训话，并巡视官生宿舍、寝室、讲堂，与中国官生照相后，回寓午餐。傍晚，宋美龄陪着蒋介石同往海滨，散步约一小时后回寓，晚餐后蒋介石见宋美龄“目疾与精神，较昨为佳，甚为快慰”。晚上 11 时，蒋介石夫妇一行续由卡拉奇起飞，不料宋美龄“夜间在飞机上，皮肤病复发且甚剧，几乎终夜未能安眠，面目皆浮肿，其状甚危”，原来是新到的左维明医生，“不知其体质，故误用其药，所以致此”。②

蒋介石夫妇一行人飞往开罗的行程颇为辛苦，随行的秘书俞国华指出：“他们随委员长搭机出国，搭乘的是一般的运输机，飞机上没有加压设备，高空穿越喜马拉雅山时，空气稀薄，温度骤降，气压极低，机上乘员十分难受，颇为痛苦，尤其受罪的是耳朵。”而且“那种军用运输机连正式的座位都没有，只在机身两边搭起长条凳子，大家沿着机身排排坐。另外，机身里摆上一张普通桌子、一张椅子，给委员长专用，如此而已，委员长那时候 56 岁，一样碰到低压、低温、耳鸣等状况”。③ 加上基于安全的考虑，

---

① 《事略稿本——民国三十二年十一月》，1943 年 11 月 19 日，台北“国史馆”藏，《蒋中正“总统”文物》，入藏登录号：002000000662A，典藏号：002-060100-00182-019。

② 《事略稿本——民国三十二年十一月》，1943 年 11 月 20 日，台北“国史馆”藏，《蒋中正“总统”文物》，入藏登录号：002000000662A，典藏号：002-060100-00182-020。

③ 俞国华口述，王骏撰：《财经巨擘——俞国华生涯行脚》，第 180—181 页。

出访的行程必须保密，飞机偶尔需绕行前进，可说备极艰辛。

第三节　周旋美英领袖之间

开罗会议一举让蒋介石和宋美龄在国际舞台与盟国领袖间平起平坐，象征着中国的国际地位得到美、英等盟国的对等看待。中方也借由是次会议，将许多有关战后的政治主张提出讨论，宋美龄抱病周旋其间，积极争取美方的支持。

一、扮演蒋介石影子的角色

基于飞机载客量和保密的因素，中方团队分乘两部飞机，在不同时间起飞，董显光和黄仁霖等人搭乘的前哨机，早先两天抵达印度北部的阿格拉等候续飞命令，直到蒋介石夫妇的座机抵达后，随行成员才知下个目标将飞往开罗。两机在印会合后，一行十多人继续往埃及出发。①

宋美龄于11月20日晚间在飞机上，因医生不明其体质，导致误服药剂，不能安眠，所幸在次日上午“病势渐减，至开罗以前，已将平复矣”。飞机行抵开罗时，天犹未亮，蒋介石夫妇的专机于11月21日7时30分抵开罗市外的培因机场，随即在陈纳德将军的前导下，驱车直穿开罗市区，往开罗西南15公里尼罗河西岸的米勒纳饭店会场，并由会场负责引导的英军官员迎接至第一号别墅下榻，随行人员则分住于二十一及二十七两处宿舍。② 中方的团队在开罗被分派在三所不同的房屋内居住，据董显光描述，“所与所间有相当距离，我住的一所离开蒋委员长住的一所，坐车去也

---

① 参见董显光：《董显光自传》，第193页。

② 蒋介石及夫人住在第一号别墅，王秘书长宠惠、俞侍卫长济时、黄总干事仁霖、陈武官平阶、俞秘书国华等随侍。商主任震、林主任蔚、周主任至柔、杨厅长宣诚、朱武官世明、蔡团员文治、陈组长希曾等，住第二十一号官舍。董副部长显光、郭参事斌佳住第二十七官舍。《事略稿本——民国三十年十一月》，1943年11月21日，台北“国史馆”藏，《蒋中正“总统”文物》，入藏登录号：002000000662A，典藏号：002-060100-00182-021。

要开二十分钟”。①

抵达开罗之后，蒋介石为宋美龄觅医验病，独自到庭院中金松树下静坐凝思，研究相关提案及记事。11 月 21 日下午，蒋介石在树下审阅各方案时，英国驻埃及大使蓝浦森爵士（Miles Wedderburn Lampson，lst Baron Killearn，1880—1964，即吉乐仁子爵 Lord Killearn）突然入院与蒋介石握手，“声称丘吉尔首相已于下午三时半抵开罗，嘱其来告将于五时半前来拜谒”，蒋介石请其暂坐寒暄片刻，并速电董显光立刻至行馆协助，因“蒋委员长对此不速之客，无译人佐谈，面对甚窘”。② 蒋介石考虑丘吉尔身为地主且已先约来见，因此向蓝浦森表示将先行往访，并于下午 6 时半与王宠惠依约往访丘吉尔，双方于丘吉尔行邸相谈约半小时，“颇为融洽且觉比以前所想象者为优也”③。

蒋、丘在首次晤谈中，两人就中苏领导间是否有所往来、反攻缅甸的做法、美国在华空军有无增强可能等议题，进行了广泛的交谈。双方相约次日中午 12 时由丘吉尔回访，丘吉尔及蒙巴顿在临别时，均请蒋介石代向宋美龄致意。④ 对于宋美龄抱病同行，蒋介石“一面感慰，一面忧虑”，随着英美会谈团队陆续抵达开

① 董显光：《董显光自传》，第 193 页。

② 蓝浦森离去后，蒋介石嘱董显光迁往同住，“以便免此窘迫。从此，我在开罗不敢擅离片刻。蒋委员长即在夜间十时也常来我房查核我之未出。我深刻体会到领袖需要译人追随左右之迫切”。董显光：《董显光自传》，第 193—194 页。蓝浦森曾任英国驻华公使，并于 1942 年 2 月 13 日致函蒋介石，对中英“终成盟邦，共同为民主主义之自由，联合对日本作战”，表示欣喜，希望蒋介石和宋美龄能代为接待友人，并推荐英国新闻纪事报记者费立普·伽登，建议让其为中国做一报道，“将五年来为自由及民主主义英勇奋斗之情形报导英国，使英国民众更有完满之认识”，蒋介石随即请董显光作了回复。《对英国外交（三）》，1942 年 2 月 13 日，台北“国史馆”藏，《蒋中正“总统”文物》，入藏登录号：0020000001282A，典藏号：002-080106-00059-011。

③ 《事略稿本——民国三十二年十一月》，1943 年 11 月 21 日，台北“国史馆”藏，《蒋中正“总统”文物》，入藏登录号：002000000662A，典藏号：002-060100-0082-021。

④ 11 月 21 日晚间蒋介石在晚课之后，因白天蓝浦森大使直接到访，无人协助翻译，使其感到措手不及，遂“召集随员训诫，以各高级人员漫无组织，寓中各事几于无人负责，心滋抑郁，再令集事”。《事略稿本——民国三十二年十一月》，1943 年 11 月 21 日，台北“国史馆”藏，《蒋中正“总统”文物》，入藏登录号：002000000662A，典藏号：002-060100-00182-021。

罗，蒋介石再次审阅中方的各个提案，并研究与英美会谈的要旨，期能获取更多的援助与争取战后的权益。①

11月22日上午11时，丘吉尔率领蒙巴顿、魏亚特和二女儿阿利弗（Sarah Churchill，1914—1982）等人，依约拜访蒋介石夫妇，由王宠惠和郭斌佳担任翻译。当丘吉尔第一次见到蒋介石夫妇时，他向宋美龄率直地说道："夫人，我想你一定以为我是一个流氓，一个无赖，一个帝国主义者，只想夺取更多的殖民地，不愿放弃已到手的一切。"宋美龄未加可否，轻描淡写地反问道："为什么你这样肯定地以为我一定这样估计你呢？"②

丘吉尔问候宋美龄的病情曰："夫人目疾如何？余之随从医官如可有效劳之处，请随时见告。"宋美龄答道："荷蒙雅意关怀，无任感谢。"蒋介石接着表示："贵我两国，战时战后，均应澈底合作，故极愿与阁下讨论有关两国之问题，尤其是有关战后合作问题。"丘吉尔对蒋的建议甚表欢迎，指出英方"代表团各级人员有四百之谱，任何问题均可提出讨论，即印度问题亦然"。并以开放的态度，问蒋介石有否提案，双方亦就战后国际组织和议程交换了意见。③

是日下午1时，罗斯福总统私人秘书霍浦金斯到访，通知罗斯福已于上午抵达开罗，遂约定下午5时由蒋介石夫妇前往拜访。由于宋美龄先前在美与罗斯福已交涉多次，双方相晤，一见如故，蒋介石视罗"为一深谋远虑之政治家，自有一种超凡风度乎"，并祝贺莫斯科会议成功，其后双方进行茶会，在场尚有马歇尔、李海将军和霍浦金斯作陪，蒋介石"见夫人在茶会时之应酬与工作

---

① 《事略稿本——民国三十二年十一月》，1943年11月21日，台北"国史馆"藏，《蒋中正"总统"文物》，入藏登录号：002000000662A，典藏号：002-060100-00182-021。

② 《事略稿本——民国三十二年十一月》，1943年11月22日，台北"国史馆"藏，《蒋中正"总统"文物》，入藏登录号：002000000662A，典藏号：002-060100-00182-022。

③ 《事略稿本——民国三十二年十一月》，1943年11月22日，台北"国史馆"藏，《蒋中正"总统"文物》，入藏登录号：002000000662A，典藏号：002-060100-00182-022。

之辛苦，非目睹不能想象，其为国贡献之大也”！由于宋美龄与在场美方高层较为熟悉，加以蒋介石未谙美语，甚少谈话，几乎都是由宋美龄代为交涉，中美领袖首次会晤，进行约一小时后顺利结束。[①]

是日晚间，宋美龄和蒋介石迟迟未见次日的议程通告，蒋介石“甚以丘等所说此会议一由英美参谋团拟定程序，而并未计及中国地位与提案，为可怪也”，遂由宋美龄“间接通知罗总统注重其事”。在罗斯福的授意下，英美参谋团于“深夜重新变更方式为中美英共同会议，但未另组提案会也”。[②] 最后在半夜12时，由商震和林蔚直接往访史迪威，询问是晚在罗斯福处开会结果，才获悉“我方参加人员为委员长及夫人，此外高级将领二、三人”。[③] 英、美虽邀请中方与会，但许多事务仍是以其自身立场作考虑，若非宋美龄向罗斯福提出异议，中方恐怕只能在会议中作旁观者。

11月23日上午，宋美龄陪同蒋介石赴罗斯福行辕（美驻埃及大使馆），出席中、美、英三国领袖第一次会议，中国方面随行与会者有商震主任、林蔚主任和朱世明武官。美国方面出席者为罗斯福总统、李海海军上将、陆军参谋总长马歇尔上将、海军总司令金恩上将、空军总司令安诺德上将、供应官长塞末维尔将军、中国战区联军参谋长兼美军司令史迪威中将和第十四航空队司令陈纳德少将等。英国方面出席者有丘吉尔首相、帝国陆军参谋总长布鲁克上将、海军参谋总长肯宁汉元帅、空军参谋总长波多尔元帅、东南亚盟军总司令蒙巴顿海军上将、驻美军事代表团团长狄尔元帅等。会议于上午11时由罗斯福主持并致辞，罗斯福指出，是项会议为四国宣言之具体化，是历史性之会议，同时代表英国

---

① 董显光回忆道：“罗斯福总统几个月前招待夫人住过白宫，可是还是第一次会见蒋委员长。因此，他们间的晤谈，都是由夫人做了中间介绍人。”董显光：《董显光自传》，第194页。

② 《事略稿本——民国三十二年十一月》，1943年11月22日，台北“国史馆”藏，《蒋中正“总统”文物》，入藏登录号：002000000662A，典藏号：002-060100-00182-022。

③ 《开罗会议（二）》，1943年11月22日，台北“国史馆”藏，《蒋中正“总统”文物》，入藏登录号：002000001245A，典藏号：002-080106-00022-001。

1943 年 11 月 23 日，宋美龄出席开罗会议合影（《蒋中正“总统”文物》，台北“国史馆”藏，典藏号：002-050101-00004-228）

盟友欢迎蒋委员长与蒋夫人。①

此次会议首先讨论反攻缅甸事宜，因此由东南亚盟军总司令蒙巴顿先行说明整个计划，蒙巴顿在报告中，以攻缅为由，有意扩展指挥权和调整对华运输量，蒋介石分别以“此节容考虑后再定”和“中印运输量问题，暂不在此研究可也”，来回避蒙巴顿的要求。② 为了使中方投入攻缅，丘吉尔就各军种的部署方案表示：

> 自意大利海军投降以后，吾人也能抽调一部分海军舰队至孟加拉国湾使用，此舰队将以锡兰岛为根据地，

① 林蔚于 11 月 23 日上午第一次正式会议之前，向蒋介石报告前日与商震、史迪威的谈话内容，蒋介石研阅史迪威所代拟之提案后，甚觉不妥而有意修正。但史迪威在 23 日 10 时与蒋介石谈后，彼仍主提会，蒋介石以该案“未先提商于罗总统，不宜先提于会中，故阻止提出”，此事让蒋介石“上午几乎为此忧虑不置”！《事略稿本——民国三十二年十一月》，1943 年 11 月 23 日，台北“国史馆”藏，《蒋中正“总统”文物》，入藏登录号：002000000662A，典藏号：002-060100-00182-023。

② 《事略稿本——民国三十二年十一月》，1943 年 11 月 23 日，台北“国史馆”藏，《蒋中正“总统”文物》，入藏登录号：002000000662A，典藏号：002-060100-00182-023。

> 除其他配属舰艇外，将以最新式乔治五世级战斗舰二艘、重型战斗巡洋舰一艘 Rehawn 级，备有十五吋口径炮之战斗舰二艘、大型航空母舰四艘、小型航空母舰约十艘，此一力量吾人相信可以超过敌人，所能派遣至孟加拉国湾之任何海军力量。在陆地方面，英军准备十八万人，连同盟军部队共约三十二万人，在数量上已占敌优势，但蒙巴顿将军已说明吾人交通线困难，故特别注意补给，使在数量上占优势者，在质量上亦占优势。至于空军方面，印度皇家空军及美国驻印、驻华空军力量，均相当雄厚，故吾人觉此攻缅甸计划即可开始行动，惟军事最重秘密，故本会议对秘密一层，须特别注意。①

对于丘吉尔详细的说明，蒋介石一面表示欣慰，一面强调缅战制海权和制空权的重要性。蒋介石认为，“攻缅胜利之关键完全在于海军与陆军之配合”，以断绝日军由海上增援与补给，再加上“空军对敌后方交通线不断破坏，则我陆上之进展始能容易而确实”，蒋介石希望罗、丘两人特别注意日本陆军作战之生死关头有三：“一为缅甸，二为华北，三为东北四省”，因此“陆军集中，必须海军同时集中，亦可说陆军集中之日，由海军集中之日而定”。三方领袖又对登陆作战方式、海军集结时机和控制陆路行动据点等，交换看法，直至中午 12 时 20 分才散会。②

随着正式会议的展开，中方的团队分头进行交涉，王宠惠在

---

① 《事略稿本——民国三十二年十一月》，1943 年 11 月 23 日，台北“国史馆”藏，《蒋中正“总统”文物》，入藏登录号：002000000662A，典藏号：002-060100-00182-023。

② 在宋美龄和蒋介石参加完第一次领袖会议之后，蒋介石自记曰：“今日会议情形尚不坏，惟丘对余之要求海军应与陆军同时发动之意见，尚有不能同意之表示，但会中全体人皆已默认余之意见为不二之理，故无不为之动容。”不过，不谙英文让蒋介石颇为懊恼。11 月 23 日下午，蒋介石研究提案并重加修正，感慨“自苦不学英文，而又无英译好手，为困也”。《事略稿本——民国三十二年十一月》，1943 年 11 月 23 日，台北“国史馆”藏，《蒋中正“总统”文物》，藏登录号：002000000662A，典藏号：002-060100-00182-023。

中午负责与吉乐仁（蓝浦森）子爵洽商中英合作问题；下午3时30分，商震、林蔚等人出席在米纳饭店召开的中、美、英联合参谋会议，蒋介石夫妇则在行邸接见来访美、英政军要人；晚间7时30分，宋美龄陪同蒋介石参加罗斯福总统之晚宴，在席间彼此“广泛讨论政治问题，直谈至深夜十一时后告辞”。[①] 由于讨论内容颇多，各项议题一时未能谈完，遂相约次日续谈。蒋介石夫妇将中方所预拟的方案，逐一和美方商讨，是晚所谈获得不少共识，罗斯福并交代霍浦金斯根据讨论的内容，准备起草公报。蒋介石认为，此次交涉，“情形至为圆满”。[②]

① 是项会议美方并无正式记录，日后曾在1956年由董显光提出中文记录文本并翻译供美方参用。另是晚餐会的记录亦有几项不清楚的地方，一是在餐会的名单中有王宠惠，但罗斯福的行程表则未提及；二是在餐会名单中没有罗斯福儿子伊利奥特（Elliott Roosevelt）上校的名字，但是在行程表中却有列名。而中美双边所讨论的议题，依据伊利奥特·罗斯福整理罗斯福总统的资料所述，中方的记录未提及组编联合政府、英国在上海和广东的权益、美方军舰未来优先英方使用中国港口和马来、缅甸与印度的战后地位等。“The First Cairo Conference”, November 23, 1943, *FRUS*, 1943, The Conferences at Cairo and Tehran, pp. 296, 322-325。蒋介石闻悉伊利奥特的说法后，曾于1946年9月19日批评其“杜撰其父在开罗会议时，曾要求在战后与共产党组织联合政府之说”，认为此与事实完全不符。《事略稿本——民国三十五年九月》，1946年9月19日，台北“国史馆”藏，《蒋中正“总统”文物》，入藏登录号：002000000696A，典藏号：002-060100-00216-019。

② 宋美龄和蒋介石在参加罗斯福晚宴返回后，蒋介石将晤谈要旨作一整理：“（一）日本未来之国体问题，罗氏依余主张，待战后由日本人民自决定。（二）共产主义与帝国主义问题为重心，余甚赞罗对俄国共产主义之政策，已得到初步效果为慰，惟属其尚须注重俄国今后之行动与事实为要。明告余对俄则不敢深信也，并希望其对帝国主义之政策亦能运用成功，以解放世界被压迫之人类，方能报酬其美国此次对世界战争之牺［牲］与贡献也。（三）谈领土问题，日攫取中国之土地，如东北四省与台湾、澎湖群岛应该归还中国，惟琉球可由国际机构委托中、美共管，此由余提议，一以安美国之心，二以琉球在甲午以前已属日本，三以此区由美国共管，比归我专有为妥也。（四）日本对华赔偿问题。（五）新疆及其投资问题。（六）俄国对倭参战问题。（七）朝鲜独立问题，余为此事特别注重引起罗之重视，要求其赞助余之主张，使朝鲜人民达成独立之目的。（八）中美联合参谋会议。（九）安南问题，余极端主张战后由中、美扶助其独立，并要求英国赞成。（十）日本投降后旅顺军港归还中国后，可由中、美两国共同使用问题，至对日本本土三岛驻军监视问题，余首言此应由美国主持，如需要中国派兵协助亦可，但彼坚主由中国为主体，此其有深意存也，余亦未便明白表示可否也。”《事略稿本——民国三十二年十一月》，1943年11月23日，台北“国史馆”藏，《蒋中正“总统”文物》，入藏登录号：002000000662A，典藏号：002-060100-00182-023。

二、参与讨论战后问题

11 月 24 日上午 6 时，中方团员蔡文治将英军攻缅作战计划和中方提案，整理后交由商震和林蔚向蒋介石报告，蒋介石对政治方案稿略微修正，并于 10 时交由朱世明译成英文。① 由于对美、英交涉需准备大量的英文稿，此部分蒋介石在幕僚草拟后，多委托由宋美龄协助审定。

是日，美、英代表团的要员，纷纷利用会议的空当，至行邸拜访蒋介石夫妇。24 日上午 10 时 30 分，英国中东军总司令威尔逊上将来访，正午马歇尔和史迪威来见并共进午餐，彼此就攻缅问题再作商讨，蒋介石向马氏表示："对蒙巴顿计划根本反对之意告之，彼甚动容也。"下午 1 时起，塞末维尔将军先行到访，英国地中海空军将领道格拉斯爵士则于 4 时到谒，双方对空军训练作简单的交谈，5 时后，地中海空军统帅德尔特将军前来致意，双方共同希望早日在远东会合，与日军作战。② 下午 3 时 30 分，中、美、英第二次联合参谋会议在米纳饭店开会，继续商讨攻缅计划。由于中方有所坚持，蒙巴顿于傍晚 6 时亲自到访，双方就攻缅计划再行讨论，蒋介石仍坚持"以曼德勒、腊戍为目标之会攻计划，同时维持每月运华一万吨之运输量"的提案内容③，态度丝毫不松动。

傍晚，霍浦金斯携美方所拟会议公报草案交给宋美龄，以征询蒋介石的意见。该草案除废除日本天皇制度之外，其余案完全

---

① 参见秦孝仪主编：《战时外交（三）》，第 518 页。

② 蒋介石对马歇尔的初印象并不佳，蒋介石是日"闻下午马在会场，对我中国态度不良"，而批评"其实此人神态并无军人本色也"。《事略稿本——民国三十二年十一月》，1943 年 11 月 24 日，台北"国史馆"藏，《蒋中正"总统"文物》，入藏登录号：002000000662A，典藏号：002-060100-00182-024。

③ 中方首席代表商震提出对缅作战计划案意见三项："（1）海上须与陆上同时行动。（2）对中国空运输量每月一万吨必须维持。（3）攻缅计划第一期应以曼德勒为目标，第二期应以仰光为目标。"《事略稿本——民国三十二年十一月》，1943 年 11 月 24 日，台北"国史馆"藏，《蒋中正"总统"文物》，入藏登录号：002000000662A，典藏号：002-060100-00182-024。

照蒋介石前晚所提要旨，故对其他内容皆完全同意，霍浦金斯当即照中方的意见修正，蒋介石夸称“甚觉罗斯福对华之诚挚精神，决非浮泛之政治家所能及也”①。

24 日晚间 8 时 30 分，宋美龄陪同蒋介石应丘吉尔之宴，在宴会中丘吉尔与宋美龄多谈笑话，宋美龄亦“以幽默言态应之”。丘吉尔在宴会之前，特别带领蒋介石至地图室，告知“攻缅时期及其海军各种舰艇数字之大略”，丘吉尔透露须待至五月间才能进行登陆，让蒋介石闻之不禁大失所望。丘吉尔于餐宴后，又带蒋介石到地图室，说明各战区海陆空作战之现状，然此非蒋介石所关注议题，蒋介石于内心暗批：“其实此等语，皆为余所厌闻者，而彼乃津津乐道约有一小时之久。”双方最后谈至反攻缅甸时，丘吉尔却不肯详告登陆地点，蒋介石于事后自记曰：“日来与丘氏相见已有四次之多，认其为英国式之政治家，实不失为盎格鲁-塞克逊民族之典型人物，虽其思想与精神气魄不能与罗总统同日而语，而其深谋远虑，老成持重，则现代政治家中实所罕见。”②

11 月 25 日上午 9 时，蒋介石先与商、林二主任讨论军事提案之结束意见。11 时，丘吉尔率同蒙巴顿和艾登等到访，双方先谈反攻缅甸计划，蒋介石仍力劝丘吉尔，“提早其海军登陆时间，方足以补救陆上计划缺点”，丘吉尔虽未如前日之断然拒绝，但亦未明允。中英双边约谈 40 分钟后，即往罗斯福行邸，准备合影留念，众人到场后，三方幕僚分别站列于后侧，罗斯福有意谦让蒋介石坐中位，唯蒋介石坚让不就，并自坐于右侧，丘吉尔则坐于左侧，在三位领袖拍照后，又约宋美龄同坐，一起留下历史的见证。摄

---

① 11 月 24 日晚，王宠惠将会议公报草案译文交由蒋介石审阅，蒋介石略指示修改后核定。《事略稿本——民国三十二年十一月》，1943 年 11 月 24 日，台北“国史馆”藏，《蒋中正“总统”文物》，入藏登录号：002000000662A，典藏号：002-060100-00182-024。

② 《事略稿本——民国三十二年十一月》，1943 年 11 月 24 日，台北“国史馆”藏，《蒋中正“总统”文物》，入藏登录号：002000000662A，典藏号：002-060100-00182-024。

影完毕客散后，宋美龄陪同蒋介石留在罗斯福行邸，向其说明中方所提的政治方案，王宠惠则和霍浦金斯续就公报草案进行讨论，双方晤谈约半小时后，始结束返回行邸。①

是日下午4时，宋美龄再次偕同蒋介石前往罗斯福行邸，参加茶会。双方利用机会，继续洽谈相关议案。会谈完时，罗斯福慨然叹曰，“现在所最成问题，令人痛苦者，就是丘的问题”，罗斯福又面露忧色表示，“英国总不愿中国成为强国”。罗斯福的直言，让蒋介石“觉其情态比上次谈话时，更增亲切也”，双方在茶会交谈近一小时半始结束。蒋介石夫妇回到行邸后，两人商讨对罗斯福提出借款与经济协助案，就相关方式和程序，研究再三，最后决定由宋美龄于次日上午单独前往见罗斯福，“试谈其事，以觇彼之态度，然后再定进退与多寡之计划”。蒋介石认为“在此种重大事件之进行，成败荣辱关头，惟有夫妻二人共商精讨，庶不误事，亦惟此方足以慰藉征途忧患之忱也”。② 由于在正式会议和军事会议中，均为商讨盟国之共同行动与方案，对于急需援助的中方，苦无机会提出援华要求，最后决定由宋美龄私下拜访罗斯福，争取美方增援的可能性。

三、参加商讨经济援助

11月26日上午，宋美龄准备与罗斯福商谈经济援助等事宜，蒋介石则在9时将“救济中国经济之办法”，交由王宠惠和俞国华翻译成英文，并召见史迪威，指示关于继续商讨攻缅计划的办法，请其在该议案尚未商决前，暂留开罗等候结果。10时半，蒙巴顿又前来拜访，蒋介石则于11时召见安诺德、塞末维尔、史迪威、

---

① 中方由王宠惠、商震和林蔚参加摄影。《事略稿本——民国三十二年十一月》，1943年11月25日，台北“国史馆”藏，《蒋中正“总统”文物》，入藏登录号：002000000662A，典藏号：002-060100-00182-025。

② 双方谈话要旨为：“(一) 中美联合参谋会议。(二) 中美政治委员会。(三) 攻缅登陆时期由罗保证提早。(四) 发表公报手续。(五) 第三个三十师之武器供给由中方自动声明。”《事略稿本——民国三十二年十一月》，1943年11月25日，台北“国史馆”藏，《蒋中正“总统”文物》，入藏登录号：002000000662A，典藏号：002-060100-00182-025。

惠勒、史特拉梅耶和陈纳德等将领，会商中国空军补充机数与空运吨位问题。[①] 宋美龄在 11 时 10 分，往访罗斯福，洽商经济援华事宜。[②]

是日中午 12 时，美国海军司令金恩上将由朱世明陪同前来，并与蒋介石夫妇共进午餐，蒋介石将日本海军近年造舰计划和船只吨位资料交给金恩，金恩表示曾因任务到过中国，双方就美国海军概况和中国学生赴美学习海军交换意见。金恩认为，“太平洋今后作战方略，以先接近中国海口，为惟一要务”。蒋介石听闻到金恩的战略观点，颇为称许与感慰。[③]

26 日下午 3 时，宋美龄陪同蒋介石前往罗斯福行邸，续与罗斯福会谈对华借款与中国经济危急之情状，因宋美龄于上午和罗斯福会商时，罗斯福“已允许大纲”，蒋介石“对其允予接济与设法借款之好意，表示感谢”。双方另就外蒙古与唐努乌梁海问题、西藏问题和反攻缅甸时机，进行讨论。罗斯福并不反对海军在缅早日登陆作战，“彼再允保证提早，惟丘一人尚未同意而已”。双方谈至 4 时 30 分时，丘吉尔、艾登、贾德干、美国驻苏大使哈立曼和王宠惠等，完成公报草案商讨与修正，英国外相艾登在会中朗诵一遍，三国领袖均表同意，遂作为定稿，并待罗、丘与斯大林于德黑兰会谈完毕后，再择期公布。宋美龄和蒋介石向罗斯福恳辞道别后，随即赶回第一号别墅举行茶会，在下午 5 时，以主人的身份，招待英美军政高级人员及眷属，表示感谢之意。6 时 30 分，中国驻开罗代办汤武陪同希腊总理晋谒。8 时，

---

① 参见《事略稿本——民国三十二年十一月》，1943 年 11 月 26 日，台北“国史馆”藏，《蒋中正“总统”文物》，入藏登录号：002000000662A，典藏号：002-060100-00182-026。

② 参见秦孝仪主编：《战时外交（三）》，第 521 页。

③ 蒋介石甚至自记表示：“此来所见者，除罗总统之精诚可佩以外，惟金对余为最诚实、最有益之一人，彼少年时早在中国服务，故其对华感情亦佳也。”《事略稿本——民国三十二年十一月》，1943 年 11 月 26 日，台北“国史馆”藏，《蒋中正“总统”文物》，入藏登录号：002000000662A，典藏号：002-060100-00182-026。

霍浦金斯再度来访，并与蒋介石夫妇共进晚餐至9时30分始辞去。[①] 宋美龄整日周旋于美、英政要之间，蒋介石自记曰：

> 今日夫人自11时往访罗总统商谈经济以后，直至霍氏离去，在此十小时间，几乎无一息之暇隙，而且时时皆聚精会神，未能有一语之松弛，故至十时已疲乏不堪，人未见其有如此情状也，彼目疾而兼皮肤病之痛痒，诚非常人所能胜任也。[②]

在宋美龄的努力之下，“罗斯福应允我方之提议，准备以十万万美金拨作维持法币信用之用”[③]。11月26日上午10时，中宣部副部长董显光负责参加新闻会议，各方记者请求能在蒋介石和宋美龄离开罗之前，接见记者一次。董显光则以罗、丘为挡箭牌，声称如果罗、丘延见记者，将会设法安排。董显光并向记者表示，“夫人因开罗气候干燥，体康颇见进步，委座尚未得暇往游金字塔”[④]。暗示蒋介石夫妇将可能安排参观金字塔。

11月27日上午，北非军总司令艾森豪威尔和陈纳德分别到第一号别墅拜访，蒋介石于10时许召集全体随员谈话，决定随行各员分乘两机，王宠惠、郭斌佳和官邸人员同乘一机，其他人员另乘一机，开始准备返程事宜。中午，蒋介石夫妇以午餐招待美国驻希腊大使兼驻埃及公使喀克，王宠惠面询会议公报发表日

---

① 《事略稿本——民国三十二年十一月》，1943年11月26日，台北“国史馆”藏，《蒋中正“总统”文物》，入藏登录号：002000000662A，典藏号：002-060100-00182-026。

② 《事略稿本——民国三十二年十一月》，1943年11月26日，台北“国史馆”藏，《蒋中正“总统”文物》，入藏登录号：002000000662A，典藏号：002-060100-00182-026。

③ 王世杰率领的访英团适过境开罗，王世杰与郭斌佳谈话后，得悉开罗会议成果大致尚佳。王世杰：《王世杰日记》（手稿本）第4册，第199—200页。

④ 秦孝仪主编：《战时外交（三）》，第524页。因11月27日下午安排参观埃及古迹，宋美龄在26日发给秘书陈纯廉300美金、斯绍恺和蔡妈（蔡阿金）各50美元。《开罗会议（二）》，1943年11月26日，台北“国史馆”藏，《蒋中正“总统”文物》，入藏登录号：002000001245A，典藏号：002-080106-00022-002。

1943 年 11 月 27 日，宋美龄参观开罗清真寺（《蒋中正“总统”文物》，台北“国史馆”藏，典藏号：002-050101-00004-230）

期，惟因尚未确定，而约定最迟在发表前 24 小时，通知中国驻埃及代办，以让三国能同步公告。下午，宋美龄和蒋介石“由格林爵士向导，游览金字塔并回教教堂二所，及死城等名胜”，并视察驻埃及使馆后，于 5 时返回寓邸。[①] 晚上 8 时，埃及国王派其内大臣代表致意，中国访英团团长王世杰亦到第一号别墅晋谒，并共进晚餐，蒋介石表示，“此次会议可称满意，丘吉尔态度亦好”。[②] 蒋介石夫妇在晚餐后，“静默祷告如常，夫妻共同虔谢上帝之保佑”。夜间 10 时，宋美龄和蒋介石自行辕出发往机场，并于 11 时半搭乘专机返国，另一批则于次日凌晨 2 时起飞，踏上归程。[③]

飞机在印度时间 11 月 28 日下午 5 时抵达卡拉奇，蒋介石夫妇仍被安排住于前来之原处，宋美龄先陪同蒋介石于海滨散步后，

---

① 《开罗会议（二）》，1943 年 11 月 27 日，台北“国史馆”藏，《蒋中正“总统”文物》，入藏登录号：002000001245A，典藏号：002-080106-00022-001。

② 王世杰：《王世杰日记》（手稿本）第 4 册，第 200 页。

③ 参见《事略稿本——民国三十二年十一月》，1943 年 11 月 27 日，台北“国史馆”藏，《蒋中正“总统”文物》，入藏登录号：002000000662A，典藏号：002-060100-00182-027。

又乘车巡游市区观光，体验当地的民俗风光。① 在开罗会议结束之后，蒋介石于28日的上星期反省录自记曰：

> 本周在开罗逗留共为七日，其间以政治之收获为第一，军事次之，经济又次之，然皆获得相当成就，自信日后更有优良之效果也。此次各种交涉之进行，言论态度与手续皆能有条不紊，故其结果乃能出于预期之上，此其间当有二因，其一为平时之人格所感应之效，其二为余妻协助之力，而其为余任传译与布置之功更大，否则当不能得此大成也。东北四省与台湾、澎湖群岛为已经失去五十年或十二年以上之领土，而能获得美英共同声明归还我国，而且承认朝鲜于战后独立自由，此皆为国民革命之主要目标与期望，而今竟能发表于三国共同声明之中，实为空前未有之外交成功也！②

蒋介石对于宋美龄在会议期间，不辞病苦，穿梭各政要间，协助翻译又取得罗斯福对华经济援助的允诺，获致外交上的大突破，感念在心。

11月29日，专机在卡拉奇停留，蒋介石于上午9时起床，朝课如常，终日在行馆看梁启超所著之《自由谈》，爱不释卷，认为其著作“实多裨益于我民族之复兴，关于常识者尤著称也”。宋美龄则向陈希曾支领了美金5万元兑换罗比16万盾，率同官邸随员在卡拉奇采购用品。宋美龄于傍晚再次陪同蒋介石于海滨散步，晚餐后，蒋介石召见在卡拉奇主持空军训练的李大队

① 参见《事略稿本——民国三十二年十一月》，1943年11月28日，台北“国史馆”藏，《蒋中正“总统”文物》，入藏登录号：002000000662A，典藏号：002-060100-00182-028。

② 蒋介石同时自省曰：“中国如不于此次抗战获得转机，则此后永无解放之日。而中国人才贫乏，三十年内无法取得平等地位。”《事略稿本——民国三十二年十一月》，1943年11月28日，台北“国史馆”藏，《蒋中正“总统”文物》，入藏登录号：002000000662A，典藏号：002-060100-00182-028。

长，“垂询训练近情，并面准每学员补给每日伙食一罗比，以慰之”。①

为了保密起见，蒋介石和宋美龄一行于30日凌晨1时30分起床赶往机场，3时许由卡拉奇起飞，在上午8时后抵蓝姆伽。蒙巴顿亲自迎接至旅馆早餐后，众人乘车约一小时前往蓝姆伽参观，先至史迪威指挥部访问，然后分别巡视营房、战车训练场、炮兵射击场并视察实弹射击。下午2时，蒋介石等人在指挥部新设俱乐部会餐毕后，又到操场对驻蓝姆伽官兵万余人训勉与阅兵，在郑洞国军长的陪同下，得以更了解驻印军队的情况，蒋介石夫妇在5时回到蓝溪机场，是时在印的蒋纬国也赶赴同机返国。②

专机离开蓝姆伽后，于晚间8时半飞抵茶埠，蒋介石和宋美龄随即被邀请前往场长寓所休息，并与孙立人、廖耀湘二师长谈列多前方战况，当面澄清史迪威与蒙巴顿所传华军不力的谣言，并以此意面告宋美龄。蒋介石夫妇一行人于12时30分晚餐后出发登机，不过同机的蒋纬国在下午因疟疾发作，发烧至华氏102度以上，蒋介石见宋美龄殷切探询，颇“引为余平生第一之乐事”。蒋介石与宋美龄途经印度各华军训练基地，发现史迪威对部分华籍将领并不尊重，且未与之详加讨论作战方略，盟国合作作战仍是

---

① 《开罗会议（二）》，1943年11月29日，台北“国史馆”藏，《蒋中正“总统”文物》，入藏登录号：002000001245A，典藏号：002-080106-00022-002。蒋介石对空军训练反思道：“我国空军之不能建立，乃由于干部之无能，思之痛心。”《事略稿本——民国三十二年十一月》，1943年11月29日，台北“国史馆”藏，《蒋中正“总统”文物》，入藏登录号：002000000662A，典藏号：002-060100-00182-029。

② 《事略稿本——民国三十二年十一月》，1943年11月30日，台北“国史馆”藏，《蒋中正“总统”文物》，入藏登录号：002000000662A，典藏号：002-060100-00182-030。

问题重重。①

12月1日是蒋介石和宋美龄的结婚纪念日。上午8时，两人的专机自印度飞抵白市驿机场，并于9时30分安返官邸。重庆各界高度评价开罗会议，随行人员也纷纷传述行程见闻，武官陈平阶向侍从室的同人表示，“委座曾两次表示英国人厉害”；秘书俞国华则表示，“我国向英方提出的要求，英首相初则表示不答应，继则逐步承认。总之非至紧要程度决不轻易答允”。② 虽然英方在开罗会议中还是留给中方不良的印象，但宋美龄和蒋介石与罗、丘等人的合照，随着公报的公布与相关新闻的报道，很快流传到各地；中国在国际上更加被重视，确立了中国“大国”的地位；声明战后收回失土的主张，也让后方的军民有更大的决心持续奋战到底。

---

① 蒋介石于30日上星期反省录中，对于参加开罗会议的经验，作了广泛的省思曰：“（一）开罗三国会议与共声明之发表之成功。（二）对于军事因循苟且之习气渐深，对于外交患得患失之鄙见未净，此时对于外交不能有完全自主独立道，固非运用互利不可，但对于军事正可主动积极进行，奈何亦如此粗疏忽略，而不能自强耶。（三）此去埃及所经各地最大之感想，为英国在世界之势力强固与远大得睽其一般，而以亚、非二洲如此难驯之回教国民，皆使之服从听命其魔力，实为不可思议，不能不令人惊佩，东方各民族欲求自身独立自由，言之何其易也，此后中国如再不能乘机自强，尚何能拯救其他各民族耶？而各民族之独立自由，亦绝对无望矣，奈何！（四）无竞惟人，中国人才绝无，若在此三十年内人才教育未能生效以前，决不能与英美跻于平等之域，更可于此次开罗会议中获得明切之教训，国人多侈谈平等独立，犹不知自求其所以不能平等独立之病因，无耻妄念言之可痛。（五）开罗会议之经验，无论军事经济与政治，英国决不肯牺牲丝毫之利益以济他人，彼对于美国之主张，亦决不肯有所迁就，作报答美国救英之表示，其于中国存亡生死，则更不值顾矣。是以罗总统虽保证其海军在缅甸登岸，必与我陆军一致行动，余明知其不可能而姑且信任之，并不愿以英海军如不同时登陆，则我陆上部队亦停止行动之语出诸吾口，以为其他日推诿之口实，故毫不踌躇而漫应之。然而缅甸反攻时期，此心断定其非至明年秋季决无实施之望也，英国之自私与害人，诚不愧为帝国主义之楷模矣。（六）以罗斯福此次言行及其国民一般之言论与精神，确有协助我中国造成独立与平等地位之诚意也。（七）本月大部精力准备开罗会议之计划与提案之方式，慎重斟酌不敢掉以轻心，幸无贻误，此乃一生事业重要之一也。”《事略稿本——民国三十二年十一月》，1943年11月30日，台北“国史馆”藏，《蒋中正“总统”文物》，入藏登录号：002000000662A，典藏号：002-060100-00182-030。

② 唐纵于12月1日上午前往官邸探望蒋纬国，适遇蒋介石于途，唐纵描述：“委座精神奕奕，毫无风尘倦容。”唐纵：《唐纵失落在大陆的日记》，第353页。

第四节 面对盟军战略的改变

开罗会议的举行，使各国对《开罗宣言》达成了共识，具有重大的历史性意义，亦为中国外交的重大成就。但宋美龄与蒋介石也深知国际政治以权力为基础，蒋介石于开罗会议后向国人昭示："如今后不能发奋图强，则一纸空文仍不足以为凭，必须国人共同努力奋勉，方能确保外交胜利之成果。"①

一、开罗会议公报的公布

宋美龄和蒋介石自开罗会议结束后，经印返渝，抵达重庆之日已是1943年12月1日，恰为两人结婚第16周年纪念日。是日晚间，孔祥熙设宴为其庆祝兼洗尘。② 中、美、英三国于12月3日同步发表开罗会议公报，中国的政治主张，包括承认东北四省、台湾、澎湖群岛于战后归还中国和朝鲜独立等，都得到盟国的支持与确认。中宣部召开记者会，由亲历开罗会议的董显光详加说明会议经过，各大媒体均以大篇幅版面进行报道。③ 对于开罗会议公报的如期发表，蒋介石认为此让"军民精神为之振，此乃国家百年来外交上最大之成功，又为胜利重要之保障，是三十年苦斗之初效也"④。

12月4日中午，宋美龄偕同蒋介石到林园官邸视察，此际各界的道贺声不断，让蒋介石心生忧惧，其自记曰："昨日发表开罗会议公报以后，中外舆情，莫不称颂为中国外交史上空前之胜利，

① 《领导对日抗战——开罗会议编案纪要初稿》，台北"国史馆"藏，《蒋中正"总统"文物》，入藏登录号：002000002155A，典藏号：002-090199-00015-001。

② 蒋介石自记曰："余妻情爱弥笃，悲欢相承，万感交集，余苦无以慰其所怀也。"黄自进、潘光哲编：《蒋中正"总统"五记：爱记》，第304页。

③ 《中美英领袖会议》，《中央日报》（重庆）1943年12月3日。

④ 《事略稿本——民国三十二年十二月》，1943年12月31日，台北"国史馆"藏，《蒋中正"总统"文物》，入藏登录号：002000000663A，典藏号：002-060100-00183-031。

寸衷惟有忧惧也。”① 宋美龄和蒋介石回国之后，开始电谢会议期间所洽晤的政要将领，以持续保持联系。② 宋美龄还以自己的名义致埃及王后电曰：“此次蒋主席偕余前赴贵国，适因贵国王不幸略遭意外，政躬违和，以致未克相见，殊觉怅然，临行前承蒙厚意赠予珍贵名花，深为感蒙，谨布谢忱，并祝贵国国王早日康复也。”③ 宋美龄感谢在开罗受到的款待和协助。对于在开罗会议期间，对中方协助最多的罗斯福，宋美龄亦亲自致函，其电文如下：

> 罗斯福总统勋鉴：委员长与余已于十二月一日晨返抵重庆，于途次曾在喀剌蚩检阅混合部之训练情形，又于蓝姆伽停留一日，检阅各部队与参观战车及炮兵之演习，是日深夜抵达夏坡，并与里多前线指挥之各将领相晤，余等于蓝溪晤及蒙巴顿上将，并偕赴蓝姆伽检阅，委员长对于训练情形，殊为满意，并训勉彼等为将来缅甸战役贡献其最大努力，凡此当为阁下所乐闻。
>
> 自余等返国后，开罗公报业经公布，其提高民心与

---

① 《事略稿本——民国三十二年十二月》，1943 年 12 月 4 日，台北“国史馆”藏，《蒋中正“总统”文物》，入藏登录号：002000000663A，典藏号：002-060100-00183-004。

② 12 月 4 日，宋美龄和蒋介石分别致函给各政要，如电告蒙巴顿勋爵曰：“蒋夫人与余得与阁下再度会晤于开罗良深欣慰，承阁下伴同检阅在蓝姆伽之军队，盛意至感，余深信我等之合作，将日益密切，以实现吾人共同之目标，特电致意。”电吉乐仁（即蓝浦森爵士）子爵曰：“十年久别，一旦重逢，愉快心怀，不言而喻，而蒋夫人与余得与贵夫人首次相会，同深欣慰，甚望阁下与夫人在战争胜利公务稍闲之际能来中国一游共庆联合国家共同之胜利，承葛莱格爵士伴游历史胜迹，请代致谢，顺候起居。”电凯尔克公使曰：“蒋夫人与余此次在阁下驻节之邦，参与成就丰满之会议，得与阁下会晤，极感愉快，希望阁下将来能得暇一游中国也，顺候起居。”电巴特纳将军曰：“蒋夫人与余此前由开罗返国，途次备承殷懃照拂，至为感谢，深信贵将军与我国驻印诸将领，将来对共同敌人发动反攻时，必能以继续加倍之努力，协同作战也。葛莱格先生热心款待，请代致谢忱。”《事略稿本——民国三十二年十二月》，1943 年 12 月 4 日，台北“国史馆”藏，《蒋中正“总统”文物》，入藏登录号：002000000663A，典藏号：002-060100-00183-004。

③ 《革命文献——同盟国联合作战：开罗会议》，1943 年 12 月 4 日，台北“国史馆”藏，《蒋中正“总统”文物》，入藏登录号：002000000377A，典藏号：002-020300-00023-031。

士气之效果，均即迅速显示，而事实上全国皆一致庆祝该会议为一真实之标志，足以领导远东以迄于战后和平，此种明显之程度，实为以往所未见，阁下所布展如此卓越之领导，以及阁下从事人类幸福之伟大精神，乃为敝国各界谈话之主题……阁下无疑犹能忆及，委员长曾郑重相告，以为经济之危机犹过于军事，委员长现正考虑派孔副院长或渠之代表，使授以全权前来华盛顿，与美国政府磋商具体方案，委员长愿知此是否能得阁下之满意，如孔副院长能自来美，自最适宜，如果不能，则彼当派一亲信前来，以代彼也。

关于二万万黄金协议，辱承阁下慨允转言财部，感激之忱，不言而喻，委员长嘱余再谢阁下承允协助稳定法币之厚意。敬候安好！蒋宋美龄。①

宋美龄致函罗斯福，一面推崇其领导和对世界之贡献，一面则提醒其履行对攻缅和对华援助之承诺，同时洽请罗斯福确认是否同意由孔祥熙赴美担任经济代表一职。

开罗会议公报如期发表，伦敦新闻编辑部主笔于 12 月 3 日致宋美龄电曰："兹对开罗会议决议案致贺，并竭诚欢迎夫人与委座对该会议与罗总统、丘首相印象结果之品评"②，希望宋美龄能对开罗会议发表感想。不过蒋介石夫妇的喜悦却很快被常德失陷的战报给冲淡，蒋介石认为"此乃不测之祸，惭惧无已，故周末几乎全为常德军事，忧虑不置也"。③ 在开罗会议期间，各种提案，

---

① 《革命文献——同盟国联合作战：开罗会议》，1943 年 12 月 5 日，台北"国史馆"藏，《蒋中正"总统"文物》，入藏登录号：002000000377A，典藏号：002-020300-00023-036。

② 《开罗会议》，1943 年 12 月 4 日，台北"国史馆"藏，《蒋中正"总统"文物》，入藏登录号：002000002119A，典藏号：002-090105-00011-002。

③ 蒋介石批评曰："军队空虚，官兵不学，指挥无方，军政萎靡腐败，难期振作，殊为前途悲痛也。"《事略稿本——民国三十二年十二月》，1943 年 12 月 5 日，台北"国史馆"藏，《蒋中正"总统"文物》，入藏登录号：002000000663A，典藏号：002-060100-00183-005。

由三国代表先行讨论，对于中方战后的政治规划，“当时英国代表贾德干，对于朝鲜独立问题，坚主不提，而对东北问题，亦只言日本应放弃满洲为度，而不明言归还中国”，后经王宠惠在场力争，加上美方的支持，乃将中方提案通过。不过关于宋美龄参加会议一段，在英方的反对之下，“终被削去，罗总统表示不满之色，我与夫人认为小事不计，实则我夫人之雅量，可嘉焉”。[①]

二、因应盟军攻缅计划的改变

由于开罗会议公报只作原则性的宣示，有关盟国联合反攻缅甸、经济援助中国等共识，对彼此并无强制履行的约束力。在德黑兰会议之后，由于苏联允诺在对德战事结束后，将投入对日作战，此可大幅度减轻美方的兵力投入。相对而言，如在缅甸进行登陆战，不但耗时费力，大量死伤势所难免，因此美方的战略仍持续以欧洲战场为优先。罗斯福于12月7日电告中方，以登陆舰艇不足为由，延后攻缅计划，蒋介石考虑对美应以借款解决经济危机为主，遂于10日电复罗斯福，同意缅战推迟进行。[②]

宋美龄于12月5日给罗斯福的信函，其实就是在提醒美方于开罗的允诺，但没想到抵国门不久，美方即改变对攻缅的想法。蒋介石于19日的上星期反省录记曰：

> 本周主要工作为反攻缅甸延期之决心，此为我国抗战最后成败之惟一关键，蒙巴顿之各种诱惑与史迪威之强柔方法，皆欲强我从其所欲，而对我国之存亡彼等固不之问，或且以我危亡为彼之利也，故余坚持己见不为

---

① 黄自进、潘光哲编：《蒋中正“总统”五记：爱记》，第304页。

② 蒋介石于12月12日上星期反省录中自析曰：“罗斯福电于明春反攻缅甸计划，以登陆船舶不敷，须专用于攻德，故攻缅须展延时期，此在预料之中，如其果能借我巨款，则未始非福也。”《事略稿本——民国三十二年十二月》，1943年12月7、8、10、12日，台北“国史馆”藏，《蒋中正“总统”文物》，入藏登录号：002000000663A，典藏号：002-060100-00183-007、008、010、012。

所动，此实国运隆替之枢机，焉可不慎？焉可从人？[①]

虽然英、美把攻缅置于次要战略部署，但蒙巴顿希望中方能多投入军力，来加强防卫，史迪威则一心一意想要在缅甸战场击退日军，加上握有援华物资的调度权，更是希望中方军力能为其所用。面对外部局势的变化，宋美龄和蒋介石退而期待罗斯福至少能经援中国，故对回函颇费心思。[②]

在中美高层持续折冲的同时，与会的成员在返国后陆续提交报告，相关的交涉内容渐为幕僚所知，陈布雷即向干部表示：

> 此次开罗会议，我方所提出之各项政治要求，满州问题，其初英方不表赞同，谓此与苏联有关，应与苏联共同协商。朝鲜问题，其初英方亦不赞成，谓将影响其他民族，经力争，并得美方之支持，始通过。西藏问题，王亮畴曾与英方谈及，英方颇持异议，谓西藏地方，中国政府承认其自治。至于香港问题，我方未提，但罗斯福向委座夫人表示，战后香港当成为国际自由港，此为既定之成案，战后一定宣布，请为放心。经济问题，罗斯福总统曾允借给十万万美金，以为收回法币之用。但具体办法，尚未决定，以避免国会通过为原则。[③]

由于英国是时尚不愿讨论战后殖民地的归属问题，罗斯福只是口头向宋美龄允诺在战后支持香港成为自由港，并未在开罗会议上得到英方的确认，而罗斯福允借的贷款，亦须双方进一步商谈。

---

① 《事略稿本——民国三十二年十二月》，1943 年 12 月 19 日，台北“国史馆”藏，《蒋中正“总统”文物》，入藏登录号：002000000663A，典藏号：002-060100-00183-019。

② 《事略稿本——民国三十二年十二月》，1943 年 12 月 19 日，台北“国史馆”藏，《蒋中正“总统”文物》，入藏登录号：002000000663A，典藏号：002-060100-00183-019。

③ 唐纵：《唐纵失落在大陆的日记》，第 355 页。

12 月 24 日，国民政府明令颁赠青天白日勋章予宋美龄，表彰她为国宣传与奔走争取援助的贡献。[①] 是日，贺恩参谋长致一备忘录给宋美龄，将盟军在缅甸的军力部署情形透露给中方，希望中方继续支持兵力，准备反攻。[②] 对于美国此一做法，蒋介石不以为然地评析曰："自罗福斯电称攻缅展期之后，一面又来催促我派兵出击，协助蒙巴顿作战，而蒙则视战事如儿戏，以为吾人为可欺，种种欺诱强制，必使我军从其所欲，单独牺牲，然后方安其心，英人用心狡险已极，若非示以至诚与决心，则必为其所陷害矣，本月以此事为成败最大之关键，卒能自主不惑，未所动甚。"[③] 在开罗会议中，中、美、英三方为了军事合作，在反攻缅甸的议题上，作了非常详尽的讨论，但英方对海军的部署和发动的时机，始终不愿明确地告知中方，加上罗斯福来函推迟作战时间，中方在没有必胜的把握下，宋美龄和蒋介石改变对美的外交重点，不再力促其支持攻缅，而转以争取经济援助为优先。而因史迪威问题被蒋介石拒见，错失参与开罗会议的宋子文，在几经致力改善

① 《事略稿本——民国三十二年十二月》，1943 年 12 月 24 日，台北"国史馆"藏，《蒋中正"总统"文物》，入藏登录号：002000000663A，典藏号：002-060100-00183-024。

② 该电函译文如下："昨日午后接获下列报告，似其中若干最近所增之部队，恐为委员长所未悉，兹谨转陈鉴察。(一) 北缅——十二万（此项包括远征军约八万名）。(二) 南缅——二十万。(三) 海空军及交通线之部队，以及长距离突击部队均未包括上述部队之内。(1) 集中海空军之力量，协助三万部队之有力海陆战当可制胜，惟所感困难者，则在登陆之舰艇。(2) 交通线部队总数为四十万。(3) 长距离突击部队总数为二万五千。(4) 此三万名海陆两栖战之部队为英军，长距离突击部队系英美混合军，至参加缅甸南部其他之攻胜，三分之一为英军，其余为印度军，至蒙巴顿勋爵对于上述部队之作战计划，则尚未闻悉。"《事略稿本——民国三十二年十二月》，1943 年 12 月 24 日，台北"国史馆"藏，《蒋中正"总统"文物》，入藏登录号：002000000663A，典藏号：002-060100-00183-024。

③ 在转变对缅战的态度之后，蒋介石于 26 日上星期反省录中自剖心境曰："(一) 本周心神澹定，时有本然自得之象，反省之间，时以俯仰无愧为慰，自为人生之至乐也。(二) 复罗斯福总统电能反复检讨，以究互乎其极，并无如往日事后懊悔之病，亦一进步也。"《事略稿本——民国三十二年十二月》，1943 年 12 月 26、31 日，台北"国史馆"藏，《蒋中正"总统"文物》，入藏登录号：002000000663A，典藏号：002-060100-00183-026、031。

关系后，终在圣诞节前夕化解僵局。① 蒋介石表示："对子文训斥以后，拒而不理者已逾二月，本周得其悔书之痛切表示，乃于圣诞前夕为其西安共同患难之关系，准予相见，以示宽容。"②

在宋美龄不辞辛劳地奔波斡旋和演说下，中国于1943年间的外交与宣传工作有了很大的进展，大幅度提高了其国际知名度，也使中国的国际地位备受重视。蒋介石对此表示：

> 自妻在美国两院演讲各地宣传以后，国家地位与外交形势，为之大变，而英国嫉忌阴谋破坏，亦无所不用其极，直至本年十月间，莫斯科四国宣言发表以前，英与俄对我侮蔑奚落，几难忍受，卒至最后四国宣言与开罗公报发表以后，外交上二十年来之奋斗，方收功效，此乃忍辱负重默祷潜移之效果也，本年自一月英美平等新约订立，乃至美国对华限制移民法案撤销案之通过，以及开罗公报东三省与台湾归还中国，加之战后朝鲜独立之声明以后，我国次殖民地之地位，与百年来所受之国耻与污辱，已一笔勾销，扫除尽净，然而欲求得真正平等与独立自由之地位，非在此后二十年内加倍努力与奋斗，则尚难取得也。③

---

① 吴国桢曾建议宋子文找宋美龄为其说项，但宋子文表示："You know I would never do that!"（你知道，我平生不做这种事的!）吴国桢最后建议宋子文找陈芷町代笔，"一面自承错误，一面重誓忠悫"，该函起首数句，"介兄钧鉴：文于钧座，情同骨肉，谊实君臣……"，蒋介石接函后于圣诞节前夕接见宋子文。吴国桢后又建议宋子文邀一资深重臣于元旦同往蒋邸贺年。1944年元旦，宋子文由戴季陶和吴国桢陪同到蒋府贺年，吴国桢不久即"向蒋鞠躬告辞，以便他三人可以随意闲谈"，蒋、宋两人关系遂渐恢复。参见吴国桢手稿，黄卓群口述，刘永昌整理：《吴国桢传》（下册），第404—406页。

② 《事略稿本——民国三十二年十二月》，1943年12月26日，台北"国史馆"藏，《蒋中正"总统"文物》，入藏登录号：002000000663A，典藏号：002-060100-00183-026。

③ 《事略稿本——民国三十二年十二月》，1943年12月31日，台北"国史馆"藏，《蒋中正"总统"文物》，入藏登录号：002000000663A，典藏号：002-060100-00183-031。

宋美龄自1942年春到1943年冬，行迹遍及亚、美、非洲，其所接触的国际政军要人和社会贤达，远远超过一般国家领袖和外交官，其所交涉的事务涵盖政军经社各个层面，从盟军合作到社会救助，其对中国的贡献可说是既深且广。

三、蒋介石协助修改访美讲稿

1944年1月1日上午9时，国民政府中枢东向遥祭孙中山，又于大礼堂举行元旦团拜。中午，宋美龄陪同蒋介石、蒋经国到孔祥熙宅邸餐叙，欢聚一堂互贺新年。宋美龄自开罗会议结束返国后，因连日协助处理对外电函，无暇休养，健康情形仍欠佳，加以美方的态度渐转强硬，对美交涉又更费心力。罗斯福复电于1月11日抵渝，其以美国财政部意见，认为此时无贷款中国之必要，借词延宕先前在开罗对宋美龄允诺贷华十亿美元，解决中国经济困难的承诺。[①]

1月14日傍晚，宋美龄陪同蒋介石到九龙坡巡视，但宋美龄的身体日弱，让蒋介石不胜忧虑。[②] 15日，罗斯福来电表示，对于中方“以最大之努力，尽所有之人力、物力，赶速完成成都区长距离轰炸机场一节，无任欣慰”。罗斯福以军品接济，要求中方派“滇西部队，尽力进逼，配合蒙巴顿上将自印度之攻势”[③]，此有如强要中方接受其指令，不禁令人感叹国际外交终究难脱现实权力问题。

宋美龄在重庆也经常随着蒋介石巡视各地，1月18日下午，宋美龄陪着蒋介石莅临中央图书馆，参观北平故宫博物院的书画展览，由中央图书馆馆长蒋复璁、博物院院长马衡，带引至各陈

---

① 参见秦孝仪主编：《蒋公大事长编初稿》卷5下册，第471页。

② 参见《事略稿本——民国三十三年一月》，1944年1月14日，台北“国史馆”藏，《蒋中正“总统”文物》，入藏登录号：002000000664A，典藏号：002-060100-00184-014。

③ 蒋介石自记曰：“此虽为其参谋部所拟之稿，而非出于其本意，然亦可知其对华藐视之态度矣！惜接此电适在余复其财政借款一电之后，未能重责以大义，于此益觉余昨日覆电坚决态度之不为过也。国际间只有强权与威信，吾惟有以威信对强权也。”秦孝仪主编：《蒋公大事长编初稿》卷5下册，第472—473页。

列室参观。蒋介石“对于岳飞、方孝孺、王守仁之遗墨，道济、王麓台合绘之竹石画，及大理国之佛像，浏览甚久，极为珍视”，蒋介石夫妇并至阅览室、影片室、资料室等处巡视，逗留约一小时后，返回官邸。[①] 为了缓和战时的紧张压力，宋美龄于 21 日下午，陪同蒋介石至汪园游览，再乘车至广阳坝，饱览山水风光，始返黄山，在略进茶点后，又回到重庆市区工作。晚间，孔祥熙到官邸商讨预算和对美财政部回复事宜。[②]

由于美方有意改变借款方式，中方对改善财经问题的期待，又再告延宕。蒋介石于 11 月 22 日考虑向美国借款交涉问题时表示：“此事余自反而缩，配义与道，无是馁也。惟对罗斯福总统个人之情感，或有损失，乃为不宜耳。”因罗斯福夫妇过去与蒋介石夫妇已常有联系，尤以宋美龄在美期间多受关照，虽中方有现实的困境，面对美方在攻缅和贷款上转为强硬的态度，蒋介石夫妇仍不愿反责美方。因此遂由孔祥熙直接与美国财政部部长摩根索（Henry Morgenthau，Jr.，1891—1967）联络，只是摩根索的态度亦颇强硬，蒋介石不禁批评其“威胁与侮蔑之态度，令人难堪”。[③]

1 月 24 日适逢农历除夕，宋美龄和蒋介石于晚间到孔祥熙寓邸共进年夜饭。次日农历春节，蒋介石夫妇则邀请宋、孔诸亲戚晚宴，同贺新年。[④] 26 日，驻美大使魏道明自华盛顿返国述职，报告美、英、苏三国领袖在德黑兰会议的情形，透露“斯大林要在

---

① 《事略稿本——民国三十三年一月》，1944 年 1 月 18 日，台北“国史馆”藏，《蒋中正“总统”文物》，入藏登录号：002000000664A，典藏号：002-060100-00184-018。

② 参见《事略稿本——民国三十三年一月》，1944 年 1 月 21 日，台北“国史馆”藏，《蒋中正“总统”文物》，入藏登录号：002000000664A，典藏号：002-060100-00184-021。

③ 蒋介石于 11 月 22 日本星期反省录中评析道：“对美借款交涉，罗斯福尚未复电，彼或以余电措词太硬，然其所来两电，亦皆用强制与侮辱之态度，余不过对之抗议而已，殊无愧色，惟关于维持其个人感情之重要，亦不能忽视也。”《事略稿本——民国三十三年一月》，1944 年 1 月 22 日，台北“国史馆”藏，《蒋中正“总统”文物》，入藏登录号：002000000664A，典藏号：002-060100-00184-022。

④ 参见《事略稿本——民国三十三年一月》，1944 年 1 月 24、25 日，台北“国史馆”藏，《蒋中正“总统”文物》，入藏登录号：002000000664A，典藏号：002-060100-00184-024、025。

远东得一不冻港之出口”，且罗斯福以“将来大连可作为自由港，俄国亦可自由出入之言告之”。是日，罗斯福复电，表示了解中国经济因抗战恶化之情形，欢迎孔祥熙赴美洽商财经问题，并由史迪威和驻华大使高思代表美方商讨在华美军费用问题。①

在获得罗斯福的回复之后，孔祥熙于1943年2月初开始与美国大使高思协商在华美军费用问题，并电请罗斯福支持在11月之前对缅发动海、陆作战。2月3日接近中午时，宋美龄陪同蒋介石自九龙坡搭机飞往桂林，并辗转至南岳，驻节于磨镜台，准备召开军事会议。为了纾解压力，宋美龄和侄女孔令伟陪同蒋介石在南岳揽胜。5日晚间，在蒋介石在看书后，三人聚集闲谈至9时半，才各自休息。6日下午4时后，宋美龄和孔令伟陪蒋介石至图书馆巡视，并参观南岳庙，徒步前往乘车而回，浏览山间风光。②

宋美龄自美返国之后，不只美国国会将其演说内容正式出版，中方各界亦有呼吁出版中文本者。由于宋美龄和蒋介石对于文稿均十分讲究，相关的演说译稿，两人均亲自过目审阅。2月7日上午，蒋介石利用在南岳的空闲时间，替宋美龄修正部分在纽约麦迪逊广场的演说文稿。下午，宋美龄伴同蒋介石登金鸡林，“经福严寺入磨镜台，略进茶点后，至怀让祖师墓前凭吊，下山回圣经学校，再为夫人修改讲稿”。此次出行南岳，宋美龄携小瓶之辣椒酱以饷蒋介石，蒋介石回忆起“十四岁在榆林就读时，先慈每以自制之辣椒酱及猪油各一小瓶，命余携往佐餐，其味津津无穷，呜呼！此情此景不可复得矣”。③

2月8日适逢元宵佳节，蒋介石于上午为宋美龄修正其在母校

---

① 秦孝仪主编：《蒋公大事长编初稿》卷5下册，第475—477页。蒋介石于29日本星期反省录中表示：“对美交涉，当未获罗斯福总统复电以前，忧郁异常，而今后对罗之态度，应明确坚定，不可随人转移，是为重要政策之一也。”《事略稿本——民国三十三年一月》，1944年1月29日，台北“国史馆”藏，《蒋中正“总统”文物》，入藏登录号：002000000664A，典藏号：002-060100-00184-029。

② 参见秦孝仪主编：《蒋公大事长编初稿》卷5下册，第479页。

③ 《事略稿本——民国三十三年二月》，1944年2月7日，台北“国史馆”藏，《蒋中正“总统”文物》，入藏登录号：002000000665A，典藏号：002-060100-00185-007。

韦尔斯利大学的演说稿，下午，宋美龄和孔令伟陪同蒋介石赴衡阳城，观赏上元灯火，然蒋介石觉得“并无当年火树银花之盛况，为之感叹不置”。[①] 次日，蒋经国致电宋美龄表示，因辖区正在召开行政会议，未便远离前往衡山请安。[②] 10日，蒋介石主持第四次南岳军事会议开幕，连日会议和听取各区报告之后，宋美龄和孔令伟于12日下午，偕同蒋介石乘车，“自岳庙东侧登山，在半山亭远眺，层峦耸翠，风景怡人，再绕至磨镜台，进茶点毕，循南台寺前回行馆”。[③] 在南岳军事会议期间，蒋介石夫妇接获罗斯福的来电，表示“将派遣观察团至陕北、山西及华北各地侦察敌情”，美方有意运用共产党军队加入抗战，蒋介石认为：“此诚为一严重问题，吾人惟有以事实证明，与真诚对之耳!”[④] 14日下午，南岳军事会议闭幕结束。次日中午，蒋介石夫妇离开南岳，到衡阳搭乘火车西行，车行间宋美龄与蒋介石闲谈，夫妻两人同感“能力渺小，不足以副民众与世人之所期，言之愧怍无已！继又谈及新生活运动之重要”[⑤]。蒋介石夫妇长期推动新生活运动，以期能改造中国社会，转眼即将十周年，唯抗战困苦，只能继续号召，持续改善国民生活。

---

① 《事略稿本——民国三十三年二月》，1944年2月8日，台北“国史馆”藏，《蒋中正“总统”文物》，入藏登录号：002000000665A，典藏号：002-060100-00185-008。

② 《一般资料——蒋经国致宋美龄文电资料》，1944年2月9日，台北“国史馆”藏，《蒋中正“总统”文物》，入藏登录号：002000002017A，典藏号：002-080200-00628-014。

③ 《事略稿本——民国三十三年二月》，1944年2月12日，台北“国史馆”藏，《蒋中正“总统”文物》，入藏登录号：002000000665A，典藏号：002-060100-00185-012。

④ 蒋介石于2月29日本月反省录中表示：“共党对美之宣传几乎成功，驻华外国记者要求准赴陕北共区考察，此与罗斯福总统电商派考察团，往陕北、山西侦察华北敌情事同一作用，余对罗斯福派员一节则婉拒其进入延安，盖防美政府公开与共党发生关系也。至对外国记者则允其前往，以释外人之疑，此一政策实为共党意料所不及，将来实地调查之结果如何虽不可知，但决不致比现在之形势更有利于共党也。”秦孝仪主编：《蒋公大事长编初稿》卷5下册，第482页。

⑤ 《事略稿本——民国三十三年二月》，1944年2月15日，台北“国史馆”藏，《蒋中正“总统”文物》，入藏登录号：002000000665A，典藏号：002-060100-00185-015。

蒋介石夫妇于2月17日在桂林午餐，是时宋美龄虽患伤风，仍力疾前往空军基地，慰劳中美空军官兵。是日，宋美龄致函罗斯福谓：“委员长与余适由湖南前线视察完毕，现正在归途中。委员长与此间军事领袖共同集会五日，不以每晚敌机轰炸邻近为虑也。于此次旅行中，余尝视察美军所驻空军基地数处”。宋美龄对中、美军事合作情形表示肯定，但也恳切地转答了中国财政经济迫需援助，无法接受美国财政部所提出的解决在华美军费用方案，希望除了由孔祥熙前往洽商之外，美方能“派遣负责代表，来华洽商中国经济、财政危急问题，俾得具体解决”。①

宋美龄在2月底因“湿症增剧，手臂发肿，痛痒难忍，彻夜不得安眠”，蒋介石以重庆气候不适宜宋美龄养病，“因决促其赴昆明休养，而夫人依恋不忍离家，情爱之笃难以言喻”，然蒋介石“不愿其再受如此之痛苦，乃即准备飞机，强其赴昆也”。蒋介石于29日下午送夫人至九龙铺机场搭机，专机于3时15分起飞，6时前即安抵昆明，以专心养病。②

3月3日，罗斯福回复宋美龄2月中旬的信函，罗斯福希望美军在华联系仍应取决于史迪威，盼美军在华军费能早日商获协议，但对援华事项并无确切承诺。次日下午，蒋介石手书致夫人函，蒋介石“手钞真美歌，以祝夫人四十六岁诞辰”。③ 不过宋美龄赴昆明养疴却不见好转，甚至病情加剧而难以安眠，令蒋介石颇为

---

① 《革命文献——对美外交：财经援助（二）》，1944年2月17日，台北“国史馆”藏，《蒋中正“总统”文物》，入藏登录号：002000000385A，典藏号：002-020300-00031-041。

② 《事略稿本——民国三十三年二月》，1944年2月29日，台北“国史馆”藏，《蒋中正“总统”文物》，入藏登录号：002000000665A，典藏号：002-060100-00185-029。

③ 《事略稿本——民国三十三年三月》，1944年3月3、4日，台北“国史馆”藏，《蒋中正“总统”文物》，入藏登录号：002000000666A，典藏号：002-060100-00186-003、004。

忧心。[1] 5 日，蒋经国致电向宋美龄祝贺："诞辰康宁，万福金安！"[2] 因宋美龄在昆养病，蒋介石无法陪其庆生，遂自记曰："本月六日即旧历二月十二日为妻四十六岁诞辰，适其因病在滇休养，未能团聚，心甚不安，独居寡欢，寂寞极矣！"[3] 宋美龄直至 3 月 15 日，才自昆明返渝，但其病情并未好转，几日后"病况加剧，痛痒异甚，夜间又不能安眠"。[4] 蒋介石夫妇面对外交、军事和财经的庞大压力，心情与身体健康都受影响，当非一般人所能体会。[5]

1943 年 3 月间，苏联军机多次借故炸射新疆军队，中方致函罗斯福，期待其能出面调解。然 4 月 4 日晚间，史迪威指挥部参谋长贺恩将军转呈罗斯福 3 日来电，促中方云南部队攻缅，该电文措辞强硬地表示：

阁下之远征军，具有美国之装备，未能前进，以攻击现已力竭之敌第五十六师团，此实使余难以了解……

---

① 蒋介石自记曰："近日可忧之事，当以此为甚也！"《事略稿本——民国三十三年三月》，1944 年 3 月 10 日，台北"国史馆"藏，《蒋中正"总统"文物》，入藏登录号：002000000666A，典藏号：002-060100-00186-010。

② 《蒋中正致宋美龄函（五）》，1944 年 3 月 5 日，台北"国史馆"藏，《蒋中正"总统"文物》，入藏登录号：002000000464A，典藏号：002-040100-00005-053。该函原件为蒋介石手稿。蒋经国于 3 月 11 日自赣县致电表示："父母亲大人膝下：母亲诞辰，儿适在乡间视察，未曾贺祝，罪甚！敬祝双亲大人福体康健，精神胜常！儿经国媳芳良孙孝文孝章谨叩。"《一般资料——蒋经国致蒋中正文电资料（二）》，1944 年 3 月 11 日，台北"国史馆"藏，《蒋中正"总统"文物》，入藏登录号：002000002014A，典藏号：002-080200-00625-039。

③ 《事略稿本——民国三十三年三月》，1944 年 3 月 11 日本星期反省录，台北"国史馆"藏，《蒋中正"总统"文物》，入藏登录号：002000000666A，典藏号：002-060100-00186-011。

④ 《事略稿本——民国三十三年三月》，1944 年 3 月 21 日，台北"国史馆"藏，《蒋中正"总统"文物》，入藏登录号：002000000666A，典藏号：002-060100-00186-021。

⑤ 由于罗斯福致电要求中方云南部队攻缅，且"必欲派员视察延安，实行联络共党"，蒋介石认为此系"为牵制我中央政府之计也，其用心甚险"，整体对美外交渐趋不利形势，蒋介石自勉"此时惟有自立自主，勿使军事失败，则独立不倚，无求于人，彼亦无奈何我也"。蒋介石于 25 日本星期反省录中表示："本周为对美外交，痛其压迫态度与欺诈手段之难受，尤以租借法案之武器，不许中国稍有通融之权，最堪痛心，故毫无欢乐可言。又以喉症加剧，夜难安眠，妻病未愈更觉沉闷。"秦孝仪主编：《蒋公大事长编初稿》卷 5 下册，第 500 页。

> 去年吾人装备并训练阁下之远征军，现正当利用此机会，如彼等不能用之于共同作战，则吾人尽其最大之努力，空运武器与供给教官，为无意义矣。[①]

罗斯福的电函直接要求远征军发动攻击，并语含批评之意，此使蒋介石夫妇颇为难堪，蒋介石认为“此电必为其军部所主拟之稿件，但现在非与之驳斥之时，应忍耐暂不置复，以观其后也”。宋美龄则于6日约见贺恩谈话，“明告以美国此种压迫行动，实非中国所能忍受也”[②]，并于7日致电史迪威，表示：

> 四月四日总统致委员长之电，阅后至为不安，以该电之如此措词，余恐其将使吾人共同企求之目的未克达成，因之于希望阁下设法向华府主拟此电稿之人员，指明此意，盖当此紧急之际，应竭尽全力，以巩固中美之邦谊，以促使吾人共同胜利之早日来临，阁下当知余素为中美之间获得更多之了解，与更密切之合作，以及消除彼此之平而努力，故余实无庸对此电之动机再加宣述矣。[③]

---

① 秦孝仪主编：《蒋公大事长编初稿》卷5下册，第503—504页。

② 秦孝仪主编：《蒋公大事长编初稿》卷5下册，第505页。

③ 蒋介石于8日本星期反省录中表示：“（一）本周内忧外患，最为严重，然事已至此，只可求之在我，而外物之压迫凌辱，则一笑置之，切勿为人之好恶喜怒所转移，此时军事政治，皆有自立之道，即经济上亦可急谋自给，是贫贱忧戚，未始非玉汝于成也，吾何以此为虑。（二）对俄国横暴之来，能忍痛自制，在形式上虽示弱太甚，然而对外处境，惟此一途，如我果与之据理争胜，则被俄更觉有隙可乘，而我无外援，势必陷于绝境，俄如再进一步作乱，美必袖手旁观，所谓盟誓与约言，实皆为强权所利用而已。（三）美总统罗斯福责问我滇西不出击之电，其意在乘俄侵华之机，而彼再加以压力，使我对彼屈服，至我致彼电文，通告俄国对华横暴实情之经过，仅望其表示态度耳，乃时已六日，尚未得其复电，如竟置之不复，则彼之狡蛮，比之俄国所与我之威胁为尤甚，但余对其横逆责问之电，必不作复，决不为其威力所屈服，以建立我国家之人格也。”《事略稿本——民国三十三年四月》，1944年4月7、8日，台北“国史馆”藏，《蒋中正“总统”文物》，入藏登录号：002000000667A，典藏号：002-060100-00187-007、008。

由于蒋介石因连日风寒未愈，情绪颇受影响，加以如用蒋介石名义回应美方，恐陷入更不利局面。宋美龄通过其个人渠道，以其名义向在华美籍将领，表达对罗斯福3日电函措辞的不满，希望双方仍应竭尽全力，促使共同胜利之早日来临。

第五节　迎接华莱士访华

1944年4月12日，美国新闻处发表美副总统华莱士即将访问中国的新闻，《华盛顿邮报》于是日报道称，“副总统华莱士访问中国，应利用其官方资格，促进中国各派系间之团结，设法使中国各将领在蒋委员长领导之下团结一致，此行亦以答聘蒋夫人最近之访美一事，预料彼并将在本年内访问苏联”[①]。华莱士访华的讯息，很快就传回重庆政坛，各界开始猜测华莱士访华的动机，宋美龄也协助蒋介石准备迎接华莱士的到访。

一、具函邀请华莱士访华

中国驻美公使刘锴于4月12日自华盛顿电告重庆外交部：“美副总统访华消息，昨电略陈。顷询据美国外部称，副总统曾与该部洽商此事，其本人用意在访问中国政府领袖，观察中国农业状况及视察在华美军情形，但行程与详细计划，尚未商定，昨日该项消息宣布未免过早。”刘锴表示，美国各方对华莱士之行亦揣测不一。[②]14日，刘锴急电重庆外交部，报告其与华莱士晤谈的情形，其电曰：

> 今午晤副总统，对我政府欢迎之意，彼甚感谢。谓访华消息先从加拿大方面公开，此间英报通讯员登伦敦

---

① 本电系以中央通讯社总社稿纸用毛笔书写。《革命文献——对美外交：华莱士访华》，1944年4月12日，台北“国史馆”藏，《蒋中正“总统”文物》，入藏登录号：002000000392A，典藏号：002-020300-00038-001。

② 《革命文献——对美外交：华莱士访华》，1944年4月12日，台北“国史馆”藏，《蒋中正“总统”文物》，入藏登录号：002000000392A，典藏号：002-020300-00038-001。

> 电稿，为美方检查员扣留，遂致各报记者纷纷来询。彼仅答以希望夏间赴华一行，此事本应在白宫宣布云云。其意即解释事前未先洽我方，及各报揣测之不确实。关于行程拟于月底启行，预计六月十五日左右抵渝，在华约留十日，在渝三日即往视察美国军队，如有机会，并拟参观各地农业……又谓拟约拉铁摩尔（Lattimore）氏及美外部职员一人同行，上述行程请我方保守秘密。嘱代候部长，并请转向主席及夫人致敬。①

刘锴拜访华莱士之后，探询其访华动机、初步的行程规划和随行成员之背景，免于中方无谓之猜测。宋美龄随即于4月15日致电华莱士，表示中方欢迎之意，其电曰：

> 闻阁下将负访华之行，主席与吾无任欣喜，兹先致热忱之欢迎，并希阁下能在渝为敝处之上宾也。②

因宋美龄访美时，华莱士即曾带引参访参议院，双方多所交谊，此次遂由宋美龄代表中方对华莱士的访华表示欢迎之意，也化解美方先行发布消息的尴尬。

在以宋美龄的名义发出邀函之后，蒋介石于此际对美的观感，则处于矛盾的状态。一方面，蒋介石认为“美英对我国之舆论与侮辱程度，以本月为甚。外交环境，至本月可谓恶劣已极，此为自太平洋战争发生以来，未有之险象”，对美国军部马歇尔等人颇为反感；另一方面，对于国务卿赫尔的外交政策讲演，则尚多称道，其认为“美国对华之大方针，仍未动摇也，且于翌日发表其

① 《革命文献——对美外交：华莱士访华》，1944年4月14日，台北“国史馆”藏，《蒋中正“总统”文物》，入藏登录号：002000000392A，典藏号：002-020300-00038-002。

② 《对美关系（一）》，1944年4月15日，台北“国史馆”藏，《蒋中正“总统”文物》，入藏登录号：002000002091A，典藏号：002-090103-00002-098。

副总统华莱士访华之消息，则于我国地位反多有利”。[1] 在综合考虑之后，蒋介石不再坚持不增加攻缅军力的立场，其自析道：

> 美英对我军不策应印缅之作战，怨恨与侮蔑并至，余本欲坚持到底，乃以赫尔十日广播关于美国外交政策之声明及其副总统华莱士访华消息之传来，为政策与战略关系，又不得不有以应之，故重新策定出击计划，然此于我不致有重大损失与危险，而以时机论之，或有益也。[2]

中方不愿贸然增加赴缅援军，一方面固然是不满英、美所为，另一方面由于日本在湘、桂、豫发动“一号作战”，如将军队外调援缅，势必将使东线战场濒临更紧张局面。

在宋美龄的邀函到美之后，美方也通过驻华大使高思拜会中国外长宋子文，正式说明华莱士访华目的、随行者名单及人数，宋子文于 5 月 13 日电告蒋介石曰：

> 美国副总统华莱士希望于六月二十日后抵达重庆，勾留三日，即赴昆明，如可能时，并拟访问西南各处，再迳赴成都滞留一、二日后，即赴西安及兰州启程返美。在华停留期间，约为十日，渠望能参观农业试验区及乡村中心，因渠对之极感兴趣。至其在华期间，与美国军

---

① 蒋介石于 15 日本星期反省录中对于美国军部颇多批评：“美国军部马歇尔辈，对华侮蔑凌辱，至今为甚，而美之舆论界，如鲍尔文与白朗等，对于我军之诋毁，亦无微不至，几乎我国家之人格与军队之荣誉，被其毁伤殆尽，足见共党对美之反宣传，上自马歇尔将军，下至一般舆论，几乎皆被其诱惑，不可救药，此时惟有求其在我，以凭事实之相而已，如在此怒涛激浪之中，吾能稳定自持，不为所撼则事实必胜于谣诼，而天命必胜人事，余不信物质与强权，虚伪与奸诈，能克服精神与真理也，要在吾能否自立自强耳。”《事略稿本——民国三十三年四月》，1944 年 4 月 15 日，台北“国史馆”藏，《蒋中正“总统”文物》，入藏登录号：002000000667A，典藏号：002-060100-00187-015。

② 《事略稿本——民国三十三年四月》，1944 年 4 月 30 日，台北“国史馆”藏，《蒋中正“总统”文物》，入藏登录号：002000000667A，典藏号：002-060100-00187-030。

> 事人员访晤一节，已在准备中。渠在渝时，甚愿得暇参观与工业合作及农业发展有关之各处，故渠愿将酬应减少至最低限度，除第一夜拟在使馆休息不计外，渠在渝将仅有两夜之勾留。陪同华莱士先生同来者，有范宣德（Vincent）先生、拉铁摩尔（Lattimore）先生及哈萨尔得（Hazard）先生，此外并有军用飞机上之飞行人员约官佐十人。关于上述华莱士先生之计划，暂时不予公布。其抵渝确期，俟得悉即当面知中国政府。①

美方明确地把华莱士访华的行程规划，告知中方并请协助安排参访事宜。不过驻美大使魏道明于15日致电蒋介石，表示经其连日打探，以及在14日中午当面与华莱士餐叙之后，得悉华莱士此行访华，似有意探讨中苏关系及中共问题。

随着华莱士的访期接近，蒋介石于5月23日电告盛世才，请其整顿市容与卫生，并简化欢迎仪式和安排简便的饮食住宿，以符合华莱士的需求。② 而就在准备迎接华莱士的同时，中国的战场出现对中方极为不利的情势，在5月下旬日军发动豫战未完，而湘战又起，蒋介石评估日方“既打通平汉路，其势必企图再打通粤汉路，以确立在东亚大陆决战之基础”，因此期待美方能予以立即协助，其表示：

> 当此严重局势，美国对于已存储在成都之区区空军油料，犹靳而不予以济我燃眉之急，且两召史迪威亦避而不来，惟陈纳德则竭诚援华为可感耳，但其无权无势，而实力亦甚有限也。③

---

① 《革命文献——对美外交：华莱士访华》，1944年5月13日，台北“国史馆”藏，《蒋中正“总统”文物》，入藏登录号：002000000392A，典藏号：002-020300-00038-003。

② 《革命文献——对美外交：华莱士访华》，1944年5月23日，台北“国史馆”藏，《蒋中正“总统”文物》，入藏登录号：002000000392A，典藏号：002-020300-00038-006。

③ 《事略稿本——民国三十三年五月》，1944年5月31，台北“国史馆”藏，《蒋中正“总统”文物》，入藏登录号：002000000668A，典藏号：002-060100-00188-031。

由于内外皆不顺遂，宋美龄与蒋介石讨论如何应对美方的态度，蒋介石表示："谚云'求来之雨不大'信然，观夫美国对华之政策，凡无关实际者，如四国宣言等，各种有名无实之举，无不予中国以虚誉。至于军器经济等与实力有关之事，则不愿予中国以丝毫之便利，此实为其一贯之方针，以后对美态度，惟以不求不倚之精神处之。"6月3日下午，宋美龄偕伴蒋介石乘车郊游散心，回林园官邸后，面对军事与外交困境，蒋介石仍烦闷不已，"尤以史迪威不能应召来渝为痛愤，甚悔去年既已决心解除其职务而复留用，最为失计"，蒋介石慨叹，"一子失着，全局皆非。当此艰危之来［时］，如无不计成败之决心，而犹患得患失，以人之喜怒好恶而为荣辱得失，则革命人格与精神一经丧失，国事更难设想矣，此时除自立自强，不求不倚以外，别无他道矣"。①

在内外局势交相不利之下，宋美龄难得静养，其病况也时好时坏，蒋介石不禁"对夫人之病犹未痊愈，则又引以为忧也"②。6月12日晚间回林园官邸，更以宋美龄久病未愈，身体日弱叹曰："此时家国两忧集于一身矣。"③ 6月14日为联合国纪念日，陪都于滂沱大雨中，举行了庆祝大会和联合国家图片展，外交部于下午5时起举办庆祝茶会，宋美龄亦发表广播演说强调："在联合国日三周年纪念的今天，凡我全体盟友自应重申吾人共同作战抵抗侵略的目的，以维护这为人类自由而殉难与受苦者所抱的信心。"宋美龄指出，"中国是联合国中的一员，武力虽然薄弱，但抵抗日本残暴侵略能达八年之久，这就是精神保持着自由而不受束缚"。宋美龄认为，每个人或国家，"总有缺点与短处，惟有接受批评，

---

① 《事略稿本——民国三十三年六月》，1944年6月3日，台北"国史馆"藏，《蒋中正"总统"文物》，入藏登录号：002000000669A，典藏号：002-060100-00189-003。

② 《事略稿本——民国三十三年六月》，1944年6月9日，台北"国史馆"藏，《蒋中正"总统"文物》，入藏登录号：002000000669A，典藏号：002-060100-00189-009。

③ 《事略稿本——民国三十三年六月》，1944年6月12日，台北"国史馆"藏，《蒋中正"总统"文物》，入藏登录号：002000000669A，典藏号：002-060100-00189-012。

自我检讨，才能走上进步的途程”。宋美龄最后指出，“人类必须有发展他天赋潜力的自由与机会，这里面就包含着进步的途程，这里面就包含着世界的希望”。[①] 是日，王世杰向蒋介石呈拟与华莱士谈中苏关系与国际安全组织等问题的要旨，分就中苏关系、国际安全组织问题、军事问题、中共问题、经济问题、民主政治问题等，拟就商讨方案[②]，做好与美方在渝交涉的准备工作。

二、欢迎华莱士抵华

美国副总统华莱士一行于6月18日正午抵迪化，代表蒋介石前往迎接的王世杰与新疆督办盛世才、罗家伦、郭斌佳和吴泽湘等前往机场欢迎。由机场至官署时，沿途学生民众结队欢呼，亘六七里，颇形热烈。午后，王世杰与华莱士细谈，讨论苏联对华的态度，华莱士表示，“在数次宴会中，苏联人说话或举杯作祝词时，均有‘希望中国继续作战’之语”。华莱士认为，“此一事实或可为苏联反日之证”，王世杰则表示此似另有含义。晚间，众人参加盛世才的欢迎晚宴，并“欣赏回鹘女子表演跳舞”。[③]

19日上午，王世杰陪同华莱士及其同行人员，往第九军校参观骑兵表演，并参观新疆女子学院，“该学院图书室中有《王临川全集》。华氏素极钦佩王安石，予因告以王荆公之精神，可于其奏折中‘天变不足畏，人言不足恤，祖宗之法不足守’三语见之”。华莱士并向学生演说，立即引用王世杰所介绍的王安石之语，并表示“蒋先生持此三语，将必克服中国未来之一切困难”。[④]

王世杰于6月20日清晨4时许，由迪化偕华莱士及其同行诸人起飞，午后1时许，因重庆天气不佳，先降落于成都附近之新津飞机场，下午3时由新津续飞重庆，4时才到达。蒋介石和宋美龄亲自到白市驿机场欢迎华莱士，华莱士在机场发表书面谈话，然

---

① 《陪都纪念联合国日》《蒋夫人广播》，《中央日报》（重庆）1944年6月14日。

② 《美政要来访（三）》，1944年6月14日，台北“国史馆”藏，《蒋中正“总统”文物》，入藏登录号：002000001277A，典藏号：002-080106-00054-004。

③ 王世杰：《王世杰日记》（手稿本）第4册，第334—335页。

④ 王世杰：《王世杰日记》（手稿本）第4册，第336页。

1944年6月20日，宋美龄欢迎美国副总统华莱士来访（《蒋中正“总统”文物》，台北“国史馆”藏，典藏号：002-050101-00004-237）

后同蒋介石夫妇乘礼车至林园官邸小憩，接受茶点款待后辞出，再由王世杰陪同前往美国使馆休息。①

华莱士在渝期间，自21日起至24日止，蒋介石与之共谈话五次，约计十余小时，谈话结果尚称圆满。② 蒋介石于21日上午，详审双方谈话要点，并费心安排晚宴席次。华莱士于下午6时到访，其向蒋介石直言曰：

> （甲）中共问题罗斯福总统决不偏袒共党，但愿有一解决之道；（乙）中俄关系据史大林曾对美驻俄大使面谈，彼愿以美国为媒介改善中俄关系，但并非请美作仲裁也；（丙）此次考察俄国结果，认为俄国为科学最进步之国家，其国基巩固与军队及社会之强盛无比，美决不

① 王世杰：《王世杰日记》（手稿本）第4册，第336—338页。

② 依据黄仁霖回忆道：“华莱斯晋见蒋先生计有五次之多，并且还曾被邀到蒋公乡间家中作一宿之客，那是在‘林园’。晚饭时，华氏提出了一个问题。因为他知道在这花园里，有一些稀有的植物和树木，所以他询问次日是否可以去游览一番。当然蒋公便应允了，并且转过头来向我，嘱我陪同照料。”黄仁霖：《蒋介石特勤总管回忆录》，第81页。

能轻弃俄国之关系也。①

6月21日晚间8时，蒋介石夫妇设宴欢迎华莱士，由其随行人员范宣德、拉铁摩尔和哈萨德以及中方党政军官员、国民参政员及各国外交使团等九十余人作陪，席间蒋介石致欢迎词后，由华莱士即席发表演说，其对战后问题多所陈述，要点如下：

> （一）日本必须解除武装；（二）中、美、苏、英在远东必须合作（美国认中美亲善为其远东外交政策之基础，但亦不采均势主义，亲甲以排乙）；（三）远东未获得自治之民族，须定期予以自治，中国国内之少数民族（按此系暗指新疆及蒙古诸族）亦然。②

22日上午，蒋介石邀请华莱士共进早餐并谈话，由王世杰在场作陪两小时，蒋介石力述中美合作之问题谓：

> （一）中国目前战事形势甚危急，其原因之一为开罗会议之军事决定未能照原议实行（开罗会议决定于本年三月打通中缅路线；嗣因德克［黑］兰会议后，罗总统以在远东作运输及上陆用之船只不敷分配，将原议变更）。（二）美国军部人员不肯将运抵昆明之军器交中国军事机关支配运用。③

22日下午5时至7时，蒋介石与华莱士续谈共党问题，并致

---

① 《事略稿本——民国三十三年六月》，1944年6月21日，台北“国史馆”藏，《蒋中正“总统”文物》，入藏登录号：002000000669A，典藏号：002-060100-00189-021。

② 王世杰：《王世杰日记》（手稿本）第4册，第338—339页。

③ 王世杰：《王世杰日记》（手稿本）第4册，第339—341页。

一备忘录给华莱士，请美方加强中印空运。[①]

23 日上午及午后，蒋介石与华莱士续作长谈。华莱士表示“中苏关系之增进，为罗总统所最关心之事，美国虽不便出任调停，但中共问题既有苏联为背景，中国似宜尽早与苏联直接恳谈”。蒋介石表示“当尽力为之，仍盼美国暗中多为中国之助”。此外，蒋介石尚请华莱士向罗斯福转达：“（一）每月增加空运二千吨以利民用品之输入；（二）远东战区内盟军克复及占领地区之行政，应如何处理，中英美须立即成立协议；（三）设置中美经济合作委员会，协助中国战后经济建设。”华莱士则表示，“斯大林德克［黑］兰会议时曾向罗总统表示赞成满洲归还中国；惟苏联在远东无四季不冻之海港，故盼望大连定为自由港”。蒋介石回答云，“此点罗总统在开罗会议时曾提及，彼（蒋先生）曾应允”，双方交谈后决定发表联合声明。晚间，蒋介石邀请华莱士在林园官邸用餐闲谈，将“中央政府对中共问题政治解决方案”交给华莱士参考。[②]

蒋介石于 6 月 24 日上午与华莱士共进早餐，并商谈经济与中俄等问题。上午 10 时，蒋介石自林园官邸亲送华莱士前往白市驿机场，蒋介石在车上谈及与罗斯福私人友谊，并对共党问题再作剖析，同时托华莱士转达宋美龄致罗斯福总统的函件，11 时许抵达机场后，对新闻界发表书面谈话，华莱士也搭机离渝，结束在重庆的访问行程。[③]

华莱士离开重庆之后，又在中国昆明、桂林和成都等地参观。[④]宋美龄则协助修改给罗斯福的英文信函，蒋介石于 27 日修正夫人致罗斯福函的中文稿，以对其派遣华莱士访华表示感谢，该函曰：

---

① 《事略稿本——民国三十三年六月》，1944 年 6 月 22 日，台北“国史馆”藏，《蒋中正“总统”文物》，入藏登录号：002000000669A，典藏号：002-060100-00189-022。

② 王世杰：《王世杰日记》（手稿本）第 4 册，第 341—342 页。

③ 王世杰表示，“蒋夫人致函罗总统（其稿系予起草），函中着重中苏关系问题。意谓罗总统倘有任何改进中苏关系办法，中国必尽力以赴”。王世杰：《王世杰日记》（手稿本）第 4 册，第 342—343 页。

④ 罗斯福曾建议华莱士不要前往延安访问，以免造成中方的尴尬。“Text of the Wallace Report on China”, *The New York Times*, Jan. 19, 1950, p. 3.

> 当兹华莱士副总统访华之记忆犹新之际，委员长特嘱余代为致函阁下，华莱士先生之莅华，吾人至感欣快，尤以当此时会，定将使敝国军民在精神上，产生良好久远之影响。目前日本正在中国各地区，施行广泛有力之攻击，在此紧急之时机，承阁下派遣华莱士先生，以阁下代表之资格，前来表示贵国对华之友谊，敝国人民对此诚觉无任兴奋也。委员长对华莱士先生之坦白真挚，甚表敬爱，尤以当华莱士先生转达阁下个人对于中苏间密切合作，与真诚共处之殷望时，其心感无已。委员长对此深表同感，并愿明确告知阁下，即彼将以全力促其实现也。华莱士先生对于此间所举行之列次谈话，以及彼代表阁下与其以本人间，系所受全中国诚恳热烈之欢迎情况，原当将有详细之报告，余等顷接获阁下亲自签赠之清代名人传略二本，于阁下政务繁剧之中，尚系念及此，余等深觉阁下诚为吾人殷切之稔友也。在此书所记述中，有一关于徐光启之长篇传略，此人为余母系之祖先，乃为明儒中首先接受天主教义者，亦为有任宰相而从事翻译欧几著作者，余读斯甚感兴趣也。①

罗斯福托华莱士转赠宋美龄清代名人传，恰好有其母系先祖徐光启的传略，宋美龄特别表达感谢之意。

6月29日晚上8时，宋美龄与蒋介石在官邸举行餐会，欢宴巴西大使游阑略、土耳其大使杜凯，并邀宋蔼龄、宋庆龄、宋子文及外交部高级官员作陪，至10时许，宾主始尽欢而散。是日，华莱士请宋子文转达下列建议："（一）对俄外交应积极进行以免战后更难。（二）中美军事合作须积极改正。（三）现有国内抗战

① 《革命文献——对美外交：华莱士访华》，1944年6月27日，台北"国史馆"藏，《蒋中正"总统"文物》，入藏登录号：002000000392A，典藏号：002-020300-00038-014。

情势应速为改善。”① 华莱士在参观之余，与中国各地人士接洽，打探中国实际的军事、经济和社会情况，以作为返国撰写报告的依据。次日，宋美龄负责回复华莱士的建议，电曰：

> 委员长业已接到尊函，对于阁下所取积极真挚之态度，特嘱余向阁下致谢，建议各点正予以慎重考虑中，俟阁下返抵华府后，即行复知。届时当由魏大使转达也，外子与余敬祝阁下归途愉快。②

由于华莱士所指出的问题，都颇关键而有急迫性，但却又难以解决，宋美龄只好先对其表示谢意，告以建议各点，俟考虑后再行奉复。

华莱士在华观察之后，对中国未来的局势，持较悲观的看法，蒋介石认为“其悲观心理一至于此，此乃受共党反动宣传之影响，而我军事之失败，更是增加其失望也”。而且认为中国处于困处逆境已有半年，尤以本月为最甚，其主：“由于罗斯福总统被美共所包围，以致其态度突变，因之我国政治社会心理之动荡，继之以军事之节节失利，遂致陷今日穷蹙之境地，惟获此经验于我实为有益，深信天父保佑我国，必不使我受辱到底，以我对上帝之信心至今弥坚，乃知上帝必能使我转败为胜也。”③ 相对于盟国在欧洲和太平洋战场的节节胜利，中国在湘、桂、豫作战连番失利，让宋美龄与蒋介石更加忧心，也只好通过祈祷来增强信心。7 月 1 日，华莱士从兰州致电蒋介石与宋美龄表示谢忱，其电文曰：

---

① 《事略稿本——民国三十三年六月》，1944 年 6 月 29 日，台北“国史馆”藏，《蒋中正“总统”文物》，入藏登录号：002000000669A，典藏号：002-060100-00189-029。

② 《革命文献——对美外交：华莱士访华》，1944 年 6 月 30 日，台北“国史馆”藏，《蒋中正“总统”文物》，入藏登录号：002000000392A，典藏号：002-020300-00038-016。

③ 《事略稿本——民国三十三年六月》，1944 年 6 月 30 日，台北“国史馆”藏，《蒋中正“总统”文物》，入藏登录号：002000000669A，典藏号：002-060100-00189-030。

> 此次访问贵国，承阁下暨夫人对余备加厚待，深感愉快，值兹离华之际，谨电重表谢忱，余与阁下及夫人多次晤谈，自觉对中国本身之各种问题及贵我两国间之共同有关问题，均获有深切之见解。自离渝后，又往各军事基地视察，并得与贵国政府长官、地方行政首长，以及教育家科学家多人先后会晤，使余所得各种印象，更臻广泛而深刻，余此次归国，携有几种意念，即对于中国在长期抗战中所遭遇之艰苦，已有深切体认，对于吾人之胜利，坚信业已在望，而关于中美两国，以及其他盟邦间之合作，凡为本人能力所及者，余决心将继续尽其绵薄，顷在此间后得阁下及夫人之电话，无任感谢，余虔诚希望吾人此次在渝之交换意见，产生积极而有建设性之结果。①

由于蒋介石夫妇担心华莱士在华各地所得的印象欠佳，特地致电给在美的孔祥熙，要其注意因应，以俾继续争取美国对华援助。② 而华莱士在兰州发给宋美龄和蒋介石的电函内容，看来还算友好，然其返国之后的报告，却对蒋介石有不利的影响，其在报告中提及：

① 面对华莱士对华局势悲观的看法，蒋介石于7月1日本星期反省录中表示："华莱士对我国战局之悲观，及其所贡献之意见，实使余自反益也。"《革命文献——对美外交：华莱士访华》，1944年7月2日，台北"国史馆"藏，《蒋中正"总统"文物》，入藏登录号：002000000392A，典藏号：002-020300-00038-017。

② 蒋介石曾致函孔祥熙曰："闻华副总统此次在昆明、桂林接其军官与护士等报告，皆称中国军队走私营商不能作战，而且桂林必于七月十五日以前失守，美国在昆明军械不能再交中国军队，甚至军民皆对我政府全失信仰，军民之间亦不能合作如往日者。豫西失败时，农民即沿途缴夺军队枪械等各种报告，请兄注意此种事实在某一地某一时或所不免，但此决非全国普遍之现象……此意不必急于说明，否则以为政府有意强辩掩饰，是否虚实往后自能有事实之证明也。"《盟军联合作战（八）》，台北"国史馆"藏，《蒋中正"总统"文物》，入藏登录号：002000001198A，典藏号：002-080103-00063-017。

> 蒋氏为一具有东方黩武心理之人，渠不识经济恶化，亦不信共产主义征示社会不安，此二事均危及其政权，但对任何一项，渠均不能以武力控制之……蒋氏之思想及眼界全属“东方性”型，环绕其四周者，乃一群性格相似之党内顽固份子。渠于对外关系方面，亦勉强信赖西洋化之中国顾问（其妻及宋子文氏即属显明之例证）。
>
> 目前，除支持蒋氏外，似无他途可循，因另无中国领袖或集团力量足资接收政府者……蒋氏至多不过为一短期之投资目标，无人相信渠具有治理战后中国之才智或政治力量。战后中国之领袖，将由事势之演化或经革命之方式而造成，依现在看，后者之可能性较大……蒋氏之前途，须由其个人决定，如渠尚能保留其政治上之敏锐感觉及当初兴起时之号召力量，渠当能转趋于联合政府而为其领袖；否则，新联合政府将自行产生其领袖。①

宋美龄与蒋介石一直想改善华莱士对华局势的观点，从华莱士的报告来看，在其随行幕僚的影响下，蒋介石夫妇的努力终究未能成功，而华莱士的论点确有独到之处，其观点也影响美方一部分人士的态度，抗战后期的中美外交也因此难脱矛盾的困境。

三、飞赴巴西疗养

在华莱士离渝之后，宋美龄也准备飞往巴西养疴。1944 年 7 月 3 日，蒋介石致电巴西总统佛格司（Getúlio D. Vargas，1882—1954），请其协助提供宋美龄赴巴西养病之便利，电曰：“兹藉蒋夫人访问巴西之便，谨向阁下致余问候之忱，余对于阁下及贵政府所予夫人在休养方面之便利，至为感激，彼去岁虽经在美调治，然其旧疾迄未康复，余对其健康甚为忧虑，为此彼已遵其医嘱，完全静养，并停止工作，此均为其恢复所必需者也，余以为彼养

---

① 《对美国外交（七）》，1950 年 1 月 19 日，台北“国史馆”藏，《蒋中正“总统”文物》，入藏登录号：002000001252A，典藏号：002-080106-00029-009。

病最理想之所，实无过于贵国者，并信彼于今后数月快游巴西之时期中，定将对其健康有迅速之进步，余愿于斯重申余对阁下之敬意，并请将余之祝贺转告尊夫人为感。”是日下午，宋美龄偕同蒋介石乘车至青木关散心，并欣赏沿途风景，夫妇两人于“车中所谈者，皆出国后应注意之事项”。①

7月4日下午，蒋介石回到林园官邸，与宋美龄“商谈辟谣事，决定邀约干部与友好，公开说明共党阴谋，对余个人人格之毁损原无足惜，其如国家与军民之心理动摇何”②。由于在外界一直传言蒋介石有私情，宋美龄气愤而欲出国避居，偏巧宋美龄又将前往巴西调养，为了不让此类传言继续成为国际政坛茶余饭后的话题，两人因此决定在宋美龄出国前，对在渝外籍教会人士和外国媒体召开说明会，郑重公开辟谣。

7月5日上午，外交部次长吴国桢得侍从室电话，通知下午提早到歌乐山林园官邸出席茶会，吴国桢下午到场时间虽尚早，但礼堂除五院院长和部会高级官员之外，颇多外国新闻记者和外国教会人员与会。③ 下午5时，蒋介石在林园官邸为宋美龄举行茶会饯行，并宣布两事：“一、蒋夫人将往巴西养病，休养毕，将访若干友邦；二、外间近有人散布谣言，污蔑蒋先生私德，谓其有外遇等等情事者，显系有人欲藉此类谣言，以摇动同志与军队对彼之信心。”蒋介石以中文发言，力辟外间之流言蜚语，并由吴国桢协助翻译英文，向外籍人士说明。宋美龄继之起而指述此类污蔑之用意，与其对蒋介石人格之信赖，居正、戴季陶等院长，亦先

---

① 《事略稿本——民国三十三年七月》，1944年7月3日，台北“国史馆”藏，《蒋中正“总统”文物》，入藏登录号：002000000670A，典藏号：002-060100-00190-003。

② 《事略稿本——民国三十三年七月》，1944年7月4日，台北“国史馆”藏，《蒋中正“总统”文物》，入藏登录号：002000000670A，典藏号：002-060100-00190-004。

③ 吴国桢手稿，黄卓群口述，刘永昌整理：《吴国桢传》（下册），第393—395页。

后发言，纷纷推崇蒋介石之为人。①

7月8日傍晚，宋美龄陪同蒋介石车游重庆西郊，蒋介石“以其出国在即，甚觉依依难舍也”。是日，蒋介石分析外界谣传，其认为：“据妻近日所言，其接获中外人士之匿名信，各种控造是非，与无中生有之诬词，甚于往日，始知此次反动者之造谣作用，第一挑拨我夫妻感情，使之家庭不和，然后再毁灭我之人格，惟妻对余之笃信不疑，已在饯别茶会演词中表达无遗，足以粉碎反动者之一切阴谋也。”②

7月9日下午3时，宋美龄在蒋介石的陪伴下至机场，准备飞往巴西养疴，蒋介石颇觉“临行黯然魂消，待飞机起飞，没入云层后，回林园，独坐寡欢，倍觉凄凉，而怀念不置，惟有默祷上帝保佑其旅途平安，早日痊愈，速归团聚而已”。在专机起飞后，蒋介石独自返渝邸，忙于军政公务，直至晚11时方毕。③

就在宋美龄即将前往巴西之际，史迪威将军助理费立士晋谒，面陈美国罗斯福总统来电，建议蒋介石授予史迪威统率全部华军及美军之权责。罗斯福电曰：“自日军进攻华中以来所形成极严重之局势，不仅使贵政府感受威胁，且使美国在华基础，同受影响。倘欲挽救危局，余意应责成一人，授以调节盟国在华实力之全权，并包括共产军在内。余深知阁下对于史迪威将军之感念，但余以

---

① 对于此次说明会的成效，蒋介石于7月底反省录表示：“妻于本月九日飞往巴西养疴，彼于出国以前，特约集高级文武主管，为余辟谣，是乃革命过程中之一重要史迹也。”至于到场人数，各记录略有差异，其中事略稿本记载，蒋介石是日“约集各院院长及各部会高级干部与欧美友好，计共六十人”。王世杰于日记记载，“蒋先生今日约党部团部干部同志三、四十暨中外基督徒若干人，在山洞官邸茶会”。《事略稿本——民国三十三年七月》，1944年7月5、31日，台北“国史馆”藏，《蒋中正“总统”文物》，入藏登录号：002000000670A，典藏号：002-060100-00190-005、031；王世杰：《王世杰日记》（手稿本）第4册，第350页。

② 对于7月5日说明会的成效，蒋介石表示，“约集各高级主管，以茶会为妻饯别，并以辟谣，而余妻表示对余笃信不惑，使共党阴谋粉碎无遗，实足自慰”。《事略稿本——民国三十三年七月》，1944年7月8日，台北“国史馆”藏，《蒋中正“总统”文物》，入藏登录号：002000000670A，典藏号：002-060100-00190-008。

③ 《事略稿本——民国三十三年七月》，1944年7月9日，台北“国史馆”藏，《蒋中正“总统”文物》，入藏登录号：002000000670A，典藏号：002-060100-00190-009。

为彼之优越之判断，以及其组织与训练之能力等，业已有所表现，在华军作战方面，此尤为明显。余正将史迪威晋升上将，并建议阁下将彼自缅召回，置彼于阁下直属之下，以统率全部华军及美军，并予以全部责任与权力，以调节与指挥作战，用以抵抗敌人之进占，此应请阁下速予考虑者也。余觉中国已濒于危境，倘不立即实施激烈敏捷之补救，则吾人共同目的，势将受到危险之挫折……”① 次日，蒋介石决采取缓兵之计，并电告罗斯福曰：

阁下所提史迪威将军在余直属之下，以指挥华军与美军之建议，其原则赞成；但中国军队与政治之内容，不如其他国家之简单，更非如在缅北作战少数华军之容易指挥者可比，故此事仓促付诸实施，不惟不能补益中国之现在战局，乃必速致中国军事之不利，此乃现地之事实，亦为余对阁下坦白与至诚之贡献，决无丝毫之掩饰，或作推托之辞也。故余以为必须有一准备时期，可使中国军队能受史将军绝对指挥，而毫无阻碍，而后乃不辜负阁下之所期待也。余甚望阁下能派遣一私人完全信任之有力的全权代表，且能有远大之政治目光与能力者，得以随时与余合作，并可调整余与史将军二人间之关系，俾得增进中美合作之效率。②

---

① 蒋介石阅后自析对策曰：“本日为七七抗战七周年纪念，美罗斯福总统虽仍来电祝贺，不料其又突来一电，即以中国战局危急，欲派史迪威在我直属之下指挥中国全部军队，并以一切租借物资置于史支配之下，言明共党军队亦在其内；余于此不外拒绝、接受与缓和之三种方针，以为应付之道；后来决心以缓和处之。局势至此，若不自立自强，国家民族亡无日矣！今日之事，惟有奋斗图强方能挽救也。”秦孝仪主编：《蒋公大事长编初稿》卷5下册，第553—554页。

② 蒋介石于7月底本月反省录中曰：“反省对美外交之失势，每由于自我轻举失言之所致。去秋既决绝不用史迪威，而复为浮言所动，乃再留用，此对外最失威信之第一事，目前美国军方之压迫形势，皆由此而来也……罗斯福强余接受其史迪威统率华军之要求，不知史为余平时受辱最甚刺激最烈之人，而余如竟忍受之，其将何以立国耶，又欲强余对共党妥协，且欲将租借法案中之武器接济共党，以要誉于俄国，此更令人难堪，余将何以自处乎。”《事略稿本——民国三十三年七月》，1944年7月31日，台北“国史馆”藏，《蒋中正“总统”文物》，入藏登录号：002000000670A，典藏号：002-060100-00190-031。

蒋介石与史迪威两人原就互不怀好感，然因华中战况太坏，军需受制美方，且对美方尚有所求，蒋介石只好以中国军队与政治具特殊性为由，缓冲美方的压力，并希望罗斯福另派一位全权代表来华，避免直接面对史迪威的尴尬。

随着宋美龄离渝赴巴西，蒋介石夫妇又开始以书信联系，而巴西幅员广阔，通信设施不比美国，函电的往返有时还须经中国大使馆转递。7 月 13 日，蒋介石通过巴西当地使馆电询宋美龄曰："今日想已安抵巴西，途中平安如何？大姊等皆安否？国中战况颇好，物价皆稳，勿念。"[①] 而重庆的媒体也在此际将宋美龄离渝出国养病的讯息刊出。[②] 由于宋美龄不在身旁，蒋介石于 15 日自省曰："独居寡欢，而军事、政治、外交、教育，以及敌情与国内皆不利之形势，惟此心随时克己自制，而勿怠勿荒。"[③] 由于迟迟未获得宋美龄的回电，蒋介石于 20 日再次电询曰："至今尚未接电，甚念！十三、四日电未知收到否？近日贵恙渐愈否？国内战事与物价较前已佳。"[④] 收到宋美龄的回函后，蒋介石于 23 日把衡阳的战况电告宋美龄，并祝贺宋霭龄生日快乐。[⑤]

此际在美洽商对华经济援助的孔祥熙于 7 月 15 日连电致函蒋介石，建议在美国进行宣传攻势，改善对华不利的报道。孔祥熙建议曰："查自去年以来，有利用时机之中伤中美感情机关，每藉文字或广播，对我恶意宣传，除在美设法纠正外，应令主管改正对记者管

① 《蒋中正致宋美龄函（五）》，1944 年 7 月 13 日，台北"国史馆"藏，《蒋中正"总统"文物》，入藏登录号：002000000464A，典藏号：002-040100-00005-054。

② 《蒋夫人出国养病》，《大公报》（重庆）1944 年 7 月 13 日。

③ 《事略稿本——民国三十三年七月》，1944 年 7 月 15 日本星期反省录，台北"国史馆"藏，《蒋中正"总统"文物》，入藏登录号：002000000670A，典藏号：002-060100-00190-015。

④ 《蒋中正致宋美龄函（五）》，1944 年 7 月 20 日，台北"国史馆"藏，《蒋中正"总统"文物》，入藏登录号：002000000464A，典藏号：002-040100-00005-055。

⑤ 原电曰："筱电悉，衡阳仍在我军固守中，形势颇佳，勿念。近日贵恙已有进步否？盼覆。下转大姊，恭祝诞辰康健！"《蒋中正致宋美龄函（五）》，1944 年 7 月 23 日，台北"国史馆"藏，《蒋中正"总统"文物》，入藏登录号：002000000464A，典藏号：002-040100-00005-056。

理办法，并优予待遇，一面由董副部长召集在渝记者严正指明谬误，顺将内政外交经济军事，及对钧座个人之恶意宣传，作一总清算，由渝发表电美披露。”孔祥熙同时把外界对宋美龄赴巴西的揣测，告知蒋介石曰：“昨日罗境德广播，语蒋夫人此行，先往莫斯科向斯大林告急求援，而后遄赴巴西，与该地日人接洽和议云云。”孔祥熙同时表示，蒋介石夫妇在渝召开说明会辟谣的内容，美方媒体并未报道，其电曰“钧座为夫人饯别消息，此间各报一字未提，尤足证须由重庆主动也”，再次建议蒋介石在美加强宣传。①

8月4日，蒋介石电告在巴西的宋美龄有关国内的战况曰：“近来贵恙见愈否？甚念！国内情形如常，衡阳仍为我军固守中。”② 10日，蒋介石把罗斯福的复函内容和国共谈判的情形告诉宋美龄曰：“罗总统私人代表事已允即派，待其回华盛顿后，当可与庸兄洽商代表之人选，共党新提条件另报，兄近日心身尚好，惟望吾爱速痊，早回也。”③ 14日，蒋介石把美方派代表人选的消息电告宋美龄曰：“罗来电，已派前哈定时代之陆军部长哈雷为其私人代表，并另派现任战事生产局长纳尔逊为助手云。玉体近日如何？甚念！”④ 26日，蒋介石又透露赫尔利（Patrick J. Hurley，1883—1963）即将访华的讯息，希望宋美龄能早日康复，回国协助交涉，该电曰：“近日身体有否进步？甚念！罗私人代表哈雷

---

① 《对美国外交（二）》，1944年7月16日，台北“国史馆”藏，《蒋中正“总统”文物》，入藏登录号：002000001247A，典藏号：002-080106-00024-006。

② 《蒋中正致宋美龄函（五）》，1944年8月4日，台北“国史馆”藏，《蒋中正“总统”文物》，入藏登录号：002000000464A，典藏号：002-040100-00005-057。

③ 《蒋中正致宋美龄函（五）》，1944年8月10日，台北“国史馆”藏，《蒋中正“总统”文物》，入藏登录号：002000000464A，典藏号：002-040100-00005-058。

④ 哈雷即赫尔利。《蒋中正致宋美龄函（五）》，1944年8月14日，台北“国史馆”藏，《蒋中正“总统”文物》，入藏登录号：002000000464A，典藏号：002-040100-00005-059。

等，本月内可以到重庆，甚望吾爱能早日痊愈，回国襄助也。”[①]宋美龄离渝之后，罗斯福连电要中方配合盟军作战，甚至以强硬的措辞和以军经援助要挟蒋介石释出兵权，而因宋美龄不在身旁相助，蒋介石与史迪威的摩擦也愈演愈烈，面对美方强压，蒋介石在应对上更显孤苦，甚至一度有辞职下野的念头。[②]

---

① 《蒋中正致宋美龄函（五）》，1944 年 8 月 26 日，台北“国史馆”藏，《蒋中正“总统”文物》，入藏登录号：002000000464A，典藏号：002-040100-00005-060。蒋介石此时期给宋美龄的电函多较简短，语气也较平和。其实蒋介石在 8 月 26 日本星期反省录中，对美方的做法，大表不满曰：“罗斯福来电一面迫交史迪威以指挥权，一面拒绝我重要之建议，殊难忍受，故忧郁最甚！惟考虑结果对美外交方针，不能不用逆来顺受之道，故决定极端容忍，接受其有限度之要求，如运用得当，对俄、对共或有转变环境之可能，不特不宜固拒，而且加以信任，期待形势之好转，此一政策之决定，乃为国家存亡成败之所系，自信其能因祸得福，转败为胜也，以余自反，对美、对俄毫衣欠缺与愧疚之心也。”《事略稿本——民国三十三年八月》，1944 年 8 月 26 日，台北“国史馆”藏，《蒋中正“总统”文物》，入藏登录号：002000000671A，典藏号：002-060100-00191-026。

② 面对美方接二连三的施压，蒋介石于 8 月 31 日本月反省录中，仔细评析交出军权之利害问题曰：“美总统罗斯福藉举我为四强之一之虚名以示惠于我，使我受其控制，并藉此要挟吾，以遂其所欲，吾乃享虚名而受实祸也。”同时因“我政府恐美国不谅解，乃事事所顾虑，对内不能制共，灭损我政府之声威，对外依附于人，不能有所主张，徒作他人傀儡，丧失我革命独立之精神”。蒋介石又分析美国对华之心理曰：“（1）欲利用我陆军打倒日本以减少其本身之损失；（2）挟持租借法案及武器以要求我交出华军指挥权；（3）压迫我政府以交好于俄国与共匪；（4）以为我必欲依赖其援助维持我国内政治之地位；（5）以为我必欲借美国之力保持四强之一之地位而不肯放弃。”蒋介石基于上述的分析，考虑以辞职等方式来因应，并表示：“（1）如我辞职下野，则中国军队统率无主，彼即不能利用我军以制日，果尔彼只有借俄力与共党以制日，如此则中国必完全成为俄国势力范围，美国在太平洋必将受制于俄国，否则俄美完全妥协以瓜分中国，但此二者皆美国之所不能为也；（2）如彼必欲无条件以要求我交出指挥权，则我只有表示辞卸中国战区统帅职务，断然拒绝其要求，更不希望武器之援助，则彼亦不能掌握我指挥权，而我军对内对外皆有运用之余地，此为唯一自主之道；（3）如余实行辞职，即决心不居四强之虚名，并不必藉美力以维持我内政之地位，乃可脱离其束缚与要挟；（4）如余辞职，美既不能压迫余以示恩于俄共，而俄共亦不能再利用美国以压迫余，如此则美与俄共虽仍有一时间之互相利用，而最后美国在中国终必陷于孤立，此当为美国所不愿也；（5）际此对日战争尚未结束以前，美国实有藉华制日之必要，即使击败日本以后，将来对俄问题，美国实亦不能无中国，但此时我对内对外之弱点太多，如果强硬太过或致决裂，不能再有合作之余地，则我势更孤，建国更难，此应特加注意。然而至万不得已时，亦只有以革命无畏之精神，不顾一切冲破此包围与束缚之环境，以求自立与自由之道也。”《事略稿本——民国三十三年八月》，1944 年 8 月 31 日，台北“国史馆”藏，《蒋中正“总统”文物》，入藏登录号：002000000671A，典藏号：002-060100-00191-031。

为了保守机密，宋美龄和蒋介石对许多事务，都事必躬亲，尤以对美高层交涉，常直接亲自处理。长期担任蒋介石文胆的陈布雷，即曾向侍从室的同人表示："委座处理政治，如同处理家事，事事要亲自处理，个人辛苦固不辞，但国家大政，不与各主管官商定，恐将脱节。"① 因宋美龄在国外疗养，蒋介石在渝处理与美方交涉，所能倚重且与谈机要者，大概就是宋子文和蒋经国等少数至亲了。②

四、转美调养与建议蒋介石出访

孔祥熙自奉命到美洽商财经援华与美军垫款等事宜之后，也试图建立与白宫高层的关系。1944 年 6 月下旬，孔祥熙自华盛顿向蒋介石报告与罗斯福在白宫茶会的情形，透露罗斯福告知："预料九月中盟军或可攻入德国边境，军事情形之变化，自有召开四强会议之必要，拟请钧座及斯大林亦来参加，以解决重要问题，地点伊意最佳在苏格兰北部，视情势再为决定，此项会议须彼此互助者甚多，切望钧座能允出席，为伊精神之援助，伊嘱预为密陈，并表示此会不但切关现局，且须准备未来之世界和平，故伊认为颇关重要。"③ 此为开罗会议之后，中美关系趋于紧张之际，一项难得的好消息，唯后续中方战况吃紧，中美关系更陷困顿，是项拟议也归于沉寂。

到了 9 月初，美方为缓和双边关系，派出赫尔利到华调解。蒋介石于 9 月 2 日电询宋美龄是否有与爱莲娜联系，并曰："据美报载，称吾爱将于九月间赴纽约诊病，确否？现在美国召开和平组织

---

① 唐纵：《唐纵失落在大陆的日记》，第 412 页。

② 是时孔祥熙夫妇亦在国外。蒋介石于 9 月 30 日本星期反省录中表示："当此患难困穷四面楚歌之时其足以自慰者：（1）两儿侍侧。（2）子文从命。（3）赫尔利协助此三者。"《事略稿本——民国三十三年九月》，1944 年 9 月 30 日，台北"国史馆"藏，《蒋中正"总统"文物》，入藏登录号：002000000672A，典藏号：002-060100-00192-030。

③ 蒋介石批示"此电交陈主任阅"。《对美国外交（二）》，1944 年 6 月 29 日，台北"国史馆"藏，《蒋中正"总统"文物》，入藏登录号：002000001247A，典藏号：002-080106-00024-006。

会议，中、美、英会议未闭幕以前，似暂缓赴美为宜，近来有与罗夫人通信否？盼复。”[①] 在巴西调养月余之后，宋美龄有意再度前往美国治疗旧疾，蒋介石则依旧为国事绞尽脑汁，并表示“本周用脑最甚，而尤以对美罗斯福总统之态度，与今后对中国战区统帅之职务，其进退方针有关于国家存亡成败者太大，故考虑不厌周详”[②]。

9 月 7 日，蒋介石与赫尔利谈话之后，发现“罗斯福总统所嘱代达者，并非罗斯福有何事要求余来做，而乃是听取余要其所做之事来做云。且语气甚为恳挚，与往日美员所表现者完全不同”[③]。是日，蒋介石再电询宋美龄赴美日期，并告知与赫尔利谈话的情形曰：“微电欣悉，风症块已否减轻？与每日能安眠几点钟？皆望详告。何日飞美？甚念！加拿大仍应如约访问，不宜令其失望，如何？盼复。今日已见哈雷与史迪威，情形较预想为佳也。”[④] 宋美龄电告蒋介石，“不久即赴美，以美总统罗斯福特派座机来巴西相迎也”[⑤]。孔祥熙于 9 日电告，罗斯福将赴魁北克与丘吉尔会议，且“蒋夫人一行真日（十一日）当可到纽约，一切约已准备妥善，可请勿念”[⑥]。对于美方派遣赫尔利与纳尔逊（Donald M. Nelson，1888—1959）来华，加上宋美龄再次赴美，蒋介石不禁期待，“中美合作或能更进一步乎”[⑦]。

---

① 《蒋中正致宋美龄函（五）》，1944 年 9 月 2 日，台北“国史馆”藏，《蒋中正“总统”文物》，入藏登录号：002000000464A，典藏号：002-040100-00005-061。

② 《事略稿本——民国三十三年九月》，1944 年 9 月 2 日，台北“国史馆”藏，《蒋中正“总统”文物》，入藏登录号：002000000672A，典藏号：002-060100-00192-002。

③ 《蒋介石日记》（手稿本），1944 年 9 月 7 日记事。

④ 《蒋中正致宋美龄函（五）》，1944 年 9 月 7 日，台北“国史馆”藏，《蒋中正“总统”文物》，入藏登录号：002000000464A，典藏号：002-040100-00005-062。

⑤ 《事略稿本——民国三十三年九月》，1944 年 9 月 7 日，台北“国史馆”藏，《蒋中正“总统”文物》，入藏登录号：002000000672A，典藏号：002-060100-00192-007。

⑥ 《事略稿本——民国三十三年九月》，1944 年 9 月 9 日，台北“国史馆”藏，《蒋中正“总统”文物》，入藏登录号：002000000672A，典藏号：002-060100-00192-009。

⑦ 《事略稿本——民国三十三年九月》，1944 年 9 月 9 日，台北“国史馆”藏，《蒋中正“总统”文物》，入藏登录号：002000000672A，典藏号：002-060100-00192-009。

在美方的协助安排下，宋美龄于9月11日住进纽约长老会医院疗养。[①] 蒋介石于次日电请孔祥熙转告宋美龄曰："三妹安抵纽约，甚慰！务望专心静养，大姊代候。"[②] 21日，蒋介石把赫尔利和纳尔逊在渝交涉的情形，以及"史迪威欲夺取中国军队之全部指挥权，已无所不用其极；以其自私之一念，意置中美合作政策于不顾"的情形[③]，电告宋美龄曰："赴美就医后，病状有否进步？甚念！纳尔逊来华商谈，结果颇好。彼拟自十一月起，可专供中国航空公司，增至五千吨之空运，归我政府支配，彼拟回美一个月后，再来华协助。现决设立战时生产总局，专事调整各种之生产与运输业务，其意诚恳，当为近来来华要员中，对我态度之最好者，请庸兄与之切实联系，吾爱亦可与之一见也。最近史迪威各种行动更为荒唐，罗对我来电之意，多方责难，殊难忍受。"[④] 蒋介石称许纳尔逊的友好，但对史迪威已是难以容忍，并有意使其去职。[⑤]

相对于蒋介石与史迪威在重庆的僵局，美国总统罗斯福夫人的态度就显得亲切温馨，爱莲娜于10月3日亲至纽约到医院探视

---

① 《事略稿本——民国三十三年九月》，1944年9月11日，台北"国史馆"藏，《蒋中正"总统"文物》，入藏登录号：002000000672A，典藏号：002-060100-00192-011。

② 《蒋中正致宋美龄函（五）》，1944年9月12日，台北"国史馆"藏，《蒋中正"总统"文物》，入藏登录号：002000000464A，典藏号：002-040100-00005-063。

③ 《蒋介石日记》（手稿本），1944年9月21日记事。

④ 《事略稿本——民国三十三年九月》，1944年9月21日，台北"国史馆"藏，《蒋中正"总统"文物》，入藏登录号：002000000672A，典藏号：002-060100-00192-021。

⑤ 蒋介石对于罗斯福的电函与史迪威的态度，耿耿于怀，并于23日本星期反省录中分析道："（一）史迪威已作有计划的破坏中国国家统一，毁损中国军队信誉。（二）史迪威自到华以来，对彼任中国战区参谋长之责任与职务并未履行，而其对余之指挥与命令，不仅不加接受，且竟事事拒绝。（三）史迪威见罗斯福来电之态度如此，余已无法指挥矣。而史迪威亦不能再接受余之指挥，如美国政府诚意希望中美合作，则应另调一人来华，以上三项是为拟与美方交涉之词。（四）罗斯福之电固为我最近之国耻，亦为其本身最大之污点，余以此为今后对彼交涉之运用，美国态度恶劣至此，能不下最后之决心乎。"《事略稿本——民国三十三年九月》，1944年9月23日，台北"国史馆"藏，《蒋中正"总统"文物》，入藏登录号：002000000672A，典藏号：002-060100-00192-023。

宋美龄，并请其于康复后至白宫小住。[①] 10月上旬，蒋介石又接罗斯福威胁之电，使其大感困窘压迫，并感叹："人类岂真只有强权，而永无公理乎？"手拟回复罗斯福电稿，对史迪威问题进行摊牌。[②] 双十节当天，蒋介石电告孔祥熙和宋美龄，告知决心要美方撤换史迪威，并请两人在美不要对该问题妥协，其电曰：

> 罗斯福总统六日覆余电，仍要求留史迪威指挥我滇缅军队，而其责难态度一如往日无异。余已覆彼一电，大意如下，无论其派美军官指挥中国全线军队或滇缅一部军队，余皆可接受其建议，但其指挥官人选必须为余信任，而能与华合作者方能委任，故仍要求其撤退史迪威氏，另换一人来华代替。此事余为国家前途关系，已澈底考虑，非撤退史迪威氏另换一人替代，则不仅于我国家有根本之危险，即中美合作亦终不能永久保持，故不如在此时断然覆绝，以免后患。但余仍允美国派人来华指挥全线军队，则中美以后如不能继续合作，其责任当不在于余也。吾兄在美恐以此事为难，故不如置之不问，可以弟并未有电通知之意推托，以免将来负责也。从此美国必准备撤退其第十四航空队，及其在华军事机构等行动来言，余亦早有决心准备其有此一举动也，此与我国无论军事与政治言，皆有百利而无一害，切勿以此为虑，并以余之决心为兄之态度，万不可使有周旋余地也。[③]

---

① 《事略稿本——民国三十三年十月》，1944年10月3日，台北"国史馆"藏，《蒋中正"总统"文物》，入藏登录号：002000000673A，典藏号：002-060100-00193-003。

② 《事略稿本——民国三十三年十月》，1944年10月7日本星期反省录，台北"国史馆"藏，《蒋中正"总统"文物》，入藏登录号：002000000673A，典藏号：002-060100-00193-007。

③ 《事略稿本——民国三十三年十月》，1944年10月10日，台北"国史馆"藏，《蒋中正"总统"文物》，入藏登录号：002000000673A，典藏号：002-060100-00193-010。

因宋美龄过去曾经帮史迪威说情，蒋介石特别表示此次态度坚决，并要求对美立场要坚定一致。不过为了保留美方颜面，蒋介石致电宋美龄要其暂守秘密，其电曰："昨电关于史迪威事，华盛顿未正式发表以前，应严守秘密，切勿与外人提及为要。"①

在僵持一阵之后，由于赫尔利的居间斡旋，美方于华盛顿时间 11 月 28 日中午，即重庆是晚 11 时，发表调回史迪威的消息，蒋介石认为"此实我中国解放之开始也，自民国三十一年初参加联合盟约以来，美派史迪威任中国战区参谋长至今将近三年，军事上所受史迪威缅甸大败之影响，迄今仍不能挽回颓势，及至本年经济政治更因受其压力，演成抗战以来未有之险象，今美已召其回国，实为国家转危为安之惟之一关键也"。②

史迪威被撤换之后，蒋介石认为中美关系有好转的迹象，尤以"美总统罗斯福对记者声明，史迪威事为人事问题且尊重余之意见，而撤史其持论尚识大体，并已令纳尔逊回华助我经济建设，此皆其态度与政策好转之表现也"。不过史迪威的离开，对中方还是有负面的影响，尤其史迪威对媒体的谈话，多少对中方抱持批评的态度，英方舆情也倾向同情其遭遇，此对中方不啻为一反宣传。③

罗斯福在 1944 年 11 月间第四度蝉联美国总统，宋美龄在美立即发表贺电，媒体亦报道罗斯福有意访问中国，并与中、英、苏领袖举行战略会议，建立国际和平组织。对此消息，蒋介石认为

---

① 《蒋中正致宋美龄函（五）》，1944 年 10 月 23 日，台北"国史馆"藏，《蒋中正"总统"文物》，入藏登录号：002000000464A，典藏号：002-040100-00005-064。

② 《事略稿本——民国三十三年十月》，1944 年 10 月 31 日，台北"国史馆"藏，《蒋中正"总统"文物》，入藏登录号：002000000673A，典藏号：002-060100-00193-031。

③ 在美方撤回史迪威之后，蒋介石仍持续关注其动态，并表示"史迪威回美以后，其反动宣传不仅毁坏余个人，必欲推倒我政府，其各种诬蔑诋毁，以纽约时报爱金生之专论为代表，可谓污辱已极。而共党乘机煽动美国之舆论，更不待言矣。惟余寸衷泰然，毫不为其所动，盖早为预料也"。《事略稿本——民国三十三年十一月》，1944 年 11 月 4 日，台北"国史馆"藏，《蒋中正"总统"文物》，入藏登录号：002000000674A，典藏号：002-060100-00194-004。

系美方“犹未忽视中国之重要性也，或亦我外交成功之一重大关键乎”。蒋介石是时原计议亲访美、英，惟“忽有赫尔利失策与桂柳失陷之祸患，痛苦凄惨数月来以此为甚，际兹军事、外交、内政、社会皆极动荡之时，余惟有宁静待机，负责尽职”。[①] 一连串的变化，让蒋介石对出访计划犹疑不定，不过由于媒体透露罗斯福考虑访问中国，蒋介石电请宋美龄了解详细经过，并请孔祥熙安排其访问白宫，其电曰：

> 昨日路透电称，罗总统将于年内访问中国之消息，未知其真相如何？兄拟先访问白宫，此次庸兄往贺连任时，请便询罗总统，中拟于近期内访问白宫，未知以何时为宜之意，待电回音再定行期，但此时应先以庸兄私人名义探询为妥，盼速覆。[②]

由于宋美龄出国养病已有时日，蒋介石于11月13日电询宋美龄，“贵恙究竟如何？请详告，如在美医药无效，不如早日回国休养，夫妻同居依伴有人，只要精神渐复，身体必可健康也，何如？盼复”。[③] 由于抗战生活苦闷，蒋介石希望宋美龄能早日返国作陪。而随着重庆批孔者日众，孔祥熙于16日自华盛顿致电蒋介石表示：“到京两周，希将经手各事均作结束，惟为疟疾卧病一周，复以竞选初定，美当局忙于布置，不得不稍予静候。美军垫款悬案，因工程委员会所报账目，与美军部纪录不符，往返查对，今始汇集……熙此来适值罗氏公私事繁，故未约见，顷接电话，约熙明午晤谈，情形容续电陈。查美方最近情形，史案已趋平息，惟对

---

① 《海德公园度安静一日罗斯福重返白宫》《蒋夫人电贺罗斯福当选》，《中央日报》（重庆）1944年11月10日；《事略稿本——民国三十三年十一月》，1944年11月11日，台北“国史馆”藏，《蒋中正“总统”文物》，入藏登录号：002000000674A，典藏号：002-060100-00194-011。

② 《蒋中正致宋美龄函（五）》，台北“国史馆”藏，《蒋中正“总统”文物》，入藏登录号：002000000464A，典藏号：002-040100-0005-070。

③ 《蒋中正致宋美龄函（五）》，1944年11月13日，台北“国史馆”藏，《蒋中正“总统”文物》，入藏登录号：002000000464A，典藏号：002-040100-00005-065。

我四强地位，已渐冷淡，瞻念前途，实深忧虑，战后复兴建设诸事，需要美方扶助，投资发展者甚多，惟需负责有人，事权集中，方易发挥效能。”① 孔祥熙对于国内的批评，未直接作覆，而是以在美工作繁重，来凸显其重要性，并期盼得到蒋介石的支持。

到了11月下旬，宋美龄的病状又转剧，“手心足底皆起水泡，医生已不准其接见亲属”。蒋介石闻之不胜怜惜曰：“妻病严重，惟有祷告天父，使之速痊，彼必为国内外形势与美国舆论所刺激而致此也。”并于次日感恩节，电慰宋美龄，表达关切之意。② 蒋介石于29日致电给孔令伟，请其代为照顾宋美龄，该电曰：“姨母病症如此，不胜忧虑，务请令堂与甥代为照护，并望将病症随时详告。”蒋介石同时要宋美龄多忍耐，其又曰：“吾爱近日病状如何？悬系之至，卧病之时，只有忍耐静养，以待上帝赐恩与保佑，兄惟日夜祷告，以代侍疾也。”③ 蒋介石在结婚纪念日前夕，再次电候宋美龄曰：“近日病状有否转佳？兄不能亲自看护，更觉郁抑。明日为吾夫妻结婚第十七年纪念日，不能如约同在家中聚首，感慨无穷！兄惟有朝夕虔诚默祷，上帝之慈爱吾人，使吾爱迅速痊愈康健，俾早日团聚为快也。”④ 由于宋美龄的病情起伏不定，在圣诞节和元旦前夕，蒋介石均致电慰贺，盼其早日康复返国。⑤

到了1945年3月中旬，宋美龄农历生日将届，蒋介石特地致

---

① 《对美国外交（二）》，1944年11月16日，台北“国史馆”藏，《蒋中正“总统”文物》，入藏登录号：002000001247A，典藏号：002-080106-00024-006。

② 《事略稿本——民国三十三年十一月》，1944年11月22、23日，台北“国史馆”藏，《蒋中正“总统”文物》，入藏登录号：002000000674A，典藏号：002-060100-00194-022、023。

③ 《蒋中正致宋美龄函（五）》，1944年11月29日，台北“国史馆”藏，《蒋中正“总统”文物》，入藏登录号：002000000464A，典藏号：002-040100-00005-066。

④ 《蒋中正致宋美龄函（五）》，1944年11月29日，台北“国史馆”藏，《蒋中正“总统”文物》，入藏登录号：002000000464A，典藏号：002-040100-00005-067。

⑤ 蒋介石于12月21日电告宋美龄曰：“圣诞已临，感念更切，伏望天父，时时保佑吾爱早日康复，回国团聚为祷。”29日又电曰：“圣诞祝电甚为欣慰，三日后就是元旦，夫妻不能团聚度岁，无任怀念，惟祝玉体早日康复后，以提前回国欢聚为颂。”《蒋中正致宋美龄函（五）》，1944年12月21、29日，台北“国史馆”藏，《蒋中正“总统”文物》，入藏登录号：002000000464A，典藏号：002-040100-00005-068、069。

电祝贺曰："二月十二日诞辰又到，夫妻不能同聚一堂祝福为念，惟望天父佑我良人，早日痊愈回国，共议国事也。兄明日赴缅滇视察，约十日后方可回渝，特此预祝。"① 蒋介石自滇回渝之后，电告宋美龄"此次来滇检阅，对美军感想甚好，情义亦笃甚，堪嘉慰"②。在魏德迈（Albert C. Wedemeyer，1897—1989）接替史迪威之后，其实事求是又能沟通协调的应对态度，逐渐取得蒋介石的信任，也让中美军事合作取得较大的进展。4 月间，罗斯福不幸去世，蒋介石电请宋美龄代往悼念，其电曰："罗总统逝世，甚惊悼！刻兄已电罗夫人吊唁，请吾爱代兄实时亲往罗夫人处作吊为要。"③

1945 年 5 月间，中国国民党全国代表大会选举宋美龄为中央执行委员，蒋介石特致电询问："近日体力如何？能否早日回国？"④ 希望宋美龄能准备返国参与政务。蒋介石于 1944 年冬曾有出访的计划，此刻因罗斯福过世，亦可借前往追悼致意时，进行官式访问。不过，蒋介石最后致函宋美龄曰："兄在八月以前无离国可能，至八月以后应视国内外情势再定，此时不能预决也。"⑤ 6 月下旬，逐渐恢复健康的宋美龄，希望蒋介石抽空到美国进行健康检查，其表示：

> 身体较前数月已大有进步，此次病症所受之痛苦，令妹收获不少之感想及内心之锻炼，所欲供献我兄者。望能凑暇来美一行，作一详细身体之检查，数十年来擘划国事，辛劳不辞，亦因当藉此时来美一换空气，美国

---

① 《蒋中正致宋美龄函（五）》，1945 年 3 月 19 日，台北"国史馆"藏，《蒋中正"总统"文物》，入藏登录号：002000000464A，典藏号：002-040100-00005-071。

② 《蒋中正致宋美龄函（五）》，1945 年 3 月 24 日，台北"国史馆"藏，《蒋中正"总统"文物》，入藏登录号：002000000464A，典藏号：002-040100-00005-072。

③ 《蒋中正致宋美龄函（五）》，1945 年 4 月 13 日，台北"国史馆"藏，《蒋中正"总统"文物》，入藏登录号：002000000464A，典藏号：002-040100-00005-073。

④ 《蒋中正致宋美龄函（五）》，1945 年 5 月 21 日，台北"国史馆"藏，《蒋中正"总统"文物》，入藏登录号：002000000464A，典藏号：002-040100-00005-075。

⑤ 《蒋中正致宋美龄函（五）》，1945 年 5 月 30 日，台北"国史馆"藏，《蒋中正"总统"文物》，入藏登录号：002000000464A，典藏号：002-040100-00005-076。

物质进化之国家，定能补助兄建国之大业也。若能成行则公私皆宜，书不尽臆，临颖神驰并祝康乐。①

7月中旬，蒋介石电告宋美龄曰：“由庸兄带来函件已悉，甚慰！现时国内情形尚不能预定能否来美也。”② 21日又致电问候宋美龄，表示不急着访美，并曰：“玉体已渐康复，欣慰之至。关于外交与政治事，暂勿行动，总以先保玉体为重，否则恐为此一受刺激，旧病复发，则以后更难医治矣。培风又到否？务望吾爱于秋凉后先回国，再定访美时期也。”③ 蒋介石希望宋美龄先回国，再一起讨论正式访美的时机。8月4日晚间，蒋介石也向俄使表达造访俄国之意，但俄使反应似甚冷淡，蒋介石评估“其实彼故作姿态，别有用意，故余以冷淡应之，乃嘱经儿拂晓出发以前，叮嘱其不再由我方再提也”④。8月14日，蒋介石自陪都电告宋美龄胜利的好消息，并表示“近日以敌投降，朝夕忙迫，几无暇晷，上月腰痛甚剧，但近已痊愈，勿念”⑤。

抗战胜利之后，宋美龄暂留美国协助联系⑥，蒋介石则开始领导庞杂的战后接收与复员工作，战后中国的政治与军事问题，均迫切需要作出新决策，对美和对苏的关系也都须审慎经营。9月5日下午4时，宋美龄自美返抵重庆，蒋介石亲自到白市驿机场迎

① 《蒋中正与宋美龄等来往函》，1945年6月29日，台北“国史馆”藏，《蒋中正“总统”文物》，入藏登录号：002000000467A，典藏号：002-040100-00008-007。

② 《蒋中正致宋美龄函（五）》，1945年7月15日，台北“国史馆”藏，《蒋中正“总统”文物》，入藏登录号：002000000464A，典藏号：002-040100-00005-080。

③ 《蒋中正致宋美龄函（五）》，1945年7月21日，台北“国史馆”藏，《蒋中正“总统”文物》，入藏登录号：002000000464A，典藏号：002-040100-00005-081。

④ 《事略稿本——民国三十四年八月》，1945年8月5日，台北“国史馆”藏，《蒋中正“总统”文物》，入藏登录号：002000000683A，典藏号：002-060100-00203-005。

⑤ 《蒋中正致宋美龄函（五）》，1945年8月14日，台北“国史馆”藏，《蒋中正“总统”文物》，入藏登录号：002000000464A，典藏号：002-040100-00005-083。

⑥ 蒋介石致函请宋美龄在美款待陈纳德和中美两国空军联络官蓝道将军，宋美龄并于8月下旬首次拜访美国杜鲁门总统。参见《蒋中正致宋美龄函（五）》，1945年8月22日，台北“国史馆”藏，《蒋中正“总统”文物》，入藏登录号：002000000464A，典藏号：002-040100-00005-084。

接，夫妻两人久别重逢，自是欣喜异常。对于宋美龄先前建议的出访，由于战后国内外新秩序亟待重建，蒋介石不得不谨慎考虑，“此时余访美之利害，与访苏时间之先后，应加研究，东北未接收完成以前，应特别顾虑”①。宋美龄和蒋介石都有事必躬亲的习惯，尤以在自美返国后，宋美龄终日协助蒋介石处理对内外要务，希望中国在重建国际新秩序的过程中，能扮演稳定亚太区域的角色。然战后中国局势的演变复杂异常，让蒋介石夫妇原订的多项出访计划，终归无暇实现。

1945 年 9 月 5 日，宋美龄与苏俄驻华大使彼得罗夫庆祝抗战胜利（《蒋中正“总统”文物》，台北“国史馆”藏，典藏号：002-050101-00005-154）

---

① 《事略稿本——民国三十四年九月》，1945 年 9 月 5 日，台北“国史馆”藏，《蒋中正“总统”文物》，入藏登录号：002000000684A，典藏号：002-060100-00204-005。

结　语

宋美龄一辈子数度飞越峻岭重洋，道经数万里，奔波为国宣劳，就如同她一生横跨三个世纪般，实非常人所能及。尤以在抗战期间，其足迹遍及亚、非、美各洲，曾经到访印、缅、美、加、埃及和巴西等地，出访行程或秘密或公开，目的或以疗病、宣传、对外交涉，不一而足，但对战时中国外交的开创都具有指标意义。

抗战期间的中国，原本并没有宽广的国际舞台，但宋美龄协助蒋介石在大国之间，争取中国的发展空间，更审时度势跃然于国际舞台上，其口说英语、身着旗袍，融合着中西典雅气质的公众形象，随着她出席一场场活动，或是略带深奥词句的演说，不断引起风靡，深植人心。在战时的中国，每当有英语系国家的外籍贵宾访华，宋美龄总是尽可能地出面招待，一方面尽地主之谊，另一方面也借机将其人际网络不断向外延伸，同时扩展了中国的对外关系。

翻阅抗战期间的中国各大报，有关“蒋夫人”的新闻报道篇幅与则数，不只是中国女性之最，更远较一般政治人物的媒体能见度为高。相较于同时代的人物，宋美龄能充分利用她的高学历、深厚的文学素养和宽广的国际人脉，在艰苦抗战的年代，不断为中国争取援助，从募集药品、救助难童、扶持伤兵、赈济灾民的社会服务，到呼吁援华、劝募献金、抵制日货、对华贷款、争取飞机大炮的国际政经互动，都可听到或看到宋美龄的奋力号召。其不管是在公开的场合为中国演说或广播，或是在私下的场合通过个人书信、聚会，争取外籍友人、媒体记者的认同，其许多努力都令人敬佩。依据本书前述各章的探讨，宋美龄在抗战期间的中国外交上，具有下列几项特质及贡献。

一、妇女精英、报国典范

宋美龄生于繁华富庶的上海家庭，在新旧朝代交替之际，早岁即接触西式教育，并随姐留美受业深造，奠定其流利的英语能力与丰富的学识根基，返国之后又不断自修中文、练习书法，亦因而迅速提升国学造诣。宋美龄在婚后陆续协助蒋介石处理函件，尤以外文书电文告，多赖其字斟句酌，协助审定回复。宋美龄同时开始涉猎对外军需采购，而逐渐熟悉国际军火交易，特别是在战机的采购方面，其着力甚深，甚至在 1936 年出任航空委员会秘书长一职，襄助发展中国空军，而有“中国空军之母”的美称。

宋美龄以其本身优异的学养条件，在战时对于发展中国妇女组织，促进社会动员与宣传，亦扮演了领导的角色。在抗战军兴后，宋美龄通过组织与动员妇女，包括成立“中国妇女慰劳自卫抗战将士总会”、召开“全国妇女首领会议”和组成“新生活妇女工作团”等，领导组训妇女投身抗战。宋美龄并以妇女组织展开社会救助，在人道关怀方面，从抚育遗族扩大到儿童保育和辅导伤残士兵谋生等，均可见其身影；在募捐物资方面，从争取救济伤兵药品到劝募寒衣，亦亲身力为，将民力化为战力。宋美龄更亲莅前线，慰劳将士、探望伤兵，以实质资源补给，慰勉苦难奋战的官兵，并通过媒体报道，坚定军民抗战的决心。

自七七事变爆发后，宋美龄除了积极投身动员妇女参与抗战，并注重媒体的宣传。为了鼓舞士气，宋美龄常邀记者同赴前线探视将士，安排外国媒体陪同赈济伤兵难民，或参观幼儿保育工作，更多次接受专访、致书或通过广播，向国际媒体揭发日军暴行，希望国际方面能主持正义，援华制日。虽是时各国基于自身利益的考虑，或冷漠旁观或有限度地支持，但并未能稍减宋美龄对内号召团结抗日和对外呼吁伸张国际正义的坚持。

宋美龄通过实际的行动和运用宣传，成功扮演中国妇女的领导角色。1938 年 5 月 20 日，她召集 48 位不同领域的妇女工作领袖，齐聚庐山开会。各代表来自汉口、南京、福建、香港、昆明、重庆等全国各个角落，分别代表着不同的工作领域、不同的思想派别、不同的宗教信仰的妇女精英，纷纷响应宋美龄的邀请，到庐山共同讨论战时妇女的任务、如何增强抗战的效能，以及如何动员与发扬中国妇女的力量。① 为了统合妇女界的力量，宋美龄于 1938 年 7 月初在汉口改组成立“新运”妇女指导委员会，整合各项妇女工作，并借由文宣出版品和举办各类竞赛、活动，配合媒体的宣传，逐步落实各项工作。

总括来看，在抗战初期，为安定民心，宋美龄随即投身组织妇女和从事对内外的宣传工作，但由于局势动荡，在各组织之间缺乏联系，在宣传工作上亦多仰赖其个人力量，进行道德诉说；对外交涉则以个别药物、维生素等补给品的劝募为主。而随着中国奠基后方，加上日本对外扩张蠢蠢欲动，美国不愿中方因国共争端而分散抗日力量，罗斯福在 1941 年春派居里访华，宋美龄接待外宾，参与交涉更为频繁。太平洋战争爆发，盟国合作的范围与交涉更广，宋美龄更是经常周旋其间。宋美龄投身领导妇女抗战、从事对内外宣传以及参与对外交涉，为国争取国际认同与支持，可以说是妇女精英努力报国的典范。

二、投身宣传、劝募救国

国家对外宣传的目的，主要在提升国家的形象、表达国家的立场和寻求外交的支持，并通过影响国外民众对本国的看法和态度，达成外交的目标。为了争取外援，宋美龄在抗战期间从事为数可观的宣传，包括其个人通过书信致函友人、国外政要、社会贤达、宗教团体和红十字会等国际社会救济组织，也在特定的节日，如国际妇女节、“新生活运动”周年庆祝等活动，公开代表中

---

① 参见李又宁编：《工作八年》，第 2 页。

国妇女对外发表谈话，对于争取国际媒体的认同，发挥了不小影响。

宋美龄在抗战期间也多次接受国际媒体的邀请，发表专论或广播演说，其借由报纸或广播媒体传达中国的抗战意念，努力争取援华。宋美龄在抗战时期的对外宣传，呈现出利用多种渠道、以英语系国家为主要诉求对象的特征。宋美龄在战前经常往返宁、沪，与不少外籍记者保持接触，战火扩大后，其以接受专访、陪同蒋介石召开记者会、投书国际报刊和对外播讲等方式，传递中国被侵略的讯息。宋美龄除了通过媒体的报道途径之外，也会运用国际妇女、教会、红十字会等组织，争取国际支持。至于其对外宣传的论述，初期以其亲历战火的经验，说明日军侵华行径，并宣示中国坚定抗日的立场。在发现各国缺乏积极援华制日作为后，则提醒各国不应姑息日本，否则将因小失大，并配合时局，呼吁各国抵制日货、战略物资禁运到经济封锁日本等。

宋美龄也善用时势，反制日、汪方面的宣传。1940 年春，宋美龄先在香港偕同两位姐姐参加爱国团体活动。4 月初，三姊妹又联袂在后方各地现身，引起轰动，不但弭平分裂的谣传，更借由巡访后方，同台对美广播，展现共同抗日的气氛。在 1941 年冬，宋美龄和宋霭龄也利用将熊猫赠予纽约动物园的时机，特地安排捐赠仪式，吸引中外媒体的关注，开熊猫外交风气之先。

除了通过个人的魅力从事宣传之外，宋美龄也通过“新运”妇女指导委员会，做组织性的文宣工作。在抗战期间，该会运用《中央日报》刊出专栏、发行定期刊物、提供文宣题材，还在 1940 年庆祝妇女节时，举办“蒋夫人文学奖金”征文竞赛，鼓励创作。“新运”妇女指导委员会也出版过不少书刊，该会通过这些书刊，引导研讨妇运理论，报道各地妇女工作动态，并动员号召妇女参与募集寒衣、夏衣、鞋袜和劝募献金、捐献战机等活动，在社会组织与动员上，发挥组织与宣传的力量。而宋美龄也通过海外妇女侨领陈吴敏墀，动员组织美国各地的分会，并借由纽约中华劳工联合会会长朱雪凡等人，多方与美国社会团体建立起联系渠道，对于争取侨界援助，也发挥潜移默化之效。①

从宋美龄的宣传风格来看，由于抗战时期党国一体的机制，中国政府对文宣进行严格的管控，对外宣传显得较缺乏弹性，相对于官方宣传所呈现的“制度性僵化”，宋美龄可以委员长夫人、委员长翻译、特使或妇女工作领导人等多重角色发言，其所展现的对外宣传内容，相较之下具有较为多元的风貌。从是时政府要员王世杰和顾维钧等人的观点来看，对其在抗战期间为中国对外宣传所作的努力，大致也多抱持肯定的论调。②

在宣传文稿的内容上，宋美龄惯于引用典例，文辞呈现优雅而略深奥的精英特质③；其留美的背景，使她的观点和态度较为亲美；其宣扬中国苦而不屈的形象，成功博得美国公众的同情。不过其在对外宣传时，偶尔忽略了若干外交礼节或未主动向盟邦沟通看法，亦曾引起外交上不必要的困扰。例如，发表《如是我观》尽管系以个人名义为文，但誉己批英，对亟待外援的中国实无帮助。此外，在访美巡讲时，未先与美方沟通内容，也未适时对罗斯福致意，反而让舆情带给罗斯福压力，此或多或少影响彼此间

① 对于各界的捐款，在抗战期间宋美龄先交由秘书整理，并每日转报官邸秘书检收和函覆感谢，钱用和回忆在重庆官邸的工作情形时表示：“每晚回云岫，为夫人复各处函件，并登记慰劳将士，及保育儿童捐款，汇票和支票，不厌详尽，所有银行名称，捐款人姓名，地址，数目，日期，汇票及支票号码，一一录入簿册。另照抄一纸，待夫人于汇票或支票签名后，交信差送回曾家岩官邸，转古兆鹏（达程）秘书检收，即在照抄纸上请他签名作为收据退还，免得古秘书缮写费时，我此项工作，琐屑麻烦，每至深夜才可料理清楚。古秘书收到后，一方存入银行，一方由应君望先生复捐款人谢信。如此庞大捐款收转，责任重大，幸用此机械方法，便于稽查，获得相当效果，从未发生错误或含糊。”钱用和：《半世纪的追随》，第76—77页。

② 顾维钧在其回忆录中对宋美龄的文采和口才亦予高度的评价：“我非常钦佩蒋夫人。在某些方面，她才华出众，尤其聪明、辩才、魅力和精湛的英语，更非常人所能及。但是进行官方访问对她说来还是缺乏经验。”顾维钧：《顾维钧回忆录》第5分册，第311页。

③ 由时人的观点看宋美龄的演讲，大家多会钦佩她的优雅素养，但有时引经据典或运用较艰涩的语汇，也让官员担心听众的反应。例如，顾维钧曾形容宋美龄的演讲说：“她用她一贯的柔和和动听的声音讲话。我感到这篇演说比起她过去讲得更具学者之风。我不知听众是否能抓住演说的重点及其深邃的含义。不过，讲得的确非常之好。”而宋子文则向顾维钧说，他（宋子文）好像对蒋夫人的演说担心着急。他认为那些演说太学究气了！顾维钧：《顾维钧回忆录》第5分册，第265页。

的互信。

宋美龄和蒋介石在对外文稿中，虽自知中国为弱国，但颇为重视“不卑不亢”的原则，以维系中国的自尊与立场。睽诸宋美龄于抗战期间所参与的对外宣传，有中美外交搭配下的双簧、争取援华制日的呼吁、拉拢印度倡导民族平等理念的坚持和塑造中国“大国”形象的努力，这使得中国和昔日在远东拥有广大殖民利益的英国，处在既合作又对立的矛盾中，也使她对外宣传的对象更集中在与她有较深渊源的美国上。同时，蒋介石伉俪对文稿的字斟句酌，也常让幕僚深以为苦。

综观宋美龄在抗战初期的对外宣传表现，对内鼓舞了民心士气，对外则提升了中国的形象。从七七事变到撤离汉口，表面上中国虽丧失了许多对精华地带的控制权，实际上中国争取到了更大的战略纵深以及国际同情，宋美龄让公众认识到了中国抗日的贡献，也让国际逐渐了解了中国被援助的价值，亦助中国逐渐跳脱前朝旧约，在艰苦抗战的岁月里，得到和美、英等大国平起平坐的机会，也让宋美龄和蒋介石能跻身国际舞台，成为参与开罗会议的主角之一。

三、接待外宾，建立广泛交情

蒋介石在抗战前夕即运用外籍顾问协助建军，宋美龄因经手航空业务，亦经常与外籍顾问接触，尤以其在端纳的协助下，曾于西安事变发挥重大影响，因此宋美龄原本就与部分来华外籍顾问相当熟稔。

在抗战之后，随着国民政府播迁，各国外交使节未必跟着前往，尤以在汉口时期，因外交部部分单位已先迁至重庆，宋美龄在汉口扮演起对外沟通的重要角色。等到国民政府机关全面移入重庆之后，遇有重要外宾到访，蒋介石夫妇多会亲自招待，甚至安排至官邸餐叙或过夜，1939 年 8 月下旬，尼赫鲁访华，就成为黄山官邸的座上宾，宋美龄还致赠衣料作为纪念，双方此后密切联系。蒋介石夫妇对印度局势的热切关心，以及对甘地和尼赫鲁寻求自主的支持，应也算是一大义举。

1941年春，居里首次访华，宋美龄刚开始虽在香港疗养，但在返渝后立即加入商谈的行列，双方讨论的话题，也逐渐从政治、经济、公债、通货、田赋、组织经济使节扩大到预谋战后经济建设等议题，其间也曾安排同游汪家花园和官邸餐叙等，从照片档案可以看到宋美龄亲切招待居里享用柠檬茶，待居里回美之后，宋美龄通过书信与之建立起密切的联系。此外，美国文化界人士也有不少同情于中国者，宋美龄也多曾与之互动或接待，例如1940年6月，美国知名作家赛珍珠在美促成妇女援华委员会，并由罗斯福总统夫人领衔发起“希望书”运动，募款金额达九万美元，捐赠中国医药救济和慈善事业之用，宋美龄曾致专函感谢。1941年4月，海明威访渝，宋美龄特地在妇女会议召开期间，拨冗接待，期盼其能在报刊上多报道中国的情形，吸引国际的同情与支持。是年5月间，《时代周刊》负责人鲁斯夫妇访华，宋美龄和孔祥熙亲切款待，并安排至前线参观，让鲁斯夫妇更倾向于对华友好。在宋美龄访美期间，时任美国众议院议员鲁斯夫人曾经为文称赞道：“蒋夫人为盖世伟大之女杰，其伟大，不仅为四万五千万人民领袖蒋委员长之夫人，而其才干堪称为伟大之领袖。”鲁斯夫人认为，宋美龄有十大令人钦佩之处，包括“分任国忧、抚育孤儿、世界最伟大之组织家、巾帼英雄、爱护伤难、宣传教义、两国文学、东西文化媒介、为世界最能干之外交家、政治家以及仁道性之美”。鲁斯夫人推崇宋美龄受“蒋委员长倚重之深，可于‘她之助力等于二十师团’一语见之”。① 鲁斯夫人对宋美龄给予了相当高的评价。

此后随着太平洋战争的爆发，来华的美、英政军显要更为密集，宋美龄留给史迪威和威尔基的印象也都相当良好，特别是威尔基，除了当面促请宋美龄访美，在回美之后，对华态度仍维持友好，在宋美龄访美期间也出席活动，予以热烈支持。而宋美龄

---

① 美洲国民日报编：《蒋夫人游美纪念册》，第21—22页。

与英国国会议员访华团虽仅有短暂的接触，但在该团返英后，经常发表援华言论。蒋介石夫妇在黄山官邸亲切招待贵宾，与其共度周末，也给来访者留下美好的回忆。

四、随访印缅，扶持被压迫民族

太平洋战争爆发后，蒋介石先前一再向英、美提出日军南进的警告，一一应验。日军在东南亚势如破竹的攻势，让中国持续抗战、牵制住大批日军的作用，更显重要。蒋介石与宋美龄希望通过访问印度，实地了解印度内部的情形，以试图协调英、印间的矛盾，避免日本在印度内部的分化，进而促使印度积极反侵略，共同制止日军的扩张，并维系中国对外的运输渠道。宋美龄自印返国不久，又因缅境战局紧绷，盟军将领在调度上龃龉不断，再度陪同蒋介石出访，试图协助化解盟军指挥权的争议。宋美龄在访问印缅的外交与宣传作为上，大致有下列几项值得特别关注。

第一，宋美龄和蒋介石均非常重视对国内的宣传及盟国对是次访印的评价，因此在出访过程中，宋美龄十分谨慎地协助蒋介石处理发言与宣传事宜。对于蒋介石在公开场合的文告，虽有王宠惠、张道藩和董显光的襄助，但宋美龄从旁提供不少意见。而从档案故纸中，也可发现蒋介石多次对幕僚进行指示，下达宣传的要点，而重庆各大报也将之呈现在报道的内容中。蒋介石和宋美龄除了掌握国内的特定舆论外，对于国际舆情的变化也非常关注，其通过顾维钧、宋子文、保君建等人，了解英、美、印各国的反应，并据以决定后续的外交与文宣对策。

第二，宋美龄在访印期间的公开演讲，成为宣扬中国坚定抗战的最佳代言人。宋美龄与夫婿的访印，受到国内外媒体的大幅度报道，提高了蒋介石夫妇的国际知名度，也提升了中国的形象。尤其宋美龄在访印之行中，先后在爱文女子大学、印度妇女会欢迎会、国际大学致辞演说，并以英语播讲《告印度国民书》，将中国在抗战期间不畏苦难，奋力组织妇女工作、投入救护伤兵难胞与推动儿童保育的经验，介绍给世人，并表达对印度争取自主的同情。宋美龄娴熟的英语，成为当时中国与世界沟通的有力工具。

回到国内之后，宋美龄又在昆明妇女欢迎会、空军美国志愿队餐会、重庆妇女节庆祝大会、对国际妇女广播以及“印度日”对印播讲，把中国和印度妇女界的杰出表现，传递给国内外的听众，特别是在妇女节对盟国广大听众的播讲，更是以远东为中心，向全世界转播的首例，也让全世界更加认识到了中国妇女在反侵略战争中的贡献，以及印度妇女对自由平等的热切渴望。从宋美龄的讲词中，可以发现她虽然经常陈述中国艰苦抗战的情形，但对中国的国际地位非常在意，而恢复固有的领土与民族地位，并协助亚洲各民族的自主，才是她与蒋介石的最终目的。蒋介石与宋美龄的访印正是这种想法的初步尝试，但顾及中国自身力量未强，很难直接影响英国对印度的决策，宋美龄的对外广播和宣讲，就显得更为重要。

第三，宋美龄是次陪同蒋介石访印，在重庆的媒体上呈现“秘密出访、高调宣扬、持续关注”的趋势。特别是在重庆媒体报道的时间点上，从蒋介石夫妇自 1942 年 2 月 4 日出发访印到 13 日新闻见报，各报对访印新闻的报道，远较一般新闻隔日见报的情形落后许多。战时虽讯息传递困难，但也不致耽搁如此之久，究其主因即在英方同意邀访蒋介石夫妇时，印督希望双方能保守秘密，故当蒋介石与宋美龄一行人于 2 月 9 日抵达新德里，印方在火车站公开迎接，及稍后印督公开的接待，国际媒体争相传颂时，重庆的宣传部因尚未接获蒋介石的指令，而未敢做主让媒体报道，等到蒋介石复电同意时，访印的行程早已过半。

在英印方面公开蒋介石与宋美龄访问的行程后，重庆的报刊也展开报道，连日以相当的篇幅披露蒋介石和宋美龄等人在印度的活动，并在蒋介石夫妇行将离开新德里之际，刊载感谢美国同意对华五亿美元贷款的电文，又引用路透社和中央社的电稿，刊出英皇赠勋的新闻，呈现出盟国支持中国的讯息。重庆各报也将蒋介石伉俪与甘地会晤、拜访泰戈尔故居与国际大学、发表《告印度国民书》，分别作了广泛的报道。特别是蒋介石与宋美龄在印的临别播讲，更是中、英、印关系的重要宣示。在蒋介石的授意下，重庆各大报于 2 月 23 日纷纷以头条刊出《告印度国民书》的全文，并宣扬蒋介石和宋美龄的访印。

蒋介石与宋美龄返国后，重庆的媒体对访印的报道也进入另一阶段，分别针对蒋介石与宋美龄归国、在昆明慰劳美国志愿队、蒋介石访腊戍晤魏菲尔等，作了详尽的报道，让重庆的军民对印缅局势，投以更多关注。不过，在各界高度的赞扬声中，因蒋介石自觉声誉日崇，不愿过度张扬，加以宣传部部长王世杰的建议，其访问感想改由内部印发讲词，采取内部宣传，未公诸报刊登载。而重庆各大报的相关报道，也在 1942 年 3 月中旬“印度日”和陪都妇女为宋美龄的归国举行庆祝活动后而告一段落。

第四，宋美龄在太平洋战争后，以其娴熟英文之故，成为蒋介石最信赖的对外沟通助手，不管是与外国领袖的函牍往来、机密函电和外宾访晤的翻译或是对外文稿的修订，以及在处理涉外事务和宣传上，都扮演了重要的角色。有时蒋介石不便具名的信函，更会以宋美龄的名义发出。在访印期间，宋美龄几次与卡尔、林里资哥交涉，协助蒋介石作为其和甘地的翻译，并长期和尼赫鲁保持联系，对发展中印关系发挥不小作用。而宋美龄长期建立与美方政要的关系，包括和罗斯福夫妇、居里等人的通信，对于促进中美关系和日后的访美都发挥了作用。

宋美龄在访印缅之行中，通过在中、印的演讲和广播，倡导男女平权、民族平等的理念，并试图塑造中国“大国”的形象，但这使得中国和昔日在远东拥有广大殖民利益的英国，终究难脱矛盾。而由于美国邀请蒋介石出任盟军中国战区统帅，蒋介石夫妇得以有机会访印，迈向国际舞台，加以在国会通过援华贷款和空军志愿队在对日的作战上迭有收获，使得蒋介石和宋美龄夫妇更倾向于发展和美国的关系。

此外，由于宋美龄与蒋介石十分重视各界对访印的评价，在返回重庆之后，蒋介石除了持续电令各驻外人员回报国外舆情之外，也指示张道藩、董显光等访印成员，搜集相关报道和整理访印的资料，着手进行编撰访印纪要。蒋介石于1942年3月9日在国民党中央扩大纪念周主讲的《访问印度之感想与对于太平洋战局的观察》一文中提出，“外间所谓印度内部不统一也者，我以为是不自然的，就是人为的为多”① 的看法，几乎成为此后蒋介石与宋美龄对印度内部局势的主要观点，此忽略印度内部种族和宗教的隔阂，加上中国本身力量尚待加强，蒋介石和宋美龄对日后印局的发展，也只能试图“联美劝英”，在道义上支持印人争取政治地位。

五、访美巡讲，引领援华风潮

宋美龄在1942年冬，以疗病为名飞赴纽约，在院期间与美国罗斯福总统夫人爱莲娜和白宫政治顾问霍浦金斯多次晤谈，并得到妥善的照料。在宋美龄的病况确认并无大碍之后，决定于1943年初春展开一系列的访问，其行程的重点包括造访白宫，在参、众两院发表演说和出席白宫记者会，其次为从纽约出发，一路到西岸大城市巡回演说，以及后续又安排二次访问白宫，直接与罗斯福交涉，此阶段的访问与演说，大致产生以下影响。

第一，宋美龄公开访问华府与莅临国会演说，树立了新风范。宋美龄以非官方的身份访问华府，但美国总统罗斯福夫妇仍亲自到车站迎接，并陪同其乘车前往白宫，立即引起美国各大媒体的大肆报道。次日在参、众两院的精彩演说，更是被传诵为经典之作，“蒋夫人旋风”于焉风靡全美，在媒体广泛的报道下，美国民众也纷纷被吸引，而逐渐了解到中国的处境与抗战对世人的贡献。宋美龄在华府期间，会晤的美方要人有总统罗斯福夫妇、副总统华莱士夫妇、参众两院领袖和多位国会议员，其演词提醒美国要负起对未来世界组织与战后的责任，引起华府政界的广泛讨论，其呼吁给予中国平等的待遇，亦受到部分议员的响应。而在2月19日于白宫举行的记者会，罗斯福与宋美龄接应记者询问，其简明机智的回答，也给美国媒体留下了深刻的印象。

---

① 《访问印度之感想与对于太平洋战局的观察》小册，第7页，中国国民党党史馆藏，一般档案：132/112.1。

第二，北美各地巡回演说，引领支持中国抗日的风潮。宋美龄是次在美访问期间，共发表广播演说六次，其中一次为对国会之演讲，由全美各广播台转播，另在波士顿、芝加哥、旧金山及洛杉矶等地演讲，并参加五场记者会，接受媒体的现场发问。在1943年6月中旬访问加拿大时，除接受隆重的欢迎仪式与捐赠募款外，亦在加拿大国会演说、参加三场欢迎茶会和一场记者会，宋美龄力疾环游美、加各地，阐述中国抗战情形与影响，希望盟国了解中国并非为自身而战，乃系为一普遍真理而战，并期待盟国能援助飞机、大炮，以共同打击敌人。宋美龄的北美之行，不只是为中国发声而已，其呼吁重视自由平等的普世价值，也是在为战后亚洲各民族预留自主空间。美国作家塔奇曼女士（Barbara W. Tuchman，1912—1989）如此形容宋美龄巡回演说的宣传成效："她的公开露面引起了巨大的钦佩和好感，这是自林德博格成功飞越大西洋之后所没有过的。正如威尔基所预计的，美国人'还从来没有对谁'这样倾听过。"① 许多美国民众在会后，纷纷向国会索取宋美龄的演说内容，宋美龄的美加之行，使美加人民对中国有了更多的了解与认识。

第三，凝聚侨埠向心力，促使各界热烈捐输。宋美龄在美国巡回演说的过程，侨界纷纷盛大布置欢迎，宋美龄也趁机访问侨埠，到各地唐人街访视，并安排与侨胞或侨领会面，而侨界亦以踊跃捐输，响应宋美龄的号召。其捐款情形统计见表1：

表1 宋美龄访美之行接受各方捐款统计表

货币名称	金额
美元	五十万六千九百二十一元五角三分
加币	十三万六千零五十八元六角四分
国币	四百三十六万三千六百二十九元五角二分

（说明：依据中央日报社统计，各方捐助中国难民及难童保育之款额，达七十五万余美元，各方函电达五万余通。资料来源：孔令伟：《蒋夫人美加行纪》，第4页。）

---

① ［美］巴巴拉·W. 塔奇曼：《史迪威与美国在中国的经验（1911—1945）》，万里新译，新星出版社2007年版，第359页。

第四，鼓吹美国废除“排华法案”，提升华人地位。由于宋美龄在美巡回演说时，多次呼吁要给予中国平等的对待，引起国会议员的响应，其中众议员甘纳第写信给宋美龄并要求众议院取消限制华人入境法，希望一扫旧日歧视之观念，给予中国人民平等的待遇。宋美龄此行，虽未马上见到该法案的修正，但在返华之后，在中央宣传部配合美方发动舆论下，修正法案的提议逐渐得到美国国会议员的支持，最终获得通过废除并由罗斯福总统签署发布，使百年来之中美关系，进入一个新阶段。

除此之外，宋美龄在美期间，也获得多所大学、校院颁发荣誉学位（如表2），其中宋美龄亲自出席接受罗耀拉大学耶稣会学院荣誉法学博士和威斯里安女子学院荣誉法学博士学位，至于其他单位的邀请，则因健康问题，而予以婉辞。宋美龄此行提出了对战后问题的处理原则，呼吁盟国要维系自由、平等和民主的价值，不独中国将可能受益，广大的被压迫民族也得以有机会求得自主，可以说影响全球，也为自己赢得许多荣誉。①

表2　宋美龄访美之行接受荣誉学位表

日期	授位校名	校址	荣誉学位	附记
3月25日	汉门医学院 HAHNE MEDICAL COLLEGE	宾州 费城	法学博士	魏道明大使代领
4月10日	罗耀拉大学 LOYOLA UNIVERSITY	加州 路斯恩吉士城	法学博士	亲临接受
5月10日	霍巴特学院 HOBART COLLEGE	纽约州 霍巴市	文学博士	董显光副部长代领
5月16日	罗瑟尔圣吉学院 RUSSEL SAGE COLLEGE	纽约州 特莱市	法学博士	刘锴公使代领
6月26日	威斯里安女子学院 WESLEYAN COLLEGE	佐治亚州 梅肯城	法学博士	亲临接受并代孙孔两夫人接受同样学位

（资料来源：孔令伟：《蒋夫人美加行纪》，第3页。）

① 《蒋夫人美加之行》，《中央日报》（重庆）1943年7月6日。

第五，不卑不亢费心交涉，争取最大权益。为了到华府进行访问以及与罗斯福直接交涉，宋美龄和蒋介石在纽约与重庆间，不时以电函往返，期能不卑不亢地表达中方的立场，而宋美龄也不负所托，从国会的演讲、白宫记者会、中国大使馆招待茶会，以迄展开巡回演说，均成为美国各界所关注的焦点，并让美国人民了解到中国抗战对世界的贡献，也可以说是一次成功的国民外交。

宋美龄此次访美期间，曾三度访问白宫，持续与罗斯福交涉反攻缅甸、对华空运吨位、援华飞机数量、盟国领袖会议和战后领土处理原则等议题，并且初步获得罗斯福同意在大连、旅顺、台湾由中、美海空军共事，并俟中国准备完妥之后退出。不过在同一期间，因宋子文也在美交涉相近议题，但两人似乎沟通不足，对美口径并不一致，而曾让宋美龄有所抱怨。

综观宋美龄是次访美，“触发了人们心中想表达善意的愿望，并让人们觉得她就是这种普遍愿望的代表”①，其对美广泛的宣讲，成功形塑其个人和中国的公众形象。此行虽未能改变美、英等同盟的既定战略，但争取到罗斯福对中国在战后收复失土的承诺，且在形势上凸显了中国抗日的重大贡献，也在实质上为中国争取到更多的支持和援助，对鼓舞中国抗战的士气，有莫大的影响。

六、推迟访英、坚持对等

从全球的视野来看，太平洋战争凸显中国牵制日军的重要性，罗斯福倡议中国成为四强，让原本在重庆苦撑待变的蒋介石有机会担任盟军中国战区统帅。为了强化同盟国间的联系，蒋介石先在宋美龄的陪伴下出访印缅，使中国跃然于国际舞台，但英国对于中方屡屡评涉印度局势，实不以为然。而四强的光环，并没有让中国脱离困境，日军在南洋势如破竹，斩断滇缅通路，让中国

---

① ［美］巴巴拉·W. 塔奇曼：《史迪威与美国在中国的经验（1911—1945）》，第360页。

外援难继，更陷于重重围困之中。东南亚英属势力，虽也节节败退，但因印度幅员辽阔，日军不敢冒进，相较于欧战烽火直逼英伦，英国力主“先欧后亚”，而不愿积极部署反攻缅甸，使中、英对日战略，始终存在着根本的差异。

由各方酝酿宋美龄访英的过程来看，此一时期的中英关系，存在以下特点：

第一，在国际权力结构方面，日本发动太平洋战争，冲破了东亚既有的秩序，但也让中、美、英等同盟国的关系更形确立。蒋介石夫妇自知中方在同盟国间，仍只是美国口头上支持的“强国”而已，但恰可运用此一地位，化解列强过去在中国和亚洲的特权，因此积极促成与英、美签订平等新约，并试图通过罗斯福影响英国，接受香港、印度在战后定位改变的想法。不过当英国提出西藏独立问题时，中方反应激烈，视同冒犯主权，成为“面子”之争，也让蒋介石不再劝宋美龄与丘吉尔会晤或访英，然而宋美龄不去英国，也伤了英方的“面子”。

第二，在盟国互动模式方面，美国虽然支持中国为四强，但许多重要的会议，并未邀请中国参加，英国原本就以欧洲战场为首要考虑，其外交策略当然以拉拢美、苏共同对付德、意为优先，丘吉尔在国际性的发言中，自然较少称扬中国对战局的贡献，这让名列四强的中国，感觉不受尊重。特别在滇缅路被封锁后，中国在精神与物质方面，都亟待盟国支持，英国因欧战而自顾不暇，许多援华措施相较于美方显得流于口惠，也导致中美互动明显较中英互动为密切。另外，在盟国邀访宋美龄的过程中，罗斯福多次函请，又通过威尔基面邀；加拿大更由总理亲自邀访，反观英国仅由大使转达，艾登、丘吉尔到美，又无暇与宋美龄相晤，宋美龄所感受到的邀访热忱，自然也有所不同。

第三，在外交策略选择方面，中英双方都明白宋美龄如能顺利访英，将可以带给彼此在外交和宣传上的利益，所以英方曾通过多种渠道表达邀访之意，中方的外交官员，如顾维钧、王世杰亦乐观其成。但宋美龄希望访英不只是在形式上，更期待在实质上能有所突破。而外交谈判必须互相让步，以牺牲自身一部分的利益换取对方的合作，但中英在战略、战后权利分配等议题上，或是宋子文与丘吉尔的交手上，都未获符合中方期待的条件，亦使得宋美龄对访英并不抱太大期待，而影响其意愿。

第四，宋美龄对英国的邀访，一开始便不是很感兴趣，若非蒋介石几次提点，以及顾维钧在重庆、华府、纽约和旧金山等地奔波相劝，可能早就不了了之。相较之下，蒋介石对于宋美龄是否访英，一开始虽听由宋美龄自己决定，但在英皇和英后正式邀约后，则希望宋美龄不要失礼。1943 年 3 月中旬，当艾登访美时，蒋介石电告宋美龄如与艾登会面谈及访英时，“应即面允”；而宋美龄以健康因素，有意婉辞邀约时，蒋介石仍要宋美龄对访英问题不必肯定答复。到 5 月丘吉尔赴美开会时，蒋介石更多次致函要宋美龄“不必存意气”，设法与丘吉尔会面，如丘有约访，要“当面允其请”。整体而言，蒋介石心中虽对英国有诸多不满，但在引发西藏主权争议之前，仍期待宋美龄要避免意气用事，应顾及英方的感受。

第五，由于此时期宋美龄在美与罗斯福夫妇有较密切的接触，美国总统罗斯福在中英关系中扮演着微妙的角色。宋美龄在此次访美期间，受到罗斯福夫妇的热情款待，彼此建立起相当的交情。对于中英关系，罗斯福在与宋美龄谈话的过程中，曾分别有几项建议，一是将战后香港界定为自由港，此意见受到重庆方面的迅速肯定；另一个是宋美龄在美一系列巡讲后，身体微恙，罗斯福以健康和安全等因素，建议其推迟访英之行，此使宋美龄转向放弃访英。罗斯福究竟是何动机？目前尚未得以明悉。① 当丘吉尔于 5 月赴华府开会时，罗斯福曾积极安排宋美龄与丘吉尔在华府会晤，但宋美龄在会晤的时间、地点和方式上都有坚持。会晤礼节和“面子”的问题，使白宫方面徒劳，也让蒋介石责怪宋美龄固执己见。

---

① 根据孔祥熙的猜测，“罗斯福很可能对蒋夫人访美成功十分得意，并认为她访英不会取得同样成功”。顾维钧：《顾维钧回忆录》第 5 分册，第 239 页。

此外，在安排访问的交涉过程中，可以发现宋美龄非常重视英方的接待规格，此亦与“面子”问题息息相关。这反映出中国从只身抗日到名列四强，本身的力量与自信事实上都尚不足，因此格外重视形式上的称呼和仪礼，以彰显中国作为大国的地位，但这对战时物资短缺、具有浓厚战备意识的英国而言，宋美龄的要求，可能会构成困扰。不过从另一个角度来看，宋美龄不随意迁就访英及不愿主动到华府与丘吉尔会面，正凸显中国地位的不容忽视。总之，宋美龄在抗战期间的这段访英波折，最终虽因其健康和中英关系的矛盾而未成行，但其重视自身和国家的“面子”，让其在6月中旬的访加过程，获得高规格的接待，并在日后的开罗会议中，能与英、美平起平坐。

七、周旋开罗会议，勾勒战后新秩序

宋美龄在结束访美到白宫与罗斯福道别时，双方曾就盟国领袖会议交换了意见，宋美龄表示要由蒋介石亲自与罗斯福敲定会谈方案，蒋介石在几经思量后，在不抱太大期待又盛情难却的情况下，决定接受罗斯福的邀请，往返几次联系才促成开罗会议的举行，而中方也特别准备了完整的提案，希望美、英领导人能接受。

第一，从全球的观点来看，开罗会议确立了中国的“大国”地位，声明战后收回失土的主张，获得了盟国的支持，正式成为宣言的内容，让蒋介石夫妇在首度参加盟国领袖会议得以风光满面，也让中国军民有更大的信心持续奋战到底。如从宣传的角度观之，在1943年11月25日的合影，宋美龄与丘吉尔、罗斯福谈笑风生，不仅让宋美龄上了国际版面，也让中国百姓与有荣焉。

第二，在战略布局的部分，开罗会议期间与中方有关的军事议题，主要讨论由蒙巴顿主导的反攻缅甸问题，由于英方不愿承诺海军支持的详情，中方亦不愿接受蒙巴顿主张的方案，三方对反攻缅甸各有盘算，最后在罗斯福的概括允诺下，得到在1944年春天攻缅的折中方案。不过在开罗会议公报公布不久，罗斯福即电告中方暂缓攻缅的决定，“先欧后亚”的战略最终仍是占了上风，而此一改变让日本得以在次年顺利地发动“一号作战”，让中方吃尽了苦头，甚至一直影响着战后东亚权力结构的变动。

第三，在开罗会议各国互动的模式中，基本上还是维持由美国主导的局面，而中方的提案与要求也多先和美方沟通，待取得共识后才提出讨论，或是由美方与英方直接交涉。从相关的资料来看，虽然丘吉尔在拜访蒋介石夫妇时，曾与宋美龄有较幽默的对话，但彼此互动的经验与印象，仍旧缺乏互信。[①] 而由于英方的作梗，宋美龄并未被列入公报正式成员名单之中，此让蒋介石夫妇不无遗憾。

第四，在开罗会议中，宋美龄凭借着与罗斯福的私交，曾独自前往交涉对华经济援助事宜，并获得允诺，蒋介石夫妇是日下午又当面致谢。唯此项承诺事后并未顺利实现，究其原因主要在于美方在开罗会议中的个别会谈，在许多场合未做成官方正式记录，包括罗斯福与蒋介石夫妇在22日下午的茶会和23日晚间餐后双方的会谈，宋美龄虽努力周旋交涉，但在美方档案仅记载了行程表而无详细记录，此做法颇耐人寻味。不管美方的动机与心态如何，中方当时未与之作文字确认，双方在口头允诺的过程，都可能保留自身的想法，日后解读时，难免在歧见之处流于各说各话。

整体而言，无论是开罗会议的举行，或是《开罗宣言》的共识，均具有重大的历史性意义，亦为中国外交的重大成就。唯国际政治以权力为基础，蒋介石夫妇深知一纸空文仍不足以为凭，必须有足够实力，方能确保外交成果。宋美龄在开罗会议期间，犹如蒋介石的影子，周旋于各显要之间，其抱病努力为国的精神，

---

① 1944年2月下旬丘吉尔在下院发表演说时，倒是曾推崇蒋介石夫妇曰：“开罗会议时得与中国蒋主席夫妇欢晤诚属荣幸，蒋主席乃世界之伟大人物，亦为中国之最大希望，与代表蒋夫人亦为一非凡而具有远见之人，其所操英语之精熟及对世界战局之真知灼见，使其对传译、其本身参预其间之重大事件之工作胜任愉快。”《事略稿本——民国三十三年二月》，1944年2月22日，台北“国史馆”藏，《蒋中正“总统”文物》，入藏登录号：002000000665A，典藏号：002-060100-00185-022。

也让中国在跻身世界舞台之际表现得格外亮眼。

八、树立“蒋夫人”个人风格的公众形象

宋美龄在抗战前即创导“新生活运动”，热心革命遗族教育，于西安事变中斡旋化解危机。自抗战军兴之后，在掌理空军机要之外，积极领导妇女投身抗战，劝募救济，奔波前线，不辞劳苦，其身穿长旗袍，典雅的公众形象，成为鼓舞军民的象征。

首先，从宋美龄个人成长的背景来看，无论是其求学历程、人际网络，或是当时的国际政治环境，都易使宋美龄倾向亲美并走精英外交的路线，因此其在抗战期间的对外宣传主要是以美国为对象，兼以其他英语系国家为辅。而从宋美龄在抗战期间所参与的宣传和对外交涉来看，其做法多是建立在个人魅力而非组织上，此使其工作负荷颇巨，加以中国战时医疗欠缺，使宋美龄在抗战期间的四度飞赴香港和两次到美洲都是以“疗病”为名义出访。而建立在个人关系上的外交工作，则存在着“人去政息”的隐忧，尤以在1944年到1945年间，一向与宋美龄熟稔的威尔基和罗斯福相继去世，宋美龄的对美外交运作顿时受到相当程度的影响。

其次，宋美龄在投身战时宣传与对外交涉时，对于文稿非常谨慎，用词遣字经常与蒋介石在中英文稿间来回推敲，因此其演说文稿，往往被视为经典之作，但对一般大众而言，却可能稍嫌艰涩。其对于公开场合的礼节安排非常重视，特别是来宾的座位，必定要求符合国际礼仪，而其自身出访时，对于相关接待程序的安排，亦非常讲究，不仅视为个人面子问题，甚至当作民族或国家尊严般看待。例如1942年冬访美之前，除了罗斯福夫妇连电数函邀请，特使威尔基更是当面力邀；1943年夏访问加拿大前，总理威廉·莱昂·麦肯齐·金在5月间特地面邀访问，此均顺利促成其访问；而英方几次以书面邀访，或是通过大使转达，外相艾登和首相丘吉尔到美，却与宋美龄缘悭一面，让双方在仪礼问题上空转，不无令人遗憾之处。

再次，宋美龄在对外的书信或演说措辞上，也非常重视“不卑不亢”的原则。其赴美虽以疗病为名，实兼有求援之意，但宋美龄非常重视中国尊严，以兄弟之邦、唇亡齿寒譬喻两国关系，绝不让人有乞怜、要求施舍之感。不过外交是国力的延伸，在盟国以维持中国最低作战需求（Keep China in the War）的思维下，宋美龄向美方提出许多加强中国空军、空运吨位的建议方案，最终都被打了折扣，中国形同在东亚替同盟国挡子弹，“代理”同盟国牵制日军。

最后，宋美龄代表着抗战时期中国与世界的联结。其向世界广播，或在美加巡回演说，塑造了盟国人民想象中的中国，而其融合中西、高贵妇人、知识精英、抚慰伤兵、亲历前线以及与盟国领袖在开罗会议平起平坐的影像，也提供了中国人民坚忍奋战、争取美好未来的动力。

参考文献

一、档案资料

1.《美国外交文件》(*FRUS*)。

2. 斯坦福大学胡佛研究中心藏《蒋中正日记》(部分资料承蒙蒋啸琴女士提供)。

3. 台北“中研院”近代史研究所档案馆藏《外交部门》。

4. 台北“中研院”近代史研究所档案馆藏《民间资料:朱家骅档》。

5. 台北政治大学社会科学资料中心孙中山图书馆藏档案。

6. 台北“国史馆”藏《国民政府档案》。

7. 台北“国史馆”藏《蒋中正“总统”文物》。

8. 英国外交部档案(*FO*, *Foreign Office Documents*)(部分资料承蒙舒圣祺先生提供)。

9. 中国国民党中央文化传播委员会党史馆藏档案。

二、史料汇编

1. 国民参政会史料编辑委员会编:《国民参政会史料》,台北国民参政会在台历届参政员联谊会1962年版。

2. 罗家伦主编:《革命文献》第22辑,台北中国国民党中央委员会党史史料编纂委员会1960年版。

3. 美国国务院编:《美国与中国之关系》,台北:文海出版社

1982 年版。

4. 孟广涵主编:《抗战时期国共合作纪实》，重庆出版社 1992 年版。

5. 中国第二历史档案馆编:《蒋介石访印前后与各方往来电函1组》,《民国档案》第 3 期，南京民国档案杂志社 1994 年版。

6. 中国第二历史档案馆编:《中华民国史档案资料汇编》第 5 辑第 1 编，教育（一），江苏古籍出版社 1994 年版。

7. 中国第二历史档案馆编:《中华民国史档案资料汇编》第 5 辑第 2 编，政治（一），江苏古藉出版社 1998 年版。

三、报纸

1.《大公报》(天津)。

2.《大公报》(汉口)。

3.《大公报》(重庆)。

4.《中央日报》(长沙)。

5.《中央日报》(重庆)。

6.《中央日报扫荡报》(重庆)。

四、图书资料

1. [美] 艾德华:《我为中国而生——周以德的一生及其时代》，马凯南等译，台北“中央日报社”1991 年版。

2. [美] 巴巴拉 · W. 塔奇曼:《史迪威与美国在中国的经验(1911—1945)》，万里新译，新星出版社 2007 年版。

3. [美] 汉纳 · 帕库拉:《宋美龄新传——风华绝代一夫人》，林添贵译，台北：远流出版事业股份有限公司 2011 年版。

4. [美] 李台珊:《宋美龄：走在蒋介石前头的女人》，黄中宪译，台北：五南图书出版股份有限公司 2010 年版。

5. [美] 裴斐、韦慕庭访问整理:《从上海市长到“台湾省主席”（1946—1953）——吴国桢口述回忆》，吴修垣译，上海人民出版社 1999 年版。

6. ［美］沙希利·浦洛基：《雅尔塔：改变世界命运的八日秘会》，林添贵译，台北：时报文化出版股份有限公司2011年版。

7. ［美］泽勒：《神秘顾问端纳在中国》，林本椿、陈普译，译林出版社2001年版。

8. 宓熙、汪日章等：《在蒋介石宋美龄身边的日子：侍卫官回忆录》，团结出版社2005年版。

9. 陈布雷：《陈布雷回忆录》，台北：传记文学出版社1967年版。

10. 陈诚著，何智霖、高明芳、周美华编：《陈诚先生书信集——家书》（上、下），台北"国史馆"2006年版。

11. 陈存恭等访问整理：《陶希圣先生访问纪录》，台北"国防部"史政编译局1994年版。

12. 陈立文：《宋子文与战时外交》，台北"国史馆"1991年版。

13. 陈纳德：《陈纳德将军与中国》，陈香梅译，台北：传记文学出版社1978年版。

14. 陈鹏仁、刘维开编：《蒋夫人宋美龄女士画传》，台北：近代中国出版社1998年版。

15. 陈鹏仁编：《蒋夫人宋美龄女士言论选集》，台北：近代中国出版社1998年版。

16. 陈三井访问，李郁青纪录：《熊丸先生访问纪录》，台北"中研院"近代史研究所1998年版。

17. 董显光《董显光自传——一个中国农夫的自述》，曾虚白译，台湾新生报社1981年版。

18. 杜鲁门：《杜鲁门回忆录》，世界知识出版社1965年版。

19. 傅斯年：《傅斯年全集》第6册，台北：联经出版事业股份有限公司1980年版。

20. 顾维钧：《顾维钧回忆录》第5分册，中国社会科学院近代史研究所译，中华书局1987年版。

21. 顾维钧：《顾维钧回忆录》第6分册，中国社会科学院近代史研究所译，中华书局 1988 年版。

22. 洪宜嫃：《中国国民党妇女工作之研究（1924—1949）》，台北“国史馆”2010 年版。

23. 胡春惠、陈红民主编：《宋美龄及其时代国际学术研讨会论文集》，香港：珠海书院亚洲研究中心 2009 年版。

24. 黄国英：《湘北胜利记》，中国国民外交协会 1941 年版。

25. 黄克武等访问，周维朋等记录：《蒋中正“总统”侍从人员访问记录》（上、下），台北“中研院”近代史研究所 2012 年版。

26. 黄仁霖：《黄仁霖回忆录》，台北：传记文学出版社 1984 年版。

27. 蒋纬国口述，刘凤翰整理：《蒋纬国口述自传》，中国大百科全书出版社 2008 年版。

28. 蒋永敬：《抗战史论》，台北东大图书公司 1995 年版。

29. 孔令晟口述，迟景德、林秋敏访问，林秋敏记录：《孔令晟先生访谈录——永不停止永不放弃·为革新而持续奋斗》，台北“国史馆”2002 年版。

30. 孔令伟：《蒋夫人美加行纪》，重庆中农印刷所 1944 年版。

31. 林荫庭：《寻找世纪宋美龄——一个纪录片工作者的旅程》，台北：天下远见出版股份有限公司 2004 年版。

32. 梁敬錞：《史迪威事件》，台湾商务印书馆 1973 年版。

33. 梁敬錞：《开罗会议》，台湾商务印书馆 1974 年版。

34. 刘凤翰、李郁青整理：《温哈熊先生访问纪录》，台北“中研院”近代史研究所 1997 年版。

35. 吕芳上等：《蒋介石的亲情、爱情与友情》，台北：时报文化出版股份有限公司 2011 年版。

36. 马超俊、傅秉常口述，刘凤翰等整理：《马超俊、傅秉常口述自传》，中国大百科全书出版社 2009 年版。

37. 齐锡生：《剑拔弩张的盟友——太平洋战争期间的中美军事合作关系（1941—1945）》，台北“中研院”近代史研究所 2011 年版。

38. 亓乐义：《蒋夫人与华兴》，台北：商讯文化事业股份有限公司 2011 年版。

39. 钱用和：《浮生八十》，台北：妇联画刊社 1975 年版。

40. 秦孝仪主编：《蒋公大事长编初稿》，台北中国国民党党史委员会 1978 年版。

41. 秦孝仪主编：《先“总统”蒋公思想言论总集》，台北中国国民党中央委员会党史委员会 1984 年版。

42. 秦孝仪主编：《蒋夫人宋美龄女士与近代中国学术讨论集》，台北：财团法人中正文教基金会 2003 年版。

43. 尚明轩编：《宋庆龄年谱长编》（上）（1893—1948），社会科学文献出版社 2009 年版。

44. 沈剑虹：《使美八年纪要——沈剑虹回忆录》，台北：联经出版事业股份有限公司 1982 年版。

45. 石之瑜：《宋美龄与中国》，台北：商智文化事业股份有限公司 1998 年版。

46. 宋之芳：《蒋夫人访美记》，南平天行社 1943 年版。

47. 唐纵：《唐纵失落在大陆的日记》，台北：传记文学出版社 1998 年版。

48. 王萍访问，官曼莉纪录：《杭立武先生访问纪录》，台北“中研院”近代史研究所 1990 年版。

49. 王世杰：《王世杰日记（手稿本）》，台北“中研院”近代史研究所 1990 年版。

50. 王亚权编纂：《蒋夫人言论集》，台北“妇联会”1977 年版。

51. 吴国桢手稿，黄卓群口述，刘永昌整理：《吴国桢传》（下册），台北：自由时报 1995 年版。

52. 吴景平：《宋子文政治生涯编年》，福建人民出版社 1998 年版。

53. 吴景平、林孝庭编：《宋子文与外国人士往来函电稿（1940—1942）》，复旦大学出版社 2009 年版。

54. 吴景平、郭岱君编：《宋子文驻美时期电报选（1940—1943）》，复旦大学出版社 2008 年版。

55. 吴景平、郭岱君编：《风云际会——宋子文与外国人士会谈记录（1940—1949）》，复旦大学出版社 2010 年版。

56. 吴景平：《宋子文与战时中国（1937—1945）》，复旦大学出版社 2008 年版。

57. 熊式辉：《海桑集——熊式辉回忆录（1907—1949）》，纽约：明镜出版社 2008 年版。

58. 严守珍：《蒋夫人和她的孩子们——打开华兴的时光胶囊》，台北：商周出版社 2011 年版。

59. 杨树标、杨菁：《宋美龄传》，浙江大学出版社 2010 年版。

60. 杨天石：《蒋氏秘档与蒋介石真相》，社会科学文献出版社 2002 年版。

61. 杨天石：《蒋介石与南京国民政府》，中国人民大学出版社 2007 年版。

62. 杨天石：《抗战与战后中国》，中国人民大学出版社 2007 年版。

63. 杨天石：《找寻真实的蒋介石：蒋介石日记解读》，三联书店（香港）有限公司 2008 年版。

64. 俞国华口述，王骏撰：《财经巨擘——俞国华生涯行脚》，台北：商智文化事业股份有限公司 1999 年版。

65. 张令澳：《我在蒋介石侍从室的日子》，台北：周知文化事业股份有限公司 1995 年版。

66. 张宪文等：《中华民国史》，南京大学出版社 2006 年版。

67. 张宪文、姜良芹等编著：《宋美龄、严倬云与中华妇女》，台北：黎明文化事业股份有限公司 2012 年版。

68. 中共中央文献研究室编：《周恩来年谱（1899—1949）》，中央文献出版社 1998 年版。

69. 中共中央文献研究室编：《毛泽东年谱（1893—1949）》，中央文献出版社 2002 年版。

70. 中国社会科学院近代史研究所、中华民国研究室编：《胡适来往书信选》，香港中华书局 1983 年版。

71. “中研院”近代史研究所编：《六十年来的中国近代史研究》上册，台北“中研院”近代史研究所 1996 年版。

72. 周宏涛口述，汪士淳著：《蒋公与我：见证中华民国关键变局》，台北：天下远见出版股份有限公司 2003 年版。

73. 周美华、萧李居编：《蒋经国书信集——与宋美龄往来函电》（上、下），台北“国史馆”2009 年版。

74. 周敏：《周阿姨的故事》，台北：商周文化事业股份有限公司 2011 年版。

五、期刊论文

1. 陈逢申：《蒋夫人与战时的妇女动员》，《近代中国》2004 年第 158、159 期。

2. 陈进金：《从“爱记”看蒋、宋情爱》，《近代中国妇女史研究》2003 年第 11 期。

3. 陈进金：《劳燕不分飞——烽火下的蒋、宋情》，《近代中国》2004 年第 158、159 期。

4. 戴鸿超：《蒋介石战时外交——谈判策略与内外互动》，《传记文学》2009 年第 94 卷第 4 期。

5. 辜严倬云：《蒋夫人与近代妇女工作》，《近代中国》1999 年第 130 期。

6. 胡春惠：《对抗战初期“低调俱乐部”的看法》，《近代中国》1998 年第 128 期。

7. 蒋永敬：《汪精卫的“恐共”与“投日”》，《近代中国》1998 年第 128 期。

8. 李国祁：《蒋夫人与民族复兴》，《近代中国》1999 年第 130 期。

9. 李钟桂：《蒋夫人与国际外交》，《近代中国》1999 年第 130 期。

10. 刘维开：《台湾地区典藏蒋夫人宋美龄女士档案资料介绍》，《妇研纵横》2004年第69期。

11. 陆亚玲：《1943年宋美龄拒绝访英原因探析》，《扬州教育学院学报》2002年第20卷第4期。

12. 吕芳上：《广播演说的魅力——从抗战时期蒋夫人宋美龄女士在美的演说讲起》，《近代中国》2002年第151期。

13. 邵铭煌：《蒋宋美龄女士传略》，《“国史馆”馆刊》2003年第35期。

14. 邵铭煌：《抗战时期鲜为人知的“熊猫外交”》，《抗战史料研究》2012年第1期。

15. 石之瑜：《从蒋夫人宋美龄女士对美外交论中国的地位》，《近代中国》1996年第113期。

16. 石之瑜：《美国媒体如何报导蒋夫人访美行》，《近代中国》1996年第116期。

17. 宋时娟：《抗战时期的宋庆龄与宋美龄》，《历史教学问题》2011年第6期。

18. 王亚权：《蒋夫人与中国妇女运动》，《“中央”月刊》1978年第10卷第5期。

19. 吴相湘：《国民革命同盟会幻想的破灭——抗战期间国共两党关系的变化》，《历史月刊》1995年第89期。

20. 杨维真：《庐山谈话会》，《历史月刊》1990年第30期。

21. 张力：《海峡两岸档案利用比较》，《近代中国史研究通讯》1999年第28期。

22. 张瑞德：《无声的要角——侍从室的幕僚人员（1936—1945)》，《近代中国》2004年第156期。

23. 朱重圣：《亲情、国情、天下情——蒋夫人宋美龄女士与经国先生》，《“国史馆”馆刊》1999年第27期。

24. 黄馨慧：《抗战前后蒋宋美龄在中美外交关系中的角色研究（1936—1950)》，硕士学位论文，台湾师范大学政治学研究所，2004年。

25. 赖富苹：《宋美龄访美与战时中美关系》，硕士学位论文，香港珠海书院中国历史研究所，1997 年。

26. 璩静：《宋美龄 1942—1943 年访美述评》，硕士学位论文，北京外交学院英语语言文学，2007 年。

27. 沈丽娅：《宋美龄战时妇女工作研究》，硕士学位论文，华中师范大学历史文化学院中国近现代史，2008 年。

28. 郑雪英：《宋美龄对中国政治的影响（1927—1945）》，硕士学位论文，佛光人文社会学院政治学研究所，2003 年。

六、英文专著

1. Dorothy Borg, *The United States and the Far Eastern Crisis of 1933-1938*, Cambridge: Harvard University Press, 1964.

2. Thomas A. DeLong, *Madame Chiang Kai-shek and Miss Emma Mills: China's First Lady and Her American Friend*, N. C.: McFarland & Co., 2007.

3. Sandra Donovan, *Madame Chiang Kai-shek: Face of Modern China*, Minneapolis, Minn.: Compass Point Books, 2007.

4. Emily Hahn, *The Soong Sisters*, N. Y.: Open Road Integrated Media, Inc., 2014.

5. John Hansen Feaver, *The Truman Administration and China*, 1945-1950, Norman: University of Oklahoma, Degree of Doctor of Philosophy, 1980.

6. Herbert Feis, *The China Tangle*, New Jersey: Princeton University Press, 1950.

7. John Lewis Gaddis, *The United States and the Origins of the Cold War*, 1941-1947, N. Y.: Columbia University Press, 1972.

8. John W. Garver, *Chinese-Soviet Relations*, 1937-1945: *The Diplomacy of Chinese Nationalism*, N. Y.: Oxford University Press, 1988.

9. Cordell Hull, *The Memoir of Cordell Hull*, N. Y.: Macmillan, 1948.

10. George F. Kennan, *Memories*, 1925－1950, Boston: Little, Brown & Company, 1967.

11. Anthony Kubek, *How the Far East Was Lost: American Policy and the Creation of Communist China*, 1941－1949, Chicago: Henry Regnery, 1963.

12. Joseph W. Stilwell, *The Stilwell Papers*, New York: Schocken Books, 1972.

13. Bradford A Lee, *Britain and the Sino-Japanese War: A Study in the Dilemmas of British Decline*, Stanford: Stanford University Press, 1973.

14. Laura Tyson Li, *Madame Chiang Kai-shek: China's Eternal First Lady*, N. Y.: Grove Press, 2006.

15. Wm. Roger Louis, *British Strategy in the Far East*, 1919－1939, Oxford: Clarendon Press, 1971.

16. Peter Lowe, *Great Britain and the Origins of the Pacific War: A Study of British Policy in East Asia* 1937－1941, Oxford: Clarendon Press, 1977.

17. George Catlett Marshall, *Marshall's Mission to China*, Arlington, Virginia: University Publications of American, 1976.

18. Ernest R. May, *The Truman Administration and China*, 1945－1949, Philadelphia: J. B. Lippincott Company, 1975.

19. Hannah Pakula, *The Last Empress: Madame Chiang Kai-shek and the Birth of Modern China*, N. Y.: Simon&Schuster, 2009.

20. Gregory S. Jr, Prince, *The American Foreign Service in China, A Case Study of Political Reporting* 1935－1941, Boston: Yale University Ph. D. Dissertation, 1973.

21. Eleanor Roosevelt, *The Autobiography of Eleanor Roosevelt*, N. Y.: Harper & Bros., 1961.

22. William Stueck, *The Road to Confrontation: American Policy Toward China and Korea*, 1947－1950, Chapel Hill: University of

North Carolina Press, 1981.

23. Harry S. Truman, *Memoirs by Harry S. Truman*: 1946 - 1952 *Year of Trial and Hope*, N. Y.: Doubleday & Company, Inc., 1965.

24. U. S. Department of State, *United States Relations With China*: *With Special Reference to the Period* 1944 - 1949, Washington, D. C.: U. S. Govt Print Off, 1949.

25. Odd Arne Westad, *Cold War and Revolution*: *Soviet-American Rivalry and the Origins of the Chinese Civil War*, 1944 - 1946, N. Y.: Columbia University Press, 1993.